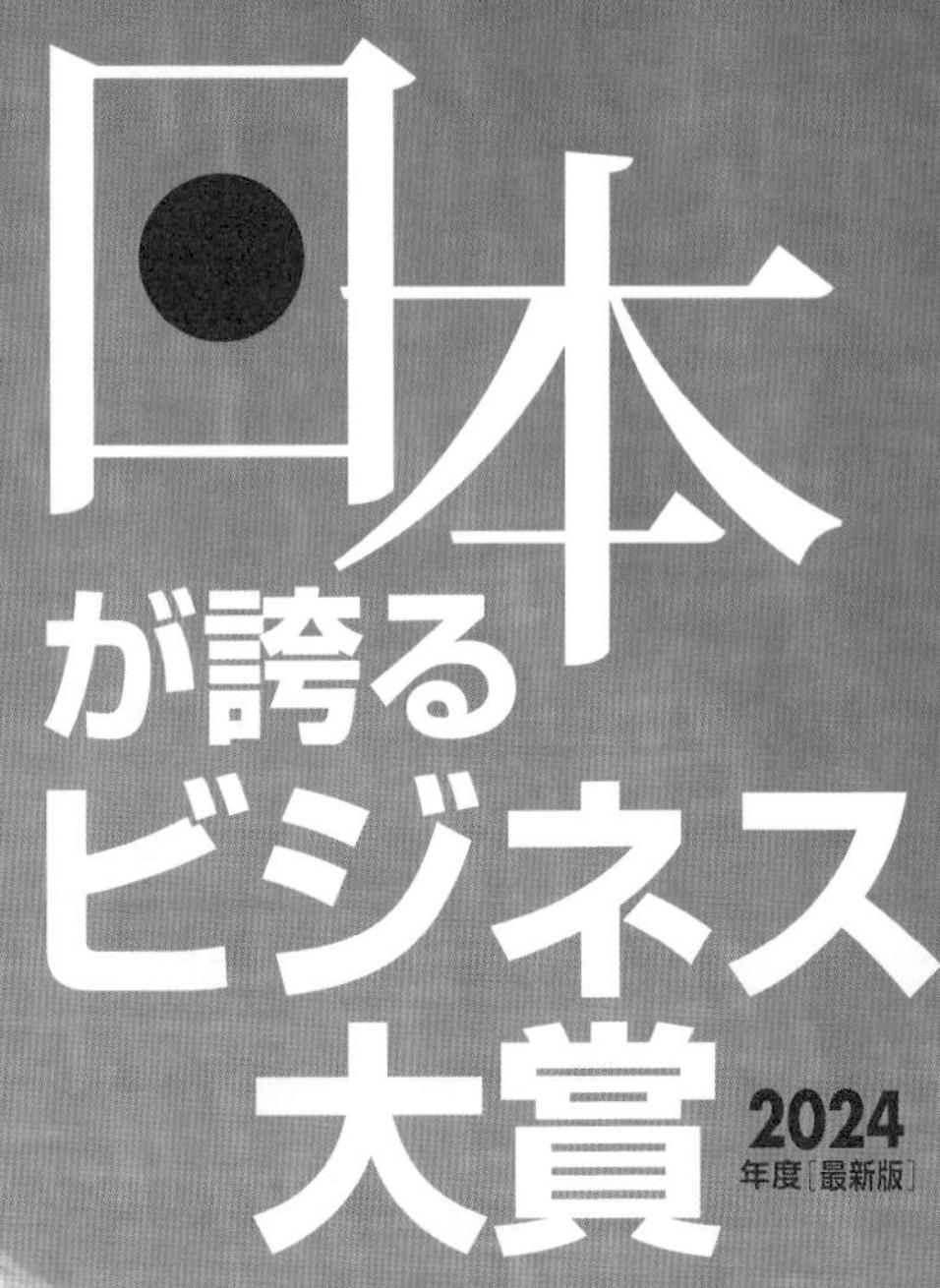

インターネット対応 BOOK

http://www.mrpartner.co.jp/business2024/

悩みやストレスを放置しないで

誰もが**幸せ**に**生**きていくために

周りに振り回されていたり、他人に気を遣いすぎる自分に疲れを感じていたり…。悩みやストレスを抱えたまま放置していると心や身体に不調をきたしてしまうことも。『INSIDE』主宰でカウンセラーの石橋典子さんは、仕事や家庭、子育て、対人関係のトラブルなどそれぞれの悩みに合わせたカウンセリングで心のケアを行ってきた。石橋さん自身の繊細な特性とこれまでの経験を活かし、SNSその他で心が軽くなるメッセージを発信している。

自らナレーションに挑戦したオーディブル版も配信開始。現在は新著書執筆に注力している。

初著書『エネルギー・バンパイア』
現代書林刊 定価 1,540円（税込）

INSIDE いしばしのりこ

TEL/080-4096-5858 E-mail/n.ishibashi58@gmail.com
東京都渋谷区神宮前2 INSIDE
https://www.noriko-counseling.com/
Youtube INSIDE ヒプノシス 音声ファイル 検索

主宰 石橋典子さん

カウンセラー。幼少期から多数の困難に遭遇するも独自の思考法で解決。過去の経験を活かしたカウンセリングセッションを行ってきたが個人セッションは終了、現在は各メディアを通じてメンタルヘルスの重要性を伝えている。週刊エコノミストREC AWARD 2024に選ばれた。

2024年度版 日本が誇るビジネス大賞 ≪目次≫

CONTENTS

2024年度版
日本が誇るビジネス大賞

本誌掲載の商品に関しましては、特別な表記がない限り、すべて税込価格となっております。

これから日本経済を支える
サービス&ビジネス

株価も一時は4万円を超え、日本経済もコロナ渦から立ち直りつつある。日本の企業の知恵や技術力が今後の日本経済のさらなる発展をもたらす。

Nicold system 株式会社

☎ 076-461-3396 ✉ nicoldsystem@yahoo.co.jp
㊟ 本店／富山県中新川郡立山町新堀1282-4　立山営業所／富山県中新川郡立山町米沢82　https://www.big-advance.site/c/138/2032

多発する浸水被害を防ぐ防水板開発 次世代枕木は労働負担の軽減に寄与

能登半島地震後の2024年1月下旬、建設業労働災害防止協会の実施する復旧・復興工事安全衛生確保支援事業の指導員として、被災地の復旧工事現場20か所で巡回指導した会社経営者がいる。富山県立山町の『Nicold system 株式会社』代表取締役の石村憲之さん。労働安全コンサルタントの国家資格を生かした活動だが、石村さんにはもう一つの顔がある。「企業や社会の困りごとの解決に資する製品」を考案し、商品化する発明家としての顔だ。

その発明品で防災の観点から注目を集めているのが超軽量防水門『たまぼうすいばん』と自然災害時に応急組立橋にも使える可能性を秘めた次世代枕木、『たまぼう』だ。

『たまぼうすいばん』は、アルミニウム製フレームと発泡体を組み合わせ、表面を防水性や耐久性に優れたポリウレア樹脂でコーティングした防水門。公共施設や事業所、店舗、工場、住宅

『たまぼーど』

『たまぼう』

次世代枕木『たまぼう』を利用した応急組立橋の実験。

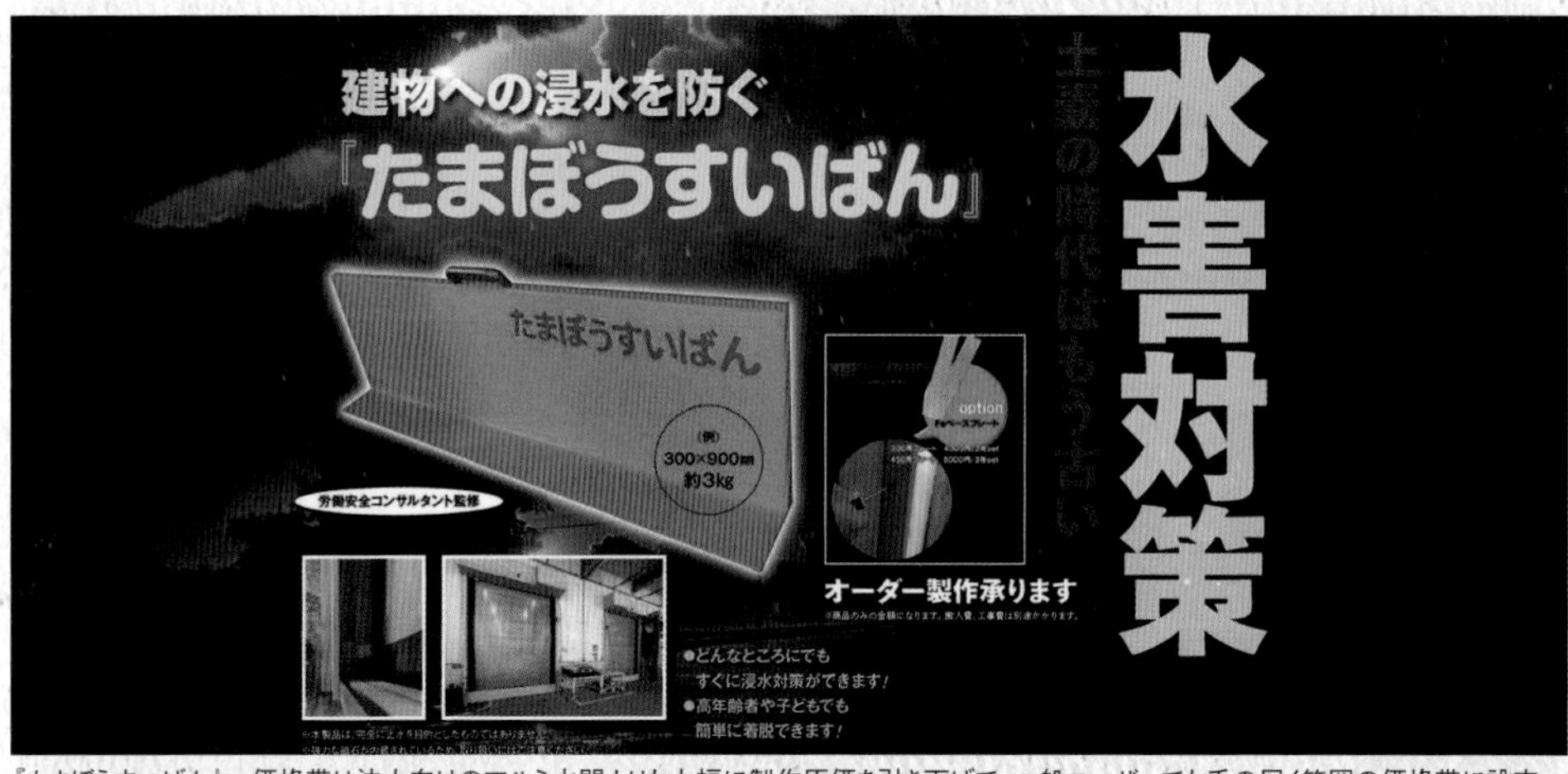

建物への浸水を防ぐ
『たまぼうすいばん』
水害対策
たまぼうすいばん
(例)
300×900㎜
約3kg
option
労働安全コンサルタント監修
オーダー製作承ります
●どんなところにでも
すぐに浸水対策ができます！
●高年齢者や子どもでも
簡単に着脱できます！

『たまぼうすいばん』 価格帯は法人向けのアルミ水門よりも大幅に製作原価を引き下げて、一般ユーザーでも手の届く範囲の価格帯に設定。

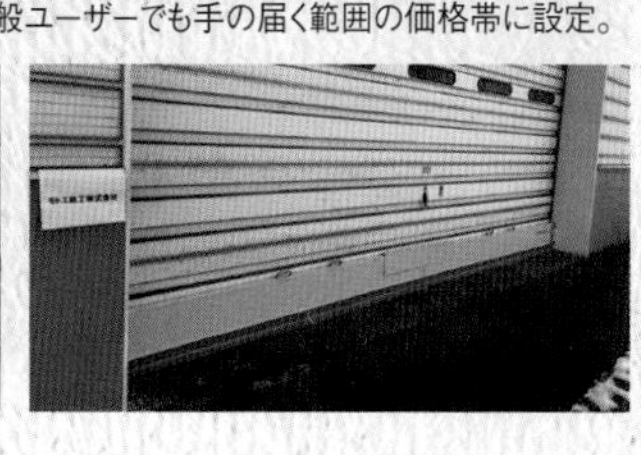

の出入り口に設置して内水氾濫による浸水被害を最小限に抑えることを目的に開発したもので、板の裏に強力磁石を備え、鉄製の柱などにワンタッチで設置できる。出入口の大きさに合わせて選択できるよう様々なサイズを揃え、高さ30cm、長さが2m～3mのもので、重さは6・1kgと超軽量。磁石で取り付けできない箇所でも使えるようにオプションで鉄製のプレートも別売している。出入口付近に保管しておき、有事の際にはすぐに浸水対策できるのが大きなメリットだ。

石村さんは、『たまぼうすいばん』の進化形として、デザイン性を高めた住宅向けの防水板『スライド防水板』も考案し、2023年12月から「ヤマダモール」で販売を開始し、立山町のふるさと納税の返礼品として採用されたことにより、オンライン販売にも注力している。アルミニウムやポリカーボネート、鋼材、ネオジム磁石、ゴムなどの素材で作られ、本体1枚プレート2枚から成る。スライド式フレームで間口サイズに合わせた位置調整ができる上、住宅や小規模店舗でも使いやすいように軽量化し、取り付けや持ち運び、後片付け、保管が簡単にできるのが特長だ。

次世代リサイクルエネルギー開発事業

『コンテナ及び自動車』は、冷却しながら発電するコンテナと蓄電した自動車で新鮮な野菜やワクチン輸送を目的として開発。『発電装置及び発電方法』は、日本の電力逼迫状況を鑑み、より熱効率の良い発電所やすてられている熱を有効利用を行うために開発。

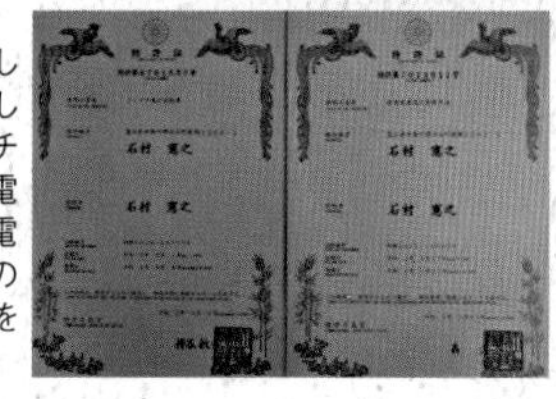

労働安全コンサルティング事業

労働災害発生時に初期対応を誤るとお客様からの信頼を大きく損なう。再発防止対策を計画するには経験や知識が必要。少しでも経営者様や安全担当者様の負担を減らすべくお手伝いさせていただいている。

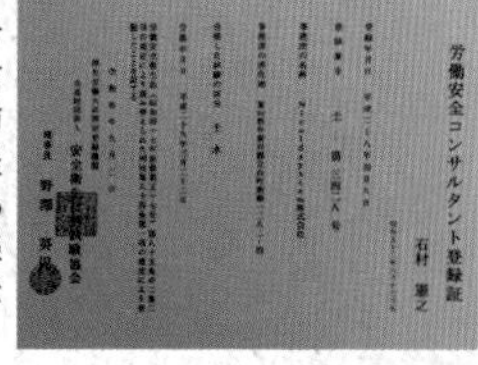
労働安全コンサルタント登録証

スライド防水板

台風や集中豪雨などの水害時に建物への浸水を阻止！
マグネット式で簡単取付！超軽量なので、持ち運び・設置・後片付けも楽々！
更に、スライド式フレームで間口サイズに合わせた位置調整も可能！

『スライド防水板』は、高さが30㎝と45㎝のタイプがあり、間口の広さに応じて選択できるよう6種類のサイズを用意した。高さ30㎝、横幅110㎝奥行約9㎝の最小タイプの総重量はわずか3・9㎏だ。1袋 20㎏ の土嚢を高さ30㎝横幅 100㎝ 分用意すると総重量は約200㎏にもなることを考えると、いかに軽量で設置が簡単かがわかる。最も大きいタイプは、高さ45㎝、横幅190㎝、奥行約9㎝だ。

取り付ける方法は、まず間口を計測し、『スライド防水板』の価格表でサイズを確認し、購入する『スライド防水板』を選択する。取り付ける部分の汚れや油分を拭き取った後、プレートの裏面に貼ってある両面テープを間口の両端に貼り付ける。この時、床から隙間をあけず垂直に貼り付ける。強力な両面テープを使用しているため、貼り直しはできない。『スライド防水板』の裏側に2本のスライドバーがあり、それぞれ上下4ヵ所にあるつまみを緩め、間口サイズに合わせてスライドバーを動かす。位置が決まったら、すべてのつまみをしっかりと固定し、『スライド防水板』を間口に取り付ける。付け直しや取り外す場合は取っ手を持ち、手前に引く。強力な磁石が内蔵されているので勢

独立系調査機関一般社団法人企業価値調査機構の「SMB Expert AWARD2024」の防災部門で専門性、独自性などが評価され、「SMBエキスパート企業賞」を受賞。

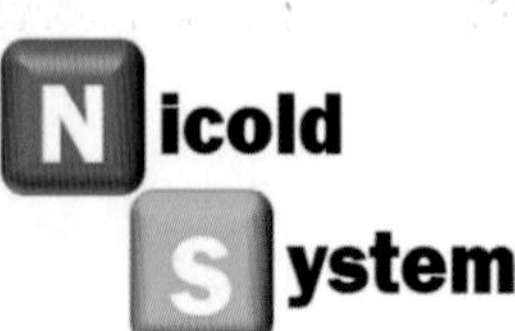

いよく付く。取り付けた後、本体がしっかり地面に付くように軽く上から押せば設置が完了する。プレートは取り付ける間口枠が鉄製以外の時に使用する。

『たまぼうすいばん』と『スライド防水板』を開発する背景になったのは、地球温暖化による気候変動で豪雨災害が多発していることに加え、最近の水害が河川の氾濫や堤防の決壊で市街地に水が流れ込む外水氾濫による被害より、市街地の下水道や排水路が水をさばききれなくなり、溢れだした雨水が建物や土地、道路などを水浸しにする内水氾濫の被害の方が多いことだ。国土交通省の2020年のデータでは、過去10年間の全国の水害被害額の合計は約1兆8千億円で、そのうち約4割が内水氾濫による被害だ。東京都では、被害の約7割が内水氾濫によるという。また、この間の内水氾濫による全国の浸水棟数は約22万棟にものぼる。

土嚢は重い！
1袋 20kg の土嚢を、
高さ 30cm × 横幅 100cm 分用意すると…
総重量 約 200kg！
軽さが魅力のスライド防水板
いいね！
高さ 30cm × 横幅 110cm
奥行 9 cm のスライド防水板は…
総重量 3.9kg！

「堤防が決壊して地域全体が水没するような洪水は防ぎようがありませんが、内水氾濫による浸水については被害を最小化するために土嚢を積んだり努力を重ねてきました。しかし、重い土嚢を積み上げるのは、大変な労力が必要

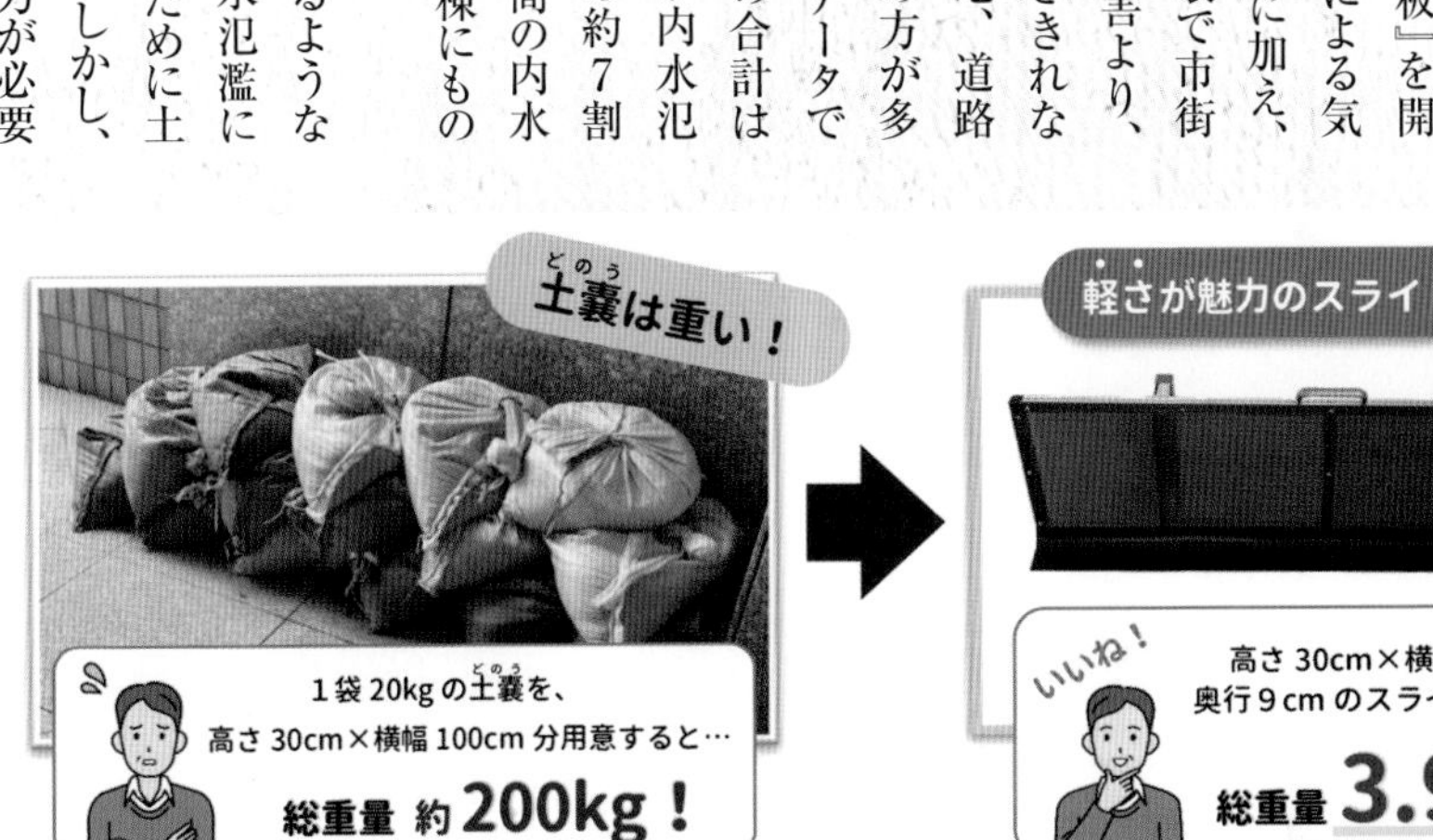

です。また、一般的な防水板は約10kgほどあり、設置もボルト止めなどが必要で、これも大変な作業です。その点、『たまぼうすいばん』『スライド防水板』は、軽量で設置も簡単な浸水対策品で、実際に浸水被害にあわれたお客様からのお問い合わせが多く、お求めになられたお客さまは非常に満足されています。自然災害が起きても速やかに経営を再開できるようにするBCP事業継続計画にも役立つと思っています」

一方、次世代枕木『たまぼう』は、『たまぼうすいばん』と同じ素材でできた枕木。荷物が直接地面に触れないよう地面と荷物の間に置いて使うもので、高さ、奥行が10㎝、幅1・8m、重さが3・6kg。同サイズの木材に比べ3割ほど軽い。

「枕木は、仮置き材として多く利用されていますが、腐食による破損、屋外では水分を吸って重量が増えます。また、ささくれによる負傷、運搬時の腰痛などの労働災害が発生しています。『たまぼう』は、こうした枕木の代替となる製品で、同サイズの木材に比べ3割ほど軽く、腐食しないのが大きな特長です。輸送の手間を省けるため、人手不足が生じる物流業界の2024年問題への対応にもつながると思っています。現在、複数サイズをラインアップしていますが、今後は個々のニーズを汲み取り、オーダーメイドにも対応できるようにしたいと考えています」

石村さんは、能登半島地震被災地の富山市や魚津市に軽量運搬車やブルーシート、簡易トイレなど義援物資を寄贈。

2024年2月にグランドヒル市ヶ谷（東京）にて「一般社団法人防衛施設学会2024年次フォーラム」が開催された。「多摩防水技研株式会社」と共同開発の『たまぼう』が「千代田ビル管財株式会社」のブースにて出展。防衛省を初めとする多くの方々が出展ブースに足を止めて、「たまぼう応急組立橋」の動画などを通じて『たまぼう』とポリウレアについて情報共有を行った。これから国防関連にも声をかけていきたいと考えている。

石村さんは、能登半島地震を受け、『たまぼう』を被災地で活用できないかと思い立ち、震災時などで道路が封鎖された場合を想定し、『たまぼう』を使って応急的に人力で作れる応急組立橋の実験を行った。作業員2人が約30分で『たまぼう』を組み上げて応急組立橋を造り、ゴムキャタピラの約2tのバックホウを走らせても、応急組立橋は無傷だった。石村さんはその様子を動画で公表、道路陥没などで通行できなくなった被災地での活用も視野に、行政など防災当局に提案していく考えだ。

『たまぼうすいばん』『スライド防水板』『たまぼう』は、石村さんが発案し、防水技術で数々の特許を持つ東京・八王子市の多摩防水技研株式会社と共同開発したもので、石村さんが労働安全コンサルタントとして監修し、多摩防水技研が製造を担当、『Nicoldsystem』が販売している。また、『スライド防水板』をふるさと納税の返礼品として提供したのは、豪雨による浸水被害が多発していることから、『たまぼうすいばん』を全国広く知ってもらう機会になればと考えからという。

立山町消防本部に寄贈。

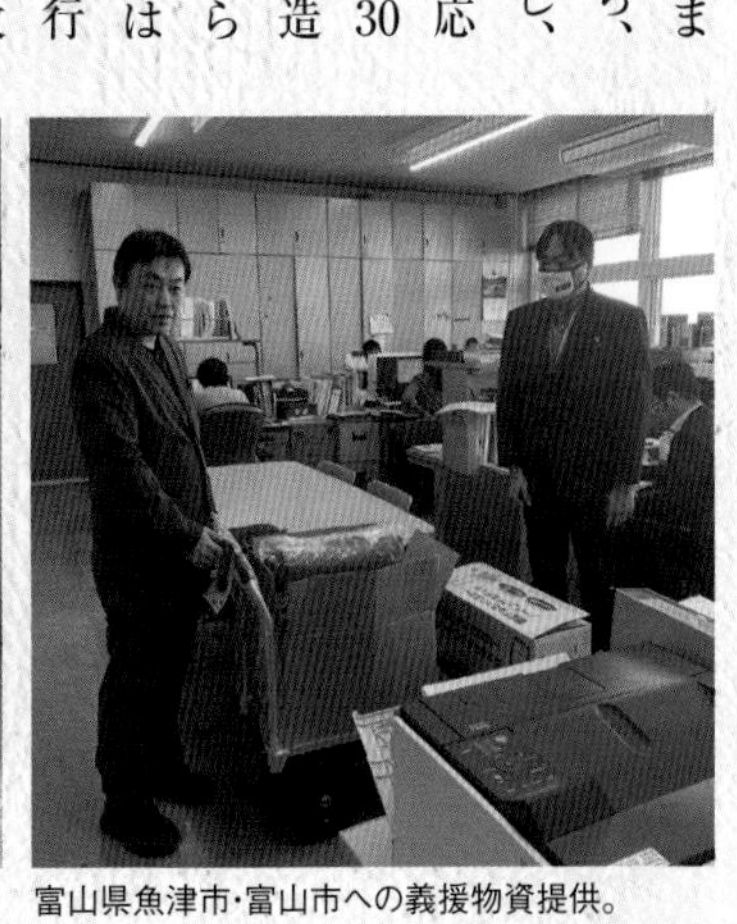

富山県魚津市・富山市への義援物資提供。

石村さんは、ジュール・ヴェルヌの名言、「人間が想像できることは、人間が必ず実現できる」をそのまま信念とし、また、人助けを製品戦略に掲げて技術の進化を追求してきた。

2022年に「発電装置及び発電方法」「レドックスフロー熱電発電を利用したコンテナ及び自動車」「ねじの緩み止め方法及び保護カバー」の3件で特許を取得した発明家でもある。「発電装置及び発電方法」は、日本の電力が逼迫状況にあることから、より熱効率の良い発電や捨てられている熱エネルギーの有効利用を行うために開発したものだ。「レドックスフロー熱電発電を利用したコンテナ及び自動車」は、冷却しながら発電するコンテナと蓄電した自動車で生鮮食品やワクチンの輸送を目的として開発された。「ねじの緩み止め方法及び保護カバー」は、水力発電所にある水門の巻上装置、巻取装置などの駆動部とその内部に異物が侵入しないように覆う保護カバーに関するものだ。

石村さんはまた、労働安全コンサルタントとして、企業の労災防止対策などについてのコンサルティングにも取り組んでいる。

（ライター／斎藤紘）

株式会社 ライフ建設

0285-81-7916 lifeconstruction@themis.ocn.ne.jp 住 栃木県真岡市西田井1129-2
http://life-group-global.com/

建設事業で社会を支える意思鮮明 経験則を生かす品質マネジメント

「事業活動を通じて、レジリエント（強靭）な社会インフラの整備を推進し、高度な施工技術と徹底した品質マネジメントにより、安全で快適に暮らせる持続可能なまちづくりに貢献する」

『株式会社ライフ建設』を中核に4事業会社で構成する『ライフグループ』会長の菱沼博之さんが2023年に掲げた「SDGs」宣言だ。最も重要なキーワードは「徹底した品質マネジメント」だが、経営理念に掲げた「コミュニティのためのトータルサービス」の実践から浮かび上がるのは、経営学理論お定まりの品質管理ではなく、会長自身が積み重ねた経験則、課題に常に目を向ける問題意識、社会や時代のニーズを見極める洞察力による事業運営のマネジメントだ。

グループを構成する『ライフ建設』『ライフ興産』『ライフ開発』『ニシオカリース』の4社で手がける事業は、土木工事、建築工事、とび・土工工事、宅地造成工事、舗装工事、造園工事、解体工事、

「一般社団法人やさしいあかりでつなぐ地方創生ネットワーク」に加盟。

有限会社ライフ興産　㊟ 栃木県芳賀郡益子町大字益子3312-1

株式会社ニシオカリース　㊟ 栃木県真岡市西田井字東原1144-8

株式会社ライフ開発　㊟ 栃木県真岡市西田井東原11-1

建設残土の受け入れ、盛土造成工事、産業廃棄物の運搬及び処理、土石採取・運搬、コンクリート圧送工事、土木建築に関する測量及び設計、太陽光・風力・水力発電トータルプランナー事業、ソーラーパネルの設計・施工・販売、環境アセスメントに係わるコンサルタント、木材チップの製造販売、山林立木の伐採・伐根、組立ハウス・ユニットハウス等簡易ハウスの賃貸及び販売、建築資材の販売、建設機械の賃貸、重機機械の修理・販売・売買・輸出入、改良土の仕入販売、不動産の売買・賃貸・管理・仲介・保有・運用、各種肥料の製造販売、自動車修理、医療機器の賃貸及び販売、損害保険代理業、飲食店経営、古物売買・受託販売・輸出入など多岐にわたり、文字通りの「トータルサービス」だ。

「当グループは、トラック1台、軽トラ1台、油圧ショベル1台、従業員4人で始めた小さな建設会社が起点ですが、事業を進める中で、地域に役立つもの、住民が求めるもの、困っていることに対応し、事業化するうちに業容のウイングが広がっていきました。大がかりな工事から町の店舗が単体で行うような仕事まで様々ですが、県域を越えて大規模造成工事や再生可能エネルギー関連事業、建設業界で大きな課

題になっている建設残土の処理事業まで展開し、時代の要請に応えながら社会を下支えする企業グループになったと思っています」

「SDGs」宣言に掲げた「品質マネジメント」は、一つひとつの仕事をその目的のために丁寧にやり遂げることが基本だが、主軸事業の土木関連工事で菱沼会長が追求するのは一段高いレベルの品質だ。

「土木工事における品質マネジメントは、計画通り無駄のない工程で工事が進み、工事目的物が設計で定められた基準をクリアできるようにすることですが、土木工事に限らず建設業は構築物の施工、改修解体というライフサイクル全体が他の業種と比べて環境に大きな影響を与えるため、環境負荷を管理する必要から約80にのぼる環境関連法が存在し、施工にあたってはこれを遵守することが前提です。その上で品質管理を行う際に重要となるのは、工事目的物に必要な品質の種類と基準を正しく把握することです。品質基準をクリアするためには、工程にも工夫をしなければなりません。当社は長年にわたる施工経験を常にフィードバックしながら改善を重ね、品質維持に努めてきました。この中で重視してきたのは、品質の低下に関わる問題が建設現場で発生していないかを観察できる観察能力、問題を察知した場合に先に手を打つリスクマネジメント、それと建設現場で発生する事故の多くは人間のミスに起因していることから、絶えず作業手順などについて作業員など意思疎通をはかるコミュニケーションです。こうした取り組みが徹底した品質マネジメントとなり、当社の土木工事の品質の高さを支える基盤になっているものと考えています」

菱沼会長は、「SDGs」宣言で環境保全への取り組みにも言及、「太陽光・風力・水力発電のトータルプランナーとして再生可能エネルギーの普及・発展に務め、クリーンなエネルギーの創出とCO_2削減に貢献する」「廃棄物の削減・適切な処理、3R（リデュース・リユース・リサイクル）を推進し、循環型社会の実現に貢献する」とした。その実践形態である太陽光・風力・水力発電トータルプランナー事業は、太陽光や風力、水力などを利用した発電所を造る上で必要な測量調査、設計、土木、建設、保守管理など一貫体制で完結するものだ。太陽光発電は、国内外から高機能高性能の太陽光パネルなどの発電設備を調達、国内各地で年に200から300ヵ所で設置工事を行った。

「一般的に、メガソーラーと呼ばれる出力が1000kw以上の規模の発電所、及び水力発電所を一から造るのは簡単ではありません。発電所建設には、電気ばかりではなく不動産、測量調査、設計、土木、建設、保守管理など、各分野のエキスパートが集まってはじめてひとつのプロジェクトが完結します。その一貫した流れを当グループが一挙に引き受けるのが太陽光・風力・水力発電トータルプランナー事業です」

廃棄物の3Rの推進は、産業廃棄物処理事業の中で実践しているもので、産業廃棄物を回収して処理場に運搬するだけでなく、回収したコンクリートや鉄くず、廃プラスチックは粉砕したり、溶融したりして建設資材やバイオマス燃料として再利用するほか、地域で伐採された樹木も自発的に引き取ってチップ化、空き家などの建物を解体して出た木くずもチップ化してバイオマス燃料に活用するなど3Rを絵に描いたような徹底ぶりだ。

会長 菱沼博之さん
祖父や父親が経営者で早くから独立心を抱く。自衛隊を除隊した21歳の時から父親の仕事を手伝いながら建設業のノウハウを磨き、24歳で独立。『ライフ建設』、『ライフ興産』、『ライフ開発』、『ニシオカリース』で構成する『ライフグループ』会長。

菱沼会長と国子夫人、そして伏見宮殿下(右)。

建設業を長年牽引してきた経験、鋭敏な経営感覚、数々の資格に裏付けられた専門知識でグループを統括し、事業だけでなく、企業経営の品質も高めて地域社会に確たる地位を築いた菱沼会長のもう一つの特長が人脈の広さだ。その中には皇族もおり、東京都文京区大塚の護国寺に隣接する皇族専用の豊島岡墓地の樹木の管理を同社が担っているのは、菱沼会長の知られざる業績の典型だ。

（ライター／斎藤紘）

LIFE GROUP

TOTAL SERVICE
FOR THE COMMUNITY

島大工業 株式会社

076-467-3044 info@shimadai8299.com 住 富山県富山市松野83
https://www.shimadai8299.com/

災害に強い建物の土台構築に情熱傾注
北陸の地震被災地の復興にも取り組む

「私たちの仕事は、未来に残る建物の基礎をつくることです。災害で崩れてしまわないよう、一つひとつの作業を丁寧に行います。災害に強い建物をつくることで、社会に貢献していきたいと思っています」

多くの建物が倒壊した能登半島地震で災害に強い建物づくりの重要性が改めて認識される中、その課題に応える決意を新たにしているのが、建物の丈夫さを左右する基礎工事に携わって20年超の経験を持つ『島大工業株式会社』代表取締役の島田大輔さんだ。富山県内の工務店やハウスメーカー15社から仕事を請け負い、堅実に仕事を完遂するだけでなく、北陸地方の被災地の住宅再建、復興にも取り組んでいる。

「建物を建てる際の最初の工程である基礎工事は、土地と建物を繋ぐ土台となる基礎部分を作る重要な工事です。基礎は鉄筋コンクリート

代表取締役 島田大輔さん
高校卒業後、同級生の父親が経営する基礎工事会社に入社。仕事を続けているうちにやり甲斐も感じるようになる。15年間、経験を積んだ後、2018年、34歳で独立、基礎工事や外構工事などを手がける『島大工業株式会社』設立。

人々の生活を支える
やりがいある仕事

ゼロから1を生み出す仕事

で造られますが、建物の重さなどの縦向きの力や地震の揺れなどによる横向きの力に耐えられるように正確に構築しなければなりません。数十年経っても安定して建物を支えられるような土台をつくることが当社の使命と考えています」

基礎工事は地盤の状態によって施工方法と工程が決められるといい、軟弱な地盤を改良するために支持杭を打ち込む杭基礎、床下全体にコンクリート打設を行い、床下に空間を設けるベタ基礎、床下に空間がなく、砂利やコンクリートを敷き詰める密閉構造のSRC基礎などがあるが、島田さんが最も得意としているのは、建物の主要な部分にコンクリートを流し込む布基礎（ぬのきそ）という。

「布基礎は、古くから採用されている工法で、建物の壁面に沿って連続して設けられた帯状の基礎のことをいいます。使用するコンクリートや鉄筋の数が少ないのが特徴。また、地面に隠れている根入れとよばれる基礎の深さが、住宅の底面全体に鉄筋コンクリートを流し込むベタ基礎に比べると深いので、強度も高いのです。現場に合わせて最適な工法で工事を行っています」

地盤の状態に最適の工法を選択した後の工事は、設計図に忠実に行うことが前提で、建物の正確な位置を出す丁張りから掘削、砂利引き、防湿シート敷設、コンクリート流し込み、基礎天端均し、鉄筋組み、基礎外周の型枠組み、床の生コン打設、内部の型枠組み、アンカーボルト設置、生コン打設、養生、型枠外し、仕上げなど数多くの工程から成る。

「作業はまず建設範囲を分かりやすくするために基礎の外周に縄やロープを使用して印をつけることから始まります。次が掘削工事。地盤を掘り起こす作業で、重機を使用して基礎の底面の高さまで土を掘り出します。そこに石を全体に敷き詰め、転圧する機械で地面を固め、建物の沈下を防ぎます。次に防水シートで湿度の上昇を防ぎ、捨てコンクリートを流します。捨てコンクリートは基礎の位置を正確に墨出しすることと、型枠を固定することを目的に施されるコンクリートのことで、重要な役割を持っています。次のステップが配筋。基礎の寿命や強度に影響を与える非常に重要な工程です。丁寧に鉄筋を組んでいきます。その後、木製や鉄製の型枠を使用した型枠組立てを行いますが、コンクリートが漏れないよう慎重に行わなければなりません。次がコンクリート打設。型枠にそってコンクリートを流しますが、固まるまで一定の日数を置いておく必要があります。最後は型枠を外し、不備がないかを確認して工事は終了します。これが大まかな流れですが、作業中、構築したものが水平垂直になっているかを計測器で確認しながら進めます」

　これらの工程で最も技術力が求められるのは鉄筋を組む配筋という。

「配筋は、押しつぶそうとする力に対しては強いものの、引っ張る力や曲げる力に対しては弱いコンクリートの弱点を補うために、引っ張りに対して強い鉄筋を組み合わせて強度を確保するのが目的です。コンクリートを打設する前には、図面に記載されている仕様と実際に施工された工事が一致しているかどうかをチェックします。鉄筋の本数、配置、鉄筋のかぶり厚さ、鉄筋の波打ち、鉄筋定着の長さ、鉄筋の太さ、固定状況、アンカーボルトの位置などを子細に確認します」

　島田さんは、ここで使う鉄筋を従来は鉄筋加工販売会社から仕入れていたが、作業効率を上げるために2023年にこの加工販売会社

当社で働く3つのメリット

MERIT01
風通しがよく
楽しく仕事できる環境

MERIT02
手厚い待遇で
安定した生活基盤が確保できる

MERIT03
基礎工事で
社会に貢献できる

を買い取り、商社から仕入れた鉄筋を自社で加工するだけでなく、同業他社からの鉄筋加工も請け負うなど業容を拡大した。

同社は、戸建て住宅を中心に店舗や木造アパートなどを対象にした基礎工事のほかに、森林や農地を宅地にするための宅地造成工事をメインに擁壁工事や四角錐形の間知石の石積み工事などスムーズに基礎工事を進めるために必要不可欠な様々土木工事や住宅周りを整備する外構工事でも実績を重ねる。宅地用に造成した土地で基礎工事を行い、住宅が建った後、駐車場や塀を造る外構工事も合わせて行うこともある。工期を守り、状況に合わせた対応で素早く的確に作業する確かな仕事ぶりが工務店などから信頼される理由だ。

島田さんは基礎工事会社で腕を磨いた後、個人事業を経て『島大工業』を設立したのは2019年。当初の従業員は4人だったが、現在は日本人6人、中国とインドネシアからの外国人実習生6人と12人まで増えた。4班編成で工務店などからの工事を請け負い、複数の現場を同時進行で動かしている。安定した仕事量が確保されているので、しっかりと稼げる環境が特長だ。また、従業員のモチベーションや仕事のパフォーマンスを維持向上させるために、福利厚生の充実化に取り組んだほか、従業員とのコミュニケーションも大事にし、食事会やBBQなどの社内コミュニケーションの場を積極的に設けている。日曜日を定休日としているためプライベートな生活面も充実させることができるという。

「誰かの生活空間を根底で支えていく土台を自分の手で築くという実感がこの仕事の醍醐味です。私が目指すのは誰が見ても良い仕上がりだと言ってもらえる仕事、同業者が見ても、大工さんが見ても、素人の方が見ても良い仕事だと評価していただける仕事を追求することを決して辞めず、どのような作業にも真剣に向き合い、妥協なき仕事を続けていきたいと思っています」

誇りと使命感を持って仕事に取り組む職人魂がここにはある。

（ライター／斎藤紘）

ワールドネットインターナショナル 株式会社

042-440-6023　info@wni-group.co.jp　住 東京都港区海岸1-2-20 汐留ビルディング3F
https://wni-group.co.jp/

命を守る防災シェルターを開発 健康に役立つ酸素カプセル好評

　2000年の創業以来、「皆様の健康と幸せと命を守る」をコンセプトに、生命への危機管理に資する防災機器や健康面をサポートするヘルスケア製品の研究開発に取り組んできたのが『ワールドネットインターナショナル株式会社』だ。ロシアによるウクライナへの軍事侵攻など絶えない国際紛争、止まぬ軍拡競争、2024年の年明け早々に襲った能登半島地震など天変地異が相次ぐ状況下で注目される『防災シェルター』、ストレス社会で高まる健康志向に応える『酸素カプセル』は、その代表的な製品だ。

『防災シェルター』の開発は、代表取締役の中嶋広樹さんが2011年の東日本大震災の後、家族と訪れた宮城県石巻で街が壊れて人が亡くなっている光景を目の当たりにし、津波シェルターを作ろうと決意したのがきっかけ。早々に、人口当たりの核シェルター普及率はほぼ100%というイスラエルの企業と交渉して、核除去フィ

『最後の砦』Gシリーズ

『最後の砦』Vシリーズ

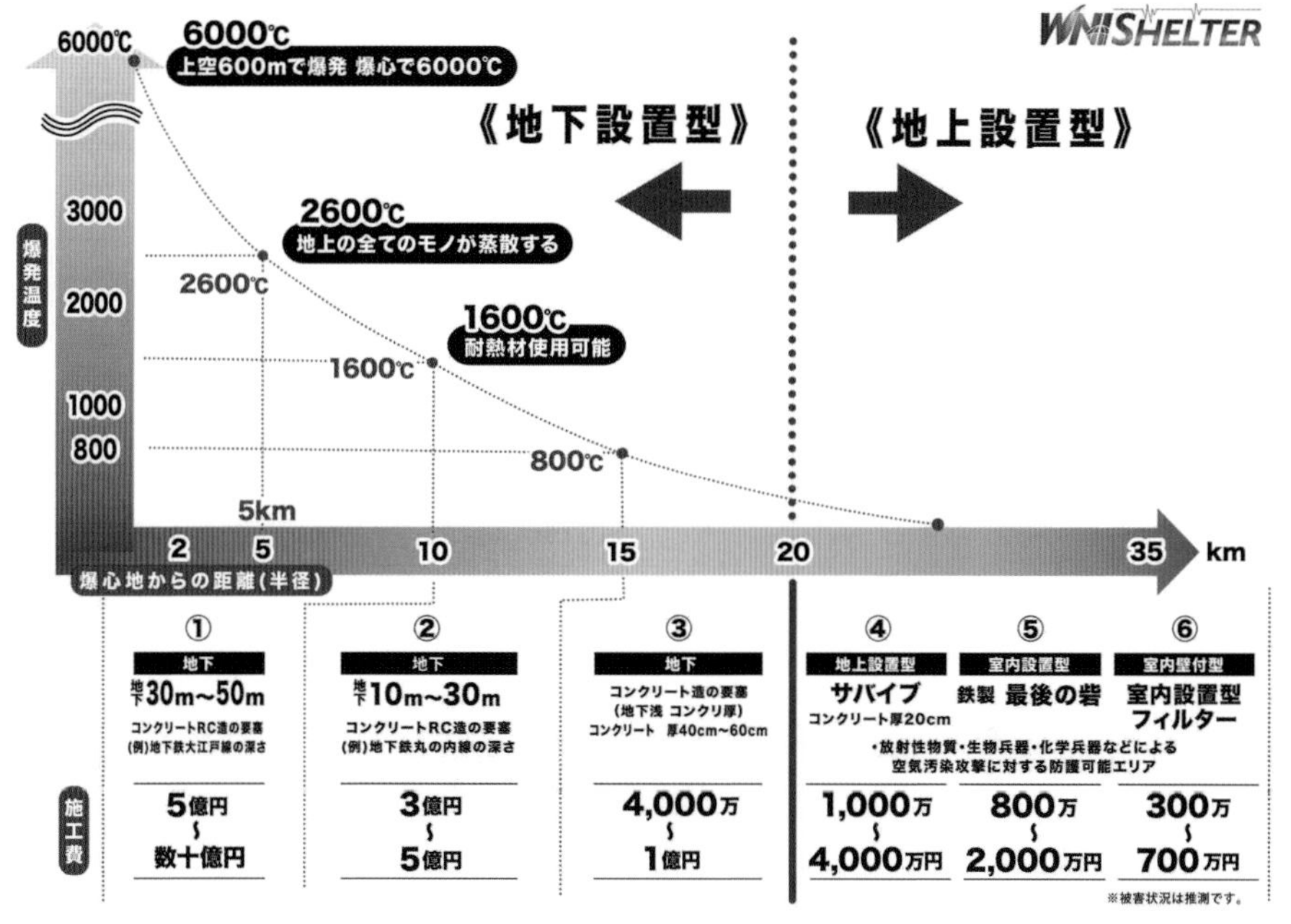

ルターを仕入れ、その商品と同社の技術を合体させる開発を始め、製品化した。

『防災シェルター』には、室内、庭、地下などに設置できるように開発された4タイプがある。

『最後の砦』は、地下に埋める必要のない、日本初の室内設置用箱型シェルターで、化学物質や病原微生物、放射性物質に対応するイスラエル製CBRNフィルターを搭載した有害物質遮断装置レインボー72Rを備え、防放射性物質、防生物兵器、防化学兵器、耐震、災害時の屋内家財倒壊による二次災害防止の国内初の5wayマルチ防災シェルター。分割型のため、間口が狭い家でも搬入設置が可能で、箱型のため360度からの危険から身を守ることができ、家屋がつぶれる事態はもちろん、地震で家具家電などが飛んでくる場合も安心して避難することができる。加えて、Jアラートなどが鳴り、ミサイルなどが飛来した際の爆風による家屋破損時に起こりえるガラス片や木材などによる危険や、台風や竜巻によって重量物が飛来した時にも安心して逃げ込むことができる。

「地下シェルター」室内イメージ

「地下シェルター」

「地下シェルター工事」

『令和の要塞・サバイブ』は、生命を奪う台風、竜巻、暴風、地震、火災、ミサイル、放射性物質、生物兵器、化学兵器の9つの脅威から身を守る9way万能シェルター。コンクリート厚20cm～150cmで放射線遮断能力とミサイルが直に着弾しても堪える強度を持つ。PCコンクリートボックス形状を採用したことによって、通常のシェルター建設より大幅に工期を短くし、コストを抑えることができる。CBRNフィルターを搭載した有害物質遮断装置レインボー72Rを設置することで核シェルター化も可能だ。最短2週間の滞在前提に、通常時は倉庫や自宅の部屋としても利用できるのも特長だ。

『地下埋設型シェルター』は、地下に埋設することによってガンマ線の強さを1万分の1に減らすことができるうえに、核爆発時の爆風、熱波から守り、核シェルターとして万全の環境を形成する。空気ろ過器を設置することで放射性物質を始めとした有毒物質を遮断することもでき、火山の噴石や台風、竜巻にも対応可能だ。

『サバイブ7000』

『『ブロックビルドシェルター』

『ブロックビルドシェルター』は、建築基準法によるマンションへの搬入、設置が可能で、防放射性物質、防生物兵器、防化学兵器、災害時の屋内家財倒壊による二次災害防止の4wayマルチ防災シェルターだ。

いずれのシェルターも核シェルターの機能を持つが、中嶋さんは核シェルターで一番重要なのは陽圧する速度という。

「陽圧とは、室内の気圧を外部よりも高めることを指し、通常時の1・0気圧に対して1・007気圧に上げることで放射性物質や有毒ガスなどの侵入を防ぐことです。Jアラートが鳴ってから3分以内に核シェルターに逃げ込んで完全陽圧にしなければ意味がありません。当社のシェルターは、最速1～2秒で完全陽圧が可能です」

また、同社のシェルターはすべてが自社製造のため、収容人数や設置場所など設置条件に応じたサイズの変更などのカスタマイズが可能なのも大きな特長だ。

一方、『酸素カプセル』は派生製品の『酸素キャビン』『高圧型酸素ドーム』と共に『O2DOCTOR（オーツードクター）』ブランドで展開している同社の主力製品で、いずれも一般的な酸素カプセルの1・3気圧ではなく、医療機器となる2・0気圧ぎりぎりの1・9気圧を日本で初めて実現、リラックス効果や疲労回復の促進効果が期待でき、健康志向の人や美容を意識する人たちに支持される製品だ。製品はネジ1本までも日本製にこだわった日本国内の自社工場で製造したものだ。

『酸素カプセル』は、強靭なポリカーボネート製で、窓の厚さが4㎜、6㎜の薄い物を使用している製品が多い中で8㎜の厚さの窓を採用し、耐久性に優れた構造。カプセル内部の手元のボタンから操作することができ、体調が悪くなった場合でも自分で使用を止めることができる。また、使用中に地震や停電などが発生した場合にも外側からでも内側からでも操作できるワンタッチで緊急ストップ弁を開けることで、酸素供給をしたままでも10秒程で窓を開けることができる安心設計だ。大型スライド窓がついているので、お年寄りやけがをしている方でもらくらく出入りが可能で、空間が広く、圧迫感無く安心で快適な酸素セラピーを楽しむことができる。

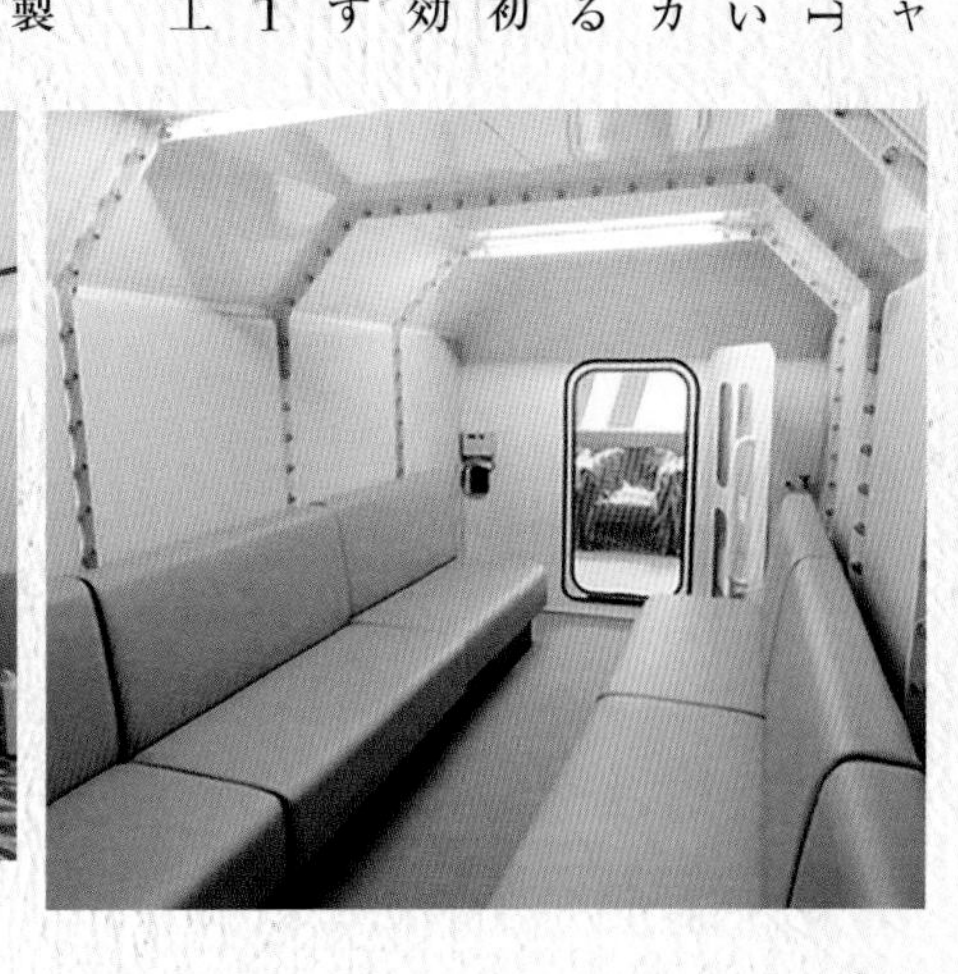

『O2DOCTOR』

『酸素キャビン』は、『酸素カプセル』と同じ設置面積のスリム型省設計タイプ。『酸素カプセル』と比較して約2倍の体積があり、より広く快適な空間を実現、その結果、閉塞感や圧迫感もなく、キャビン内で横になったり、自由に動くこともできる。また、車椅子のままでも利用できるなど様々な活用方法が可能だ。

『高圧型酸素ドーム』は、居住空間が広く、分割搬入も可能なカスタマイズモデルで、トレーニング機器を入れられる大型タイプ。大型液晶テレビやエアコンを設置することもできる。トレーニングジムやゴルフ場など大型スポーツ施設やプロアスリートの個人用途などに適している。分割することができるので、搬入口が狭くても設置が可能で、ユニット数を増やせば、空間が広くなり同時に使用できる人数も増やすことができる。高圧専用、低圧専用、高圧低圧2wayタイプとユーザーの要望に合わせカスタマイズが可能だ。

（ライター／斎藤紘）

株式会社 HR&B

06-6133-5430　HPのお問い合わせフォームより　㊟ 大阪府大阪市北区梅田2-2-2 ヒルトンプラザウエスト19F
https://hrandb.com/

世界標準の人事戦略で日本復活を目指す
米国流組織マネジメントの実体験を活用

日本企業が、日本経済が、かつて「Japan as No.1」と賞賛された時代のように世界に向かって再び羽ばたく上で、グローバルスタンダードの人事、組織マネジメントが如何に重要かを説き、経営陣に気づきと行動変容をもたらす「戦略的人事コンサルティング」や「エグゼクティブコーチ」で存在感を高めているのが、『株式会社HR&B』代表取締役の藤間美樹さんだ。グローバル企業の人事部門で活躍し、通算6年に及ぶ米国での勤務中に厳しい米国流人事マネジメントを目の当たりにした経験が先進的なコンサルティングに投影され、日本の企業風土とは異なる新たな視点をもたらすのが支持される理由だ。

藤間さんの実力を知る手がかりになるのが、そのキャリアだ。神戸大学卒業後、アステラス製薬（当時藤沢薬品工業）で営業、労働組合、人事、事業企画を担当、米国に3年間駐在し米国の人事を習得。バイエルメディカルに人事総務部長として転じ、グローバルなM&A後の統合プロセスを推進。武田薬品工業に移り、人事のグローバル化を推進し、70数ヵ国を管轄する本社部門のHR（Human Resources人事）ビジネスパートナーのグローバルヘッドなどの要職を歴任。その後、参天製薬で執行役員人事本部長として人事組織のグローバル化と人事制度改革を推進。積水ハウスでは執行役員人財開発部長として人

代表取締役
藤間美樹さん

戦略と組織風土

業績に組織風土30〜40%影響
樹木＝業績
たね＝戦略
組織風土にリーダーの影響は70%影響
土壌＝風土

戦略と組織風土には、種と土壌のような相性。

経営戦略と人財戦略の連動と組織風土

経営の想い/経営戦略
戦略実行可能な組織風土
人事施策/人事制度改革

経営戦略を実行できる組織風土を特定し人事制度改革を実践する

戦略的人事に求められること
- 企業理念と経営戦略の理解
- ビジネスに通用する人事専門性
- 過去の経験に固執せず、未来を描く
- 継承すべき戦略、変革すべき戦略
- 変革のリーダーシップ
- 説明責任を果たす
- 世界を知る
- 正しいことをやりぬく倫理観と胆力

人と組織を動かす戦略的人事

人事制度改革 → 組織風土改革 → 戦略実行
CoE　支援／FB　HRBP
HRBPは現代の諸葛孔明

Mission

人事で経営を
そして日本を強くする

Vision

経営に資する戦略人事
人事戦略で事業に貢献する
人と組織の活性化
人と組織のイキイキを追求する

Value

一人ひとりの「成し遂げたい想い」と
経営の「世の中に貢献したい想い」が調和し
人と組織と企業が成長し幸せになり
日本が強くて幸せになる

事制度改革を実施した。企業から企業への転籍の大半はヘッドハンティングによるものだ。

こうしたキャリアを生かすべく2023年4月に独立起業、社名の『HR&B』のHRはHuman Resources、BはBusinessを表し、合わせて「人事と経営」を意味し、「人事で経営を、そして日本を強くする」という藤間さんの経営理念を象徴する。

「人事の力で、人を育成し、人がイキイキと才能を発揮できる組織風土を築き、企業が発展し、人と組織と企業が成長し幸せになり、日本を強くて幸せな国にしたいとの思いを込めました。これを実現するためには、経営がグローバル水準のリーダーシップを発揮し、グローバルで通用するマネジメントをしなければなりません。その環境づくりをサポートするのが当社の使命と思っています」

具体的な業務は、「人事コンサルティング」では人事戦略や組織戦略、経営戦略の策定支援、人事戦略の視点からの経営戦略の支援、イノベーションを起こす自律した人財や人と組織を動かすリーダーの育成、人財を活かしきる組織開発の支援、グローバルで通用するリーダーシップやグローバル人事マネジメントなどのグローバル化の支援。「エグゼクティブコーチ」では、様々な課題に直面する経営者や役員、経営トップ層へのコーチングプログラムの提供と経営目標の達成支援など多岐にわたる。経営者へのコーチングは月に1回、半年から1年かけて1対1の面談方式で、経営課題をテーマに様々な角度からやり取りしながら経営者が自ら解決策を見出すよう導いていく。

こうした業務の中で藤間さんが指摘するのが日米の人事、組織マネジメント慣行の違いだ。

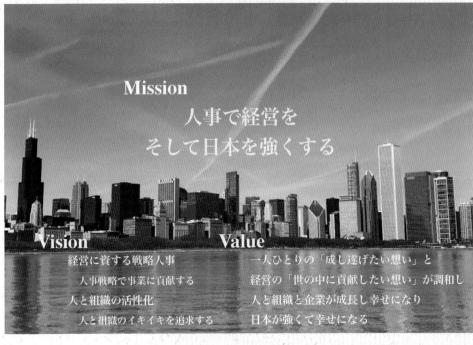

折り紙のような和のこころを持った人事と経営の鳥が
“人”を描きながら世界に羽ばたいていく

経営戦略と人財戦略の連動

戦略的人事とは
戦略を実行できる組織をつくること

あの山に登る！

登る人を育てる！

「違いはたくさんありますが、わかりやすい例では社長と社員のやり取りです。日本では年初や年度初めなどに社長が社員を前に行う挨拶は所信表明で終わりますが、米国のタウンホールミーティングは社長が最初に話をした後は、質疑応答に入り、社員から活発に意見や提案が出ます。これによって経営方針への社員の理解が深まり、社長も反省点に気づくことができるのです。また、私の上司であったグローバル企業のアメリカ人の社長は、いつも私に『あなたはどう思う』と聞いてきました。上司から『あなたはどう思う』といつも聞かれることで、部下は常に自分の考えを持つようになり、自律するようになります。こうした慣行からいえるのは、施策や実行計画は上位職から一方的に伝えるのではなく、会話を通じて意見を聴き、考えが異なれば議論をして納得を引き出さなければならないということです」

もう一つ、藤間さんが指摘するのが、人事の仕組みの違いだ。

「採用、評価、昇給、異動、昇進を決定する権限を、海外では人事部門でなく各部門が持っています。事業部長、部門長は、事業に対して任された権限でヒト、モノ、カネの経営資源を使います。ビジネスの責任を有する部門に人事権があるのは合理的です」

さらに藤間さんは、従業員の熱意を意味するエンゲージメントの日本の現状に警鐘を鳴らす。

リスペクトされるグローバルリーダー
個としての軸
多様性の活かし方
決断力
伝える力

「従業員のエンゲージメントが企業業績に影響することが確認されていますが、国際比較で、熱意をもって働く割合について日本は5%で139カ国中132位。世界平均は23%です。原因は多くのことが絡み合っていますが、従業員の意思に関係なく異動があり、意に反した異動であっても退職せず、エンゲージメントが低いまま在籍すると

経営の想いと従業員の想いの調和

人事で経営を、そして日本を強くする

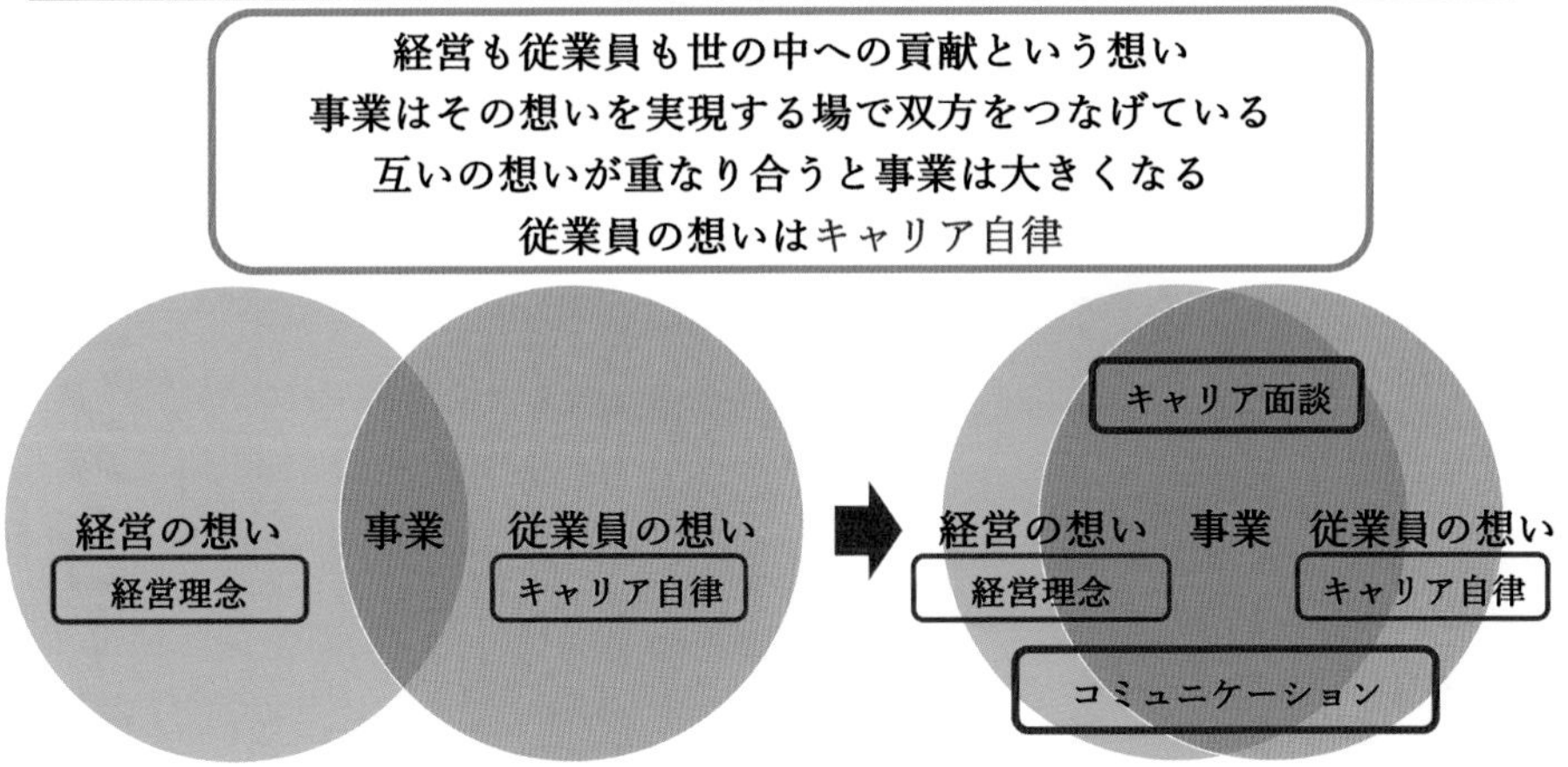

経営も従業員も世の中への貢献という想い
事業はその想いを実現する場で双方をつなげている
互いの想いが重なり合うと事業は大きくなる
従業員の想いはキャリア自律

経営の想い
経営理念
事業
従業員の想い
キャリア自律

キャリア面談
経営の想い
経営理念
事業
従業員の想い
キャリア自律
コミュニケーション

いうのも要因の一つと思われます。海外では従業員の同意なしで異動はありませんし、会社に魅力を感じずエンゲージメントが低くなれば転職します。そのため、海外の会社は日本とは比べ物にならないくらい従業員を大切にして、従業員のエンゲージメントを高める工夫をしています。ここも日本の人事がグローバル化において注意すべき点です」

藤間さんは、グローバルスタンダードから日本企業のマネジメントには多くの課題があると指摘する一方、日本人の強みとして倫理観を挙げる。

「経営の世界では、誠実さ、高潔さ、真摯さなどを指すインテグリティが最高価値であり、最高経営責任者に求められる資質です。この資質を持つ経営者がグローバルスタンダードのマネジメント能力も併せ持てば、世界に向けて羽ばたく道が開けるでしょう」

藤間さんは、コンサルティングの対象であるクライアントの成長を支援するだけでなく、自身のコーチングスキルを進化させるための研鑽を独立後も続けている。コーチングの神様といわれる米国のマーシャル・ゴールドスミス博士の「グローバル企業のCEOが必要とするエグゼクティブコーチ研修」を受講して修了証を授与されたほか、実務家と研究者が集う人事実践科学会議や日本心理的資本協会で研究を重ねているのはその一端だ。心理的資本とは前向きに思考し行動し続ける人の心のエネルギーのことだ。

「日本を強くしたいのは、日本を幸せな国にしたいからです。皆で力を合わせて日本を復活させるために頑張りましょう」

（ライター／斎藤紘）

タレントマネジメント体系

育成
人財育成計画
社内公募
採用
配置
評価
タレントレビュー

タレントマネジメント体系を整備することにより、人財育成と組織強化が仕組みとして推進される。

モーニングコーチング® produce by ABCトレーニング

✉ info@abc-training.jp ㊟ 東京都港区南青山5-17-2 シドニービル502
https://www.abc-training.jp/

毎日朝10分間のパフォーマンス管理『モーニングコーチング®』

「平日の朝5時から9時の間に10分から15分、電話やオンラインでコーチングを受ければ、その日の自分にスイッチが入り、生産性を高めることができます。人生が一変します」。自己実現のための成功哲学の普及に取り組むナポレオン・ヒル財団認定の上級指導員として活躍した「ABCトレーニング」代表の井能崇博さんが考案した『モーニングコーチ®』が好評だ。コーチングを受けた人たちの感想から浮かび上がるのは、目標達成の癖つけができるようになったり、思考の整理と自信が身についたりする効果だ。週2回から5回、電話、Skype、Zoomで経験豊富なコーチ陣が科学的根拠に基づく効果的なコーチングを提供するサービスで、個人でもグループでも受けることができる。「頭や気持ちがスッキリする」「行動力が上がる」「モチベーションが高まる」「人間関係が楽になる」「ミスが少なくな」「決断力が上がる」「生活習慣が変わる」などの効果が期待できるという。

代表 井能崇博さん

LINE

ホームページ

朝の仕事前に
強烈なマインドセットを

前日を振り返り
学びと成長に繋げる

早起きの習慣が身に付く

『モーニングコーチング』は、あなたの最高の1日をサポートします。

『モーニングコーチング』(1日10分×20回)
毎日開催　額 3,300円(税込)〜　電話、Skype、Zoomを利用。

会社でプロジェクトリーダーを務める40代の男性「大きな目標を掲げては挫折するという繰り返しでしたが、コーチングを受けて改善策はなにか一つひとつ解きほぐしてくれて自然と答えが出てきました。毎朝目標を決め、達成できたかを振り返り、自身の強み弱みと向き合う、そうしたことの繰り返しで自分の理想としている姿と自分自身が一致していくような変化を感じています」

子育てをしながら在宅で仕事をしている30代の女性「朝、きちっと起きてセッションを受けることによって、毎朝、一日の過ごし方の目標を立てて、有意義に過ごそうという意識ができています。今までなんとなく過ごしていたことが、目標達成のためにアクションができるようになりました」

仕事で転機があったという40代の女性「私の性格、タイプや段階に応じてセッションを進めてくださったのが良かった。日々、私のマインド面などの状態をよく見てくださっているとも感じました。今では仕事での計画もスムーズに進み結果も残しています。今後も達成できるであろうと自分を信じられていることが大きな変化です」

『モーニングコーチ®』を受けた人たちの感想の一端だ。

(ライター／斎藤紘)

朝の運動をかねて

朝の時間の有効活用に

最高の1日のスタートを
イメージする

宮内コンサルタント

090-9290-6930　hmiyau@aol.com　㊟ 千葉県長生郡一宮町東浪見8629
https://www.hmiyau.com/

中小企業の成長に向けた戦略構築
市場分析など多角的な視点で助言

コロナ禍による営業不振から回復傾向にあるものの、原材料価格高騰、部材調達難、人材不足、経営者の高齢化、人口減少による内需縮小など引き続き厳しい状況にあると2023年版中小企業白書が指摘した中小企業や小規模事業者。中長期的な成長に向けた新たな企業価値を創出するための戦略が求められるが、その戦略構築で頼りにされているのが『宮内コンサルタント』代表の宮内博明さんだ。中小企業診断士の国家資格と経営学修士MBAの学位に裏付けられた幅広く奥深い知見が周到かつ多角的なコンサルティングに表出する。

「コンサルティングでは、経営で何に苦労され、どこに課題を感じているのかを明らかにし、経営者様に気づきを与え、それぞれの事業で思い描く将来の姿を実現するために逆算して戦略を立てていきます」

この方針に沿って行う具体的な業務の一つが、何

クライアントとの打ち合わせ。

MBAの仲間とブランディング研究会。

ゼミ仲間と。

山梨大学時代の友人と。

ドローン大学卒業式。

立教会MBAの仲間たちと。

近所のトマト農園にて勉強会。

農業研究会参加。

を作ったらよいか迷っている中小企業を対象にした『マーケティング支援』。商品展開や販売経路、売上・利益推移などの現状の確認から市場の可能性や顧客の属性確認などの市場の分析、ターゲット市場、顧客の設定、売上、費用、利益の計画作成、販促プランの作成、行動計画の作成まで行う。『経営コンサルティング』は、市場分析や財務分析、競合調査などによる診断、自社の強みや弱み、市場の機会、脅威などのSWOT分析と戦略決定、行動計画の作成までカバーする。宮内さんは、日本金融人材育成協会認定の企業経営アドバイザーの資格も持ち、金融機関が金融検査マニュアルに基づいて行う債務者の区分で、財務内容に特段の問題がないと認められる融資先を指す正常先か否かを判断する方法に倣って金融機関がどういう視点で見ているのかといった点もアドバイスする。経営者の高齢化で重要性を増す事業承継についても、後継者の経営力を磨くためにはどう育成すべきか、後継経営体制にどのように移行させていくかなど多角的な視点から最善の着地点に導いていく。このほか、活躍シーンが広がり続けるドローンに関してドローン自体の開発やドローンを利用したビジネスの開発を支援する補助金の申請も支援する。

（ライター／斎藤紘）

ヨーロッパ出張時。

株式会社 RISE SOLUTION

090-7120-6408 ㊟ 広島県広島市中区大手町4-5-4-801
https://www.kabu-risesolution.com/

広島を中心に飛躍し続ける人の繋がりを大切にする大徳

広島市を中心に電気工事やハウスクリーニング、造園工事、土木工事、コンサルタント業務など幅広い業務を請け負う『株式会社 RISE SOLUTION』。代表の竹氏翔さんは、ホスト業に従事した後、建築業界で現場監督を経験し、2020年10月に電気工事を主な業務とする会社を設立。建築関連業のみだけでなく、機械リースや中小企業コンサルタント会社を盛り込んだ幅広い事業を手掛けている。生活に欠かせない電気を供給するための電気工事では、配電盤や照明工事、電気機器の設置や保守点検など、安全面に配慮し厳しい安全基準にしたがって行う。ハウスクリーニング&リペアでは、住宅やオフィス、店舗などの清掃を行う。ハウスクリーニングでは、床や壁、天井、窓などの清掃、家具の移動や換気扇、エアコンの掃除などお客様のご要望に応じたサービスを提供する。造園工事では、植栽工事や植樹・移植工事など美

代表 竹氏翔さん

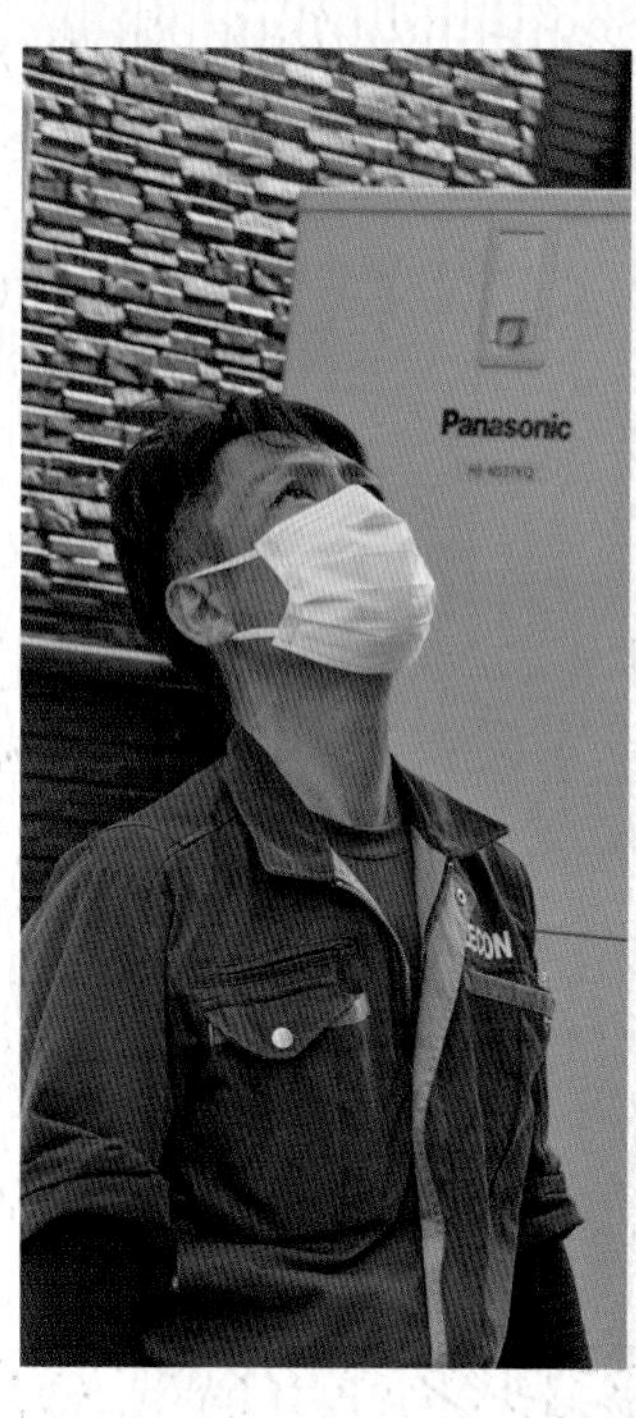

しい景観を作りあげるための手法や技術を駆使し、お客様の理想の空間づくりをお手伝いしている。土木工事では、土地造成や橋脚補修、下水道築造など私たちの安心・安全な暮らしを支えるためのインフラ整備を担う。中小企業コンサルタントでは、経営戦略や財務、マーケティング、人事など幅広い分野の課題をスムーズに解決するためのアドバイスや支援を通して、業務が効率化するようにサポートする。

また竹氏さんは、会社の方針として少年院や少女園などの犯罪行為に手を染めてしまった方の更生や社会復帰支援なども行っている。保護観察所や刑務矯正研修施設などでの活動を通して、更生を目指す方の就労支援や居場所づくり、本人がやりたい仕事へ繋げるなどの社会貢献にも積極的だ。

「様々な業務を担っていますが、一人で戦っているわけではありません。従業員の方々がお客様の話をしてくれた時や仕事に喜びを感じた時、ローンを組めた、家族の話などをしてくれた時に一番やりがいを感じます。自分個人だけではなく、周りの人と協力しながら業務に携わっていくことで、お金も信用も生まれてより大きく発展することができます」

（ライター／彩未）

株式会社 東名通商

046-205-0811 046-205-0812 tm.tec@aq.wakwak.com ㊟ 神奈川県愛甲郡愛川町中津6752-1
https://toumei.a.bsj.jp/

創業50年を超える塗装企業 代表の稀に見る経営方針に注目

金属塗装業を営む『株式会社東名通商』は、金属だけではなく、ハンマートーン・レザートン・エポキシ・建築機械・プラスチックなど様々な塗装業務、塗装の販売も手掛ける。現在は神奈川県に四つの工場を構え、先代から受け継がれる確かな技術と真摯な精神で、50年以上地域の方々から愛され続けている。2024年には、「Expert AWARD 2024」においてSMBエキスパート企業賞を受賞。全国にある中小企業社約300万社超の中からTOP30に入った『東名通商』をリードするのは、二代目代表取締役の吉野一春さんだ。28年間市役所職員として勤務した後、2021年に父が設立した同社を引き継ぎ、代表に就任した。「3K（きつい・汚い・危険）」の印象を持たれがちな製造現場でありながら、全国有数の企業として選ばれた理由は、吉野さんの経営スタイルにある。

「私は現場には立ちません。当社の特長は、経営者である私は経営に、現場の人たちは現場に専念

大小関係なく、個数も関係なく、最適な工法で塗装。

して、お互いの領域に足を踏み入れないことです。社員の主体性を重視して、現場のことは現場で決めてもらいます。社員のほとんどは、私よりも経験が豊富で、会社に対して長年貢献してきてくれたわけですから」

吉野さんが取り組んだのは、縦のラインを整え「一人ひとりの役割」を明確にすること。誰の責任なのか、どこに問題があるのか、今後はどうすればいいのかなどを社員同士でコミュニケーションを取って解決する体制を整えた。吉野さんは、経営業に専念。助成金や補助金などの公的制度の利用、また人を増やすのではなく少数精鋭で成果を出せる組織を作るという考え方は、自治体職員としての経験が多いに役立っているという。経営と現場の良いバランスが保たれる仕組みが構築されたことで、コロナ禍でも業績は伸び続け、収益は倍増した。

「この会社をよく知り、一生懸命働いてきた人が社長になるべきだと考えています。当社をいずれ現場の誰かにお任せしたい。ここで頑張っていたら社長になれるんだと皆が夢を持てる会社でいたいです」

現在の同社の目標は「東名通商2.0」と題し、3年以内に社員の給料を「2倍」にすること。この目標を社員全員とシェアし、今更なる社員のレベルアップに取り組んでいる。

（ライター／播磨杏）

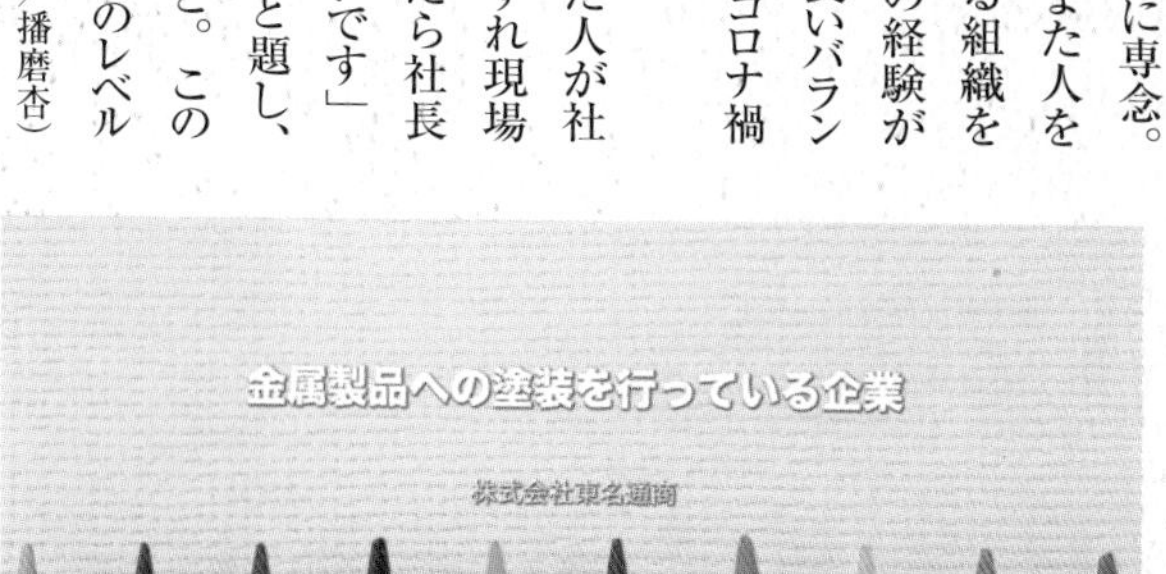

代表取締役
吉野一春さん

ファーストステップ 株式会社

03-4241-4416 first-step03@first1-step.co.jp 住 東京都目黒区自由が丘1-8-19 メルサII-4F
https://first1-step.co.jp/

経営者の熱い想いを共有 既存の資源を活かす全員参加のシステムへ

中小企業の経営フローと組織の強化をメインに、既存の経営資源を最大限活用しながら企業の課題に寄り添った経営コンサルティングを行う『ファーストステップ株式会社』の『史上最強の経営®』。「FS式ハイブリッド型経営改善メソッド」と「業界特化型コンサルタント」のWシステムにより、「売上拡大」「経費削減や販路拡大・原材料管理」、「全員参加型経営構築」「人材育成・定着・採用」の改善を行い、企業が抱える課題を同時に解決する。

『史上最強の経営®』は、経営者様の想いが組織に行き渡っていく仕組みづくりが特長です。経営者と組織が同じ想いを共有しているかどうか現地調査を行い、全員が同じ目標に向かって歩めるように全員参加型の経営システムを構築します」

大企業では、同じ目標に向かって取り組める仕組みがすでに構築されていることが多い。し

代表 鈴木美紀さん
「夢叶みき」というビジネスネームでも活躍。コンサルティン グ業だけでなくこどもまんなか応援サポーターとして活躍するなど社会貢献活動にも積極的に取り組んでいる。

愛の言葉を
響かせながら
伴走します
ファーストステップ株式会社
夢叶みき
JAPAN WORLD PAGEANTS
FINALIST

かし、中小企業では、社長のパワーだけで事業を盛り上げてきたケースもあり、仕組みがないために思うように業績が伸びないことも多い。

「クライアント企業の会議に毎月参加して状況を確認しています。事前に打ち合わせをして、経営者が社員に厳しい言葉をいわなければならない時には、コンサルタントが代わりにいうこともあります。経営者から直接厳しい言葉をいわれてしまうと、社員が不満を抱いたり萎縮することがあるので、同じ目標に向かって進めるように配慮しています」

伴走型コンサルティングによる全員参加型の組織づくりで、組織が一つにまとまり、同じ方向を向いて力を発揮できる環境を実現。経営者からの信頼も厚く、クライアントからの紹介で縁ができることも多い。また、「業界特化型コンサルタント」には優秀なコンサルタントが揃う。

「特殊養成機関で企業と深く関わる当社独自のノウハウを学んでもらい、厳しい研修を修了するとFS認定業界特化型専門コンサルタントとして活躍することができます。現在、コンサルタントの得意分野や専門知識、ネットワーク、ノウハウを活かしてクライアント企業の課題に寄り添い、伴走しています」

（ライター／彩未）

ゆめかなリレー

自他共に認め合える社会を実現するために、地域、企業と協力しながら「性別、年齢、立場、状況、国に制限されることなく、自由に文字、言葉、デザインを通して夢を語り合える場所を創造していくプロジェクト」、『ゆめかなリレー』プロジェクトがスタート。大自然と触れ合い新たな視点で新しい価値を創造していく体験、参加型プログラム。参加される皆様にとってこの経験が宝物となるようにと社会貢献活動を行っている。

川上温法律事務所

☎ 06-6316-8085 ✉ kawakami-law@wing.ocn.ne.jp ㊟ 大阪府大阪市北区西天満6-7-4 大阪弁護士ビル8F

親による子どもの誘拐が多発 離婚後も夫婦共同で子の養育を

2006年に開設した『川上温法律事務所』は、交通事故の損害賠償に関する被害者、加害者側の代理人としての示談交渉、訴訟等を多数手がける一方で実子誘拐のアドバイスなどにも力を入れる。代表の川上温さんは、1999年に弁護士登録し、大阪弁護士会に入会。法律の専門家としてトラブルに巻き込まれた方の人権や健康、財産を守るために様々なアドバイスを行う。実子誘拐は、夫婦間のトラブルをきっかけにもう一方の親の同意なく突然子どもを連れ去って別居を開始してしまうことだ。子どもは、突然自分の親と引き離され、連れ去った親が了承しない限り生き別れ状態になってしまう。二度と会えなくなってしまう連れ去り行為は、連れ去られた親だけでなく子どもの精神面にも多大な影響を与える。精神が不安定になり、引きこもりや自殺に繋がるケースも少なくない。実子誘拐の一番の問題は、

誘拐罪に該当する犯罪行為を犯しているにも関わらず、家庭裁判所が連れ去り親を子どもの監護者、親権者として認めてしまうことだ。簡単に子どもに関する全権を連れ去り親に委ねてしまうため、一部の弁護士が母親に連れ去りを唆し、親の実家やシェルターに囲い込むケースが多発している。現在の法律では離婚後の親権は一方の親に委ねられるため、同事務所では子どもがいる夫婦が別居や離婚の話し合いを行う際に、「共同養育」の選択を視野にいれることを提案している。「共同養育」の一番のメリットは、離婚・別居後も両親からの愛情が子どもに注がれることだ。その他、育児の分担や養育費が支払われやすくなる、どちらかの親に万が一のことがあった場合、もう一方の親が子どもを庇護しやすくなることも大きなメリット。実子誘拐の解決策は、子の連れ去り行為の厳罰化、連れ去り親を監護者、親権者と認めないこと。また、実子誘拐という問題の認知度を上げ、国民の知恵で実子誘拐を忌避する流れを作っていくことが重要だ。離婚や別居が視野に入った段階から「共同養育」を選択肢にいれることで、実子誘拐の問題が少しでも解決に向かうようにサポートする。

（ライター／彩未）

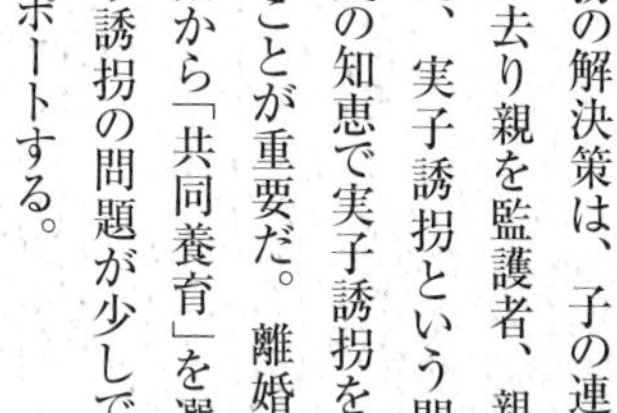

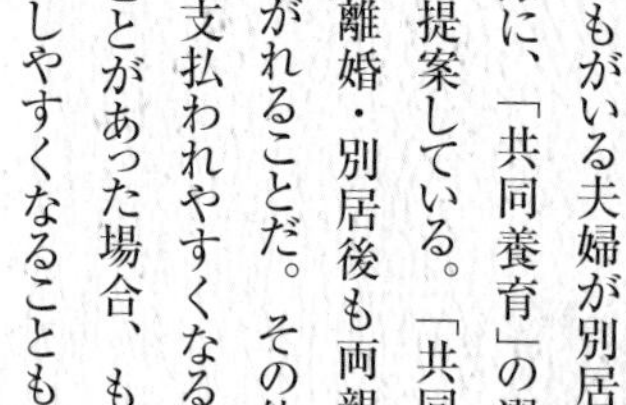

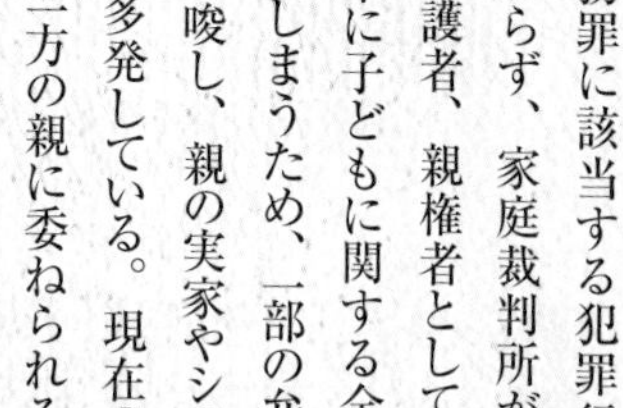

株式会社 空スペース

0422-57-3508　brg@coo-space.com　㊟東京都小金井市東町3-4-26
http://coo-space.com/

自然エネルギー&EVの強い味方
『フライホイール』蓄電

『株式会社空スペース』が2010年から鉄道研究所と共同開発した保持器なしでボール同士を非接触で維持する自立分散式転がり軸受『ADB®』を使用した『フライホイール』が注目を集めている。『フライホイール』とは、太陽光や風力などの自然エネルギーによって発電した電力を回転エネルギーに変換して蓄えるバッテリーのことだ。電力が安定しない自然エネルギーの発電力が増加する昼間や強風の時に回転エネルギーとして電力を蓄え、夜間にはその回転エネルギーを電力に戻すもの。経産省が主導する「蓄電所」の要として導入が進められている。従来の『フライホイール』は、繊細な磁気軸受で浮遊させているため稼働の際の消費電力が大きく、停電故障による破損が致命的、高価などの無視できない問題を抱えていた。同社が開発した『フライホイール』は、油に頼らずに真空中で摩擦や摩耗を14分の1に抑える軸受『ADB®』と、自己放電が

ベアリング『ADB®』(自立分散式転がり軸受)

発電電動機
電気エネルギーと回転エネルギーを相互に変換する

フライホイールロータ
高速に回転することで回転エネルギーを蓄える

超電導磁気軸受
磁気反発力を利用して、フライホイールロータを浮上させる

鉄道研究所の『フライホイール』。

鉄道研究所向け評価『AOB®』

外径280㎜軸受での『ADB®』の分散動作確認。

ラフな芯合わせでの摩耗比較　左:従来軸受　右:『ADB®』

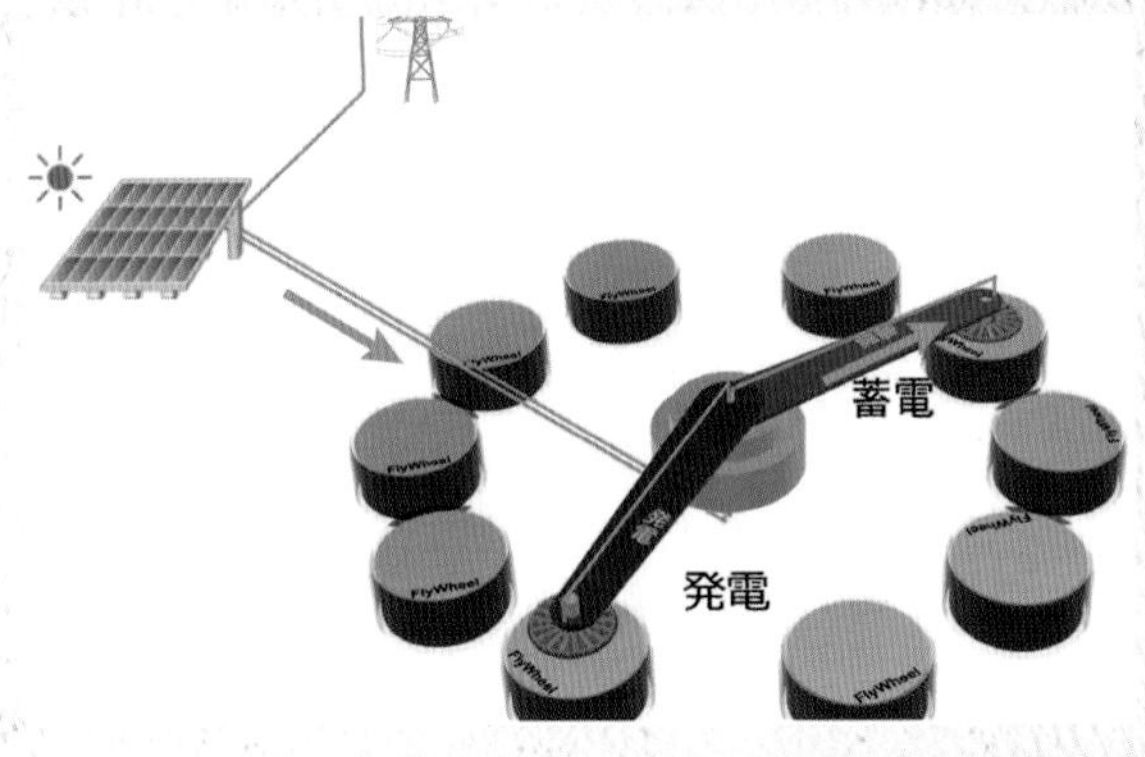

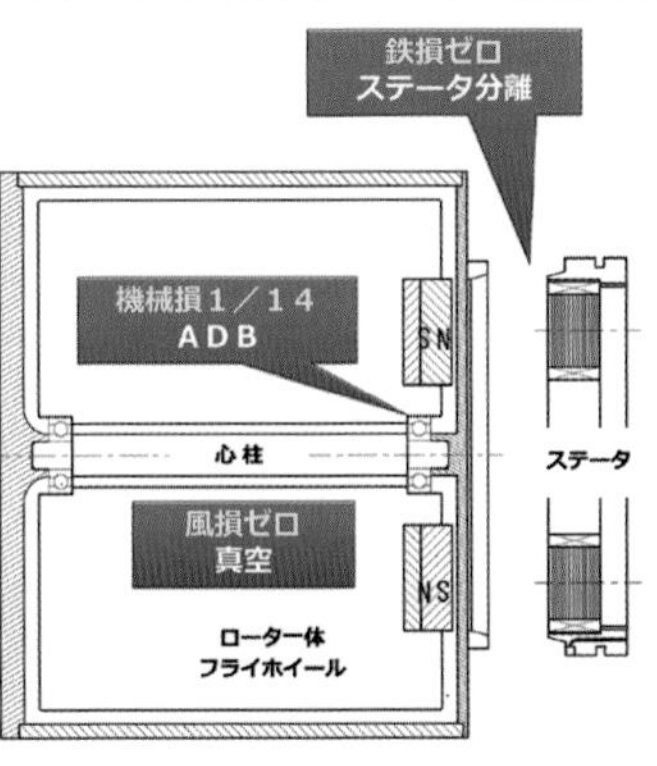

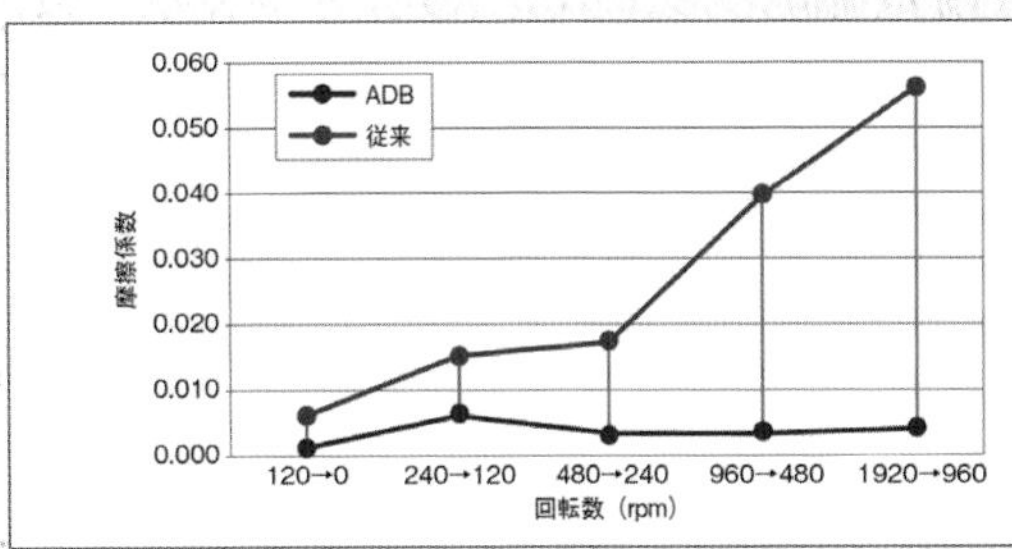

試作機 蓄電中の消費電力 0.14 Wh

最小の分離ステータ、心柱による軽量真空チャンバーで構成、高い耐久性と低価格を実現した（登録特許）。また本品では、充放電の最大電力を決めるステータと最大電力量（蓄電量）を決めるフライホイールを個別に増設可能、電力ニーズの変化に即応させる無駄のない設備が構築できる。『フライホイール』は、EVの急速充電スタンド用としても期待されている。充電時間の短縮は、電池性能の向上と、スタンドの給電力強化のセットで初めて可能になるからだ。現行スタンドはEVと同じリチウム電池によっているため、2023年暮れのアメリカの寒波では、EVとスタンドが共に充電できない大問題が発生、EV政策が転換される契機となった。スタンド設備は、数十年に渡り故障なく稼働する高い耐久性を求められるので、科学反応で劣化する電池よりも、半永久、充放電回数無制限の『フライホイール』にうってつけの用途だ。『ADB®』は、2011年から「JAXA」がテスト、真空無潤滑の火星ドローンに適合。また「JAMSTEC」ではトルク100分の1の海中動作を確認した。2023年には、クレーンの吊荷の揺れを防ぐ『ジャイロ用フライホイール軸受』を納入、今後もさらなる地球に優しいエコな社会への貢献を目指す。（ライター／彩未）

海洋シールレス
回転機構の『ADB®』。
（「JAMSTEC」提供）

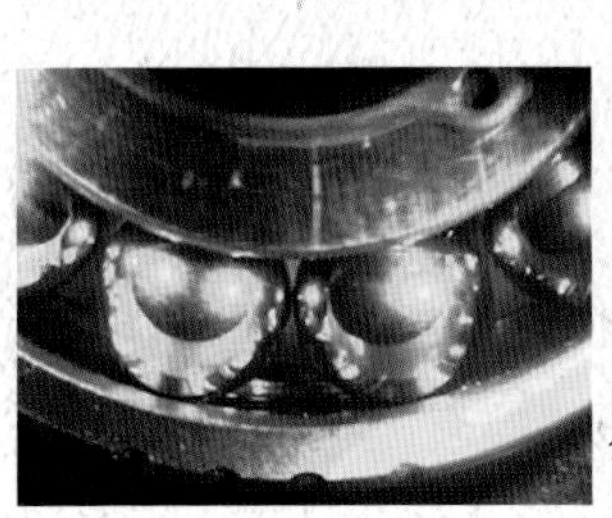
『ADB®』の
分散動作確認。
（「JAXA」提供）

スズデンホールディング 株式会社

0238-49-9750　suzuden-hd@coral.plala.or.jp　㊟ 山形県南陽市長岡480-3
https://suzuden-hd.co.jp/

持続可能な太陽光発電の事業体制追求
地域との関係を重視し新法に則り経営

傘下に11のグループ会社を擁し、東北、北海道の4道県で大規模太陽光発電所の運営事業を展開する『スズデンホールディング株式会社』代表取締役の鈴木達也さんは、社会が求めるニーズや新たな潮流を見定める鋭敏な経営感覚を持つ若き経営者だ。将来にわたる持続可能な経営体制の追求は、再生可能エネルギーで発電した電気を電力会社が一定期間、一定価格で買い取ることを国が約束する再生可能エネルギー固定価格買取制度（FIT）が終了する2032年以降の事業展開にも及ぶ。同社は、山形県に11カ所、宮城県に2カ所、福島県に16カ所、北海道1カ所の計30カ所に最小で出力49・5キロワット、最大で出力27000キロワットの太陽光発電所を展開。現在稼働中の太陽光発電所が生み出す23989キロワットの電力を東北電力に売電している。

鈴木さんが事業展望で重視するのが地主や地域住民との関係だ。

「一般的に、発電所運営はその土地の地主と20年間の

稼働中太陽光合計
23,989kw

FIT終了後の事業展望。地球温暖化防止に貢献。

代表取締役 鈴木達也さん
大学卒業後、山形電気保安管理株式会社に入社し電気主任技術者として働く。急逝した父親から「株式会社スズデン」を継承、電気工事事業と太陽光発電事業を事業分割、電気工事事業を譲渡し、2022年『スズデンホールディング株式会社』設立。

自然のチカラを、次世代の架け橋に。

太陽光エネルギーを活用した、豊かな地域・まちづくり

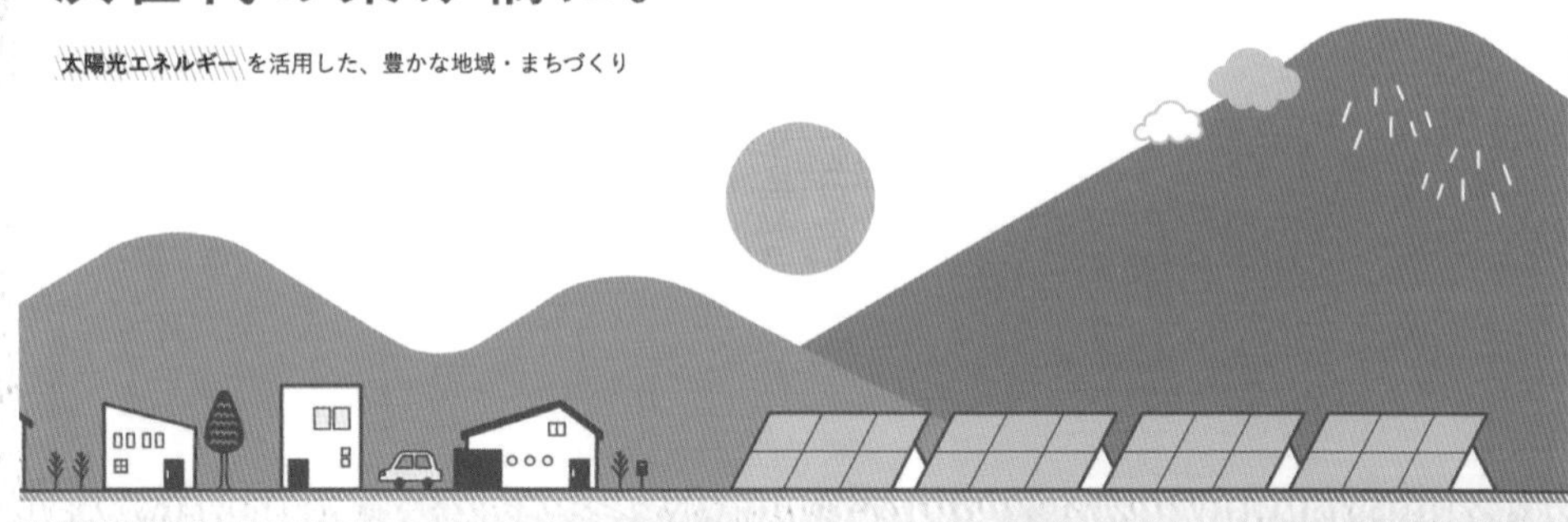

契約を結び、契約期間終了後は一年ほどかけて設備を撤去しますが、21年目以降も長くその土地で発電を続けるためには、地主さんたちと良好な関係を作ることが大切です。土地あっての発電所ですから。地域の組合に顔を出したり、祭事の時に援助金を出したりして、地主さんだけでなく、住民や自治体とも円滑なコミュニケーションを図っています」

FIT制度終了後の事業展開で鈴木さんが期待を寄せるのが、FIT制度の抜本的見直しや再生可能エネルギー政策を再構築することを目的に2024年4月1日からスタートする「再生可能エネルギー電気の利用の促進に関する特別措置法、いわゆる再エネ特措法だ。

「新法では、これまでのFIT制度に加えて、新たに収入が市場価格に連動し、一定の補助額を交付するFIP制度や、これまで地域の送配電事業者が負担していた再生可能エネルギーの導入拡大に必要な地域間連系線などの系統増強の費用の一部を賦課金方式によって全国で支える制度が創設されました。現行のFIT終了後は収益が確実に減るので、太陽光発電パネルの更新や増設のルールが見直されることによって、多くの事業所にとってプラスになると思います」

鈴木さんが太陽光発電所運営事業の持続性追求で目指すのは、早期のカーボンニュートラルの達成による地球温暖化防止への貢献だ。

（ライター／斎藤紘）

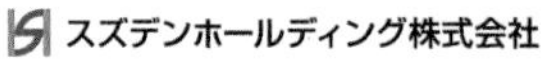

マイクロモジュールテクノロジー 株式会社

045-510-3080　mm-tech@micro-module.co.jp　㊟ 神奈川県横浜市鶴見区末広町1-1-40横浜市産学共同研究センター内
http://www.micro-module.co.jp/

モジュールの小型化で示す技術力
IOTの機能支える半導体実装技術

『マイクロモジュールテクノロジー株式会社』は、自動車やエレクトロニクス製品、光学機器などのモジュール（機能部品）の小型化、高性能化、半導体モジュールの高密度実装技術の開発と製造でメーカーの競争力のある新製品実現に寄与してきた会社だ。前職の大手電機メーカー時代から「モノの小型化」を追求、カメラの小型化、薄型化を実現する固体撮像装置及びその製造方法で特許を取得した代表取締役の原園文一さんの知見と経験が事業の推進力だ。

最新実装技術によるモジュール革命宣言
小型薄型化　低コスト　高密度・高性能化
ベアチップ実装・マイクロ接合技術による小型実装モジュールの
開発・試作・中規模量産までを社内実装でワンストップサポート

代表取締役
原園文一さん

「携帯電話を例に挙げれば、カメラや指紋認証、無線通信などの様々な機能を実行するために組み込まれている機能部品をモジュールといいます。かつては手に余るほど大きかった携帯電話が小さくなったのも、モジュールを小型化する技術が進歩してきたからです。当社の事業は、半導体ベアチップ実装をコア技術とした回路実装基板やモジュールの小型化、薄型化や多種多様なジュールの開発に加えて、モジュールをプリント基板に実装する新たな技術の開発も進め

IOTに関連するモジュール

通信モジュール
（光通信、無線通信）

MEMSモジュール
（圧力、加速度、マイクロフォン、ミラー）

CMOSイメージセンサ モジュール
（カメラモジュール、指紋センサ、分光センサ）

IoTと実装技術の関係

IoTを支える技術	求められること	実装技術の役割
アプリケーション技術 人とモノのインターフェース	ソフトウェア領域	
情報技術 データの構築やビックデータ分析等	高集積化 高速化	高密度化 積層化（3D化） 最短配線化 狭ピッチ化 高耐熱化 高熱伝導化
通信技術 Wifi、モバイル、インターネット等	高速化 無線化	
センシング技術 温湿度センサや加速度センサ、圧力センサ、イメージセンサ等	小型化 高耐熱化	

半導体フリップチップ実装技術で実現！

ています」

小型化の典型例が、電気自動車やハイブリッド自動車のモータを駆動制御するインバータやソーラー発電、非常用蓄電器などに用いられる電力変換装置に搭載される次世代SiC（シリコンカーバイト）パワーモジュールの小型化技術だ。エネルギー変換効率を大幅に向上できることから、グリーン社会の実現に大きく貢献する。

もう一つ、同社の技術力の高さを示すのが、IoTを構成する電子部品の半導体モジュールの実装技術だ。

「IoTは、アプリケーション技術、情報技術、通信技術、センシング技術などから成り、それぞれの技術に必要な半導体モジュールの実装は高密化、積層化、最短配線化、狭ピッチ化、高耐熱化、高熱電導化などが求められますが、これらをバランスよく実現する技術を持っているのが当社の強みです」

通信技術については、第6世代移動通信システム以降の高速通信の実現に同社が得意とするフリップチップボンディング技術を活用、現在、200Ghzの高速通信を実現している。フリップチップボンディングは集積回路の電極などを回路基板に実装する際、集積回路を180度反転させてから格子状に並んだ金属の突起を基板に密着させて固定する高度の技術だ。

（ライター／斎藤紘）

IOTに関連するモジュール

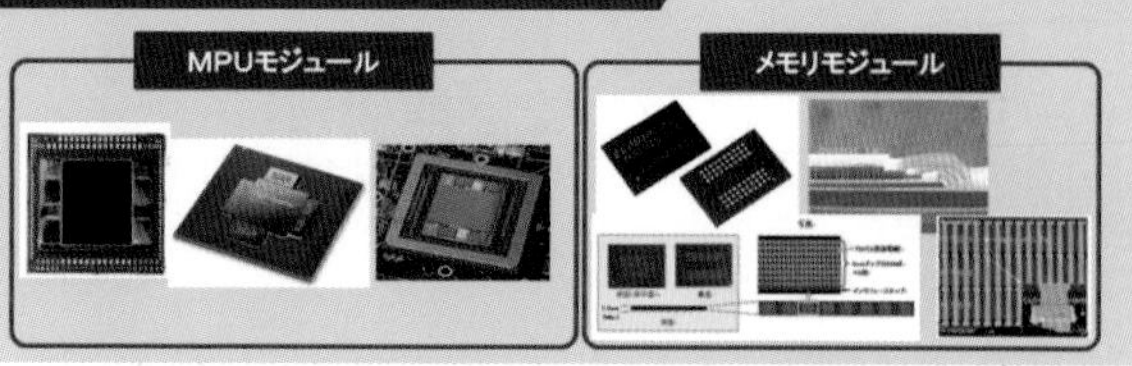

株式会社 幸喜建設

0774-76-0024 ㊟ 京都府木津川市加茂町法花寺野風呂田15
https://www.kouki-construction.com/

卓越した技術力で高い評価 インフラ整備で地域に貢献

京都府木津川市を拠点に、公共土木事業や公共工事をメインに私達の生活に必要不可欠なインフラの構築や整備を行う『株式会社幸喜建設』。代表の吉仲健さんは、オーストラリア留学や20代から始めた個人事業主としての経験により、いつも前向きに物事を捉えて乗り越えていくことができる力を得た。約30年の歴史を持つ「日皆田建設」の経営者が他界された際、当時社員だった吉仲さんが「一代で終わらせて欲しい」という先代の意向により社名を変更する形で事業を継承した。前身の会社から引き継いだ確かな技術と豊富な知識と経験、信頼を経営資源に土木工事や解体工事、測量などの業務で地域社会へ貢献する。

「公共土木事業は、道路や河川工事をメインに行っています。これまでの施工で培った知識や技術力を活かして、クライアントの要望にお応えできるように丁寧に施工をしています。同業の

施工管理や測定、設計、調査、計画などを通じて現場を支える。

株式会社 幸喜建設
Kōki Construction Co.,Ltd.

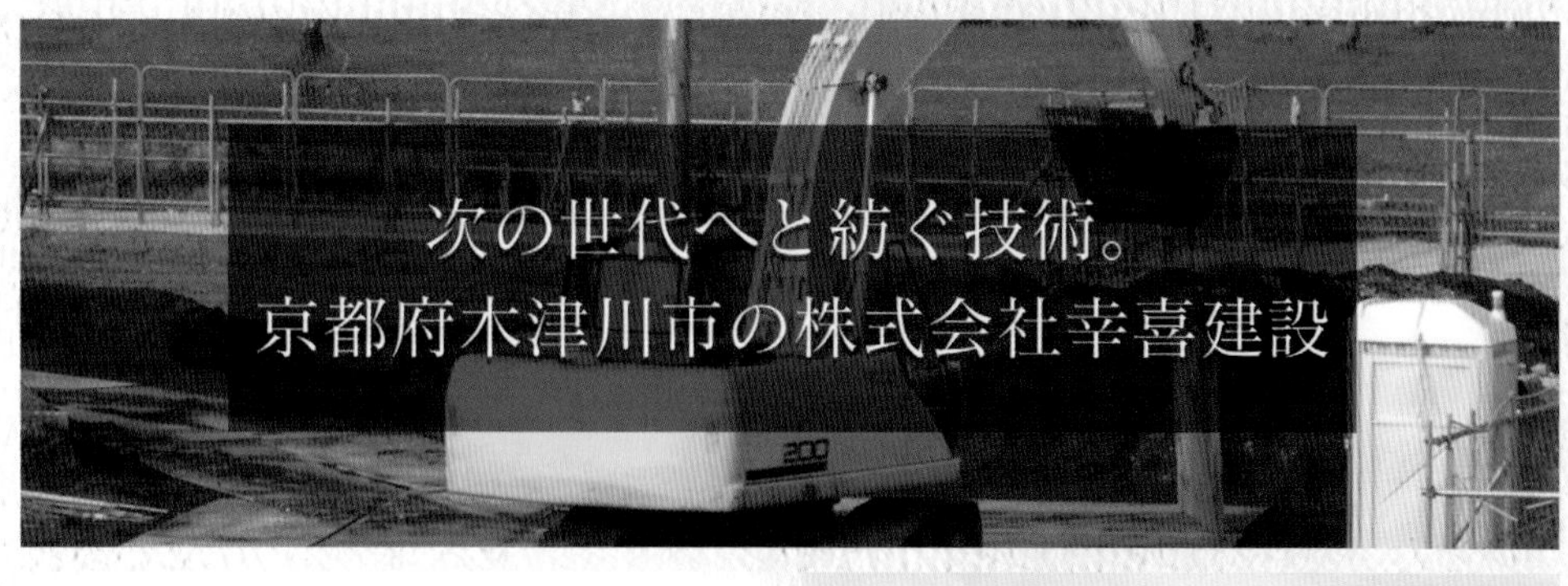

次の世代へと紡ぐ技術。京都府木津川市の株式会社幸喜建設

方が見ても上手にしていると思われるよう、美しく仕上がるように心がけています」

また、西日本屈指の大河川である淀川に最初に建設された天ヶ瀬ダムの右岸減勢工落石対策工事が高い評価を受け、2022年国土交通省近畿地方設備局長より「極めて優秀な建設技術者」として表彰された。天ヶ瀬ダムの減勢落石対策工事は、山の斜面から大きい石が落ちて来ないように網を張るというものだ。

「通常の設計図は紙に書かれているので、どうしても実際の山の斜面とは違いがでてしまいます。紙は2次元、実際の斜面は3次元ですから、そのままでは網をピッタリと張ることはできません。そこでドローンを使用して山の形状を数値化し、クライアントと相談しながら山の形状にピッタリと合うように網を張ります」

落石対策工事は、3次元化しない業者が多い中で、落石の危険性を考え、安全性の確保を重視した丁寧な施工を行っている。吉仲さん自身の卓越した技術力と熱意が高品質な施工管理や品質管理、迅速で的確な対応を支えている。次の世代へと紡ぐべき価値のあるサービスを提供し、次世代も安心して暮らすことができるよう尽力している。

（ライター／彩未）

2022年7月20日、
国土交通行政関係功労賞表彰式
国土交通近畿気泡整備局
優良工事等施工者局長表彰。

株式会社 開発工業

046-241-3364 info@kaihatsu-kogyo 住 神奈川県厚木市下荻野863-2
http://kaihatsu-kogyo.co.jp/

マーケティングなしに工事を連続受注 使われやすい「人・建機一対派遣」体制

受注競争にしのぎを削る建設業界にあって、マーケティングなしに工事の連続受注を長年維持している会社がある。宅地造成工事や道路舗装工事を事業の柱の掲げる1973年創業の『株式会社開発工業』。その卓越した経営実績を支えるのは、創業した亡き夫の遺志を継いで代表の坂巻美代子さんが堅持してきた「人・建機一対派遣」という施工体制。工事の要請があれば、作業員と建機をセットで現場に派遣して工事を完遂する「使われやすい会社」を絵に描いたようなビジネスモデルだ。受注した工事の8割がゼネコンからの依頼という実績が使われ易さの証だ。建設業は、住宅環境や社会資本の整備を担う重要な仕事だが、元請け、下請け、孫請けといった独特の重層下請構造の中で生き残りを図らねばならず、近年は新規顧客を確保するうえでマーケティングが必要とする経営論が目立つ。そうした状況の中、マーケティングとは異次元のビジネスモデルで成長軌道を歩み

舗装工事

戸建駐車場舗装工事から
高速道路まで幅広く対応。

宅地造成工事

"使われ易い"会社を目指して
自己主張せず、
お客様の要望に
柔軟に対応。

砕石などの販売運搬

RC-40をはじめ、
様々な砕石を
要望に応じて対応。

人と建機一対

当社は創業から常に機械力に注力しており、累計200台を超える建機を導入してまりました。それらを操作するオペレーターは当社自慢の人財です。

続けてきたのが同社だ。「人・建機一対派遣」体制は、監理技術者となるスタッフ、建機オペレーター、作業員と最新鋭の建機をセットで現場ごとに派遣、完工まで現地に滞在して作業し、マンパワーとマシンパワーの相乗効果で機動力と施工力を最大化するもので、建機は常時約50台を揃え、どのような工事にも対応できる体制だ。工事を請け負うエリアは本州全域で、常時4～5ヵ所で作業する。工事を完遂すれば、会社に戻り、次の工事のためのチームを編成するローテーションを維持してきた。

「『人・建機一対派遣』体制で事業が軌道に乗ってからは、飛び込みの営業などの活動はしていません。お付き合いいただいているゼネコン4～5社から『こんな工事があるがどうか』といった打診や依頼が常時あり、現場で即座に見積もりを作成してご要望にお応えしてきました。当社が目指してきた『使われ易い会社』としての評価が定着した結果だと自負しております。元請から受注するルートを確立していれば、その時間と労力をすべて業務に注ぐことができ、求められる施工の品質もしっかり確保できるのです」

業務は、土地造成や道路工事のほか、太陽光発電のメガソーラー用敷地の造成、都市部の河川浚渫、建設残土の処理などに及ぶ。（ライター／斎藤紘）

<第一事業所>
㊟ 神奈川県厚木市下荻野860（2300㎡）
<第二事業所>
㊟ 神奈川県厚木市棚沢90（1650㎡）
<第三事業所>
㊟ 神奈川県愛甲郡愛川町角田4097（4000㎡）

株式会社 道幸

0748-34-3373 ㊟ 滋賀県近江八幡市円山町640
https://kk-doukou.com/

建設技術の進化と並走し環境にも配慮
土木工事や舗装工事に光る明確な理念

「地域社会にとって価値ある工事を実施する」

滋賀県近江八幡市を拠点に土木工事や舗装工事を手がける『株式会社道幸』は、代表取締役の小川道幸さんが掲げるこの経営理念の下、建設技術の進化と並走しながら、コミュニティ形成に必要不可欠な良質なインフラを築くプロジェクトに多く関わり、地域経済の活性化に貢献してきた会社だ。

「現在、土木工事分野では新たな挑戦が始まっています。環境負荷を抑えながら耐久性や強度を高めるため、リサイクル素材の使用や、革新的な新素材の開発が進んでいるのです。さらに、施工方法においても自然環境への影響を最小限に抑え、作業のスピードアップを図る工夫が施されています。舗装工事でも持続可能な社会の構築という視点が導入され、生態系への影響を最小限に抑える材料選定や長寿命化を目指した舗装構造の採用も進んでいます。未来に向けて環境との調和を重視した土木工事や舗装工事を推進していきたい

大型駐車場舗装工事

舗装工事

より良い施工品質を、お客さまのために。

と思っています」

土木工事は、戸建て住宅やマンション、商業施設、ビル、店舗、学校などの新設工事、補修工事で必要になる造成工事、外構工事、ブロック工事、道路工事など建物の外回りに関する工事をトータルにサポートするもので、土や砂利、コンクリート、アスファルトなど多岐にわたる資材を駆使して施工する。庭を駐車場に、駐車場を庭にしたりする用途変更工事でも実績を重ねてきた。舗装工事は、公道や私道、高速道路などの舗装全般に対応し、人や車両が安心して通行できるよう、耐用年数を重視して行なわれる。工事現場では、美しい景観が保たれるよう、細部にわたり配慮を重ねながら、砂利や砕いた石などの骨材に圧力をかけて固め、その上から加熱したアスファルト合材を敷くことで平坦で安全な舗装面を実現する。同社は、こうした作業を安全第一をモットーに作業員がチームワークで、予め設定した作業手順に従って丁寧に進めるが、現場に危険箇所がないかどうか確認し、事故や災害が発生するのを防ぐための道路やトンネルなどの安全パトロールや発注元企業が主催する安全大会に積極的に参加し、作業員の安全意識の向上に努めている。

（ライター／斎藤紘）

道 株式会社道幸

株式会社 アールアンドアール

047-316-4688　r-eika@r-rental.co.jp　㊟ 千葉県浦安市入船1-5-2 プライムタワー新浦安18F
https://www.r-rental.co.jp/

ニーズ探索で困りごとや課題を探り 工事現場の作業を効率化する商品開発

「現場のニーズにマッチした商品を提供し続けることがレンタル会社の使命」

各種建設現場で使う揚重機や小型建設機械類のレンタル事業で35年の歴史を刻む『株式会社アールアンドアール』はこのテーマのもと、現場作業の困りごとや改善すべき課題がないか常にアンテナを張って把握する『ニーズ探索』に力を入れ、それらを解決する商品の自社開発や専門メーカーとの共同開発を積極的に進めてきた会社だ。商品開発では、社員がアイデアを競って提案する「Rプロジェクト」を推進、優れた提案を上・下半期にそれぞれ表彰してモチベーションを維持してきたほか、幹部候補を中心に海外の展示会に出張させ、メーカーに提案する際のアイデアのもととなる技術情報の収集にも取り組んできた。共同開発も含め開発した商品は、自社の競争力アップにつながっただけでなく、各種建設現場の作業環境の改善に寄与する社会貢献度の高いものばかりだ。

水島営業所

最大荷重
50t

揚重機試験装置

保護範囲内に
落雷現象を
発生させない
世界37カ国で選ばれる
革新的な避雷針
dinnteco

落雷バリア

ピックアップ商品

レンタル業界のパートナー
株式会社アールアンドアール

株式会社アールアンドアール
公式 YouTube チャンネル
Rチャンネル
新規導入商品や取扱商品の
使用方法・トラブルシミュレーション
を動画でご紹介しています。

↑詳細はこちら↑

マンホールリフター

パワーリフター

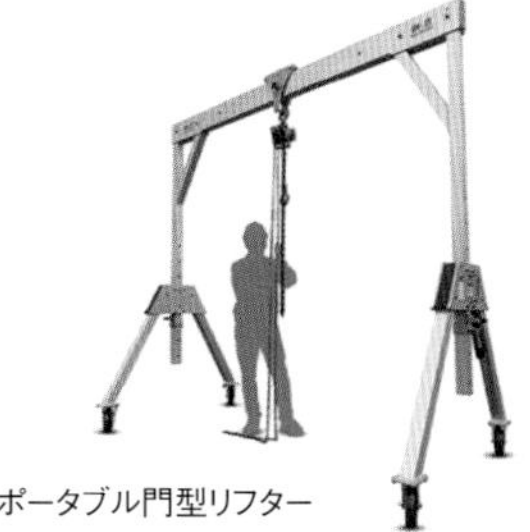
ポータブル門型リフター

SRC

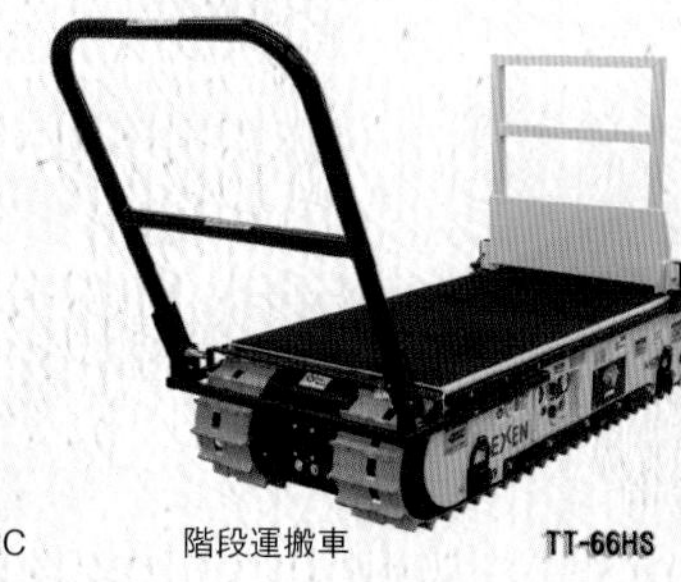

階段運搬車

商品の典型例が落雷バリア『dinnteco-100Plus』。従来の避雷針が雷を捕まえて落とす仕組みに対して、この新型避雷針は「落雷現象を発生させない」性能を持ち、一定エリアを保護して雷の多い地域の工場や家屋などの大切な構造物や電子機器、人命を雷から守る。落雷は、雲底のマイナス電荷と地表のプラス電荷が結び付き放電する。本製品は、接地面からプラス電荷を製品周辺の大気中からマイナス電荷を集め、本体内で中和する働きをする。これを繰り返し、周辺の電界に影響を与え、落雷現象を抑える新しい仕組みだ。避雷針と同様の手続きで、簡単に設置できる。

このほか、屋上への太陽光パネルや資材の荷揚げ作業に活躍する「スカイアールキャリー」、ヘルメットを数秒で除菌、消臭、洗浄する強アルカリイオン電解水『e-WASH』を使用した「ヘルメットクリーン」、マンホールを簡単に開けられる「マグネット式マンホール開閉器」、クレーンなしに重量物を吊り上げる「ポータブル門型クレーン」、階段で重量物を安全に運搬できる「バッテリー式階段運搬車」、重量物を陳列棚などへ昇降させる「パワーリフター」、災害時に大型土嚢が作れる「瞬作」などもあり、同社の発想力と展開力が伝わる。（ライター／斎藤紘）

『e-WASH スプレーノズル』 500ml
泡ポンプノズル(500ml)もあり。

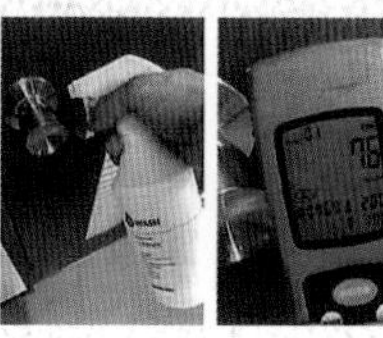

※『e-WASH』は、「株式会社Eプラン」の登録商標です。

株式会社 伊藤建具店

0547-34-3428　info@tategu.me　㊟静岡県島田市御請260-1
https://ito-tategu.com/

木材の魅力を発信したい木に賭ける職人の熱い想い

静岡県島田市で木製建具製造・取付などを行う職人集団『株式会社伊藤建具店』。スペシャリストのモノづくりは、創業当時から高い評価と信頼を得ている。建具制作や施工のほかにも日本の木製工芸の技術を未来に伝えるための活動、木工製品づくりも行っている。『紗艶杢ライトスタンド』は、鉋で木材の表面を極限まで薄く削った皮膜を、独自工法によって丹念に加工した温かく自然に透ける板「紗艶杢」を利用したオリジナルスタンド。障子のように日本古来の知恵に秘められた無垢の明かりで部屋全体を柔らかく照らす癒しのライトスタンドだ。今回は、組子家具デザイナーであり、一級建築士、伝統建具職人でもある『株式会社伊藤建具店』代表取締役社長の伊藤昌弘さんに木材への熱い想いを伺った。

「木とモノづくりが好きなので、木のことを考えたり勉強したり作業するのは全く苦ではありま

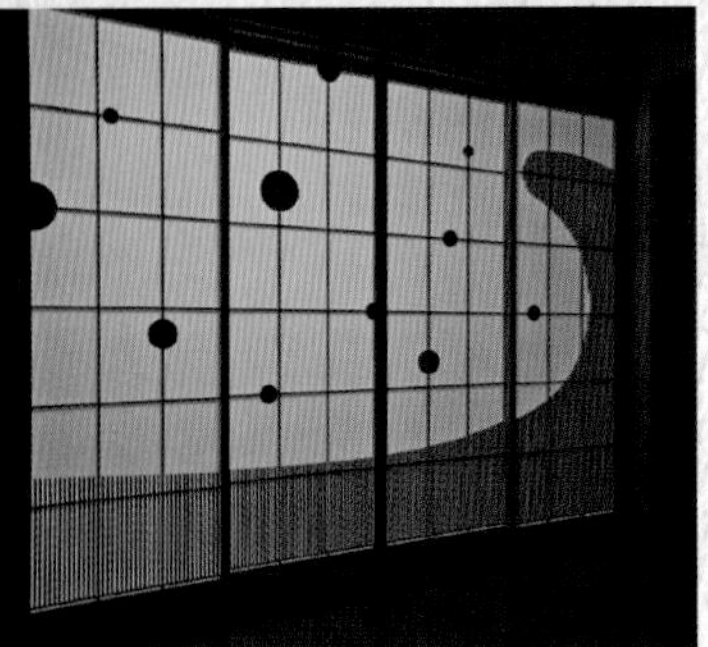

せん。木は人と同じで、種類によって、またどこの山で育ったかによって、1本1本個性も特長も違います。木目の部屋にいるだけで、無機質なコンクリートや鉄の部屋にいるより癒し効果があります。実際に科学的な数字でも論文が発表されています。でも、知っている人はあまりいないので、木の効能についてのパンフレットを配布したり、ワークショップをする活動も行っています。また、職人の熟練技によって成り立つ木製建具製造についても発信したいと考えています」

木製建具製造は、プロの目利きによる木の選別から始まる。そこから建具として使用するために癖のない部分だけを切り出す。魚でいうと大トロ部分だけを使用するといったイメージだ。そして厚みや幅を揃えて必要な寸法の部材に割り出し、加工を始めていく。現場の枠組みに搬入するまで作業はすべて職人の巧技だ。

他にも、伊藤さんは職人の後継者を増やすための活動にも尽力している。

「職人が熱い想いで、いいモノを作っていることを知ってもらいたい。それだけで職人の自信と喜びになります。若い世代の方にもっと素晴らしい木の魅力と職人について知ってもらい、この世界に飛び込んでもらいたいです」

（ライター／播磨杏）

代表取締役社長
伊藤昌弘さん
「テーマパークの仕事も受注しているので、何かございましたらご相談下さい」

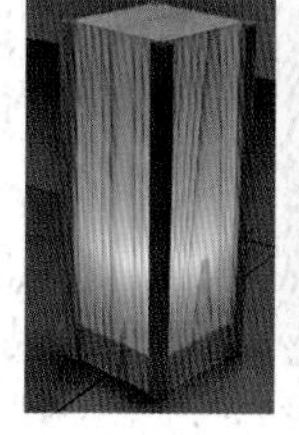

創造と技術のちいさな不思議な会社 株式会社 K15建築設計事務所

06-6809-4303　k15_kamimura@yahoo.co.jp　㊟ 大阪府大阪市中央区大手通2-3-9 大手通キャッスルヴィラ601
https://www.kei-ichigo.com/

マンション修繕積立金不足に助言
多角的視点で修繕計画書を見直し

建築から40年以上経過し、建物の経年劣化と居住者の高齢化という二つの老いに直面する分譲マンションが増える中、大きな課題になっているのが修繕積立金だ。マンション大規模修繕コンサルティングで実績を重ねる『株式会社K15建築設計事務所』所長の上村允郎さんは、修繕積立金不足に悩む管理組合が増えていると指摘し、国交省の施策も考慮しながら、専門家に助言を求め、修繕計画が適正か適宜見直すよう促す。

K15建築設計事務所
K15
A UNIQUE COMPANY
WITH CREATIVITY
AND CRAFTMANSHIP
想像と技術のユニークカンパニー
KEIICHIGO

「分譲マンションは、2022年末時点で約700万戸があり、そのうち2割弱に相当する約126万戸が築40年以上のマンションです。修繕積立金が不足するケースも増え、国交省の2018年度の調査では、修繕計画に対して積立金が不足しているマンションの割合は34・8%と5年間で2倍以上に増えています。不足する原因は、当初の修繕費の見積もりや徴収額の設定が不十分なこと、資材の高騰で修繕費が上昇していること、近年ではマンションの大規模化などが

大規模
完成マンション

「タイル面コーティング滑り止め工法」

未来を見据えた大規模修繕工事

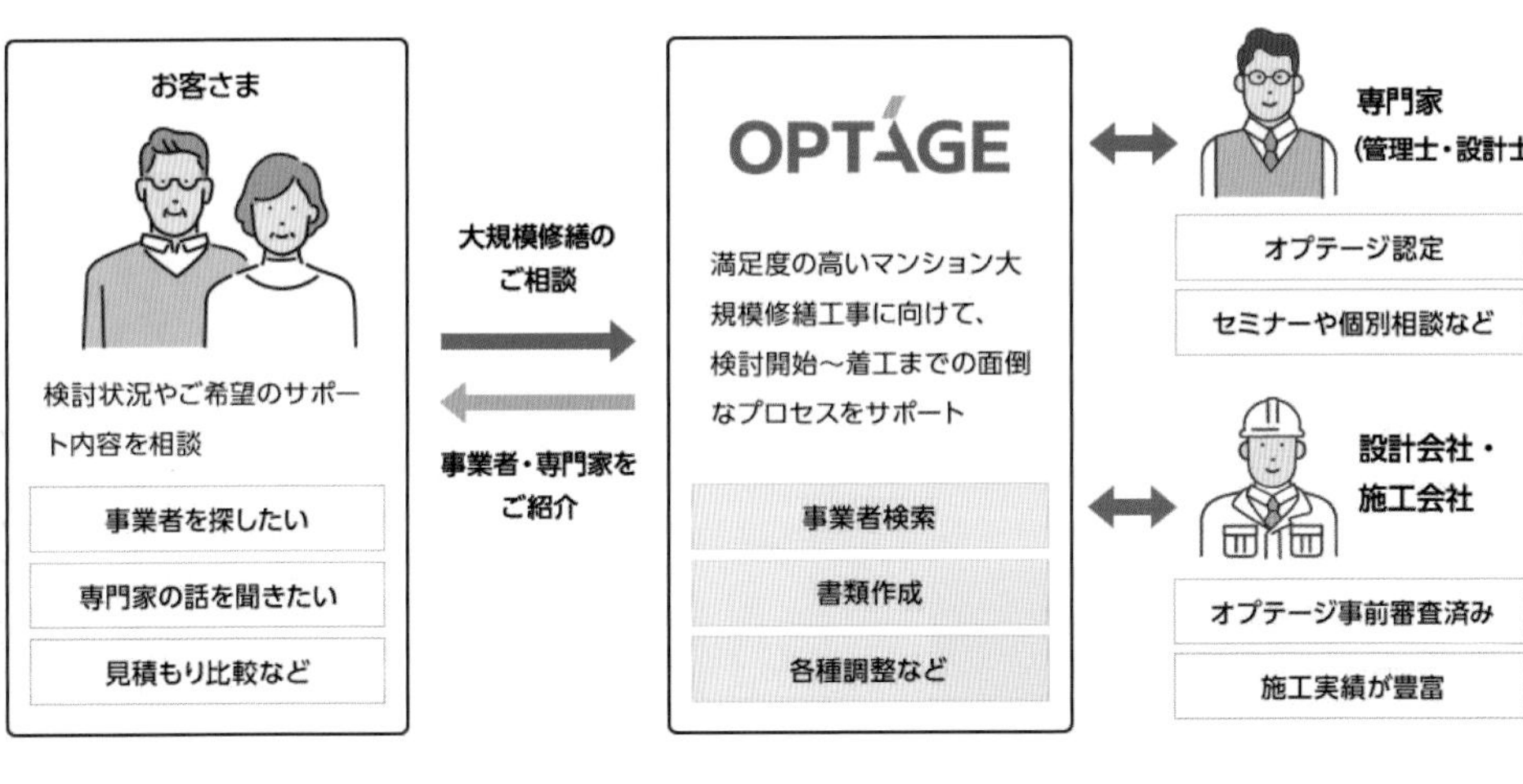

未来を見据えた大規模修繕工事セミナー　専用サイト
https://optage.co.jp/specialist-matching/seminarpage/

背景にあり、同省は2024年2月に、修繕積立金の徴収額を段階的に引き上げる場合のガイドラインとして増額幅を最大約1・8倍とする方針を示しました」

上村さんは現状をこう指摘した上で、修繕計画の妥当性の観点から増額の可否を判断するよう助言する。

「修繕積立金が足りないと判断する前にすべきことは、修繕計画の妥当性の確認です。修繕工事は快適な居住環境を確保し、資産価値の維持向上を図る上で重要であり、長期修繕計画は将来予想される工事に必要な費用を算出するために欠かせませんが、不要な工事があることも少なくありません。新たな建築技術の出現、修繕積立金の運用利率、借入金の金利、資材の価格、労賃などの変動もあり、一定期間ごとに見直していく必要もあります。また、施工業者から直接相見積りを取って最適な業者を選定することも重要です。劣化の進み具合で修繕費が余計にかかる場合があり、工事の実施時期の見極めも大事です。足場仮設が必要な場合は鉄部塗装、バルコニーや廊下、階段の床防水工事などの関連工事を同時に施工することで費用が節約できます。要は正確な劣化診断と多角的視点から費用を精査することです」

（ライター／斎藤紘）

株式会社 オプテージ
06-7507-2419（本件に関するお問い合わせ先）
mirai-syuzen@optage.co.jp
㊟ 大阪府大阪市中央区城見2-1-5 オプテージビル
https://optage.co.jp/specialist-matching/

こちらからも
検索できます。

オプテージ 大規模修繕　検索

有限会社 スタンス

03-5651-8288　a-z@stans.co.jp　㊟ 東京都中央区日本橋人形町3-3-5　岐阜県各務原市川島小網町2146-37
https://polyurea.stans.co.jp/

塗布対象物の強度を劇的に高める ポリウレアによる防水・防食で実績

対象物の強度を劇的に高める表面処理材として注目される樹脂化合物『ポリウレア』を使った防水・防食工事で施主から高い評価を得ているのが『有限会社スタンス』だ。経年劣化する工場・倉庫のスレート屋根や金属屋根、薬品などによって腐食しやすい製造業の排水処理地下ピットの補強などで実績を重ねている。同社は、飲食店などの店舗設計、施工を主軸事業に2000年に設立された会社。施工時の防水・防食に使う一般的なライニング材では、乾くまでに時間が掛かるという課題があり、工期短縮の方策を模索する中で代表の池田利昭さんが出会ったのが『ポリウレア』。その優れた性能に着目して導入、加えて防水・防食工事も事業の柱に据えた。

「『ポリウレア』は、1980年代に米国の化学会社の科学者が開発したといわれ、初めは重要な建物を保護するといった軍需関係での使用が中心でしたが、1990年代に民生用途でも用いられるようになりました。日本で認知度が上がったのは、最近のこと

 優れた柔軟性と強度

 硬化が速く、施工が早い

 圧倒的な耐薬品・防食性

コンクリート → プライマー → ポリウレア

金属折板屋根 → 地下スレート → 金属折板屋根
→ プライマー → ポリウレア → トップコート

です」

その特性について、池田さんは次のように指摘する。

「『ポリウレア』の最大の特長は、強度と柔軟性です。伸び率は400%と高く、強度はコンクリートと同等程度にもなります。従来の硬質ライニングでは難しかったコンクリート基材の形状変化にも追従します。スプレー塗布による施工で1日当たり数百㎡の施工が可能です。吹付け後、硬化に要する時間は数十秒から数分で、施工の数時間後には歩行が可能になります。激しい摩耗や薬品、海水などによる腐食、熱影響、雨や湿度、衝撃による割れなど、様々な劣化要因が複合しておきる屋外でも長期間基材を保護し続けます。酸やアルカリなど腐食要因から基材を保護します。塗料摩耗試験でも他のライニング材料と比較して格段の耐摩耗性が証明されています」

『ポリウレア』施工の対象は、工場・倉庫の屋根や排水処理地下ピットのほか、飲食店の厨房、駐車場、ブロック塀、トンネルなど多岐にわたる。同社が施工したフィルムメーカーの工場では、薬品による腐食で何度も液漏れを起こしていた水槽を『ポリウレア』で補強して以来、まったく液漏れを起こさなくなったという。

（ライター／斎藤紘）

こちらからも
検索できます。

有限会社スタンス

ブルースカイソーラー 株式会社

03-6261-3384　info@skysolar.co.jp　㊟ 東京都港区東新橋1-5-2 汐留シティセンター8F
https://www.blueskysolar.co.jp/

劣化した太陽光発電設備を再生させる独自手法の『再生事業』で発電量改善

「再生可能エネルギー事業を通してカーボンニュートラルな社会の実現に貢献する」

この経営理念の下、全国で太陽光発電所の企画、開発、運営、保守管理をトータルに行い、太陽光発電の普及を牽引してきたのが2009年創業の『ブルースカイソーラー株式会社』だ。豊富な知識と経験、技術力を活かす事業で、既存発電所の事業者に支持されているのが、劣化による発電効率低下に直面している太陽光発電設備を再生させ、発電量の改善と収益性の向上を図る『再生事業』だ。

長期間にわたり屋外に設置され、雨風にさらされる太陽光発電設備は年を重ねるごとに劣化していく。同社で太陽光発電所を管掌する役員によれば、平均して1年に0・7%のペースで発電効率が落ち、10年以上経つと落ち込みが顕著になるという。2012年に開始された再生可能エネルギー固定価格買取制度FI

- 開発実績:110件以上
(275MW以上)
- 保守管理実績:1,300件以上
(470MW以上)
- 発電所再生事業実績:100件以上
(150MW以上)

1から積み上げてきた15年来の豊富な知識と経験。

カーボンニュートラルな社会の実現。

再生可能エネルギー事業を通して、カーボンニュートラルな社会の実現。

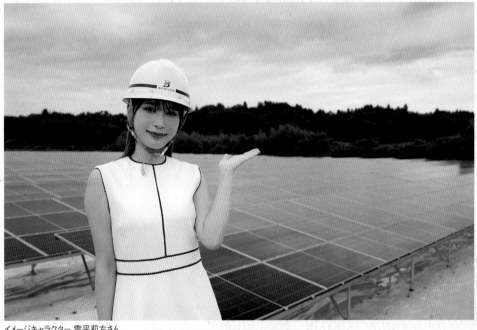

イメージキャラクター　雪平莉左さん

Tを利用する事業者が設置した太陽光発電所は、今まさにその時期に直面している。『再生事業』は、その劣化対策のソリューションとなるもので、社会貢献度の高い事業だ。

同社の『再生事業』の特長的な手法は、太陽光パネルを片面タイプから両面タイプに取り換え、その下に反射性の高い防草シートを敷設することで発電量の向上とメンテナンスの効率化を図るのに加え、パワーコンディショナを集中型から分散型に交換し、故障時のリスクを低く抑えるというものだ。両面タイプの太陽光パネルも裏面発電性能が表面の80%もあり、低照度下の発電性能にすぐれた最先端n型単結晶パネルを採用した。

同社が実施する『再生事業』は、2024年には100箇所、パネル実績ベースで150メガワットの『再生事業』工事が完了。高圧太陽光発電所の中には、発電量が約3割向上した例もあるという。既設太陽光発電設備を効率的かつ長期的に運用、保守するO&M（オペレーション&メンテナンス）業務も受託し、これまで1300件請け負ってきたが、その実績も『再生事業』の信頼性を支える。

（ライター／斎藤紘）

『再生事業』前

『再生事業』後

キタザワ電気工事 株式会社

0584-23-1667 kitazawa917@icloud.com ㊟岐阜県不破郡垂井町東神田3-88-1
https://kitazawa-denki.jp/

専門性が高い電気工事に光る技術力
工場や高圧設備などで重ねる施工実績

専門性が高く、高度の技術が求められる工場やプラント、高圧設備、高速道路などの電気工事で重要な社会インフラを支えてきたのが『キタザワ電気工事株式会社』だ。工場やプラントの電気工事は、施工から点検、メンテナンス、アフターフォローまで一括して請け負う。

「工場やプラントの幹線工事や設備配線工事、照明、コンセント、火災報知器の設置など電気に関する施工全般に対応しています。近年、工場などで使用する電気設備は、自動化や省エネルギー化といった能力が著しく向上し、その分、デリケートな要素もあり、施工には確かな技術と知識が必要です。当社には電気に精通する優れたエンジニアが在籍していますので、他社では難しい設備の施工においても対応することができます」

高圧設備工事は高圧電気を扱う工事だ。「消費電力が高い設備でも電力切れを起こさな

高速道路電気工事

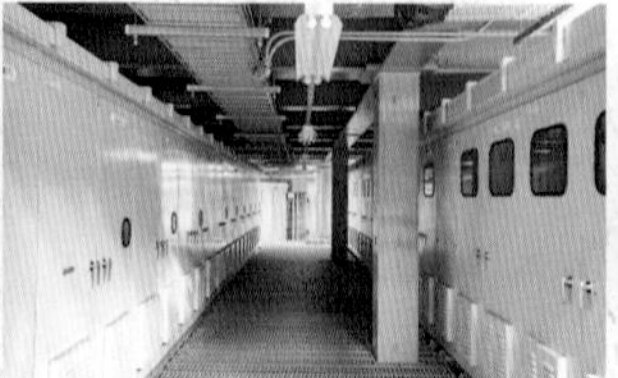
高圧設備工事

工事・プラント電気工事

いよう補助電源の工事にも対応しています。高圧になればなるほど、それだけ危険性は大きくなるため、安全性に注意深く配慮しながら適切に一つひとつの作業を進めます。地中埋設引込工事や低圧からの容量増加に伴う高圧設備への変更、電気容量増加に伴うキュービクルの増設など、高圧設備に関するご依頼にも対応が可能です」

高速道路電気工事は、主に高速道路上の照明に関わる工事だ。

「トンネルやインターチェンジ、サービスエリア、パーキングエリアなど、夜間の高速道路で照明は必要不可欠なものです。高速道路では一瞬の判断が命取りになってしまいます。そのようなことを防ぎ、道路上の視認性を何時いかなる時でも確実なものするのが照明です。近年は、耐久性・視認性ともに向上したLEDライトが使用されるケースが増えています。照明の進化とともに、安心安全な高速道路を支える一助となるよう、これからも丁寧に施工していきます」

電気工事はチームワークが重要といい、現場では協力し合いながら作業を進めることで安全かつ効率的に仕上げる。

（ライター／斎藤紘）

資格取得支援制度や研修プログラムで人材育成にも力を入れている。

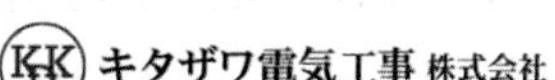

株式会社 エムシープランナーズ

03-6666-2766 info@mc-planners.com 住 東京都江東区北砂1-11-5
https://www.mc-planners.com/

カーペット再生で「SDGs」に貢献
被災地に役立つ高品質リユース品

「とても暖かい」と被災者に喜ばれたカーペット。能登半島地震の被災地、石川県七尾市の避難所となった体育館に敷かれた。石材とカーペット専門の特殊クリーニング施工会社『株式会社エムシープランナーズ』が寄贈したリユースタイルカーペット『エシレ』。過去にも被災した家屋、仮設住宅、避難所などで活用され、内閣官房発行の「国土強靭化民間の取組事例集」で紹介されたほか、2023年4月には「NPO法人全国災害ボランティア支援団体ネットワーク(JVOAD)」が同社と協業で全国の災害対応力の強化策として『エシレ』の活用促進を表明するなど社会貢献度の高いリユース品だ。

同社のカーペット再生クリーニング事業は、毎年約2000万㎡、10万トンものタイルカーペットが廃棄されている状況を憂慮して始めたもので、二つのタイプがある。タイルカーペットを使っている場所に洗浄マシンを持ち込んで行う『現地丸洗いリセット施工』と『使用済みタイルカーペットの買取り・リ

被災地の復興支援に活用されている。

「丸洗いリセット洗浄+除菌処理+真空パッケージ」で衛生的で安心。

衛生的に再生されたリユースタイルカーペット『エシレ』。

リユースカーペット『エシレ』を使用した張り替え工事。

丸洗いリセット洗浄作業

エシレ

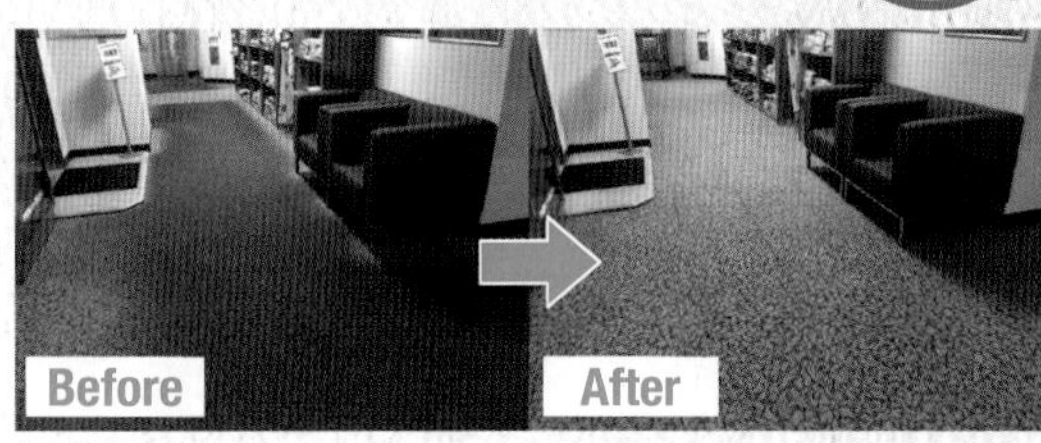

『丸洗いリセット施工』

ユース』。

『エシレ』は後者の事業で綺麗に洗浄、除菌処理して衛生的に仕上げたもので、「エシカル(Ethical・倫理的)」と「リユース(Reuse・再利用)」のイニシャルから名付けられ、「使えるものは捨てずに活かす」との想いが込められている。オフィスビルやビジネスホテル、介護施設、保育施設、店舗、工事現場事務所、ペットを飼っている一般家庭などで採用されてきた。

『買取り・リユース』のプロセスは、現地でタイルカーペットの状態を確認、日焼けによる褪色や焼け焦げ、染色されたシミがあってリユースできないものを分別した上で、リユース可能なカーペットを1枚1円で買取り、同社のタイルカーペットリユースセンターで丸洗いリセット洗浄を行い、再生する。丸洗いリセット洗浄は洗剤槽で汚れを分解し、リセット洗浄マシンに挿入、ブラッシングで汚れを除去し、専用ラックに収納して除菌処理後に乾燥させるという綿密な工程で行われる。ここに『エシレ』が高品質のリユース品として高い評価を得てきた理由だ。

代表の畠山文明さんは、これからも『エシレ』の販売を通じて社会貢献を行っていくという。

(ライター/斎藤紘)

千葉県大網白里市の「タイルカーペットリユースセンター」。

こちらからも
検索できます。

Instagram

株式会社 瑞祥 クリニック工事LAB.

080-6633-9119 info@ clinic-coz-lab.com ㊟東京都墨田区錦糸2-4-6
https://clinic-coz-lab.com/

クリニックの内装工事に光る技術力 医師のビジョンを実現する空間創出

「先生のビジョンを実現する施工」

医療クリニックの内装工事に特化した事業で躍進している『クリニック工事LAB.』の経営理念だ。大手ホームセンターで家具の販売や店舗開発事業に携わったほか、医療業界や不動産業界でも活躍した代表取締役の奈良篤樹さんの豊かな経験と深い知見が確かな施工に投影され、依頼した医師の満足度を最大化する。

「クリニックに患者さんにとって快適で安心感のある環境が不可欠です。当社は内装工事のプロとして多くの実績を積み重ね、最新の技術とトレンドの研究も進めてきました。工事に先立って、お客様のニーズとビジョンを詳細にヒアリングし、機能性と美しさを兼ね備えて最高の印象を与える内装を実現し、患者さんとスタッフが快適に過ごせる空間を作り出します。サイズ、デザイン、材料など希望に合わせた最適なカスタムドアの製作、最適なエアコンシステムの選定、設置、配管た建物の構造などの総

代表取締役 奈良篤樹さん(右)

After

Before

クリニック工事LAB.
Instagram

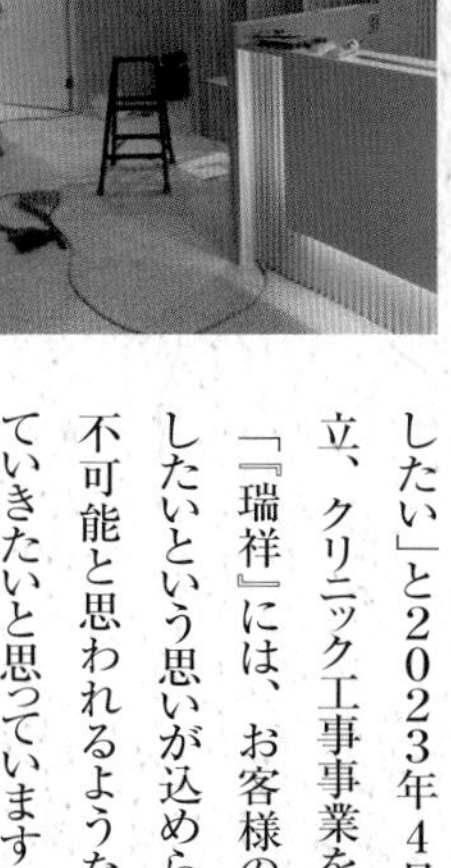

合的評価に基づく水漏れ対策もご提案します」

こうした仕事の中で、奈良さんの独創性が光るのが「すべてをやりきるのに適正価格のための入札システム」だ。

「現状のクリニックの工事では坪単価30万円程でできる工事を先生方は60万円から100万円ほど支払っているケースも散見されます。設計施工業者の意見を鵜呑みにせざるを得ないからです。こんな現状を変えたいとの思いで考えたのがこのシステムです。これにより設計施工業者より20%から60%ほどの費用圧縮ができ、同じコストでより多くのことができるというメリットと協業業者全員がしっかりした利益を確保して現場に携わる全員が笑える現場を作ることが可能になります。つまり先生、当社、協業業者全員がwin-winになるということです。これが自分の考えるサスティナビリティ、持続可能性と思っています」

奈良さんは、「よりお客様にとっての満足を追求したい」と2023年4月に『株式会社瑞祥』を設立、クリニック工事事業を開始した。

「『瑞祥』には、お客様の成功の前段階をお手伝いしたいという思いが込められています。より困難で、不可能と思われるような案件にもどんどん挑戦していきたいと思っています」

（ライター／斎藤紘）

瑞祥
Instagram

瑞祥
ZUISHO

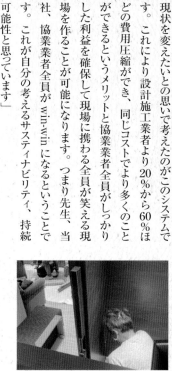

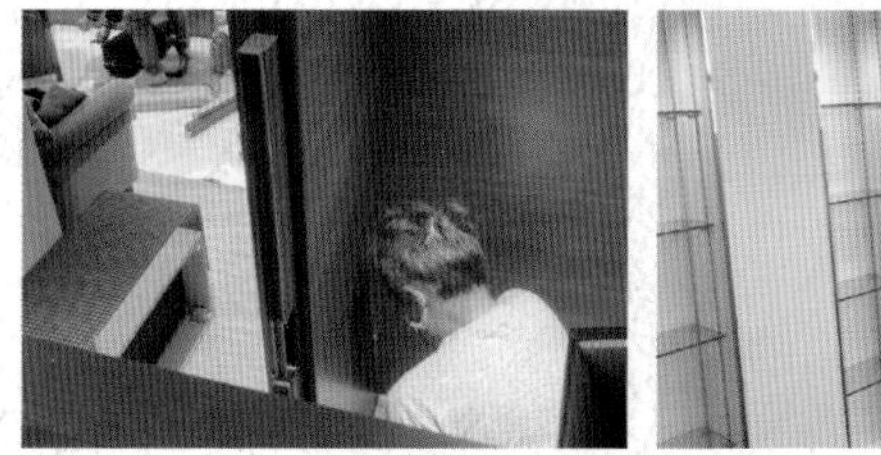

株式会社 アンプラ

06-6644-9191 info@anpura.jp ㊟ 大阪府大阪市浪速区敷津西2-1-5 アリタビル大国3F
https://anpura.net/

「SDGs」の達成に貢献する意思が鮮明
地球に優しい清掃業者目指して前進

清掃から衛生設備機器の管理、害虫駆除などまでカバーする業界初の『トータルクリーニングシステム』で、商業施設や店舗、ホテル、病院、オフィス、住宅などのメンテナンスに係る作業や経費の負担の軽減に寄与してきた『株式会社アンプラ』が、社内外で取り組む様々な改革努力と工夫で国連の「SDGs」の達成にも貢献する意思を鮮明にした。2023年11月に代表取締役の吉田里美さんの名で公表した「SDGs」宣言は「すべての人々の健康的な生活の確保と福祉の促進」や「持続可能な経済成長と人間らしい雇用の促進」「持続可能な生産消費形態の確保」など持続可能な開発のための2030アジェンダ(行動計画)の17ゴールのうち9ゴールに係る四つの重点目標を掲げた。第一の目標が「地球に優しい清掃業者を目指し、環境負荷低減に貢献」。これまでも土壌汚染の危険の少ない洗剤を使用するなど地球環境に配慮した施工を行ってきたが、エコ洗剤の導入を積極的に検討、取引

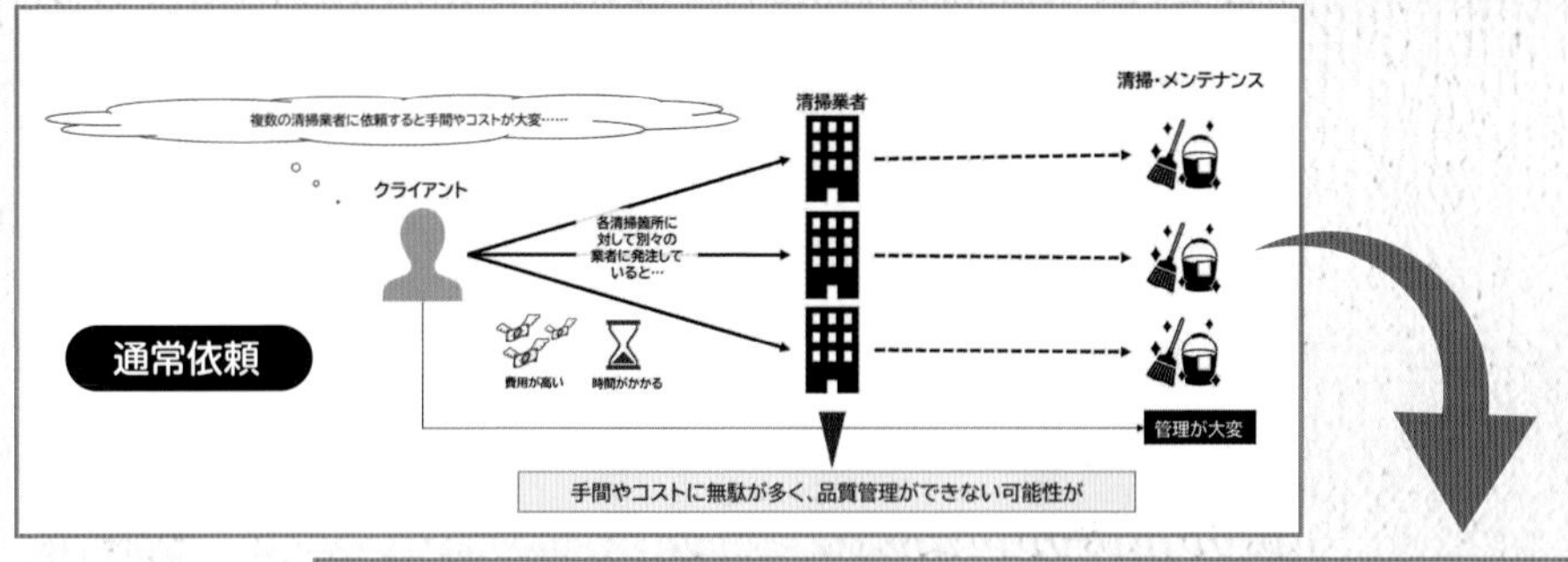

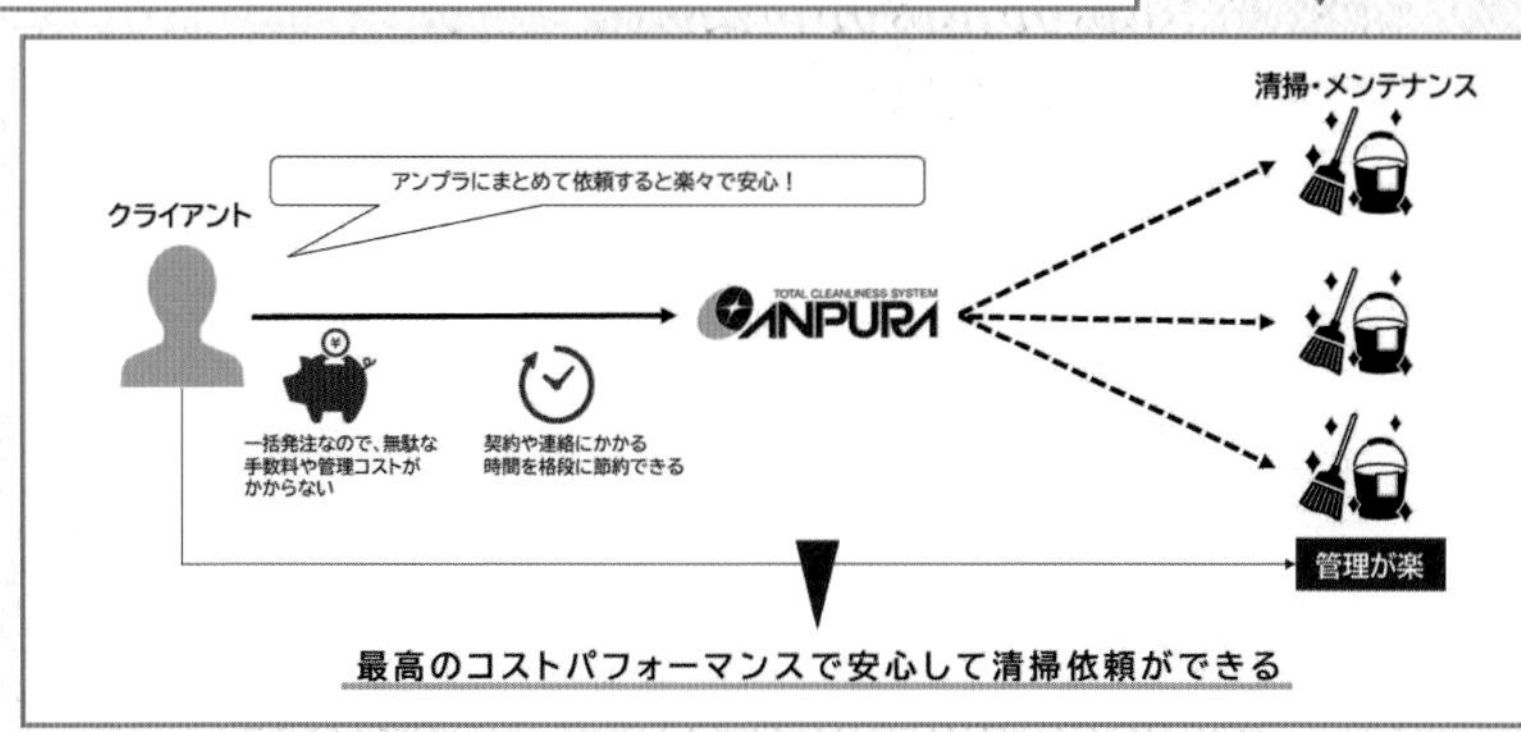

先や協力会社に対しても環境に優しい洗剤の導入を提案、汚水発生の抑止に取り組んでいく。第二が「従業員の環境に対する意識向上とモチベーションアップの実現」。環境に配慮した取組みを進めることを通じて、従業員の環境に対する意識向上を図ると共に、同業他社との定期的な交流会の開催、社外での研修などに参加しやすい教育体制を通じてモチベーションを向上させる。第三が「安心して働ける職場環境の整備」。安心して永く働ける職場環境を整備し、経営者と従業員が活発なコミュニケーションを図り、すべての従業員がいきいきと遣り甲斐をもって働くことができる職場環境づくりを実践する。第四が「地域の持続的発展への貢献」。プロバスケットボールBリーグ所属の「大阪エヴェッサ」のオフィシャルパートナーとして、同チームと連携し、市内の小中学校に体育用品を寄付することを通じて教育の向上を目指す。また、すべての人々が安心した医療を受けられるように赤十字や複十字への寄付活動を継続していく。主力事業の『トータルクリーニングシステム』は、建物のメンテナンスに欠かせない11項目の作業を年間契約で一括または組み合わせで請け負うもので、個々の作業を専門業に依頼する場合の煩瑣な手配や無駄なコストが不要になるのが最大のメリットだ。（ライター／斎藤紘）

◎地球に優しい清掃業者を目指し、環境負荷低減に貢献
◎従業員の環境に対する意識向上とモチベーションアップの実現
◎安心して働ける職場環境の整備
◎地域の持続的発展への貢献

CROSSROAD

090-9127-9815　info@omoidekaitai-crossroad.com　㊟ 愛知県尾張旭市旭台2-4-29
https://omoidekaitai-crossroad.com/

解体する住居の思い出を残す 写真撮影やリメイクなど提案

古くなった建物を解体し、更地に次の建物を建てて街を更新させていくスクラップ&ビルドの一翼を担う解体業。その重要性から平成28年にとび・土工工事業から分離・独立し、実に44年ぶりに新たな建設業許可業種になったこの仕事を業とする全国の訳4万3千の解体工事業者の中で、「思い出を大切に考える解体屋」として異彩を放っているのが『CROSSROAD』代表の磯部謙さんだ。住居の解体に当たって、住んでいた人たちの「思い出を残す3つのプラン」を提案し、多くの家族から「この業者に任せて良かった」との感謝の声が寄せられる。

「7年以上解体事業に携わり、切なそうに解体を見守るお客様を多く見てきました。どんな家にも思い出があり、壊すのは心苦しいもの。ただ解体するのではなく、何かを形に残すことで、悩んでいる方を助けて差し上げたいとの思いが深まり、建物と最後の思い出を作っていた

みんなと暮らし始めたのは何年前？
あの頃は若かった（苦笑）
はじめて子どもが歩いたこの廊下
定番だけど柱には子どもの成長記録も
思春期で話しかけても素通りだった
この階段
それぞれの人生がここに詰まってる

CROSSROAD
Always try what now to the people

代表 磯部謙さん

プラン① 写真撮影

思い出のある場所や家族写真をプロのカメラマンが素敵に撮影いたします。

プラン② 思い出の部分を残す

思い出のある柱や梁の一部を、解体前に確認し、そのまま残します。

プラン③ リメイクする

プラン②の柱や梁の一部をリメイクして新居に取り入れます。

思い出の品は、お客様と相談の上で製作。思いでの家を解体し、その木材でつくった品々。新しく生まれかわった世界に一つだけの思い出の品に。(当時の思い出品例)

だけるように、思い出を残すプランの提案を始めました。人の歴史と同じように一緒に歩んだ建物にも歴史があります。その思いを大切にしつつ、新しい人生の門出を迎えていただきたいと考えています」

同社のホームページにある詩のような一文を見れば、住居にまつわる様々思い出が蘇るはずだ。

「みんなと暮らし始めたのは何年前？　あの頃は若かった（苦笑）はじめて子どもが歩いたこの廊下、定番だけど柱には子どもの成長記録も思春期で話しかけても素通りだったこの階段それぞれの人生がここに詰まってる」

こうした思い出を残す三つのプランは、思い出のある場所や家族の写真をプロのカメラマンが撮影する「写真撮影プラン」、思い出のある柱や梁の一部を解体前に確認し、そのまま残す「思い出の部分を残すプラン」、家具などにリメイクして新居に取り入れる「リメイクプラン」。

「今までたくさんの思い出がある家を壊すのは心が痛かったです。思い出を大切にと考えてくれる解体屋さんなら、感謝の気持ちも家に伝わるかなと思い、依頼させて頂きました」

同社のプランが支持される理由がわかる依頼者の言葉だ。

（ライター／斎藤紘）

お客様の声

壊すとはいえ、今までたくさんの思い出がある家を壊すのは心が痛かったです。思い出を大切にと考えてくれる解体屋さんなら、感謝の気持ちも「家」に伝わるかなと思いました。

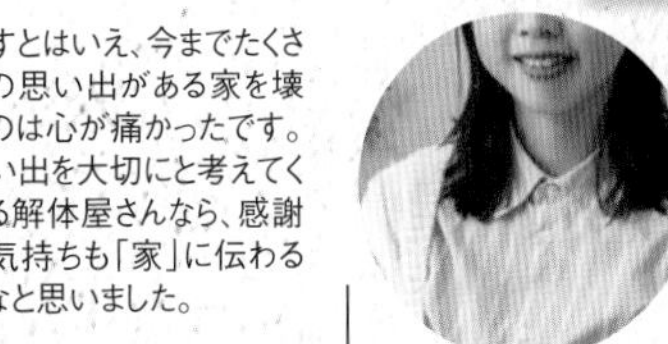

実家の老朽化と2世帯を視野に入れて考えていました。解体業者はよくわからないし、父はそもそも反対しており不安だなと思っていたんです。話し方や現地調査の様子のてきぱきした作業姿を見て、まっとうなやり方で工事もしてくれるんじゃないかって思えたんです。見積りも予算内でいけそうでしたし、それで工事をお願いすることにしたんです。

株式会社 セントラルテクノ

0463-79-8231　info@centraltechno.co.jp　㊟ 神奈川県中郡大磯町国府本郷129-2
https://centraltechno-rememory.com/

あの日の風景、今ここに3DVRで思い出を心の中の物語を再び〝眺める〟から〝体験する〟へ

最新の映像技術VR（仮想現実）の仕組みを駆使し、時間を場所を飛び越え、今、目の前で起こっているかのように、かけがえのない思い出に没入できるサービスが『株式会社セントラルテクノ』の『RE:MEMORY』。ウエディングやプロポーズ、誕生日や長寿のお祝いなどのメモリアルムービーをVR映像化。サービス提供開始後以来早くも大きな反響を呼んでいる。

プロの映像スタッフが欲しい映像の意図や事前のリクエストをしっかりと汲み取り、ドラマティックに撮影。持ち込んだ思い出の写真や動画も素材としても使いながらリアルなVR映像として仕上げてくれる。

同社は、総合ビルメンテナンス及び各種ビルのマネジメント業務をメインの事業として行っており、大規模な商業ビルからオフィスビル、マンションなどの日常的な設備管理、清掃管理など施設管理、緊急時も24時間365日受付・対応。

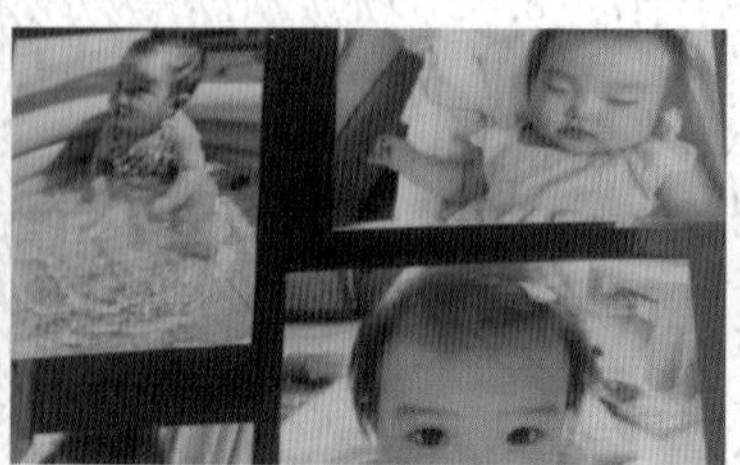

『アップルビジョンプロ』
空間再現撮影。思い出を3D 動画で残す。
X ユーザーのマメさん：
「大袈裟かもだけど、今 iPhone で空間ビデオを撮影するということは 10 年後の自分にタイムマシンのチケットを贈るということ。その頃には VR が普及して子どもにもシェアしたりして」/ X (twitter.com)

3D VR映像『RE:MEMORY』 完成作品納品時に鑑賞するためのVR専用のゴーグルが付属。

『Insta360Pro2』
Insta360 Pro 2 - 360 度 VR カメラ |
8K プロ用 360 度カメラ | 3D
3D 動画を 360 度で残す
360 度、3D VR 空間を体験できる。

特殊な事例でない限り、トラブルは当日中に解決できるよう万全のサポート体制を取っている。その実績は、都内や首都圏で現在百数十棟もの管理物件を誇る。そして現在、興味のあったVR事業にも乗り出し、『RE:MEMORY（リメモリー）』をに力を入れている。

『RE:MEMORY』は、「大切な人たちの幸せな表情や美しい風景をそのまま記録したい」そんな思いをVR技術を使った映像制作で叶える。最新の3DVR技術を使った映像で、まるで思い出の中の空間が目の前に現れるような体験。プロのカメラマンが撮影を実施し、ハイクオリティな映像で特別な瞬間を撮影している。

これら二つの事業を率いているのが代表取締役の宇山新次さん。ビル管理に関わる会社の従業員であったが、お客様により満足してもらえるサービスを追求したいと独立、同社を立ち上げた。ビルのオーナーや利用者、居住者の想い、そして大切な思い出を色褪せずに残しておきたい人の想い。事業の形は違えど、託された想いに最良の結果で応えるために日夜奔走する代表の宇山新次さんならびに『セントラルテクノ』には大きな期待が寄せられている。

（ライター／今井淳二）

YouTube
VR ゴーグルを
付けてご覧ください

株式会社 あかりみらい

0120-760-814　akari@akarimirai.com　㊟ ＜東京本社＞東京都中央区日本橋室町1-2-6 日本橋大栄ビル7F
㊟ ＜札幌本社＞北海道札幌市北区北11条西2-2-17 セントラル札幌北ビル4F　https://akarimirai.com/

リース活用で自治体一括LED化
自治体を救う独自コンサルティング

自治体一括LED化や感染症対策、大規模な災害や停電などをはじめとする危機に備えて、自治体や企業に向けた危機管理コンサルティングを行う『株式会社あかりみらい』。代表取締役の越智文雄さんは、1350以上の自治体にメールマガジン読者を持つ環境問題やエネルギー問題などの危機管理対策のカリスマ専門家だ。これまでに300以上の都道府県を訪問し、危機管理についてアドバイスを行ってきた。また、霞が関や永田町に広い人脈を持ち、政府のエネルギー政策、コロナ感染対策、防災対策にも提言している。日本では2030年までに政府施設や自治体の公共施設などの蛍光管をすべてLED化する計画で進めていたが、2023年11月にスイスで開催された「水銀に関する水俣条約会議」で2027年に蛍光管が製造禁止になることが合意された。すでに2026年末から段階的に製造・輸出入禁止が決まっており、できる限り早くLED化に取り組むことが必要となっている。しかし公共施設を一気にLED化するには莫大な費用がかかり、人手不足や工期など課題も

全施設一括LED化サービスの仕組み

全国自治体
プロポーザル入札
契約
国内大手リース会社
地元リース会社
リース契約（10年後無償譲渡）
図面データ送付
特許取得
オリジナルプログラムによる試算書提示
株式会社あかりみらい akarimirai
コンソーシアム契約
LED化工事統括管理
LED化資材確保
施工
短期間集中完工
納品管理 在庫管理
10年間メーカー保証
コストダウン 大量一括発注
地元電気工事業界
施工・10年間メンテナンス
国内大手LED照明器具メーカー
最新・最適の高効率LED照明機材

「民活」ならば「公共工事」では不可能な全施設LED化が可能に

公共単価積算
公共建築単価
10億円
単年度予算化不能
民間相場に
3.3億円
約3分の1に（あかりみらい試算）
リースで10年分割
電気料金削減額
リース支払額
3300万円/年
単年度予算化可能
※イメージ例

リースならば新規予算不要で10年間の修繕費がゼロ円に

修繕費
従来照明の電気料金
現状照明の場合
修繕費 削減
電気料金 削減
LED照明の電気料金
LED照明化
財政メリット
LED照明 分割払いに充当
LED照明の電気料金
削減コストの一部を導入費に
初期費用0円
10年保証
財政メリットが発生
電気代削減の範囲内で支払うので新規負担なし

図面データから即読み取り試算　特許取得

照明配置図

照明姿図

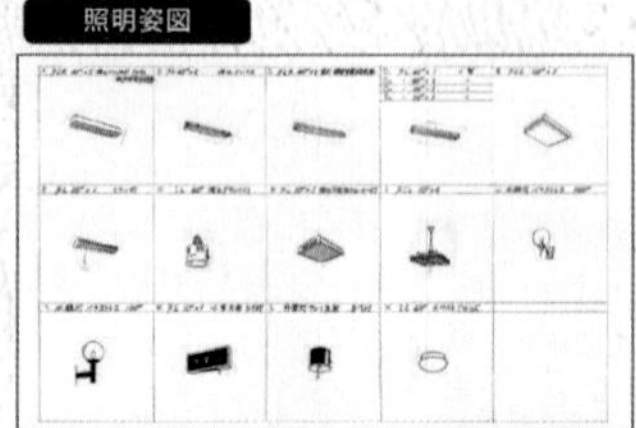

代表取締役
越智文雄さん

全国に広がる自治体一括LED化の動き

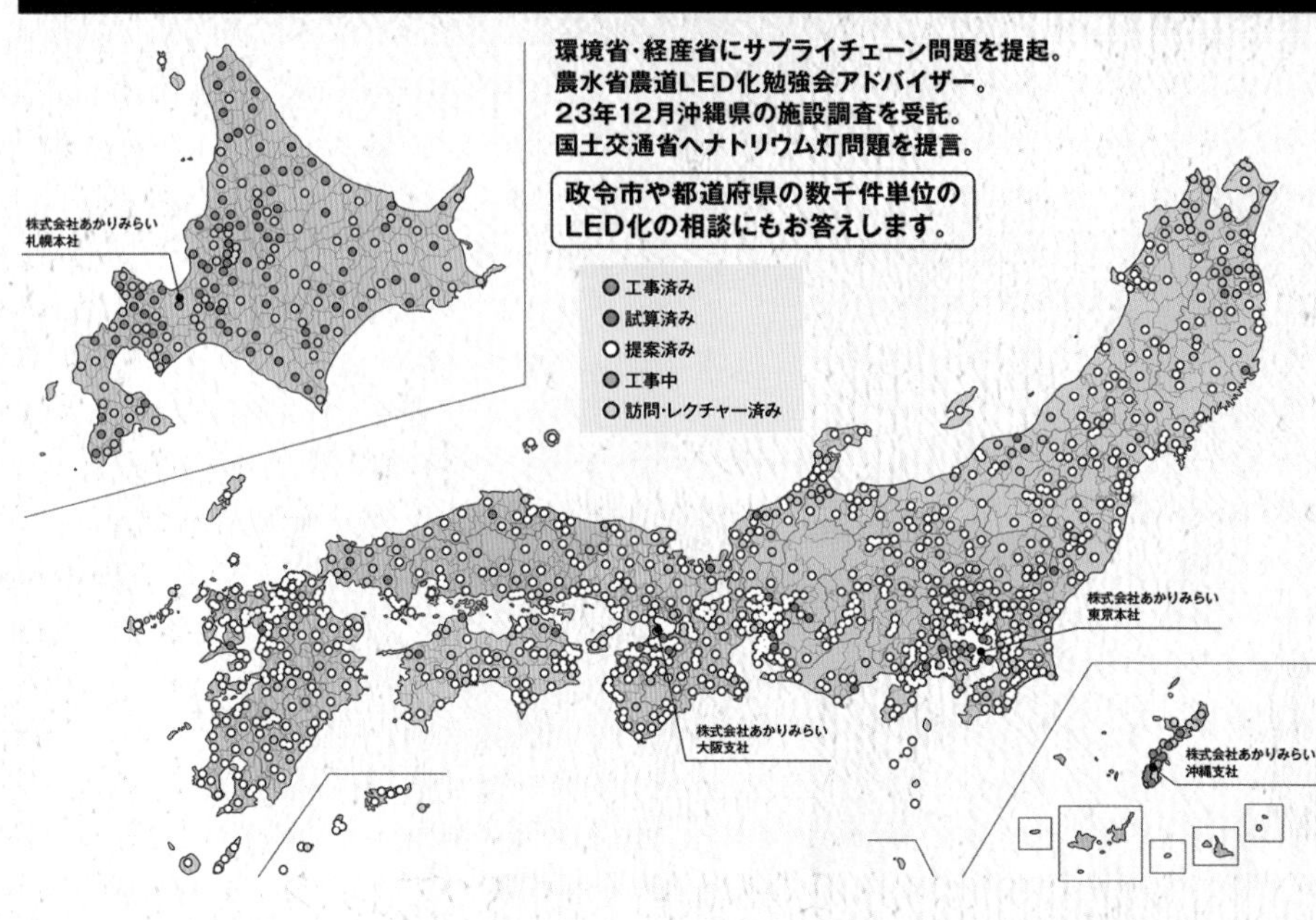

多い。この課題を解決するために、同社では業界大手のリース会社と提携したリース活用による自治体全施設一括LED化サービスを提案している。現状の照明を使用する場合、修繕費と従来照明の電気料金を支払っていく必要がある。これをリースで一括LED化することで、修繕費を削減。LEDの照明の電気料金は従来の料金より70～80％も安いので大幅に財源を節約する。10年の長期分割払いにすることで、削減した電気料金を充てることで、導入にかかる費用面の問題を解決。従来の公共事業、建築営繕方法では到底不可能な2027年までの完全LED化を民活手法で実現する。数千件・数百件の公共施設を抱えて予算措置の前提となる見積りもできないでいる現実に具体的な解決策を提示している。同社が開発したスマホで図面を撮影して送るだけの特許取得済みのAI図形認証プログラムで100件でも1000件でも無料で見積もり可能。早ければ1ヵ月程度で工事に着手でき、10年のリース契約が終了すると器具が無償譲渡される。2024年2月に発信された政府通達により、全国の自治体がLED化への取り組みを始めているが、あと4年という限られた期間の中で、膨大な数の公共施設をすべてLED化するのは難しい。『あかりみらい』は、独自のコンサルティングで、自治体の財政や地域経済にもしっかりと考慮しながら脱炭素の実現をサポートしている。

（ライター／彩未）

あかりみらいオンラインセミナー

財源確保、環境問題、地域活性化などに寄与する明るいまちづくりを目的にエネルギーコンサルタントの観点からアドバイスしています。

参加無料　予約制

スケジュール確認や受講の申し込みはこちらから▶

リースを活用した一括LED化の流れとスケジュール

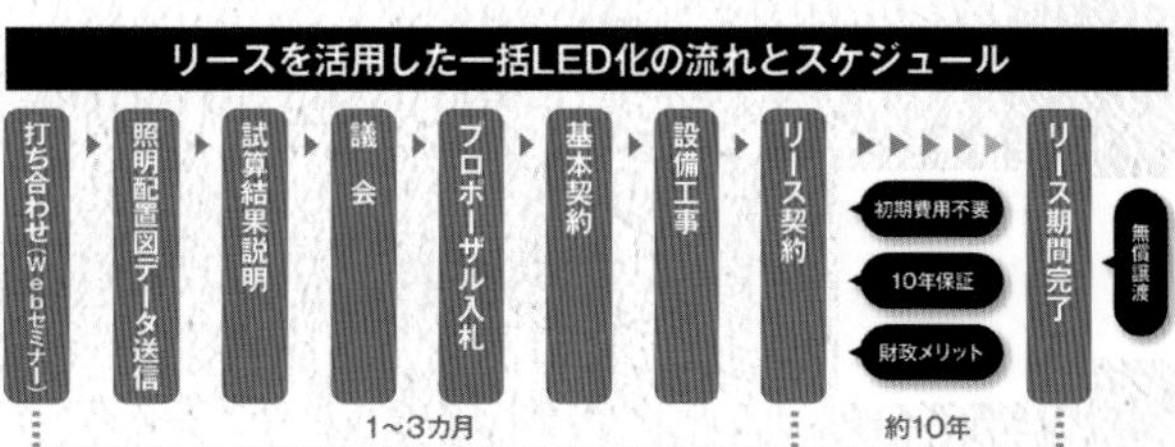

菌ちゃん野菜づくり事務局　株式会社キャリア・アーク

✉ support@career-ark.co.jp　㊟ 大阪府大阪市北区芝田2-8-11 共栄ビル3F
https://lp.career-ark.co.jp/kin_course_all_hp/　@farm_ark21

誰でもできる「菌ちゃん農法」無農薬・無肥料の美味しい野菜

雑草や落ち葉、竹など普通は捨てられる自然物を使用し、約3ヵ月で無肥料・無農薬で野菜が育つ土づくりを行う『菌ちゃん野菜づくり』。微生物の力を借りることで、通常なら約5〜10年かかるといわれている土づくりを短期間で行うことが可能になる。誰でも簡単にその野菜づくりがオンラインで学べる講座を運営するのが『菌ちゃん野菜づくり事務局』だ。多くの方が初年度から野菜の収穫に成功している。そのほとんどが家庭菜園初心者の方だというから驚きだ。そして一度土を作ってしまえば、基本的には作り直す必要もなく、時間が経つごとに良い土に変化していく。野菜が収穫できたあとは、次々と種や苗を植えていくだけで繰り返し野菜を育てることができる。畑の場合は、基本的に水やりも不要だ。ポイントは微生物（糸状菌）を増やすこと。この糸状菌が付着している雑草や落ち葉を土づくりに使用したり、糸状

Before
除草剤を散布して微生物も死滅したカチカチの土

木の枝と落ち葉を入れるだけで
約4ヶ月後…

お客様が栽培された野菜

菌ちゃん先生 オンライン通信講座開校！

初心者から6ヶ月で無農薬無肥料栽培ができる！

菌ちゃん野菜つくり方講座

菌が好む環境を作りだすことで次第に土の中に菌糸が深く伸びていく。土の中に伸びた菌糸が野菜の根と結びつき第二の根となり、土の中の養分を野菜に供給するのだ。微生物の力によって得られた養分で、ミネラル豊富で生命力あふれる野菜ができる。そういう野菜を『菌ちゃん野菜』と呼んでいる。『菌ちゃん野菜』は、栄養価が高いのはもちろん、味もまるで違う。えぐみや苦みがほとんどなく甘くて深い味わい。また、無農薬栽培を行う上で気になるのは虫による影響だ。微生物の力によって元気に育った野菜は抗酸化成分が高いため、虫にとっては食べにくくなる。そのため『菌ちゃん野菜』にはほとんど虫が寄ってこず、少し食べられても食べきられることはないという。野菜が元気になれば農薬は必要ない。農業は、場所や条件、土、気象などに野菜の品質や収穫量が左右されるため、本来はマニュアル化できるものではない。しかし、初心者でも簡単に始められるよう、あえてマニュアル化した。さらに、今後技術が改良されれば、追加料金なしで講座の内容もアップデートされるので、常に最新の農法を学ぶことができる。肥料代もかからず経済的。初めて野菜づくりに挑戦したい方にもオススメだ。（ライター／彩未）

セル・ダイグノスティックス 合同会社

049-272-7541　celldiag@dream.jp　㊟ 埼玉県川越市仲町6-3 小江戸白金ビル2F
https://celldiagnos.com/

形質を変えず食品などを長期保存
高機能のフリーズドライ装置好評

食品などを凍らせ、水分を取り除いて乾燥させるフリーズドライ（凍結乾燥）装置の市場規模が世界的に拡大する中、家庭用、研究用、産業用など多様な用途でユーザーを増やしているのが『セル・ダイグノスティックス合同会社』の『フリーズドライヤー』だ。機能性、操作性に優れ、フリーズドライの特長である素材の容積や形状、成分、色、香り、味に変化を起こすことなく、長期保存が可能であることが支持される理由だ。フリーズドライ装置は、真空チャンバーや材料を保持するための棚、冷凍システムなどで構成され、素材を凍結させ、周囲の圧力を下げ、素材中の凍った水分を固体状態から気体状態に移行（昇華）させることによって腐敗しやすい素材を脱水する高度な技術。素材に熱風を当てて水分を蒸発させるエアードライと異なり、素材の体積が縮まないのが特長だ。

『小型フリズドライヤー』

『産業用フリーズドライヤー』

完成品

フリーズドライになるまで

収穫	加工・冷凍	凍結乾燥工程	完成乾燥品
一番美味しい完熟期に収穫	カット又はそのまま生でも凍ったままでも装置へ投入可能	1～2日でフリーズドライ化	常温長期保管で世界に配送

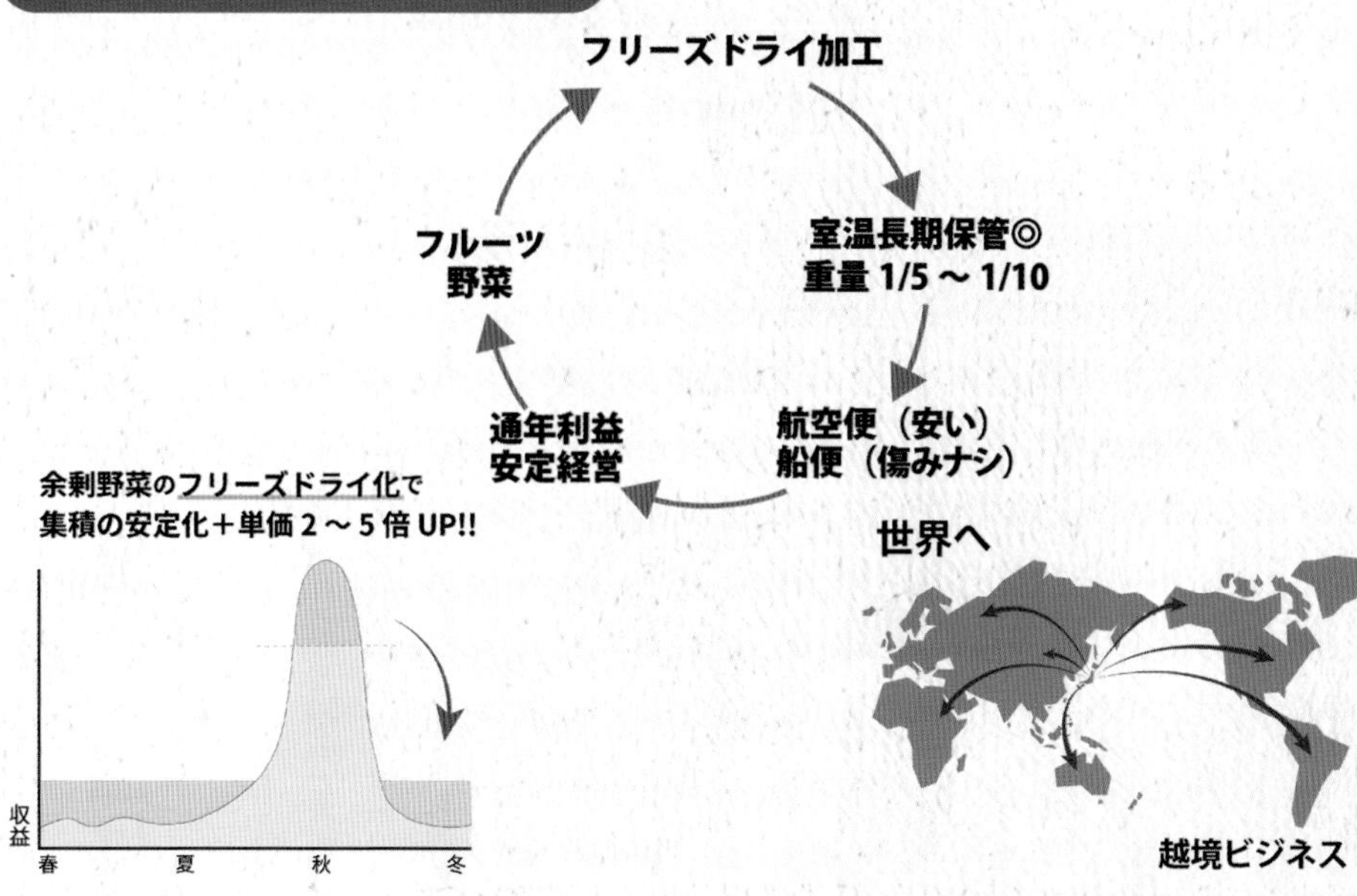

同社の『フリーズドライヤー』は、温度制御機能付きステンレストレイ、ステンレス仕様のチェンバー、作業プログラム設定が可能なタッチパネルコントローラーなどを搭載。これまで2～3日掛かっていたフリーズドライも1日で仕上げることも可能だ。野菜や肉、花、ハーブ、卵、乳製品もフリーズドライ化し、長期保存できる。また、不揃いな野菜など市場に出せない農産物も無駄にならず、農家の生産性や利益率の向上に寄与する。容量が異なる様々な機種を揃え、研究室のベンチトップにもおける小型サイズもある。

『産業用フリーズドライヤー』は、化粧品原料や生物活性試料、食品など研究、加工、試作から製造まで幅広い分野で利用できる装置。真空凍結乾燥機にはメンテナンスフリーのオイルレス真空ポンプを使用、冷媒には2025年度目標値をクリアした環境に優しい次世代不燃性フロンガスを採用した。試料棚温度はシリコンオイルで強制的に冷却、加温が可能で、試料棚の温度はマイナス50℃～80℃に制御可能だ。氷を捕捉するトラップの操作は、タブレット画面で行う。底面についたキャスターで移動も簡単だ。

（ライター／斎藤紘）

株式会社 おおきに

070-1480-0012　arigatou.ichiba1@gmail.com　㊟大阪府大阪市北区大淀南1-9-19 エンパイアービル
https://www.ookini.company/

オーガニックショップ、カフェ、エステサロン 幅広い事業展開の源は「楽しむこと」

大阪・北梅田を拠点に、オーガニックショップやオーガニックカフェ、エステサロンなど幅広い業種を手がけている『株式会社おおきに』。医療系の公務員として働く中で自然療法に関心を持ち勉強を始め、アロマテラピーやハーブを扱う会社を設立した代表取締役の野寄聖統さん率いる新進気鋭な会社だ。「仕事は人生そのもの」と力強く語る野寄さんがオーガニックやアロマの世界に入ったのは、「人の健康にもっと積極的に関わりたい」という思いから。医師にかかるより前にできるケアがあるのではと考え、心身の病気やケガを未然に防ぎ、健康でいきいきと過ごせるように必要なことを模索、自然療法の分野であるアロマテラピーや薬草などに出会ったという。オーガニック、アロマを扱うセレクトショップ『ありがとう市場』は、「SDGs」や心身の健康をテーマにしたお店。人工甘味料や保存料不使用で美味しくて体が喜ぶ無添加の食品やオーガニックのスキンケア、ヘアケア、アロマ、機能

「ありがとう市場」

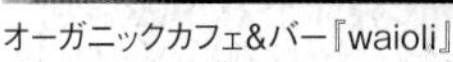
オーガニックカフェ&バー『waioli』

性シャツやパワーストーンなど日用品をはじめ、幅広い商品を扱っている。大阪・北梅田の実店舗のみならずオンラインショップとしても運営。「身体の健康のために役立つ素晴らしい本物をもっと知ってもらいたい」という想いが詰まった品揃えだ。オーガニックカフェ&バー『waioli』は、大阪にいながらハワイを感じられる癒しのバー。ハワイビールを中心としたお酒、こだわりオーガニックコーヒーにハーブティー、紅茶なども楽しめ、お酒が飲めなくても大丈夫。ふらっと立ち寄れるカジュアルな雰囲気だ。また、玄米ベースのフードメニューにも力を入れている。ロコモコやタコライス、グリーンカレーなどのメニューからビーガン料理にどんぶりやたこ焼きなどのライトメニューまでバラエティ豊か。食事メインで利用する方も多い。セルフエステ専門店『whiteclub.THREE 福島店』は、「簡単！早い！痛くない！低価格！」をすべて実現したサロン。酸素ボックス・ハイフ・脱毛・ホワイトニング美容器具完備でトータル美をケアできる。保育士常駐で、お子様連れでも安心。男性も大歓迎だ。他にもアロマショップや陶芸ブランド、甲冑スタジオなども運営。「楽しむこと」にこだわりながら世の中に対して価値あるものを提供し、常に成長し続け、日々邁進する野寄さんの活動に目が離せない。

（ライター／播磨杏）

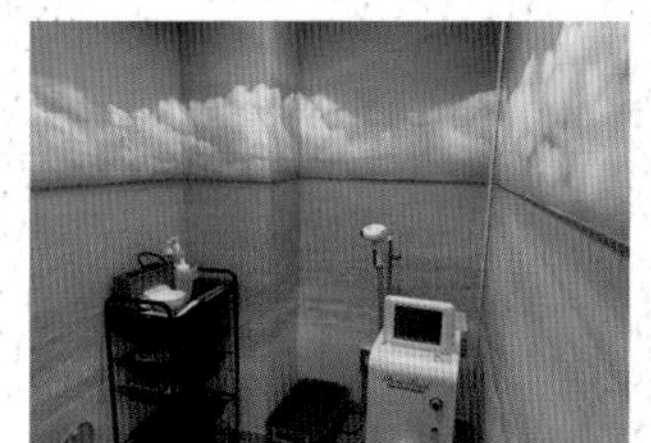

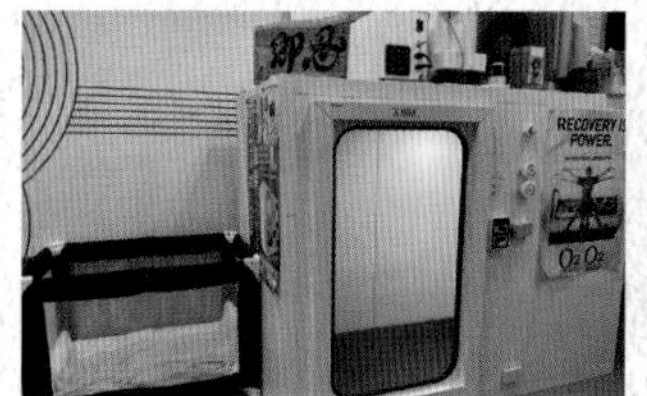

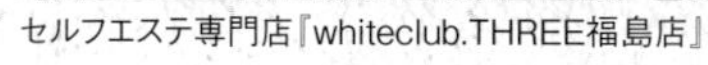
セルフエステ専門店『whiteclub.THREE福島店』

食ZENラボ　運営／株式会社 インフィニティラボ

050-3708-8887　support@infinitylab.co.jp　㊟ 沖縄県那覇市久茂地1-1-1-9F
https://infinitylab.co.jp/

食生活を豊かにするサイト
心身共に満たされる食体験

「食善・食禅・食膳・食前」をコンセプトに、感性×栄養面で食生活を豊かにする情報サイト『食ZENラボ』。五感を刺激して、心身ともに満たされる食の情報を共有し、課題を解決する食情報メディアだ。一般のレシピサイトとは一味違う新しい切り口で、五感・体調別・栄養素・色彩・器・四季・行事・地域別・サスティナブル考慮など、様々なアプローチでレシピを探すことができる。読者投稿による「みんなのレシピ」掲載では、編集部による編集後記も密かに人気を集めている。

知見・経験豊富な食の専門家・ミールパートナーによる食生活を豊かにするコラムでは、注目の栄養素や季節のレシピ、海外の食習慣やダイエットのコツなど様々な切り口から食に関する情報を公開。読んでいるだけで勉強になり、すぐに生活の中で実践できる知識を楽しく手に入れられる。

『カニステルのミニタルト』

島野菜サクナとパインの二色スムージー

材料　2杯分

<サクナのスムージー>
・サクナ……手のひら山盛り程度
・ケール……1枚
・バナナ……1本
・キウイ……1個
・レモン……1/8個
・水……約100ml
・氷……3個程

<パインアップルのスムージー>
・パインアップル……約120g
・ヨーグルト……100g
・バナナ……1本
・レモン……1/8個
・氷……3個程

手順一覧　調理時間10分

1. 全ての材料をよく洗い、ミキサーがスムーズに撹拌するぐらいの大きさに切る。
2. サクナスムージーの材料をミキサーにかける。
3. サクナのスムージーをグラスに注ぎ、冷蔵庫に入れて冷やしておく。
4. パインアップルスムージーの材料をミキサーにかけ、3.のグラスにゆっくり注ぐ。
5. お好みで、サクナの葉をスムージーにのせ、パインアップルの皮をグラスの縁に飾り完成♪

レシピ考案【フードアーティスト・Atsuko Sakihamaさん】
島野菜サクナ（別名：長命草、和名：ボタンボウフウ）は、ビタミンやミネラルを豊富に含み、「長命草」や「不老長寿の薬」とも言われています。ハーブのように爽やかな香りと苦味が加わり、美味しいスムージー♪ぜひお試しください！

食ZENラボレシピカード

生命力あふれる共創のプラットフォーム

食生活を豊かにする食情報メディア
食ZENラボ
shokuzenlab.com
栄養×感性×季節　癒しレシピサイト
五感別
体調別
サスティナブルレシピ
簡単レシピ
郷土・地域別
抹茶とマスカルポーネのチーズテリーヌ♡濃厚＆ヘルシー…
沖縄島人参と鶏肉の薬膳スープ♪低脂肪で食物繊維たっぷり…
スイカの皮で爽やかピクルス♪丸ごと活用サスティナブル…
サーモン＆じゃがいも＆ズッキーニの簡単彩りサラダ♪…
シークヮーサーのハニー生姜ゼリー♪カラダを内側から…

代表取締役社長 小池一嘉さん
「食環境は日々変化しつづけていますが、[心身ともに理想的な食] [サスティナブルで食品ロス削減等地球全体にとって良い食] を考えながら散在する食の課題解決に貢献できるようなサイトを目指しています。今後も専門家ネットワークを広げ食の楽しみを起点とした情報発信を続け、食品会社様や生産者様の食材の魅力を多くの方にお伝えできるよう活動して参ります」

食プロモーションサービス
For Client
レシピ/メニュー開発・撮影
食コンテンツ活用/レンタル
レシピ・PR発信/広告

「食関連事業者向けサービス」

食ZENラボ

https://shokuzenlab.com/

「おうちで海外料理」や「季節の料理特集」など四季によって変わる特集も見応え抜群。普段の生活の中では気に留めなかったような食材や料理を知り、より豊かな食生活へと近づくことができる。

また、地域の希少象食材や郷土料理にも着目し、食育・食文化継承活動にも注力。「レシピ開発」や「動画・レシピカード」などのコンテンツ制作、サイトやSNSを活用した発信など食関連事業者向けマーケティング・PR支援も手がけている。「ミールミーツ」ECサイトでは、管理栄養士や料理研究家の技術を学べるオンライン料理教室を提供。自宅にいながら様々なジャンルの講座に出会えるだけではなく、専門家が選ぶ食品や調理グッズを実際に購入も可能。『食ZENラボ』は、無料会員登録するとプレミアム記事の閲覧やマイページにレシピをお気に入り保存できたり、季節毎のおすすめレシピや食情報などのメールを受信できたりと、より使いやすくなるので活用をオススメ。

料理をする時間や精神的な余裕、食欲がない方にとっては、せめて料理写真を見て安心・癒しを感じたりしてほしいという運営者の想いが詰まった食サイト、一度訪れてみては。

（ライター／播磨杏）

講座例　琉球・沖縄料理講座、欧州家庭料理講座、宝石レシピ講座、食物アレルギー配慮講座等

https://mealmeets-online.com/

株式会社 めいめい

03-6279-1645　info@mei2ken.com　㊟ 東京都新宿区西新宿7-10-17 新宿ダイカンプラザB館1005
https://mei2ken.com/　@mei2kencom

個人でも気軽に命名権を売買 新しいファンづくりの形を実現

命名権とは、ビルやお店、商品、チームなど様々なモノに名称をつける権利のことで、主にスポーツ施設を中心に世界的に広まっている。これまでの命名権の売買は、自治体やスポーツ施設のオーナーが施設の運営や管理の財源の確保のために販売していた。これに対して買い手は、社名やブランド名を利用者に宣伝することを目的とした、広告のための命名権が中心であり、これらの取引は高額で手続きも煩雑なため、個人や中小企業が気軽に購入できるものではなく、一部の大企業の特権であった。2022年に『株式会社めいめい』が運営を開始した『メイメイ』は、命名権取引に特化した革新的なフリーマーケットだ。これまで大企業間の交渉のみ行われていた命名権取引を、個人でも容易にアクセスし、参加できる形に変貌させた。出品者は商品のタイトルや説明など命名条件や希望する価格、出品期間を設定して命名権をリスト化する。購入者はこれらの出品された命名権に対して入札し、取引を行うことができる。すべての取

新しい“応援”の形

mEI²

メイメイ

簡単に 安全に
ネーミングライツ
を導入できる

サークルのスポンサーを獲得！
名づけの権利を対価にスポンサー募集。

メイメイで保護猫活動を応援！
保護された猫ちゃんの名前を募集しています。
保護団体と一緒に「里親募集活動」を
命名権を通じて一緒に行っていただけませんか？

ハンドルネーム

カクテル名

キャラクター名

メイメイが仲介するから
安心・安全

登録・出品は
無料

01 カンタンに命名権を導入可能

命名権のタイトルや説明などの「命名条件」、
命名権の「出品期間」や「金額」などを入力するだけ。

02 安全に命名権が取引できる

システムと通じてやり取りされるため、
確実に命名権を贈与され、トラブルも起きにくい。

03 継続的な収入に

期間満了で再出品することで、継続的な収入に。
ノースキルでも継続収入化が可能。

こんなメイメイが売れました!

価格：1,500円（募集締切）
【オリジナル☆新作パン】プラントベーススコーンの名前を募集
商品名・メニュー名

価格：500円（募集締切）
Twitterユーザー名にPR文字を追加します！
ハンドルネーム・ペンネーム

価格：10,000円（募集締切）
【千葉】バスケットボールサークル名称権利
屋号等・チーム名等

価格：5,000円（募集締切）
主催しているボードゲーム会のイベント名を募集します。
イベント名

価格：3,000円（募集締切）
★serina★愛用のバックの命名権
ハンドルネーム・ペンネーム

引はシステム上で完結し、命名権売買に関するノウハウが組み込まれた安全なプラットフォームにより、簡単かつトラブルなく命名権を取得することができる。

近年、インターネットは目覚しい発展を遂げ、オンライン上で創作活動を気軽に行える環境が整ってきた。YouTuberやクリエーター、インフルエンサー、デザイナー、小説家などITを活用して活動し、SNSでファンと交流する著名な個人が登場している。しかし、これらの活動を継続することは大変であり、安定した活動を維持するためには時間と資金が必要になる。この課題に対する革新的な解決策として、『メイメイ』が利用できる。クリエイターが名付けの権利を対価にスポンサーを集めることは可能だ。この仕組みは、買い主が一般的な投げ銭とは異なり、より密接な形で支援することができるという新しいメリットもある。

『メイメイ』は2023年12月1日から1ヵ月間にわたりクラウドファンディングを実施し、目標を過達しているところも注目だ。『メイメイ』によって、ネーミングライツに対する「応援」という新たな側面が簡単に利用可能になり、従来のネーミングライツに対する常識を覆し、社会に大きな影響を及ぼす可能性を持つサービスの一つとして期待される。

（ライター／彩未）

公式Lineにて「命名権」の可能性について
情報発信を行っています。
ぜひ
公式Lineに
登録して
下さい。

Instagram

YouTube

「CAMPFIRE」の
クラウドファンディング

命名権を自由に売買できるフリーマーケット!
新しい応援のカタチ『メイメイ』。
https://camp-fire.jp/projects/view/717992

株式会社 佐倉製作所

048-988-1371　HPのお問い合わせフォームより　住 埼玉県越谷市東町3-205-1
http://www.ningyonosakura.jp/

会津塗の技法と独自の塗装技術を融合
優美な美しさが際立つ新感覚の製品類

優美な意匠と多彩な加飾の美しさ。漆の産地、福島県会津地方に室町時代から伝わる伝統工芸『会津塗』の技法と特殊塗料やスプレーガンを使用した塗り技法を融合させた独自の塗装技術で生み出す『株式会社佐倉製作所』の製品の特長だ。漆器から節句人形の飾り台や屏風、記念品、ノートパソコン、表彰用盾、ゴルフのドライバーヘッド、リモコン立て、ドリンクボトル、灰皿などを制作、その一つひとつに創業から80年の歴史の中で培った木工技術も生かされる。『会津塗』は、室町時代に始まり、安土桃山時代に産業として確立した国指定伝統的工芸品。『佐倉製作所』は、その技法を受け継ぐだけでなく、数多くの塗料と特殊な塗り技法で『会津塗』に付加価値を加えたともいえる現代的美を生み出した。特殊な塗り技法は、中塗りにゴールドやシルバーを塗り、その上から色を重ねることでメタリックカラーを実現する「メタリック塗装」、見る角度によって色が変わる「偏光塗装」、

メタリック塗装

偏光塗装

ラップ塗装

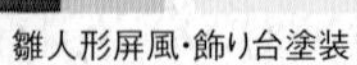
雛人形屏風・飾り台塗装

会津塗の伝統を受け継ぎ、高品質な塗装を提供し続ける

蒔絵

箔押し

会津曙塗り

乾きっていない塗料の上にくしゃくしゃのラップで模様をつけ、宝石のような深みのある輝きを出す「ラップ塗装」、会津塗と一味違い、縁起物で夜が明ける時の朝焼けをイメージした「会津曙塗り」がある。特に「会津曙塗り」は、太陽や情熱、活力、華やかさを表す赤を使用するのが特長で、朱色に黒を重ねた後、その上から朱色を研ぎ出し、最後はさらに光沢のある塗料を重ねて塗る工程全てを手作業で行っている。このほか、特殊な接着剤等を使用し、金や銀などの金属粉を蒔いて絵付けする華やかな「蒔絵」、箔や金属粉を特殊な接着剤で接着して絵付けする「金彩」、平面に金箔を張り付けたり、金箔に皺を寄せて独特の質感を出したりする「箔押し」などの伝統技法も使う。同社の強みは、偏向カラーのグリーン色やブルー色など数多くの塗料を取り扱い、時代のニーズに合わせてカラーを使い分けできることだ。また、計算して重ね塗りをすることで、絶妙な色を表現することも可能だ。さらに『会津塗』はスプレーガンを使うため、複雑な形状でもムラなく美しく塗りあげる。こうした技術は、様々な形状や色彩の記念品の制作でオリジナル性を際立てせる。伝統工芸の技法を守りつつ、時代に求められる絵柄や色彩を取り入れた新感覚の製品を追求する。

（ライター／斎藤紘）

表彰用盾塗装

ドライバーヘッド塗装

ノートパソコン塗装

文山製陶 有限会社

0954-45-2215 info@bunzan.co.jp ㊟佐賀県西松浦郡有田町白川1-7-1
https://bunzan.co.jp/ @ceramic_mimic_fabric（動画も配信中）

古き良きモノをさらに進化 令和の時代の美麗な有田焼

昭和28年に創業した有田焼きの窯元「文山」。有田焼で唯一トンネル窯を導入したことでも知られており、均一で品質のよいこだわりの有田焼を生み出し続けている。誕生以来400年の歴史を誇る有田焼は、陶石から磁器土を作って成形し、ガラス質の原料を含む釉薬をかけて1300度の高温で焼き上げて造られるのが特長。薄くて軽く、丈夫で水分や汚れの吸収も少ないため、扱いやすさから日常使いとして愛用する方も多い。これまでに透かし彫りが美しい「蛍手」や粘土を指先で整えながら成形する「手捻り」、縁に施されたプラチナと牡丹の花弁が華やかさを演出する「プラチナ牡丹」など多くのロングセラー商品を生み出してきた。「プラチナ牡丹」シリーズは30周年で、中国をメインに海外向けが8割で、海外での化粧品会社の顧客感謝品としても採用されている。着実に技術を継承しながら、現代のライフスタイルに寄り添っ

『タンブラー』プレーン6,600円（税込）
ゴールド7,700円（税込）　プラチナ7,700円（税込）

『ロックグラス』プレーン5,500円（税込）　ゴールド6,600円（税込）
プラチナ6,600円（税込）　KURO6,600円（税込）

『冷酒セット』 プレーン 14,300円（税込）
ゴールド 16,500円（税込）　プラチナ 16,500円（税込）

『ビアマグ』 プレーン7,700円（税込）　ゴールド8,800円（税込）
プラチナ8,800円（税込）　KURO8,800円（税込）

たこだわりの焼き物を多数生み出し続けている。有田の窯元「文山」に伝わる伝統技法の「手捻り」を現代に進化させた磁器ブランド『ceramic mimic fabric（セラミックミミックファブリック）』は、日本の優れたおもてなしの心が溢れる作品やサービスに表彰される「OMOTENASHI Selection2023」で3度目の金賞を受賞した。「布の真似をした磁器」というブランド名の通り、一つひとつ手作業で亜麻の布を使用して生地をたたきしめることで造られる洗い込んだリネンのような柔らかな風合いが特長だ。優しい雰囲気の陶器で、重さは一般的な食器の半分程度。透けるほどの薄さでありながら、日常的に使用できる強度を兼ね備えている。布目のシワによる風合いと薄い磁器の質感でキンキンに冷やしたドリンクも程よい温度感で楽しむことができる。このほか、ロックグラスや冷酒セット・片口・グラス、小皿、角皿、花瓶などのこだわり抜いた陶器を展開。大量生産が主流の時代だからこそ、一つひとつの陶器を職人の手で丁寧に造りあげている。柄やサイズ、色味など少しずつ風合いが違うのも醍醐味。繊細で使い勝手の良い自分だけのお気に入りの陶器で、毎日のお食事や晩酌を楽しんでみてはいかがだろうか。（ライター／彩末）

花瓶（レース、ピッケ、リネン） S 2,860円（税込）
M 4,840円（税込）　L 8,800円（税込）

株式会社 オー・エス・シー

☎ 0568-97-4029　FAX 0568-72-5046　住 愛知県小牧市久保一色1618-8
https://oscorpo.com/

LEDの可能性を広げたアイデア商品キーホルダーやプランターなどを開発

消費電力が少ない、寿命が長い、応答が速いなどが特長の発光する半導体素子LEDを利用したアイデア商品を開発し、注目度を高めているのが『株式会社オー・エス・シー』代表の中嶋猛さんだ。LED製品の開発に携わった経験とその中で培った専門知識を生かし、照明としてのLEDの展開はむろん、LEDの用途の開拓に取り組んできた。

アイデア商品の一つが、USBで充電、スイッチオンで点灯するキーホルダー『LEDまもらナイト』。交通安全グッズ、施錠時の照明、ペンライト、ランタンとして利用でき、ICタグを組み込み、その情報を非接触で自動認識するRFIDリーダーを利用すれば、施設の入退室管理、登下校見守り、認知症高齢者の徘徊防止にも使える優れものだ。プロ野球応援グッズとしても販売しており、バットタイプ、マスコットキャラクタータイプがある。

『LEDまもらナイト』
参考サイズ(一例)
幅25mm×高さ100mm×厚さ10mm
参考重量(一例)17g　素材:アクリル

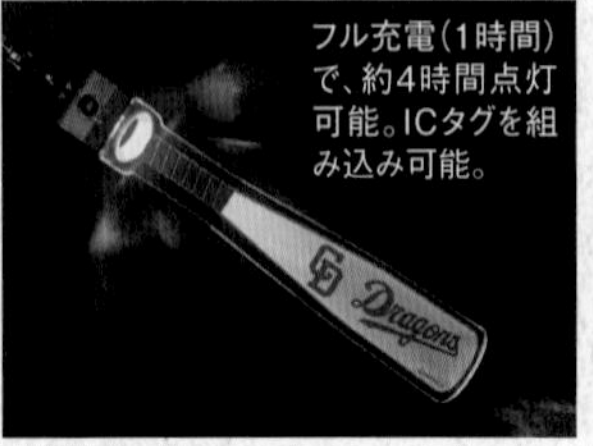

フル充電(1時間)で、約4時間点灯可能。ICタグを組み込み可能。

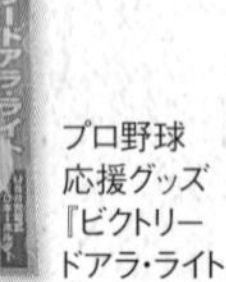

プロ野球応援グッズ『ビクトリードアラ・ライト』

多くの人が利用する空間に安心を
菌やウイルスを除去
除菌
99.9%
安全
人を感知し
OFF
簡単
自動点灯
簡単
安心
光の力でパワフル除菌

『UV-C除菌装置』

アイプラント
おウチで、野菜を育てよう

Japan Taxi

『タクシー行灯』
表示部サイズ
大/幅430×高さ100㎜
中/幅280×高さ70㎜
小/幅205×高さ80㎜

『アイプラント』

良好な時

良好でない時

『アイプラント』は、ロボット機能を備え、LEDを内蔵した次世代プランター。センサーで照度、水分、温度を感知し、育成に適さない環境になると「のどが渇いています」「寒いです」などと音声で知らせるほか、明るさが不足すると自動でLEDが点灯、光を十分に照射するため屋外で育てるより発育が促進される。栽培が楽しくなる商品だ。『UV-C除菌装置』は、光の波長が短い深紫外線(UV-C)を発するLEDを利用、ワンタッチで、不特定多数の人が利用する空間を簡単、安全に除菌する。高感度の人感センサーが人を感知すると直ちに電源が切れる安全に配慮した機能を搭載している。『タクシー行灯』は、超高輝度LEDをアクリルのエッジライトとして利用し、文字を透明アクリルの裏面に印刷。アクリル板を無気泡で接着して行灯とする新技術で、省電力で明るく、社名が浮き出て見える行灯だ。タクシー以外にも用途が広がっており、大型車両の誘導灯にも使用されている。このほか、足元を明るく照らす『LED内蔵型ステンレス手すり』、LED行灯を応用した『LED看板』、カラー印刷した文字やロゴを発光する『LED表札』など創意が光る商品ばかりだ。

（ライター／斎藤紘）

水平(小)

背景ミルク

鈴木捺染

0532-31-8500 info@someru.net ㊟ 愛知県豊橋市花田町字野黒82-3
https://www.someru.net/ 鈴木捺染 検索

手作業の印染技法が光る『帆前掛け』独特の風合いが特長の雑貨類も人気

「企業のイメージやアピールポイントを明確にしたデザインを染め抜けばノベルティグッズとして最適な宣伝物となります」

1956年創業の『鈴木捺染』の製品の中で根強い人気を誇るのが企業の『名入豊橋帆前掛け』だ。代表の鈴木良治さんなど染め職人がロゴや名前を「印」と見立てて染める印染（しるしぞめ）技法を用いて手作業で染め上げたもので、『名入帆前掛け』だけでなく、美しい景色や伝統文化を芸術的、創造的に印染した『帆前掛け』も手がけ、『郷土歴史絵帆前掛け』は豊橋市へのふるさと納税の返礼品にもなった。『干支カレンダー帆前掛け』や『デザイン柄手染め反物』なども技術力の高さを示す逸品だ。『帆前掛け』は、厚くて丈夫な前掛生地を素材にした、酒蔵や米穀店、醸造元、肥料問屋などで職人が腰に巻く日本伝統の仕事着。印染は平安時代から伝わる技法。これらの伝統を受け継ぐ

新作の『おしゃれバッグ』。近日発売予定。ホームページでご確認を。

『帆前掛けトートバッグ』

二代目 鈴木良治さん

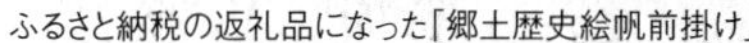
ふるさと納税の返礼品になった「郷土歴史絵帆前掛け」

2024年カレンダーの『帆前掛け』。

だけでなく、ガラ紡糸を織り込んだ綿100％の自社オリジナル生地も開発、これに硫化染め技法を用いて手染めで印染した製品は独特の濃紺の素朴な風合いが愛されてきた。その技術の結晶が2023年に製作した『郷土歴史絵帆前掛け』。東海道と東海道五十三次の江戸側から数えて三十四番目の宿場にあたる豊橋市の吉田宿をイメージしたものと、ロマネスク様式を基調とした国の登録有形文化財の豊橋市公会堂と現役で走る路面電車をイメージしたものの2種類がある。『干支カレンダー帆前掛け』は和風で温もりを感じさせ、壁に掛ければ室内を落ち着きの空間に変える。『デザイン柄手染め反物』は、一反が幅48cm丈8mで、花鳥風月をモチーフにした絵や柄、江戸小紋などのデザインの美しさが特長だ。鈴木さんの創作意欲は、通常の前掛生地より厚く柔らかい綿100％の生地をアジアンテイストな感じに硫化染めしたオリジナル生地を使った雑貨類の中で、トートバッグやテーブルクロス、ランチョンマットなどは人気商品だ。また、アウトドア用品メーカーとコラボで開発した『帆前掛けエプロン』は遊び心のあるデザインで、キャンプなどで着用して笑顔を誘う。

（ライター／斎藤紘）

エイケン工業 株式会社

0537-86-3105 holhol@eiken-kk.co.jp ㊟ 静岡県御前崎市門屋1370
https://www.garage-sauna.jp/ https://ekstreet.base.shop/

いつでもどこでもリフレッシュ 極上サウナでトトノウひと時

自宅の庭やキャンプ場や景色の良い山や渓流場、広大なビーチなど自分の好きな場所で、本格的なサウナを楽しめると人気のテントサウナ。静岡県の自動車部品の専門会社『エイケン工業株式会社』が静岡県内の中小企業を巻き込み、共同で製品化した『GarageSauna』だ。現在国内で流通しているテントサウナは海外製が主流だが、すべてのパーツをすべて国内産にこだわって製作しているのが特長。メイドインジャパンならではの品質の高さと丈夫な作りで安心・安全にテントサウナを楽しめる。また、テントに農業用パイプを使用しており、従来のテントよりも重みがある。簡易的なテントサウナの場合、強風の日は野外で使えないデメリットもあるが、作りがしっかりしているのでペグや重みを十分に設置することで風速15m／sまで耐えることができる。コンパクトに収納・持ち運びすることができ、組み立てる時の手順もシンプル。テントの

『ガレージサウナー式』(テント・ストーブ・スタートセット)
販売開始記念特別価格 297,000円(税込)【数量限定】

『ストーブ一式』販売開始記念特別価格 176,000円（税込）【数量限定】

ロウリュをさらにたのしむ
サウナストーン(約10Kg)

『サウナストーン』
約10kg 6,600円（税込）
富士山溶岩石の密度の高い石を選定している。

サイズは、2m×2・4m×1・9mと大型でゆったりとした広さがあり、お気に入りやベンチや椅子、ロウリュ用品を持ち込んで自分だけの空間を作り上げることができる。ステンレスストーブ本体の板圧は1・0㎜、天井は1・5㎜と頑丈に造られており、内部で薪を燃やした時の高温に耐え、サウナストーンを積んでも変形しない。付属品の天井カバーを載せるとさらに耐久性をあげることもできる。ステンレスストーブで薪を燃やした時の温度は、70~110℃まで上がるので、好みの温度や湿度に調節することができる。高温でたっぷりと汗をかくのも低温でじっくりと身体を温めるのもOK。熱したサウナストーンにアロマ水をかけて水蒸気を発生させれば、リラックス効果もアップ。テントの素材には撥水性の高い材料を採用しており、発生した水蒸気を逃がすことなく、効率よく身体を温めることができ、疲労回復や血行促進、美肌効果、ストレス解消など様々な効果がある。身体が十分温まったあとに川や海に飛び込んで身体を冷やすのも自然の中でサウナを楽しむ醍醐味。人目を気にせず水着で入れるので、年齢性別問わず家族や仲の良い友人と一緒に楽しむのもオススメだ。

（ライター／彩未）

こちらからも
検索できます。

Instagram
@tent_sauna_eiken

Produce by EIKEN INDUSTRIES

システックITソリューション 株式会社

0868-25-2131　info@systech-its.co.jp　㊟ 岡山県津山市沼6-8
https://www.systech-its.co.jp/

日常の校務をもっと便利に 打てば響くシステムを目指して

「打てば響くシステムづくり」をコンセプトに私立の高等学校や中高一貫校の独自性に合わせてカスタマイズした校務支援システム『MajorSchoolSystem』の導入を行う『システックITソリューション株式会社』。代表取締役の市克吉さんは、工場の生産管理の仕組みづくりを行っていたが、母校からの開発依頼をきっかけに校務支援システムの開発・販売を手掛けるようになった。その後、パッケージ化を図り、地元の公立高校へ営業を展開するも無名な会社ではなかなか業績が伸びなかった。そこで、独自性を重視する私立校に着目。各校のニーズに合わせて教職員が使いやすいように柔軟にカスタマイズするシステムの提供をはじめた。

「ただシステムを売りたいのではなく、学校の教職員の方が使いやすく、しかも今抱えている課題や問題を解決できるシステムづくりを重視しています。そのために必要最低限の内容だけが入った

校務支援システム導入を検討中の
学校関係者の89%が
Major School Systemについて **導入したい** と回答

GENERAL RESEARCH
学校関係者(中高)の
89%が
Major School System
を導入したいと回答
※サイトイメージ調査
GENERAL RESEARCH

調査方法：インターネット調査
調査期間：2022年11月14日～16日
アンケートモニター提供元：ゼネラルリサーチ
調査対象：学校関係者(中高)：1,005名
対象選定方法：アンケートを基に所定の条件に合致する対象者を抽出

Major School System 概略イメージ
学籍管理　成績管理　出欠管理　入試管理　個人カルテ　生徒基本情報　進路管理　保健管理
Major School Session Plus
グループウェア ⟷ 保護者連携

フルカスタマイズ型パッケージ
Major School System

SMB Excellent AWARD 2023 Company
SMBエクセレント企業賞
校務システム部門 受賞
SMB Excellent AWARD 受賞
※審査期間：2023年1月～4月実施
① 独自性 ② 人的資本経営への配慮 ③ ビジネスモデルの3観点により審査（調査提供：一般社団法人企業信頼調査機構）

2023年には、SMB領域（従業員数500名以下の企業群総称）において、全国300万社の中から30社のみに贈られる「SMBエクセレント企業賞」を校務システム部門にて受賞。

代表取締役
市克吉さん

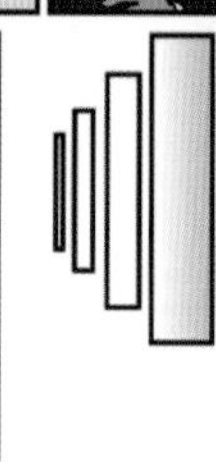

パッケージに、その学校に必要な機能を付け足し、不要な機能は除外します。操作性も学校にあうようにフルカスタマイズ対応するので、先生に必要な機能だけが残り、使いやすくなります」

生産性の高い超高速開発ツール「Magic」の採用と独自のプロトタイプ開発手法により、概ね3分割納品を実施し、担当の教員に確認を取りながら開発を進めていくという。

「先生はシステムのプロではないので、打ち合わせで8割ほどヒアリングできれば良い方です。分割納品で実際に使って操作して貰いながら残り2割の機能を意見を聞きながら実装し、プロの目線からより良い運用の提案も行います。本稼働するときには、すでに先生に確認が取れているので、機能の不足や操作がわからないなどの問題をかなり減らすことができます」

カスタマイズ前提の開発を行うため、開発段階での機能追加費用はかからない。さらにシステム稼働後、1年以内の仕様追加や変更にも無償で対応。シンプルな操作性と使い勝手の良さで業務を効率化するだけでなく、それぞれの学校が抱えている課題や問題点も解決し、「利用者に感動して貰えるシステムづくり」を目指す。

（ライター／彩末）

脳育個別指導B.E.L

080-5787-7727　info@nouiku-bel.jp　㊟ 大阪府大阪市天王寺区上汐3-8-4 プラスビル411B
https://nouiku-bel.com/　@braineducationlab

知識を詰め込む勉強はもう古い 脳科学で子どもの可能性が無限に

脳科学を元にした独自のメソッドで、子どもたちが生まれながらに持っている能力を引き出し、困難な壁にぶつかっても自分で考えて乗り越えていける力を育む『脳育個別指導 B.E.L』。脳育とは、ただ知識を詰め込むのではなく、脳の発達をサポートして学習意欲を引き出し、子どもたちの無限の可能性を引き出すことができるトレーニングのこと。様々な刺激を脳に与えることで、成績の向上や自分の好奇心を追求する力、共感力や協力意欲、社会に貢献できる力を育むことができる。

算数では、単元ごとに掘り下げながら、数量感や物事を整理する力や論理的思考力を学び、問題解決能力を養うことができる。国語では、一般的な国語力や読解力、語彙力を向上させると共に、コミュニケーション能力の基盤をつくり、自分の考えや主張を発信していく能力を培う。グループトレーニング・探求教育では、

子どもたちの未来が
笑顔にあふれ輝くために
目的地

<子ども向け『脳育個別指導B.E.L』>
入会金 10,000円（税込）
年会費 10,000円（税込）
月謝 29,000円（税込）
教育費 1,500円（税込）など。

<大人向け>
ママ向け講座・パパ向け講座
全6回（毎月1時間30分）
10,000円／月（税込）
別途、教材費が必要。

代表　藤本悦子さん
子どもたちだけでなく、大人も含め社会全体が、自己肯定感を高め夢を叶える「生きる力」を育み、自分らしく生きていけるように、世界中の子どもたちが笑顔になるために、活動を続けていく。脳育トレーナー、脳科学幼児教育専門指導員、小学校教員免許、チャイルドマインダー（英国チャイルドマインダー協会）。

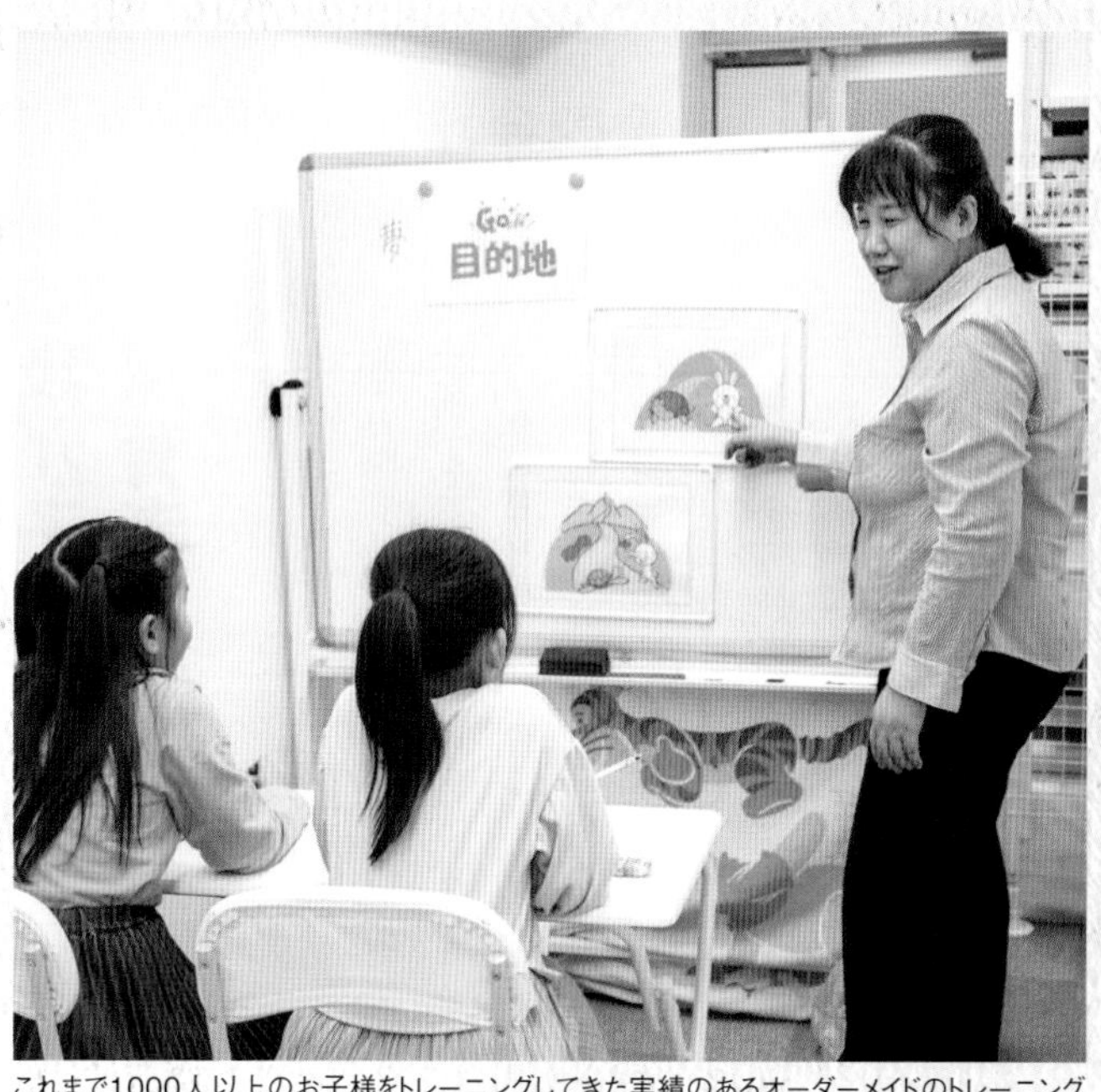

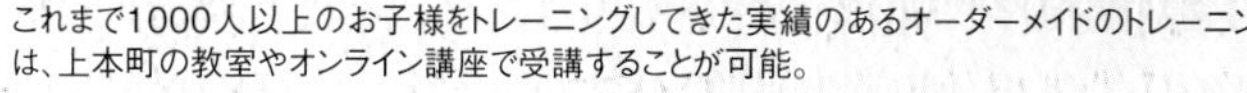
これまで1000人以上のお子様をトレーニングしてきた実績のあるオーダーメイドのトレーニングは、上本町の教室やオンライン講座で受講することが可能。

テーマに基づいたディスカッションを行うことで、相手の意見に耳を傾け、周りと協力しながら答えを導きだす協調性を身につける。自己肯定感トレーニングでは、自己肯定感アカデミーメソッドで自己肯定感を高める。

教育検査と連携することにより、性格や特性に配慮した個別のトレーニングが可能。強みをしっかりと伸ばしながら、弱みを克服するカリキュラムを受けられる。生徒の思考力や点描写、空間認知能力、全体構成把握能力、判断力、注意力など、幅広い能力を向上させることができる。

発達障害や不登校、学力低下、友達との人間関係を築くのが苦手など現代の子どもたちが抱える問題は多岐に渡る。一人ひとり違う悩みを解決し、より良い方向に導くためには個別の指導が必要となり、マンパワーが不足している教育現場だけで解決することは難しい。保護者の方とも十分に連絡を取り合い、しっかりと協力体制を整えることでお子様の悩みを解決し、成長をバックアップする。

子どもの隠されたやる気スイッチをオンにして、自分らしく笑顔で生きられるようにサポートする。

（ライター／彩未）

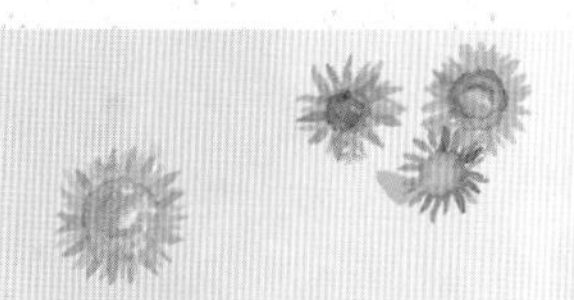

脳育個別指導B.E.L

まんまる保育園　合同会社 むすびや

https://manmaru-kids.com/

我が子を見守るのと同じ感覚で保育者・親が一丸で成長を見守る保育園

「合同会社むすびや」が運営する札幌市の『まんまる保育園』と『澄川保育園』は、家庭的なあたたかさを感じられるアットホームな雰囲気の中で、保育者と保護者が一丸となって子どもの成長を見守ることを重視する小規模保育園だ。子ども達が伸び伸びと過ごせるよう園内の保育スペースに仕切りを設けず、教室の境目をなくしている。職員室もカウンター式で、保育士だけでなく理事長や園長も子どもたちに目が行き届くようにこだわったレイアウトが特長だ。広いスペースで豊富なおもちゃや遊具、お絵かきや工作などに夢中になって遊びながら、集中力や創造性、思考力、観察力などを養い、お友だちとの関わり方を学ぶ。晴れの日には外で自然に触れながら思いっきり身体を動かし、雨の日には子どもたちが退屈しないように室内で楽しく遊べるよう工夫する。0～3歳児までは、精神的な基盤が作られる大切な時期。我が子を育てるのと同じ様な感覚で子どもたちに接することで、優し

子育てに寄り添う。『まんまる保育園』だから。

『合同会社むすびや』が指定管理を担っている『札幌市南区保育・子育て支援センターちあふる・みなみ（小規模保育事業所）』

011-215-0183

㊟ 北海道札幌市南区真駒内幸町2-2-2

＜澄川まんまる保育園＞　011-818-0015

㊟ 北海道札幌市南区 澄川3条4-4-17-2F

＜まんまる保育園＞　011-802-5815

㊟ 北海道札幌市清田区 里塚緑ヶ丘6-1-1-2F

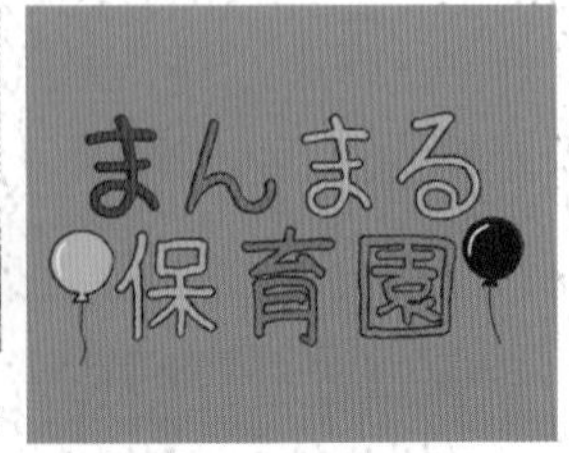

保育の基本方針は、「生きる力を育む」「自己肯定感を高める」。

さや思いやりの心を育む。保育士をはじめとする保育者が子どもと接することを楽しみ、一人ひとりに寄り添った対応をしているからこそ、保育園で楽しく過ごす子どもが多い。中には「帰りたくない」と、保護者のお迎えの時間に隠れてしまう子もいるほどだという。週に2回『まんまるスクール』を開校しており、子どもたちが遊びながら無理なく学べるように工夫する。絵本を自分でめくって読む、数や図形、思考力を鍛える教材を使う、植物の育ちの観察や簡単な実験、お店の見学、歌や食育、マット運動など幅広い体験をすることが可能。楽しみながら様々な経験を積むことで、子どもたちの成長につなげることができる。また、大切なお子さんを預けたいと思って貰えるよう子どもの安全面にも配慮している。特に理事長の棚橋亮仁さんは、園バスの運転手の経験をしていたこともあり、降車時の点呼や置き去り防止システムの設置、全席シートベルトの設置などバスの安全には誰よりも気を配る。一人ひとりの個性に寄り添い、子どもたちが様々な経験を重ねながらすくすくと成長できるようにお手伝いする。2024年4月からは、『札幌市南区保育・子育て支援センターちあふる・みなみ（小規模保育事業所）』の指定管理者として運営にあたっている。

（ライター／彩未）

まんまる保育園バス

置き去り防止システムをいち早く採用。日本初の全席に子ども用シートベルト装着。

一般社団法人 橋花会 複合型児童館 FLOWER CHILDREN

0479-75-4401 flower.children.heart@gmaill.com ㊟千葉県匝瑳市今泉485
https://www.flower-children.com/

病児保育の予約に便利なシステム導入 母親の心に寄添う施設運営を貫く姿勢

スマホが生活インフラになった現代、「子どもを預ける母親たちの不安と負担を少しでも軽くしてあげたい」、そんな気持ちが伝わる病児保育室予約システムがある。「小規模保育園」「病児・病後児保育」「放課後学童教室」から成る『複合型児童館 FLOWER CHILDREN』を運営する「一般社団法人橋花会」理事長の鈴木あかねさんが導入した『あずかるこちゃん』。施設スタッフと母親が心を通わす双方向コミュニケーション機能を持つスマホ利用の心のこもった先進的システムだ。『病児・病後児保育』は、子どもが病気にかかった時に、家庭での保育が困難な保護者の方に代わって保育士や看護師が保育室と隔離室で一人ひとりの病状に合わせた保育、看護を行うサービス。その最大の特長は、利用予約を『あずかるこちゃん』を通して行うことだ。専用アプリでスマホから事前にアカウント登録すれば、24時間いつでも予約でき、操作はＬＩＮＥからでも可能。

通常手書きで提出する申込み用紙もスマホで記入し提出できる。子どもが過ごす病児保育室の写真やスタッフの紹介なども情報ページから確認でき、子どもの様子の共有やお迎え時間変更の相談など細かい連絡もスマホでリアルタイムに行えるなど、預ける母親の気持ちに寄り添ったシステムだ。このシステムの導入は、英語教室を経営し、心理カウンセラーと行動心理士の資格も持つ鈴木理事長が、子育て中に子どもに熱が出ても預けられず苦労した経験から「こういうところがあったらいいな」と『FLOWER CHILDREN』を開設した動機と軌を一にする。施設全体の運営にもその思いが投影され、「実家に預けるような温かさと気軽さのある保育、教育の場」になっている。

「小規模保育園」は0歳児～5歳児が対象で、定員は一時利用も含め11人。目の行き届く、日常的に英会話を取り込んだ、きめ細やかな保育が特長。「放課後児童教室」は、保護者が労働などで昼間家庭にいない小学生に対し適切な遊びと生活の場を与えるもので、定員は20人。アート、音楽、英語、クラフトなどが体験でき、オーガニック給食を自園調理で提供している。長期休暇も利用できる。また、工作や書初めなどの宿題の手伝いも行う。

（ライター／斎藤紘）

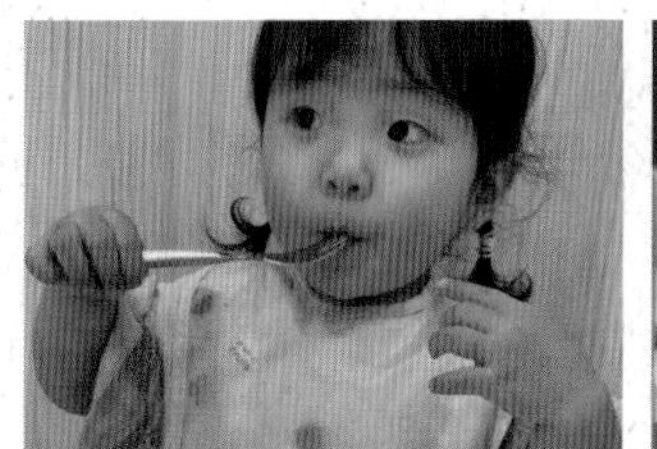

株式会社 エクセレントケアサポート

075-744-6512　excare-s@excare-s.co.jp　京都府京都市下京区松原通富小路東入松原中之町494
https://excare-s.co.jp/

介護業界の課題解決型サービス開始
テクノロジーで介護事業のDX実現

超高齢社会で要介護の高齢者が増え続ける一方、2025年には介護人材が約38万人不足するといわれる介護業界にDXをもたらすと注目度を高めているサービスがある。介護ロボットの企画開発や介護用品の販売事業などを手がける『株式会社エクセレントケアサポート』の課題解決型サービス『eX-CareS（エクスケアス）』。「テクノロジーを活用し、福祉業界で働く一人一人の働き方の見直しを行い、人生を豊かにすることで、誰もが羨む業界への変革を目指す」という代表取締役の大川寛正さんの思いを形にしたものだ。『eX-CareS』は、四つのコンテンツから成るが、全国9都府県で80以上の介護福祉事業を展開する「エクセレントグループ」の経験と前職の医療機器メーカー時代にプロジェクトマネージャーとして活躍し、同グループ入社後はIoTを用いた介護施設の居室内管理や介護記録の機能を持つ介護ロボットの次世代型介護

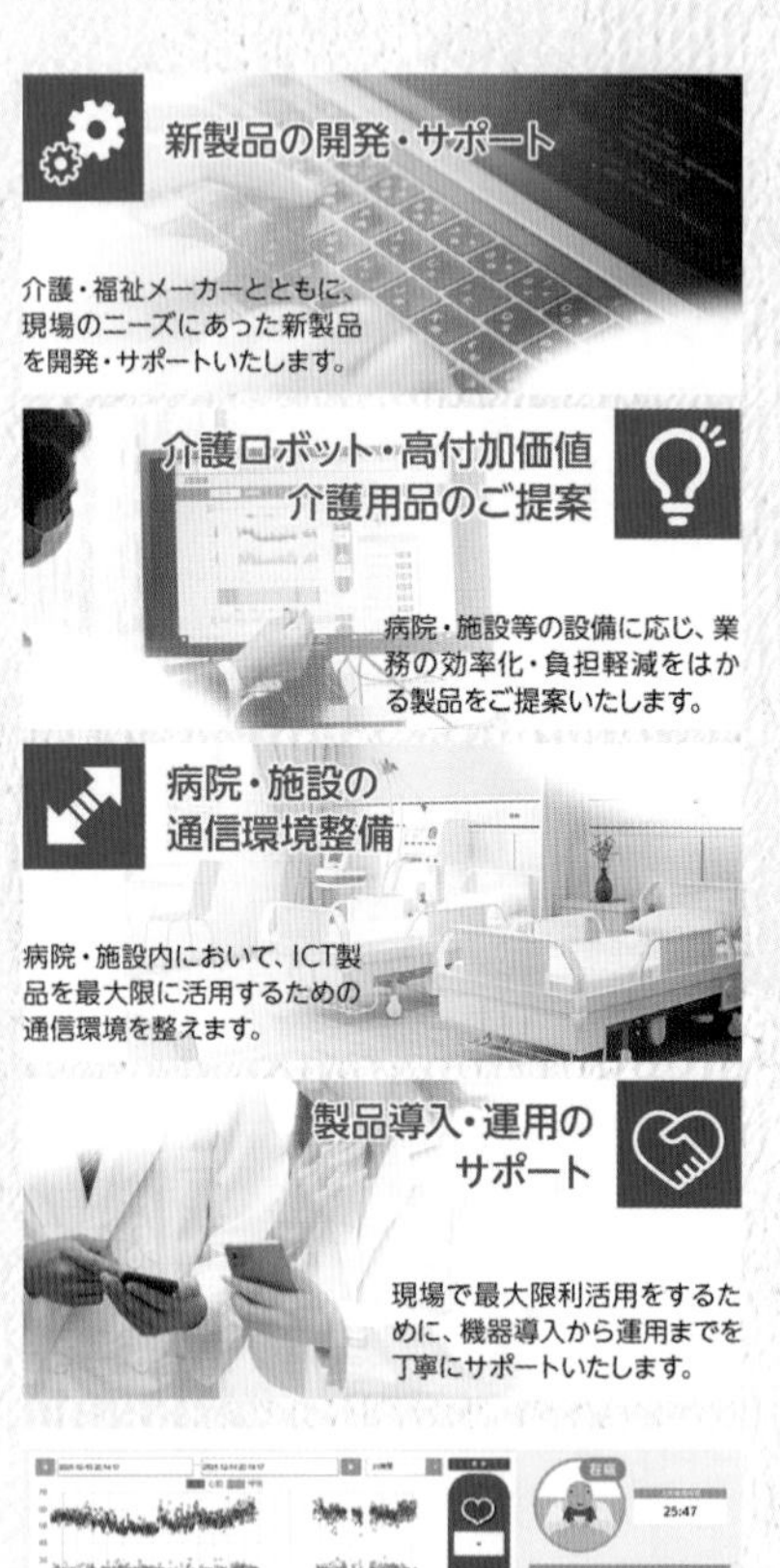

アンシエルで測定した利用者様のデータ。

グループ会社が培った介護ノウハウと様々なICT製品を活用し、介護業界のDX化を促進させるサービスコンテンツを展開。。

次世代介護ソリューション

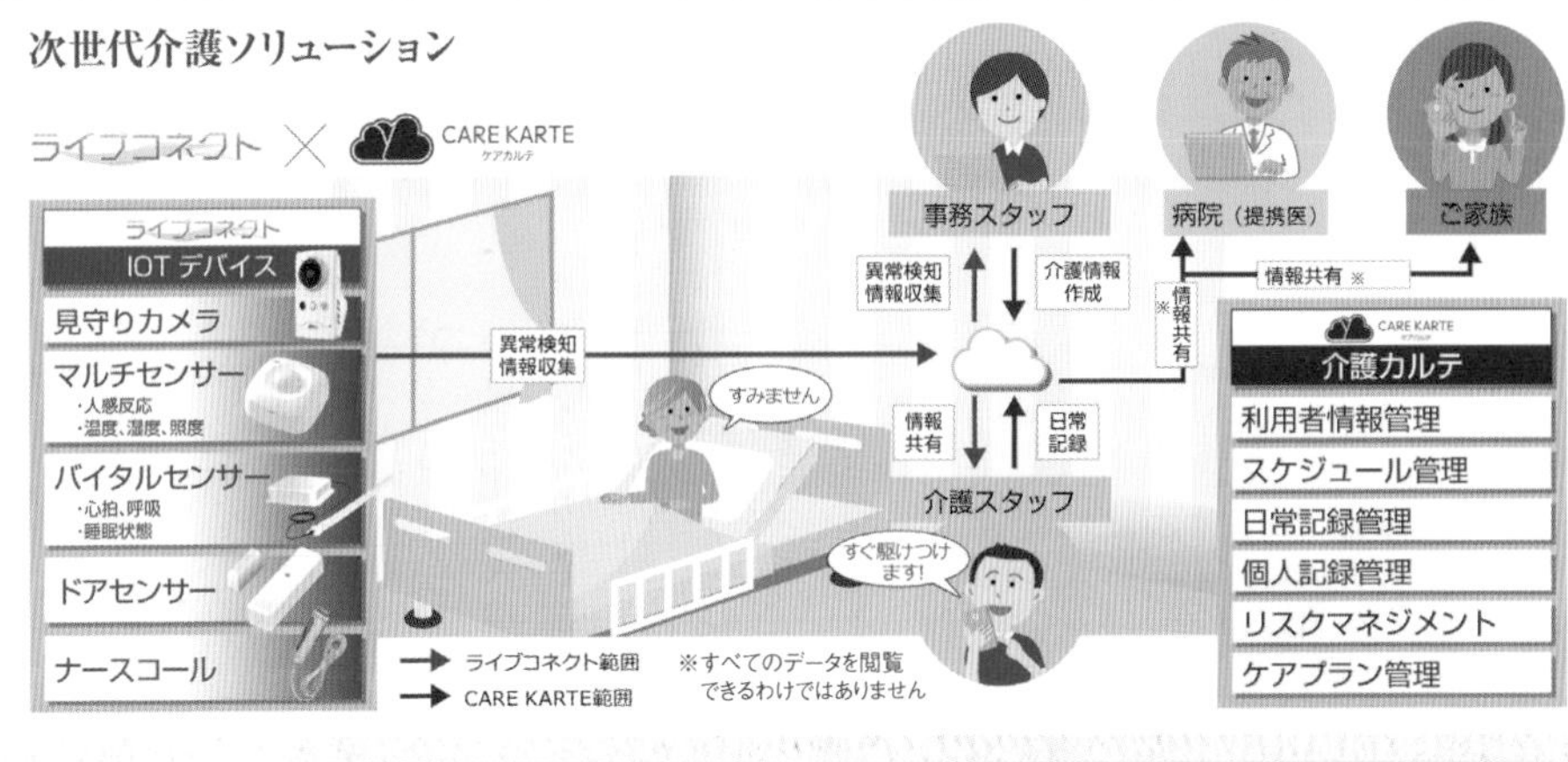

ナースコール
ベッドセンサー
バイタル測定
服薬管理
ICT機器
連携
医事会計

見守りシステムなどを開発した大川さんの企画力、技術力が全体に投影され、介護業界全体に恩恵をもたらす可能性を秘める。そのコンテンツの一つ、「新製品の開発サポート」は、介護ロボットや介護記録ソフト、福祉用具、介護用品などのメーカーに新製品、新機能を開発するための検証場所として介護施設などを提供するもので、検証結果のフィードバックを共に分析しながら、より現場のニーズに合った新製品の開発をサポートする。「病院・施設の通信環境整備」は、介護記録ソフトや見守り支援機器などのICT製品を最大限活用するためのWi-Fi工事を数多くの施工実績を持つグループ企業に業務委託する。また、老朽化したナースコールの入れ替え工事などにも対応し、低コストで高品質の商品を提案する。「介護ロボット・高付加価値介護用品の提案」は、医療・介護現場で業務の効率化と、これからの介護に従事する職員の業務負担軽減が可能になる製品を各病院や施設の現状に合わせて提案する。「製品導入・運用のサポート」は、見守り支援機器などを介護現場で最大限利活用するために機器の導入から運用に至るまでグループの導入フローを基に共に検討する。

（ライター／斎藤紘）

代表取締役
大川寛正さん

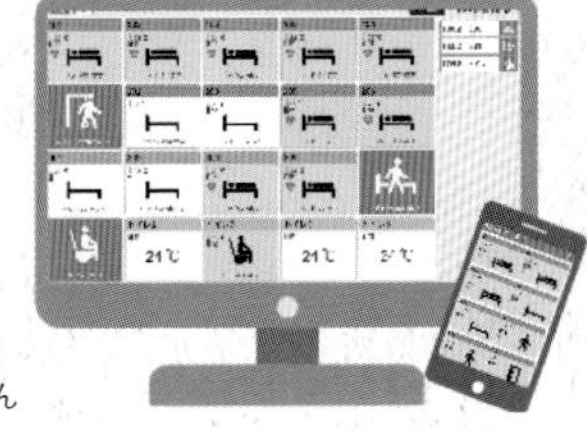

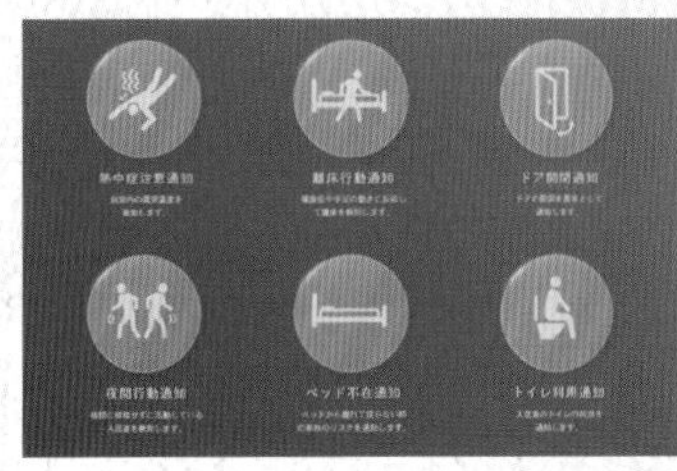

一般社団法人 ねむの木の丘

048-501-5883　aivizia@nemunokinooka.or.jp　㊟ 埼玉県熊谷市楊井1784-16
https://www.nemunokinooka.or.jp/

精神障がい者の生活を温かく支えるグループホームやデイサービス運営

「少しの手助けがあれば自立した生活に近づける方々のために、皆で協力しながら安心して生活を送るお手伝いをできたら幸いです」

『一般社団法人ねむの木の丘』代表理事の栗原智江さんが埼玉県熊谷市で精神障がい者のグループホーム『ケアホームアルビジア』を開設した動機だ。アルビジアはねむの木の花を意味し、大地に根を張り、淡いピンクのつつましやかな花を咲かせるその姿が障害を持ちつつも地域で頑張って生活している人たちと重なるとして命名したという。運営するグループホームは6棟あり、定員は36人。どのホームも自然豊かな場所にある。入居の対象になるのは主に、共同生活援助か短期入所の障害福祉サービスの支給決定を受け、日常生活動作が自立している18歳以上の精神障がい者だ。

「障がい者グループホームは、障害者総合支援法で定められている障害者福祉サービスの一つで、

代表理事の栗原智江さんと理事の本田奈穂子さん。「障がいをもつ人に対して手を差し伸べてあげるのが大切です。誰でもできることですから皆さんも手助けして欲しい」

グループホーム
ケアホームアルビジア

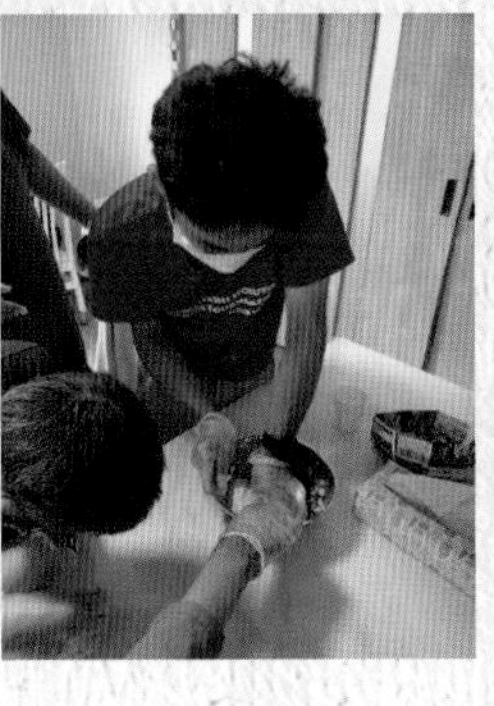

地域に根差し、密着した生活の場になりますので、障がい者の孤立を防止したり、生活や将来に対しての不安な気持ちを軽減したりすることができます。家族の方にとっても精神的、身体的な負担を減らすことができます。ホーム内で生活支援員が食事をはじめ日常生活を送る上での身の回りの介助を行います」

同法人はまた、グループホームで利用されていない居室を利用し、緊急の場合や家族が病気や休養などで介護ができなくなった時などに一時的に障がい者が利用できる『空床型短期入所アルビジア』も併設している。さらに、生活介護事業として、精神障がい者を対象にした『デイサービス比企の丘』も運営。利用者はバイタルチェックや体操、レクリエーション、昼食、おやつなどで過ごして帰宅する。レクリエーションにはカラオケや音楽鑑賞、書道、絵画、ウォーキング、手芸などがあり、お花見や夏祭り、運動会、クリスマス会などの年中行事もある。

このほかにも、精神障がいのある人やその家族が障害福祉サービスを利用するにあたって相談ができる、障害者総合支援法に基づく窓口である『相談支援センターねむの木の丘』も運営している。

（ライター／斎藤紘）

曹洞宗 宝壽山 正安寺

0267-62-6499 syoanji@fitcall.ne.jp 住 長野県佐久市内山7864
https://www.syoanji.jp/ @syoanji https://www.facebook.com/syoanji55/

お墓を守るために三つの安心を保証 名刹がお墓を建ててある墓苑を開設

様々な事情で墓じまいせざるを得ない家庭が増える中、「お墓を守るということに安心を」と三つの安心を保証する独自のプランでお墓の維持継承をサポートしているのが、平安時代の創建から950年超の歴史を刻む名刹、長野県佐久市の「曹洞宗寶壽山正安寺」だ。境内に新たにお墓が建ててある『やすらぎ墓苑』を開設し、契約の受付を始めたもので、人口減少などで寺院の減少が進んでいく状況に危機感を抱き、持続可能な寺院経営のための改革を断行した塚田雅俊住職の檀家や信徒の心に寄り添う姿勢が伝わる取り組みだ。『やすらぎ墓苑』の三つの安心は、「すべてのお墓に永代供養付き」「お寺が後々までみまもり」「わかりやすいスリープライス」のことで、「お墓のことで子どもに負担をかけたくない」と考える人たちの心情に沿うものだ。スリープライスは、すべて永代供養料と墓石代込みのセット価格(税別)で、納骨者一人の個人向けが 82・5万円から、夫婦など2人向けが104・5万円から、家族など三人向けが

法要の様子

佛殿での大般若法要

寺院葬の様子

境内中庭

佛殿

126・5万円からとなっていて、別途年間5000円の管理費がかかる。墓石は、5タイプの色調から選ぶことができる。この取り組みとは別に、「正安寺」では、お墓を継承することができない遺族に代わって寺院が故人を供養する永代供養も行ってきた。

「信徒あるいは檀家の一員として本葬儀式をお勤めいただいた場合、親族が皆無である、その後の家の継承者がいないなど、諸事情ある場合には喪主の希望あるいは、生前のご本人の意向などを通じて永代供養の手続きを行えます」

永代供養には、『永代資堂建牌』と『永代供養墓への御納骨』の二つの方法があり、檀家はどちらかを選択でき、信徒の場合は『永代供養墓への納骨』が可能という。

「『永代資堂建牌』とは、それまでお祀りされていた全てのお位牌を永代位牌に作製し直して位牌処に安置し、旧お位牌はその後御焚き上げさせていただく方法です。『永代供養墓への御納骨』は、子孫や後継者がいない方々のため、境内墓地内の『永代供養合祀墓』に御納骨させていただく契約です」

境内墓地内に新たに設けられた墓石付区画には、遺骨を一定期間納めた後、期限終了とともに『永代合祀供養墓』へ合祀する『永代供養権付期限墓』もある。

（ライター／斎藤紘）

曹洞宗 宝寿山 正安寺

ホームページ

YouTube

土蔵内時代龍

受処大玄関

宗教法人 阿弥陀寺　通称 みねのてら

0742-45-2410 ㊟ 奈良県奈良市学園赤松町2826-1
http://minenotera.com/ みねのてら 阿弥陀寺 検索

自然と共に永代供養墓 若草山の絶景が心を癒す

山門から望む若草山の美しい景観、本堂の周りのこんもりとした木立、冬から春にかけて咲き乱れる境内の椿が参拝に訪れる人の心を癒す。奈良市で300年の歴史を刻む『阿弥陀寺』、通称「みねのてら」は、現代人の葬送・供養意識の変化にも対応してきた古刹だ。その象徴が本堂の傍らに建つ「永代供養塔」。宗旨、宗派を問わず、遺骨を受け入れ、合祀して供養するもので、少子高齢化や核家族化で、お墓の後継者がいない、子どもにお墓を維持する負担をかけたくない、経済的に墓石の建立が難しいといった人たちの心を満たす選択肢になっている。

「永代供養塔」は、同寺院で写経に打ち込む人たちの要望を受けて建立したもので、一人で静かに眠る場所がほしい、遺言、葬儀から墓まで人生のエンディングを準備したいといった願いに応えたいという。墓じまいをした遺骨を位牌とともに祀って永代供養する位牌壇を本堂に併設して

『本堂』(江戸中期)欅造り、境内には早春に椿が咲きほこる。

『永代供養塔』建塔 300,000円～(生前予約可)
納骨 50,000円～　送骨 40,000円～

『位牌壇』
永代供養
200,000円～

勢至菩薩
(江戸時代)

不動明王
(江戸時代)

地蔵菩薩
(江戸時代)
パワーがあると評判。

御本尊
阿弥陀如来
(室町時代)

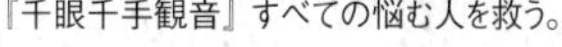

『千眼千手観音』すべての悩む人を救う。

「役の行者」
600年前に山の上に安置。『阿弥陀寺』の『みねのてら』の通称名の元。

若草山から上る朝日に照らされている『朝日観音』。

いる。これは、お釈迦様の遺骨が仏舎利塔に安置されているに倣ったものだ。利用条件は、宗教宗派不問、継承者不要で、生前予約も可能。価格も建塔が30万円から、納骨は5万円から、送骨4万円からと良心的な設定だ。

『阿弥陀寺』は、平安時代後期に阿弥陀堂という祠が建立されたのが始まりとされ、開山は江戸時代の1728年。家単位で特定のお寺に所属し、葬祭や供養などの仏事一式を任せる代わりに寺院を経済的に支援する檀家制度を廃止し、檀家寺固有のしきたりがないのも特長。2020年には本堂の耐震改修が完成し、2021年春には完全バリアフリー対応のスロープ、トイレを新設し、幼児から高齢者まで安心して利用できる環境を整えた。永代供養のほかに寺院葬、遺骨葬、納骨、送骨の相談も受け付けている。写経も開催している。

寺院内には、室町時代や江戸時代などに創られた阿弥陀仏や朝日観音などの木彫が多数配置されている。立地する地域には修験の祖といわれる役小角(えんのおづぬ)の伝説が至るところに残り、『阿弥陀寺』の裏庭にも役小角像がある。

(ライター/斎藤紘)

こちらからも
検索できます。

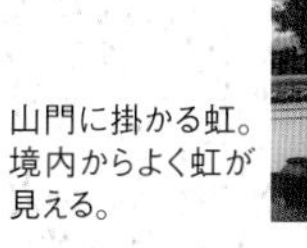

山門に掛かる虹。境内からよく虹が見える。

朝日観音から見た若草山の方向に掛かる虹。

合同会社 翠輝

☎&✉ 0738-68-0555 ✉ kanbarasenroku@niko.eonet.ne.jp ㊟ 和歌山県御坊市湯川町丸山38-6
https://kanbarasenroku.com/

四柱推命で占い特別料理も提供 全国でも珍しい和風喫茶が誕生

四柱推命鑑定師、企業コンサルタント、フードコーディネーター、子ども救済ボランティア。『合同会社翠輝』代表社員の龍谷翠輝さんが持つ四つの顔を一ヵ所で見ることができる場所がある。同社が和歌山県御坊市で営む和風喫茶『花の里』。運勢を占ったり、四柱推命の陰陽五行に基づいて地元の新鮮な食材を使って調理する特別料理を堪能できたりする全国でも珍しい癒しの空間だ。太古の中国で生まれた四柱推命は膨大な過去のデータを元に統計学に基づいて命運を推し量る占いだが、龍谷さんが占いで使うのは講師資格を持つ『鳥海流四柱推命』。

「『鳥海流四柱推命』は年柱、月柱、日柱の三つの柱で鑑定します。年柱とは0から29歳の間で親や先祖、上司や社会との関係を表し、月柱とは30から59歳の間で仕事や組織を表し、日柱とは60歳からとしてプライベートや性格、恋愛を表し、それらもとにそれぞれの年代や性格などを含めて鑑定

『相談』
30分 5,000円（税込） 60分 10,000円（税込）
『四柱推命鑑定』
お試し15分 3,000円（税込）
30分 5,000円（税込） 60分 10,000円（税込）

こちらからも
検索できます。

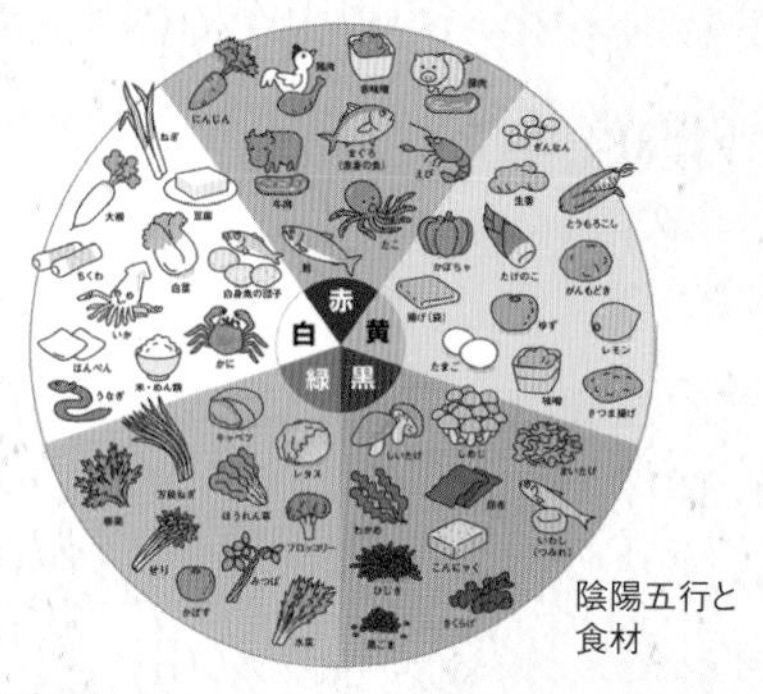

陰陽五行と食材

相関図

陰陽五行食材表

五行	身体の臓器	症状	食材	食材系統
木	肝臓・担のう	頭痛・便秘・情緒不安定	カボス・ほうれんそう など	酸っぱい食材・青い（緑）食材
火	心臓・小腸	情緒不安定	ゴーヤ・赤味噌 など	苦い食材・赤い食材
土	脾臓・胃	むくみ・リンパの滞留	かぼちゃ・コーン など	甘い食材・黄色い食材
金	肺・大腸	免疫低下	こんにゃく・豆腐 など	辛い食材・白い食材
水	腎臓・膀胱	排泄障害・生殖機能障害	醤油・黒ゴマ など	塩辛い食材・黒い食材

します。ＬＧＢＴなど身近な人には少し話しづらい悩みにも対応します。企業コンサルティングも『鳥海流四柱推命』を活用し、社員の目標や運命といった観点から診断し、効果的な人材育成や人材配置を行うために必要な適性に関するアドバイスが可能です。オンラインでのご相談にも対応します」

「花の里」で提供する特別料理も四柱推命の考えに基づくものだ。

「四柱推命では陰陽五行の考え方があり、木、火、土、金、水それぞれの五行は万物に当てはめることができ、それはからだの臓器にも関係しています。特別料理は、陰陽五行の力を取り入れるためのレシピに沿って、それぞれの臓器に有効な食材や調理法で調理します。その象徴がレインボー鍋。大根、ニンジン、ニラ、青ネギ、きくらげ、ゴボウ、油揚げ、豚バラをだしと味噌と豆板醤の合わせ調味料のスープでいただきます」

子ども救済ボランティアは、育児放棄や家庭内暴力、虐待などに遭った子どもからのＳＯＳ電話相談を24時間体制で受け入れ、警察への通報が難しい場合でも、子どもを救助する全国のＮＰＯに連絡したり、法テラスや弁護士、司法書士などに相談したりして最善の救済に導く活動だ。

（ライター／斎藤紘）

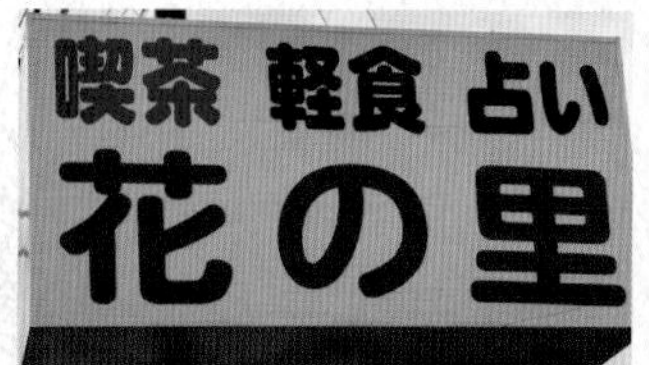

花の里

東神電工 株式会社

044-738-2245 ㊟ 神奈川県川崎市中原区丸子通2-447
https://toshindenkogroup.com/

同族企業を救った外部起用の社長 経営再建のモデルとなる改革断行

電線の製造加工で70年の歴史を刻みながら、倒産の危機に直面した老舗同族企業『東神電工株式会社』を再生させた外部起用の代表取締役社長がいる。法務省の元高級官僚本木保則さん。その改革手法で際立つのは先進性だ。社長の報酬を最低限の成功報酬型とし、余剰分を設備投資に充てる、社長のコンサルファームを入れ、適材適所の人員配置を行う、社員の6割を占める女性の活躍を支える仕組みを国際基準で作る、残業を廃止して業務効率を図り、人的投資をするなど多岐にわたる。これらの改革で1年間で借金を大幅に圧縮し、債務超過を逆転させたという。本木さんの改革は、少子化や高齢化社会の課題にも及ぶ。子どもの看病や親の介護などの日数を出勤扱いにする独自制度の創設や子育てなどで時短勤務している従業員の給与を減額しないことなどはその象徴。DX推進委員会などを通し、新たな目標に向かう意識改革も進めた。（ライター／斎藤紘）

代表取締役社長 本木保則さん

6割強が女性の『東神電工』。女性の活躍を支える国際基準を作る。

令和5年度 事業継続力強化計画 認定 経済産業省

2024年2月、関東経済産業局より「事業継続力強化計画」の認定。

社内委員会の様子。

株式会社 Amol

090-5418-1577 info@amol2022.com ㊟東京都調布市仙川町3-2-18 エクセル仙川203
https://yuta-project.com/

超実践型SNSマーケティング 効率的に売る仕組みがここに

SNSの情報拡散力を活かして自社商品やサービスの魅力を発信し、ファンの創出や購買につなげるSNSマーケティングはビジネスに欠かせないスキルの一つ。『株式会社 Amol』は、超実践型SNSマーケティングスクール『Professional Akademia』の運営や個人や起業に向けたコンサルティングを行う。現在、150名以上が在籍するスクールでは、週数回のオンライン授業やプロの仕事を実地で学ぶリアルセミナー、受講生がいつでも学べる動画配信などのカリキュラムが特長だ。アカウントの設定方法や起業の仕方、オリジナル商品の作り方などビジネスに必須のノウハウから最新の知識や技術まで内容も充実。知識・経験ゼロの方でもできる的確なノウハウで、月収7桁達成者が続出。SNSマーケティングで事業を成功へと導き、喜びや幸せの輪を広げている。

（ライター／彩未）

実践に基づいた最新ノウハウを共有。

代表取締役
内山裕太さん
マーケティングスクール運営・WEB広告講師・マーケティングディレクター。雑誌、メディアにも多数出演。

活躍中の人々が多数。

月に一度の勉強会風景。

株式会社 AIBOT

03-6822-6789　info@ai-bot.co.jp　㊟東京都港区芝浦3-17-11-1001
https://ai-bot.co.jp/

友だちが友だちを呼ぶ機能を搭載 超集客型LINEシステムが好評

9000万人以上のユーザーが利用し、今や生活インフラとなったLINEを利用し、集客効率を高めるシステム『株式会社 AIBOT』の『LIBOT』が好評だ。顧客のネットワークを使用して新規顧客を獲得していくマーケティング戦略、リファーラルマーケティングをLINE上で初めて実現したもので、企業や店舗がユーザーに直接情報を届けられるLINE公式アカウントで友だち追加を連鎖的に増やすことができる機能や顧客管理機能も備わり、強力な集客ツールになるのが支持される理由だ。キーテクノロジーは「友だち紹介機能」。メニューに「友だちにオススメ」ボタンがあり、友だちを紹介した場合に紹介人数を確認し、紹介人数応じて特典やポイントを付与したりする機能を備え、顧客が顧客を紹介したくなる仕掛けが施されている。このほか顧客管理や数値データ可視化、チャット、アンケートなど機能は20項目にのぼる。（ライター／斎藤紘）

業界初のLINE集客システム
LIBOT
ビジネス特許申請中

ファンがファンを呼ぶ
超集客型LINEシステム

新規集客から顧客管理・業務効率化・リピート獲得まで
公式LINEの運用、マーケティングがLIBOT１つで!!

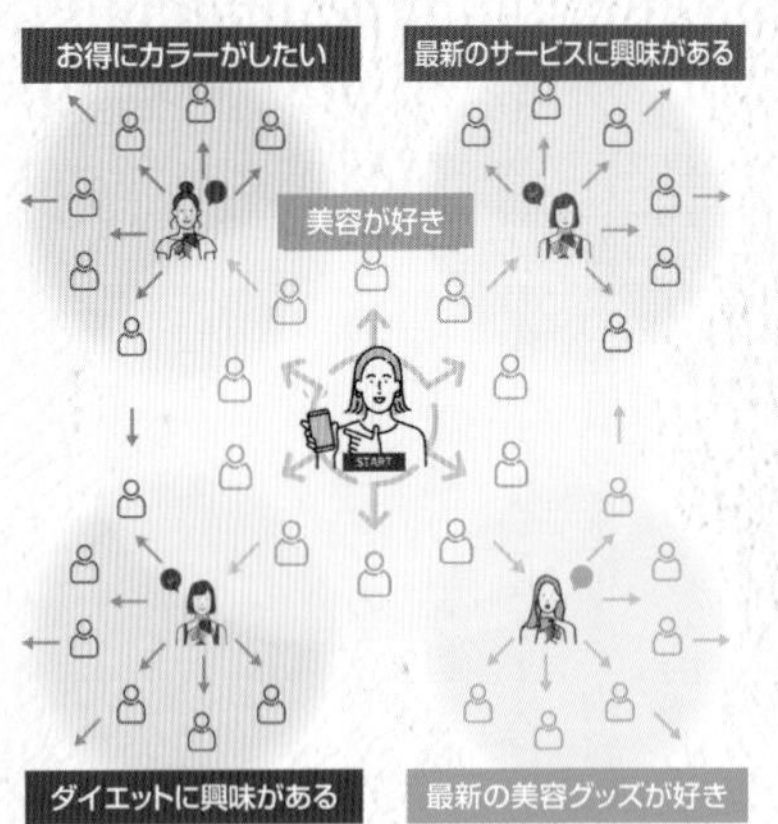

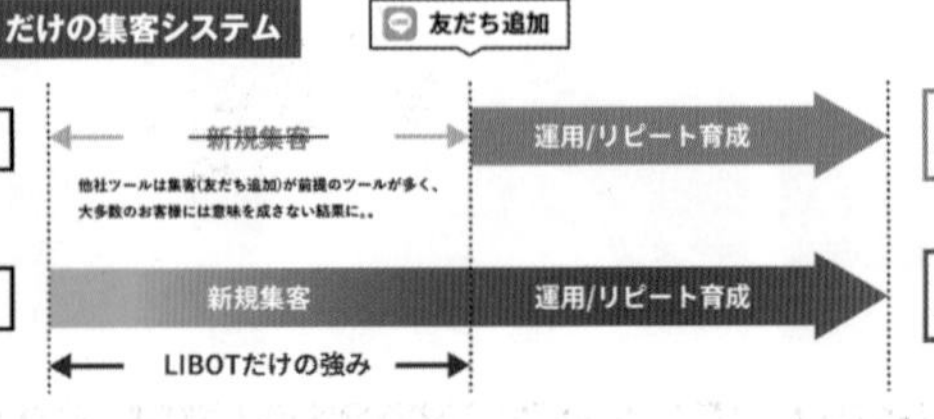

こちらからも
検索できます。

株式会社 イージスワン

03-3261-0861　info@aegisapp.net　住 東京都千代田区麹町4-3-4-3F
https://www.aegisapp.net/

運送業のデジタル運行管理に新機能
デジタコとの送受信で運行状況把握

運送業の管理業務にDXをもたらした『株式会社イージスワン』のクラウドシステム『AEGISAPP運送業』に新たな機能が加わった。

「トランストロン社」のクラウド型運行支援サービス『ITPWebServiceV3』と連携した。『ITP-WebService V3』は、富士通製デジタルタコグラフ(デジタコ)とドラレコの専用システム、日報や運行管理情報の管理、車両の状態や渋滞、工事などの環境情報の共有、ドライバーの運転状況の分析、ドラレコの動画管理を行う。また、運行指示をタッチディスプレイ付デジタコへ送信することができる。このAPI連携で、トランストロンのデータを利用できるだけでなく、『AEGISAPP運送業』で作成した運行計画を富士通デジタコへ送信することが可能になった。

「トランストロン社」は、「富士通」と「いすゞ自動車」が出資してできた会社。

（ライター／斎藤紘）

AEGISAPP運送業 for ITP-WebMP

受注業務・運賃計算・運行計画・運行指示・勤怠管理・運転日報・労務管理・請求業務・入出金管理・原価計算

クラウド型運行支援サービス ITP-WebService V3

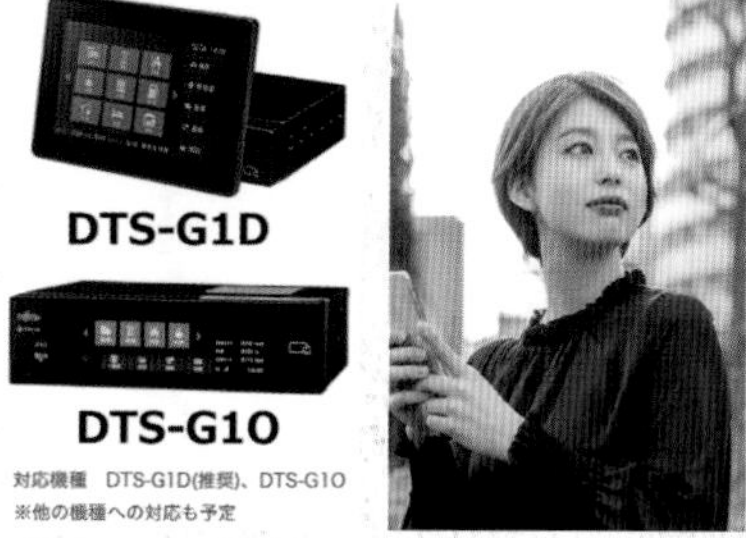

DTS-G1D

DTS-G1O

対応機種　DTS-G1D(推奨)、DTS-G1O
※他の機種への対応も予定

https://unsogyo.aegisapp.net/

運行計画・労務管理

ドラッグ&ドロップで、改善基準告示(2024年4月改定含む)をシステムが検証し、運行計画を作成します。

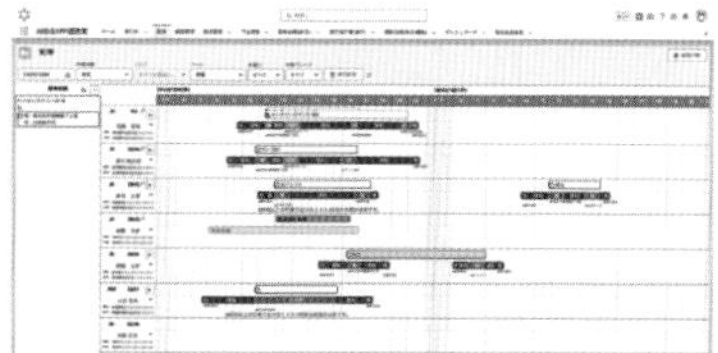

AEGISAPP運送業　運行計画画面

富士通デジタコ　受信

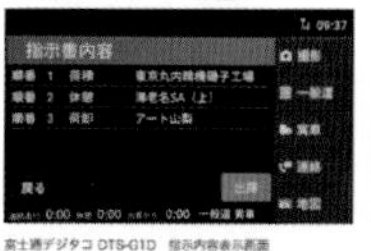

富士通デジタコ DTS-G1D　指示内容表示画面

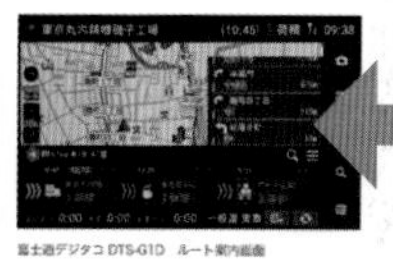

富士通デジタコ DTS-G1D　ルート案内画面

ITP-WebService V3　受信

運行指示

ITP-WebService V3と連携することにより、「運行指示」を簡単に作成し、車両の富士通デジタコ（DTS-G1D、DTS-G1O）へ送信できるようになります。

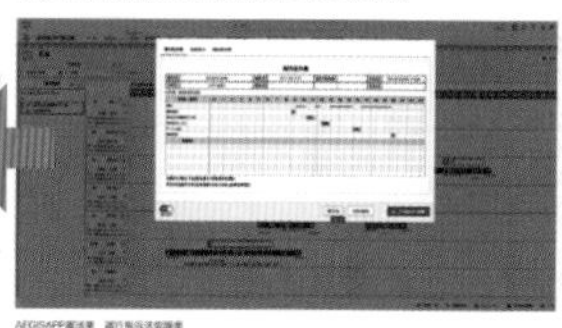

AEGISAPP運送業　運行指示送信画面

株式会社 日さく

048-644-3911 ㊟ 埼玉県さいたま市大宮区桜木町4-199-3
https://www.nissaku.co.jp/

利用進む全国の地下水価格マップ
自治体や半導体メーカーなどが活用

「安全な水を世界へ」を目標掲げる「SDGs」に沿い、国内外の地下水保全と持続的な利用の推進に取り組む百年企業、『株式会社日さく』が「産業技術総合研究所」と連携して作った国内初のデジタルデータ『地下水価格マップ』が好評だ。全国を各市町村や地域ごとに500m区画で区切った地図上に地下水の量やその価格を表示したもので、災害用井戸の建設を目指す自治体や清浄な地下水が必要な半導体メーカーなどで利用が進む。同マップは、同研究所の地下水に関するデータベースを利用し、同社のさく井工事や地下水調査の経験、同社の地下水研究グループの研究の成果も合わせ、地下水の存在場所や量、活用法などによる地下水の価値評価を加えて作成したもので、万一環境汚染の可能性がある場合はどの程度掘った場合に悪影響が出るのかなどといったデータも含まれ、工場を建設する時などにも活用できる。（ライター／斎藤紘）

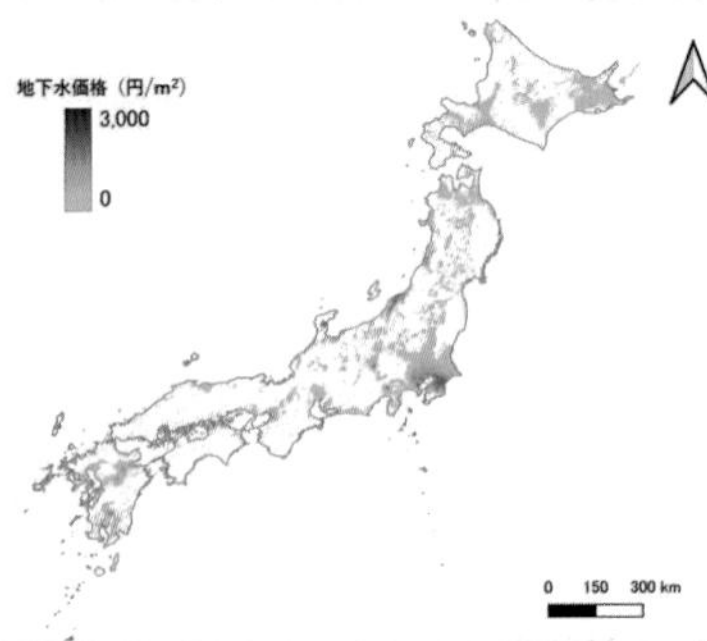

地下水価格マップ

近い将来、我が国は、地球温暖化に伴う降水量の増加、少子高齢化の影響を受けての人口減、離農地の管理、産業構造の変化などを余儀なくされる。我が国では唯一の資源ともいえる地下水について、そのボリュームや継続的な利用ができるかなどの地下水本来の価値が問われ始めている。

『ハンドポンプ』

大正13年（1924年）吹上御所での井戸掘削工事。

大正2年（1913年）日本発の機械掘りによる井戸掘削工事。

株式会社 田中信鉄工所

0949-26-3345　t-s.iron@estate.ocn.ne.jp　㊟ 福岡県直方市大字上頓野4631-7
http://www.tanakashin-iron.com/

大型土のうを安全効率的に設置 特許技術で開発した吊金具好評

河川氾濫防止などに使われる大型土のうをクレーンで設置する作業の効率を飛躍的に高め、しかも土のうを外す作業も不要で人身事故もなくせる画期的な吊金具が誕生した。『株式会社田中信鉄工所』が2023年に特許を取得した『オート信カリバー』。

使用方法は、土どう袋に4本足の『オート信カリバー』を載せ、両フックに土のうのベルトを掛け、レバーを倒し、金具にセットする。クレーンで吊り上げて設置場所で土のうを垂直に降ろすとフックも降下してベルトが自動的に外れる仕組みだ。従来の吊金具では、セットする作業員と外す作業員の二人が必要だったが一人で済み、建設業界の人手不足対策にもなる。

2024年2月に横浜で開かれた震災対策技術展で、自然災害が多発する時代の要請に応える技術として注目を集めた。

（ライター／斎藤紘）

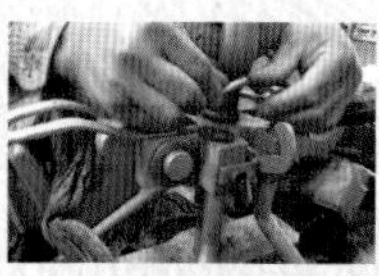

両フックに土のうベルトを掛け、レバーを倒してセット。

ECO SPEED SHIELD工法協会

06-6252-1139　info@eco-speed-shield.com　㊟ 大阪府大阪市中央区博労町4-2-15 ヨドコウ第2ビル4F
http://www.eco-speed-shield.com

地下管路構築工事の常識を覆す工法
シールド・推進両工法の利点を融合

社会インフラの地下管路構築工事の常識を覆したといわれるのが『ECO SPEED SHIELD 工法協会』の『推進・シールド併用工法』だ。

発進立坑に設置したジャッキの推進力で掘進機や推進管を直接前進させていく推進工法と掘進機で掘削しながら管路を構築するシールド工法の利点を融合させた工法で、地上を掘り返す必要がなく、交通や地下構造物が錯綜する都市部で活躍する。

同工法は、推進限界もしくは急曲線手前の任意地点まで推進工法で掘進し、以後は特殊先頭管を分岐点として立坑なしでシールド工法に切替えることができるのが特長。管路の仕上内径1000㎜~2400㎜を対象に掘進距離1㎞を超え、カーブにも対応できるほか、玉石・砂礫層や軟岩層を含む複合地盤から普通土層まで長距離曲線施工が可能だ。

（ライター／斎藤紘）

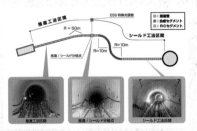

推進・シールド
併用工法

標準タイプ（機内交換）

破砕タイプ（機内交換）

古河ユニック 株式会社

03-6636-9524 u-hansoku-g@furukawakk.co.jp 住 東京都千代田区大手町2-6-4 常盤橋タワー
https://www.furukawaunic.co.jp

小型移動式クレーンの進化形 安全性操作性に優れ撤収も容易

足場が不安定な不整地や山岳地などでの建築、土木工事で活躍する乗車型ミニ・クローラクレーンの進化形として販売実績を伸ばしているのが『古河ユニック株式会社』の『URW370C』シリーズだ。安全性、操作性が向上、撤収作業も効率的にできるのが支持される理由だ。クローラ（無限軌道）と転倒を防止する4本のアウトリガを装備、現場でのクレーン操作で衝突を未然に防止する作業範囲制限装置や作業終了時のブームの格納操作をスイッチ1つで行うブーム全自動格納機能などを備えたほか、山岳地などの機材の搬入が難しい場所にブームやアウトリガなどの主要パーツを分解して運搬できる分解仕様の機種もオプションで揃えた。また、分解後の各部品の質量を1t未満に抑え、積載量制限のあるヘリコプターやモノレール、索道での運搬を可能にするなど利便性を徹底的に追求したクレーンだ。

（ライター／斎藤紘）

『W370C』シリーズ
<最大クレーン容量>
『W376C』2.93t×2.5m（6段ブーム）
『W375C』2.93t×2.5m（5段ブーム）
<最大地上揚程>
『W376C』14.9m　『W375C』12.6m
<最大作業半径（定格総荷重）>
『W376C』14.45m（0.13t）
『W375C』12.14m（0.26t）

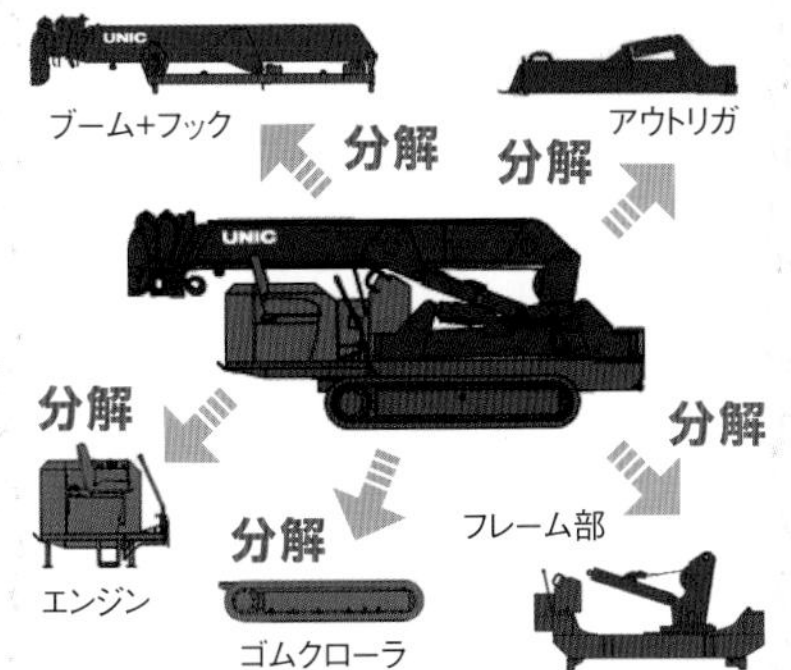

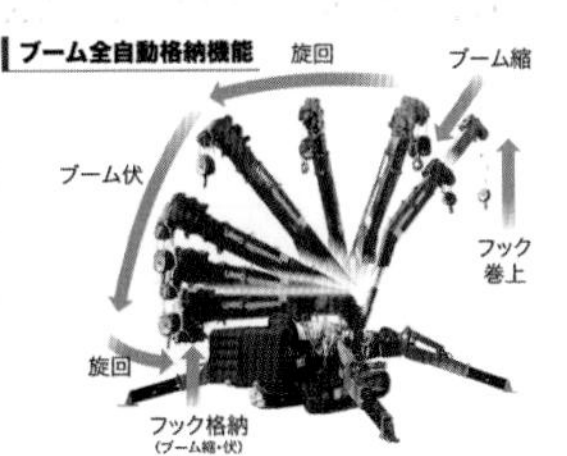

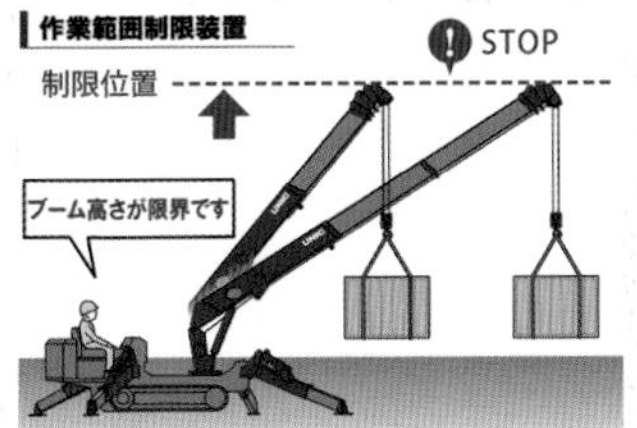

選べる、過負荷を防止するための装置
ピーッ
ML停止型
定格荷重制限装置付
ML警報型
定格荷重指示装置付

光洋鋳造 株式会社

0595-39-0080 info@koyochuzo.co.jp ㊟三重県伊賀市予野西出2624
https://koyochuzo.co.jp/

短納期の鋳物製造に光る技術力 フルモールド鋳造法にIT活用

鋳型に溶けた金属を流し込んで複雑な製品を量産する鋳造技術の進化が伝わるのが『光洋鋳造株式会社』だ。自動車用プレス金型や産業用機械、工作機部品、ポンプ部品、景観構造物などの模型から製品、要望があれば加工までITを駆使したプロセス管理で多品種少量生産に対応し、短納期で高品質の製品を低コストで全国に拠供してきた。同社の製造法はフルモールド鋳造法。従来の木製法とは違い、2次元図面から全品3D化し、個々で発泡模型を製作する。Web会議で3Dモデルを見ながら図面にない客先要望を取り入れたり、自由度の高い設計対応や鋳造解析によって不良の事前対策が可能だ。鋳造品についてはバリ処理がないため高精度、コストダウンにもつながる。プレス部品金型に同社の鋳造品が採用されるなど大手ITメーカーからの信頼も厚く、2021年度には「はばたく中小企業300社」に選ばれた。

（ライター／斎藤紘）

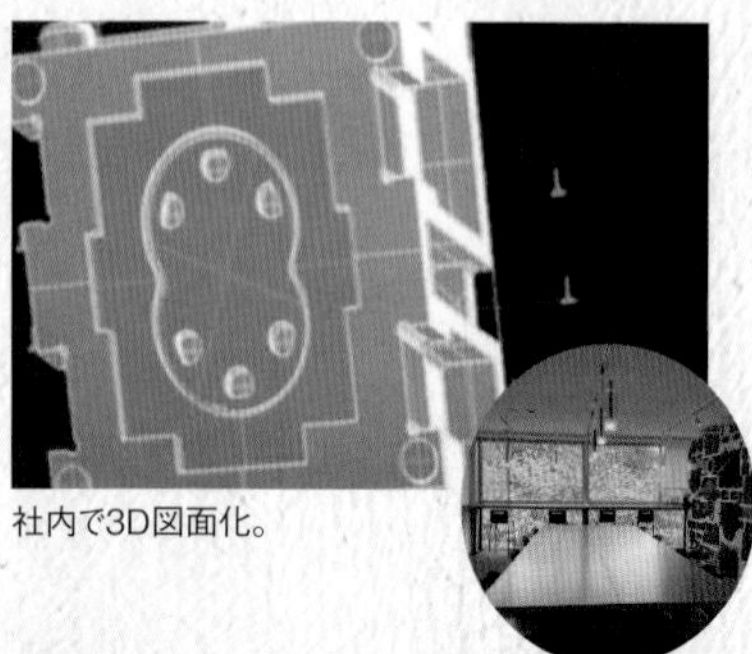
社内で3D図面化。

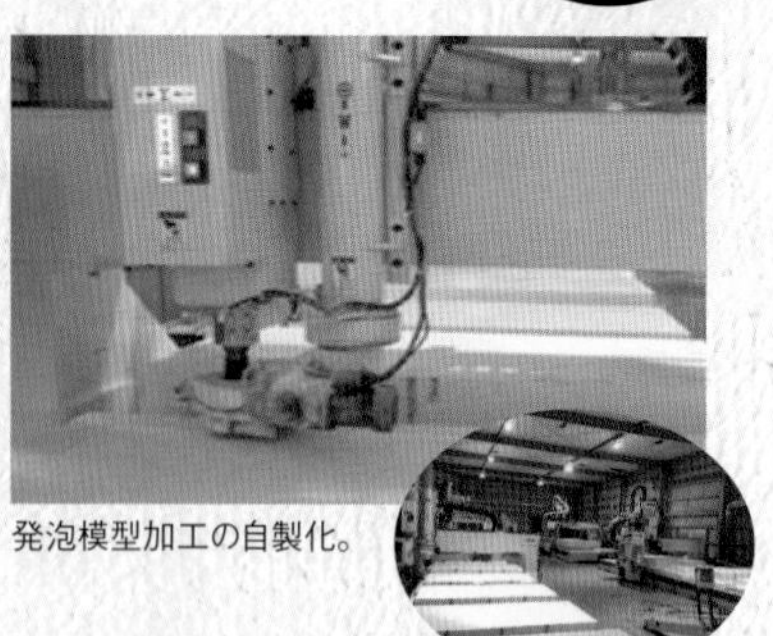
発泡模型加工の自製化。

大容量キュポラの保有。

短納期でできます

オブジェなどの鋳物

アルミ精錬用

工作機部品

一般産業用機械部品

自動車用金型

川本化成 株式会社

073-464-3901 ㊟ 和歌山県和歌山市直川160-23
https://www.pvc-kawamoto.co.jp/

プラスチック溶接で示す高度技術 発想力が伝わる自動化装置の開発

『川本化成株式会社』は、成型や切削ではなく、プラスチック溶接というほとんど知られていない加工技術による高品質のプラスチック加工品製作で躍進してきた会社だ。代表取締役の川本淳生さんは、その技術の進化を追求、2021年には世界的に注目される先端素材、熱可塑性炭素繊維強化プラスチック（CFRTP）の溶接接合技術を開発、特許を取得した。この特許技術は、機械的固定化が一般的だった繊維強化プラスチック部材同士の固定を溶接でできるようにしたプラスチック用溶接棒とそれを使用する溶接方法に関する技術。さらに、川本社長は装置開発部門とコラボする形で、「CFRTP溶接」を自動で行う装置をロボットを用いて開発、CFRTP加工品の製作効率と精度を飛躍的に高めた。こうした技術を背景に、今では液晶・半導体の洗浄処理装置、LEDや太陽電池の処理装置に使われる加工品製作も得意分野になっている。

（ライター／斎藤紘）

「CFRTP溶接ロボット」

「CFRTP」突合溶接盛り

「CFRTP」突合溶接仕上げ

代表取締役 川本淳生さん

家具ed MAISON

03-6411-3434　kagued1m@gmail.com　住 東京都世田谷区船橋2-7-6
https://kaguedmaison.com/

こだわりの家具家電付き賃貸 ～その価値は賃貸以上～

東京・世田谷を中心に家具家電付き賃貸物件を提案している『家具 ed Maison』では住む人の立場に立った快適でおしゃれな空間をプロデュース。部屋には冷蔵庫・オーブンレンジ・洗濯機・寝具付きベッドなど生活必需品はもちろん、お洒落なインテリア小物まで専属のインテリアコーディネーターが厳選し、少し贅沢な賃貸物件を提供している。家具付き賃貸は国内ではあまり普及していないが、入居時に家具家電を揃える必要のない利便性と洗練されたデザイン性とを兼ね揃えた『家具 ed Maison』の物件は注目を集めており、利用者からも好評を得ている。また、賃貸物件だけではなく、一部屋からの空間プロデュースも受け付けており、リフォームするほどではないという要望にも対応。写真のイメージからお好みの空間アップグレードをプロのインテリアコーディネーターに任せてみよう。

（ライター／播磨杏）

一部屋から相談可能。
世田谷区近辺、初回相談料無料。

アドバンスライフ 有限会社

03-6411-3618　staff@advancelife.tokyo　㊟ 東京都世田谷区三軒茶屋1-39-7 ショッピングプラザベルアージュ102
https://advancelife.tokyo/

周到的確な相続対策で信頼集める
不動産オーナーの心に寄添い助言

『アドバンスライフ有限会社』代表の平出裕太さんは、主軸事業の不動産取引仲介と並行して、相続対策コンサルタントや相続資産・事業承継ナビゲーターなどの資格を生かし、相続不動産を中心に相続全般の悩みや困り事の相談に乗り、的確な解決策で信頼を得てきた経営者だ。

「相続対策には、やり方や順番、コツ、ポイントがあり、これらを押さえずに進めていくと、間違った結果に至ってしまいます。当社は、代々引きついだ不動産を守りたい、遺産分割争いを防ぎたい、円満に財産を代々引き継がせたいといった不動産オーナー様が相続対策を行う上で必要な知識を提供し、オーナー様の気持ちに寄り添い、ライフプランの作成から遺言、遺産分割、節税対策までサポートします」

平出さんは、前職の大手不動産会社時代から約25年、相続不動産案件に取り組み、その経験で得た知見がアドバイスの信頼性を支える。

（ライター／斎藤紘）

三軒茶屋エリアの不動産物件情報は
アドバンスライフ有限会社にお任せ！
豊富な実績とノウハウで丁寧にサポートいたします。
お気軽にご相談ください。

代表 平出裕太さん

代表の平出さんのワンコたち。
アドバイザーのJOJO&ROBIN

インターネットの情報はこちらから。

マルサンクロノス 株式会社

03-5830-3283 ✉ marusan@marusan0123.com ㊟ 東京都台東区元浅草1-3-2 松岡ビル4F
https://marusan-estate.com/

不動産投資に最適な優良物件を販売 相続対策や土地活用にも的確に助言

家賃収入や売却益を得る不動産投資に最適な優良物件の販売で投資家などから支持されているのが、東京都宅地建物取引業協会所属の『マルサンクロノス株式会社』だ。不動産投資に精通した代表取締役の森本孝之さんが資産運用や老後資金対策など投資目的に見合った物件を紹介する。販売するのは、千葉県と東京都23区内を中心としたエリアの戸建て住宅や1棟マンション、区分マンションなど様々なタイプの投資用物件。不動産仲介サイトなどでも一般公開されていない非公開物件や市場に出回っていない物件も多数取り扱っているのが支持される理由だ。土地や戸建住宅、マンションなどの買い取りや売却も支援し、「住宅ローンが残っている」「古くて売れるか不安」などの困りごとを解決するほか、相続対策や土地活用、賃貸事業など専門性の高い問題の不動産コンサルティングでも信頼を集めている。

（ライター／斉藤紘）

千葉県、東京23区を中心に投資物件の販売。

不動産に関する不安、悩みを解決できるようにサポート。相続した土地を処分したい、収益不動産の売買、相続対策、土地活用、賃貸事業など不動産に関する問題を解決。

人と人との、出会い、繋がり、時間を大切に
株式会社
マルサンクロノス

SMRC 株式会社

03-6276-9350　ご購入、代理店希望のお問い合わせの方は、販売元 北日本ユーフォー販売株式会社　011-633-2015
https://www.smrci.jp/

常に進化するねこ免震技術 大地震による建物倒壊対策に

２０００年の法改正により耐震性が改善されたにもかかわらず、熊本地震に続いて能登半島地震でも新築住宅の約半数が損壊した。これは、耐震基準を超える地震が2度も来たためで、今後も大型地震の発生が予想されるため、熊本地震で被害が0であった、ねこ免震（ねこ土台型免震装置）の様な住宅の倒壊対策が急務だ。

２０２３年、地球温暖化対策として発売されたねこ免震『エンプラUFO-E』はエンプラ製の摩擦アイソレーターとアンカーボルトをバネとした本格ねこ土台型免震装置でしたが、新たに発売された『ねこ免震パッキン』は、土台とエンプラの摩擦をアイソレーターとした簡易免震装置。能登半島地震の被害を目の当たりにして、早期普及が社会的義務と考え、免震機能はさることながら、コストを既存プラスチック製パッキン並みにすること、さらに、パッキン型免震装置の強度を上げることで、既存プラスチック製パッキンの通気性、内部結露の弱点を改善し、さらに、形状を１００×２００にすることで、４ｔ／個と強化し、柱下を中心に９１０㎜の半間ピッチに置くだけの簡単施工とした。この「ねこ免震技術」により、床下内の木造の乾燥を維持することができ、シロアリ、カビを防ぎ、さらに地震損壊を防ぐ優れものだ。

（ライター／彩未）

NEW
ねこ免震パッキン
強度はPP土台パッキンの2倍、
圧縮強度は檜土台のめり込み強度の30倍
エンプラ＆土台のスライド摩擦
「免震緊結法」で簡単免震
400~300gal免震（震度6弱）
戸建分譲住宅・2×4住宅に
CAT-EPV 一般基礎・床下通気用
CAT-EPA 基礎断熱・リフォーム用

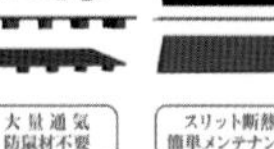

ねこ免震・分散免震

高強度免震パッキン
エンプラUFO-E
凍結に強く、圧縮強度は檜土台めり込み強度の30倍、土台パッキン（PP材）の2倍以上。
新開発のエンジニアリングプラスティック製「UFO-E」新発売！

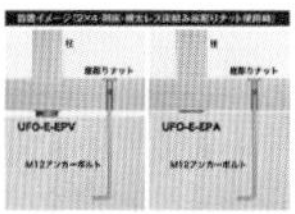

地震応答加速度実験【震度7相当】

震度7（青）が震度5強（赤）まで免震。

「ねこ免震で長持ち住宅」動画

ねこ免震で守る家

エンプラUFO-Eは円盤形の大量通気でシロアリ、カビ知らず。
基礎断熱は内部結露無し、メンテナンス容易なスリット断熱（6㎜以下の空気層で断熱・放湿）でシロアリ、カビ知らず。

太啓建設 株式会社

0565-31-1271　ugu886@taikei-com.co.jp　㊟ 愛知県豊田市東梅坪町10-3-3
https://www.taikei-con.co.jp/

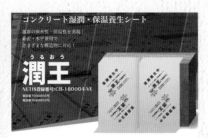

コンクリートの品質確保に威力発揮
湿潤状態を長期保持する養生シート

コンクリート構造物の構築工程で重要な打設コンクリート表面の保水と保温に力を発揮する画期的な養生シートが誕生した。『太啓建設株式会社』が特許技術を基に開発した『潤王（うるおう）』は、散水による水分供給で養生する手間や労力を大幅に軽減し、コンクリートの強度、耐久性、水密性などの品質確保に貢献する製品だ。

『潤王』は、吸水性不織布とフィルム加工エアセルマットをジグザグ縫製によって一体化した鉛直・水平兼用の超軽量シートで、水分が凹凸部及びジグザグ縫製部に沿って滞留しながら万遍なく流下し、コンクリート表面の湿潤状態を長期保持、セメントの成分と水が化学反応して凝結する水和反応を促進する。転用もでき、散水回数低減、アルカリ性排水の発生抑制、大幅なコスト削減などの効果も期待できる。

（ライター／斎藤紘）

コンクリート湿潤・保温養生シート
抜群の保水性・保温性を実現！
鉛直・水平兼用で
さまざまな構造物に対応！
うるおう
潤王
NETIS登録番号:CB-180004-VE

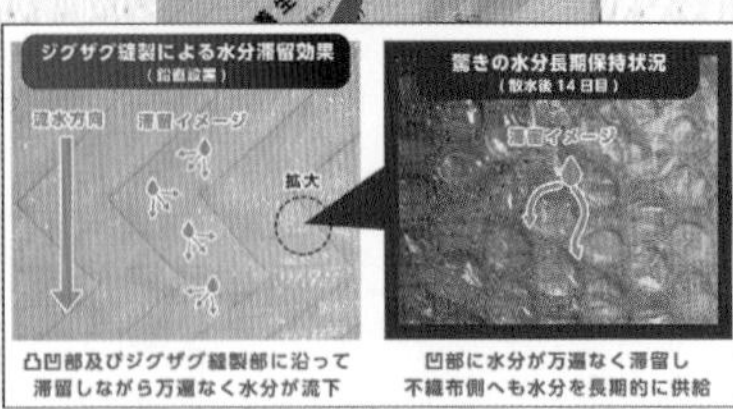

NETIS新技術情報提供システム
登録番号:CB-180004-VE

コンクリート湿潤・保温
養生シート『潤王』

厚み2.5㎜
幅1.2m（有効幅1.1m）
長さ20m　重量3.5kg/本

軽量で、運搬・敷設もラクラク!
※市場汎用製品の1/3程度の重さ
（同社比）

散水
養生面：吸水性不織布
背　面：フィルム加工エアセルマット
・湿潤性の長期保持
・保温性の向上
・遮光性の向上（乾燥抑制）
エアセルマット凹部
コンクリート
◇水分滞留効果の仕組み◇
①散水水分がシート内に万遍なく滞留
②吸水性不織布が養生面へ水分供給
③滞水されたエアセルマット凹部から吸水性不織布側へ水分供給
④養生面の長期的な湿潤状態を確保
⑤適宜散水により①～④の繰り返し効果
ジグザグ縫製による一体化

水平面

有限会社 プラネット

☎ 03-3696-7706 ✉ planet@axel.ocn.ne.jp ㊟ 東京都葛飾区奥戸7-6-5
https://www.planet-inc.co.jp/

電気設備工事に光る高度の技術力 堅実な仕事で歩んだ30年の歴史

「コンセント一つの移設、増設、LAN一本の配線でも妥協せず、何事も美しく仕上げる」

電気設備工事や店舗照明設計施工などを手がけ、2024年9月に創業30周年を迎える『有限会社プラネット』が業務で貫くスタンスだ。その堅実な仕事ぶりで成長軌道を歩んできた。幅広い業務の中で柱になるのがテナントビルへの入居時の既存の電気設備の確認、各種設備の設置、退去時の原状復帰工事、マンションの共用部やオフィスビル照明のLED化や電灯動力増設に伴う分電盤・幹線工事、商業施設などの電源や照明コンセントの増設工事、店舗など入居・改装に伴う電気設備工事、ネットワーク回線・LANの敷設工事。このほか、非常灯や誘導灯、火災感知器を含む新設・増設など防災関連業務、防犯カメラの設置に伴うシステムの設計施工、制御盤など含む計装工事、高圧変電設備工事、弱電工事などまでカバーする。

（ライター／斎藤紘）

商業施設の照明設備工事。

オフィスビルの入居に伴う照明工事。

オフィスビルの入居に伴うコンセント工事。

防犯カメラ工事。

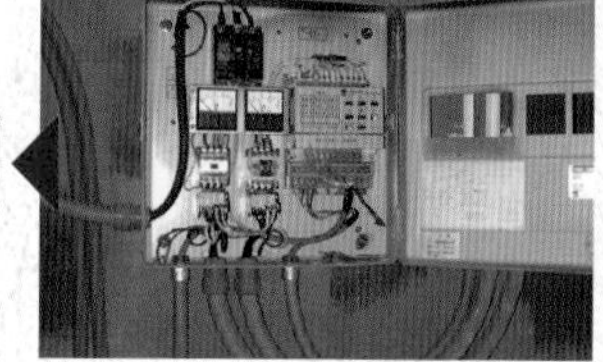
ポンプ制御盤更新工事。

K-STYLE

080-1326-3248　k.style585858@gmail.com　㊟ 東京都東久留米市南沢4-9-5
https://k-style2022.com/

大事な水回りの不安や心配は軽く安心して任せられる町の水道工事屋さん

快適に生きていく上で決して欠かすことのできない各種インフラ。特に上下水道は常に酷使されている性質上、漏水や詰まりなどのトラブルや不具合に見舞われやすい。だからこそ、新設や修理、メンテナンスには対応力に優れた信頼できる業者を選びたいもの。

東京都東久留米市に事務所を構える『K-STYLE』は、「水のトラブルお助け隊」として水漏れ修理・トイレ修理など上下水道まわりの修理や調査、ならびに給排水装置設備の新設工事やエクステリア・外構工事まで幅広く対応している。熟練の職人が正確かつ綿密に調査した上で最適な形で修理。また、給排水設備の新設・増設やエクステリア・外構工事では顧客の要望やこだわりにしっかり添って施工。特殊なケースも対応可能だ。ハウスメーカーなどの仲介業者を介さず直接依頼できるで、料金面での相談もできるのが嬉しい。

（ライター／今井淳二）

給排水工事や漏れ、水詰まりの調査など、水のトラブルを解決。

都指定給水装置工事事業者証

合同会社 BEES-FACTORY

075-312-6213 ending.asuka@gmail.com ㊟京都府京都市中京区壬生土居ノ内町29
http://www.asuka-service.net/

所有者に代わって空き家を見回り窓開けや清掃、庭木選定なども代行

人口減少などで増え続ける空き家。2023年12月施行の改正空き家対策特別措置法で放置して壊れたりして管理不全空き家に認定されると最大6倍もの固定資産税が課されるが、所有者に代わって定期的に空き家を見回るサービスを初めた会社がある。「遺品整理社明日香サービス」が2024年3月に設立した『合同会社BEES-FACTORY』だ。

サービスは見回りする当日に鍵を受け取り、二人1組で空き家に行き窓開け、空気の入れ替え、室内清掃、下水の水通しを行う中、家の普請がないか、害獣がいないかなどを調べ、郵便物を回収して届け必要のないチラシは処分する。オプションで庭木の剪定、草刈り作業なども行う。また、空き家見回りサービスのほか、自宅から介護施設への引っ越しの手伝いや家具の移動などお年寄りの困ったを解決する取り組みも行っている。

（ライター／斎藤紘）

料金 月2回3000円（税別） オプションは料金別途。

大和グリーン

☎ 0120-187-394 ✉ info@daiwagreen.com ㊟ 本社／埼玉県さいたま市緑区原山3-6-2 川口本店／埼玉県川口市柳崎5-7-19
https://mohala-daiwa.com/

笑顔をもたらす花の移動販売店 花木の育て方などもアドバイス

花が咲く、成功するなどを意味するハワイ語を冠した花の移動販売店が人気だ。キッチンカーを利用して運営する『Mohala（モハラ）』。週5日、埼玉と東京の数カ所の定点を回り、新鮮な季節の生花から、観葉植物や蘭、ドライフラワー、花苗、花木、園芸雑貨などまで多数取り揃えて展示販売し、笑顔をもたらしている。花木を自宅で栽培している愛好家などから相談があれば、花の生け方、飾り方、観葉植物の手入れの仕方や魅力を引き出す配置、花苗や花木の植え方や育て方、庭作りまでアドバイスする。また、かき氷や綿菓子も販売し、子どもたちに大好評だ。

『Mohala』を運営する『株式会社大和グリーン』代表取締役の峯岸幸範さんは、樹木医とグリーンアドバイザーの資格も持つ植木屋さん。高齢者家庭などで手が回らない庭の困りごとなどにも対応、「頼りになる植木屋さん」として親しまれている。

（ライター／斎藤紘）

花の移動販売店『Mohala』
お花の予約・注文も可能。

オリジナル
ハンドメイド雑貨

園芸（花苗・花木）

ドライフラワー

スタッフ 相原穂香さん

スタッフ 刑部夏奈さん

季節のお花でフラワースクールやワークショップなどを開催。ただ今、開催場所を募集中。

<埼玉県>川口本店、上尾支店、川越支店 <千葉県>松戸支店
<東京都>西東京支店、赤羽支店、上野支店、足立支店、葛飾支店、練馬支店
<神奈川県>横浜支店

代表取締役
峯岸幸範さん

花嫁わた 株式会社

03-3803-3311　shop@o-futon.com　住 東京都荒川区東日暮里6-49-18
https://www.8743-rebello.com/

愛着ある布団を蘇らせる布団リフォーム&丸洗いサービス

羽毛布団や綿、羊毛布団のリフォームやクリーニングを行う『花嫁わた』。明治14年に綿屋として創業後、「今ある布団を捨てたくない」というニーズから「布団の仕立て直し・丸洗い専門店」として生まれ変わった。良心的な価格と熟練技術で、愛着ある布団をまるで新品のように仕上げてくれる。『羽毛布団リフォーム』では、中の羽毛を取り出して洗浄することで、膨らみと弾力を見事に蘇らせる。『わた毛毛布打ち直し工程』では、綿を取り出し直接洗浄して新しい生地にセット、ペチャンコになった古い布団も新品同様フカフカに。状態に合わせて、職人の判断と技術で一番良い状態で仕上げる。リーズナブルな『布団クリーニング』は、プロの技と専用の機械で布団の汚れを徹底的に洗い流す。汚れの目立つ部分は、職人の手作業で丹念にシミ抜きまで行う。「捨てずに活かす」サステナブルな生活を始めてみては。

（ライター／播磨杏）

FUTON
REFRESH
SYSTEM
花嫁わた
布団リフレッシュシステム
愛着ある
布団が甦る。
布団のリフォーム・クリーニングは
花嫁わたにお任せください。

3つの部門でNo.1を獲得!!

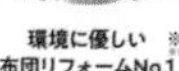

安心と信頼の布団リフォーム No.1
環境に優しい布団リフォームNo.1 ※1
主婦が選ぶ、利用したい布団リフォーム No.1 ※2

（※1）2022年7月期ブランドのイメージ調査
（※2）2022年1月期_ブランドのイメージ調査
講査機関:日本マーケティングリサーチ機構

マルハチ工業 株式会社

☎ 0586-86-2880 ✉ r-tanaka@maruhachi-kk.com ㊟ 愛知県一宮市木曽川町里小牧字清水54-1
https://maruhachi-kk.com/

資源が無駄にならないように防止する いたずら・過剰利用防止グッズ

「やさしい うれしい ことづくり」がモットーの『マルハチ工業株式会社』は、地球にも人にも優しいことづくりを目指している。発案・製作した『TOMECO（トメコ）』は、いたずら防止グッズ、そしてペーパー過剰利用防止グッズ。発案のきっかけは、代表取締役社長である田中好江さんのトイレットペーパーを全部引き出してしまう2歳の息子さんのイタズラから。資源が無駄になりトイレが悲惨になってしまう状況を防止できないかと考え作ったという。トイレットペーパーが回らないようにする金属製のストッパーで、ロックを解除しないと大人でもペーパーを引き出せないほど強力。愛知県でのイベント「くだらないものグランプリ」に出展したところ、福祉施設からの問い合わせがあり商品化された。テレビで紹介され、問い合わせが多数あり、予約注文を受け付けているそうなので、「我が家にも欲しい！」方は、ぜひ問い合せしてみてほしい。

（ライター／河村ももよ）

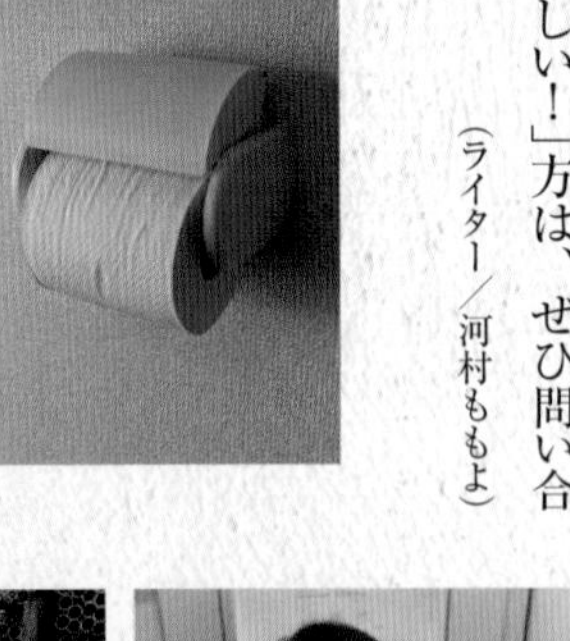

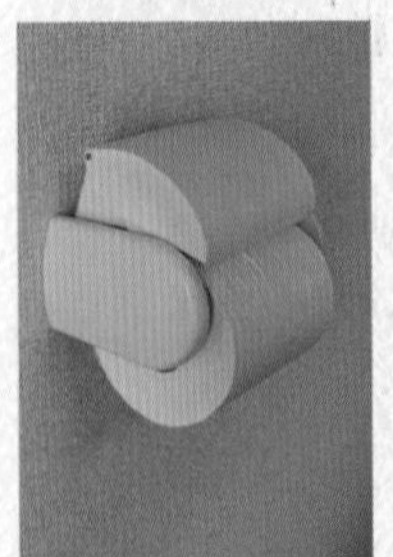

『TOMECO』

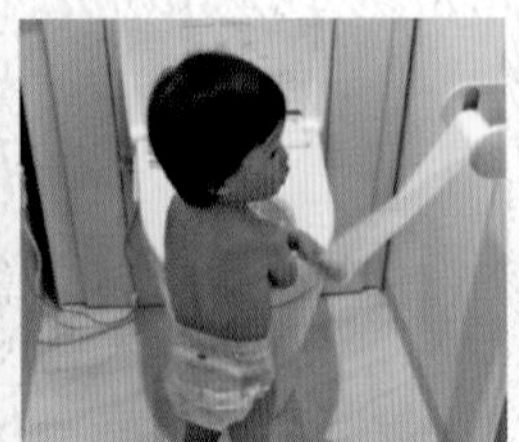

こちらからも
検索できます。

ストーリーテラー京都サロン

075-496-8910 kyoto_salon@storyteller.co.jp 住 京都府京都市上京区主悦町1150-2
https://storyteller-kyoto.photo-official.net/ @storyteller_kyoto

悠久の歴史が育んだ古都の空気に抱かれ忘れられない大切な思い出を形に

雅な雰囲気ただよう京都各所で大切な思い出となるウェディング写真を撮影してくれる写真館が、京都二条城近くの町家風フォトサロン『ストーリーテラー京都サロン』だ。祇園白川などの京都を代表する風情ある街並みや神社仏閣をロケ地に、春は桜、そして秋は紅葉に彩られた美しい背景で撮影を楽しめる。衣装も白無垢、色打掛と多種取り揃え、雰囲気や好みに合わせて選ぶことができる。スタッフはカメラマンをはじめ女性が多く、きめ細やかなサポートを受けられると好評だ。サロンのアトリエを使用することもでき、豊富なバリエーションでプランを展開している。ウェディングだけでなく、七五三や成人式など節目となる各メモリアル撮影も可能で、ペットや家族の同伴もOK。遠方の方には、撮影前の打ち合わせをLINEやメールで対応してくれる。旅行を兼ねた国内外からの利用客も年々増加している。

（ライター／今井淳二）

『祇園白川ロケ』
69,300円(税込)～

『大覚寺ロケ』
187,000円(税込)～

七五三

成人式

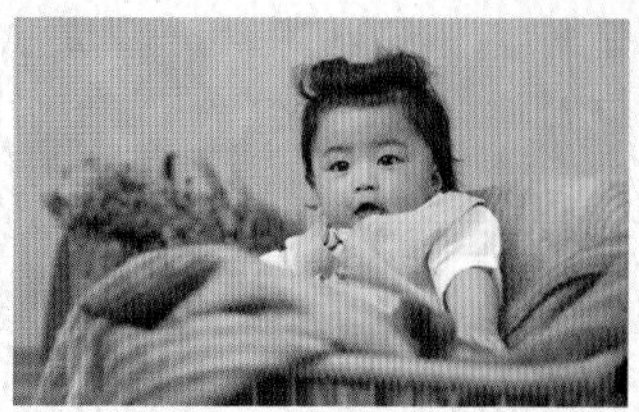

アトリエ

かねがさき山本ファーム

080-5072-1938　ryoyayamamoto@gmail.com　住 岩手県胆沢郡金ケ崎町永栄向細野15-1
https://www.facebook.com/hitsujikanegasaki/

羊と触れ合いクラフト体験 若き代表が立ち上げた羊牧場

若き代表山本亮也さんが羊との出会いに感銘し、2021年に設立した『かねがさき山本ファーム』。約130頭ほどの羊を飼育し、「良いお肉」と「良い羊毛」の生産を手がけている。ファームは、羊と触れ合うことのできる観光スポットとしても運営。『ヒツジと触れ合いながらのんびり羊毛フェルト細工体験』では、牧場内を散策して羊たちと触れ合い、毛刈りに挑戦。種類や生態、毛刈りの手順についてのレクチャーを受けられる。ふわふわの羊毛フェルトで、ニードル細工の体験を楽しむことができる。クラフト体験だけでなく、羊との触れ合いから毛刈りまですべての工程を経験できる、贅沢な体験コースだ。

「出荷の時に辛くないのかと聞かれますが、感謝を込めて送り出します。生産者の思いが多くの方に伝わればと思います」

また、羊肉の販売にも力を入れている。肉の旨みたっぷりで、ジューシーな肉質。低脂肪なお肉をぜひ味わっていただきたい。部位をチルドで発送してくれるので、パーティーやBBQにぜひ。

（ライター／播磨杏）

一頭一頭、表情が違い、愛らしい。

和！八葉®

043-330-4881　wa-yaba@hancorps.co.jp　㊟ 千葉県千葉市美浜区中瀬1-3 幕張テクノガーデンCB棟3F MBP
https://wa-yaba-a.com/　https://wa-yaba.com/

和菓子の木型をバッグアップ 3Dスキャン技術でデータ化

「和菓子の木型を3Dスキャン技術でデータ化」という希少なサービスを行う『和！八葉®』。「和菓子の伝統を守りたい」という代表の半林義之さんの思いで2022年に設立された。和菓子作りに使用する木型の多くは木型職人の手彫りによるもので、お店にとって貴重な財産の一つ。しかし壊れたり、消失してしまう可能性もある。木型職人も減り続け、今では日本で10人足らずだといわれている中で、新しく作り出すのも難しい。そこで3Dスキャン、3DCADを使用して木型をデータとして貴重な資産をバッグアップし、最先端技術で鯛や菊など複雑な切込み、形状でも正確にデータ化できるサービスを開始。再制作を容易にするほか、他地域での業務提携、今後の新商品の開発時に活用することが可能だ。3Dデータから工芸品として複製化したり、グッズ化としてアピールするなどの販売も期待できる。

（ライター／播磨杏）

WA！YABA
和！八葉
〜木型をデータ資産に〜

木型などを3Dデータ化で半永久的に保存。

利用されている木型などを3Dデータ化に。

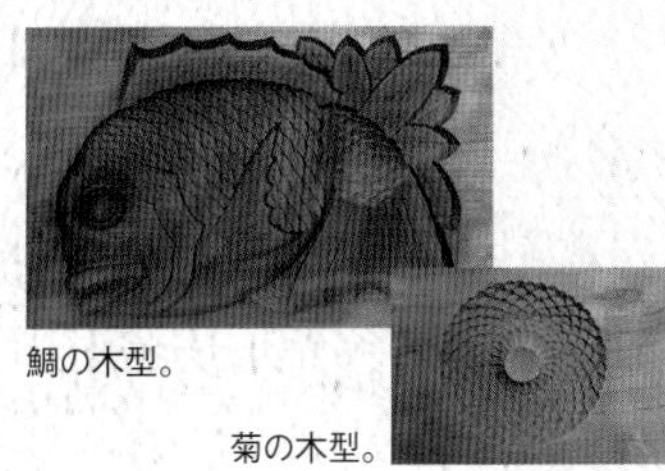

鯛の木型。

菊の木型。

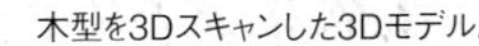

木型を3Dスキャンした3Dモデル。

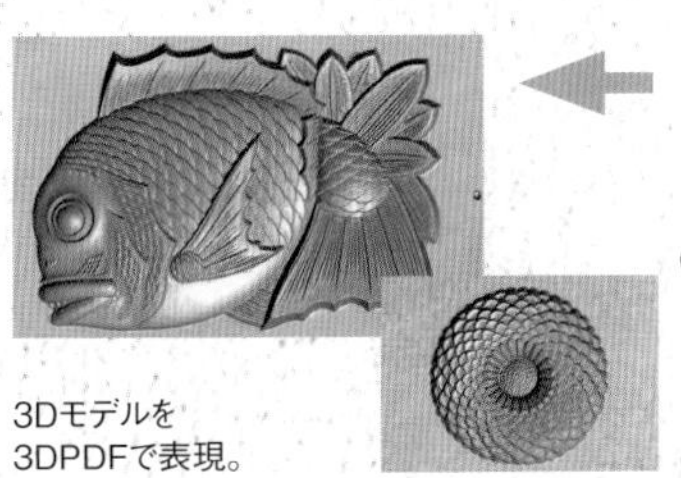

3Dモデルを3DPDFで表現。

ロート製薬グループ **エムジーファーマ** 株式会社

072-643-1117 info@mgpharma.co.jp ㊟ 大阪府茨木市彩都あさぎ7-7-25
https://www.mgpharma.co.jp/

肥りにくい独自素材を発見 エムジーファーマのあくなき挑戦

「Make Good Products（良いものを作るという強い想い）」をコンセプトに、食後の中性脂肪対策の機能性表示食品の開発を行う『エムジーファーマ株式会社』。『リセットナッツ』や『リセットコーヒー』をはじめ、あんぱんや蒸しパン、柿の種などにも採用される独自素材「メタップ（グロビンペプチド）」は、肥りにくいブタに成長したことをきっかけに発見された機能性成分だ。脂肪を分解する膵リパーゼの活性を抑え、脂肪の吸収を抑制し、さらに脂肪の分解を促進するので、食後の血中中性脂肪の上昇を約60％抑えることができる。食後の中性脂肪が多くなりすぎると、からだの脂肪としてたまってしまい、肥満の原因になる。「ロート製薬」との連携や公的研究機関との共同研究による科学的根拠に基づいた食品の開発で、多くの人の健康と幸せな暮らしを支え続けている。

（ライター／彩未）

水溶性の粉末でpHや熱にも安定なので、様々な食品形態に添加できる。

～「メタップ®」開発秘話～
ブタを早く肥えさせる飼料添加物を開発する過程で、ある成分を摂取させたブタは肥るどころか逆に肥りにくくなったんです。
その原因を追求する研究から「メタップ」が誕生しました。
肥りにくくなった!?

製薬会社として、失敗から逆転の発想で研究し誕生した食事の脂肪対策成分「メタップ」。

日本初の食後の中性脂肪対策の機能性表示食品ミックスナッツ『リセットナッツ』。ほのかに甘いきな粉でコーティングしたミックスナッツ。

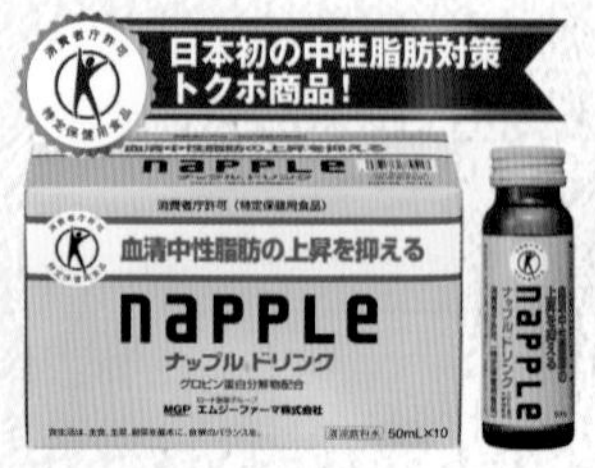

株式会社 濵田農園

0894-22-5083 info@kiwami-mikan.net 住 愛媛県八幡浜市向灘1938
http://www.kiwami-mikan.net/ 濵田農園 きわみ 検索

4代目の父と共にみかん作り 代々受け継ぐみかん業を後世に

愛媛県八幡浜市で約80年以上みかん栽培を行う『株式会社濵田農園』。先代から引き継いだ土地と樹、最高の環境のもとで「究極のみかん」を提供すべく日々取り組んでいる。漁師業と兼任でみかん作りを始めた初代から受け継がれ、現在活躍しているのは4代目濵田善純さんと5代目直人さんだ。直人さんは、幼少時代から父や祖父とともに山に行くのが好きで、真近でみかん作りを見て育った。祖父が亡くなり、「代々受け継がれたみかん作りを途切れさせてはいけない」と、20歳で5代目として農業を継ぐことを決意、4代目である父を助けたいという気持ちも大きかったという。直人さんの目標は、究極のみかんを作る「お客様に一番近い農園」でいると共に「次に繋がる農業」をすること。「みかん農家体験ツアー」や「インターンシップ」「ワークステイ」などを企画を開催し、農業の普及にも力を入れている。

(ライター／播磨杏)

天から降り注ぐ太陽光、海からの反射光、石垣からの反射光、3つの太陽をたっぷりと浴びたみかん。

「みかん」よりも「みかんの味」がすると評されるみかんジュース。

『プレミアム・紅まどんなジュース』
720ml
10,800円(税込)

『プレミアム・せとかジュース』
720ml 10,800円(税込)

『プレミアム・甘平ジュース』
720ml 10,800円(税込)

人気の商品『きわみジュース』
780ml 1,404円(税込)

和合氣心会

090-4778-9893　aikiwagou@gmail.com　住 沖縄県南城市佐敷津波古1138-1-302
http://aikiwagou.okinawa.jp/

老若男女が稽古で心身整える 沖縄の本格的合気道道場が好評

沖縄で、入身と転換の体捌きと呼吸力から生まれる技によって心身の錬成を図る本格的な合気道の稽古ができると評判なのが「和合氣心会」が運営する『合氣道教室　浦添道場』だ。合気道流派の一つ、合気会流派の指導者として15年のキャリアを持つ道場長の玉城文雄さんと妻仁美さんの指導の下、子どもから高齢者まで稽古を重ねている。

「合気道は氣をあわせるもの。そこに道という精神性が付いてきます。他のスポーツと異なり、勝ち負けはありません。力を用いるのではなく、力を抜く。身体のさばき方を習得し、相手の力を利用して投げる。世代を超えて同じ空間で誰でも始めることができます」

道場には、「一般クラス」「一般ゆったりクラス」「子供クラス」「親子クラス」「ステップアップ稽古クラス」がある。子ども、老若男女ともに心身活気づいているという。

（ライター／斎藤紘）

体の捌きを身につける動きのため、年齢や体力、運動神経など関係なくこなせる。

年齢も様々なみなさんが稽古できる。

日常生活の中にも活かすことができる合気道。

稽古場所
<浦添武道場>
住 沖縄県浦添市仲間1-13-1
浦添市民体育館 1F武道場
<西原武道場>
住 沖縄県西原町翁長956
西原町民体育館 2F武道場
<名護演習場>
住 沖縄県名護市港2-1-1
名護中央公民館2F 大和室

越谷 香取神社

048-975-7824　katori@etude.ocn.ne.jp　㊟ 埼玉県越谷市大沢3-13-38
https://katorijinja.com/

この地を行く人々を見守り 広い神徳で愛され続けてきた神社

埼玉県越谷市の『越谷香取神社』は、長い歴史を持つ由緒正しいお宮として厚い信仰を集めている。およそ500年前、下総国一ノ宮香取神宮の御子社として創建されたといわれ、日光街道を行く旅人の安全を祈願するなどそのご神徳は広く関東一円に知られていたという。御祭神は、経津主大神（ふつぬしのおおかみ）。日本建国の基を築いた武勇の神様として知られ、古くから勝運・厄除・交通安全・商売繁盛・縁結びなどの神徳で信仰されている。縁結びの神様として知られる夫婦神、伊邪那岐命（いざなぎ）と伊邪那美命（いざなみ）、学問の神様である菅原道真公、安産子授けの神様である木花開耶姫命（このはなさくやひめ）など14柱の神様を祀っている。また、境内では年間を通して様々なイベントも実施。そこに集まる人たちや尊い御神徳に預かりたい参詣者でいつも賑わっている。

（ライター／今井淳二）

鳥居

彫刻

神楽殿

七五三

お宮参り

日本神秘学研究会 Dhipusia JOA

090-6548-1117　dhipusia.joa@gmail.com
https://dhipusiajoa.base.shop/

取り去りたい不安や恐怖、悲しみ 神秘の力で幸せをつかむ

すべての人にとって身近になったコロナのような疫病、そして地震・台風といった自然災害。先の見えない時代、寄る辺ない不安感が募る人も多いのでは。そんな時に適切なアドバイスでそっと背中を押してくれる、あるいは身につけたり手元に置いて気分が安らぐものがあると心強い。『日本神秘学研究会 Dhipusia JOA』では、オンラインでタロットや霊視による占い・カウンセリング・ヒーリングを行っており、問題の原因が悪霊にあるときは、適切な除霊も行ってくれる。オカルト（神秘学）やスピリチュアリティー（霊学）を30年以上研究して来た神秘学研究の第一人者「生命の樹」代表の一条誠志郎さんに指南を受け、パワーストーンを使ったイヤリングやブレスレットなどハンドメイドアクセサリー、雑貨も販売。それぞれの悩みや用途に合わせて完全オーダーメイドでその人に最適なものを製作。大アルカナ（22枚）が示す意味をパワーストーンに落とし込んだタロットブレスレットや『日本神秘学研究会』初の共同作品『sympathetic』も展開中だ。

（ライター／今井淳二）

『電話占い』
30分 3,300円（税込）120分 13,000円（税込）
『お試し占い』2,200円（税込）など。

『sympathetic』
2,500円（税込）

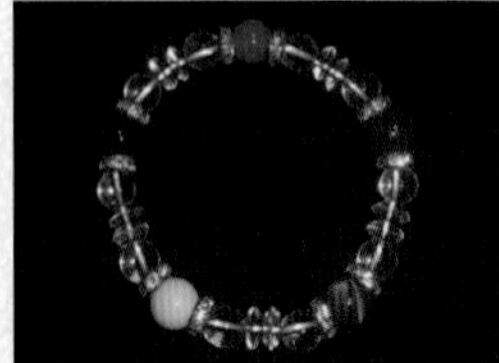

『五行
ブレスレット』
5,500円（税込）

『La Vie an rose』88,000円（税込）

『chakra Bracelet』
5,500円（税込）

タロットブレスレット
『The Enpress』5,500円（税込）

タロットブレスレット
『The Hermit』4,400円（税込）

株式会社 サギサカ

☎ 0565-28-6000　㊟ 愛知県豊田市美山町1-80
https://www.sagisaka.co.jp/cogelu/

安定した走りで介護予防にもなる自転車

『株式会社サギサカ』のシニア向け自転車『こげーるノラッセ』は、安全性と介護予防の観点から開発された自転車。転倒予防として足首の上げ下げを行う体操の動きと自転車のペダルをこぐ動きが似ていることに着目し、「乗ることで介護予防」にもつながる安全な自転車を開発した。

特長的なのは、「またぎやすい」「ペダルが軽い」「サドルにサポート部分を装備し座りやすい」「走行は安定性がある」こと。3段階のギアもついており、軽々走ることができる。限界まで下げたフレームは、乗り降りしやすいステップで乗車・停車の転倒も防いでくれる。

高齢になると転倒のリスクから自転車の運転を控えたり、移動手段が制限されることも多くなってしまうと嘆く方も多いと聞くが、怪我する心配も軽減され、介護予防になるので安心して乗ることができる。（ライター／河村ももよ）

『こげーるノラッセ』20型 3段変速
（サイズ/1710×1000×590㎜）105,380円（税込）

左右に振られない前カゴ。

ステップ

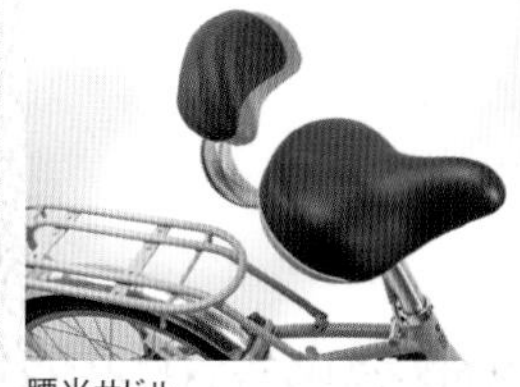

腰当サドル

株式会社 NEXT INNOVATION

011-215-1853　info@contactbook.jp　㊟ 北海道札幌市中央区北3条西14-2-2-2F
https://nextinnovation-hp.com/

介護施設用の連絡帳アプリが好評
記録作成や家族との連絡機能搭載

全国の介護施設で導入が進む連絡帳アプリがある。介護サービスとIT事業を手がける『株式会社NEXT INNOVATION』が介護現場の声を取り入れて開発した『ContactBook』。介護施設での記録業務や家族との連絡業務の苦労や手間が軽減されるのが支持される理由だ。『ContactBook』には二つの機能がある。「記録への一括転記機能」は、スマホで連絡帳アプリに入力するだけで介護記録、看護記録、機能訓練記録などの記録が連動して自動作成され、データをクラウド上で一元管理するため、書類保管スペースの確保や書類を探す手間もなくなる。「家族との双方向コミュニケーション機能」は、アプリ上の連絡帳やチャット機能でリアルタイムに利用者家族との情報交換や連絡のやり取りができ、利用者の状況など記載した従来の連絡帳では行き届かなかった遠方の家族との連絡が綿密にできるようになる。

（ライター／斎藤紘）

Contact Book

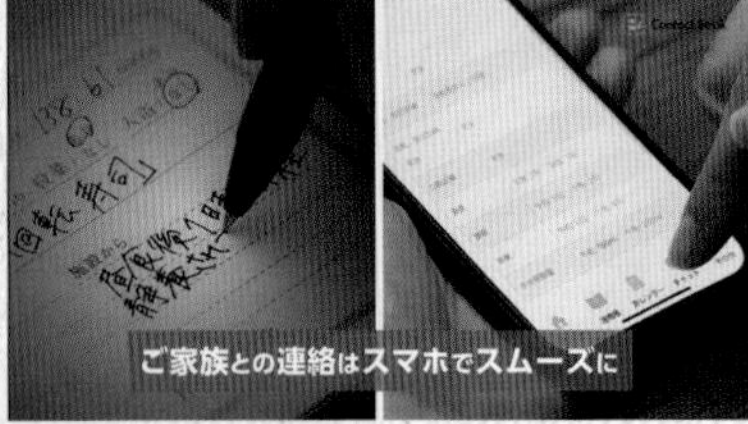

ご家族との連絡はスマホでスムーズに

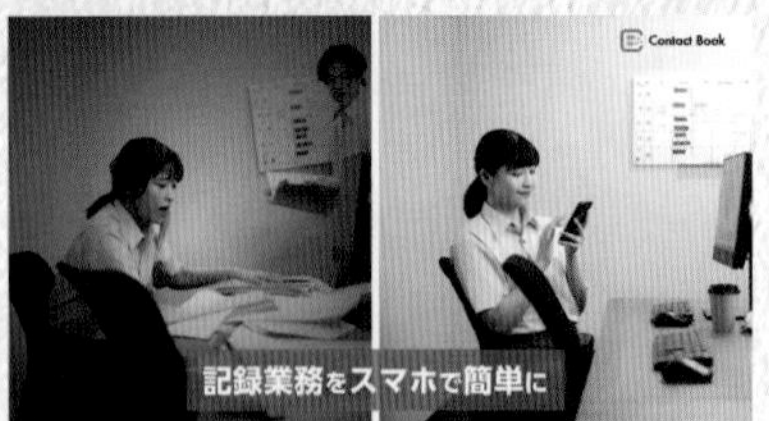

記録業務にかかる大幅な時間の削減。
時間・場所・デバイスを選ばず使いやすい。

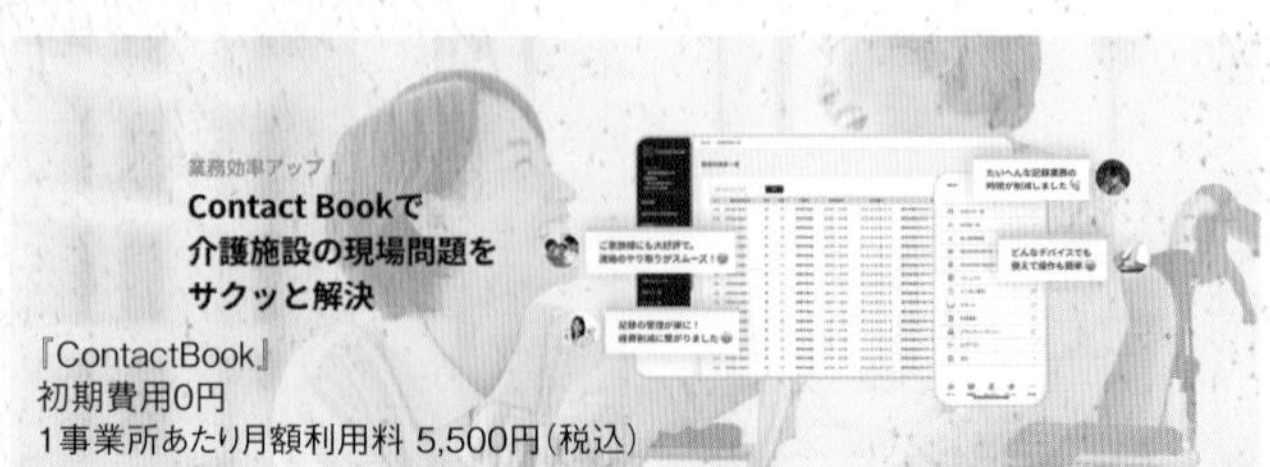

株式会社 マモエル

03-6811-0532　contact11@mamo-l.jp　(住) 東京都千代田区神田小川町3-2-10 三光ビル4F
https://mamo-l.jp/

不意な徘徊を素早く知らせる感知器と負担になりにくい小型・軽量のGPS端末

増加する認知症高齢者の介護や子どもの見守り問題。行政や福祉に貢献している企業などが様々なサービスを展開し、高齢者だけでなく、家族も安心して暮らせる社会の醸成に努めている。小型で軽量のmamo-L端末を提供する『株式会社マモエル』もそんな企業の一つだ。『mamo-L GPS』による徘徊移動を専用ホームページでモニタリングできる『徘徊見守りソリューション』と介護保険レンタル対象の『お出かけアラートDX』がある。

『お出かけアラートDX』は、自宅等からの徘徊初動をブザー音で知らせ、オプションでGPS機能を付加することで徘徊見守りソリューションの機能も利用できる優れものだ。利用者ニーズに合わせて選べるラインナップで導入もしやすい。

（ライター／今井淳二）

介護保険レンタル対象（認知症老人徘徊感知機器）
ご自宅等からの徘徊初動をアラート音でお知らせ

概ね30秒毎に検知
在宅時
徘徊初動時
概ね３ｍ離れるとアラート音が鳴動

『お出かけアラートDX』のイメージ
上:徘徊初動時
下:GPS機能付加

介護保険対象外（GPS通信）
外出後の徘徊行動を見守り

スマホやパソコンから専用WEBアプリで徘徊者の現在位置や行動履歴を確認できます

GPS機能付加

徘徊見守りソリューションの専用ホームページイメージ

『お出かけアラートDX』
介護保険レンタル対象の認知症老人徘徊感知機器
＊価格及び利用方法は要問合せ

アラート発信機

お出かけ端末
（Welfare BLE）

『徘徊見守りソリューション』
「4G for Welfare」
30,800 円（税込）
「4G for Welfare nano」
33,000 円（税込）

MTKservice

☎ 0120-609-833　✉ mtk12160221@gmail.com　㊟ 香川県高松市天神前10-5 高松セントラルスカイビルディング内
https://mtkservice.crayonsite.com/　https://happycall.crayonsite.info/

地域包括ケアシステムに役立つ緊急通報装置の普及活動に注力

高齢者が自分らしい暮らしを最期まで続けることができるよう支援する地域包括ケアシステムに「安心、安全、便利」の視点から協力できると、香川県の医師が開発し、スマホで簡単に操作できる『緊急通報装置ハッピーコール®』の普及活動に力を入れているのが、同装置のコーディネーターを務める『MTKservice』代表の北村麻理映さんだ。『ハッピーコール®』は、24時間対応の双方向対話型コールセンターで対応し、コールを受けたスタッフが急病時の救急車の手配から買い物代行の手配、困りごと相談の手配、位置情報を利用しての見守り、振り込め詐欺などの香川県警への通報などまでカバーするサービス。北村さんは、離島にドクターヘリを手配する『ハッピーコール®島モデル事業』で「かがわビジネスモデル・チャレンジコンペ2022」の優秀賞を受賞したほか、地方創生などについても精力的に講話を行っている。

（ライター／斎藤紘）

ハッピーコール®
緊急通報装置＋総合案内サービス

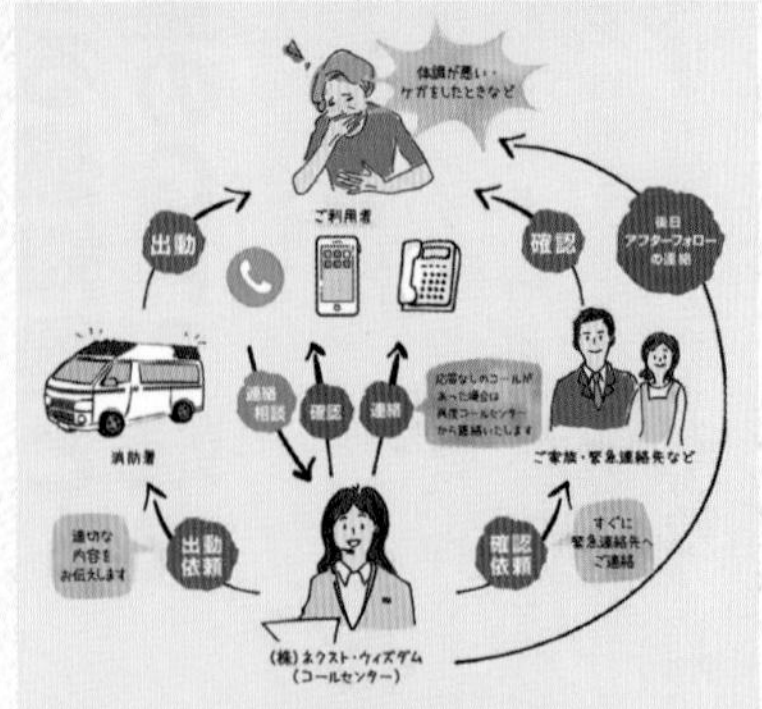

『ハッピーコール®』の緊急通報ネットワーク

『ハッピーコール®』初期導入費用
1台につき 11,000円（税込）　月額 3,300円（税込）

ハッピーコール® 6つの特長
救急　防犯　防災
相談　支援　手配代行

代表 北村麻理映さん
『緊急通報装置ハッピーコール®』コーディネーター・統括代理店。チャレンジコンペ受賞。説明会をはじめ地方創生や地域の課題についても精力的に講話を行う。

こちらからも検索できます。

株式会社 アイティーエム

027-329-7222　info@itm-group.co.jp　㊟ 群馬県高崎市倉賀野町3075-1
https://www.itm-group.co.jp/

離れて暮らす家族の安全を見守る安否確認の『ほっとコールシステム』

群馬県高崎市の『株式会社アイティーエム』は、日々の事業活動を通じて集積された高齢社会のニーズに数多くの経験と自慢の技術力で、お客様の「困った」にマッチした商品を作り出している。

離れて暮らす家族の安心と安全を守ってくれる『ほっとコールシステム』は、緊急ボタンを押すだけで電話がつながり、受話器を取らずにそのまま話すことができる製品。見守りセンサーで24時間異常を感知し、一定時間センサーに反応がない時はメールで知らせが来て、安否の確認を促すことができる。

緊急通報、詐欺電話撃退、安否検知、外出検知、システム監視、強制着信と特長的な六つの機能で、離れて暮らす家族の命と財産を守ってくれるので心強い。行政も注目する見守りシステムで、自治体への導入実績も多い注目商品だ。

（ライター／河村ももよ）

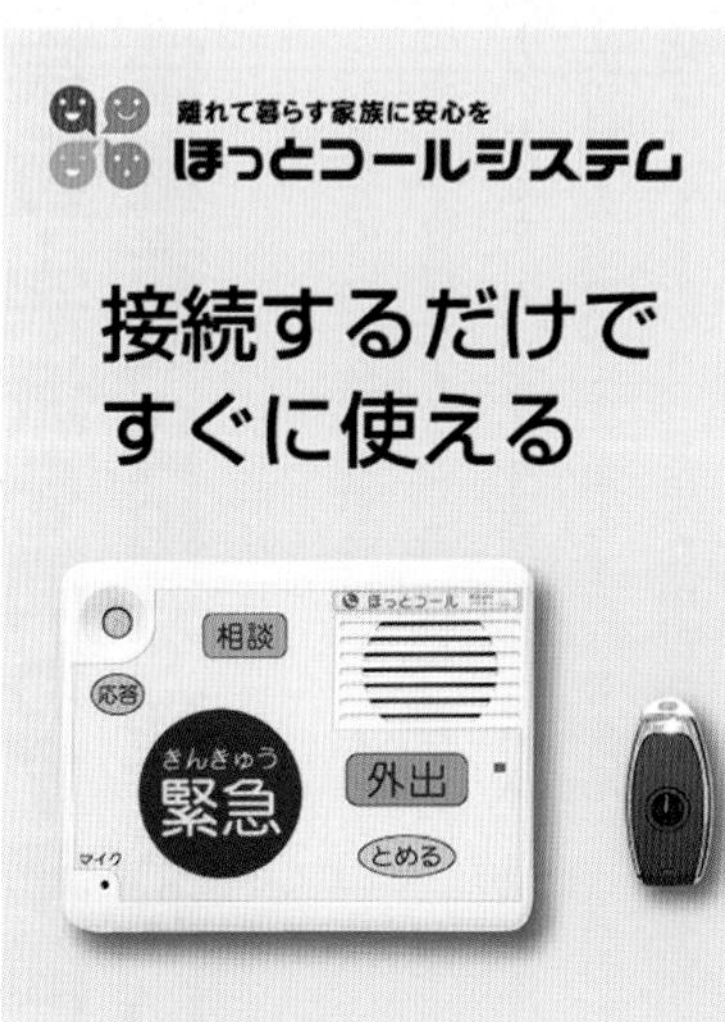

『ほっとコールシステム』

特殊詐欺電話を完全シャットアウト

緊急ボタンを押すだけで通報

安否を検知してお知らせ

安否情報を音声とメールで
お知らせします
簡単操作と簡単設置が
本システムの特徴

お得で安心な
低価格設定
契約期間の縛りや
保証金等は一切ありません

こちらからも
検索できます。

樹木葬 足利あじさいの郷

0284-64-8272 info@kuyounosato.com 住 栃木県足利市江川町241-1
https://ajisainosato.net/

宗旨・宗派を問わず年間管理費も不要 後継者へ負担を残さない樹木葬墓地

お墓との向き合い方が時代とともに変わりつつある。管理をすることが難しくなったり、遠方のお墓を引っ越す「改葬」やお墓自体を撤去・使用権を返還する「墓じまい」をするケースも増えているという。そんな中、今増えているのが供養・管理をお寺にずっとお願いできる「永代供養墓」。栃木県の『足利あじさいの郷』は、整備された敷地の中、宗旨・宗派を問わず利用することができ、「吉祥寺」の住職が永代に渡り供養してくれる。また、墓所管理会社「供養の郷」で販売・管理・運営を行っており、お墓参りの際もきれいな環境を維持されている。

『永代樹木葬』は、近年注目されている自然に還るように埋葬する墓地である。区画を設けて埋葬するので他人と合祀される心配もなく、夫婦、家族はもちろん、大好きなペットも一緒に入ることができる。近年人気のお墓のかたちだ。

（ライター／今井淳二）

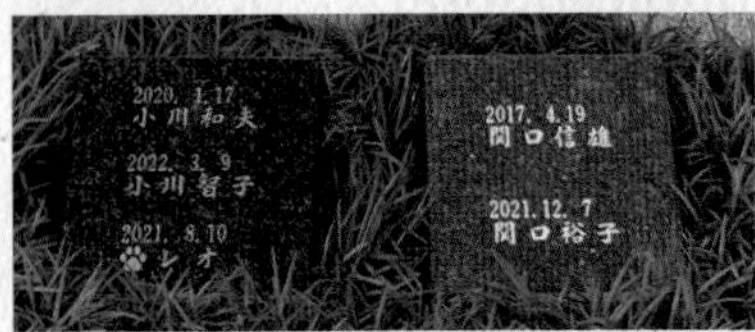

『永代樹木葬』合同墓 100,000円
個別墓 280,000円～
ペット 1霊 50,000円
※すべての価格に永代供養料、施設管理費など含む。

永代供養墓合同墓

『永代供養墓』
合同墓 80,000円～
※すべての価格に永代供養料、施設管理費など含む。

個人墓 400,000円～
※価格に永代供養料、施設管理費など含む。

「供養の郷」管理事務所

株式会社 かんでんエンジニアリング

06-6577-8016（石油営業部）　㊟ 大阪府大阪市港区福崎3-1-176
http://www.kanden-eng.co.jp/special/so_eco/

自然が分解できるカーボンニュートラルな絶縁油

絶縁油は、変圧器、遮断器、コンデンサなど、電気機器の絶縁及び発生熱の冷却を目的とした油の総称のこと。総合エンジニアリング企業『株式会社かんでんエンジニアリング』の『サンオームECO』は、菜種油を原料とした環境に優しいカーボンニュートラルな電気絶縁油。自社工場にて、原料油の搬入から精製、出荷まで徹底した品質管理を行い、高品質を実現。原料の菜種油は食用グレードで、安全で地球にやさしい絶縁油となっている。

（ライター／河村ももよ）

『サンオームECO』
エコマーク認定。世界最高水準の火災予防規格「FM認証」取得。経済産業省産業技術環境局長賞受賞。

りんどう けい

竜胆圭

rindoll1125@gmail.com
https://sites.google.com/view/rindo-flowergarden/　@kei_rind1125　@Rindo_25Kei

色を操る気鋭のイラストレーター

カラフルでポップ、心に残る色使いが特徴的なイラストレーターが『竜胆圭』さん。シンガーソングライターのMV用イラストや音楽雑誌表紙イラスト、アニメキャラ原案などを担当。クライアントの意を真摯に汲み取りながら、独特の世界観を加味し、様々なアイデアをイラストという側面から形にする手伝いをしてくれる。現在、有名投稿サイトやXにてオリジナル漫画も掲載中。幅広く手掛ける『竜胆圭』さんへのご依頼は、ホームページから。

（ライター／今井淳二）

「observation」

「充電ちゃん」

「Silent」

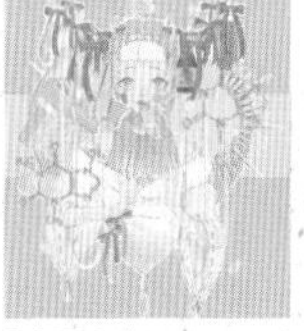

「充電君」

「海に呼ばれた日」（シンガーソングライター茜のMVイラスト）

故郷で永久の眠りにつく願いに応える

遺体の長距離搬送事業で20年の実績

生まれ育った故郷で永久の眠りにつきたい、つかしてあげたい。亡くなった故人や遺族のこんな願いに寄り添い、遺体を首都圏から全国各地の実家や葬儀会場に送り届ける『遺体搬送手配センター』。国交省関東運輸局から認可を受けた長距離搬送専門の遺体搬送事業者として20年に及ぶ搬送実績を誇り、丁寧な搬送で信頼を集めてきた。陸路の搬送に使う車両は、アルファード寝台車とエスティマ寝台車。空路の場合は羽田空港、伊豆諸島向け海路の場合は竹芝客船ターミナルまで搬送、到着先空港や港では遺族が手配した葬儀社が受け継ぐ方法をとる。依頼されれば、医師の死亡診断書の取得などの法的手続きを説明、搬送に当たっては、遺体保全のためドライアイス処置や必要に応じて納棺を行う。納棺しない場合は、ドライアイス処置を行い、防水特殊シーツで遺体を包んで搬送する。走行中は、法定速度を遵守し、定期的に遺体の状態を確認し、適切に処置を施しながら搬送する。

オリジナルデザインで
あなただけの枡を

用途に合わせた オリジナルの記念品を

日本酒や米、節分の豆を入れる日本独自の伝統工芸品「枡」。木の爽やかな香りを感じられる桝は、日本古来から日本人の生活に寄り添い、心を癒やしてきた。世界一の枡の生産量を誇る岐阜県大垣市で枡の生産や販売を手掛ける『有限会社児玉工業所』の枡事業部『枡本舗』では、貴重な天然の木曾ヒノキを使用した木目や色合いの美しさが引き立つこだわりの枡づくりを行っている。「枡」の仕上がりに直結する「材料の選定」に一切妥協せず、良質な国産のヒノキ材のみを選定して使用。「枡」の一番の老舗、衣斐量器製作所から引き継いだ大きな乾燥スペースでおよそ1ヵ月じっくりと天然乾燥させ、木殺しでの枠組み、仕上げに至るまですべての工程で職人の匠の技が光る。素材の選定から工程まで、細部まで こだわり抜いた最高級の「枡」を全国へと提供している。熟練職人の豊富な経験と卓越したスキルで作られる美しい枡に会社名や式典名、ロゴ、日付などの刻印や色の付いた箔押しをすれば企業オリジナルデザインの「桝」ができあがる。企業主催の行事やセレモニーなどの記念品としてもオススメだ。

横断幕や懸垂幕はお任せ!!

イメージをカタチにするシート加工のプロ集団『株式会社ひでぴょん』。トラックシートや防災シートなど、数々のシートで社会貢献を行っている。確かな信頼と技術を誇る『ひでぴょん』のグループ会社が『株式会社プログレッシブ』。イベントや集会、行事やスポーツ大会などで使われる横断幕や懸垂幕などに特化した専門家集団だ。横断幕や懸垂幕の設置に最も大事なのは、しっかりした素材に見やすく劣化しにくい印刷を施すこと。親会社の『ひでぴょん』がふさわしいシート素材の選定から、耐久性を要する縫製や高周波溶着、さらに設置現場でもっとも負荷のかかる部分の強靭なハトメ処理までをサポート。そこに、『プログレッシブ』の『大型LED-UV硬化インクジェットプリンタ』を使った印刷技術が合わさることで、強靭で最高品質の横断幕や懸垂幕が完成する。

「慣例や忖度、派手なPRや知名度に惑わされず、後悔の無い最適な印刷屋さんを選んでみてください」

『大型LED-UV硬化インクジェットプリンタ』

もう一つの得意! 点字印刷!!

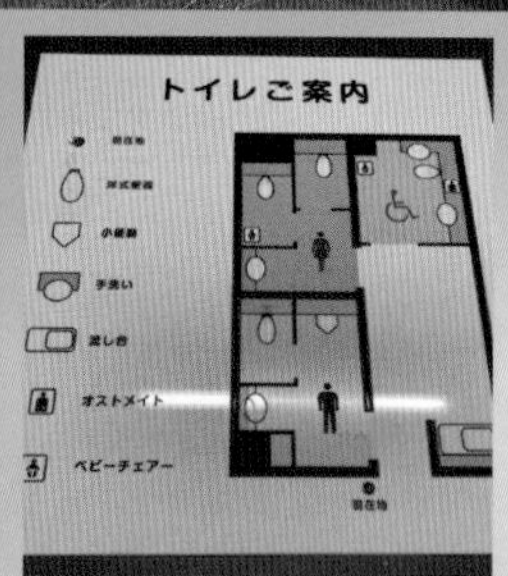

株式会社 プログレッシブ

☎ 077-572-8944
FAX 077-572-8645
㊟ 滋賀県大津市大萱7-22-21
✉ postmaster@progre.jp
https://progre.jp/

シートのことならお任せを。
いろいろな提案で面白く実現させます!

『ひでぴょん』の素材 × 『プログレッシブ』最高の印刷技術

2023年10月22日で20歳になり、
イベント「バースディ祭」を開催。
数々のクライアントさん、
近所の方、ご来場いただきました。

Thank you as always!

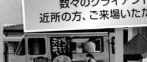

ザラザラ素材の厚手生地でキズに強く汚れがつきにくい!

トラックシート

7色ガード color guard 14色から選べておしゃれにコーデ!

- 生地は国産エステル帆布の厚手!
- ハトメはでっかい真鍮で強度バツグン!
- 縫製糸はシートカラーと同色!
- 周囲ロープはとっても太く頑丈!

#14 いえーろ

#01 ちょいぐりん		
#02 ODぐりん	#03 ぶらっくろ ハトメも黒です	#04 おーれんじ
#05 ねずぐれー	#06 こいぐりん	#07 こいぶるん
#08 ちょいぶるん	#09 れっどあーか	#10 まっしろん
#11 ぱーぷるん	#12 なちゅらるん(半透明) 中がうっすら透けます	#13 ちょこちゃ

※素材写真のカラーや素材感は実物と若干異なる場合がございます。予めご了承下さい。

卒業シーズンには
シートで卒業証書も

20歳になった『ひでぴょん』!!
大人になった2024年
次も楽しいことを行います。

株式会社 ひでぴょん

本　社（製造・販売）
℡ 0585-36-1344 FAX 0585-36-1355
住 岐阜県揖斐郡大野町瀬古373-5
postmaster@hidepyon.co.jp

滋賀支店（印刷工場）
℡ 077-572-6544
FAX 077-572-6534
住 滋賀県大津市大萱7-22-1

広島営業所（西日本統括拠点）
℡ 084-939-5443
FAX 084-939-5444
住 広島県福山市高西町4-1-12-2

https://www.hidepyon.co.jp/ https://www.rakuten.co.jp/hidepyon/（楽天）

LINE

ひでぴょん 検索

column

男女共に不満や不安抱える男性の子育てに関する相談

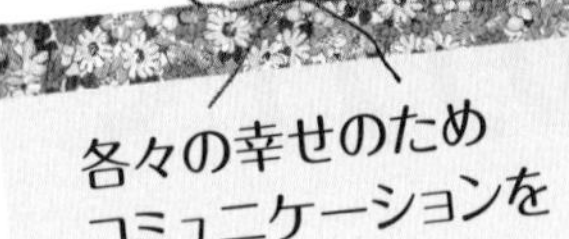

各々の幸せのため コミュニケーションを

NGH（米国催眠士協会）認定ヒプノティスト の資格証。

NORIKO ISHIBASHI
いしばしのりこ

TEL/080-4096-5858　E-mail/n.ishibashi58@gmail.com
東京都渋谷区神宮前2 INSIDE
https://www.noriko-counseling.com/

Youtube　INSIDE ヒプノシス 音声ファイル　検索

こちらからも 検索できます。

真の“イクメン”を目指して、具体的な育児法などを知りたいという男性や、逆に“イクメン”アピールは凄いが実態はそうでもないお相手に不満を持たれる女性など、子育てに関するお悩み相談も承っております。男女間雇用の格差が縮まり、出産育児休暇なども浸透してきましたが、共働き家庭であっても、女性がメインで子育てを担当し、男性がその分しっかり稼ぐというパターンがまだまだ多数派です。その場合、平等に子育てをするというのは物理的に不可能なこともありますので、女性は男性に過度な期待をするのはやめた方が良いでしょう。そして、お出かけなどの希望があれば早く伝えるようにして、小さな不満を解消していくのはいかがでしょうか。一方で男性は、SNSで「子育ても頑張っています」といった情報を発信して承認欲求を満たす前に、一週間の大半を子育てに費やしている母親への気遣いを考えた上で、行動に移しましょう。週末しか子育てができないと後ろめたく思う方もいるかと思いますが、逆にお子さんと濃密な時間を設ければ良いと思います。良い意味で男女間の差を活用し、お相手が苦手なモノやコトの体験に積極的に行なっていけば、子どもの視野も広がるのではないでしょうか。親が我慢する姿を、子どもは見ています。互いの立場に立って気持ちを考え、各々が幸せでいる姿を見せることも大事です。それが将来、お子さんのパートナーシップの築き方などにも影響してきますから。

主宰 石橋典子さん

学習院大学法学部政治学科卒。実業家の祖父からビジネスのレクチャーを受け、大学卒業後は民間気象事業会社、クリエイティブ事業会社にてセールス・企画・ブランディング業務に携わる。現在はカウンセラーとして各メディアを通じメンタルヘルスの大切さを伝える。本年度 週刊エコノミスト「REC AWARD 2024」に選出された。

頼れる専門家を見つけよう

**その道に特化した各分野で活躍している
優れた技術や知識を駆使して、
問題を解決してくれる頼もしい人々。**

代表
馬場龍仁 さん

ドイツ研修をきっかけに断熱性や気密性に優れた「世界基準のいい家づくり」を行うために2019年に会社を設立した。地産地消やスーパーウォール工法、パッシブデザインなどを取り入れた快適な家づくりを提供。

「世界基準のいい家づくり」を目指して高断熱・高密性を重視した快適な住まい

冷暖房を使用しなくても一年中快適に

鹿児島県鹿児島市を拠点に、断熱性や気密性を重視したいつまでも健康で快適に暮らせる「世界基準のいい家」を手掛ける『PASSIVESTYLE株式会社』。気密性や断熱性に優れた健康で快適に過ごせる世界基準の家を提供するために、2019年に設立した。代表の馬場龍仁さんは、住宅先進国であるドイツでの研修の際に日本の住宅の快適性能が世界最低レベルであることを知り、衝撃をうけたという。日本で当たり前に使用されているペアガラスやアルミサッシ、現場吹き抜けの断熱材、第三種換気システムなどは、築年数の古い建物ですらも使用を禁じられている。世界基準の本当にいい家とは、断熱性や気密性に優れた孫の世代まで健康な暮らしができる家だという。日本のハウスメーカーは、家事動線の少なさや子育てのしやすさなどを重視した間取りや工法を重視して設計しており、断熱性や気密性にはそれほどこだわっていないため、新築でも夏場にエアコンの風で体調を崩したり、家の中で上着を羽織って過ごしていることもある。馬場さんは、住まいの暑さや寒さを克服するために、住宅先進国で採用されている断熱性能基準の中でも高レベルの「HEAT20G3

PASSIVESTYLE 株式会社
パッシブスタイル

099-800-4579
㊟ 鹿児島県鹿児島市吉野3-49-13
https://passive-style.com/
@passive__style

事務所&モデルハウス。

仕様の高性能住宅」で設計した「いつまでも健康で豊かに暮らせる家づくり」を行っている。室内温度を適切に保つために、断熱性能の高い断熱材を基礎や屋根裏などの見えない部分まで完全に敷き詰め、合板と一体化した頑丈なパネルに隙間なくウレタンフォームを充填して床や柱、屋根を包み込む「付加断熱工法」を採用。見えない部分の隙間まで完全に覆うことで、UA値（断熱性能）は0・26W／㎡・k以下、C値（気密性能）は0・29㎠／㎡以下の高断熱・高気密を実現した。日中の日差しで温められた室内は、夜になっても外気の影響を受けずに魔法瓶のようにいつまでも暖かく包み込んでくれる。住宅の構造は、太陽光や熱、風などの自然エネルギーを最大限活かすパッシブデザインを推奨。太陽の動きをシュミレーションしながら、夏の強い日差しを遮り、冬は日差しを取り込むよう窓の配置を工夫している。夏に強い直射日光が入る東側と強烈な西日が入る西側は、窓を配置しないのも特長。東側や西側には収納スペースや水回りを配置して、南側からの日差しを活かした設計を行う。効果的な窓の大きさ、建物の軒の長さ、植栽の高さや配置なども考慮し、空気の特性に配慮した間取りでエアコンや空調機器を使用しなくても夏は涼しく、冬は暖かく一年中快適に

過ごすことができる。また、日本の家づくりで当たり前に使用されているビニールクロスやサイディングなどは世界基準に達していないとして一切使用していない。機能性が高く、高品質な素材にこだわり、雨と共に外壁の汚れを落とすドイツの外壁塗り壁材「Sto（シュトー）」や調湿や消臭効果で空気をキレイにする化石サンゴ由来の「マシュマロタッチ」を使用して地産地消を取り入れている。木材は、地元鹿児島県産の良質なスギを使用。通気性や防水性に優れており、直線的で美しい木目にぬくもりを感じることができる。スギは木目や年輪の色が徐々に濃くなっていくため、月日が経つごとに深い味わいを楽しめるのも醍醐味の一つだ。断熱性に優れたトリプルガラスや熱伝導の影響を受けない木製サッシ・樹脂サッシなどを使用することで窓による温度変化を受けにくくなり、室内温度を26～27度、湿度は50％前後を保つことが可能。気密性に優れており、結露もない。カビやダニが発生しにくい環境になり、日々のお手入れも難しくなく、アレルギーをお持ちの方や小さなお子様がいる家庭でも安心して過ごすことができる。世界基準で建設した家は、一般的な日本の住宅よりも丈夫で長持ちするのも大きな特長。「付加断熱工法」で建てられた住宅は、建築物の駆体に悪影

世界の住宅寿命

イギリス	141年
アメリカ	103年
フランス	95年
ドイツ	90年
日　本	25年

日本の新築の住宅性能は、世界最低レベル。

響を及ぼす結露を防ぎ、20年以上経っても新築当時のままの状態を保つことが確認済みだ。定期的なメンテナンスを行うことで、何年経っても建て替えや大規模なリフォームをしなくても快適に暮らせる丈夫な家を提供。子どもや孫、その先の世代まで世代を超えて家族の健康を守り、安心して暮らすことができる家づくりに貢献する。「日本基準で建てた家」は寿命が短く、定期的にメンテナンスしていても何世代にも亘って住めるほど長持ちはしない。修繕するためのリフォームはするが、最終的には壊してしまうのが一般的だ。しかし、「世界基準で建てた家」は家族構成やライフスタイルの変化に応じて使いやすくなるためのメンテナンスは行うが、家が傷んでダメになったからリフォームするという概念はない。定期的にメンテナンスを行うことで、何年経っても建て替えや大規模なリフォームをしなくても快適に暮らせる丈夫な家を提供。建築費用だけならもっと安く建てられるハウスメーカーもあるが、メンテナンス費用やリフォーム費用、光熱費、医療費などのことも考えると「世界基準の家」を建てた方がプラスになる。子どもや孫、その先の世代まで世代を超えて家族の健康を守り、安心して暮らすことができる家づくりに貢献する。

（ライター／彩未）

CRMを通して世界の中の
日本の価値向上と
笑顔広がる世界の実現

代表取締役
松原晋啓 さん

大学中退後、システム会社のSE、アクセンチュアなどでのSE・コンサルタント、米国のソフトウエア会社でのエバンジェリスト、マイクロソフトでのソリューションスペシャリストなどを経て、2020年『アーカス・ジャパン株式会社』設立。

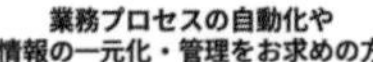

業務プロセスの自動化や
情報の一元化・管理をお求めの方

CRMの機能の相談や
より良い使い方をお求めの方

導入コンサルや分析、
使い方の講義などをお求めの方

多様な分野でAIが活躍するシーン創出 CRMの進化形で笑顔の溢れる世界創り

おもてなし精神システム化 視野に地方創生での活用も

IT（情報技術）に組み込まれ、大量のデータを解析して自ら学習することができるプログラム技術、AI（人工知能）。その社会実装の促進による新たな価値の創出が社会的課題に浮上する中、独自の先進的なシステムでビジネスをはじめ社会の多様な分野でAIが活躍するシーンを先駆的に広げてきた経営者がいる。顧客関係管理（Customer Relationship Management CRM）研究の世界的第一人者、『アーカス・ジャパン株式会社』代表取締役の松原晋啓さん。世界最大の米経済紙ウォールストリートジャーナル」からIT界の次世代リーダーを意味する「Next Era Leaders for IT」に選出されたITエンジニアだ。

「CRM」は、社内に散らばった顧客に関する情報を一元管理し、取り出したい情報がすぐに見ることができ、さらにその情報を元に誰に何を売ればいいのかを企業全体で認知するために、顧客との関係性、コミュニケーションを管理し、自社と顧客との関係を一元的に把握できるITシステムのことだ。具体的には、顧客の連絡先や購入履歴の確認、メールやソーシャルメディアを通じたやりとり、業務管理、商談状況のチェックなどを一つの業

アーカス・ジャパン 株式会社

06-6195-7501
info@arcuss-japan.com
㊟ 大阪府大阪市淀川区西中島5-9-6 新大阪サンアールビル本館3F
https://www.arcuss-japan.com/

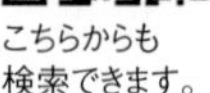

こちらからも
検索できます。

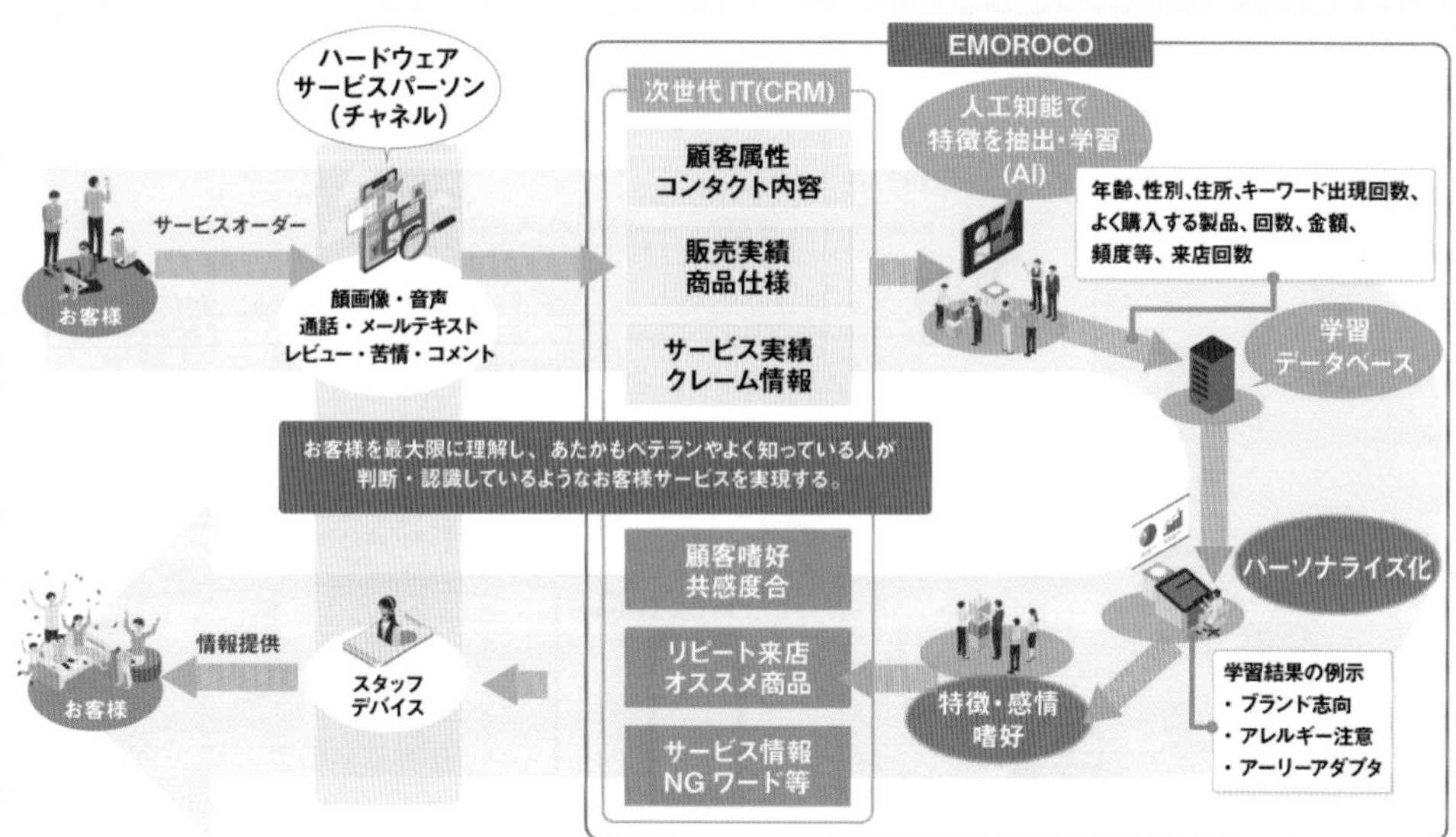

EMOROCOは、EMOtional Analysis(感情分析)、RObot(ロボット)、COgnitive(人工知能)の各機能を搭載したCRMソリューション。従来のOne to Oneを謳うCRMに比して新世代(CRM3.0)のCRMコンセプト「パーソナライズドCRM」に基づいて開発されているため、顧客の感情を"見える化"することで、より精度の高い顧客サービスの提供が可能。

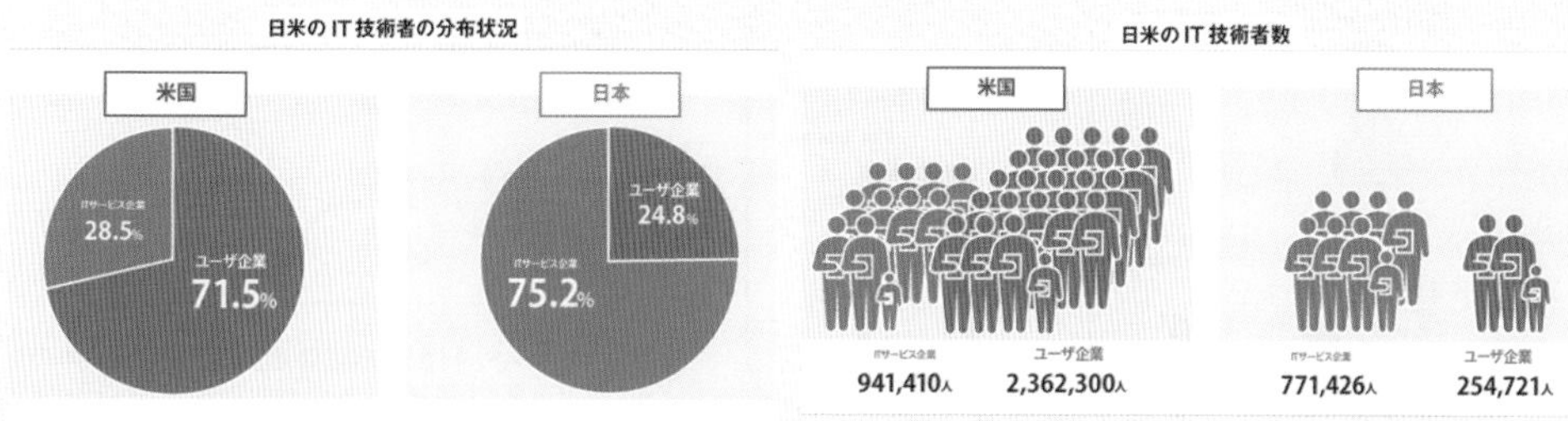

務アプリケーションの中で行い、顧客一人ひとりを深く理解し、顧客が求めるものを提供するシステムだ

「日本人の得意とするおもてなしの精神をシステム化したものといえばわかりやすいかもしれません。『CRM』の導入をサポートする当社は、おもてなしの会社といっていいと思っています。世界全体におもてなしの心を浸透させたい一心でビジネスを拡大中ですが、ITやAIはあくまでもツール。何でもかんでも効率化を推進して血も涙もない世界を創り上げたくありません。目指しているのは笑顔の溢れる世界創りです」

この思いを重視して松原さんが開発したのが、顧客が来るのを待つ従来のEC(e-cmmerce 電子商取引)とは全く異なり、自ら売りに行く行商人のような働きをする次世代CRMシステム『EMOROCO』を搭載したEM(e-merchant 電子行商人)サイトプラットフォーム『Arcury』。顧客の細かなニーズを的確に汲み取り、商品やサービスの販売に確実につなげることができるように構築した、疑似汎用型AIを搭載した世界初の「CRM」だ。『EMOROCO』は、EMOtional Analysis(感情分析)、RObot(ロボット)、COgnitive(人工知能)の各機能の集合体だ。

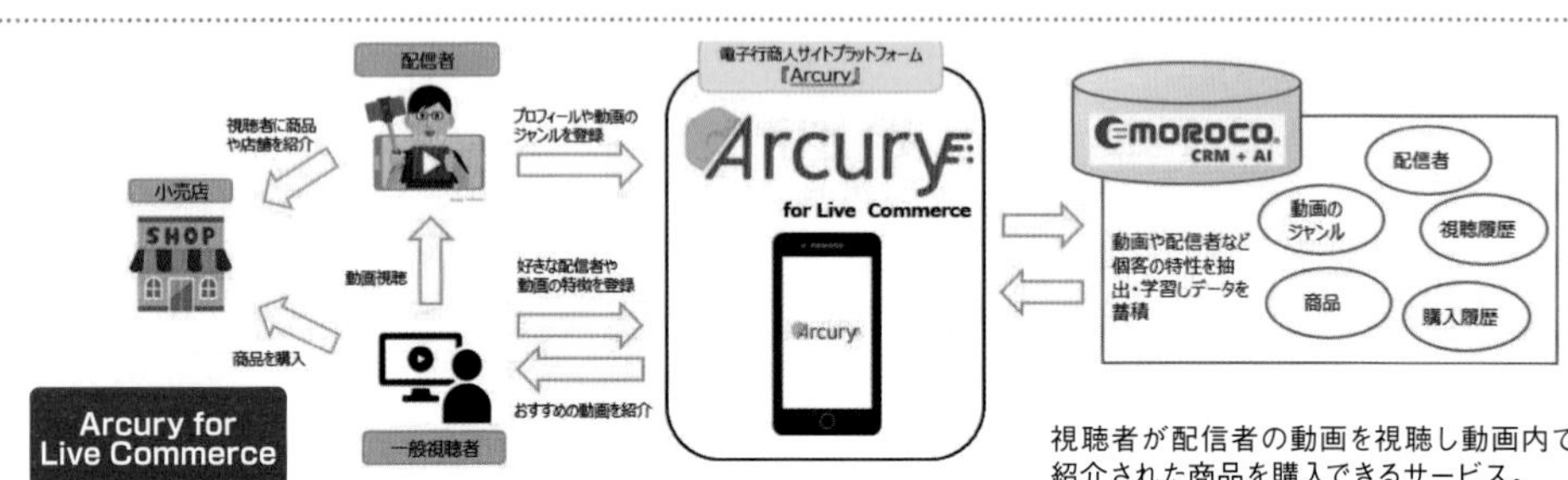

視聴者が配信者の動画を視聴し動画内で紹介された商品を購入できるサービス。

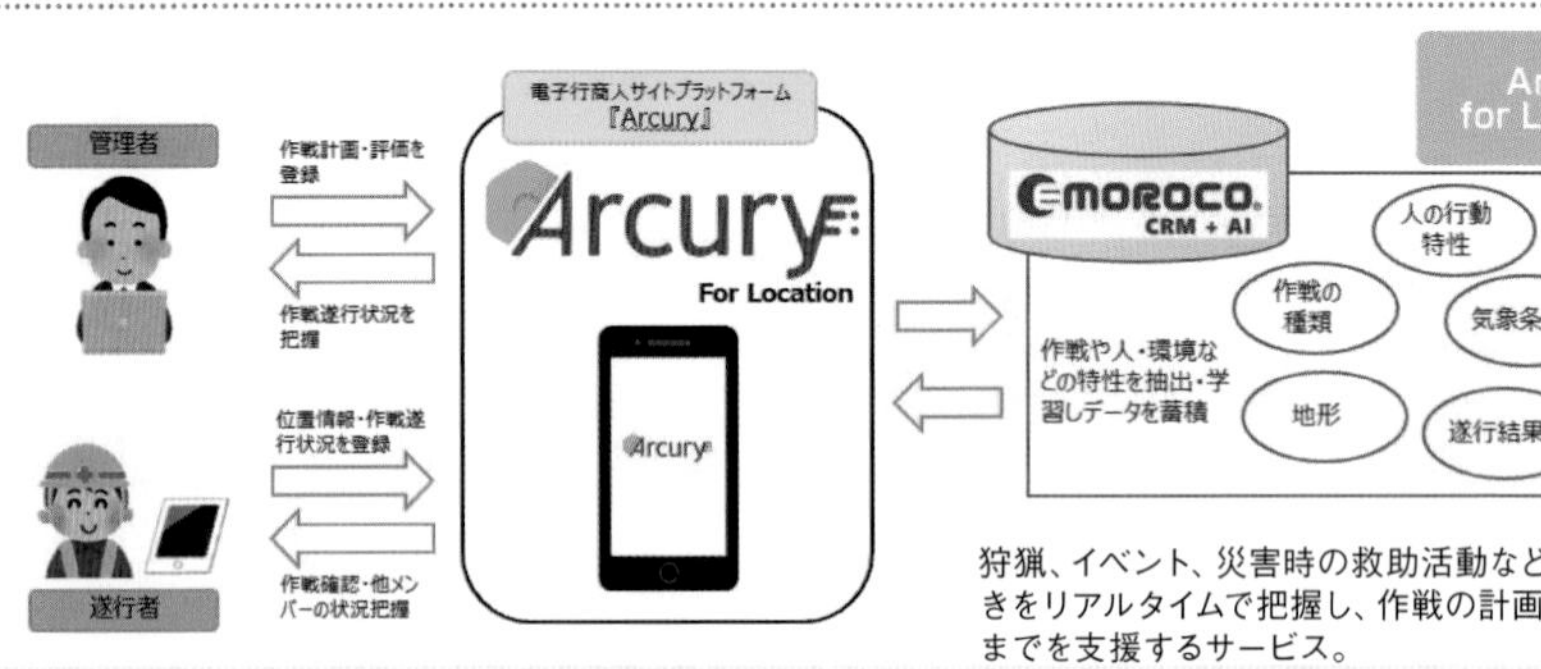

狩猟、イベント、災害時の救助活動など、チーム内の動きをリアルタイムで把握し、作戦の計画から遂行・評価までを支援するサービス。

「『EMOROCO』は、数値として把握できる定量データと顧客情報に当たる定性データをAIが分析し、顧客の性格や感情を含む深い情報を導き出し、顧客の感情を見える化することで、より精度の高い顧客サービスの提供が可能になる『CRM』ソリューションです。企業に蓄積されたあらゆるデータや膨大な市場データをAIが学習、分析し、その結果を『CRM』に活かすことでより精度の高い分析が可能になります。常に最新データを学習しているので市場とのミスマッチが起こりにくく、導入企業は最適な施策を打つことができるようになります」

松原さんは、『Arcury』をベースにしたITサービスも展開している。『EMOROCO』が視聴者の好みを学習し、ニーズに沿った内容の動画を配信し、その中で紹介された商品を購入できるサービス『Arcury for Live Commerce』、『Acury』と位置情報を用いて、狩猟やイベント、災害時の救助活動などチーム内の動きをリアルタイムで把握し、作戦の計画から遂行、評価までを支援するサービス「Arcury for Location」はその一端だ。

このほか、不動産事業の顧客対応の自動化と最適化、物件データや顧客データなどの分析、営業とマーケティングの最適化、契約と文書の管理などの課題に応える不動産ソリューションとして Microsoft Copilot を有効活用する不動産業界向けCRMの提供、農業散布や農業におけるドローン利用を依頼したい農業従事者と最適な技術と経験を有したドローンパイロットをマッチングさせる「ドローンマッチングサービス for 農業」、株式会社セナードの反社会的勢力データベース「minuku」と連携し、「CRM」で管理される顧客情報のコンプライアンス的課題を解決する「EMOROCO 反社チェック」のオプションサービスなども提供している。

さらに、松原さんは自社営業ビジネスで業容のウイングを広げた。2023年4月に大阪市でオープンした「健康家庭料理&雑煮バー『膳』」ではバックオフィスで行う顧客データの管理に「CRM」を導入したほか、「K合同会社」が開発した生成AI接客ツール「Alive」を試験導入した。「ITの視点からコンテナ栽培の仕組みに可能性を感じた」として、「日本きくらげ」のオーナーになり、ビタミンDなどきくらげの栽培事業にも乗り出した。2023年11月には子会社の「ノイギア株式会社」を設立し、プロモーションビデオやミュージックビデオの企画、制作、撮影、編集などの映像業、広告やモデル撮影などの写真業も開始した。

食を通じて健康でより豊かな生活を実現する場所
電子行商人プラットフォーム
Arcury
公式キャラクター
「ルリドロ」
「ダイナー・シラム」
「ラミーちゃん」

松原さんの発想力は、地方創生にも及ぶ。今後目指すのは「世界の注目を集める町づくり」だ。

「人とモノをつなぐリレーションシップの考え方そのものであるCRMを活用し、住民や行政、病院、学校、店舗、観光などあらゆる情報をポータル化して連携させた町づくりです。行政サービスや観光案内、物件マッチングなどあらゆる情報を提供できるほか、教育や医療ともスムーズに連携でき、ローカル5Gやドローン向けのIoTサービスと連携させて災害時の人命救助に役立てることも可能な体制を備えた町です。住民情報は高いセキュリティで管理されるため、いざという時には即座につながって支え合える昔ながらの町の風景をITの力で実現するのです。EMサイトプラットフォーム『Arcury』がその要になると思っています」

人の行う業務を効率化するツールであるITやAIにいかに血を通わせるか、これが松原さんの発想に通底する思いだ。

（ライター／斎藤紘）

理事長 兼 園長
山本良一 さん

関西学院大社会学部社会福祉・社会学コース卒。大阪市中央児童相談所で児童福祉司として活躍。1976年、「社会福祉法人弘法会」理事長、「大東わかば保育園」園長。大東市児童福祉審議会委員、花園大学非常勤講師などを歴任。

社会環境の変化で感情が希薄化する時代
幼児の感動する心を育む積極的保育実践

感動を重視する取り組みを著書で紹介
年間行事や職員室などでの具体的活動

「安心してすごせる。身近なところにいる大人を信頼できる。そして、楽しさやよろこびを感じることのできる経験をすることが、子どもとして人間としてよく育つためには大切だと考えています」

1976年に開園した『大東わかば保育園』園長の山本良一さんが保育理念で示した考えだ。中でも重視するのは、子どもを取り巻く社会環境の変化に伴って希薄化が懸念される感動する心の涵養だ。積極的保育という独自の保育理論で実践するその取り組みは、著書「保育に、哲学を!一人ひとりの子どもを深く見つめる、真の保育とは?」から鮮明に浮かび上がる。

中央教育審議会は、幼児期における教育についての数次にわたる答申で、子どもを取り巻く環境について「少子化、核家族化が進行し、子どもどうしが集団で遊びに熱中し、時には葛藤しながら、互いに影響し合って活動する機会が減少するなど、様々な体験の機会が失われている。また、都市化や情報化の進展によって、子どもの生活空間の中に自然や広場などといった遊び場が少なくなる一方で、テレビゲームやインターネット等

社会福祉法人 弘法会 認定こども園 **大東わかば保育園**
だいとうわかばほいくえん

072-878-4121
㊟ 大阪府大東市北条1-21-36
http://www.eonet.ne.jp/~wakaba-hoikuen/

の室内の遊びが増えるなど、偏った体験を余儀なくされている」と指摘。子どもたちが身につけるべき「生きる力」の核となる豊かな人間性について、正義感や公正さを重んじる心や 生命を大切にし、人権を尊重する心と並んで、「美しいものや自然に感動する心などの柔らかな感性 」を挙げ、その獲得を課題とした。

「児童期の感動体験が自己効力感・自己肯定意識に及ぼす影響」をテーマした九州大学大学院人間環境学研究院の研究者のリポートでも概略、「近年、自然体験や社会体験の不足から子どもたちの感情の希薄化が懸念されている。子どもたちは多様な体験を経験することで得られる心の豊かさを得る機会を失っている。心の豊かさを得る方法の一つとしてあげられるのが感動体験ではないかと考えられる。感動体験は児童の自己肯定意識を高め、他者に対して寛容になったり、人を信頼できるようになったりする効果もある」と結論づけている。

最新刊
「保育に、哲学を!
一人ひとりの子どもを深く見つめる、
真の保育とは?」幻冬舎刊

絶賛発売中!!

これまでに数々の本を出版。

山本さんの感動を重視した保育の取り組みは、これらの見解を保育現場で実証してきたともいえるものだ。山本さんは著書「「保育に、哲学を!」でその取り組みを三つの視点から紹介している。

その一つが、「手づくりのものによって与えられる『感動』」。

「自発性を尊重することの限界を認めたうえで、そのことを補うとともに、積極的にこころを豊かにするものとして『感動』があります。『大東わかば保育園』にとって、感動をもたらす保育の実現においては、青井春江先生のリーダーシップが大きな働きをしました。青井先生が主任保母として来る以前においても感動をもたらす保育がなかったわけではありませんが、青井先生のリーダーシップによって飛躍的に前進しました。誕生会やうんどう会、星まつり、七五三、お泊まり保育、クリスマス会などで子どもたち一人ひとりに手渡すプレゼントのカードや参加賞、メダル、ワッペンは、ほとんど先生たちによって製作されます。卒園記念アルバムも、先生たちのセンスや創意工夫によって手づくりされ、手渡されます。これらは子どもたちはもちろん、保護者にも感動をもたらします。また保護者には、大きな負担にならない程度に協力を求め、給食のときに使用す

わかば式 合同あそび

運動能力 考える力 想像力
協調性 発言する楽しさ 思いやる心

●毎年テーマを決め、ストーリーを考えて全園児が遊びます。

各クラスの役割決定

どんなお話にするか、5才児中心に決定

クラスで子どもたちの成長を考えながらくり返し遊び、発展させていきます。全体でも合同あそびが行われます。

園庭での合同あそび
ストーリーをまとめ動きなども確認していきます。

うんどうかい!!

合同あそび
★1部 ★2部で見ていただきます

るランチマットや給食袋、遠足のときに使用するリュックサックなどを手づくりしてもらいました。最近は、保護者の負担を考えて市販のものでもよいとする園も多いようですが、これら手づくりのものによって、市販のものでは味わえない、お母さんやお父さんからの具体的な愛情を子どもたちは感じられるのではないかと考えています」

二つ目が、「多くの大人から声をかけられることによる『感動』」。

「日々の保育においては、子どもたち一人ひとりの気持ちの動きやともだちとの関係のダイナミックな展開、さらにクラスとクラス、そして園全体の雰囲気がどのように展開するかを意識した保育が積み重ねられます。当園の職員室では、職員会議や話し合いの場だけではなく、午後のお昼寝のときや5時以降にお茶を飲んだりお菓子を食べたりしながら、また製作物をつくりながら、子どものこと、クラスの様子、子どもと保護者との関係などがよく話し合われます。その結果、担任だけではなく、ほかのクラスの先生も園全体のほとんどの子どもやほかのクラスの様子をよく知ることになり、クラスに関係なく、先生たちと子ども、保護者との対話が活発におこなわれることになります。子どもたちは、できるようになった

生活発表会

おもちつき

作品展

ことや頑張ったことを、担任の先生だけではなく、ほかのクラスの先生やともだちのお母さんから認められたり褒められたりすることがよくあります。それによって、子どもたちは自信を深め、感動するのです」

第三が「自然にこころを動かすことが自信につながる」との視点だ。

「うんどう会、生活発表会、作品展、クリスマス会などの行事も、単なる園や大人のためのものとしてではなく、『子どもにとってどのような意味があるか』、『どのような気持ちを味わうのか』、『どのような力を伸ばしたか』、そして『ともだちとの関係や先生との関係を深めることができたか』を意識して取り組んでいきます。一回一回の練習も、当日のみに向けての練習ではなく、子どもたちにとってその都度意味のあるあそびとなるように意識されています。また、取り組みの中心は担任の先生があたりますが、子どもたちがいきいきと動けるように、よく遊ぶことができるようにとの観点から、必要に応じてほかのクラスの先生も役割を分担したり、参加したりします。子どもたちがいきいき、のびのびと動き、自分のことばで話し、自分たちのアイデアも出して、見る人に大きな感動を与えるものになっています。そ

親子遠足

おとまり保育

うんどう会

夏まつり

クリスマス会

焼きいも大会

さつまいもほり

卒園式

して子どもたち自身も、見る人が感動しているのを感じてさらに感動し、自信を持つのです」

こうした取り組みの土台となった「積極的保育」とは、「現実的な諸問題にとらわれずに、子どもの力を信じて伸ばしていくことを第一に考え、安心、信頼、感動を重視して保育に取り組むこと」だ。開園してから48年、山本さんは保育でこの理論を貫き、子どもの成長を温かな眼差しで見守ってきた。

（ライター／斎藤紘）

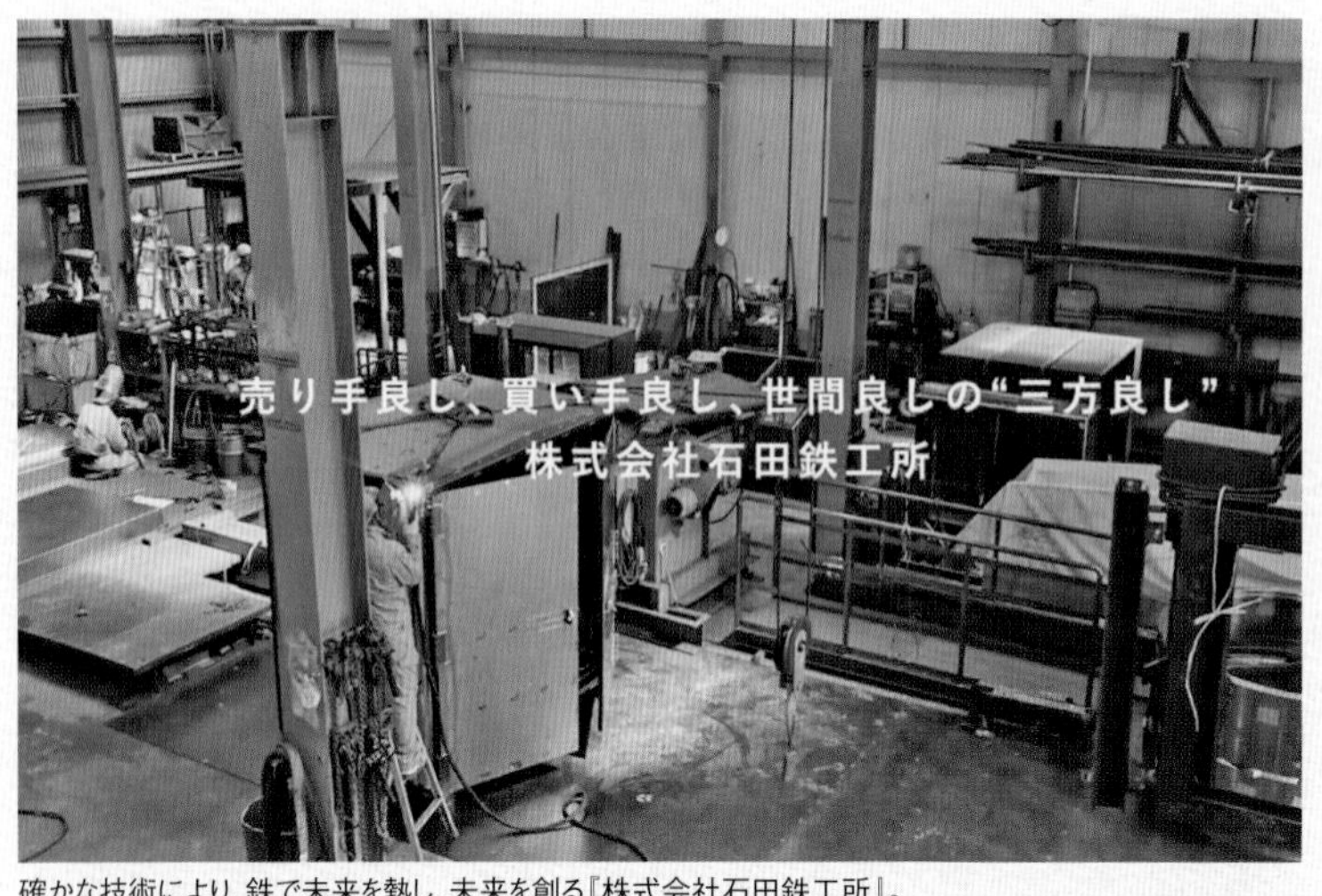

売り手良し、買い手良し、世間良しの“三方良し”
株式会社石田鉄工所

確かな技術により、鉄で未来を熱し、未来を創る『株式会社石田鉄工所』。

代表
石田誠一郎 さん

兵庫県川西市の鉄工所に就職し、3年間勤務した後、西宮市の鉄工所に転職。10年にわたる修業期間を経て、2017年、30歳のときに独立、『石田鉄工所』を設立し、個人事業としてスタート。2022年に法人化を果たす。

産業機器や建築金物の製作・設置で実績 三方良しの確かな仕事ぶりが業績に反映

製作から施工まで一貫体制 創業6年で工場規模が7倍

「相手、世間、自分の三方に利益をもたらす三方良しの企業でありたい」

タンクや配管、プラント架台、建築金物、産業機器などの製作、と設置工事のプロ集団、『株式会社石田鉄工所』代表の石田誠一郎さんが業務で重視するスタンスだ。鉄工所で13年経験を重ねた後、個人事業主として独立、20坪の工場で創業して着実に業績を伸ばし、わずか6年で150坪の工場を持つ会社に成長させた実績に三方良しの確かな仕事ぶりが表出する。

「当社の工場では、金属板を立体の形状に加工する製缶を中核技術に、部材の製作加工から重量物、長物、大物の製作、組立まで行っています。ミリ単位の誤差も許されないような正確さが求められる仕事であり、流れ作業にせず、職人一人ひとりが自分の仕事に責任を持って取り組む一人一作を原則として作業に当たっています。長年の経験と勘で培われた技術力があってこそ可能な体制です。会社としても製作から施工まで一貫したサービスを提供できることが強みです」

工場には、天井クレーンやエンジン溶接機、プラズマ切断機、製缶定盤、油圧式パンチャーなど約

株式会社 **石田鉄工所**
いしだてっこうじょ

06-6770-9145
info@ishida-iron.co.jp
㊟ 大阪府大阪市西淀川区佃5-10-16
https://www.ishida-iron.com/

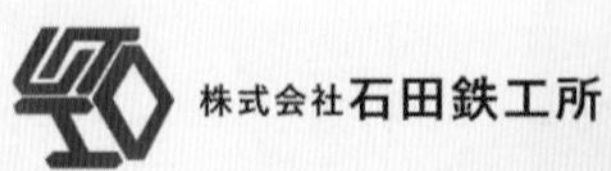

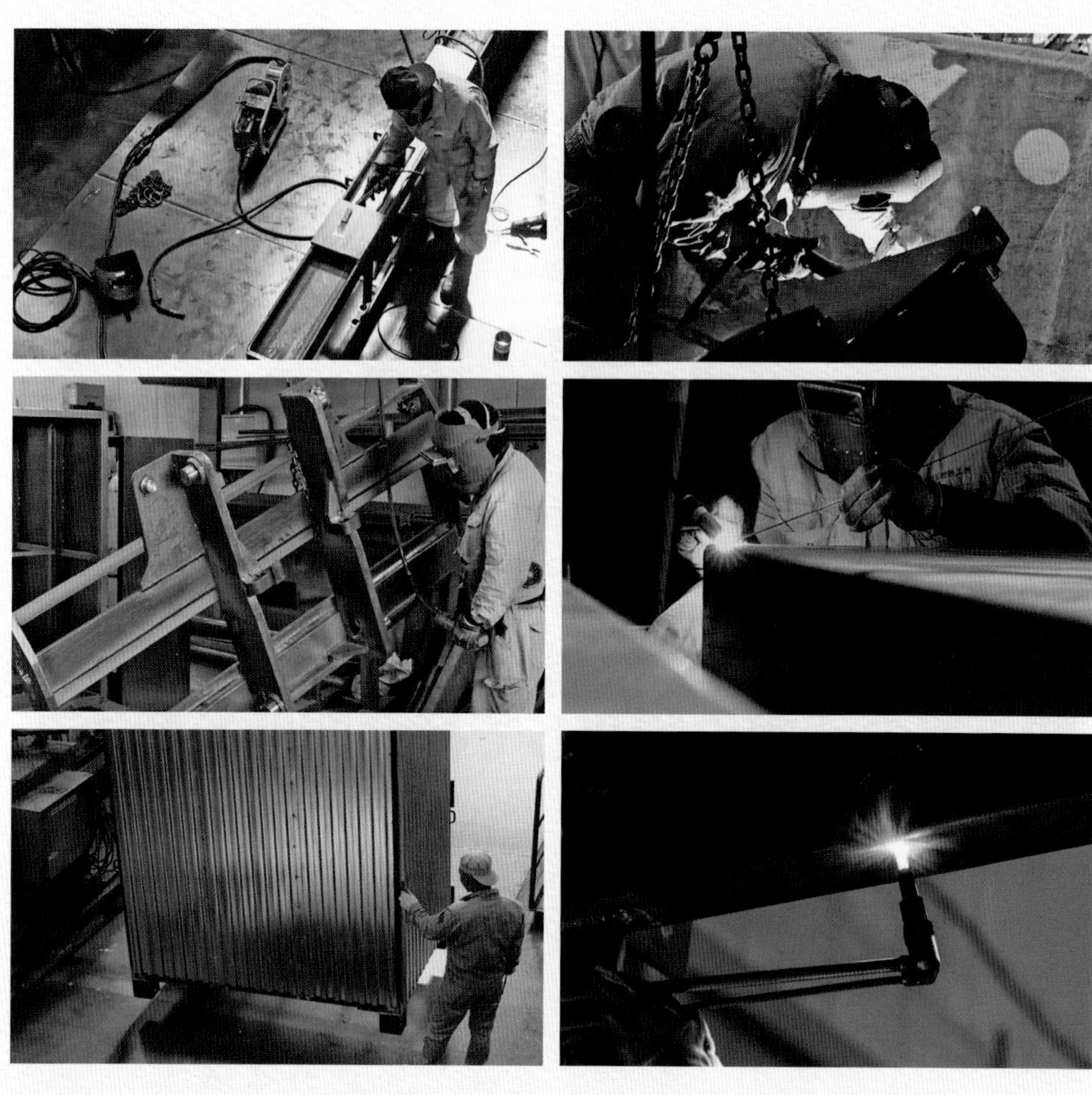

40台もの製作機器が所狭しと並ぶ。業務は4本柱だ。

「『製缶・鉄鋼・鉄骨・配管・プラント架台の製作及び取付工事』では、工場や施設内には必ずある配管や沈殿槽、センターウェルなどの排水処理設備など複雑な形状や特殊な加工にも様々な技術やノウハウを駆使して対応します。『建築金物の製作及び取付工事』は、ステンレスパイプや換気口、蓋、吊り金具など建築で使われる金属製の部材の製作から設置まで一貫して行います。『機械機器の設置工事』は主にプラントや工場で機械器具の組み立てによって工作物を建設したり、工作物に機械器具を取り付けたりする工事で、給排気機器など様々な機械機器への対応が可能です。『産業機械の製作及び設置工事』は、工場やプラント内の空調設備や監視カメラなどのセキュリティ機器、環境への負荷を低減させる環境改善機器や廃棄物処理設備、建設現場を支える掘削機器など様々な産業機器の製作、設置を行います」

石田さんは、自分良しの観点から、働きやすい作業環境の整備にも力を入れてきた。

「従業員それぞれが気持ち良く働けてこそ、最高の仕事ができる、そう信じてこれからも頑張っていきたいと思っています」

（ライター／斎藤紘）

新築4000棟超の豊富な実績と経験!

建てた後の「住まい方」まで考える。

代表取締役社長
吉田泰造 さん

近畿大学理工学部建築学科卒。大手建築設計事務所勤務を経て、1958年創業の家業『株式会社関西工務店』入社。2014年、代表取締役社長に就任。一級建築士、建築生産専攻建築士、特殊建築物等調査資格者、既存住宅状況調査資格者。

『関西工務店』基準の技術力。

「提案力には自信があります!」

「家を建てない工務店」空き家の活用に特化して社会問題を解決

相続登記義務化を機に決意 空き家を運用資産に再構成

子どもの脳力開発に資する住まいづくりなどユニーク住宅設計で注目を集めた『株式会社関西工務店』代表取締役で一級建築士の吉田泰造さんが、2024年4月から始まった相続不動産の名義を変える相続登記の義務化を機に、「家を建てない工務店」を社の新たなビジョンとし、空き家を「明き家」と捉えて有望な財産として活用する事業を26年から本格化する。人口減少が続く中でも住宅建築が止まらない現状では、空き家が増え続け、深刻な社会問題になるとの問題意識からだ。

「かつての住宅不足の解消を目指す政策が人口減少社会でも維持されてきたことで、余った家の空き家化が進んだのです。総務省の住宅・土地推計調査によりますと、2018年時点で国内の空き家は849万戸あるとされています。これは住宅総数の13・6%を占め、7戸に1戸は空き家という状態です。空き家になる最大の理由は相続によるもので、54・6%と過半を占め、新築や建て替えで空き家になるケースの18・8%を大きく上回っています」

吉田さんは、空き家の現状をこう指摘した上で工務店の責任も言及する。

株式会社 **関西工務店**
かんさいこうむてん

0745-52-1515
mail@kansaikoumuten.com
住 奈良県大和高田市材木町1-3
https://kansaikoumuten.com/

タップして登録
LINE
「子どもの脳力がグンとのびるニュースレター」
無料でお届けします!

空き家リフォーム後のイメージ。

「わたしたち工務店が新築を建てれば建てるほど、我が国の家余りが増えていくことは容易に予測できます。家余りは活用されなければ空き家となり、一旦空き家になれば管理が行き届かなくなり、腐朽や害虫害獣被害により周辺にも被害を及ぼします。また防犯、防災においても地域問題を引き起こす可能性が高まります」

　こうした問題意識を背景にした空き家活用事業は、多拠点生活も視野に入れる。

「当社は、空き家という社会問題を解決するため、リフォームや転用ニーズに合わせた減築によって、それらを資産として活用できる取り組みを行っていきます。将来は多拠点生活があたりまえになると予測し、世帯数より多い住宅ストックを有効に活用したいと考えています。一家庭につき二つの家があれば、使っていない家を賃貸できる資産に変えることができます。空き家再活用は投資であり、『空き家』は運用資産でもあるのです」

　吉田さんは、これまでも空き家のリノベーションに取り組み、住宅だけでなく、店舗や事務所、宿泊施設、集会施設など立地と運用を考慮してオーナーと利用者が満足できる提案をしてきた。空き家活用事業にはこの手法も生かす考えだ。

（ライター／斎藤紘）

代表取締役
武本尚 さん

大阪大学法学部卒。1972年より約20年間、戸建住宅と分譲マンションのディベロッパー会社で専務取締役を務め、企画、販売全体の責任者として実績を積む。1991年に独立し『株式会社アートランド』設立、代表取締役に就任。

空き家問題の中古住宅市場への影響指摘 解決策の空き家再生事業の理想形で実績

視野に相続登記義務化など リフレッシュ住宅販売好調

「空き家問題に対処することが、中古住宅業界にとっても社会にとっても、ますます重要になっている」

放置空き家や所有者不明の空き家問題が深刻化する中、空き家の有効活用の理想形ともいえる事業を展開する『株式会社アートランド』代表取締役の武本尚さんが事業に力を入れる背景となった問題意識だ。この事業、中古住宅を買い取って新築同然にフルリノベーションし、『リフレッシュ住宅』としてリーズナブルな価格で販売するもので、若い世代の需要を喚起する効果を生み、空き家問題のソルーションとして注目度を高めている。空き屋問題をめぐっては、所有者不明の空き家が都市開発の妨げになったりしていることから民法・不動産登記法の改正で2024年4月から相続した不動産の名義変えが義務化されたほか、空き家対策特別措置法改正で放置空き家が管理不全空き家に指定され、その後適切に管理しないと固定資産税が最大6倍になってしまうなど法規制が強化された。武本さんはこうした状況も踏まえ、空き家の有効活用の重要性を機会あるごとに指摘してきた。

株式会社 アートランド

079-295-0185
fresh@artland-fr.jp
㊟ 兵庫県姫路市南今宿8-9
http://www.artland-fr.jp/

こちらからも
検索できます。

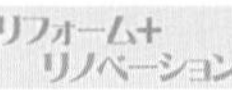

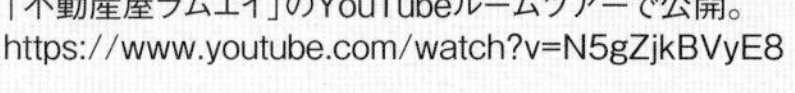

今回は以前、古き良き純和風な雰囲気漂う物件を内見させて頂いた

「不動産屋ラムエイ」のYouTubeルームツアーで公開。
https://www.youtube.com/watch?v=N5gZjkBVyE8

「放置空き家は、中古住宅市場にも大きな影響を与えています。手を加えられないまま長期間放置されてしまうと修繕費用が膨大なものになり、売却にも支障が生じることが一つ。加えて空き家が増えることで、中古住宅市場の供給が増えてしまい、需要と供給のバランスが崩れ、中古住宅の価格が下落する可能性があります。このような問題の解決策となるのが空き家再生事業です。しかし、空き家の数が多すぎるため、現状では対策が追いついていません。今後、中古住宅業界と地方自治体などが連携し、再生事業に係る税優遇措置の創設や空き家の売買促進策を考えるなど積極的な取り組みが求められます」

空き家再生事業の理想形ともいえる『リフレッシュ住宅』事業は、土地付き一戸建ての中古住宅を一級建築士が精査して購入、工務店が新築並みにリノベーションし、毎月の住宅ローン返済額が周辺の家賃相場以下になるような価格で提供するというものだ。しかも、耐震性などから安心R住宅の標章を獲得し、さらには売主が基本構造部分の瑕疵について買主に対して負う保証期間5年の既存住宅売買瑕疵保険にも同社が加入する。こうした好条件が高く評価され、販売実績は年間40件前後にものぼる。

（ライター／斎藤紘）

匠の技から生まれる、木の逸品。

代表取締役
光永政洋 さん

情報処理分野の専門学校を卒業後、パソコン販売企業に就職。その後、22歳の時に飲食業に転職して活躍。36歳で家業の『A・1インテリア』に入社。2013年に創業者の父親から経営を引き継ぎ、2021年法人化。木工家具の特注製造で躍進。

手触りのいい職人手作りの木工家具好評 未経験者を採用しOJTで技術習得を支援

モデルルームで製品を展示 発注元との信頼関係を重視

機械化による大量生産が進む家具業界にあって、どこか温もりのあるハイセンスなオリジナル木工家具を職人手作りで製作し、発注元のハウスメーカーから信頼を得てきたのが、1982年創業の『株式会社A・1インテリア』だ。飲食業から転じて、創業者である父親から経営を受け継いだ二代目代表取締役光永政洋さんは、人材育成と技術継承にも力を入れ、その親身な指導が評判になり、家具業界が人材確保に悩む中、二人の未経験者を採用、職場の実務を通して行う教育訓練OJTで技術習得を後押しし、先輩職人と肩を並べて製作できるまで成長させた。

同社の製作方法は分業制ではなく、多能工職人によるチーム製作スタイル。

「製品が初めてできあがった時は、本当に嬉しかったです。オリジナル家具の製造は本当に奥が深く、チャレンジしがいがある仕事。ものつくりが好きな方ならきっと同じ感動を味わえると思います」

未経験で採用された職人の言葉から成長の喜びが伝わる。

同社が手がける木工家具は、飲食店や物販店、

株式会社 **A・1インテリア**
エーワンインテリア

0567-69-5560
info@a1-int.jp
㊟ 愛知県愛西市大井町同所125-2
https://www.a1-int.jp/

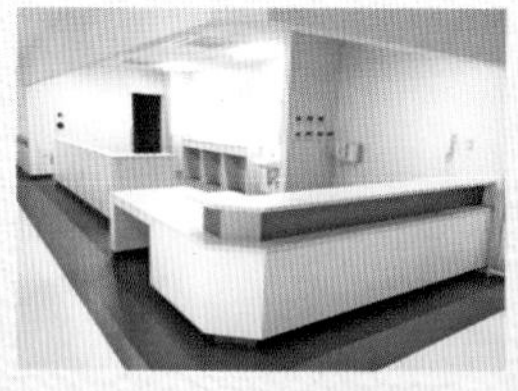
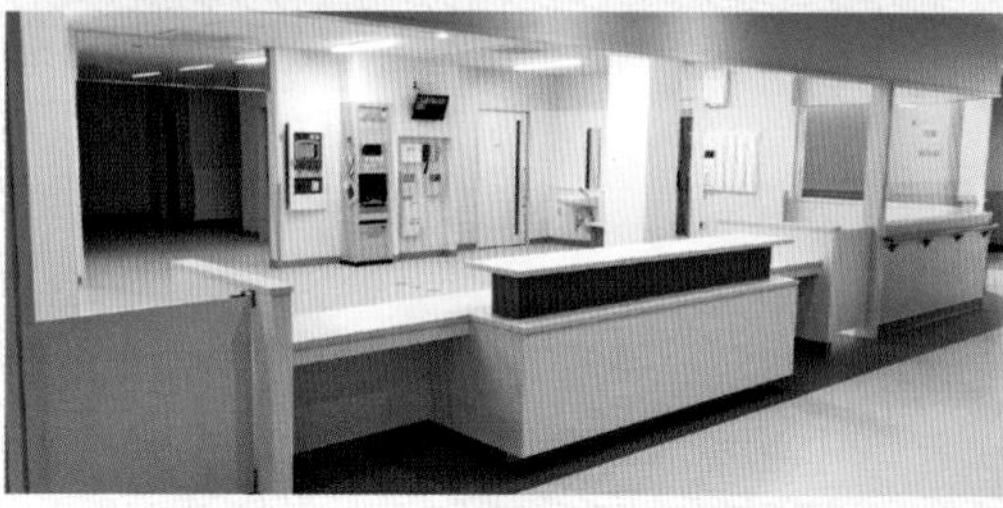

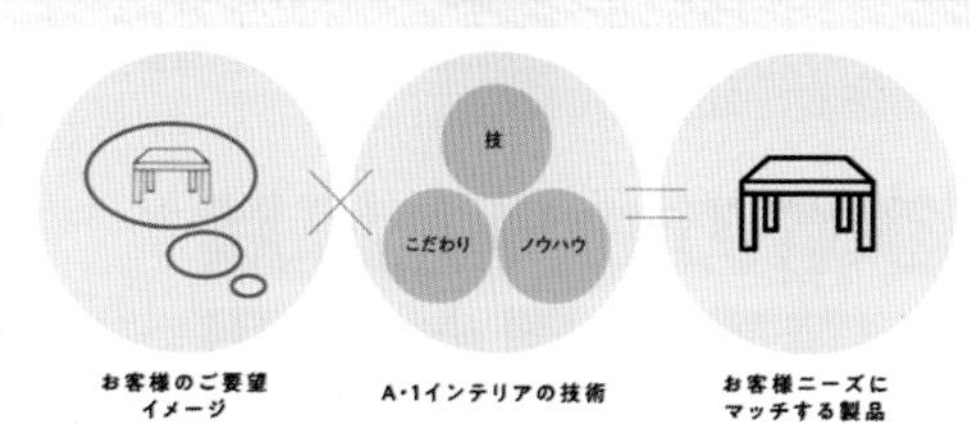

こんにちは
株式会社
A・1インテリアの
光永と申します
こんにちは
よろしく
お願いします

「お客様のニーズにマッチする商品作り」動画で紹介。詳しくはホームページを。

美容室、ショッピングセンター内テナントなどの商品陳列台やレジカウンター、収納什器、壁面収納オブジェなどで、最近ではオフィスの机や椅子、会議用テーブル、個人ワークスペース、休憩室の家具などを一括で受注した。使う素材は、世界的な木材需要の高まりによるウッドショックで価格が高騰した木材を避け、耐水性、耐熱性、耐摩耗性に優れながら価格がリーズナブルな化粧板などを使い、コスト抑制にも配慮する。その完成度の高い木工家具は、発注元のハウスメーカーが手がけた分譲マンションのモデルルームに採用され、展示されたほどだ。

　こうした仕事を通して、光永さんが大事にしてるのが触感と信頼関係だ。

「例えば、家電量販店で買う時、商品の性能を見るだけでなく、必ず触りますよね。あの感触も商品選択の要素になっているのです。家具も同じです。触ったときの感触が大事で、手触りのいい仕上がりにこだわっています。また、どの量販店でも同じような商品が並んでいて、最終的な選択は販売スタッフの接客態度で決まるというケースが少なくありません。当社は、発注元のハウスメーカー様に信頼されるよう努め、その意向に沿う仕事を心がけています」

（ライター／斎藤紘）

塗装工事のことなら
「日本建塗株式会社」
札幌市を中心に塗装工事を行っております。
お見積もりから施工、アフターフォローまで自社の職人が対応いたします。

代表取締役
葛西祐介 さん

10代から建設業界に入り、鉄筋工や鳶職を経験、18歳で入社した住宅専門会社で塗装の仕事を始める。2010年に独立、個人事業主として業績を伸ばし、2022年法人化し『日本建塗株式会社』を設立。

塗装工事に光る国家資格の知見と経験
防水工事も含め建物を守る意思が鮮明

確かな仕事ぶりで業績牽引
多種多様な建築施設で施工

「当社の塗装工事は、一級建築塗装技能士が対応するため、高いクオリティで施工を行えます」

各種建築施設の外壁や屋根、内装の塗装工事を主軸事業に掲げる『日本建塗株式会社』代表取締役の葛西祐介さんは、実務経験を7年以上積んだ職人だけが受験できる一級建築塗装技能士の国家資格を持ち、木材はもちろん、金属や特殊な素材への塗装、塗料の性質の違いや塗装道具の使い分けなど様々な専門知識を生かした確かな仕事ぶりで業績を牽引してきた職人経営者だ。

「建物を守る塗装工事は、均一に塗るだけではなく、環境やご要望に合わせた的確な素材のご提案から長持ちする塗り方まで、幅広い知識と経験が求められます。毎日目に入る部分だからこそ、丁寧な仕上がりによる美しさも重要です。建物の資産価値を高めるため、当社は作業の一つひとつと丁寧に真剣に向き合っています」

葛西さんは塗装工事のほかにも、シーリング工事や防水工事、家全体の価値を高める上で重要な屋根メンテナンスでも実力を示す。

「シーリングは、外壁の建材同士の隙間を埋めて防水の役割も果たし、建物を守る上で重要な存

日本建塗 株式会社
にほんけんと

0120-847-124
info@n-kent.co.jp
北海道札幌市南区南沢2条3-13-7
https://www.n-kent.co.jp/

日本建塗株式会社

倉庫シャッター塗装工事

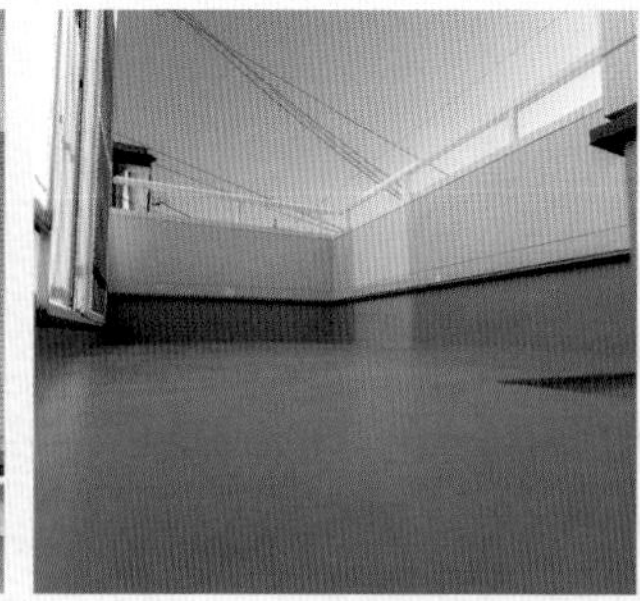

防水工事

屋根塗装工事

内装工事

シーリング工事

戸建住宅塗装工事

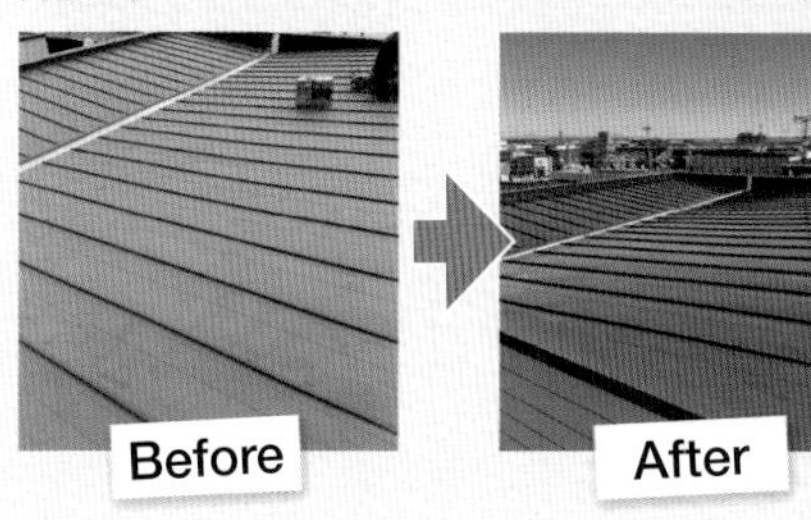

在。8年から10年ほどの耐久限度を超えるとヒビや隙間が生じ、水の侵入を許し、建物の劣化に繋がりかねません。シーリング工事は、この隙間を埋め直す工事です。防水工事は、防水性能の高い塗料を床へ塗装し、躯体全体を守り、長持ちさせます。表面だけでなく下地から丁寧に施工を行ってこそ、初めてその防水性が発揮されます。当社では、戸建て住宅のベランダやスノーダクトなどでウレタン防水工事を行っております。屋根メンテナンスは、住宅の安全と快適性を守る上で欠かせない作業です。点検で屋根材の損傷や劣化などをチェックし、屋根材の色褪せや塗膜の剥がれは塗り替えや交換、錆の発生や冬期間の降雪により破損した場合は、補修作業が必要です。また、屋根を保護し、耐久性を高める屋根塗装も10年から15年ごとに行うことが推奨されます」

これまで葛西さんが施工した施設は、アパートやマンション、飲食店、小売店、デパート、ホテル、ショッピングモール、学校、幼稚園、保育園、医療施設など多岐にわたる。

「私たちが手がけた現場がこの札幌市内に形としてどんどん残っていくというのも、この仕事の醍醐味だと思っています」

（ライター／斎藤紘）

『エコロジーセンター愛子』

代表取締役
砂金(いさご)英輝 さん

東北学院大学法学部卒。建材メーカーから転職したソニー生命保険株式会社時代、営業で訪れていた『株式会社宮城衛生環境公社』の創業者とご縁があり、2018年に入社、専務を経て、2022年4月代表取締役に就任。

太陽光発電パネルのリサイクル事業など『GX』の数々の取り組みで社会的評価獲得

時代の要請見定め改革推進 廃棄物業界のイメージ一新

「改革すれば必ず有形無形のメリットがついてくる」

宮城県仙台市で家庭ごみや産業廃棄物の収集処分を手がける『株式会社宮城衛生環境公社』三代目代表取締役の砂金英輝さんが自身で推進した改革から得た実感だ。改革は、「SDGs」の課題である脱炭素に向けた『GX(グリーントランスフォーメーション)』の取り組み。メリットは、企業価値、業界の社会的地位の向上を指す。『GX』の象徴が適正処理の強化に向けて環境省が検討を開始するなど時代の課題に浮上した使用済み太陽光発電(PV)パネルのリサイクル事業だ。

砂金さんは、地球温暖化で脱炭素経営の重要性が増していくと直感し、自家消費型太陽光発電設備を導入。その関連で生まれた「寿命がくるパネルはどうするのだろう」という疑問に自ら出した答えが、埋め立て廃棄処理が主流のPVパネルのリサイクル。処理能力一日約100枚の『エコロジーセンター愛子(あやし)』を立ち上げ、2023年4月から操業を開始した。

契約した発電事業者から有料で引き取ったパネルをアルミ枠分離機、強化ガラス破砕回収機、バックシート破砕機で分解、素材ごとに分別し、有価物

株式会社 宮城衛生環境公社
みやぎえいせいかんきょうこうしゃ

☎ 022-393-2216(代表)
✉ mek@miyagi-ek.co.jp
㊟ 宮城県仙台市青葉区熊ケ根字野川26-6
https://www.miyagi-ek.co.jp/

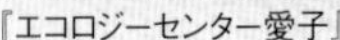

「次世代バイオディーゼル燃料使用車」

「本社太陽光パネル」

「デジタル化タブレット」

「プラグインハイブリッド車」

明るい衛生環境づくり

宮城衛生環境公社

再エネ100宣言
RE Action

「エコロジーセンター愛子太陽光パネル」

として専門業者に売却されたアルミ枠、ガラス、金属などの素材が再資源化される。工場で使う電力は、自社PV設備と東北電力の水力発電由来のもので100%再生可能エネルギー。地産地消、循環型経済を絵に描いたような取り組みだ。このほか、営業用車両のハイブリッド車への変更、廃棄物収集車への次世代バイオディーゼル燃料（サステオ）採用、効率的な収集業務ためのデジタル化によるCO_2の削減、ペーパーレス化なども進め、『GX』の取り組み全体が評価され、「東北地域カーボン・オフセットグランプリ優秀賞」や「気候変動アクション環境大臣表彰」、さらには環境省の脱炭素ハンドブックにもモデルケースとして掲載、2024年度には「エコ・ファースト企業」として認定されるなど、企業価値の向上につながった。

「社会的地位が高いとはいえない廃棄物処理業界のイメージを変えたい一心で『GX』に取り組んできました。PVパネルリサイクルはまだ社会貢献の規模ですが、FIT（電力の固定価格買い取り制度）による買取期間が順次満了するのに伴い、PVパネルの廃棄量が大きく増加していきますので、ビジネスとして位置づけ、処理能力を拡充して時代の要請に応えていきたいと思っています」

（ライター／斎藤紘）

地方を元気にして日本を活性化。

代表取締役社長
細見直史 さん

国立舞鶴工業高等専門学校建設システム工学科卒。岐阜大学大学院土木工学研究科卒。「日本ファブテック」、非破壊検査会社を経て独立起業。工学博士。橋梁業界のノーベル賞といわれる「土木学会田中賞（論文部門）」を受賞。

日本のインフラを支える事業を柱に創業
橋梁などの診断補修と農業活性化を支援

自身の経験に根差した事業
両分野の人材育成にも協力

2023年3月に設立された『N-PRO.株式会社』代表取締役社長の細見直史さんは、「鋼部材のコンクリート境界部における腐食挙動と疲労耐久性の評価・予測に関する研究」で得た工学博士の学位を持つ理系出身の経営者だ。その専門知識を生かした事業が「インフラ事業支援」だが、もう一つ、「農業に関するコンサルティング業務」も事業の柱に掲げる。この二つの事業、外形的には異なる分野だが、いずれも細見さんの経験に根差すもので、精緻な思考回路の中では有機的に繋がり、「日本のインフラを支える事業」と位置付けられたものだ。

その経験は、生い立ちにさかのぼる。細見さんは、兵庫県丹波篠山市の農家に双子の兄として生まれ、父親の手伝いを通して農業を経験した。同時に地域にあった橋などの構造物にも関心も持ち、大学に進学して建設工学を学んだ。卒業後、「東京鐵骨橋梁（現・日本ファブテック）」で経験を重ねる中、父親が急逝、家業を継ぐか否かの選択を迫られ、考えた末に選んだのが農業を弟に任せて、自身は違う形でサポートする道だった。この経緯から生まれたのが二つの事業だ。

N-PRO. 株式会社
エヌ-プロ.

03-6890-3967
HPのお問い合わせフォームより
㊟ 東京都港区港南2-16-1 品川イーストタワー4F
https://n-pro-co.com/

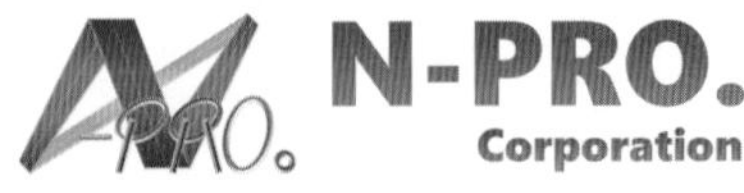

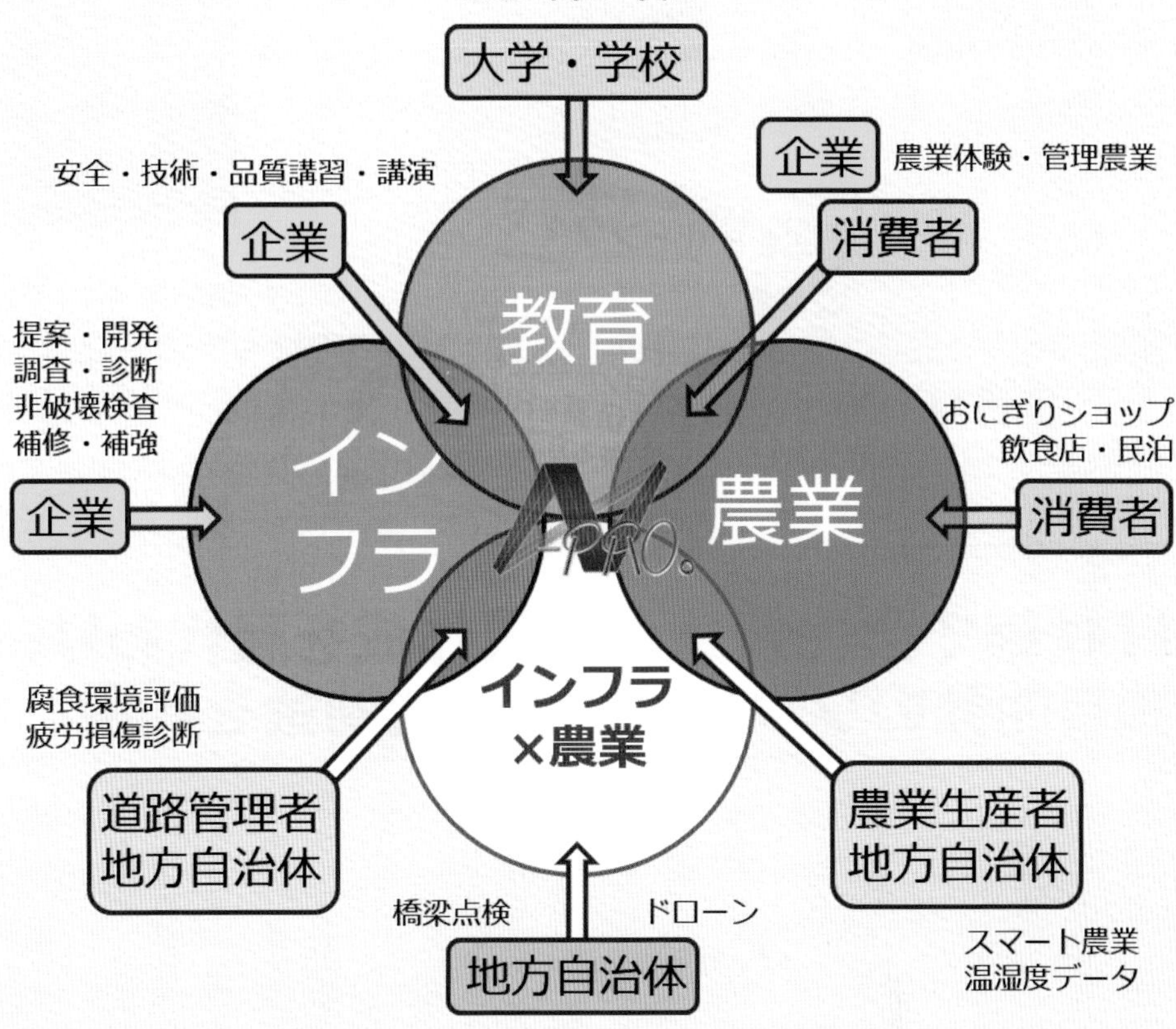

「橋梁などの構造物も農業も国土を守る大切なインフラとして当たり前に存在していますが、これらを支えてくれている方々に感謝して生きていく社会にしたいというのが事業に込めた思いです」

「インフラ事業支援」は、鋼構造物の腐食要因調査・診断、鋼構造物の疲労損傷調査・診断、鋼構造物の変形・応力調査・診断、鋼構造物の応急補修処置など。「農業事業支援」は、農作物の販売促進に向けた企画・調査によるニーズ分析と情報の発信、地方の気候や地形、土壌の特異性を活かした農作物のブランド化、小規模農業におけるスマート農業に向けた施策、農業廃棄物の再利用による循環型農業に向けた施策の支援など多岐にわたる。細見さんはまた、インフラ構造物のメンテナンス業界の若手技術者の人手不足、農業人口の高齢化と後継者不足が深刻化する現状を危惧し、両分野を対象にした「人材教育事業支援」を事業の第三の柱に据えたほか、農閑期に農家の臨時収入になるよう地域の市町村の土木課や農業課がタイアップして、橋の調査や点検を農家に依頼するというこれまでないビジネスモデルで地域活性化に寄与する構想の具体化も視野にいれる。

（ライター／斎藤紘）

業務効率化の要望を元にシステム開発を行う。

代表取締役
岩間崇 さん

農家に生まれ、大学で電子工学を学ぶ。公務員を経てシステム開発会社で十数年間システム開発に従事。独立して、2017年『ガンズシステム合同会社』設立。農業分野のシステム開発やコンピュータ業務の代行に注力。2022年2月、株式化。

IT技術で果樹農家の伝票作成を肩代わり
独自開発のソフトとIT導入補助金を利用

集客のタイミングを逃さず 優れたコストパフォーマンス

桃、ブドウの日本一の産地、山梨県の果樹農家から支持を得ているサービスがある。実家が農家で農繁期の伝票作成作業の苦労を目の当たりしてきたITシステムエンジニア、『株式会社ガンズシステム』代表の岩間崇さんがその苦労をIT技術で肩代わりする『配送伝票代行サービス』。利用するのは、岩間さんが開発した果物配送伝票印刷ソフト『ももっちい』。生産性向上を目指す農家や中小事業者を対象にした経済産業省のIT導入補助金が利用できるので、サービス料金の負担も軽減されるという、願ってもないサービスだ。

『ももっちい』は、品物や届け先などの登録、運送会社ごとの配送伝票の作成、伝票一括印刷、宛名シール印刷、はがき宛名印刷など多様な機能を持つソフト。『配送伝票代行サービス』では、農家から受け取った顧客データを岩間さんがパソコンで入力、プリンタで配送伝票を印刷し、販促用のチラシやダイレクトメールの作成も代行する。料金は初年度の費用3万円、それ以降は年1万円で、初年度のデータ入力500件、それ以降毎年20件までは無料。無料分を超えた場合は1件に付き50円、配送伝票は毎年1000枚まで印

株式会社 ガンズシステム

090-7705-9350
t-iwama@gunssystem.com
㊟ 山梨県笛吹市一宮町東原706-1
http://gunssystem.com/

こちらからも
検索できます。

「農業」と「システム」と「マーケティング」を交えた内容の本を2021年3月出版。

山梨シリコンバレー
プロジェクト
スタートイベント

IT事業者の『心』と『身体』を整え
IT最先端『技』術を歩むチームへ

『心』と『身体』を癒す

市川三郷町 シェアスペース

『技』術を学び体験する

AIやドローンなどの最先端

クラファンページ

2024年1月に行った「山梨シリコンバレープロジェクト」。

刷する。

岩間さんは、パソコンを使って自分で印刷したい山梨県笛吹市近隣の農家向けに『ももっちい』を設定サポート付きで5万円で販売、ここでもIT導入補助金を利用すれば、4分の1の12500円で導入することができる。岩間さんは、補助金申請も支援する。

岩間さんは農家支援業務とは別に、山梨でIT技術者を育てる活動にも力を入れている。岩間さんが代表理事を務める『NPO法人New Way Joint（ニューウェイジョイント）』の「山梨シリコンバレープロジェクト」。IT技術者がお互いに助け合いながら心技体を整える活動を通じて仕事を順調に進めて行くための基盤づくりを支援する活動で、クラウドファンディングを利用したイベントの開催を2024年1月13日に行った。「ITエンジニアは、フリーランスや会社勤めでも残業が多くストレスがたまりやすい」と指摘し、癒しを提供する交流の場を提供している。今後は、投資家との交流会や婚活イベントも計画している。

（ライター／斎藤紘）

投入槽

特許技術によって設けた処理槽

代表
野口昭司 さん

米作農家だったが、将来性への懸念から養豚業に転換し、『野口ファーム』設立。悪臭公害対策の延長線上で排尿対策に乗り出し、EM菌を活用した「畜産動物の排尿処理方法」で2013年、特許取得。2015年、中国で特許取得。

養豚の悪臭・水源汚染対策の決め手 有用微生物で排尿を浄化する特許技術

排水基準を下回る浄化 小さな初期投資で効果

「豚などの畜産動物の排尿を処理する排尿処理方法」

母豚を常時160頭飼育し、年間3500頭を出荷する『野口ファーム』の代表野口昭司さんが養豚に伴う悪臭公害や水源汚染の対策を研究する中で開発、日本と中国で特許を取得した技術だ。有機物を分解する有用微生物群EM菌を利用するのが特長で、養豚場で処理に困る排尿を水質汚濁防止法の基準をクリアして河川に流せるほど浄化する効果がある一方、手づくりで設置可能な上、初期費用は既存処理施設の10分の1程度で済み、小さな投資で大きな効果を生む排尿処理方法だ。

この方法の仕組みは、養豚場内の空き地に穴を掘り、ビニールシートを敷いた2個の水槽と、排尿を集めて、EM細菌と共に第一処理槽に導き、水中エジェクターポンプで撹拌させて尿の初期浄化を進行させる第一浄化工程、この初期浄化尿と槽内の浮遊汚泥を第二処理槽に導き、水中エジェクターポンプで撹拌させ、EM細菌を増殖させて尿の最終浄化を進行させる第二浄化工程、最終浄化尿を取り出す浄化尿排出工程とから成る。EM菌は、培養水と糖蜜、水道水を熱帯魚を飼育するサーモ

野口ファーム
のぐちファーム

℡ 0299-92-3167
㊟ 茨城県神栖市高浜903

日本と中国の特許番号

中国 ZL201310356939.7号
日本 第5308570号

この施設の普及に、役所の力が必要となる。
「Bengust Provincial.Veterinary office」のPurita,L,Lesing室長と面会。ODAの摘要を受ける時の注意などの説明していただき、これからが本番になっていく。

『野口ファーム』では
20数年前からフィリピンより
研修生と技術実習生を受け入れている。

研究農場に案内されて、スタッフより施設の説明を受け、排尿処理施設の設置場所などを協議。

フィリピンバギオ市のホテルにて。合流から2日間に渡り目的がほぼ達成できた。

「Benguet State University College of Agriculture Department of animal science」
Mary Arnel D Garcia教授とそのスタッフ。専門家だけあって、その浄化能力の高さに驚いた様子。

スタット付きの水槽に入れ、その周りに水を張り36℃に設定、4日間で培養液が完成する。浄化した後の排尿の検査では、生物化学的酸素要求量が基準の16分の1、窒素含有量は5分の1と水質汚濁防止法の排水基準を大幅に下回った。『野口ファーム』では近くを流れる常陸川に浄化した排尿を放流しているが、その排水を測定した最新のデータでは、BOD生物化学的酸素要求量が基準の160ppmに対し10ppm、窒素含有量は120ppmに対し24・9ppmと放流基準より驚くほど低い数値だった。

「排尿処理槽はユンボなどの一般的な掘削用の建設機械と防水施工されるシート地の組み合わせで簡単に形成することができます。施工コストは処理槽がコンクリート構造物で地中深くに埋設された本格的な浄化処理施設の場合、数千万円単位の高価なものとなるのに比較して、発明技術の場合、約10分の1の350万円から400万円程度で済みます。また、廃業などの際もシート地を剥がして窪地を建設機械で埋め戻すだけ。処理槽に沈殿した汚泥は液肥として再利用することもでき、畜産を環境にやさしい産業にすることができます」

野口さんは、この処理法を養豚業が盛んな国に普及させるのが夢だ。

（ライター／斎藤紘）

代表
山下普之 さん

早稲田大学卒。大手銀行や不動産ベンチャー企業で資金調達や経営企画の実績を積み、2021年創業。クライアントの右腕として同じ目線に立ち、当事者意識で行う経営・財務サポートを得意とする。

経営から財務、事業承継に至るまで、多様な中小企業に向けたコンサルティング業務を手がける。

関わった方すべてを笑顔にする
一熱血社員の様に内部から本気で改善

銀行側からの視点を理解
企業の成長に貢献

「あなたの右腕になる」をコンセプトに、クライアント企業の社員と同じ目線で行う経営や財務面、事業継承のサポート、Webを活用したマーケティングなど事業運営における様々なサービスを提供する『株式会社エクシードコンサルティング』。代表の山下普之さんは、メガバンクに11年間勤務し、銀行融資や法人企業のコンサルティングを経験。銀行では業績が良い企業には融資を勧めることができるが、本当に踏み込んだサポートが必要な企業に積極的なアプローチをすることができず、ずっと歯がゆさを感じていた。

「決算書などで表面上だけをみると、こんなに赤字で大丈夫なのかと心配になるお客様もいらっしゃいます。私たちは、企業の内側を見て判断するので、銀行では融資できないと判断された場合でも全く問題ない、むしろ再生できるとの判断ができます」

企業とコンサルタントという関係ではなく社員のように内部に入り込み、席を用意してもらって社員と同じ空間で仕事をすることもある。社員と同じ方向をみて一緒に汗を流して壁を超え、熱い想いを持って取り組むため、信頼関係は強固に

株式会社 **エクシードコンサルティング**

03-6555-4439
㊟ 東京都中央区銀座1-22-11 銀座大竹ビジデンス2F
https://exconsulting.co.jp/

EXCEED CONSULTING

なる。

「経営サポートを行っていた愛知県の老舗メーカーさんは、サポートを進めるうちにオーナーから後継者がいないという話をお聞きして事業継承者を探しました。1年半ほど一緒に探してM&Aのサポートも行いましたが、先方のオーナーから私が理想なんですといわれ、そのメーカーを引き継ぐことになりました。珍しいケースですが、コンサルタントとして信頼していただいた結果かなと思っています」

表面上の決算書だけの判断では、企業の売却は難しいレベルだというが、山下さんから見れば十分再生できると判断して引き継ぎを決めた。日本の伝統技法でつくるメーカーは、現在2社のみ。引き継いでしっかり再生していくことが、日本の伝統技法を守ることにも繋がる。また、ホームページやPR動画制作などマーケティングのコンサルティングも行い、ホームページやPR動画を納品したあとも関係を続け、ケアし続けることを重視する。企業としっかりと信頼関係を築き、社員と同じ目線、熱量で寄り添いながら関わるすべての人達が笑顔になるよう経営から財務、事業継承、マーケティングまで丁寧なサポートを行う。

（ライター／彩未）

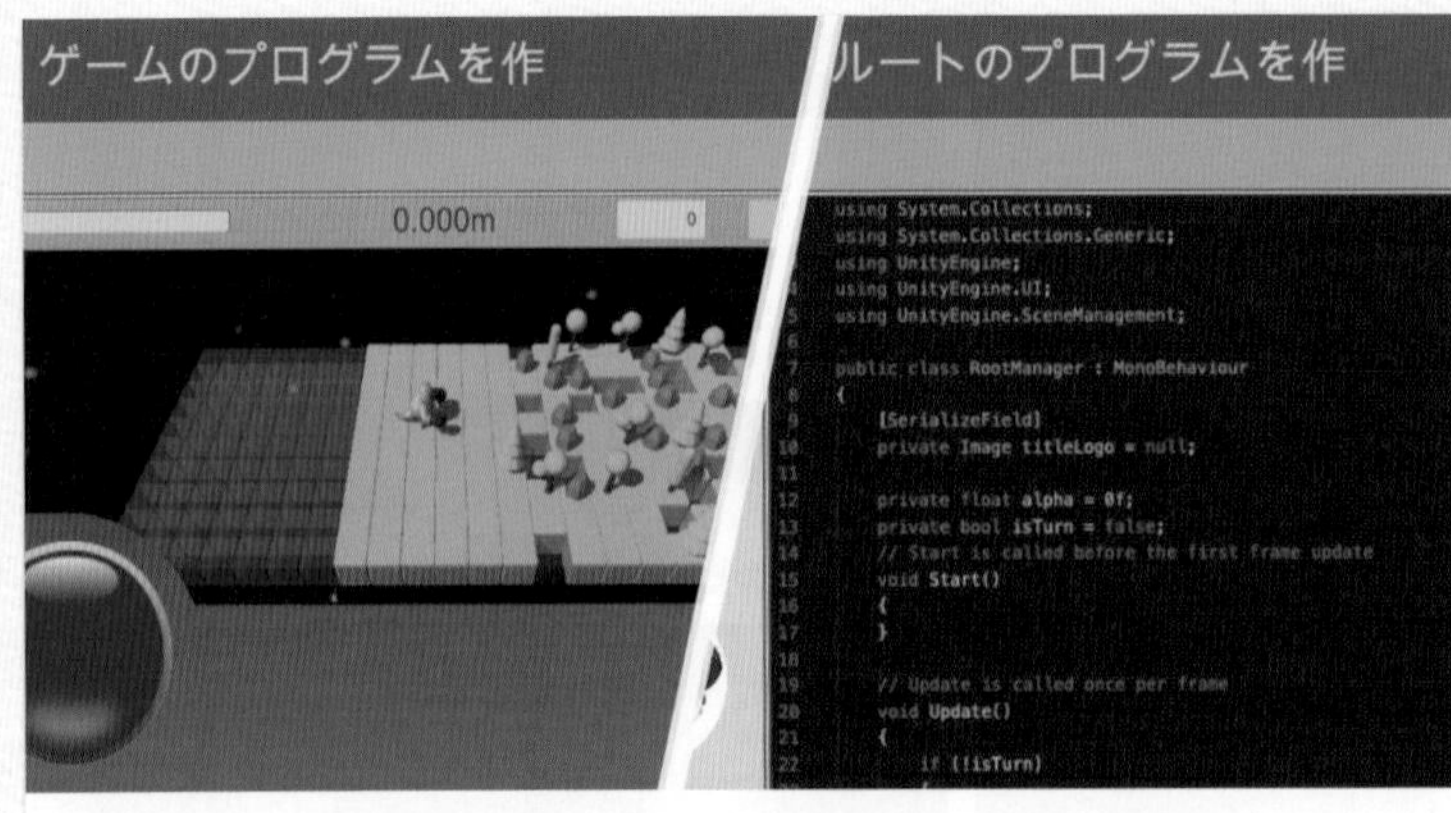

販売支援・営業代行・セールスプロモーションを中心に
優れた人材を派遣

特許第7176806号

代表取締役社長
林賢太郎 さん

住宅関連の企業で販売や営業を経験した後、人材派遣業の会社に転職。自らも派遣社員として現場を経験し、そこで得たノウハウや人脈を生かして独立、2014年『株式会社アポローン』設立。人材派遣、学習塾経営、IT・AI事業を展開。

特許認定された『ワンコインエンジニア』プログラミング学習アプリの決定版好評

アクションゲームを題材に「Unity」の画面を使って学ぶ

「プログラミング学習に役立つと確信しています」

人材派遣、学習塾経営と並ぶ主軸事業のIT・AI事業で躍進する『株式会社アポローン』代表取締役社長の林賢太郎さんが自信を持って推奨するのがプログラミング学習アプリ『ワンコインエンジニア』だ。ゲームの作り方やプログラミングを楽しく簡単に学ぶことができるように同社のプログラマーが開発したもので、「AppStore」や「GooglePlay Store」で販売、小中高すべてで必修化されたプログラミング教育の自習に使えることから注目度を高め、販売実績は伸びる一方だ。

『ワンコインエンジニア』は、パソコンや家庭用ゲーム機、スマートフォンなど様々な環境で動くゲームをプログラミング言語だけでなく、マウス操作だけでも作成することができる世界的に人気なゲーム制作プラットフォーム「Unity」の画面を使い、木や岩を壊していきながら、走った距離を伸ばしていく高難度のスマホアクションゲーム「フォレストクラッシュ」を題材にスタート画面から完成まで作り方のすべてを一つひとつが学べるものだ。ゲーム作成に必要なパーツが辞書で説明がされているほか、クイズとしても出題され、遊び感覚で学習ができる

株式会社 アポローン

03-5829-9384
info@apollon-group.co.jp
㊟ 東京都千代田区岩本町2-15-10 ニュー山本ビル2F
https://www.apollon-group.co.jp/

ワンコインエンジニアFC

概要

**ゲームの作り方をわかりやすく簡単に学べる！
『ワンコインエンジニア』
が登場！Unityの使い方からプログラムまで
全てを学べる！**

のが特長だ。

「AppStore」や「GooglePlayStore」で紹介されている開発者の言葉から、『ワンコインエンジニア』の開発意図が伝わる。

「ゲームを作りたいけどハードルが高い、プログラムを学ぶのは難しそう、学校行くのが高い、そう思っている人たちは世の中にたくさんいるのではないかと思い、少しでも役に立てればと思い、『ワンコインエンジニア』の企画を走らせ、開発を行いました。「Unity」を使ったことがない人でも学べることはたくさんあると思います。何を作っているのか想像しやすいように、アプリリリースされているフォレストクラッシュを使った学習なので、一度触ってから学習をすると、より吸収力が伸びると思います」

「人を輝かせ、人で社会と未来を創造していく」ことを経営理念に林さんが創業したのは2014年。人材派遣事業から学習塾経営、IT・AI事業へと業容のウイングを広げてきた。IT・AI事業は、iOS/Android向けのアプリケーションなどの自社開発を中心にエンジニアの技術力を提供するSystem Engineering Service、ディープラーニングや画像認識、画像生成など最先端のAI技術の活用など多岐にわたる。

（ライター／斎藤紘）

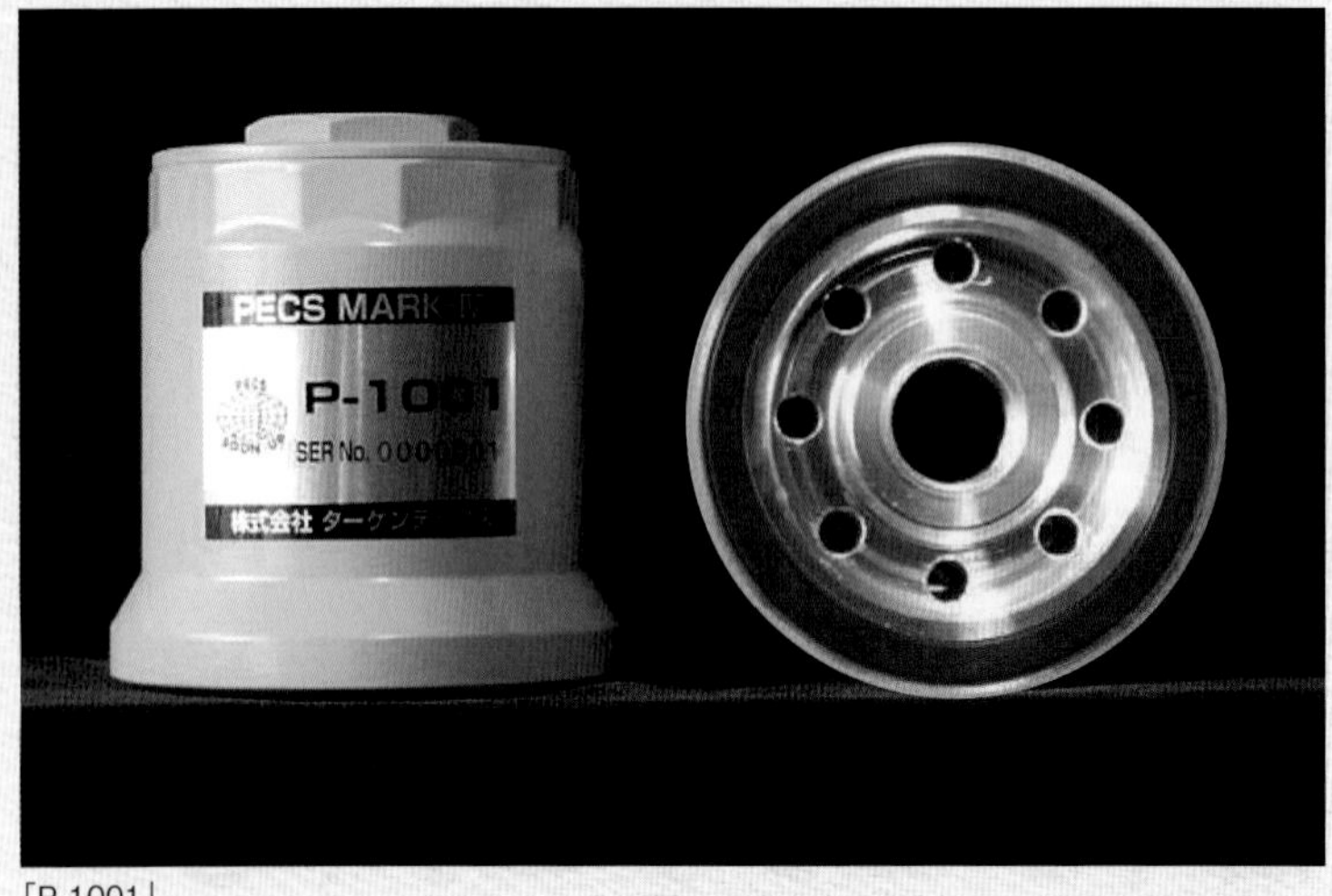

「P-1001」

代表取締役
中村幸司 さん

日本大学工学部機械工学科卒。大手自動車関連会社で技術課にて知識を習得。独立して、1991年『株式会社ターゲンテックス』設立。磁性粉体の除去法を発明し、西独などで特許取得。ブラジル地球サミット国際環境機器展に招待参加。2005年度には日本大学大学院工学研究科非常勤講師。

タイの大気汚染対策に日本発の技術移転 CTCNの事業として最終燃費テスト実施

前段の排ガステストクリア ミャンマーへの輸出も浮上

公害排出ガスを低減させ、エンジンの寿命をも延ばす次世代フィルター、『株式会社ターゲンテックス』代表取締役の中村幸司さんが発明した無交換式オイル劣化予防装置『PECS MARK-IV DIESEL（ペックスマークⅣディーゼル）』をタイ王国の深刻な大気汚染対策として普及を図るプロジェクトが販売開始に向けた最終段階に入った。この装置を有効性から助成対象に認定した国連の気候技術「センター・ネットワーク（CTCN）」の事業として、販売を担う日本の大手商社が中古トラックを使った燃費テストを実施、その後生産体制を稼働させるが、タイの隣国、ミャンマーに輸出する計画も浮上するなど「CTCN」が進める先進国から途上国への環境技術の移転の典型例になる可能性が出てきた。『PECS』は、永久磁石の独自の配列から強力な反発し合う磁力線を構成し、オイルが通過すると、金属摩耗粉を吸着、微小粒子状物質PM2・5の原因になるカーボンの析出を抑制し、温室効果ガスを大幅に削減する。自動車生産先進国8ヵ国で特許を取得している。

タイでのプロジェクトは、バンコク首都圏のPM2・5の主要な発生源が中古ディーゼル車の不完

株式会社 **ターゲンテックス**

03-3326-7081
ttpecs@tagen-tecs.co.jp
㊟ 東京都世田谷区南烏山5-1-13
http://www.tagen-tecs.co.jp/

PECS MARK-IV 種類　（乗用車）

型式	ネジ径	ガスケット径
P-1001	UNF3/4-16	71×61
P-2001	UNF3/4-16	62×52
P-2002	M20P1.5	62×52

PECS MARK-IV
P-2001
SER No. 0000001
株式会社 ターゲンテ
「P-2001」

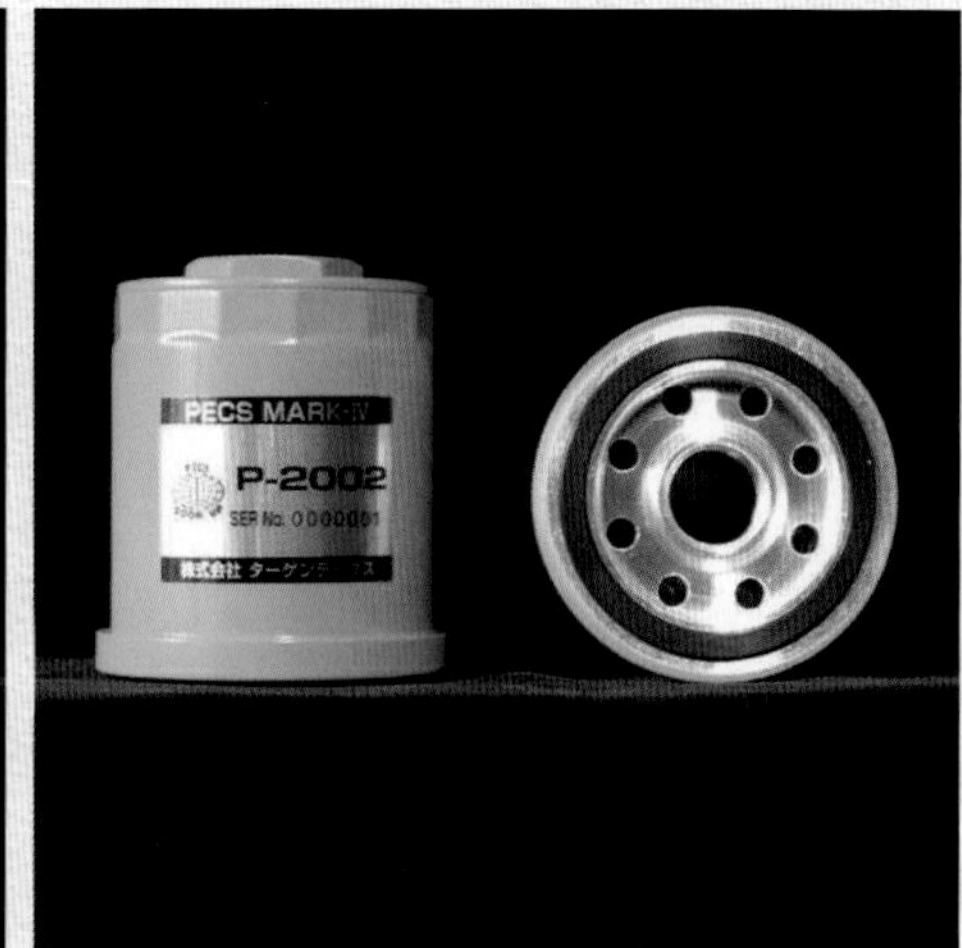
PECS MARK-IV
P-2002
SER No. 0000001
株式会社 ターゲンテ
「P-2002」

SDGs12（持続可能な無消費と生産）
SDGs13（気候変動）　SDGs15（陸上資源）
長期にわたる
良好な
エンジンコンディション
の維持!
SDGs12
CO、HC、
NOxとPM2.5の
大幅な削減により、
Euro6を
クリア!
SDGs13
20万㎞ごとに
一度の
メンテナンスで
継続使用可能
SDGs12
オイル寿命が
延命!
SDGs12
ろ紙
不使用
SDGs15
ユーザーメリット大!
環境負荷の
大きな軽減!
SDGs12

『PECS MARK-IV』
下記写真はSPIN ONタイプのカット写真、その他種類は、濾紙だけを交換するインナータイプ（カートリッジタイプ）、センターボルト方式など各種あります。ガソリン・軽油・プロパン他燃料の種類は問いません。　※用途：自動車・産業車両・発電機その他。
『PECS MARK-IV DIESEL』
適合機種：各種ディーゼル車、船舶、産業車両、産業機械などその他。
『PECS 3P-N for BIKE』　適合機種：各種バイク、マリンスポーツエンジンなど（カートリッジ式タイプに装着可能）。
オイルフィルターと互換性があるうえ、一部の車両を除き、走行距離20万㎞ごとのメンテナンスで継続使用が可能。

全燃焼による黒煙であることに着目した中村さんなどが提案し、タイの天然資源環境省公害管理局をカウンターパートに「JICA」の支援の下で進められた。中古ディーゼルトラックに『PECS MARK-IV DIESEL』を1年間装着してテストを行った結果、排ガス低減が確認されたことからタイ側が「CTCN」に助成を申請し、認められた。

販売開始に向けた燃費テストは、中古トラックに『PECS MARK-IV DIESEL』を搭載し、軽油1Lで何㎞走行できるのかを調べるもので、過去のテストでは走行エネルギーが約20％向上し、燃費性能も12％改善することが確認されている。

普及に向けた生産体制は、『PECS MARK-IV DIESEL』のコア技術である永久磁石などを日本で製造し、現地法人がタイの加工工場でフレイムなどを製造、組み立て工場で組み立てる。

タイでは、約3500万台もの中古ピックアップトラックが走っているといわれ、その排ガスも大気汚染の大きな原因。2024年2月には、タイ当局が首都バンコクとその周辺の県の大気汚染が健康に害を及ぼす水準に悪化したと発表した。中村さんは「『PECS』が普及すれば、この状況の改善に寄与すると確信しています」とプロジェクトの本格始動に期待を寄せる。

（ライター／斎藤紘）

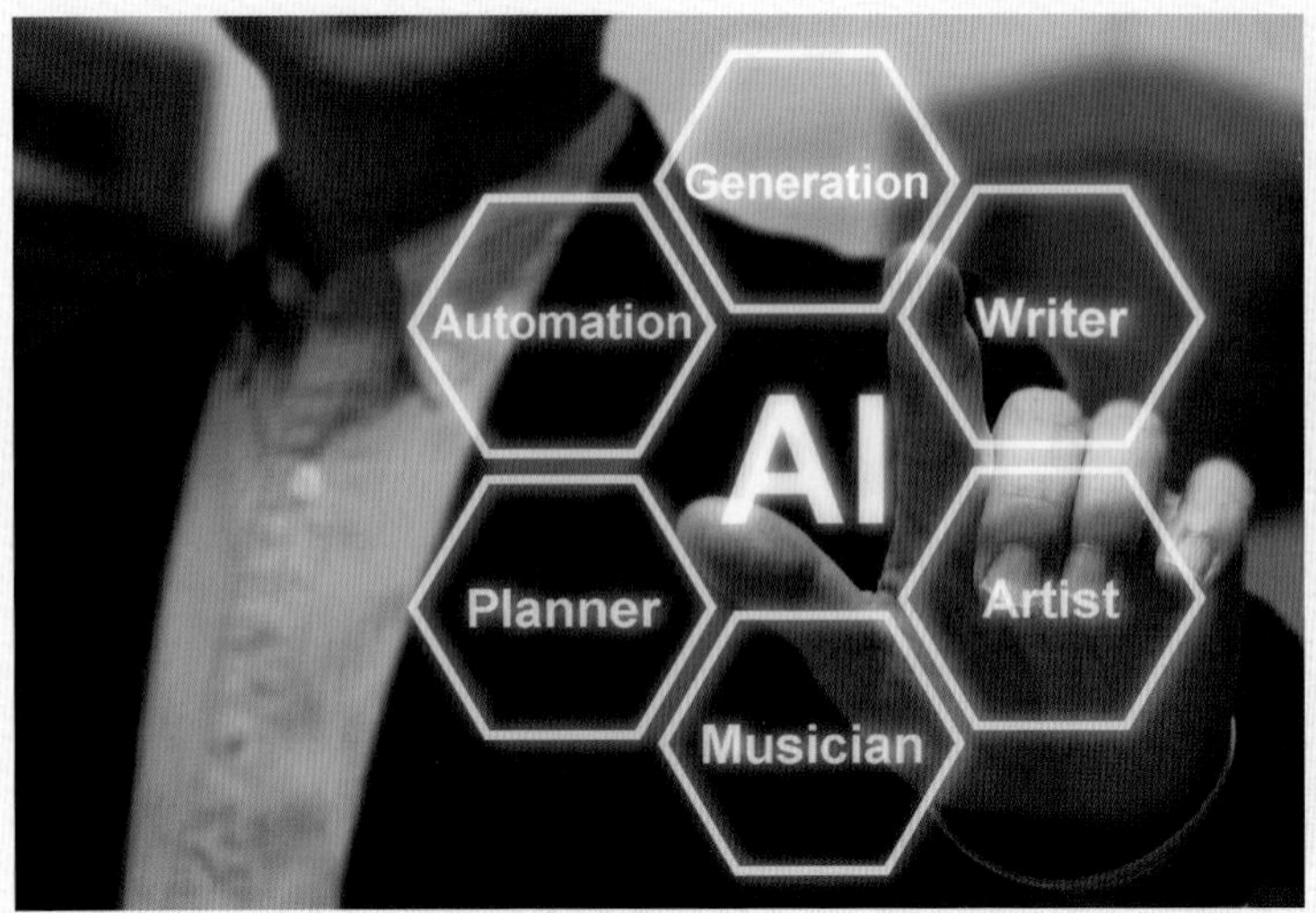

所長・弁理士
藤田考晴 さん

東京工業大学工学部卒。同大学大学院理工学研究科修了。株式会社デンソーの基礎研究所で研究に従事後、大手特許事務所に入所。1998年、弁理士資格取得。約8年の実務経験を経て、2003年『オリーブ国際特許事務所』設立。2024年、弁理士法人化。

AIは特許の発明者になれるのか 進展するデジタル社会の課題を解説

視野にＡＩの利活用の拡大 英国では裁判の争点に浮上

デジタル社会の進展で知財界に新たな課題が浮上した。ＡＩで技術を開発する動きだ。そこから生まれる疑問、ＡＩは特許の発明者になれるのか否かについて、ＡＩの動向に詳しい『弁理士法人オリーブ国際特許事務所』代表の藤田考晴さんにお聞きした。

―ＡＩは特許の発明者になれるのでしょうか。

「結論からいえば、現行の法の下では否です。特許庁は、特許法の諸規定から発明者を権利能力を有する自然人と解していて、特許出願で人工知能などを含む機械を発明者として記載することは認めていません。第一、ＡＩが発明したとしても、学習用データの選択や学習済みモデルへの指示だけでなく、発明した技術が価値あるものか否か、抵触する他の発明がないかを判断するのは人間。さらに冗談ぽくいえば、発明者が発明で得る経済的な利益や名誉権は、デジタルツールには何の意味もないですからね」

弁理士法人 **オリーブ国際特許事務所**
オリーブこくさいとっきょじむしょ

045-640-3253
olive@olive-pat.com
㊟ 神奈川県横浜市西区みなとみらい2-2-1 横浜ランドマークタワー37F
http://www.olive-pat.com/

――何故ＡＩが課題になっているのですか。

「発明の創作過程におけるＡＩの利活用の拡大が見込まれるからです。特許庁の審査部門では2023年に、ＡＩによる自律的な発明の取扱いに関する課題について諸外国の状況も踏まえて整理検討する必要があると表明しました」

――諸外国の状況はどうなのですか。

「実は、イギリスでＡＩが発明者になるか否かを争点とした裁判がありました。米国のコンピューター科学者が自身のＡＩシステムが考え出した発明の特許出願に関するもので、英最高裁は訴えを退け、『英国の特許法では発明者は自然人でなければならない』との判断を示し、発明者の定義を拡大し、ＡＩを搭載した機械も含むべきかという問題にも関連しないとの見解を示しました。この判決について、アメリカでは、発明を考え出すためにＡＩを使用することを妨げるものではないと論評する法律家もいました」

――発明にＡＩを利用する企業が増えそうですね。

「そうなると思いますが、問題もあります。企業は、ＡＩを利用した発明技術で特許を取り、それで利益を得た場合に、ＡＩが主として発明に貢献しており、技術者の発明への貢献度が低いという評価をすれば、技術者の発明にかける創作意欲が減退する恐れがあります。現段階では、ＡＩは発明者として認められるレベルでは発明の創作に関与していないというのが大方の見方だと思いますが、今後、そこをどうバランスを取っていくか考えていく必要があるでしょう」

（ライター／斎藤紘）

日本発の画期的診断薬が世界の標準へ

重篤な感染症 → 早期診断（バイオマーカー） → 早期治療・治療効果の判定 → 診断治療スキーム → 医療経済効果

診断・治療ガイドライン

シーズの発掘 / 基礎研究 / 臨床試験（国内多施設） / 製造販売承認・保険適用 / 臨床試験・臨床研究（米欧） / 米国FDA認可・CEマーク取得 / グローバルな普及

代表
田村弘志 さん

東北大学農学部卒。生化学工業中央研究所で研究に従事後、2013年『LPSコンサルティング事務所』設立。博士（Ph.D.）。日本バイオベンチャー推進協会専務理事・事務局長。日本DNAアドバイザー協会会長。バイオ技術の特許多数取得。

カブトガニ生体防御反応の研究に基づく発明 革新的技術で医学や薬学などに幅広く貢献

将来性のある事業創出を支援 心がける課題ドリブン思考

「カブトガニがもたらすイノベーション」

意表を突くこの事象の研究から生み出した革新的技術で感染症早期診断や医薬品の品質管理、ライフサイエンス、生物資源の高度利用、バイオ製品の産業化などの分野に貢献しているのが『LPSコンサルティング事務所』代表で博士（学術）の学位を持つ田村弘志さんだ。日本バイオベンチャー推進協会（JBDA）の専務理事・事務局長、DNAアドバイザー協会会長、医学・薬学系大学の非常勤講師、バイオベンチャー企業の顧問、社外取締役なども務め、将来性のある事業創出の支援や人材育成にも力を注ぐ。

「生きた化石ともいわれるカブトガニの血液が極微量の細菌の混入により凝固するという現象が見出されたのが、今から約60年前のことで、これは有害な細菌に対するカブトガニの生体防御反応として注目されました。その後、エンドトキシンという細菌内毒素が凝固反応の引き金物質であることが判明しました」

こう歴史を振り返る田村さんがこの生体防御反応を研究したのが生化学工業。この中でカブトガニの血液凝固系を利用して微生物の細菌内毒素（エン

LPSコンサルティング事務所
エルピーエスコンサルティングじむしょ

03-6383-3919　FAX 03-6383-3928
htamura@lpsct.com
住 東京都新宿区西新宿4-7-13-104
https://www.lpsct.com/
https://researchmap.jp/lpsct2013/

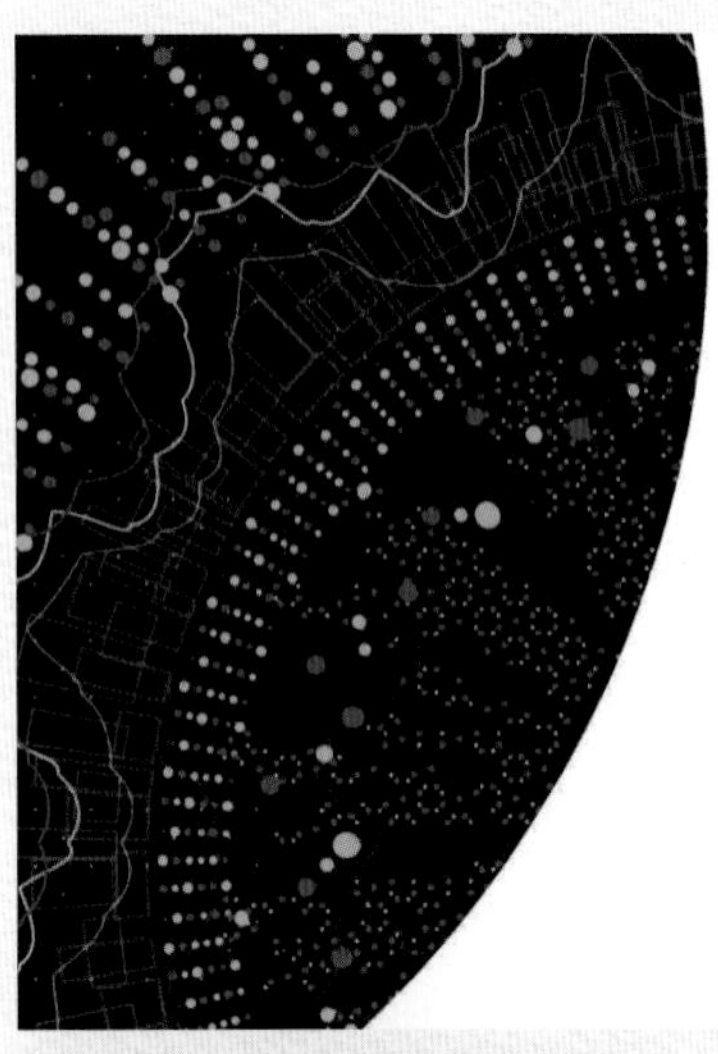

エンドトキシン・βグルカン検出系のサイエンスと未来を創るイノベーション

診断薬・ライフサイエンス事業における共同研究開発の進め方と押さえておくべきポイント

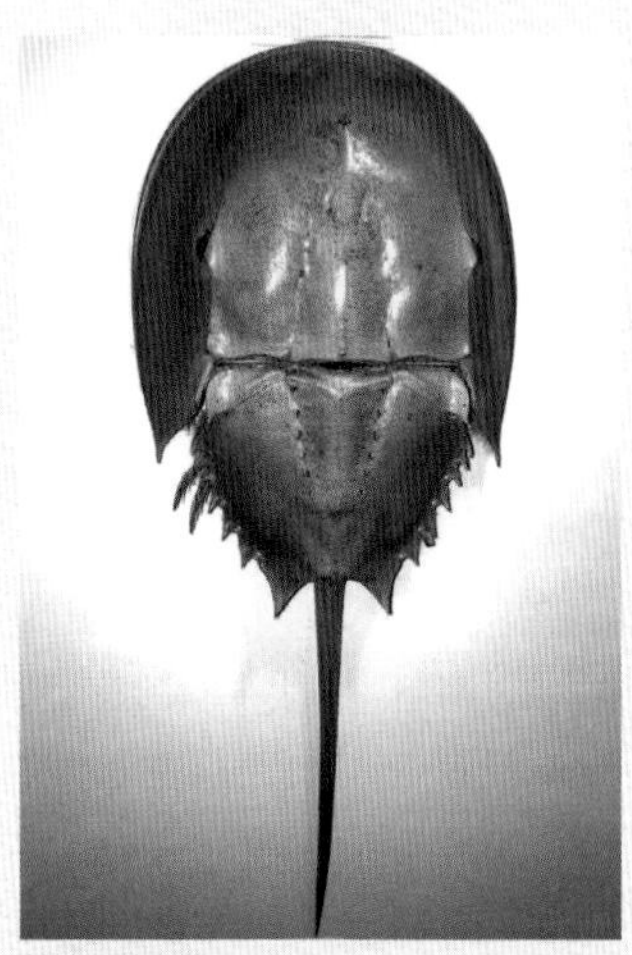

神秘の生き物「カブトガニ *Limulus polyphemus*」。

「JBDAバイオベンチャーフォーラム」での司会。

「バイオカフェ(カブトガニがもたらすイノベーション)」での講演。

ドトキシン、LPS)を迅速かつ高感度に検出、定量するLPS特異的定量法を世界に先駆け開発、新規合成基質の導入による卓越した感度と精度から、医薬品製造や品質管理、臨床研究で威力を発揮し、瞬く間に世界中に広がった。

また、カブトガニのもつ真菌(カビ)菌体成分(βグルカン、BDG)を高感度に認識する病原体センシング機能を利用した血中BDG測定法の開発にも成功。早期診断が難しく治療に難渋する深在性真菌症の診療にパラダイムシフトをもたらした。その後、日米欧におけるカンジダ症、アスペルギルス症などの深在性真菌感染症の診断基準、診療ガイドラインなどに収載され、グローバルな展開を果たした。

田村さんが事業を遂行する上で心掛けていることが三つあるという。

「一つは、重要課題をいかに発見し解決に導くかという課題ドリブン思考、次に変化を恐れずリスクを冒す勇気を持ち続けるFreedom to Fail(失敗する自由)最後に『よく飲みよく話しよく笑う』です」

特に課題ドリブン思考は、産業界に変革をもたらすポテンシャルを秘め、イノベーション実現のための戦略的アプローチと考えているという。

(ライター/斎藤紘)

著書
「医の心 人の命
～白川病院地域医療
3代の継続～」
オンデマンド（ペーパーバック）
22世紀アート刊

しらとぴあ soft 発展・躍進

『地域のみな様の健康と生命を守る』

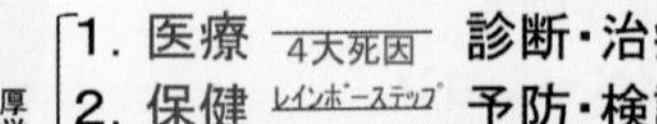

厚労省（厚生省）
1. 医療 ―4大死因― 診断・治療
2. 保健 ―レインボーステップ― 予防・検診
3. 福祉 ――― 扶助・介護
→ 病気

・三位一体：ゆきぐに大和病院黒岩卓夫院長
"愛情は降る星のごとく" 祖父のいとこ尾崎秀実

4. 健康 ――― 増進・寿命 → 元気
・健康の駅、スポーツ大会　健康寿命

国交省（建設省）
5. α. 住宅 ―― 生活・在宅
β. 地域 ―― 創成・貢献
・上杉鷹山：「成せば為る・・・」
明和高校の前身・尾張藩明倫堂の初代校長 細井平洲の弟子

百日草　健遊館

理事長・院長・関西医大臨床教授
野尻眞 さん

1975年関西医科大学卒。岐阜大学医学部附属病院や公立病院で勤務医を経験後、父親が創立した『白川病院』に入職。1980年に理事長、1982年に院長に就任。日本外科学会専門医、日本消化器外科学会、日本温泉気候物理医学会認定温泉医、日本東洋医学会専門医、日本園芸療法学会副理事長。

地域住民の健康と命守った功績で三賞受賞
地域包括ケアキュアの先進的理想郷を形成

超高齢化時代の医療モデル
健康寿命の延伸目指す決意

人口減少と超高齢の消滅可能性都市岐阜県白川町で、医療・保健・福祉・健康の視点からケア（介護）とキュア（治療）を融合させた地域包括ケアキュアシステムで43年間、高齢者を中心に地域住民の健康と命を守り続けてきた『医療法人白水会白川病院』理事長・院長の野尻眞さんは、その功績が認められ、2023年から2024年にかけて、日本医師会赤ひげ大賞医療功労賞、関西医大森本園子賞医療功労、読売新聞主催・厚生労働省後援の第52回医療功労賞中央表彰者の三賞を受賞し、天皇陛下からねぎらいを受けた。

野尻さんが、無医村で開業した父親の遺志を継いで『白川病院』を1981年に新築移転した。医療から予防保健、福祉介護、健康増進、居住支援まで包括的にカバーし、それぞれが有機的に連携する理想郷『しらとぴあ』を形成し、その中で進めた先進的な取り組みが受賞につながった。

医療では、日本病院会の総合診療医を取得し、医療、歯科、東洋医学も含んだ医療を展開。

保健では、1989年から便潜血2回法で大腸がん検診を開始し、女性の大腸がん死亡率は標準化死亡比で31・9と3分の1以下になり、岐阜県がん対策推進功労者表彰を受けた。この白川方式は、国のが

医療法人 白水会 **白川病院**
しらかわびょういん
0574-72-2222
shirakawahp5770@yahoo.co.jp
岐阜県加茂郡白川町坂ノ東5770
http://www.shirakawahp.com/

YouTube
「赤ひげのいるまち」

こちらからも
検索できます

内科、外科、整形外科、小児科、肛門科、呼吸器科、消化器科、循環器科、脳神経外科、眼科、皮膚科、泌尿器科、リハビリテーション科、歯科、透析センター、薬剤科、放射線科、臨床検査科、栄養科などチーム医療で構成。

「根尾谷淡墨桜」

「ヒトツバタゴ(なんじゃもんじゃ)」

「京都ぎおんしだれ」

「園芸療法のハーブ庭園」

ん予防検診で特定検診の手本になった。2000年からは、前立腺がんの早期発見のための岐阜県初のPSA(前立腺特異抗原)検査を進めたてきた。

福祉では、1994年には高齢者が最期まで自分らしく生きられる社会福祉法人白泉会特別養護老人ホーム「サンシャイン美濃白川」を創設。

健康では、130回に及ぶ病院主催スポーツ大会を開催したほか、日本園芸療法学会副理事長として院内で園芸療法を、日本音楽療法士による音楽療法も展開。百歳以上の方が他の地域より6倍になり、平均寿命が県内で一番の長寿の町になった。

住宅では、2010年に高齢者マンション「健遊館」を併設。地域創りに無料患者送迎バスの運行で貢献するなど先進的な取り組みは多岐にわたる。

「地域の医療拠点として職員と共に苦労し、知恵を絞って少子・超高齢・少数化社会の最先端で先駆的な取り組みを展開してきたことが3賞の審査で評価されたと思っています。今後も住民の皆さんの健康寿命の延伸に寄与していく決意です」

「最高の診療は医師と患者の限りない信頼と深い愛情の上に築かれる」

ローマ皇帝の典医Dr.ガレンの言葉を座右の銘とする野尻さんの地域貢献はこれからも続く。

(ライター/斎藤紘)

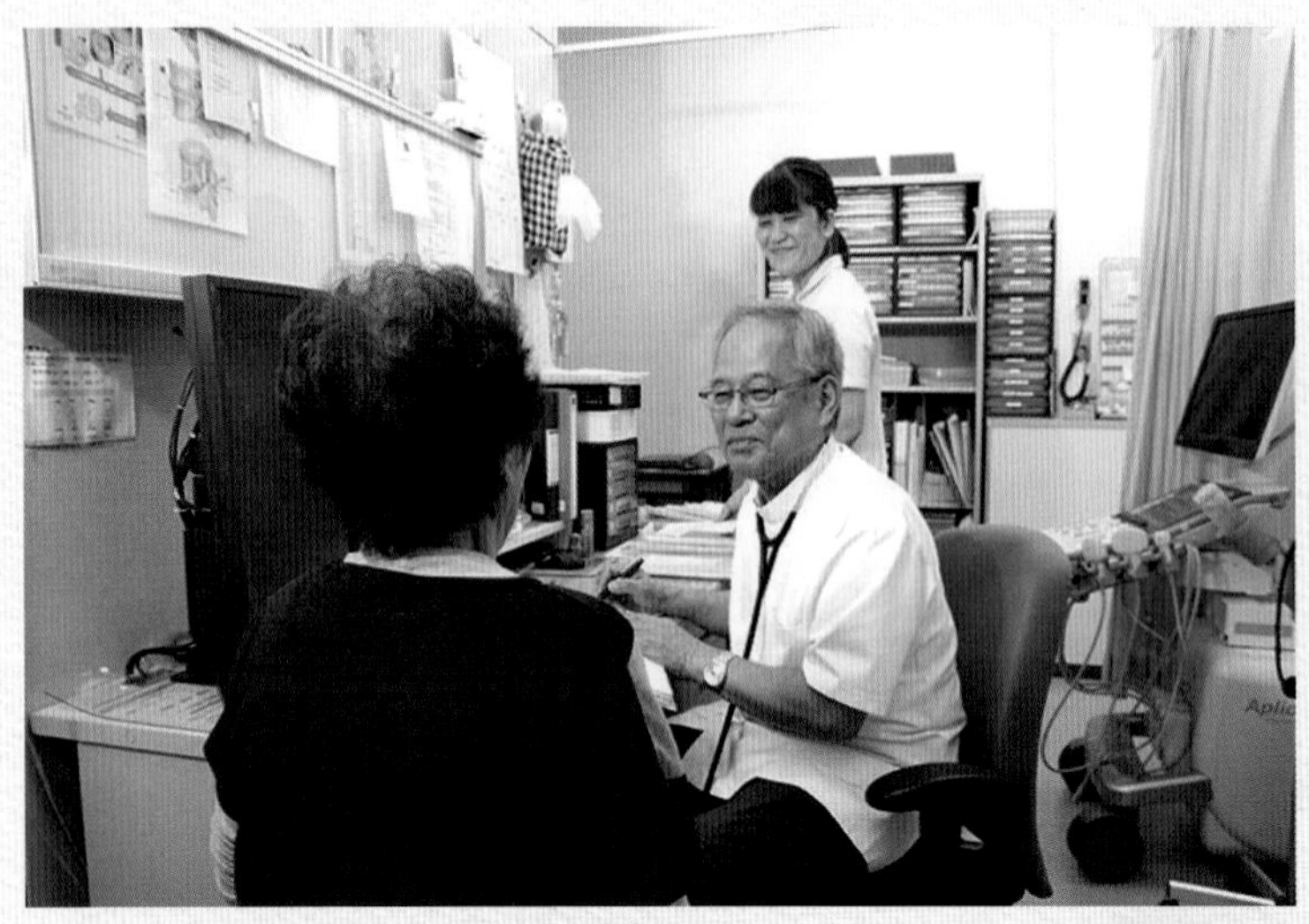

理事長 兼 院長
松本正道 さん

1978年神戸大学医学部研究科卒。国立加古川病院、兵庫医科大学第二外科講師を経て、『松本クリニック』開業。2008年分院『松本ホームメディカルクリニック』開設。診療科目は消化器外科、胃腸内科、内科、肛門外科。介護施設、訪問看護ステーションも運営。

明確な医療理念で力注ぐ介護的在宅医療 急変時に入院可能な後方支援体制に特長

高齢者と家族の心に寄添う 安心感を支える有床診療所

動脈炎、腎炎の免疫学的解析で医学博士の学位を取得した神戸大学医学部の研究者から一転、名湯、有馬温泉で知られる神戸市北区で開業医となって37年になる『医療法人社団医啓会松本クリニック』『松本ホームメディカルクリニック』理事長の松本正道さんには明確な医療理念がある。「地域に根差す医療」と「医療と介護の一体化」だ。

一般外来診療、高齢化が加速する中で重要性が増す、寝たきりや認知症にならないための予防医学、並行して在宅医療に力を注いでいるのはその象徴。2008年に開いた有床診療所『松本ホームメディカルクリニック』、2020年に開設した「訪問看護ステーションはなみずき」との連携が他のクリニックの在宅医療との決定的な違いだ。

「高齢化社会の中で在宅医療が必要な高齢者が増えていますが、看取りもあり、急性期及び慢性期疾患の治療もあり、検査も行う小回りの利く診療体制が求められています。高齢者医療は病気を治すというより、高齢者ご本人やご家族の気持ちに寄り添い精神的なケアなども含め、介護要素を重要視した診療が重要だと思っています。住み慣れた環境の中で、残された時間を

医療法人社団 団医啓会 **松本クリニック**
まつもとクリニック

✆ 078-982-2800
㊟ 兵庫県神戸市北区有野台2-1-9 有野南ビル1F

https://www.ikeikai.or.jp/matsumoto/
https://www.ikeikai.or.jp/matsumoto_hmc/

『松本ホームメディカルクリニック』☎078-982-1116

『グループホームまごころ』
☎078-982-1560

『サービス付き高齢者向け住宅おもいやり』
☎078-981-5639

『訪問看護ステーションはなみずき』
☎078-907-5212

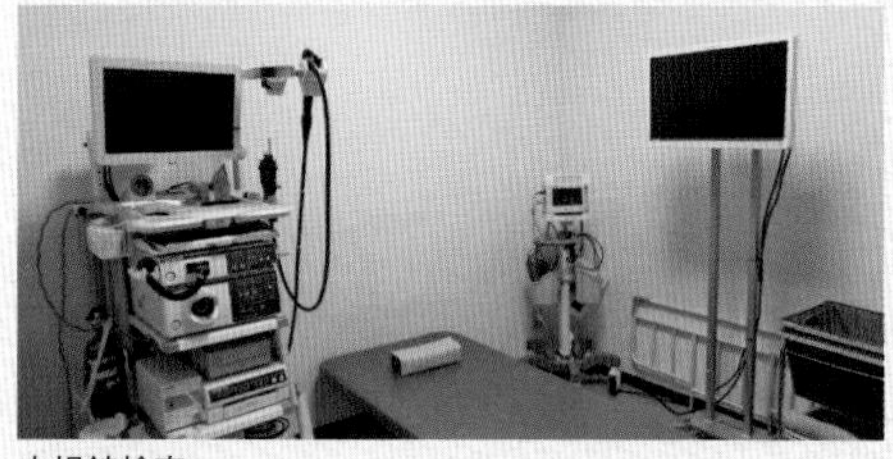
内視鏡検査

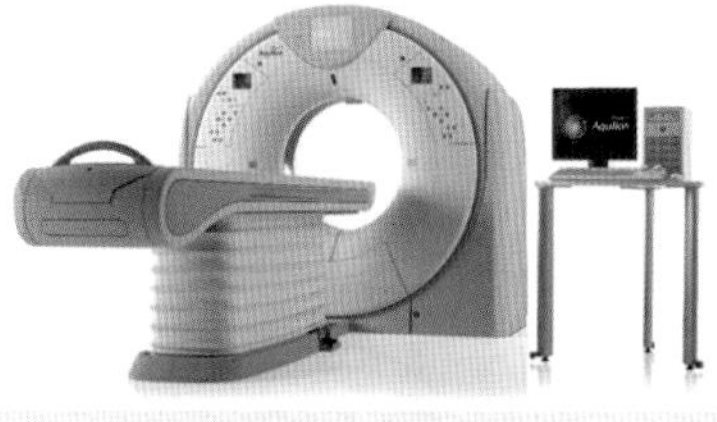
80列マルチスライスCT

心やすらかに過ごし、人生の最期を迎えたいという思いに応える診療体制です」

在宅医療の人数は、約400人を数える。松本理事長をはじめ、医師4人で原則月に2回、自宅やグループホーム、老人ホームおよび介護施設の訪問診療を行っており終末期医療や看取りまで対応する。この診療体制の最大の特長は、急変した場合に有床診療所「松本ホームメディカルクリニック」に入院して治療が受けられる後方支援体制、在宅での治療や介護ができなくなった場合は、高齢者住宅「おもいやり」への入居また認知症が進行して在宅での生活ができなくなった場合は「グループホームまごころ」への入居体制が整っていることだ。

「在宅医療で診ていましたが、病状が急変し、入院先を探したのですが見つからず、亡くなってしまった苦い経験をしました。この経験から開設したのが有床診療所。19床の病床を備え、病状急変時に入院を受け入れて治療に当たります。この後方支援体制は守っていきたいと思っています」

（ライター／斎藤紘）

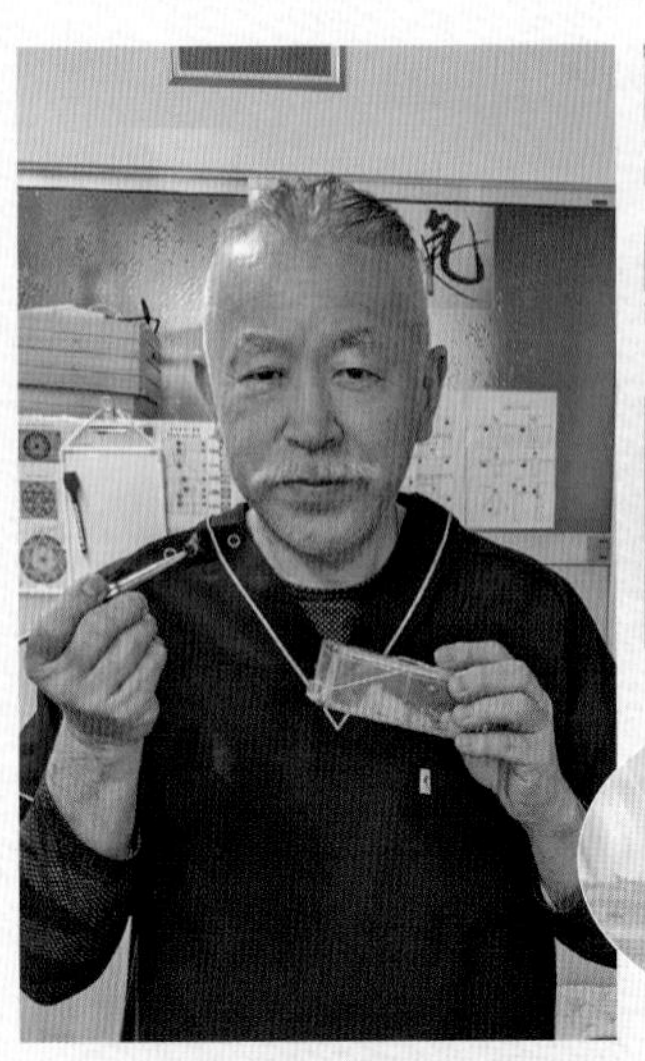

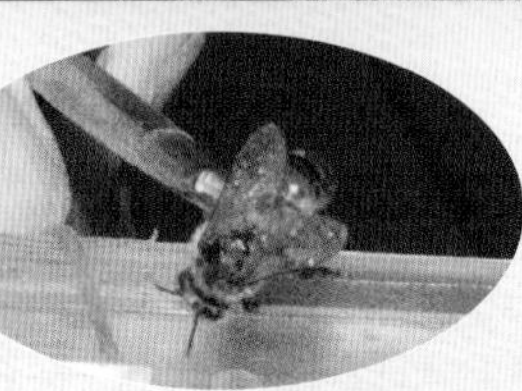

『蜂針療法』
紀元前から古代エジプトなどで利用され、ドイツやロシアをはじめ欧米各国で古くから行われてきた代替医療。

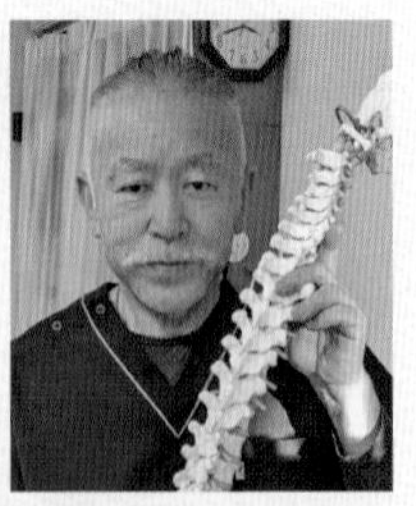

院長
古田稔 さん

蜂針療法、カイロプラクティック、ハンマー整体（正体法）骨格骨盤脊椎筋膜靱帯調整、山内要先生の夢工房波動エネルギー療法など、施術歴44年超。「特定非営利活動法人日本アピセラピー協会」副理事長。

自然治癒力向上に蜂針療法でツボを刺激
脳の反射機能を利用して異常部位を改善

欧米で代替医療として実施
徒手検査と無痛施術に特長

施術歴44年、修得した数々の整体施術法で多くの人の体の痛みや不調を改善に導いてきた『整体町田施術院』院長の古田稔さんが自信を持って勧めるのが『蜂針療法（アピセラピー）』と『イネイト活性療法』だ。「『蜂針療法』は、紀元前から古代エジプトなどで利用され、ドイツやロシアをはじめ欧米各国でもその薬理的効果に着目して古くから代替医療として行われてきたが、国内の整体院で受けられるのは同施術院だけだ。

「一匹のミツバチは、0・1㎎ほどの蜂毒を持っていますが、メリチン、ホスホルバーゼA2、ヒアルロニターゼ、アパミシ、MCDペプチド、ヒスタミシマグネシュウム、ナトリュウム、カルシューム、各ビタミン群、蛋白質、酵素などが含まれ、優れた天然の抗生物質と言われています。殺菌力も凄く、普通の消毒液の何十倍ともいわれています。蜂針を皮膚に刺すと急速に皮下へ浸透して血行を良くし、疼痛を緩和し、化膿菌を殺し、蜂針による刺激作用によって人体の自然治癒力を増す働きがあと言われています」

施術では、ピンセットでミツバチの毒針を取り出した後、蜂針を症状や体質などに合わせて刺入す

整体町田施術院
せいたいまちだせじゅついん

042-723-5280
seitai.38hacchi@gmail.com
㊟ 東京都町田市本町田2938 メゾン熊沢103
https://seitai38hacchi.boo.jp/

こちらからも
検索できます。

新療法 イネイト活性療法による施術

病気・症状の原因部分に
治癒力を効果的に働かせる

イネイト活性療法

エビデンスを取得し、
効果が科学的に証明された施術を行います

イネイト活
性療法

**イネイト活性療法は科学的に
効果が証明された施術法です。**

当院の施術法は厳しい臨床試験を経て、日本先端医療医学会の医学誌に論文が掲載されました。また、英訳版を海外でも発表し、自律神経系への手技治療分野では世界初となる、HvOWorldAwardを受賞しております。

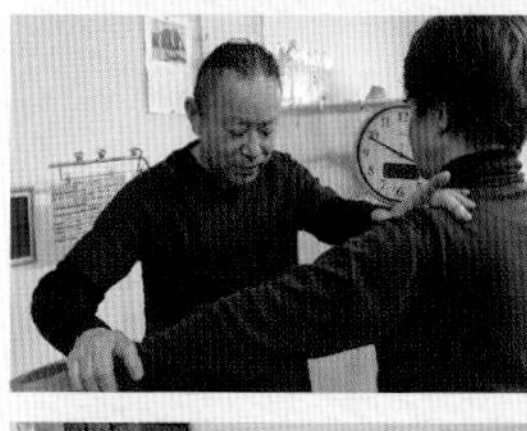

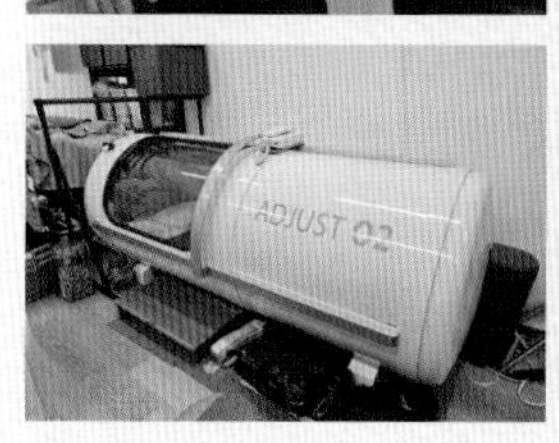

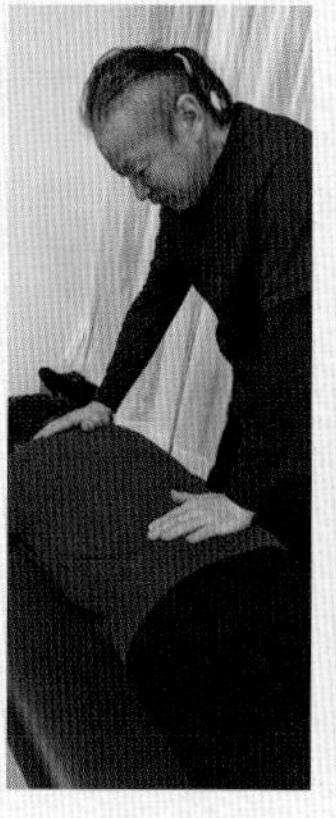

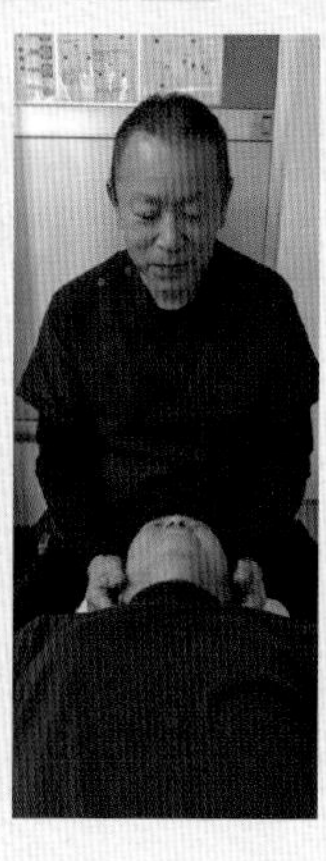

る深さや留置する時間、刺す本数や間隔を判断し、蜂針液の量を調節しながら異常箇所や東洋医学のツボに刺す。蜂針の痛みは殆ど気にならないという。『イネイト活性療法』は、脳の反射機能を利用して行う徒手検査法と無痛療法を組みあわせた療法だ。

「人間の身体には、異常な部位に触られるとそこは危険だという信号を脳に送ります。その時、脳は忌避反応として一瞬きゅっと萎縮して、その反射で全身の筋肉は一瞬弛緩します。『イネイト活性療法』はこの現象をとらえて、骨格の歪み、筋肉の位置異常、内臓の萎縮、弛緩、細菌感染などレントゲンに写らない深いレベルで異常な部分を統括するポイントを検出します。その上で、統括ポイントに軽く触れる程度の圧をかけると、異常部位が正常方向に戻ろうとし動き始めます。そして、正しい位置、状態に戻ったときに、治癒力が活発に動き出し、呼吸が深くなり、全身が引き締まり、血流が良くなり、検査した異常部位全てに治癒力が行きわたって回復に向かうのです」

これまでの手技施術は1～2ヵ所ずつしか施術ができなかったが、この施術法は、数十ヵ所も同時に無痛で施術できるのが特長という。

（ライター／斎藤紘）

もう治らないと思っていた【慢性腰痛】がなぜ改善するのか？

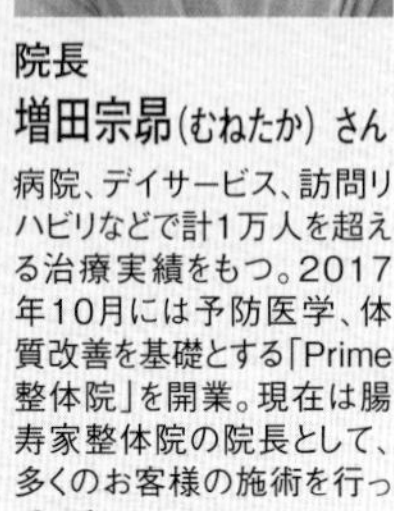

4年で1200名以上の腰痛患者様をみてきた私が説明します

院長
増田宗昂（むねたか）さん

病院、デイサービス、訪問リハビリなどで計1万人を超える治療実績をもつ。2017年10月には予防医学、体質改善を基礎とする「Prime整体院」を開業。現在は腸寿家整体院の院長として、多くのお客様の施術を行っている。

『60分施術』10,000円(税込)

施術に生かす理学療法士の知見と技術 精緻な検査後に痛みや不調の原因排除

周到な腰痛の施術プロセス 病院のリハビリ科経て独立

栃木県足利市で開業して7年になる『腸寿家整体院』院長の増田宗昂さんは、解剖学や生理学、運動学、病理学、臨床医学、臨床心理学、リハビリテーション医学、理学療法などの知識や技術が求められる理学療法士の国家資格を持ち、標榜する根本改善のスペシャリストに違わず、関節可動域の拡大、筋力強化、麻痺の回復、痛みの軽減など運動機能に直接働きかける治療法や動作練習、歩行練習などの能力向上を目指す治療法などの技術を駆使し、日常生活を行う上で基本となる動作の不調や体の痛みを改善に導いてきた療術家だ。

施術メニューは包括的な「徹底的に根本改善するための整体コース」と首や肩、腰、手足などの関節の障害や痛みなどを個別に施術する「お悩み別コース」がある。中でも理学療法士としての実力が伝わるのは腰痛の原因の説明とその施術プロセスだ。

「腰痛の原因は、腰の筋肉に連結する筋肉である大殿筋、腹斜筋、広背筋の三つの筋肉に深く関係しています。日常動作や仕事で同じ姿勢を長時間続けることで、身体の中でも大きなこの三

腸寿家整体院
ちょうじゅやせいたいいん

0284-82-9355
choujuyaseitaiin@gmail.com
㊟ 栃木県足利市葉鹿町1-5-7
https://choujuyaseitaiin.com/

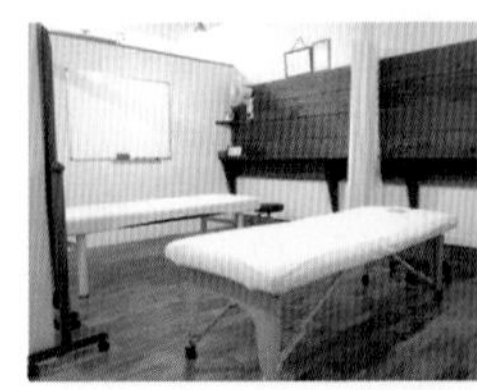

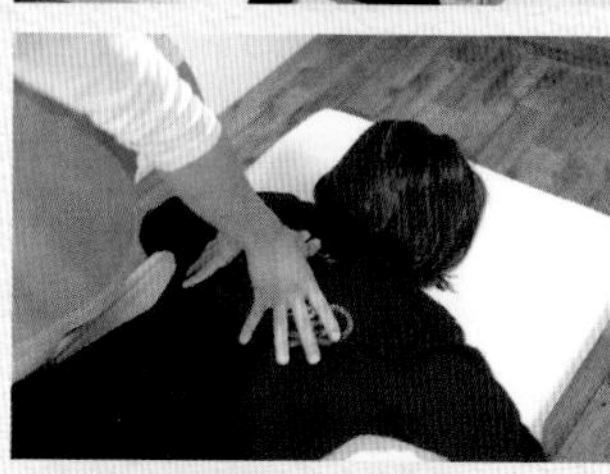
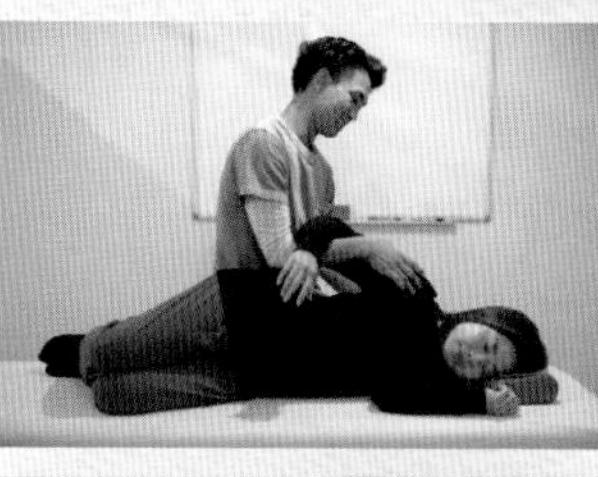
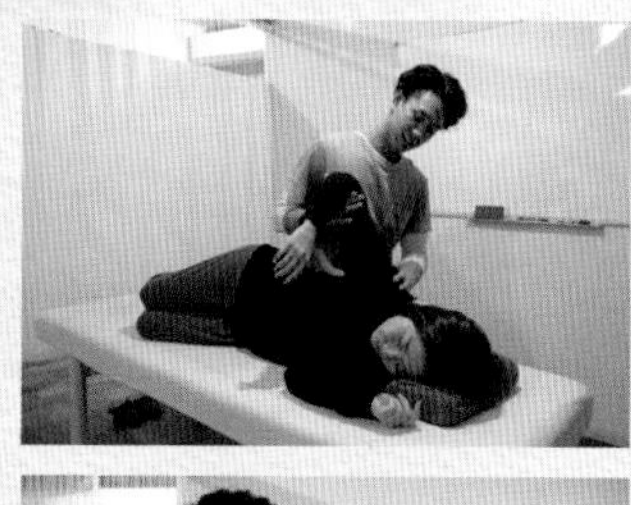
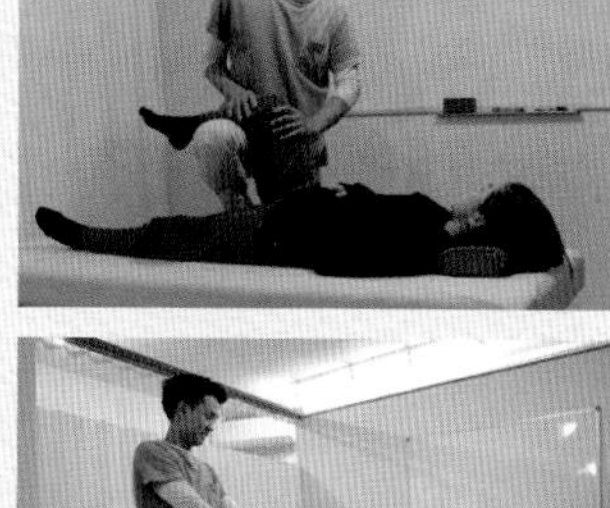
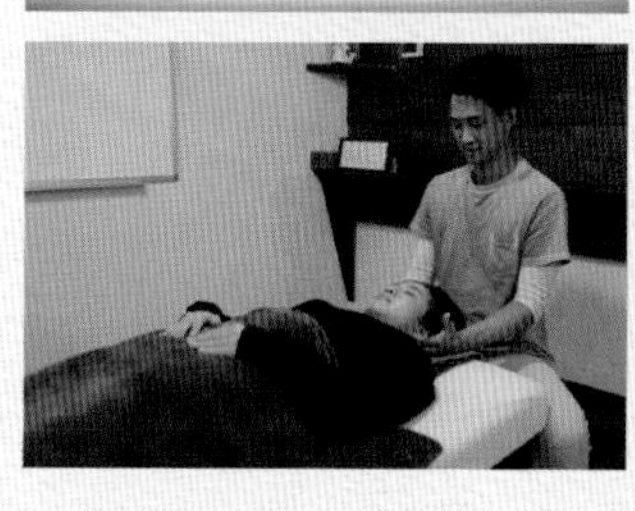

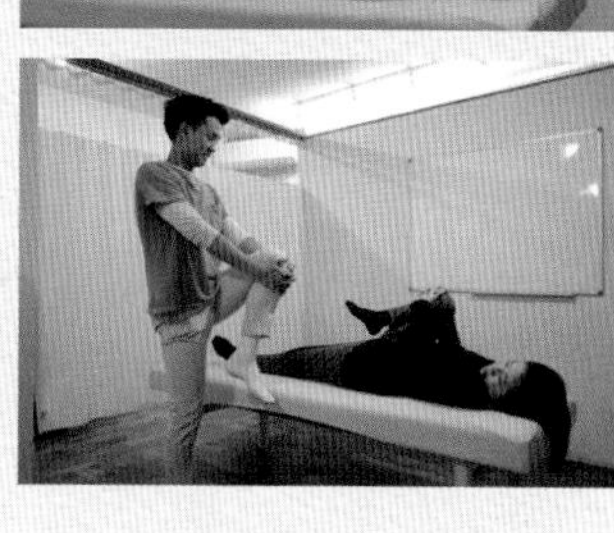

つの筋肉は硬く緊張し、胸腰筋膜という腰にある大きな筋膜に集まっていきます。その状態で胸腰筋膜にストレスがかかり続けると、腰そのものの筋肉や関節にも負担がかかり、それが慢性的となり腰痛になるのです。当院ではまずは、腰痛の症状がどこにどのような姿勢、動作で出てくるのかを検査します。次に、その症状がお客様の身体の状態とどのように関係しているのか細かくさらに検査します。その後、大殿筋、腹斜筋、広背筋の硬さ、緊張を取るための施術を行います。次はなぜ、それらの筋肉が硬くなってしまったのかという原因を排除しなければなりません。そこから全身に波及して身体の歪みを取っていく施術をします。痛みを取ったあとは、お客様自身で今の状態を維持できるように、ストレッチや日常生活の姿勢のセルフケアの指導を行います」

個別施術は、顎関節症や手根管症候群、坐骨神経痛、ヘルニア、脊柱管狭窄症、変形性股関節症、変形性膝関節症、O脚X脚なども対象だ。

増田さんは、「誰かの役に立って、喜んでもらいたい」との思いから医療技術専門学校で学び、理学療法士の資格を取得、卒業後は病院のリハビリ科に就職して理学療法の経験を重ね、独立、開業した。

（ライター／斎藤紘）

「米国パーマーカイロプラクティック大学・米国ガンステッドクリニック」で研修。

講師、講演活動による数々の実績。

写真中央:院長 庵原崇さん　写真右:副院長 北川さん
写真左:顧問弁護士・運営担当 高梨さん

院長
庵原崇 さん

東京カレッジ・オブ・カイロプラクティック、国際カイロプラクティックカレッジ、塩川スクール・オブ・カイロプラクティック、日本カイロプラクティックドクター専門学院名古屋校などで学び、同校にて非常勤講師を務める。

ドクター・オブ・カイロプラクティック 高度な手技で様々な痛みや不調を改善!

日本初で唯一アジア太平洋地域より選出された国内屈指のWHO基準施術

愛知県・名古屋駅から徒歩約2分の場所にある『庵原崇カイロプラクティックオフィス』は、施術スタッフの全員が国内に3%しかいない国際公認のWHO基準カイロプラクターの称号を持ち、WHO基準カイロプラクターによる安心と安全なカイロプラクティック施術が受けられる国内屈指の施術院だ。

院長の庵原崇さんは、カイロプラクティックにおけるWHOが定める教育基準をクリアし、国際公認試験となるIBCEに合格した正規のドクター・オブ・カイロプラクティック(D.C.)の称号を持ち、その専門知識と高度な手技による施術から神経・筋・骨格系の症状を中心に自律神経系、婦人科系、耳鼻科系、アレルギー系など様々な不調を改善へと導いてきた。

「カイロプラクティックは、脊椎や神経系を中心とする身体の構造と機能に注目した手技療法を特徴とするヘルスケアで、WHOが認めた代替医療です。日本では残念ながら法制化されていませんが、アメリカを始めとした諸外国でのカイロプラクティックドクターは医師と同じように診断権があります」

WHO基準カイロプラクティック **庵原崇カイロプラクティックオフィス**
いおはらたかしカイロプラクティックオフィス

052-459-5252
t.iohara.chiro.office@gmail.com
㊟ 愛知県名古屋市中村区椿町16-7 カジヤマBL5F
https://www.iohara-chiro.jp/

WHO基準カイロプラクティック
庵原 崇カイロプラクティックオフィス
IOHARA TAKASHI CHIROPRACTIC OFFICE

こちらからも
検索できます。

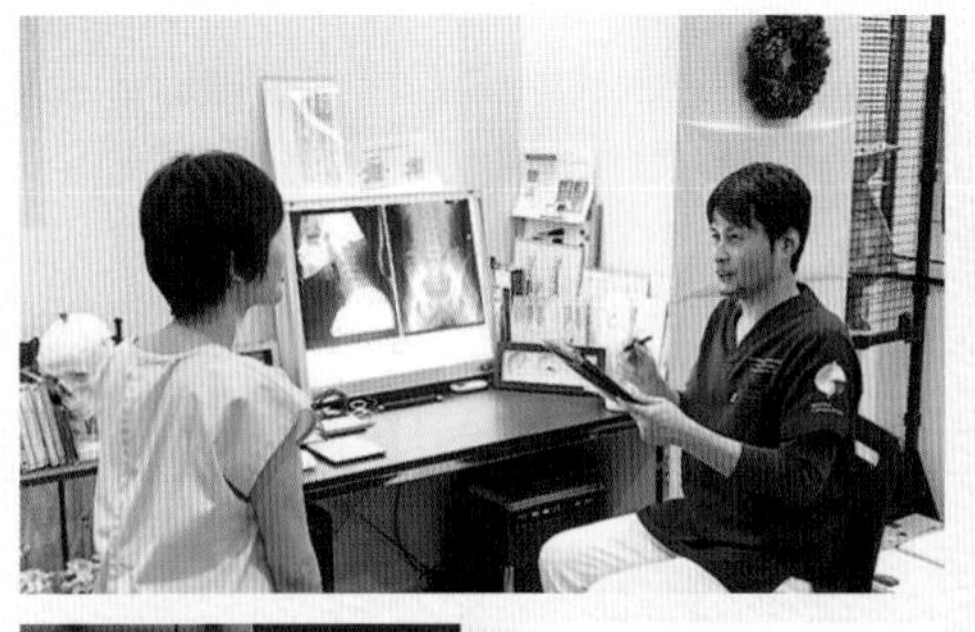

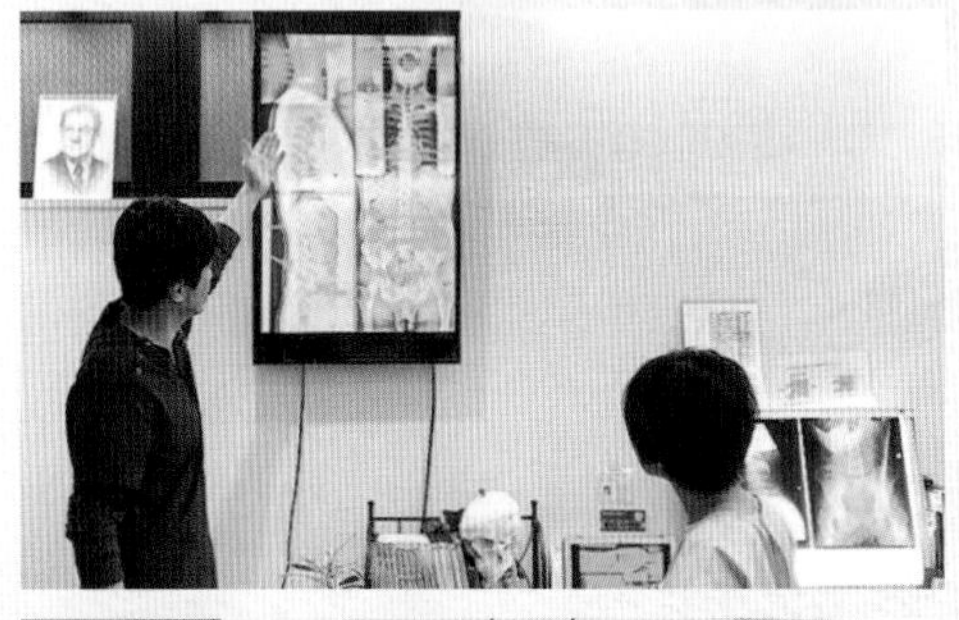

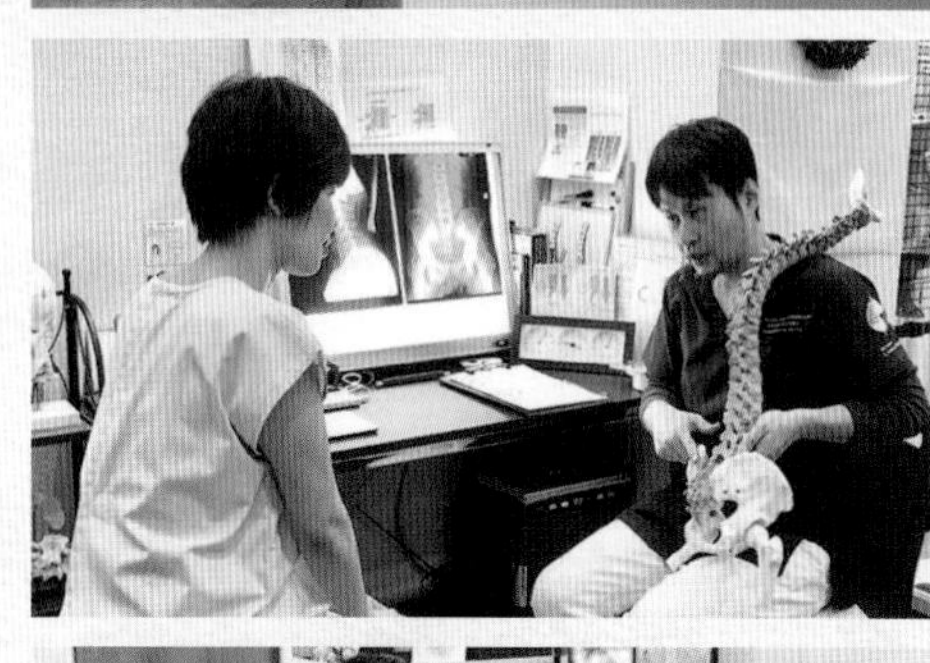

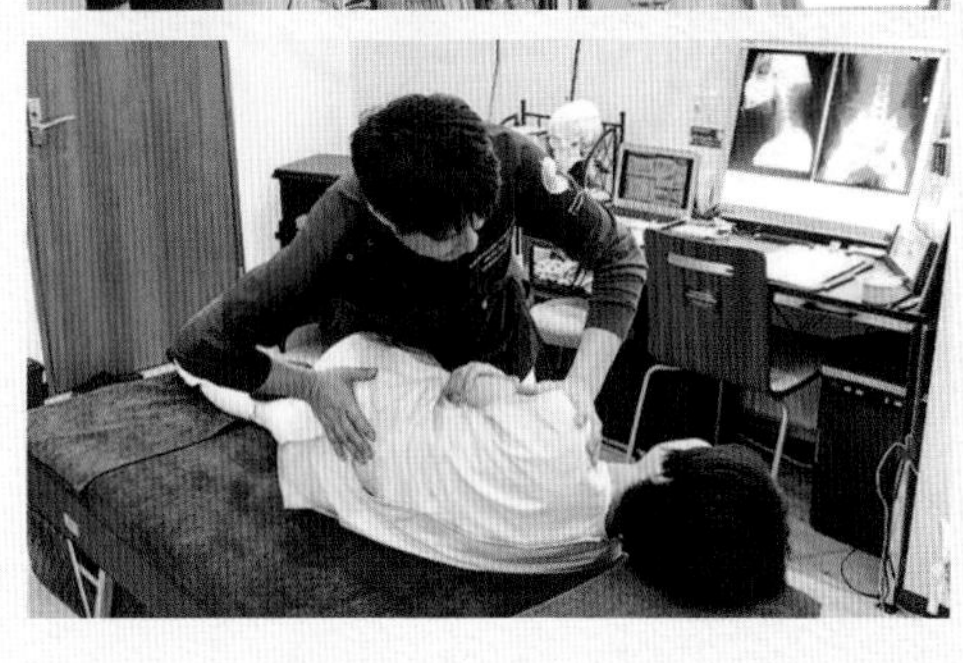

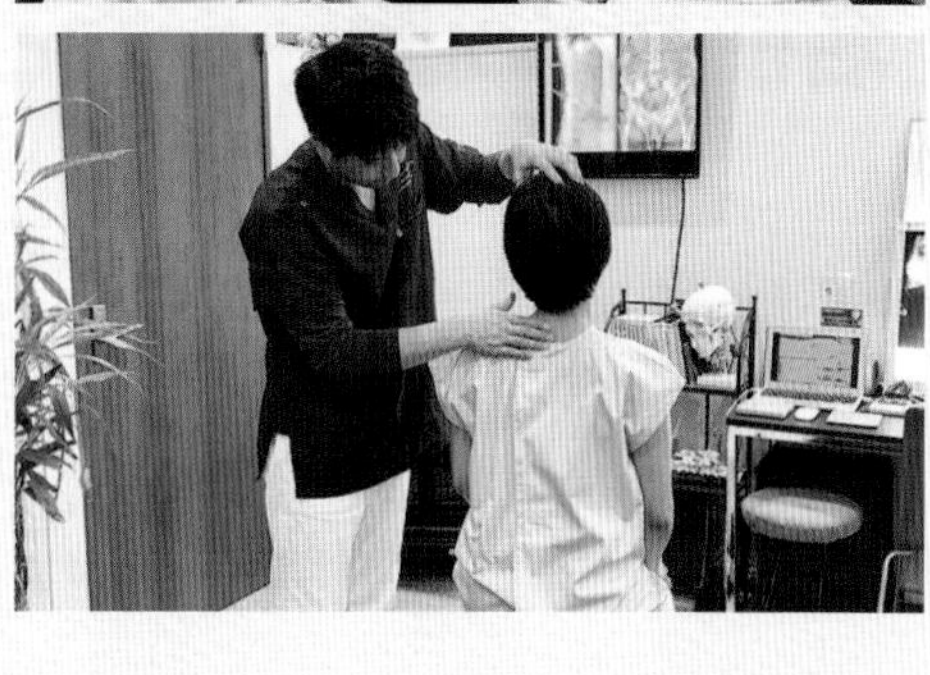

施術では、医療機関と蜜に連携し、レントゲン分析や赤外線サーモグラフィーなどを用いた科学的な観点から来院者の身体の状態を正確に把握した上で施術を行うのが特長だ。その効果から、同院にはこれまでに国籍や競技を問わず、あらゆるスポーツ、ジャンルのプロフェッショナルや世界で活躍するトップモデルが訪れており、その幅広いクライアント層にも驚かされる。また、世界的に知られているヘルスケア・バイオテクノロジー業界の大手誌である米国「HealthcareInsight」社から「最も信頼できるカイロプラクティックセンター10選」に日本初にして唯一アジア太平洋地域より選出された輝かしい経歴が同オフィスの実力を裏付ける。

「カイロプラクティックは、身体の痛みや違和感だけを対象とするだけでなく、関節の可動性向上に伴い神経機能が改善されることで各種病気や症状の改善のみならず、健康の維持、増進にも繋がることからカイロプラクティック・ケアは皆さんにとって必要不可欠なケアとなります」と庵原さんは話す。

（ライター／斎藤紘）

代表
堀内勇示 さん

1980年代に父、堀内斉が「堀内貴石」の屋号で創業。1992年「堀内貴石」入社。1995年頃、最初のレーザー機を導入。2019年12月、屋号を『レーザープロ』に変更。現在に至る。

贈答品などの価値を高めるレーザー加工
名前やメッセージなどを彫刻マーキング

シンプルで素朴な美を演出
珍しい加工の依頼にも対応

レーザー光線を対象物に照射して彫刻、マーキング、切り抜きなどをするレーザー加工のスペシャリスト、『レーザープロ』代表の堀内勇示さんが受注する仕事で増えているのが贈答品や褒章品、記念品の加工だ。名前やメッセージ、ロゴなど依頼主のイメージデータを基に、CO2レーザー機、YVO4レーザー機、UVレーザー機の3種類の機器を使い分けてオリジナル性豊かに加工されたハイセンスのアイテムは一生の宝物になる。

「ご依頼で多いのは、通年では結婚式の引き出物、年度末だと学校関係の卒業記念品、企業や団体の褒賞品、退職や移動される方に対する記念品などの加工です。ちょっとした贈り物に贈られる方の名前やメッセージを入れる方もいらっしゃいます」

加工が可能な素材は、天然石、金属、ガラス、プラスチック、アクリル、木材、本革、合皮、陶器、布、紙など幅広く、これまで受注したアイテムもステンレススプーンとフォーク、ガラスコップ、銅カップ、ステンレスマグカップ、タンブラー、万年筆、ボールペン、プラスチックケース、革財布、紙化粧箱など様々だ。

レーザープロ

055-235-1532
090-3339-3425
info@laserpro.jp
住 山梨県甲府市砂田町12-23
https://laserpro.jp/

こちらからも検索できます。

レーザー機

工房(2F)

記念品制作として

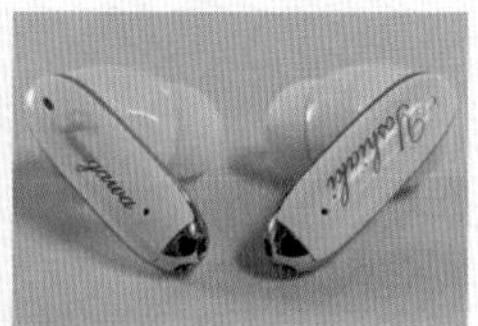

オリジナルブランドとして

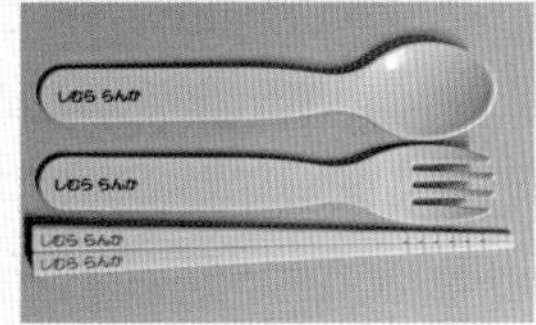

「珍しいものでは、食事に使う箸の上部の面に企業のロゴマークなどを入れたり、お祝い事の贈答品として贈る山梨ワインの一升瓶に祝いのメッセージを彫刻したりした例もあります。ほかにもBluetoothイヤホンや加熱式タバコの器具にも加工しました。また、市販されている飲料アルミ缶など開封せずに中身が入っている状態のものの表面にも加工することができますので、イベントや展示会などの販促品や景品に特長のあるデザインを施せばアピール度は大きくなります」

「レーザー加工は、素材の上に塗料が乗っているイメージの印刷とは異なり、光の波長によって素材そのものに反応させて加工しますので、その部分を削らないと消すことはできませんし、熱にも強く、しかもシンプルで素朴な美しさを演出することができるのが特長です。これが贈答品などで喜ばれている理由だと思っています」

レーザー機が大好きという堀内さんの願いは、「一つのことを一生懸命に追求するオタク気質であり続けることで、お客様のお役に立ちながら、新たな感動や驚きも届けられる工房であり続ける」ことだ。

（ライター／斎藤紘）

東京・吉祥寺でお客様一人ひとりに丁寧な対応。

代表取締役
伊藤次郎 さん
杏林大学社会科学部卒。鉄筋会社、外食チェーンで勤務した後、眼鏡業界に入る。経理、営業、店舗勤務を通じてノウハウを蓄積し、2005年に「有限会社ojim」を設立。2006年、眼鏡専門店『オプテリアグラシアス』開店。

足裏から目に着目し健康的な暮らしを創造
顧客満足至上主義の眼鏡店オーナー

連動する骨格や筋肉に着目 機能性カラーレンズも販売

眼鏡だけでなく、靴のインソールも販売するユニークな眼鏡店オーナーがいる。東京・吉祥寺で『オプテリアグラシアス』を運営する「有限会社ojim（オジム）」代表取締役で眼鏡作製技能士の国家資格を持つ伊藤次郎さん。「足から頭まで全身の骨格、筋肉は連動している。お客様の健康に役立てば」と、仕事で知り合いの「ホリスティックみずほ治療院」の院長で鍼灸あん摩指圧マッサージ師の谷野瑞穂さんが開発した『軸JIKUインソール』を2024年2月から店頭で売り出した。

「足の歪みは姿勢、顎関節を経て眼に悪影響を及ぼします。『軸JIKUインソール』は足元から体幹バランスを整えることを目的に開発されたもので、こだわりのフラット形状と硬さを変えた九つの特殊ゴムのパーツの組み合わせに特長があり、足の様々なトラブルや膝痛、股関節痛、腰痛、肩こり、頭痛など足以外のトラブルの改善が期待できます。店頭では、足のサイズやワイズの測定、足の荷重配分の測定、立位での足部の観察などでお客様の靴と足の状況に合わせてインソールをフィッティングし、その前後の姿勢や動作の評価をします」

opteria-Glassias
オプテリアグラシアス

0422-21-6755（全日ご予約優先制）
info@opteria-glassias.jp
㊟ 東京都武蔵野市吉祥寺本町1-11-21 せのおビル1F
https://opteria-glassias.jp/

「十字視標」

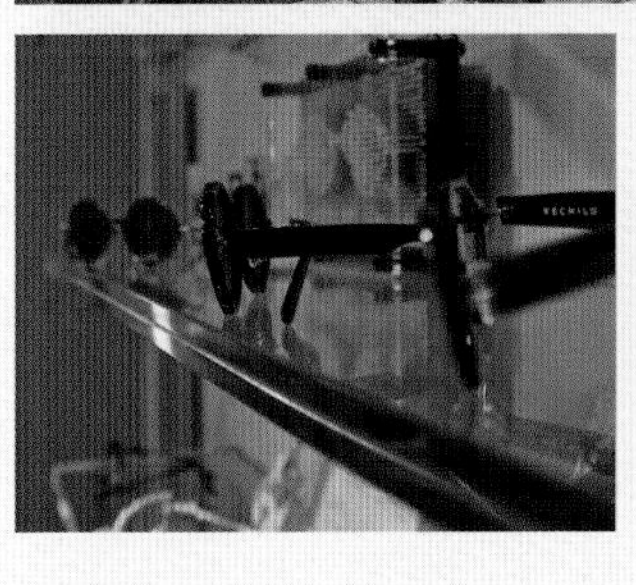

「待合席」

谷野さんは眼鏡作製技能士も持ち、斜視や眼振が強くみられるダウン症児など障害児の見えずらさや身体バランスの保ちにくさを軽減するイノチグラス社製のカラーレンズの販売もしているが、伊藤さんはその仕事に協力した関係で、イノチグラス社製と効果もメソッドも同じでイノチグラス社の技術ライセンスを受けたコダック社の「KolorUp Lens Physical Support Color（フィジカルサポートカラー）」のレンズを販売している。

「フィジカルサポートカラーのメソッドでは、身体のバランスや身体機能の変化を確認しながらメガネのレンズカラーを選定します。カラーレンズを装用することで体幹の安定、パフォーマンスの向上が期待でき、高いパフォーマンスを発揮したいアスリートや勉強で集中力を高めたい方などにお勧めです」

伊藤さんは、眼鏡の販売法の質を担保するため、140項目にものぼる眼鏡店運営マニュアル「RTM式眼鏡調整法」を確立した理論派経営者。RTMは、緩めて（Relax）、鍛えて（Training）、使いこなす（Master）の三つのステップを意味し、視力測定理論、加工理論、フィッティング理論を一つにまとめ、統一理論として標準化したものだ。

（ライター／斎藤紘）

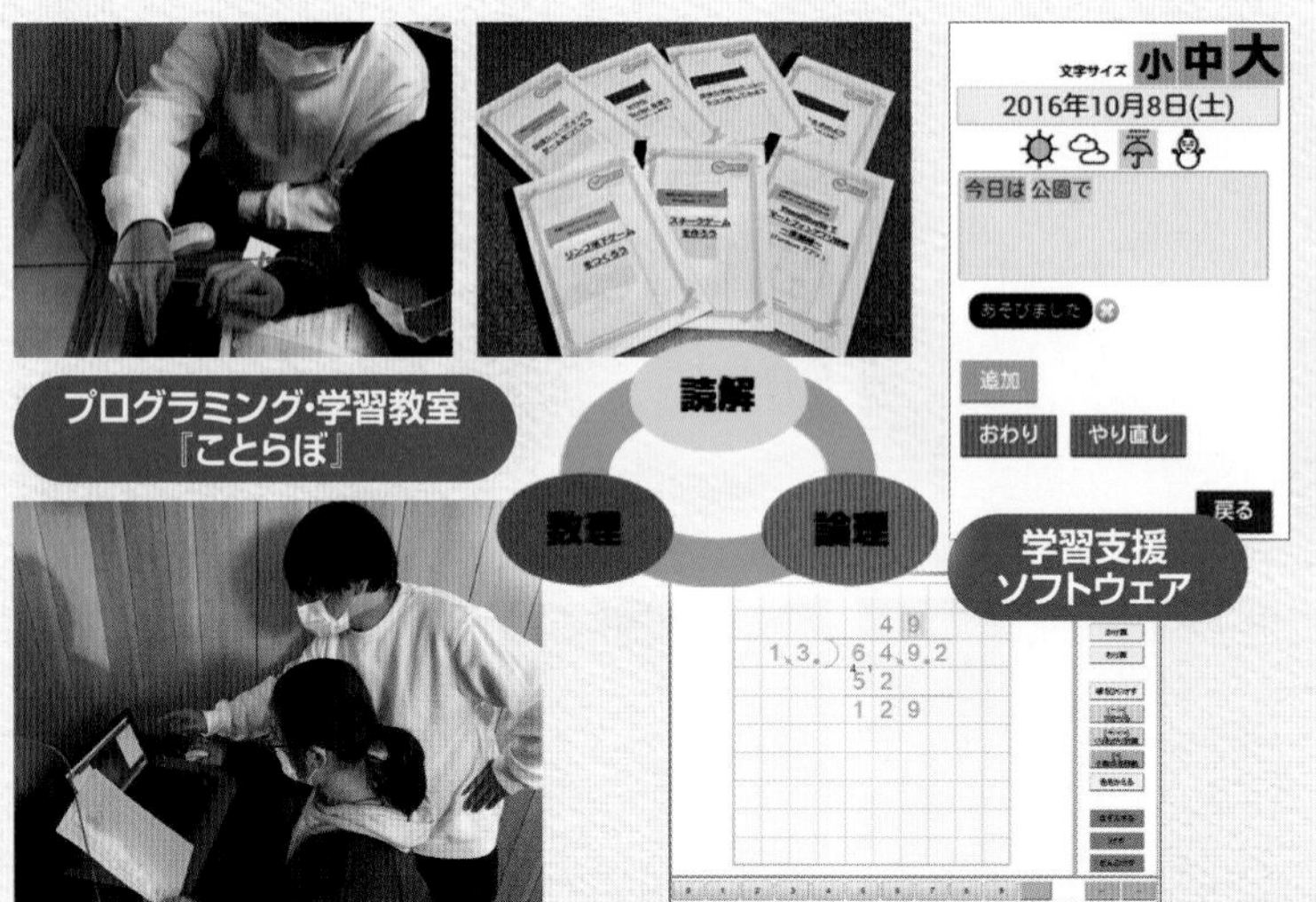

代表
堀田雅夫 さん

富山県出身。「オリンタルエンヂニアリング株式会社」「横河電機株式会社」で制御設備や制御機器の開発、事業企画・マネジメントなどに従事。2016年『ことつむぎ』を設立。プログラミング・学習教室『ことらぼ』を開校。

子どもの個性に見合ったIT教育を実践 課題解決力とプログラミング的思考力養成

個に合わせた幅広い学びの提供とICT教材の研究開発

GIGAスクール構想など学校教育のデジタル化が推進される中、子どもにとってより情報端末に触れる機会が増えるようになってきた。また大学入試にも情報科目が組み入れられ、小中高の児童生徒はデジタル人材の育成を目指したカリキュラムの中で学ぶ環境となっている。その中で、これら人材育成に求められる課題解決能力として「プログラミング的思考」を役立てる試みがなされており、プログラミング的な思考を身に着けるためのプログラミング教育が注目されている。

このプログラミング教育は、どのような教育がマッチするかは試行錯誤の段階が多く、子どもが楽しみながら学べる実践的な教育として実現しようとしているのが『ことつむぎ』代表の堀田雅夫さんだ。大手電機メーカーのエンジニアとしてソフトウェアの企画開発などに携わった経験と専門知識を生かし、単なる技術指導にとどまらず、課題を解決する力の養成に重点をおいているのが特長だ。

ことつむぎ

080-8422-0836
info@cototsumugi.pinoko.jp
㊟ 東京都西東京市田無町2-9-6野崎ビル406
https://cototsumugi.com/

田無校・三鷹校・小平校

しっかりやり切れる1コマ90分
2〜8回／月コースより選択

通塾日は自由に設定可能。
初心者から本格派を目指すお子様まで、多数幅広く参加中
理解度に応じてステップアップすることができ、深く長く学べる点が大きな特長。

㊟ 東京都西東京市田無町2-9-6
野崎ビル406

㊟ 東京都小平市花小金井南町3-40-1

㊟ 東京都武蔵野市中町2-13-1
三鷹イレブン会館4階

「子どもの成長や学びの理解はそれぞれ。個をよく知り、その個に合った学び方をプログラミングでも勉強でも行っていくことが大切です。将来の社会を担うすべての子どもたちに学びを提供していきたいと思います」

『ことつむ』ぎが運営する『プログラミング教室ことらぼ』は、小中高生を対象に8人程度の定員で1コマ90分をベースに月2回～4回の通塾を基本とした寺子屋スタイルの教室。教室備え付きのPCと他にはないノウハウを含むオリジナルの教材で、ゲーム作りやグラフィック、汎用的なアプリ作成など、初心者から上級者までが楽しみながらそれぞれの進度にあわせて学ぶことができる。

また、『ことつむ』ぎでは、課題のある児童生徒に対する教育も専門である。学習面・情緒面で課題のある児童を支援するための教材コンテンツの研究開発および受託開発も行っている。学校現場においても発達障害や不登校などの認知が高まっているが、こういった社会問題に対する取り組みにも知見がある。

さらには、読解力を身に着け学習につなげる『学習教室ことらぼ』として、個別に合わせた学習カリキュラムによる学びも提供するなど業容は幅広い。

（ライター／斎藤紘）

「犬を通じて、たくさんの人の笑顔が見たくて」

代表
吉田久美子 さん

以前、飼っていた犬が少し問題児で、警察犬訓練所にお世話になったことをきっかけに犬の訓練士を目指すことを決意。JKC公認訓練士を取得し、様々な事業を通して犬と飼い主が幸せな生活が送れるように支援する。

第2の犬生を幸せに過ごすために繁殖を卒業したパートナー犬の譲渡をサポート

公認訓練士による犬に関する様々なサービス

犬の訓練やブリーディング、子犬販売、ペットホテル経営、トリミング、犬の幼稚園など様々な犬に関するサービスを提供する『株式会社イリオ』。代表の吉田久美子さんは、JKC公認訓練士の資格を持つ訓練のプロ。犬のしつけや訓練は、無駄吠えや噛み癖、他の犬に対する威嚇などの問題行動の改善を行うだけでなく、日々のお散歩を楽しく行うためにも重要だ。「飼い犬が他人に迷惑をかけてはいけない」という強い想いで、それぞれの犬の性格や年齢、成長段階などに合わせた訓練を行っている。

ブリーディング業をはじめて16年。法律で犬の出産回数や上限年齢が厳しく定められていることや事業を長く続けてきたことにより、少しずつ高齢化した犬が増えてきた。近年は、母犬として繁殖や子育てのお仕事を終えたブリード卒業犬の譲渡にも力をいれる。

「ブリーディングは、出産回数や年齢などで引退しなければいけないお仕事です。これまで繁殖というお仕事を頑張ってきてくれた大切なパートナーだからこそ、自分の手で幸せにしてくれる飼い主さんを探してあげたいと思っています」

ブリード卒業犬は、吉田さんが長きにわたって共

株式会社 **イリオ**

0274-64-8025
ilio1.9393@gmail.com
㊟ 群馬県富岡市田篠120-4
https://ilio1.com/

に過ごしてきた犬たちだ。そのため、人との接し方、人と一緒にいる喜びを知っている優秀な犬ぞろいだ。

吉田さんは、ブリーディングの卒業が見えてくるタイミングで首輪やリードを嫌がらないか、「お座り」や「伏せ」の「待て」ができるかなどの卒業テストを行い、すぐに譲渡して問題ないか判断する。また、一頭一頭の性格や個性、クセなどをしっかりと見てお客様にアドバイス。譲渡後も訓練やペットホテルの利用、悩みの相談など困ったことがあればサポートする。ブリーディングを卒業したあとの第二の犬生をぜひ幸せにしたいと、子犬よりも譲渡犬を選ぶ愛犬家も増えており、吉田さんの元にも問い合わせが寄せられているという。譲渡した飼い主からは「本当に人懐っこくてびっくりした！しかもとてもお利口で賢い」との声も多い。

「出産年齢や回数で卒業までずっと頑張ってきた大切なパートナーだからこそ、本当に心から幸せになってほしいと思っています。新たな飼い主さんにもすぐに馴染んでくれるフレンドリーな犬たちです。飼いやすい犬の方が飼い主さんに可愛がってもらえて共に幸せに過ごせると思うので、訓練士としての腕を活かしてしつけ訓練をしてからお客様にお渡ししています。犬と飼い主がいつまでも幸せに暮らせることを願っています」

（ライター／彩末）

2024年3月末、イギリスでのミディアムシップ・ワークショップにて。中心がAFCの大御所、Simone Key先生。

主宰
佐野仁美 さん

日系、米英系大手金融機関に25年勤務後、独立。母方から霊媒体質を受け継ぎ、霊感、霊視、霊聴、霊臭を駆使したセッションを行う。レイキ・ヒーリングや数秘術、タロットカードなども学んできた。「英国SNU」認定スピリチュアルヒーラー。

スピリチュアリズムのフィロソフィーを英国で学び伝えることをライフワークに

スピリチュアリズム講師養成講座を開始

「霊界を正しく学ぼうとし、そして霊界のために働き、その愛を伝えてくれるミディアムやスピリチュアル・ヒーラーが増えて欲しい」

世界随一のスピリチュアリズムの学びの園、英国の「アーサー・フィンドレイ・カレッジ（AFC）」で学んだ『La Vita Counselling & Spiritual Care』の代表佐野仁美さんが2024年4月から「スピリチュアリズム講師養成講座」を始めた思いだ。ミディアムとは、霊的存在と人間を直接に媒介することができる人、スピリチュアル・ヒーラーは人生の迷いや魂そのものを癒すことのできる人を意味し、その育成ができる講師を養成するのが目的だ。

同講座は、AFCの同窓生でオランダ在住のスピリチュアリスト安斎妃美香さんと開設したウェブサイト「スピリチュアリストの集い」で開講したもので、佐野さんが著書「スピリチュアリズム『セブン・プリンシプルズ』1901年英国にもたらされた七大綱領で『見えない世界』を正しく見る」で示したスピリチュアリズムのフィロソフィーについての理解を深め、講師に必要な資質を形成していく。

La Vita Counselling & Spiritual Care
ラ ヴィータ カウンセリング アンド スピリチュアル ケア

+65-8113-5731（シンガポール）
lavitasingapore@gmail.com
http://lavitasingapore.com/
YouTube　https://www.youtube.com/c/MediumChannel
@lavitaspiritualist

YouTubeにて様々なテーマで対談。

3人のミディアム 検索

佐藤仁美さん　テリー高橋さん　安斎妃美香さん

まるでホグワーツのような「英国 The Arthur Findlay College」

「AFC」のシンボルツリー

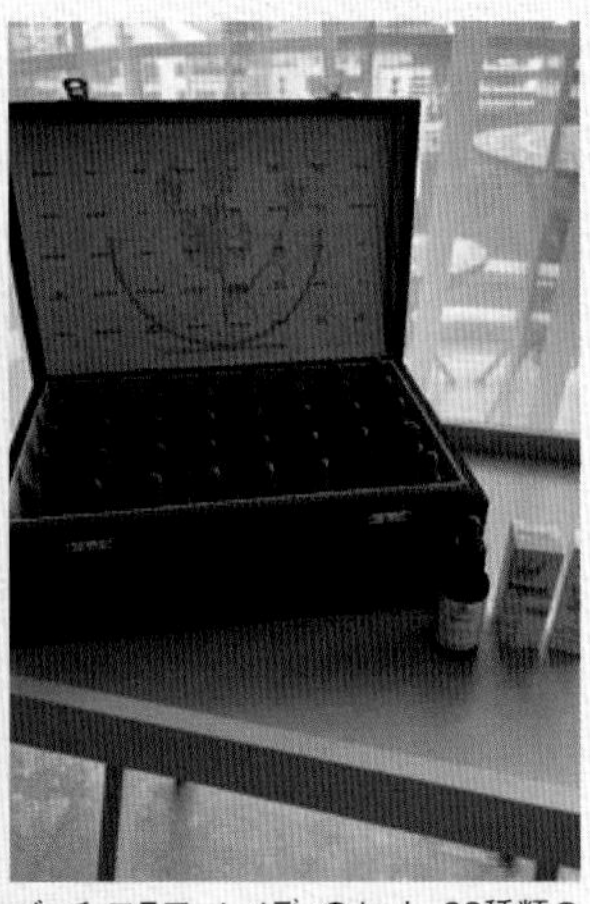

バッチ・フラワーレメディのセット。38種類のフラワーレメディで約3億通りの感情を癒す。

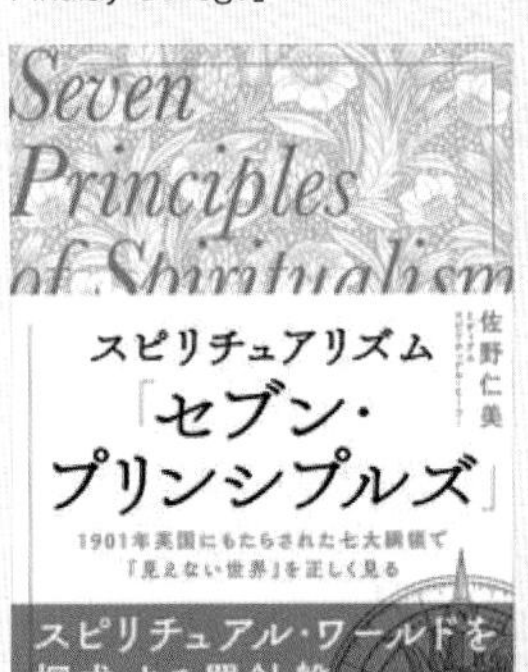

初の著書
2023年5月発売
『スピリチュアリズム「セブン・プリンシプルズ」』は、スピリチュアリズムの概説書。

シンガポールでの「スピリチュアル・イベント」にゲスト出演時。

認定「ヒーリング・ミディアム」証書。

「スピリチュアリストの集い」では、ミディアムシップやスピリチュアリスト・ヒーリングなどのワークショップや霊視のデモンストレーション、スピリチュアリスト・ヒーリング・サービスなども行う。

スピリチュアリズムのフィロソフィーを伝えることがライフワークという佐野さんはまた、一人から最大8人まで受講できるオンライン講座「スピリチュアリズム入門～魂のフィロソフィー」も開講した。

「見えなくて雲を掴むようなスピリチュアルなものに関する憧れや、盲信や信仰、逆に猜疑心や嫌悪感を持っていらっしゃる方や、見えない世界、その世界の真実への興味がある方、それだけでなく、自分の人生に疑問を持っていらっしゃる方、人間関係、子育て、さらには自分の将来に不安を感じていらっしゃる方、つまりは、すべての方が地上人生を過ごす上で、何らかのヒントになると思っています」

佐野さんは、認知行動療法や解決志向短期療法などを用いたカウンセリングや、自然治癒力に働きかける治療法ホメオパシーの一つで、38種類の花や木のエネルギーを転写したレメディと呼ばれる薬を使って乱れた心や否定的な感情に働きかけ、感情や精神のバランスを取り戻すバッチフラワー・コンサルティングも行う。

（ライター／斎藤紘）

選択肢が溢れた
楽しい日常のイメージ。

理事長・本部長
戸山文洋 さん

帝京科学大学大学院博士後期課程で人間工学、生理心理学の見地からアニマルセラピーを研究、満期退学。父親が理事長を務める『社会福祉法人五葉会』に入り、理事・本部長に就任。2020年より現職。大学での講義、研究会での公演など教育活動にも注力。

介護施設に認知症対策にもなる活動導入 北欧型アクティビティケアに改善の効果

心を癒すアニマルセラピー 感染症対策の重要性も強調

認知症高齢者が2025年には約700万人に達すると厚労省が推計する中、高齢者介護施設での認知症対策の先進的なモデルとして注目されているのが、3カ所の特別養護老人ホームとデイサービスなどの在宅系サービスで400人超の高齢者の生活を支える『社会福祉法人五葉会』の理事長戸山文洋さんが導入した「アクティビティケア」だ。福祉先進国北欧の取り組みを参考にしたもので、認知症の予防や改善の効果は大きいという。

「アクティビティケア」は、書道、仏画、音楽、籐芸、生け花、メイクなどのアクティビティ（活動）中から利用者が自分に合ったものを選んで取り組んだり、可愛い犬と触れ合うアニマルセラピーで心を癒したりしながら、要介護度の進行とともに取り除かれてしまった趣味や嗜好、感覚を介護介入で取り戻すようサポートをするもので、アクティビティケア・チーム（アクト）の専門スタッフが活動を支える。

「介護施設では、日常生活を送るために必要な基本的な動作ADLとQOLが重要と考えています。例えば、ベッドで食事を摂っていた認知症の

社会福祉法人 **五葉会**
ごようかい

048-682-1122
info@goyoukai.or.jp
㊟ 埼玉県さいたま市見沼区大和田町2-1260 トヤマビル301
http://www.goyoukai.or.jp/

相談役の父親との共著
「特別養護老人ホームは『理念』で生き残る」
幻冬舎刊

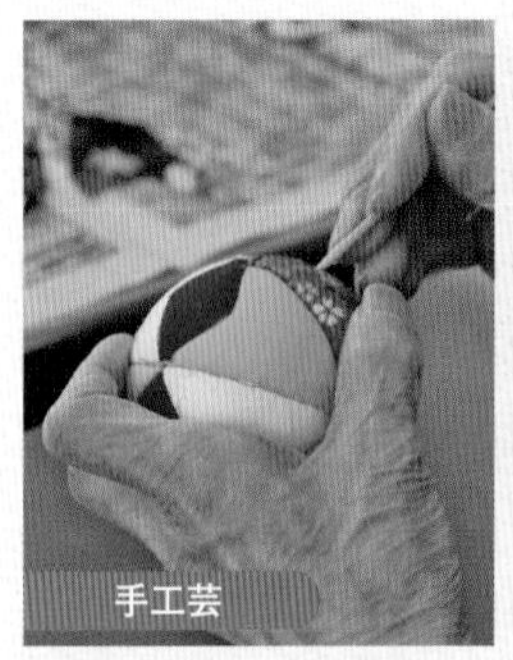
手工芸

田植え

動物介在活動

セラピー犬、大集合。

音楽療法

足浴

庭園散歩

餅つき

「緑水苑指扇」定員120人
㊟ さいたま市西区指扇1570-2

「緑水苑与野」定員100人
㊟ さいたま市中央区大戸1-33-12

「見沼緑水苑」定員53人
㊟ さいたま市見沼区大和田町2-336

利用者の方が起きて、服を着て、ダイニングテーブルで皆と一緒に食事するようになったといった例が象徴的ですが、こうした行動の変化をもたらしたのがアクティビティです。時間の感覚や季節感、思い出などを取り戻すきっかけにもなります。アクティビティケアは認知症の周辺症状の緩和に良い影響を与えるうえで大切なキーワードが散りばめられているのです。こうした取り組みが高齢者介護施設の標準になり、活動に必要な経費が介護保険の対象になる日が来ることを願っています」

戸山さんは、施設と地域の垣根をなくし、アクティビティケアを地域住民にも広げることも考えているが、コロナ禍が壁になっているという。

「世間ではコロナ禍が終わったようになっていますが、高齢者施設では感染症は命に関わりますので、コロナ禍と同様の対策を維持しています。こういう状態ですので、地域住民と交流しようと思っていても、双方が気遣ってしまい、思うようにいかないのが現状です。福祉施設として今できるのは、感染症に対する油断や気のゆるみへの警鐘となるよう感染症対策をアピールすることだと思っています」

（ライター／斎藤紘）

『グループホームぬくもりのさと』

代表
野田直裕 さん

法政大学経済学部卒。アパレル会社で東京の百貨店中心に営業を三年間経験。父親の会社でテキスタイルデザイナーとして勤務後、不動産管理業界を経て、2018年、『合同会社やさしい』設立、障がい者グループホーム事業に着手。

精神障がい者を温かく支える北欧型事業「福祉ヴィレッジ」形成の全ノウハウを公開

空き家をリフォームし利用 作業所ではIT作業も導入

「なぜ幸福度世界一の北欧型福祉モデルが人生を豊かにするのか。安定した収益を得ながら、みんなが幸せになる方法」

空き家を活用した精神障がい者のグループホームと手に職が就く作業所で構成する全国初の「福祉ヴィレッジ」を愛知県知多半島で運営する『合同会社やさしい』代表の野田直裕さんが「福祉ヴィレッジ」の全体像を通して、利用者も運営者も空き家所有者も、そして社会も幸せになる様々なアイデアを公開した著書だ。家庭環境や職場環境などで心が傷つく人が増え、人口減少で空き家も増え続けるこの時代の先進的な福祉モデルとして全国に広がってほしいとの思いが根底にある。

「福祉ヴィレッジ」は、定員4人のグループホーム「ぬくもりのさと」が5施設と雇用契約に基づく就労が困難な障がい者向けの就労継続支援B型作業所から成る。作業所近くには精神科クリニックも進出、「住」「職」「医」が整う福祉医療モール的な環境だ。作業所ではイモケンピなどを作り、地域のマルシェで販売したりしているが、野田さんはIT全盛時代の就労に役立つようITに詳しいスタッフの指導の下、ECサイトへのデータや写真

合同会社 **やさしい**

0569-59-3737
info@nukumorigroup.jp
㊟ 愛知県半田市花園町6-27-6 メゾンドK 2D
https://nukumorigroup.jp/

人にやさしく“自分”らしく。

人に寄り添い、共に生きる。

窓から見える竹林。

『グループホームぬくもりのさと』親しみやすい民家の中で心おだやかに過ごすことができる。

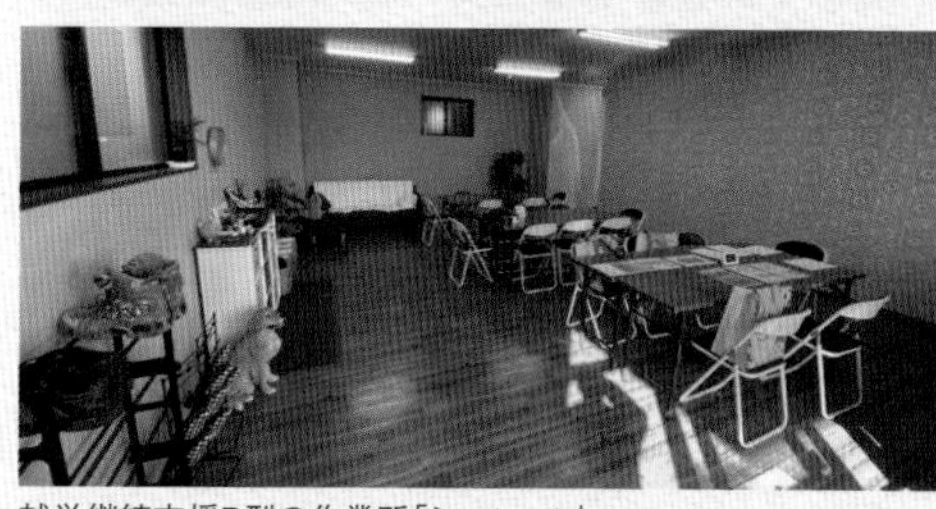

就労継続支援B型の作業所「シャルール」

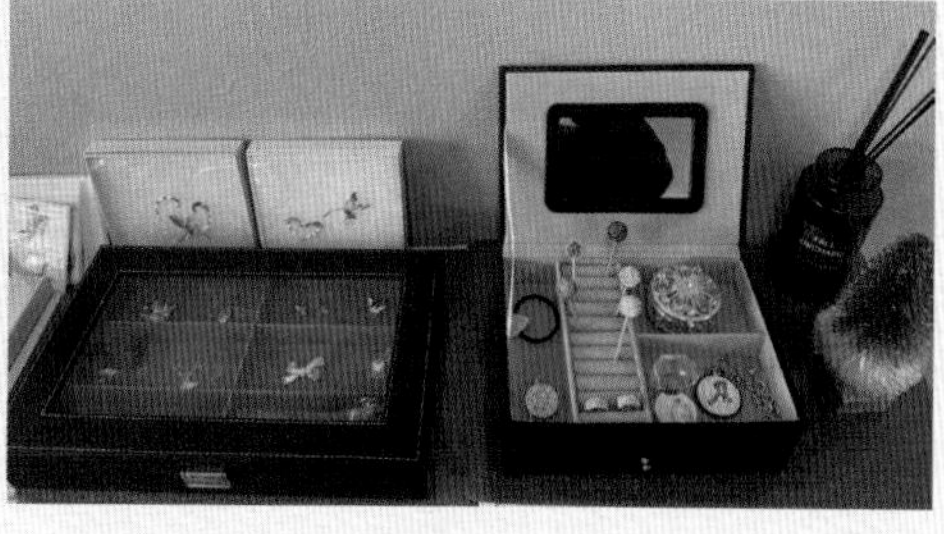

の入力、利用者が制作したデジタルアートや型落ちしたアパレル製品のサイトでの販売などの作業も導入した。グループホームの運営でも総務や経理などの事務でITを活用、浮いた人件費をスタッフの給料やボーナスに還元する工夫もしている。

グループホームは、新築より安い築古戸建ての空き家を借りてリフォームし、利用者が安心して暮らせる温もりのある住環境を整えるのがポイントだが、野田さんは土地の有効活用の視点から地主に土地を提供してもらい、建築会社が新築のアパート形式のグループホームを建て、『やさしい』が運営を担う新たな方式も展開していく考えだ。

野田さんは、北欧をモデルにしたこうした事業を広く知ってもらうため、2022年に障がい者福祉教育に特化した『株式会社ぬくもりの泉』を設立、障がい者福祉事業への参入を考えている個人や法人などを対象にオンラインによる「北欧型福祉運営研修」を開始した90分の研修を月2回、計10時間受講すれば、「福祉ヴィレッジ」構築の準備段階から運営に至る流れとノウハウがわかる内容で、すでに約40人が受講したほか、全国から問い合わせもきているという。

（ライター／斎藤紘）

Raftの強み

大きい製品も塗装できます！

岡山県内では珍しい5mの焼付窯を所有し、長物や大型の製品にも柔軟に対応することができます。どのような製品もムラなく丁寧に塗装します。

地域密着で施工します！

地元・岡山県津山市を中心に、県内や近隣県のお客様よりご依頼を承っております。様々なご要望に高品質・高精度な仕上りでお応えいたします。

一点からでも承ります！

製品のサイズにかかわらず一点ものや小ロットにもご対応させていただきます。より美しく、より長持ちのする金属焼付塗装を実現いたします。

自動車板金もお任せください！

板金塗装、整備・車検と言った自動車板金事業も行っております。お車のお困りごとなら、ぜひ当社までご相談ください！

金属焼付塗装から自動車板金まで高品質・高精度な仕上がり。

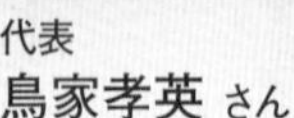

代表
鳥家孝英 さん

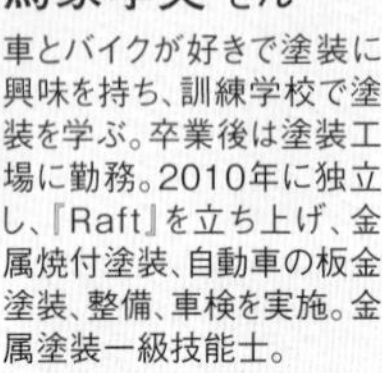

車とバイクが好きで塗装に興味を持ち、訓練学校で塗装を学ぶ。卒業後は塗装工場に勤務。2010年に独立し、『Raft』を立ち上げ、金属焼付塗装、自動車の板金塗装、整備、車検を実施。金属塗装一級技能士。

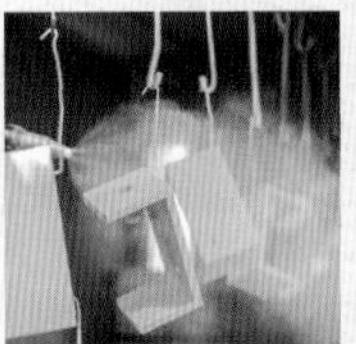

フッ素塗装

アクリル塗装

手摺りや機械のフッ素塗装

金属焼付塗装の高度技術支える国家資格 全国を営業エリアに建築の分野にも進出

長物や大型製品に対応可能 板金塗装や整備車検も実施

製品や部品の硬度や耐久性、耐候性、防錆性などを高める金属焼付塗装の確かな技術で多様な分野のメーカーから信頼を得ているのが『Raft』代表で金属塗装一級技能士の国家資格を持つ鳥家孝英さんだ。2022年に工場を拡大し、2023年には建築分野での焼付塗装にも進出、営業エリアも全国に広げて、郵送での焼付塗装の依頼にも対応している。

「金属焼付塗装は、専用塗料を塗布した後、100℃以上の高温で焼き付けることで塗装被膜を硬化させる技法で、鉄、ステンレス、木などあらゆる材料に施工することができます。当社では180℃で焼き付けを行っており、アクリル塗装、フッ素塗装に対応しています。岡山県内では珍しい5mの焼付窯があり、長物や大型製品にも対応が可能です。建築分野では、例えばシャッターをお客様のニーズに合わせて調色し、フッ素塗料で防汚性、耐光性などを高めることもできます」

鳥家さんは、自動車のキズや凹みなどを修理し、塗装でボディーの色と表面を整える板金塗装や国産車や輸入車の整備、車検も行う。

（ライター／斎藤紘）

Raft
ラフト

0868-38-5566
lupin3.wanted.1967@gmail.com
㊟ 岡山県勝田郡勝央町植月北455-10
https://tsuyama-raft.com/

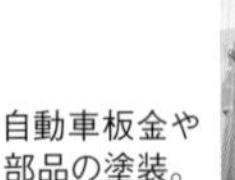

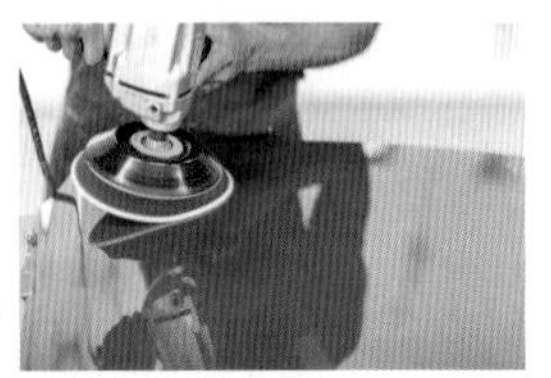

自動車板金や部品の塗装。

「クーラントポンプ」

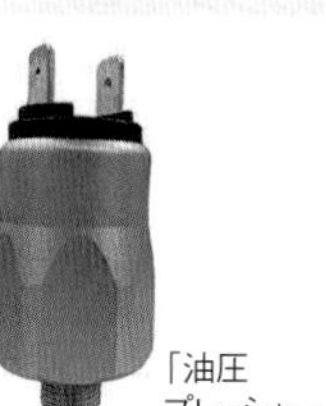
「油圧プレッシャースイッチ」

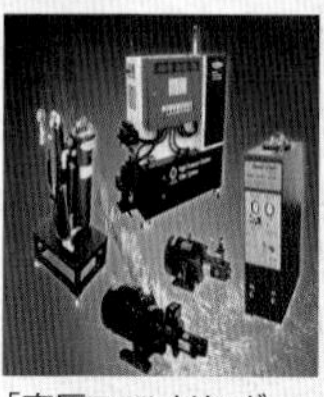
「高圧フィルタリングシステム」

「T-ROTORポンプ(トロコイド)」

代表取締役
田興培 さん

1981年、韓国の油圧機器メーカに入社、研究所配属。1997年、駐在員として来日。2000年に退社し、『東明エンジニアリング株式会社』設立。2010年、中国に「蘇州九興精密機械有限公司会社」を設立。2021年、日本の部品加工メーカー、プレス加工メーカーをグループ化。

あらゆる機器の大切な部品を製造 縁の下の力持ち的存在

潤滑油ポンプや産業用ベアリング豊富なラインナップ

大阪市の『東明エンジニアリング株式会社』は、主に韓国・中国をメインに鋳鍛造素材、機械加工品、油圧機器などを取り扱う機械系の専門商社。関連会社として日本国内にプレス加工、機械加工を行う製造メーカーがあり、中国蘇州にはギアポンプの製造を行う蘇州九興精密機械有限公司がある。機械系専門商社として鋳鍛造素材、機械加工品、ギア加工品、ベアリング、その他油空圧部品など、高品質な製品を安価で提供している。

鋳鍛造素材では、建設機械部品、農業機械部品、産業機械用部品、自動車部品等、各種対応可能だ。ベアリングは、自動車用ベアリング大手の「ILJIN」社のベアリングを取扱いしている。ギアポンプは、グループ企業の中国「蘇州九興精密機械有限公司」において製造、その他の農業機械用、産業機械用などのギアポンプも取扱っている。あらゆる機器の大切な部品を製造する無くてはならない縁の下の力持ち的な会社だ。

(ライター/河村ももよ)

東明エンジニアリング 株式会社
とうめいエンジニアリング

06-6335-7123
info@tohmei-engineering.com
㊟ 大阪府大阪市淀川区東三国6-17-17
http://www.tohmei-engineering.com/

こちらからも検索できます。

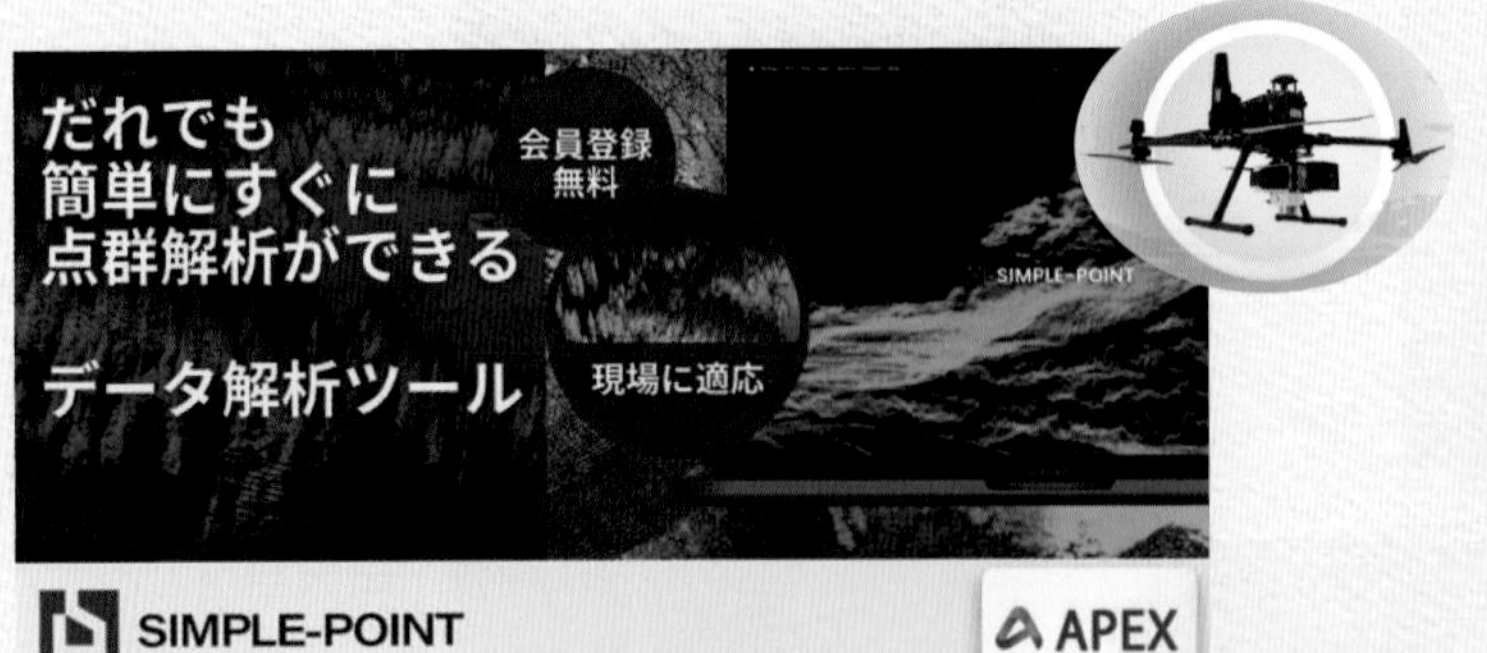

代表取締役社長
下戸優輔 さん

メーカーでセールスマンとして勤めた後、独学でITを勉強。WEBサイトの仕事を経て、26歳の時にソーシャルゲームの事業で起業し、事業規模拡大成功。その後ドローン事業会社に入り、4年半勤めた後、2021年に独立起業。

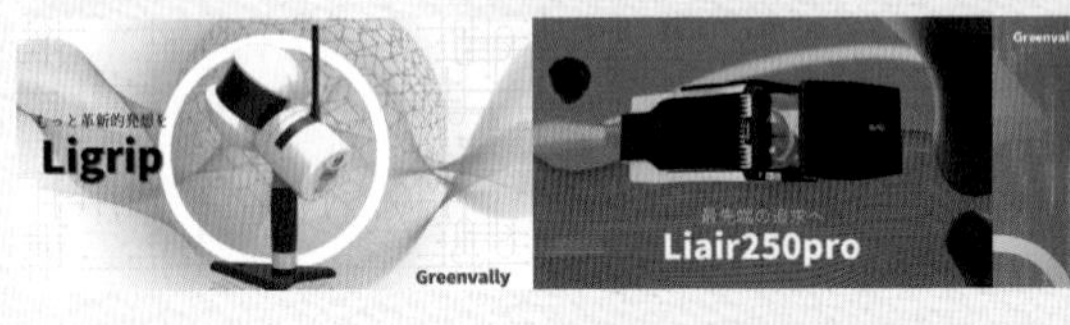

ドローンによる測量と解析の進化を追求 AIを活用した自動解析技術の開発に注力

視野に産業用メタバースの構築事業展開

空撮を一気に身近なものにしたドローンを活用した測量と測量で得たデータの解析技術の進化を追求しているのが『APEX株式会社』代表取締役社長の下戸優輔さんだ。AIを活用した自動解析技術の開発も進め、効率的な国土開発、土地や森林資源の有効活用などに貢献していく考えだ。

「現在当社で手掛けているのは、ドローンに搭載したカメラやレーザー光を使って離れた場所の物体の形状や距離を測定するLiDARで取得したデータを建設や測量、森林調査などの各業界向けに最適な形に解析して活用するための作業や解析などです。ドローンでデータを取得した後の解析作業は手間と時間がかかりますが、AIを活用して自動でできる技術の開発を行っています。例えば、森林を認識し、どこに何の木が生えているかを自動で検出して教えてくれるような技術で、市場も大きく意義深い事業なので、やり遂げたいと思っています」

下戸さんは今後、AI解析技術による産業用メタバース(仮想空間)の構築など膨大なデータの解析を主軸にした事業展開も視野に入れる。

(ライター/斎藤紘)

APEX 株式会社
エイペックス
03-6822-8754
info@apex.tokyo
㊟ 東京都渋谷区渋谷3-6-2 エクラート渋谷5F
https://apex.tokyo/

APEX drone.network

道路・舗装工事

住宅造成・基礎工事

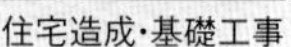

『有限会社畑中建設』のルーツは農業。
『開田高原コーンスープ』(レトルトパック)
4パック入り　8パック入り

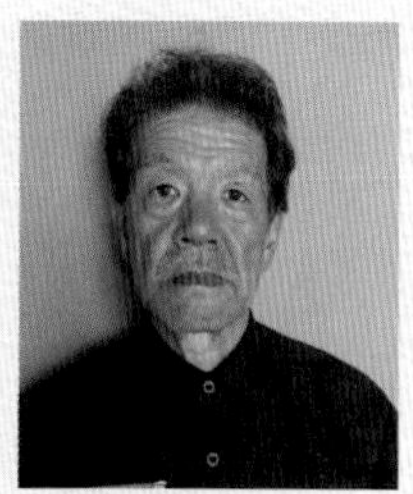

代表取締役
志水和幸 さん

18歳で東京の大手建設会社に就職。現場責任者、役職などを経験し、30年間勤務した後、早期退職。いとこが1965年に創業した『有限会社畑中建設』に入る。2018年、いとこが他界したのを受け、弟と共同で代表取締役に就任。

土木工事と農業で地域活性に貢献

絶品コーンスープも道の駅で販売

「地域のため、貢献していると仕事をしながら感じられるのが魅力」「地域のために仕事がしたい人や自分の技術を向上させたい人はぴったりの会社」「地域起こし協力隊の任期中から畑のお手伝いをさせて頂いた流れで入社しました」

長野県木曽町で約60年の歴史を刻む『有限会社畑中建設』の社員たちの言葉は、故郷の街おこしに情熱を注ぐ二代目社長志水和幸さんの信条と軌を一にする。道路舗装工事や水道施設工事、宅地造成工事、住宅基礎工事、災害復旧工事などの土木工事に加え、農業まで手がけ、地域貢献を絵に描いたような業容だ。

農業は、他界した農家出身の先代社長の遺志を継いだ事業で、中央アルプスを望む高原の「畑中スイートファーム」に専従者を置いて、とうもろこし、そば、大豆、えごまなどを育てている。5月にはとうもろこしの種蒔きがあり、収穫後は加工して人気の『開田高原コーンスープ』として道の駅で販売する。畑中さんは、土木、農業を問わず、やる気のある若い力を得て地域に役立つ仕事を拡充していく考えだ。

(ライター／斎藤紘)

有限会社 **畑中建設**
はたなかけんせつ

0264-44-2053
h-nisino@sea.plala.or.jp
㊟ 長野県木曽郡木曽町開田高原西野4148
https://hatanakakensetsu.com/

代表取締役の深澤朝房さんは、「不動産ソムリエ®」Mr.ディープ。

著書
「日本で唯一の不動産ソムリエが教える、誰も知らなかった地歴・地相・家相の真実 健康を手に入れ、幸運をつかむ」
ダイヤモンド社刊

真の不動産価値である「地相」

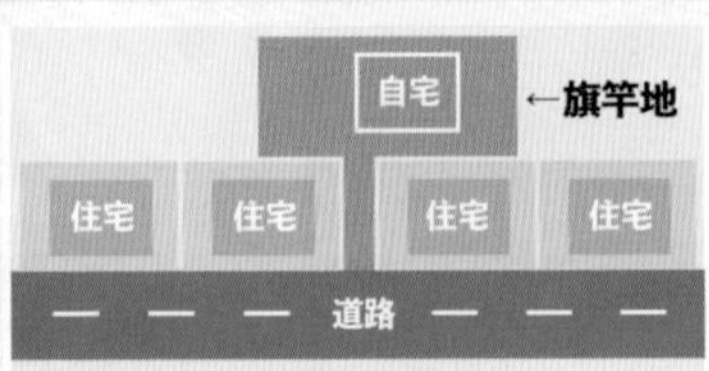

「旗竿地」静かで閉じた空間で日当たりも十分でなく、間口も狭い。

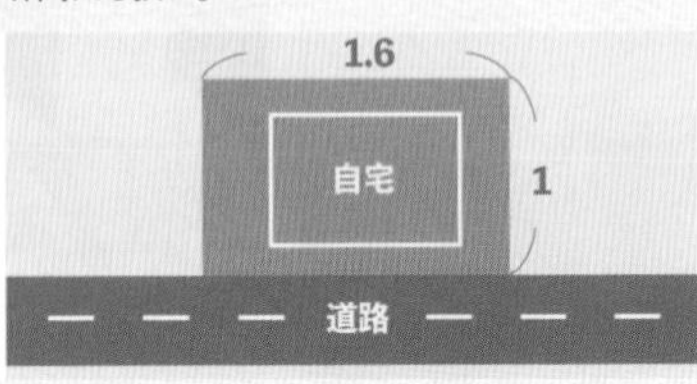

通りに面している。高台、良い地歴がポイント。

代表取締役
深澤朝房 さん

『株式会社サンフェル』設立。不動産評論家、住宅評論家、不動産コンサルタント。「不動産ソムリエ®」Mr.ディープとして活動。一般社団法人日本不動産ソムリエ協会会長。テレビの不動産関連番組に多数出演。

不動産の取引や活用で最善策を考え提案 地相から真の価値を見出す「不動産ソムリエ®」

三千件の取引経験を生かす 相続不動産の相談にも対応

財産（サン）が増える（フエル）を社名にした『株式会社サンフェル』代表取締役の深澤朝房さんは、日本で唯一の「不動産ソムリエ®」として「幸せな人生を楽しむための不動産」の紹介で注目度を高めている経営者だ。飲む人に最適のワインを紹介するワインソムリエのように、地相や家相をみて不動産を査定し、最善の運用や活用策を提案する。

「これまでに5万件以上の物件を見て、3000件以上の不動産取引に携わった経験を生かし、取引対象の土地が歴史的にどのような経緯を辿ってきたかという履歴、立地や形状、地形、方位、日照条件、風通しなどあらゆる条件を吟味し、地相という形でその土地の真の価値を判断し、最善策を考えます」

高齢化に伴う終活で大きな課題になる相続不動産の売却、活用についても、代々受け継いできた土地建物と財産を守るための生前対策として不動産の価値をしっかり見極めた上で最適な解決策を提案する。深澤さんは、宅地建物取引士の資格を持ち、都市開発や不動産再生、不動産投資などのコンサルティングでも実績を重ねる。

（ライター／斎藤紘）

株式会社 サンフェル

03-3574-8000
info@ sanfel.com
㊟ 東京都中央区銀座8-8-8 銀座888ビル12F
https://sanfel.com/

こちらからも
検索できます。

一般社団法人 日本不動産ソムリエ協会

https://www.fudosansommelier.jp/

手遅れになると、思いもよらない税金が、
加算されることをご存知でしょうか？

不良資産を優良資産に換えて安心相続！

代表取締役・不動産鑑定士
小川哲也 さん

1999年、宅地建物取引士登録。2003年、不動産鑑定士登録。不動産コンサルティング会社、マンションデベロッパーでコンサルティングに従事。2007年、不動産証券化協会認定マスター取得。2016年、『おがわアセットカウンセル株式会社』開業。

不動産の難問を解決する「不動産カウンセラー」精緻な不動産評価で最善の着地点見出す

相続や土地活用で的確助言 業務貫く三つの法則に特長

「関係者の心を知る努力、不動産の適正な評価、説得力のあるロジカルな説明の三つの法則で問題を解決する」

企業の不動産の有効活用、相続不動産の分割、事業承継での不動産の利用などの前提となる不動産鑑定や不動産をめぐる問題のコンサルティングで頼りにされる『おがわアセットカウンセル株式会社』代表の小川哲也さんが業務で貫くスタンスだ。その仕事ぶりから、数多くの不動産の難問を解決に導く「不動産カウンセラー」として、不動産を相続した場合の分割アドバイスなどは、その典型例だ。

「相続不動産については時価を基準に協議をしないと不正確、不公平などの問題が生じてしまいます。協議前に不動産鑑定士による評価で不動産の時価を把握し、財産目録を作成しておくことが理想的でしょう」

中小企業の不動産戦略の前提になるのも不動産の評価と指摘する。

「不動産は地域の要因に影響されますので、地域の特性や標準的使用などを考慮し、企業経営に有益な活用方法を考えていきます」

空き家対策や不動産開発、不動産投資などもサポートの対象だ。

（ライター／斎藤紘）

おがわアセットカウンセル 株式会社

☎ 04-7136-2153
✉ kantei@ogawa-asset.com
㊟ 千葉県柏市豊四季377-9
https://ogawa-asset.com/

世の中から間違った不動産取引等を無くしたい
OAC おがわアセットカウンセル

店舗責任者
佐藤和民 さん

『太陽不動産有限会社』が運営する賃貸物件、売買物件、事業用賃貸物件仲介の店舗『太陽不動産』の店舗責任者。宅地建物取引士、公認不動産コンサルティングマスター、相続対策専門士。

不動産相続の諸課題を相続診断で見極め 具体的な準備や対策を提案し解決に導く

収益性の高い土地活用提案 相続税の負担軽減策も助言

『太陽不動産有限会社』店舗責任者の佐藤和民さんは、宅地建物取引士に加え、相続対策専門士の資格も持ち、公認不動産コンサルティングマスター、不動産に関する専門知識をベースに税務、法律、金融など多角的な視点から相続全般、特に不動産を相続した場合の難問を解決に導いてきた相続のスペシャリストだ。

「不動産の相続についてご相談があれば、相続診断を行います。まずお客様の家族構成や財産の状況をお聴きし、遺産の分割、納税資金準備、相続税軽減対策の三つの視点から分析します。これによって、お客様が抱える相続に関する課題が明確になり、具体的な準備や対策が打てるようになります。賃貸マンション、貸しビル、借地などをお持ちでしたら、より収益性の高い土地活用をご提案したり、不動産投資のノウハウや不動産投資に適した物件もご紹介したり、相続人の利益を最大化することができるように最善の着地点に導いていきます」

不動産相続以外でも、財産を次世代に相続するベストな遺産分割の方法や相続税の負担を少しでも軽減するための対策もアドバイスする。

（ライター／斎藤紘）

太陽不動産 有限会社
たいようふどうさん

03-3409-4971　080-1290-9094
sato@ito-takeshi.jp
住 東京都渋谷区東1-2-24-408
https://www.taiyou-fudousan.net/

お部屋探しはおまかせください TAIYO 太陽不動産

Omotesando
Shibuya
Aoyama
渋谷・青山・表参道エリアでの
事務所・テナント・賃貸マンションのことならおまかせください！

代表
横田敬幸 さん

2021年『合同会社TANK』設立、代表社員に就任。クロス職人。富山県各地を営業エリアにスピーディでリーズナブルな価格で内装工事、リフォーム事業を展開。

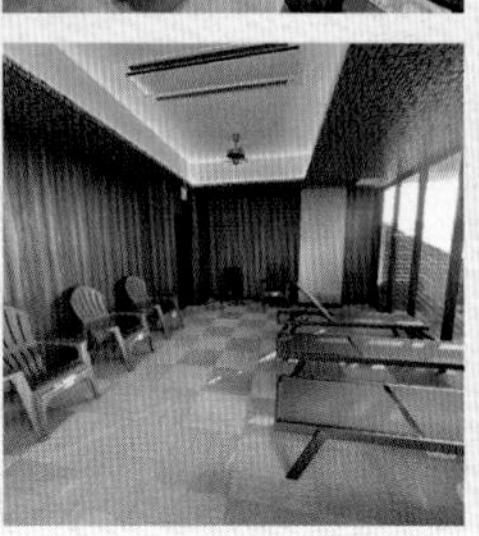

良質なデザインの家を実現する職人の技 内装工事やリフォームで室内空間を一新

施主の意向に沿う最適施工 豊富な施工実績が示す実力

クロスの張り替えを中心とした内装工事やリフォームで良質なデザインの家を実現してきたのが『合同会社TANK』代表でクロス職人の横田敬幸さんだ。富山県内各地の戸建て住宅やマンション、オフィス、店舗、各種施設などで数多く施工した実績が実力を裏付ける。

「壁一面の張り替えからお部屋全体の張り替えまで工事の大小に関わらず、お客様目線で丁寧に施工する事を心がけています。事前に決めた日時に下見にお伺いしたうえで、現場を調査し、お客様のご要望やご予算などをお伺いして、空間の印象を一新する最適案を考えます」

リフォームは、洋風、和風を問わず、家屋全体が対象で、フローリングから畳、障子、襖、ドア、窓、戸、扉など室内建具も高品質の素材で美しく仕上げる。水回りでは「見た目はすっきり、機能はしっかり」がコンセプトのキッチン、リラックスを追求した先進機能を堪能できるバスが好評だ。その技術力と美的センス、素材の良質さから、富山市内のホテルからスイートルームの内装工事の依頼がくるほどだ。

（ライター／斎藤紘）

合同会社 **TANK**
タンク

090-8704-9264
info@tankro.net
住 富山県滑川市北野29-31
https://tankro.net/

『棟瓦の葺き替え』

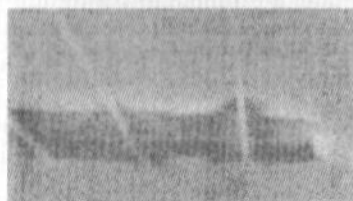

『サーモ雨漏り診断』

光る瓦屋根。

- 八代目 服部竜大が伝えたい -
瓦のあれこれ
山三瓦工業代表服部が、
皆様に瓦の魅力をお伝えします。

瓦のずれ・めくれ

屋根下地の劣化

見えにくい部分の劣化

代表取締役
服部竜大 さん

小学生の頃から家業を手伝い、大学では機械工学を学ぶ。卒業後、最新型瓦製造機械メーカーに就職。瓦製造機械の組み立て、メンテナンス、設計などの業務をこなし、3年間勤務した後、『有限会社山三瓦工業』の経営を承継。

先進的なICT屋根点検で瓦屋根を守る ドローン映像をリアルタイムで施主と共有

空き家の状況も確認が可能 雨漏りの影響も温度で点検

江戸時代から170年にわたり、住宅や寺社、文化財などの瓦屋根を守ってきた『山三瓦工業』の八代目代表で「かわらぶき技能士」一級の国家資格を持つ服部竜大さんは、屋根の修理や葺き替えの前提となる屋根の劣化状況の診断に先進的な技術を導入して注目される経営者だ。

「当社の『ICT屋根点検』は、ドローンに搭載した高解像度カメラで細部の劣化状況を特定し、その画像をお客様のスマホやPCモニターなどに出力することによって修理の必要性をわかりやすくお伝えすることができます。また、Zoomを併用すれば、空き家や親族が遠方に別居する高齢者宅などの屋根の状況もリアルタイムで確認できます」

『ドローンで災害に備える屋根点検 実家の見守り・空き家管理』は、三重県四日市市のふるさと納税の返礼品にもなっている。

服部さんは、サーモグラフィーカメラを使った雨漏りの点検も実施。雨漏りが原因の天井のシミなども温度で察知することができるという。さらに、オンラインによるリフォームの無料相談も実施している。

（ライター／斎藤紘）

屋根のヤマサン 有限会社 山三瓦工業
やねのヤマサン

059-331-7351
info@kawarayamasan.com
㊟ 三重県四日市市山之一色町233-1
https://www.kawarayamasan.com/

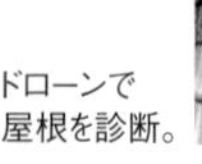

ドローンで屋根を診断。

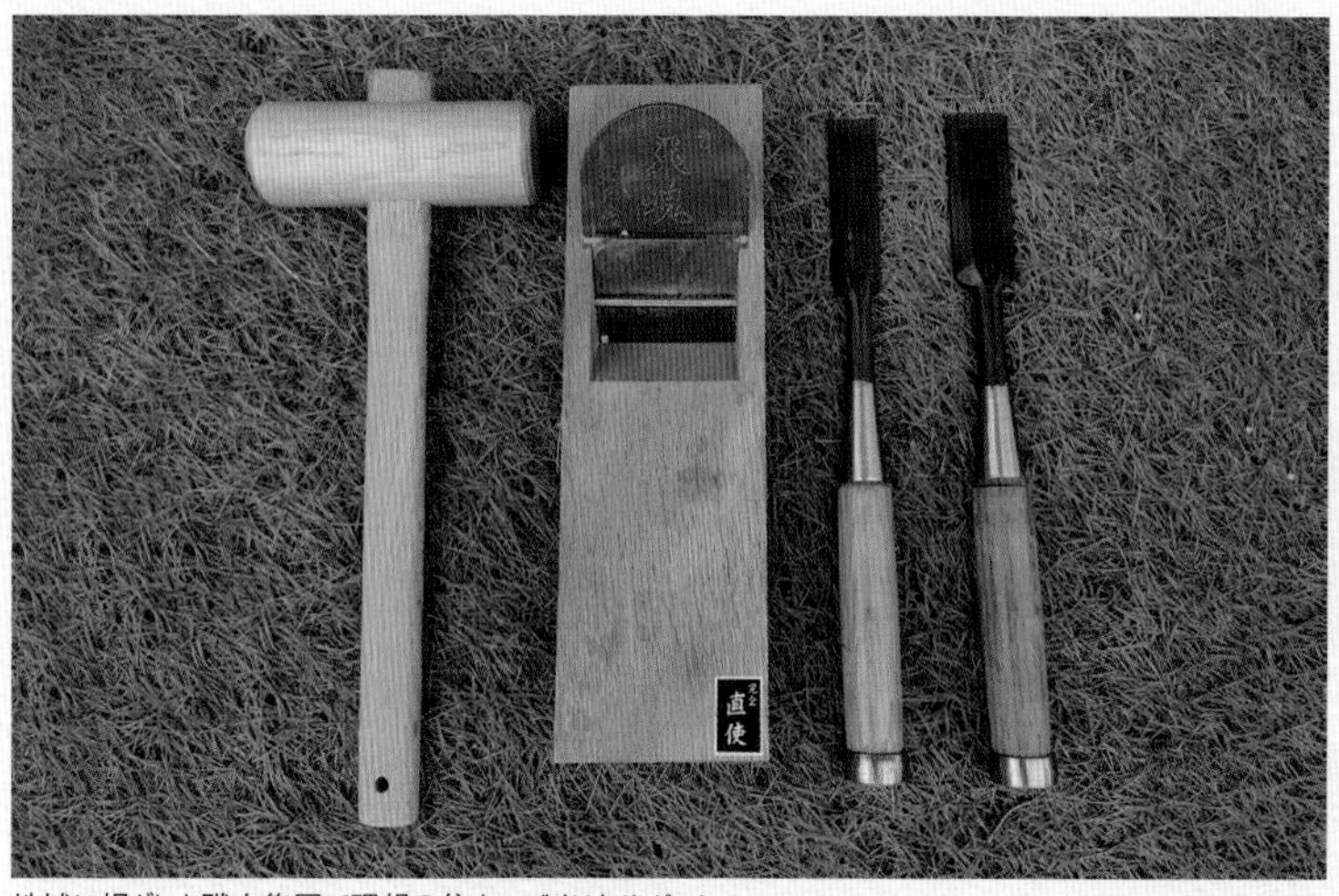

地域に根ざした職人集団で理想の住まいづくりをサポート。

代表取締役
斎藤翼 さん

大工職人として厳しい棟梁の下で弟子修行を6年経験し、仕事に対する厳しさを学ぶ。現場で経験を重ねた後、独立し、「斎藤建築」を設立。経営基盤が固まったの受けて法人化し『株式会社大日本翼工芸』設立。

理想の住環境を生み出す24年の大工歴
工事の大小を問わず施主の希望に即対応

リフォームで水回り一新
先端の建築技術を生かす

宮城県仙台市の地域密着型工務店『大日本翼工芸株式会社』代表取締役の斎藤翼さんは、厳しい棟梁の下での修行も含め約23年の建築経験を持つ大工職人。水回りや内装のリフォーム、リノベーション、新築工事などに培った高度の職人技が生かされ、多くの施主の期待に応えてきた。

「これまでの建築現場での経験から、仕事に対する真摯な気持ちと高い技術があって初めて、安心できる住まいや価値のある住まいが生まれると思っています。リフォームでは、理想的なキッチン環境を整える水回りのリフォームのほか、床のリペア、外壁塗装、タイルコーティング、白木コーティング、ハウスクリーニング、塗り壁なども対応可能です。お風呂に入った小さなヒビや巾木の修繕、手すりの取り付けなど小さな工事も行います。内装のリフォームでは、畳の質感などは残しながら、最新の内装技術と素材で和室を一新いたします」

和室の間仕切りを撤去し、洋室へと変貌させるリノベーションや最先端の建築技術とデザインを生かした新築工事でも実績を重ねる。

（ライター／斎藤紘）

大日本翼工芸 株式会社
だいにっぽんつばさこうげい

080-3198-7963
saitoukenchiku.sendai@gmail.com
㊟ 宮城県仙台市太白区羽黒台27-18
https://saitoukenchiku-tasuku.com/

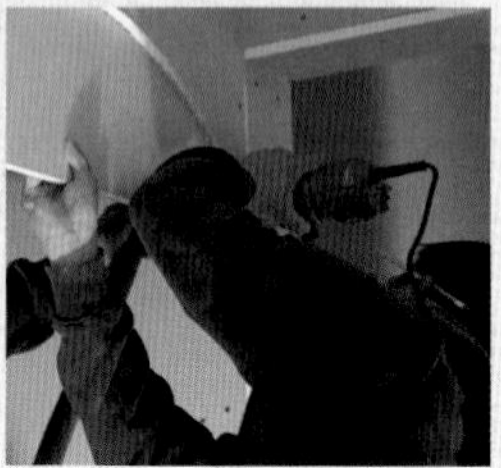

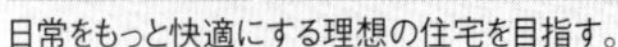

日常をもっと快適にする理想の住宅を目指す。

代表取締役
川上赳己 さん

野球で大阪の強豪校に入学。大工を志してものづくり大学に進学した後、工務店での修業を経て22歳で独立。2022年木造建築を中心とする総合建築を手がける『株式会社川上工務店』を設立、代表取締役に就任。

住宅新築リフォームで示す高い技術力 経営を成長軌道に乗せた若さと機動力

最終目標は一部上場と建築業界変革

「弟子たちに常に挑戦を続ける背中を見せ続ける」

体系的な知識に基づいて仕事をするテクノロジストを育成する「ものづくり大学」で学び、工務店での修業を経て22歳で独立した『株式会社川上工務店』代表取締役の川上赳己さんは、二人のスタッフと共に木造住宅の新築やリフォームを手がけ、確かな仕事ぶりで経営を成長軌道に乗せた経営者だ。

「年々若い子が減っているこの業界に革命を起こさなければならないと考えています。昔は人気だった大工にもう一度スポットライトを当てたい。職人という仕事のカッコよさをもっと知ってほしいと考えています。職人全体の価値を上げる、これが会社を作ると決めたきっかけです。簡単なことではありませんが、革命を起こせるのは今の若い人たちだと思っていて、この先頭は僕が走ります。僕が道を作る。あとは若い子たちが思い切りその道を走り抜けられるように安全で楽しい道を当社が作っていきます」

川上さんは、若い人材が手薄になっている建築業界の現状を憂慮し、若い人たちにとって業界全体が魅力的に映り、少しでも興味を持ってもらえるように待遇面を充実させてきただけでなく、同社を一部上場企業にし、建築業界を変革する力を手に入れることを最終的な目標に掲げ、若さと機動力を強みに一歩一歩着実に前進していく決意だ。

（ライター／斎藤紘）

株式会社 川上工務店
かわかみこうむてん

090-2440-2958
kawakamikoumutenn@gmail.com
住 埼玉県新座市大和田5-9-7-6
https://kawakami-kohmuten.com/

こちらからも
検索できます。

代表取締役
長島浩太 さん

父が造園業を営んでいた影響もあり、大学卒業後、造園会社に就職し現場監督を務めてから、専門学校でエクステリアを学び、大手ハウスメーカーに移る。2022年に独立起業。母校エクステリア&ガーデンアカデミー講師。

エクステリアを通じて豊かな生活へ導いてくれる。

暮らしに安らぎを生み出すエクステリア 植物と外構の知識が支える設計思想投影

エクステリア設計施工で数々の賞を受賞

開閉式サンシェードを設置したカフェテラスから芝スペースが広がり、一角に植物に囲まれた座り場があるカフェテリア、ウッドデッキやベンチの周囲に山野草が自然な風景を作り出す雑木の庭。『株式会社長島緑園計画』が設計、施工した作品の一端だ。一級造園施工管理技士と一級土木施工管理技士の国家資格を持つエクステリアデザイナーで植物と外構に精通した代表取締役の長島浩太さんの設計思想が伝わる空間構成だ。

「住まいに彩を添える植物の魅力に惹かれ、暮らしに安らぎと穏やかな時間を生み出す住まいの在り方を考えてきました。植物と外構、二つの知識がなければ、お客様に合わせたご提案はできません。植物は育った土壌が違えば特性も大きく差が生じます。そうした個の違いを理解しているからこそ、お客様が暮らす環境を十分に考慮し、見栄えが良く住まいを引き立てるのに最適なお庭をご提案できると思っています。選定時にも必ず市場に行き、自分の目で良質な植木を選びます」

長島さんはエクステリア設計施工分野で数々の賞を受賞している。

（ライター／斎藤紘）

株式会社 **長島緑園計画**
ながしまりょくえんけいかく

046-208-8514
info@n-ryokuen.jp
㊟ 神奈川県愛甲郡愛川町角田134-2
https://n-ryokuen.jp/
@n_ryokuen

代表
池田徳治 さん

父親が創業した骨董、古物商時代から約百年続く『池田哲男商店』の三代目代表。非鉄金属を扱っていた二代目代表の長兄の他界後、経営を担い、業容を各種金属スクラップの直接買取に転じ、得意先を開拓し、業績を伸ばす。

大阪・関西万博にこだわる政府に苦言 震災復興に注力し再挑戦するよう提言

戦争下の開催に異議あり 関西一丸の取り組み提言

「ウクライナや中東で戦争が続き、国内では能登半島地震で被災地が苦しんでいる。こんなときに万博を強行して何の意味があるのか」

経済が停滞する大阪を元気にすると同時に世界に笑顔をもたらしたいとの思いから『大阪アニメランド王国』構想の実現を訴えてきた『池田哲男商店』代表の池田徳治さんは、国民の心が読めず、決断力もないこの国の為政者の姿を嘆き、当面は震災復興に力を注いで、しかる後に体制を立て直して大阪・関西万博に再挑戦するよう訴える。

「コロナ禍に加え、ロシアによるウクライナへの軍事侵攻で建設資材が高騰し、人手不足も深刻な建設業界の実情の下、震災復興と万博のどちらを優先すべきか決断しない政府への国民の厳しい目は落ち込んだ内閣支持率に表れています。目を覚ませと強く言いたい思いだ」

また、池田さんは、大阪・関西万博といいながら、大阪以外の京都、兵庫、奈良、滋賀、和歌山に協力を求めない現状も問題視し、再挑戦するに当たっては関西の各府県が一丸となって取り組むよう提言する。

（ライター／斎藤紘）

池田哲男商店
いけだてつおしょうてん

06-6681-3311
大阪府大阪市住之江区御崎7-8-26
http://ikedatetsuo.jp/

- スナックランド
- ペットランド
- 海遊ランド
- アジアランド
- フラワーランド
- グルメランド
- 職業体験ランド
- 家電ランド
- 医療施設
- カジノランド
- スポーツランド

笑顔を大事に、仲間が幸せになれるよう目指し、取り組む。

代表取締役
松本侑大 さん

大学卒業後、大阪の不動産会社で営業、市役所の臨時職員を経験した後、建設材料会社に転進、営業をしながら工事部門で現場の段取りなどを担当、トータルで10年ほど勤めた後、2022年に独立し、『株式会社GL works』を設立。

重量物の設置や地中ケーブルの敷設など専門性の高い補助工事で建設業界支える

チームワークを重視し施工仕事量増で人材確保に努力

人体の神経ネットワークの要であるシナプスのように、建設工事の円滑な進行に欠かせない補助工事で信頼を集めているのが『株式会社 GL works』代表取締役の松本侑大さんだ。重量物の設置や地中ケーブルの敷設など専門性の高い工事に特化し、高知の建築建設業界を支える。

「重量物設置工事は、建物や施設に機械や器具を設置する仕事です。図面や指示書を読み解き、正しい位置に機械が安全、正常に稼働するように配慮することが求められます。発電機や高圧受電様器、室外機など重さが数百キロから数トンもある重量物を重機でビルの屋上などに設置することもあり、チームワークが大切なスケールの大きな仕事です。地中ケーブル敷設工事は、ケーブルの配線に必要な穴を掘り、配線工事完了後、再び埋め戻す仕事です。地中のケーブルを確実に保護し、電気設備が安全に運用されるようにする重要な仕事です」

松本さんは、増える一方の仕事量に対応するため、社会人の中途採用や高校新卒の採用も含め人材確保にも力を入れている。

（ライター／斎藤紘）

株式会社 **GL works**
ジーエル ワークス

088-881-3484
glw.510@gl-works.com
㊟ 高知県南国市大埇甲1571-49
https://gl-works.com/

相続税申告・相続対策・終活
迷わず依頼したくなる理由
森大輔税理士事務所
Digital Minds Tax Counselor Office
安心感
400件
相続税申告
100件
相続対策・終活
相続専門 税理士
森 大輔

圧倒的な安心感と豊富な実績、そして充実した専門家と提携先。

代表
森大輔 さん
熊本学園大学大学院会計専門職研究科アカウンティング専攻修了。複数の税理士法人を経て独立開業。税理士、二級ファイナンシャル・プランニング技能士、日商簿記一級、全経簿記上級。「株式会社ミライズ」取締役。

相続対策に光る周到かつ多角的な視点 可能な限りの相続税の節税対策を実施

経験豊富な相続専門税理士 IT技術で相続DXも目指す

『森大輔税理士事務所』代表の森大輔さんは、二級ファイナンシャル・プランニング技能士の国家資格を併せ持ち、独立前に400件超の相続案件を処理し、開業後は相続税申告を年間約50件の目標にしている。生前対策から二次相続まで周到なプロセスと多角的な視点で一件一件状況が異なる相続案件を最善の着地点に導いてきた。

「当事務所は、お客様がご安心して相続税申告が完了するように、お客様の状況に合わせて包括的にサポートします。具体的には、相続が発生する前から関与し、一次、二次相続税の試算や保険、不動産、贈与などを活用した相続対策を行います。二次相続シミュレーションでは、二次相続を想定した最適な遺産分割案を提案します。相続税の節税対策では、土地評価の減額要素を利用して可能な限り減額評価を行うことや各種特例を適切に適用するなどの節税対策を実施します」

森さんは、IT技術を取り入れた業務の効率化を追求し、相続DXとして東京から全国へ向けて質の高いサービスを提供するため オンラインで完結する相続税申告の構築にも取り組んでいる。

（ライター／斎藤紘）

森大輔税理士事務所
もりだいすけぜいりしじむしょ

✉ support@dm-taxcounselor.com
https://dm-taxcounselor.com/

こちらからも
検索できます。

森大輔税理士事務所
Digital Minds Tax Counselor Office

難しい相続税をわかりやすく、お客様に寄り添い、説明。

所長
中村明 さん

2014年『中村明税理士事務所』開設。決算申告を中心に法人及び個人事業者の会計と税務全般、相続・贈与の税務全般、不動産の譲渡、財産処分、事業承継などに対応。

多種多様な相続案件に親身に対応 税務のオールランドプレイヤー

円滑な相続に知見動員 財産の適正評価が起点

東京・昭島市で２０１４年に開業した『中村明税理士事務所』所長の中村明さんは、あらゆる税目に通じた税務のオールランドプレイヤーとして、中小企業や個人事業主、個人の税金問題で頼りにされる税理士だ。中でも相続の税制改正は、常に変化しており、財産の評価、遺産分割協議、相続税の申告など、様々な困りごとに関して多岐にわたり、相談に応じてくれる。

「以前は、法人や個人事業者の顧問先様に関わる相続や相談が中心でしたが、近年は事業者以外のご依頼も多くなってきました。『相続は何から始めればいいかわからない』といった悩みから、『相続税を安くしたい』、『相続人皆が納得のいく遺産分割をしたい』など希望も多様化しています。当事務所では、しっかりお話しを伺った上で、相続の円滑な進め方から適正な財産評価、相続税の申告書作成、二次相続も含めた相続対策、相続後の資産運用まで最善の方策を考えていきます」

多種多様な相続案件に親身に向き合う姿勢が支持される理由だ。

（ライター／斎藤紘）

中村明税理士事務所
なかむらあきらぜいりしじむしょ

042-546-1832
nakamura-office@mx5.alpha-web.ne.jp
㊟ 東京都昭島市田中町1-23-10-102

Nakamura Akira
Certified Tax Accountant Office
中村明税理士事務所

代表
栗川善隆 さん

大学卒業後、住宅会社や建築資材商社で勤務。行政書士の国家資格を取得して『行政書士くりかわ事務所』開設。東京大学市民後見人養成講座修了。特定行政書士、終活アドバイザー、不動産後見アドバイザー。

「生前事務委任」
財政管理が十分にできる時から本人に代わって、財産管理を行う契約。
「死後事務委任」
生前のご希望に沿って、供養・財産整理などを行う契約。
（共に公正証書で契約を締結します）

終活・遺言・相続について無料相談を定期的に開催。詳しくは、ホームページを。

終活の様々な課題を最善の着地点に導く 認知症増加を視野に成年後見の利用促す

遺言書作成や相続等も支援 仕事で塗らぬく周到な手順

「とりかかる前の準備、完了までのロードマップの設定、進捗状況のチェック、躊躇ない軌道修正」

『行政書士くりかわ事務所』代表の栗川善隆さんが仕事で貫いてきたスタンスだ。終活アドバイザーとして、遺言書作成、財産や家財の相続、処分、認知症に備えた成年後見、お墓などの死後事務など加速する高齢化とともに増える悩みや困りごとなど様々な相談のサポートでもこの姿勢で最善の着地点に導く。中でも、厚労省の推計で認知症高齢者が2025年には、約700万人に達するとされる状況を視野に入れて利用を促すのが成年後見制度だ。

「認知症で判断力が不十分な人の財産管理などを家庭裁判所が選任した後見人がサポートするのが法定後見制度ですが、2022年のデータでは制度利用者は潜在的な後見ニーズのわずか2％にすぎません。任意後見を含めた成年後見制度全体を活用すれば、財産管理や法律行為などを行うことができます」

遺言書については、遺言書の起案、事前調査及び資料の収集、公正証書遺言の証人、遺産の調査、相続人の調査まで対応が可能だ。（ライター／斎藤紘）

行政書士 **くりかわ事務所**
くりかわじむしょ

☎ 03-6915-8766
✉ kurikawa.gyosei@yahoo.co.jp
㊟ 東京都練馬区早宮3-8-8
https://office-kurikawa.com/

所長
光山隆士 さん

一般の会社を退職後、司法書士を目指して東大阪市の司法書士事務所で働きながら試験勉強、2013年に合格し、登録。2019年にこの事務所の後を継ぎ、『光山司法書士事務所』として始動。税理士や弁護士とも連携し、多様な事案に対応。

司法書士　登録番号大阪第4216号　認定番号第1312131号

義務化された相続登記を権限生かし支援
戸籍謄本などの必要資料の収集等も代行

法改正の趣旨の理解を促す未登記の問題点などを指摘

民法・不動産登記法の改正で、相続した不動産の名義を被相続人から相続人に変更する相続登記が2024年4月から義務化された。戸籍謄本等の資料収集や遺産分割協議書の作成などの厄介な作業を伴うこの手続きで頼りにされるのが、登記の専門家である『光山司法書士事務所』所長の光山隆士さんだ。法改正の趣旨や登記しない場合の問題点などのわかりやすい解説、包括的なサポートが支持される理由だ。

「相続登記が義務化には、所有者がわからない土地が全国で増加し、周辺環境の悪化や民間取引・公共事業の阻害が生じるなどの社会問題になっています。原則、相続で不動産の取得を知った日から3年以内に正当な理由がなく登記手続きをしないと10万円以下の過料が科される可能性があります。また、相続登記をしなければ、法定相続分を超える部分について所有権を主張できないなどのデメリットもあります」

光山さんの相続登記の支援は、戸籍謄本などの相続に必要な書類収集、遺産分割協議書の作成、不動産の所在地を管轄する法務局への申請からその後の活用などの相談までカバーする。（ライター／斎藤紘）

光山司法書士事務所
みつやましほうしょしじむしょ

☎ 06-6732-4326
✉ qqkd6tb9k@air.ocn.ne.jp
㊟ 大阪府東大阪市高井田元町1-12-22

JR・近鉄河内永和駅より徒歩約5分。

代表
池田和人 さん

技術士(化学部門・総合技術監理部門)。化学コンビナートでプラント屋として長年キャリアを積み、現在は『池田和人技術士事務所』を経営。大阪府立大学大学院(現大阪公立大学大学院)工学研究科修了。工学修士。

企業のプロジェクト指導過程など利用し人材の育成に専門知識を惜しみなく提供

「一石二鳥」を実現 仕事をして人も育てる

技術士は、技術者にとって最も権威ある国家資格である。『池田和人技術士事務所』代表の池田和人さんは、総合技術監理部門と化学部門の技術士で、プロセス開発、プラント設計、生産技術、技術ライセンス、プロジェクト業務などに長年携わってきた。落ち込んだ日本の経済を復興させるために、企業指導や若手育成に力を注ぐ。カーボンニュートラルもデジタル化も実行するのは「人」。人が育てば社会が育ち国が育つ。池田さんは仕事をしながら人を豊かに育てることを得意とする。

若者たちが守備型の人間関係を克服し、チームワークで仕事を前進させるための方策として、「プロジェクトの創設」がある。部門を超えたプロジェクト員たちが、ホワイトボードを前に本音で技術論を展開し、価値ある友人関係を築いたならば、その人たちが将来大きな利益を生み出してくれるかもしれない。池田さんは、人を豊かに育てながら、自らも仕事を行う。

池田さんは、大学や個人向けセミナーだけでなく、企業団体様向けのセミナーも行っている。セミナー題材は複数あるので、同事務所のホームページで確認を。

(ライター/斎藤紘)

池田和人技術士事務所
いけだかずとぎじゅつしじむしょ

090-9890-4559
spuk3vz9@outlook.com
(住) 三重県四日市市滝川町16-2-501
https://www.kazuto-ikeda.com/

こちらからも
検索できます。

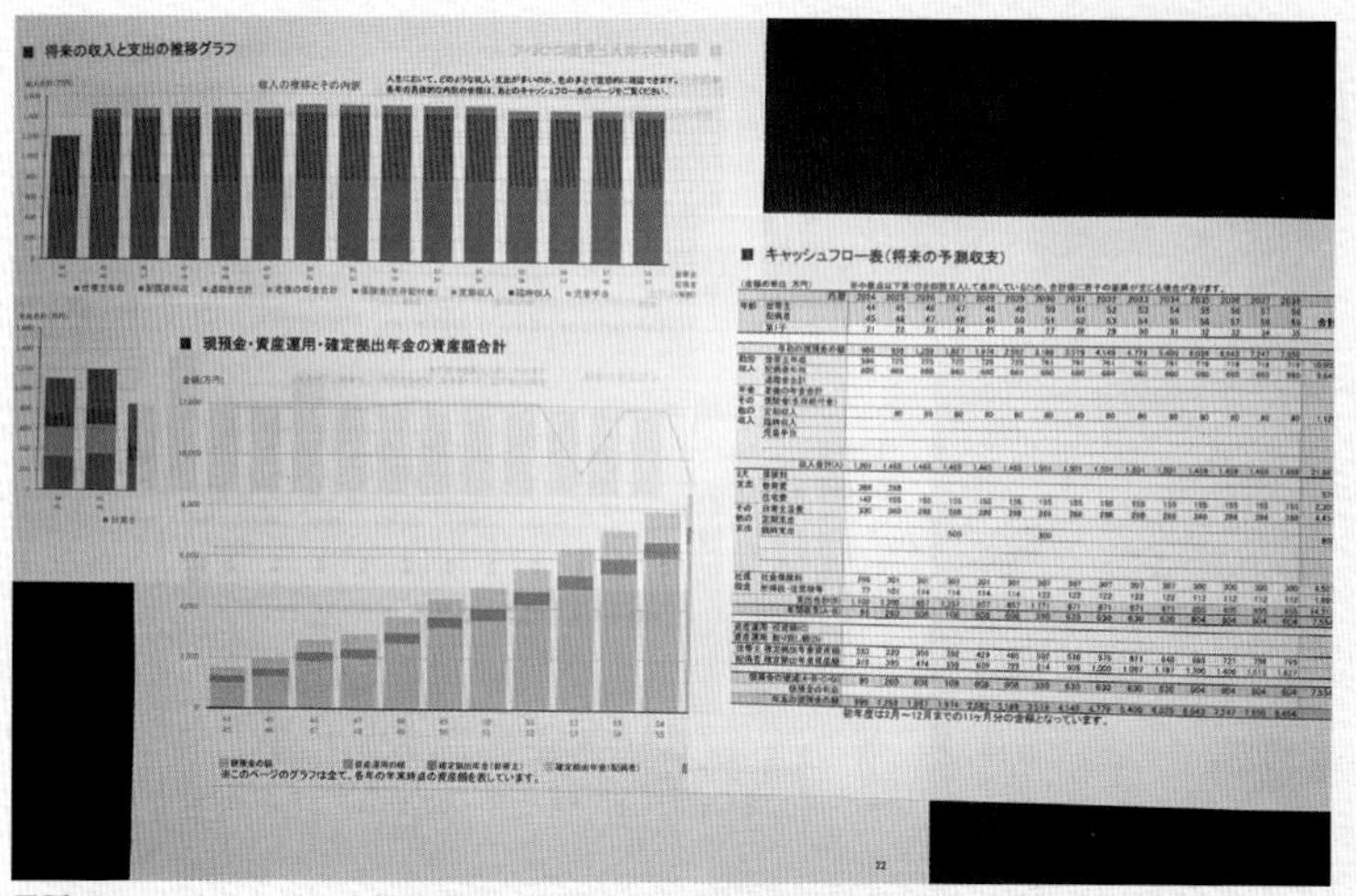

電話、Zoomまたはメールでも相談可能。 相談料 1時間 2,200円（税込）（20:00～22:00）

代表
赤塚道子 さん

看護師とFPの資格を活かし、お客様の経済状況や健康面を考慮したライフプランニングや生活相談支援を実施。約2年間で80人以上の実績。医療事務。ケアマネージャー。糖尿病療養指導士。認定心理士。終活アドバイザー。

現役看護師FPによるライフプラン作成 お金と健康の両方から支援

安心して暮らすために 不安な心に寄り添いサポート

現役の看護師としても活躍するFPが一人ひとりの健康とお金の事情に寄り添ったライフプランを作成してくれる『三毛猫ジジFP事務所』。代表の赤塚道子さんは、コロナ禍で減収して通院が難しくなり、持病が悪化した状態で来院される患者さんを目の当たりにし、安心して暮らしていくためには健康だけでなくお金の知識の支援も必要と感じ、2021年にFP資格を取得した。

「ライフプランシミュレーション」の作成では、自分だけでなく大切なペットを含めた家族でのライフプランの作成なども可能。キャッシュフロー表や貯蓄残高の推移グラフを用いて、今後の人生でのお金の流れを可視化することができる。また、対面やオンラインツールを利用したお金や健康面に関する相談では、奨学金や教育ローン、資産形成の相談や病気で休職したときの対応、健康診断結果に関する相談など幅広い対応を行う。

お金や健康の事情は、それぞれ違うからこそ、一人ひとりに寄り添った丁寧な対応が必要。将来を見据えて対策しておくことで、今後の人生を少しでも安心して暮らせるようにサポートする。

（ライター／彩未）

三毛猫ジジFP事務所
みけねこジジエフピーじむしょ

090-7862-8404
mikegigi@mint.or.jp
㊟ 三重県津市高野尾町4632-1
https://三毛猫ジジFP事務所.コム /

こちらからも
検索できます。

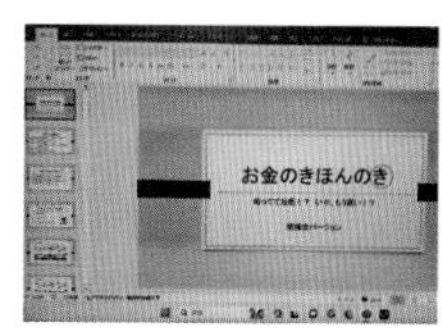

勉強会の資料。

初回相談無料。年間相談料 10,000円(税込)

事務的な
手続き。
家族が死亡したとき、
何をしなければいけないの？
手続きはどこでできるの？
家族が
死亡したときの手続き
自宅の名義変更は誰に頼むの？
相続財産は自由にわけて大丈夫？
相続税の申告は必要？
肩書きで終わらせない
ファイナンシャルプランナー
相続に関する
手続き。

『マンガでわかる
肩書きで終わらせない
ファイナンシャル
プランナー「FP」』

代表
渡辺美智代 さん

ファイナンシャルプランナー、終活カウンセラー。家計、保険、介護、相続、住宅関連の相談まで幅広く対応し、弁護士・税理士などの士業、不動産会社などとの連携により、より確実なアドバイスを提供している。

暮らしとお金の悩みをまるごとお任せ
豊富な知識と人脈が武器の頼れるFP

誕生から相続まで
人生における様々な悩みに対応

神奈川県横須賀市で暮らしやお金に関するお悩みを持つ方をサポートする『オフィスまみぃ』。代表の渡辺美智代さんは、人と人、企業と企業、親と子、事業の継承など、「つなぐ想い」を大切にアドバイス。ファイナンシャルプランナーや終活カウンセラーとしての専門的なサービスを提供するだけでなく、弁護士、税理士、司法書士、行政書士、社会保険労務士などの士業、不動産会社、介護施設、葬儀会社などとの連携により、M&A、不動産売却、介護施設入居、樹木葬や海洋散骨、遺品整理などにも対応。リラックスした雰囲気の中で悩みや希望をしっかりと把握し、現状の問題を解決するためのアドバイスや情報提供、今後の変化やトラブルに備えた対策などを行う。

また、起業を目指すママやファイナンシャルプランナー資格を活用できていない方への支援、各企業からの顧問FP依頼にも対応。豊富な知識と人脈が武器の頼れるFP。適切な情報提供とアドバイスをして貰える心強い存在だ。

(ライター／彩未)

オフィスまみぃ

080-2203-7154
mami.w0106@gmail.com
㊟ 神奈川県横須賀市汐入町2-44-1 汐入エスハイツ101
https://office-mami.jp/

「Branders」 https://brown957160.studio.site/

代表取締役
松村純之介 さん

26歳の時に運送会社で稼いでためたお金をもとにダイニングバーを開いたものの約1年で閉店、再起を目指し約10年会社勤めした後、2022年8月に独立し、『株式会社イーストアジアジャパン』設立、代表取締役に就任。

リユース需要に応えブランド品事業展開 知名度高めたインフルエンサー支援事業

オンライン買取依頼に対応 支援事業所を実店舗に併設

「リユースが重視される時代にお役に立てれば幸い」と、中古の軽自動車販売に加え、今人気のハイブランド品の販売・買取事業「Branders」に力を入れているのが『イーストアジアジャパン』代表取締役の松村純之介さんだ。オンラインを利用した買取依頼にも対応する。

「Branders」でこれまで買い取って販売しているのは、LOUIS VUITTON や ROLEX、CHANEL、PRADA などのバッグやデニム、スマホケースなど様々。プロ鑑定士が厳正に査定したものだ。オンライン買取依頼は、ブランド名と商品型番、状態を記入して送信、同社が送料を負担して買い取る仕組みで、遠方からも依頼できる便利さだ。

もう一つ、松村さんが注目された事業がある。SNSでトレンド情報を発信するインフルエンサーをサポートする事業所を中古車販売店に併設したことだ。若い姉弟の二人組インフルエンサーが国内外で撮ってきたおもしろ動画を YouTube などにアップ、自動車という必需品とSNSという新たな必需品の結合が知名度アップにつながった。

（ライター／斎藤紘）

株式会社 イーストアジアジャパン

☎ 011-668-8080
✉ company@east-asia-japan.com
㊟ 北海道札幌市西区宮の沢4条3-16-29
https://www.east-asia-japan.com/

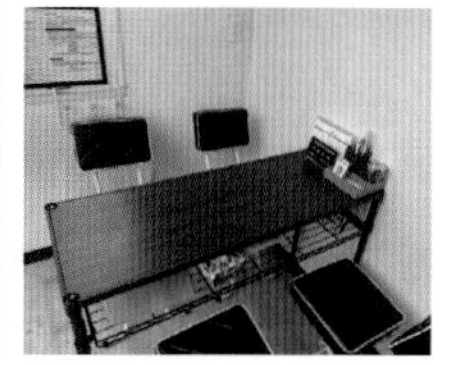

利用シーンに応じて選べる2モデル

Liquidjet（自動液体噴出装置）

電池寿命長持ち
より多くの方に
LJ-01

手のひらサイズで
もっと身近に
LJ-02

OPTION
日本製 made in JAPAN
様々なニーズに対応する多彩なオプションもご用意!
どちらも特許取得済

ひょうご新商品調達認定制度 認定商品

手をかざして感染予防

代表
庄司進 さん

確かな知識と開発力、柔軟な発想に基づいた商品を創り続け、多数の特許を取得。独自性の高い商品の開発で「兵庫県発明賞」「近畿地方発明奨励賞」などを受賞し、高い評価を得ている。

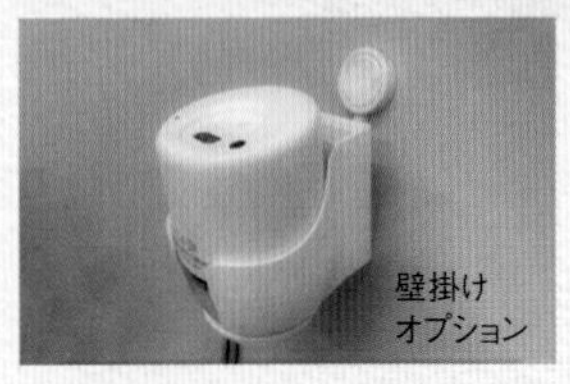

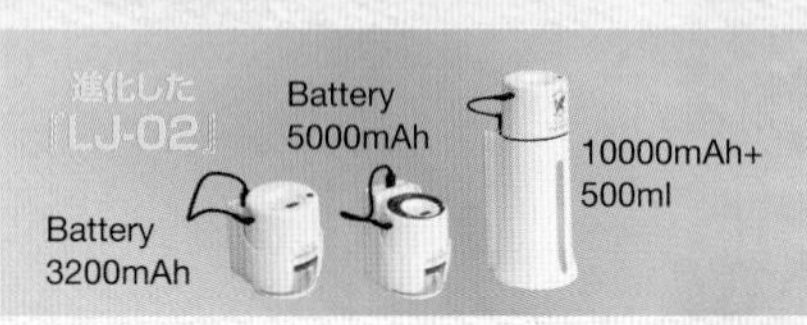

バッテリーオプション。24時間充電で長時間利用が可能に。

装置に手をかざすだけで素早く除菌 非接触型上向き自動液体噴出装置

すんなり馴染む スタイリッシュデザイン

「神戸発・優れた技術」に認定された『ライズテック株式会社』代表取締役の庄司進さんは、手をかざすことでセンサーが感知し、上向きに液体が噴出して手指に消毒液を塗布することができる非接触型・上向き自動液体噴出装置『LiquidJet』を開発し、販売している。特許取得済の独自技術で上向きに適量の液体を噴射するため、液垂れの心配がなく、お手入れも簡単。無駄が少なく経済的だ。コンパクト設計で、置くだけで手軽に設置できるので家庭用やオフィス、ホテル、官公庁、学校、飲食店などにも導入が進んでいる。

丸みを帯びたスタイリッシュなデザインが好評の『CplusLJ-02』は、単3乾電池とUSBの2WAY方式対応なので、電源の有無を気にせず設置可能。屋内はもちろん、アウトドアやイベントなど屋外の使用にもオススメ。また、オフィスや医療機関などの公共の場にすんなり馴染むキューブタイプ『LJ-01』も人気。

手をかざすだけで装置に触らずに消毒できる『LiquidJet』で素早くキレイに。細菌やウイルス感染予防対策のマストアイテムだ。

（ライター／彩未）

ライズテック 株式会社

✆ 078-652-1229
✉ info@risezero.co.jp
㊟ 兵庫県神戸市長田区苅藻通り7-4-27 別棟2F
https://risezero.co.jp/

こちらからも
検索できます。

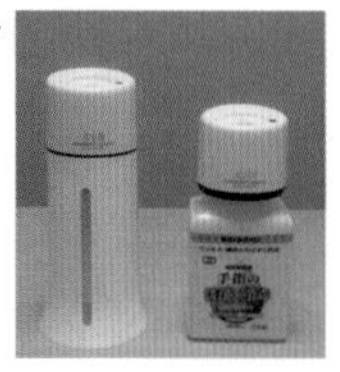
市販の消毒ボトルにも装着できる。

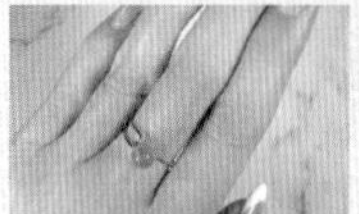
『縁結びリング』（グレーオニキス）

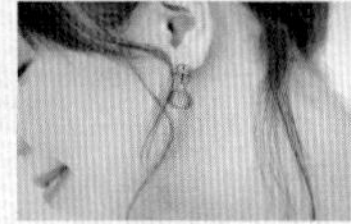
『縁結びピアス』（ターコイズ）

『縁結びブレスレッド』（グレーオニキスチャーム付き）

『縁結びネックレス』（カラーチェンジフローライト×クリスタル）

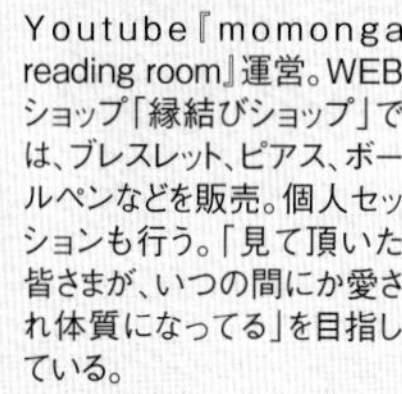

主宰
momonga さん

Youtube『momonga reading room』運営。WEBショップ「縁結びショップ」では、ブレスレット、ピアス、ボールペンなどを販売。個人セッションも行う。「見て頂いた皆さまが、いつの間にか愛され体質になってる」を目指している。

恋愛の悩みをリーディングで解決へ導く すぐに実践できる恋愛成就Youtube

スピリチュアルさ皆無 縁結びアクセサリーも人気

恋愛成就系カードリーダーとして、Youtubeで話題のmomongaさん。「ハッピーな恋愛をして幸せになりたい」という女性から人気を集めている。恋愛に関する様々なテーマで100本以上の動画を公開しているYoutubeチャンネル『momonga reading room』は登録者2万人超え。恋愛に悩む方々から「見るだけではなく、すぐに実践して活用できる内容」と喜びの声が多数。カード3択でリーディングし、悩みや知りたい内容に合わせてカードを選んだ読み取ったアドバイスをすぐに実践できる。サブチャンネルでは、リーディングで出たアドバイスをmomongaさん自身が実践する工程も公開中。実際に出たリーディングを実際にどう活かしていくのかを分かりやすく説明してくれている。また、momongaさんがプロデュースしている大人気のパワーストーンアクセサリーは、毎月完売必至。波動の高い石を厳選して作るアクセサリーは、パワーストーンだとは思えないデザイン性。日常でオシャレに身につけながら、恋愛運アップの効果を期待できる。今後は、多くの方が手軽に自分でリーディングができるようなオリジナルカードも発売予定。

（ライター／播磨杏）

momonga reading room

モモンガ リーディング ルーム

✉ momolis.helpdesk@gmail.com
lin.ee/MyX6It2（公式LINE）
youtube https://www.youtube.com/@momonga.reading/

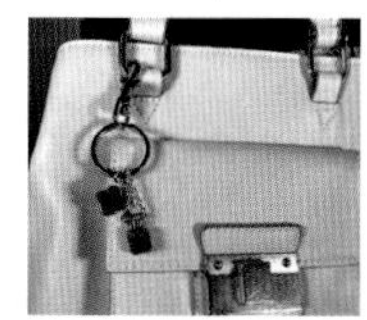
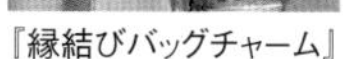
『縁結びバッグチャーム』

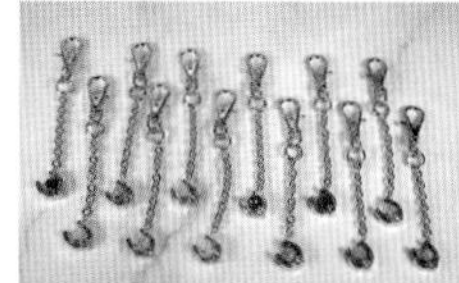
『縁結びキーホルダー（誕生石）』

代表
黒田晃生 さん

金融機関で16年勤務後、独立。現在は結婚アドバイザーとしてマネ活と婚活で幸せを掴む結婚をサポートする。上級心理カウンセラー、ブレインアナリスト、四柱推命鑑定士、AFP、証券アナリストなどの資格を保有。

『スタンダードプラン』
登録料 33,000円（税込） 入会金 55,000円（税込）
月会費 16,500円（税込） 成婚料 220,000円（税込）

本当の幸せを掴むためのマネ活&婚活 個別の戦略で希望の結婚したいを叶える

資格を活かしてメンタルから経済面までサポート

日本最大級の日本結婚相談所連盟（IBJ）に登録されている結婚相談所の中でも特に優秀な加盟店に贈られる「IBJ AWARD2023」を受賞し、現在人気急上昇中の『アークエンジェル婚活サポート』。代表の黒田晃生さんは、元金融機関勤務としてこれまで多くの方のお金の悩みを解決してきた。お金の悩みを解決するだけでは本当の幸せにはなれないとマネ活も婚活もサポートする結婚相談所を開業した。上級心理カウンセラーや四柱推命鑑定士、ブレインアナリストなどの資格を活かした的確なアドバイスとサポートを行う。四柱推命により、自分が生まれ持った特性や現在の自分の状況を知り、最適な結婚戦略を提案。会員の悩みや相談を深堀りしながら丁寧に寄り添っている。また、婚活が思うようにいかない時には、自分が無意識にしている行動が原因になっていることも。潜在意識を分析し、マインド改革を行うことで良縁に恵まれるようになる。婚活しながら将来に向けたお金の相談も可能。相手を探すだけでなく、メンタル面や経済面など総合的にサポートし、本気で結婚を考える方が幸せな結婚をできるように導いている。

（ライター／彩未）

アークエンジェル 婚活サポート

070-8597-5491
info@archangel-ksp.com
㊟ 東京都新宿区新宿1-36-2
https://archangel-ksp.com/

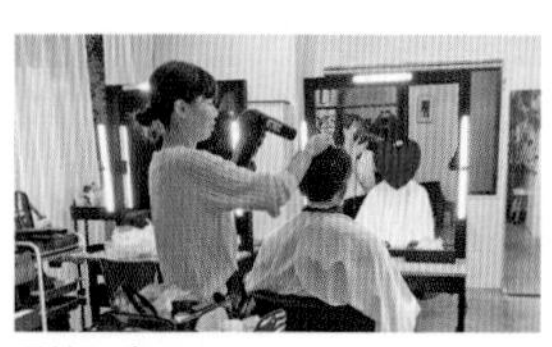

男性もプロにメイクとヘアセット。

Orque lien

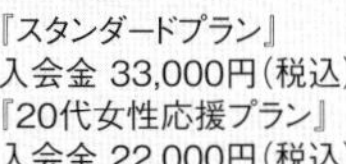

『スタンダードプラン』
入会金 33,000円(税込)
『20代女性応援プラン』
入会金 22,000円(税込)

代表
白藤由香 さん

会社員時代から社内外で婚活の相談に乗り、ご縁を繋ぐお手伝いをしてきた。働きながらの婚活の大変さも熟知しており、皆様の気持ちに寄り添い、自分事と捉え全力でサポート。「ただの出会いではなく、結婚する気持ちの強い人たちに出会える」のが結婚相談所のメリット。

結婚に繋がる運命の出会いは 会員数と実績を誇るカウンセラーに

婚活初心者も安心 専任カウンセラーがサポート

愛知県豊田市の結婚相談所『Orque lien』は、「日本結婚相談所連盟(IBJ)」の正規加盟店で、会員数は約85855名(2023年11月時点)。圧倒的な規模の中から経験豊富なカウンセラーの仲人とAIによるデータマッチングを組み合わせたハイブリット型のシステムで、スムーズに運命の人に出会うことができる。

学歴・資格、収入など厳格な入会審査を受けた会員のみが登録されているので安心・安全。提携スタジオでは、プロのカメラマンとヘアメイクによって魅力を最大限に引き出した写真を撮影してくれる。プロフィール作成から定期面談、プロポーズや両家へのご挨拶、婚約まで徹底的にサポート。

代表の白藤由香さんのモットーは、「会員様が良いご縁に巡り合えるよう常に自分事と捉え全力でサポートする」こと。一人ひとりに寄り添い、不安を解消しながらそれぞれの魅力を引き出して幸せな結婚へと導いてくれる。仲人同士による個別のご縁組みも好評。

愛知県のみならず出張面談、オンラインサポートも受けられるので、全国各地から相談が可能だ。

(ライター/播磨杏)

結婚相談所 **Orque lien**
オルクリアン

070-9035-5388
info@orquelien.com
住 愛知県豊田市下林町1-3-3
http://www.orquelien.com/
orque_lien_konkatsu

こちらからも
検索できます。

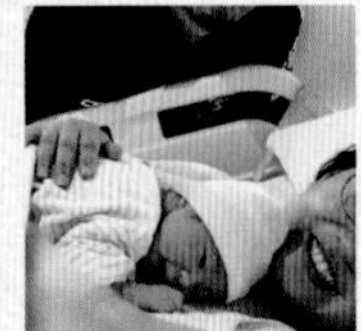

産後直後。

産後ヨガ
レッスン

グループ
レッスン

代表
いのくちさちこ さん

総合病院にて勤務後、産婦人科に看護師として勤務しながらマタニティyoga講師として活動。ベビママヨガ、産後ヨガのインストラクターを取得し、2019年『Ma.makana』を起業。

『井口式 満たされ 安産メソッド』
（安産講座、マタニティ安産ヨガレッスン）
90分～ 7,000円（税込）～
『安産に強いインストラクター養成講座』（Zoom、ビデオ）
初級～ 12,000円（税込）～
『マタニティ安産ヨガインストラクター養成講座』
12,000円（税込）～　など。

陣痛8割カットの安産メソッドを伝授
「満たされるお産」へ導く講座&ヨガ教室

10年以上追及した
妊娠～出産～産後まで

心も体も「満たされるお産」へ導く『Ma.makana』は、妊娠中から安産を作り上げることに力を注ぐ4人のママ看護師が追求して仕上げた『井口式満たされ安産メソッド』をレクチャー。妊娠中のむくみ、腰痛、体の重さ、疲労感などのトラブルがない状態を目指し、妊娠しても心身ともに健康で楽しく、幸せを感じられる日々を送れるようサポートしている。『安産講座』では、陣痛を8割以上カットした上で、赤ちゃんとの繋がりを深く感じられるお産方法を伝授。産後もヨガの講座などで育児がより楽しくなるお手伝いをしてくれる。さちこさんが同教室を始めたのは、「妊娠中を自分らしく楽しめる日常、愛おしい貴重な時間」にすることで、「お産中も赤ちゃんを愛おしく想える時間」が増えることも伝えたいと考えたからだという。

「産後は出産で、出産は妊娠中に作られます。産後の幸せ状態は、妊娠中から作られます。夫婦の関係も妊娠中から作られます。家族の幸せ豊かな状態は妊娠中からつくられ、出産が岐路になると思っています。ママも赤ちゃんも出産、陣痛の時を何度も思い出したくなるような愛おしくて幸せを感じるものになってほしいです」（ライター／播磨杏）

美活・幸活・安産 YOGA教室 **Ma.makana**

マ・マカナ

080-5336-5484
ma.makana.yoga@gmail.com
㊟ 富山県南砺市宗守575-13
https://mamakanayoga.wixsite.com/sachiko/
@sachiko_anzan　@869jpbux

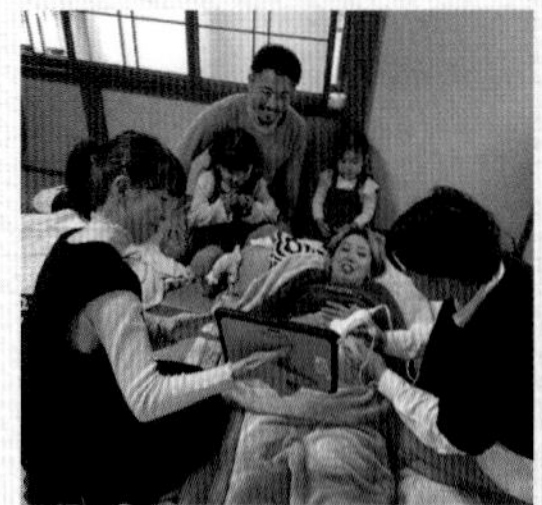
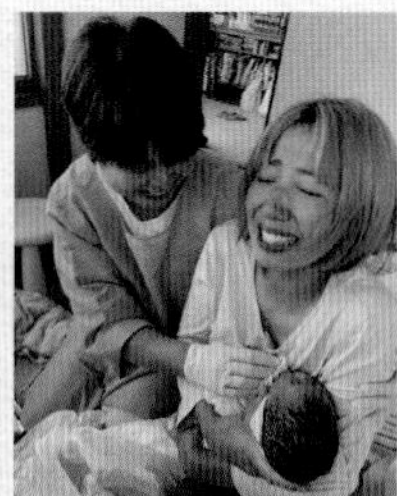

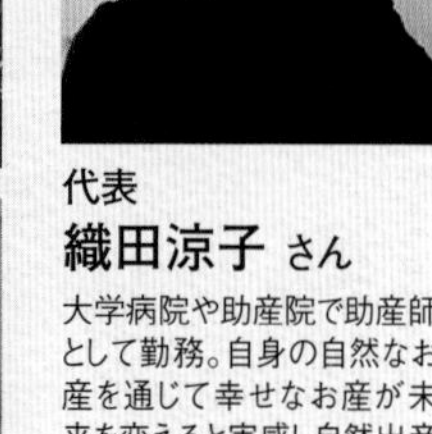

代表
織田涼子 さん

大学病院や助産院で助産師として勤務。自身の自然なお産を通じて幸せなお産が未来を変えると実感し自然出産の極みである自宅出産サポートを2021年に開業。5児のママとしての経験を活かし、ママと赤ちゃんが笑顔で過ごせるようにお手伝いする。

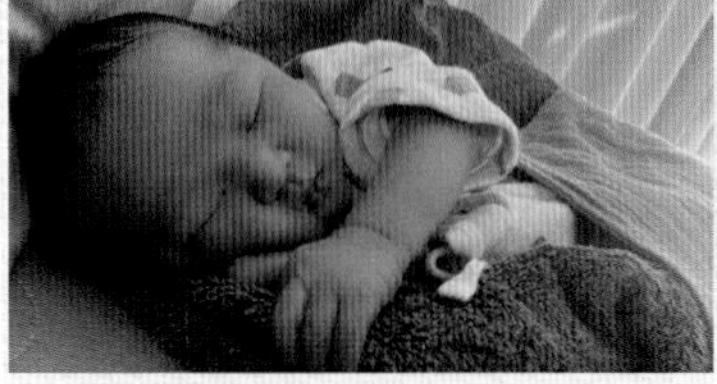
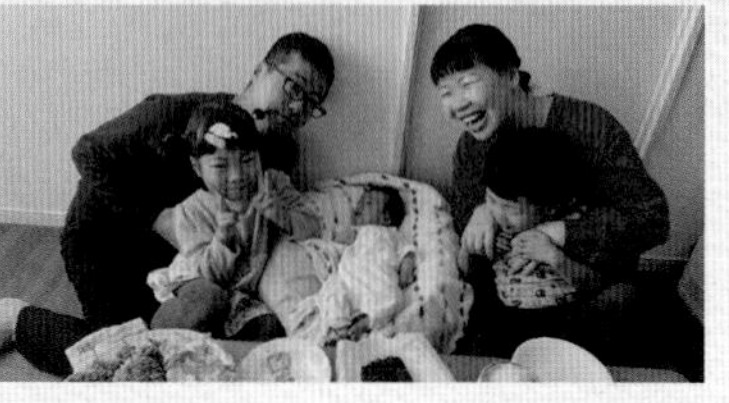

『自宅出産』600,000円（税込）前後
『個別相談』（妊娠、妊娠中の心と体のオーダーメイド相談）12,000円（税込）〜

世界一幸せな出産を目指して 自宅で赤ちゃんを笑顔で迎えるために

自宅でも安心・安全に出産 妊娠中・出産・産後まで寄り添う

「一番安心できる自宅でリラックスして産みたい」と考える女性の潜在的な力を引き出し、世界一幸せな出産ができるようにサポートする『Natural Barth Support Smile』。代表の織田涼子さんは、大学病院や助産院で数多くのお産をサポートしてきた経験豊富な助産師だ。

妊娠中は、提携している病院と助産師による定期的な検診を受けながら、胎児とママの経過を観察。医療機関と連携しながら、自宅で安心・安全に出産することができる。出産後は4〜5日目までは毎日自宅へ訪問し、授乳指導、乳房マッサージ、赤ちゃんのチェック、ママのからだ相談、沐浴など親身に寄り添う。赤ちゃんと生活していく上での不安や心配、悩み事はメールや電話、Zoomで相談可能なのも安心だ。家族みんなで新しい命の誕生に向き合うからこそ、パパには自然と家族を守りたいという想いが芽生え、お兄ちゃんやお姉ちゃんは新たな命の誕生を体験する貴重な場に。

長年の豊富な経験による的確なサポートと医療機関と連携した万全の体制で、「世界一幸せなお産」を提供する。

（ライター／彩未）

Natural Barth Support Smile

ナチュラル バース サポート スマイル

090-9268-4650
ryoko5mama@gmail.com
住 東京都杉並区
https://naturalbirthsupportsmile.hp.peraichi.com/
@natural_birth_support_smile

『産前産後ケア』1時間コース 2,000円（税込） 3時間コース 5,000円（税込）
『プレコンセプションケアcooking lesson』
60～120分 プライベートレッスン 5,000円（税込） グループレッスン 一人3,000円（税込）など。

代表
渡邉美智 さん

20年以上助産師として産前産後の女性に寄り添う中で「保健師や心理士、保育士、調理師などの専門職と共働でママと赤ちゃんの力になりたい」と考え、2022年開業。すべての女性が笑顔でいられるようサポート。

「Women's Health Care」
産前産後ケアステーション

すべての女性が幸せになれるお手伝い

子育て中の方だけでなく、いつかお母さんになりたい方、更年期に悩むゆらぎ世代の方など、すべての方が笑顔でいられるようサポートする『産前産後ケアステーションPonee』。助産師や保育士、心理士がご自宅に伺う「産前産後ケアコース」では、慣れない育児や出産に奮闘する子育て中の方が安心して育児するためのお手伝いをする。沐浴や授乳の仕方、発育測定、子育て中の悩み相談などの他、妊婦検診や歯医者、美容院、買い物などに出かける際の兄姉のシッティングにも対応。いつかお母さんになりたいと考える若い世代には、「プレコンセプションケア」がオススメだ。料理の基本やコツを学んだり、適正体重の維持や運動習慣の確立、ストレスコーピングなど、質が高く健康的な生活を送れるようサポートする。また、助産師や心理士などによるオンラインカウンセリングも好評。生理や妊娠出産、育児の悩み、仕事と育児の両立、更年期の悩みなどを直接専門家に相談できる。すべての方に寄り添い、みんな笑顔でいられる「EveryoneSmiles」を目指す。

（ライター／彩未）

産前産後ケアステーション **Ponee**
ポニー

078-594-7540
ponee2022@outlook.jp
㊟ 兵庫県神戸市北区北五葉1-6-16
https://ponee-smile2022.hp.peraichi.com/
@ponee2022

こちらからも
検索できます。

代表
小林ともみ さん

「まず楽しむ。それから、毎日の生活に浸透させる。そしてその先へ」をコンセプトに千葉県を中心に5教室運営。コミュニケーション力だけでなく、自己肯定感・効力感を育み、国際舞台で活躍できる人間形成を行う。

『英語育児&英語絵本多読クラス』
1回 90分+質疑応答　7,700円（税込）／月
『キッズBBカードクラス』（ビギナー 60分、スタンダード 80分）
4,400円〜6,600円（税込）／月
『親子de英語レッスン』（現地60分、オンライン45分+復習動画付）
1,250円（税込）／1回など。

子ども・親・講師三位一体で楽しむ英語
英語×絵本で、未来と可能性を広げる

「楽しい」の先にある学び
国際化社会で輝く子どもへ

『Twinkle-Twinkle Stars English 親子英語クラブ』は、知識の先取りではなく真の力を育てることをコンセプトとした親子英語クラブ。子ども・親・講師が三位一体となりながら、学力の土台となる「観察力・思考力・表現力・行動力」を絵本で、「勉強の仕方・考え方・芯のある実践力」を英語で磨いていく。英語レッスンでは、認めて、自信をつけて、自ら考える力を育てられるように静と動をふんだんに使い、積極性・周りを見極める力・分析力・行動力などに働きかける。

『Twinkle-Twinkle Stars』が大切にしているのは「英語をまず楽しむ」こと。独自のカリキュラムで、親も子どもも「楽しい」から続けられる。その継続の力で無理なく真の力を身につけることができる。絵本講座では、読み方や選び方などもサポート。親子の笑顔を増やし、活気をもたらしてくれる。個性を大事にしながら家族一人ひとりが生き生き輝く毎日へ導くのが絵本のパワー。忙しいママたちの心をリフレッシュするひと時としても活用されている。また、発達相談、不登校支援など子育てに関してのサポートも行っている。

（ライター／播磨杏）

Twinkle-Twinkle Stars English 親子英語クラブ
トゥインクル - トゥインクル スター イングリッシュ

✉ tomomi@ttstars.net
㊟ 千葉県千葉市稲毛区作草部1-26-1-607
https://ttstars.net/
@twinkletwinklestarsenglish

毎日が楽しい！を不動にし、
子どもが自らキラキラ輝くために…
Twinkle-Twinkle Stars English

「2015愛知都市緑化フェア屋内展示ディレクター」

「2018メッセナゴヤ ブースデザイン」

「愛知県立高校和太鼓部法被デザイン」

代表
丸山泰輔 さん

愛知県立旭丘高校美術科卒。名古屋造形短期大学プロダクトデザイン課卒。大手自動車メーカーでミニバンなどのスタイリング、インテリアデザインに従事。退職後、広告代理店のディレクターとして活躍。1999年独立、起業。

モノやコトの魅力をデザインで見える化 ブランディングで際立つ芸術的なセンス

商品プロモーションに効果 揮毫による和モダンが魅了

『アートコンサルタント丸山事務所』代表の丸山泰輔さんは、感性をくすぐる個性豊かなデザインでブランディングや商品プロモーションなどをサポートするクリエイティブディレクターだ。パッケージや看板、イルミネーション、壁面広告、ランドスケープのデザイン、国際規模の博覧会のディレクション、地域テーマパークの機関誌編集まで手がけた仕事から浮かび上がるのは芸術的センスと商業的センスだ。

中でも好評なのが、様々な書体の揮毫と墨絵に彩色を施す水彩画による和モダンのデザイン。和菓子のパッケージ、料亭の看板、お品書き、祭半纏、前掛けなどに採用され、洗練された美しさで魅了した。花卉業界に強いのも特長で、花や植物のプロモーションの展開、イベントブースデザインや花と植物の販売用ワゴンのデザインも手がける。

「モノ、コトの魅力を最大限に引き出し、見える化するのが私の仕事」という丸山さん。名古屋の老舗和菓子店のブランディングマネージャーや東京・銀座のデパートの進物専用毛筆担当も務める。

（ライター／斎藤紘）

アートコンサルタント丸山事務所

アートコンサルタントまるやまじむしょ

090-3467-6649
tai1115@zm.commufa.jp
㊓ 愛知県名古屋市守山区廿軒屋1-8ヴィルヌーヴ103
http://www.art-maruyama.com/
https://eranos-japan.com/

「アイスクリームパッケージ」

代表取締役社長
及川千津 さん

早稲田大学文学部卒。1991年日本テレビ入社。プロデューサーとして数々の番組を手掛ける。通販事業部に移り、テレビ通販の企画、商品開発で何十億円もの売り上げ達成。2018年独立、『株式会社ビズボランテ』設立。

人気タレントが消費者目線で商品品定め おもしろさで関心を集めるエンタメ通販

消費者も販売元も喜ぶ構成 マーケティング効果は明白

テレビ通販のスタイルを一変させたレジェンドとして化粧品業界などから熱視線を浴びる女性経営者がいる。『株式会社ビズボランテ』代表取締役社長の及川千津さん。人気トークバラエティ「メレンゲの気持ち」などを生み出した元日テレプロデューサーだ。通販事業部時代にトークバラエティとテレビ通販を融合させた『エンタメ通販』という新たなスタイルを確立、独立後もその可能性を広げる事業で存在感を高めている。

「一般的なテレビ通販は、企業広告そのままに展開しますが、『エンタメ通販』はMCを務める人気タレントが消費者目線で商品を品定めし、そのおもしろさで商品に対する消費者の関心を高めていく手法です」

放送中の久本雅美の「シンデレラ通販」、Matt Rose の「電波独占!! Matt 様のお買い物 韓国コスメLIVEコマースTV」、坂上忍の「坂上商店」を見ればマーケティング効果は明白だ。及川さんは、『エンタメ通販』の企画、商品選定、放送枠買取、番組制作、コールセンター、商品倉庫、配送までカバーする業界初のフレームワークも構築した。

（ライター／斎藤紘）

株式会社 ビズボランテ

03-3797-3333
inf.biz@bizvolante.com
㊟ 東京都渋谷区渋谷2-9-8 日総第25ビル701
https://bizvolante.com/

Bizvolante

主宰
宍戸理恵 さん

ピアノ講師。音楽教育・音楽療法家。全日本ピアノ指導者協会指導者会員。全国音楽療法協会理事。日本ことば療法学会委員。第2回堀田喜久男賞受賞。第41回知立文化奨励賞受賞。

『月3～4回コース』40分 8,000円（税込）～　『月2回コース』40分 6,000円（税込）～
『中学校音楽期末テスト対策』40分 1回 3,000円（税込）～

個人に合わせた的確な指導で素敵な演奏 音楽が人生を豊かにする心の友に

14種類の音楽と教育に関する資格保有

『SiSiDo Music room』では、ピアノがその人に寄り添う人生の友となるように、初心者から上級者まで個人に合わせたレッスンを行っている。長期で通う生徒も多く、弾く曲にあった奏法で音楽を作り、素敵な演奏を目指しており、全国大会出場者、合唱伴奏者や音大進学者を多数輩出する。主宰の宍戸理恵さんは、小・中学校教諭や専門学校講師、その他多様な現場で講師経験を重ね、音楽や教育に関する資格を14種類保有している。チェロ奏者の村井さんと乳幼児親子や学校鑑賞会、マタニティ、3世代対象などのコンサートに取り組んでおり、ピアノとチェロ、その他の楽器による素敵な演奏で多くの方を楽しませている。また、一般社団法人発達支援協会よりことばの遅れのあるお子様の発語を促す「ことばの音楽療法（堀田喜久男メソッド）」の指導者育成やセミナー、各種講習会講師も行う。さらに、著書『♪知育音楽あそびうた（絵／TAKAKO）』やリトミック、楽器を使った音楽遊びを体験できるワークショップなど精力的に活躍する宍戸さんの今後の活動にも注目が集まる。（ライター／彩未）

SiSiDo Music room
シシド ミュージック ルーム

✉ sisidoremi22@gmail.com
㊟ 愛知県岡崎市戸崎町
https://sisidomusic.jimdofree.com/

こちらからも
検索できます。

代表
新田いつ子 さん

初めて楽器に触れるところから、本格的な演奏活動まで丁寧に指導。一人ひとりに合わせて人前で演奏するための心構えや、身近な発表会に向けてのアドバイスなど幅広く伝授。

『フルートレッスン、ピアノ:アンサンブル』1回 40分×月3回 月額 8,000円(税込)

フルート、ピアノ、アンサンブルがメインの広島のアットホームな音楽教室

小さなお子様から大人まで楽しみながら実力が身に付く

東広島市の『音楽教室ちゅうりっぷ』はフルート、ピアノ、アンサンブルのレッスンを得意とする小さなお子様から大人まで幅広い層が通うアットホームな教室。小さな子どもも楽しくレッスンができるよう、シールを使って一つひとつステップを褒めて気持ちを高めていくなど心のこもった工夫が評判を呼んでいる。音遊びからはじめ、知らないうちに音楽の勉強に入っていくというカリキュラム。楽しみながらも本格的な技術が身につき、学校で伴奏者に選ばれたり、吹奏楽部の部長になったり、音楽大学に進学したりなど生徒の実力はしっかりと伸び、成果を出している。大人の方も、同じように小さな芽を着実に伸ばし、一輪の花が咲くようにしっかりサポート。経験者の方は、好きな曲や学びたいところから一人ひとりに合わせてオリジナルでレッスンを作成する。

代表の新田いつ子さんは、息子さんが所属する中学生のバスケットボールチーム「VOLTAGE.」もサポート。バスケ部のない学校に通う中学生たちを応援している。音楽と子どもを愛する温かく優しい新田さんの人柄も大きな魅力だ。

(ライター/播磨杏)

音楽教室 **ちゅうりっぷ**

☎ 090-8717-1168
✉ tulip@ppaakkaa.com
㊟ 広島県東広島市西条町御薗宇
(詳細はお問い合わせを)
https://tulip.ppaakkaa.com/

ホームページ

「VOLTAGE.」Instagram

頑張る子どもたちを応援。中学生バスケットボールクラブ「VOLTAGE.」

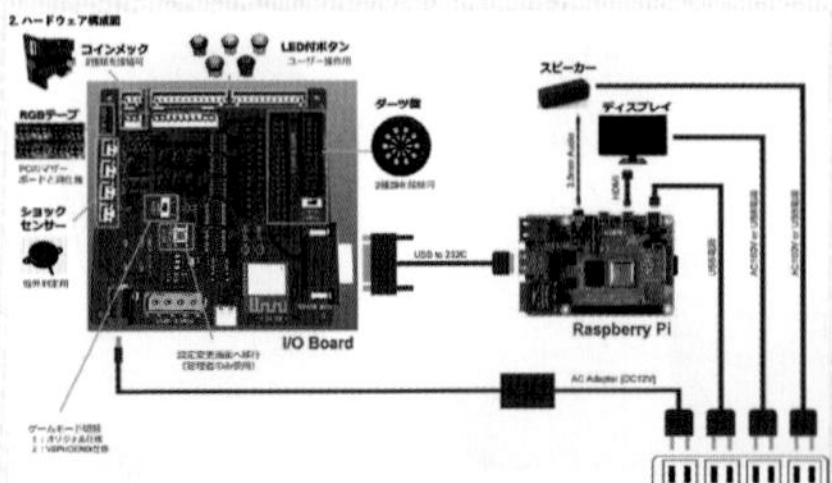

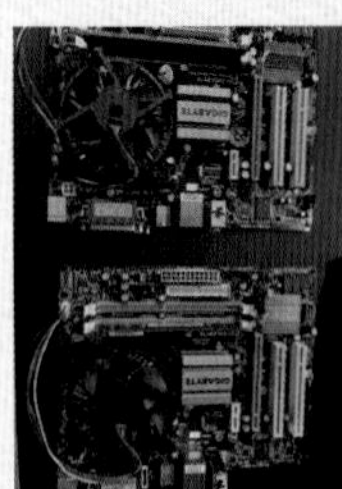

代表
川端司 さん

15年ほど自動車部品製造会社に従事。飲食業に従事した際、ダーツマシンの仕組みに興味を抱き、独学で仕組みを理解。部品の製造やマシン修理、マシンのカスタマイズ、新たなマシンの開発などを手掛けている。

北海道札幌発オリジナルブランド 自由度の高いダーツ

自作の部品で修理からダーツ事業へ転身

北海道札幌市で業務用ダーツマシンの販売やリース、マシン修理、オリジナルマシンの開発などを行う『合同会社ワンワールド』が手掛けるオリジナルダーツブランド『シーサーダーツシステム』が、オリジナルダーツマシンプログラムを開発中だ。代表の川端司さんは、自動車部品を製造する会社に15年間勤務した後、飲食の小売業者に就職し、営業先の店舗でダーツマシンの仕組みに興味を抱いて独学で機構を理解した。ダーツマシンは壊れるまで長年使用する方が多く、故障して修理する時にメーカーから部品を調達することが難しい。そこで、ダーツマシンの仕組みを理解していた川端さんは、マシンに合う部品の作成や修理を始めた。これまではオリジナルの筐体に他社製のプログラムを組み込んでダーツマシンを造っていたが、ダーツマシンを構成する部品の自由度がないなどの不都合を解消するために、独自のプログラムやシステム構成を一から開発。『シーサーダーツシステム』が提供するオリジナルダーツマシンは、2024年6月にリリース予定。これまでのダーツ事業に加えて、新たなマシンの開発や発売にも力を入れていく。

（ライター／彩未）

合同会社 **ワンワールド**

090-3770-0183
HPのお問い合わせフォームより
㊟ 北海道札幌市北区北20条5-2-1
https://www.one-world-1.com/

こちらからも
検索できます。

SHISA DARTS SYSTEM

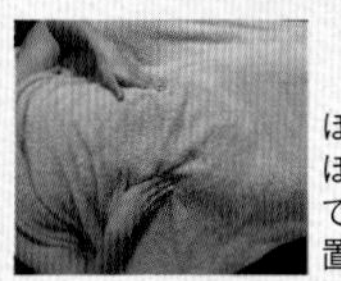

ほんの30秒ほどの施術で正常な位置に。

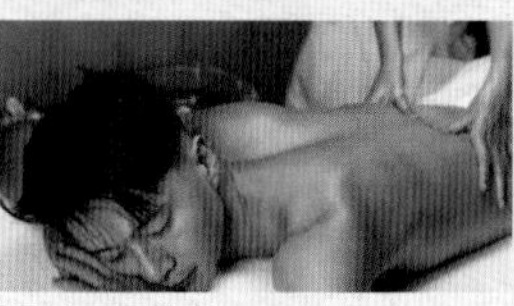

『筋膜リリース+調整+もみほぐし』初回限定 90分 9,000円（税込）
『フェイシャルW炭酸コース』初回限定 70分 5,500円（税込）
『調整+もみほぐし+全身リンパドレナージュ』
初回限定 180分 11,000円（税込）

『男性用調整+もみほぐし』
初回限定 70分 5,500円（税込）
『男性用筋膜リリース+調整+もみほぐし』
初回限定 120分 12,000円（税込）

オーナー
東雅子 さん

日本エステティック協会認定エステティシャン。アロマ環境協会アロマテラピー検定一級。お客様と一緒に楽しみながら美を追求。女性の美しさを内面と外面の両方からアプローチすることを目指している。

NLP資格保持者が悩身体も癒す 頑張る女性を応援するエステシャン

筋膜や骨の位置 リンパにアプローチ

頑張る女性の心と体を癒す愛知県のプライベートサロン『Angel』は、オーナーが東雅子さんの深い知識と経験による効果重視の施術が人気を集めている。

身体的コースのほか、アメリカの手法「ニューロン・ランゲージプログラム」（NLP）の資格も保持しており、身体だけではなく、「NLPコーチング」や「ヒプノセラピー」で、心の悩みを相談することもできる。

器具を使わず、オールハンドで丁寧に微調整しながら行う『筋膜リリース』は、筋膜を少しずつ伸ばしながら様々な痛みや不調を改善。『美容調整』では、外反母趾や腰痛、肩こりなど一人ひとりの悩みに合わせて、背骨をまっすぐにし、頭蓋骨の形も整え、小顔になると評判。リンパを流して老廃物を除去しながら身体をスッキリさせる『リンパドレナージュ』に『美容調整』の組み合わせるセットコースがおオススメ。

女性専用サロンだが、夕方からは男性専用として受けつけているので、仕事で疲れた身体を癒してくれる。ぜひ、男性の方も受けてみては。

（ライター／播磨杏）

エステサロン **Angel**
エンジェル

✆ 0586-85-8858
✉ beauty_salon_angel@yahoo.co.jp
㊟ 愛知県一宮市新生2-7-4 コーポあゆ201
http://www.angel-hand.com/

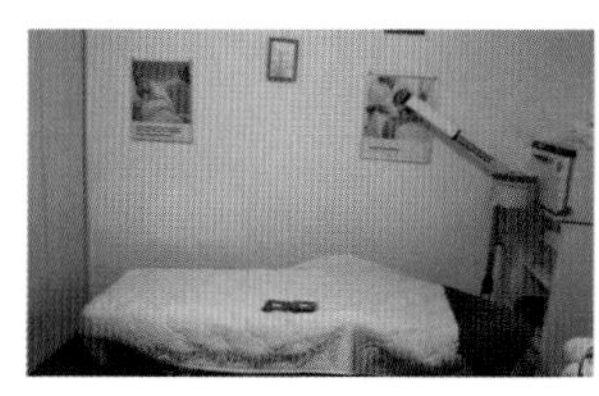

『ニューロン・ランゲージ・プログラム（NLP）』でストレスや悩みも解消。

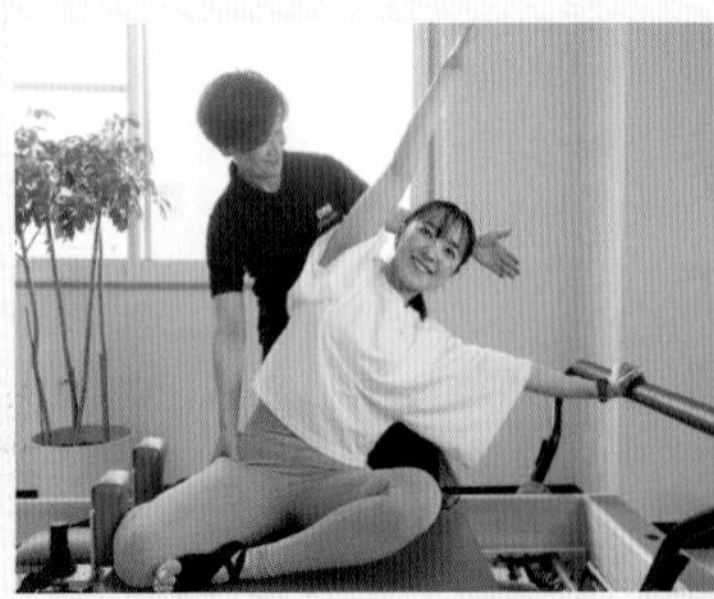

「マシンピラティス」

「ピラティスリング」

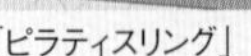

「ストレッチポール」

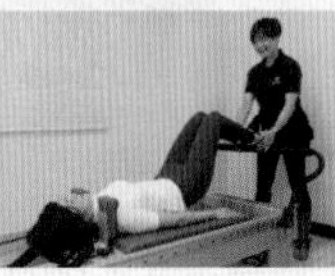

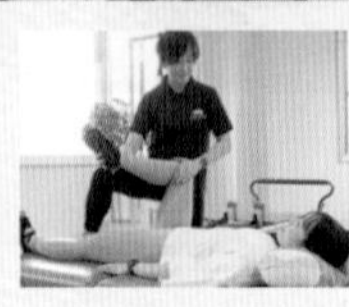

代表
橋本めぐみ さん

大学の体育科卒。エアロビクスインストラクターとして大手スポーツクラブで勤務。理学療法士の資格を取得し、股関節専門の病院でリハビリを担当。札幌外科記念病院リハビリテーション部門元顧問（2022年4月まで）、日本医療大学非常勤講師。

股関節の不調改善を目指すケアスタジオ 術前術後のリハビリを担当した経験活用

リハビリ難民の力になりたいと開設

北海道札幌市の『BodyRenovation』は、体重を支えたり、歩いたりするのに重要な役目を果たす股関節の不調や痛みの予防改善に特化したケアスタジオだ。理学療法士の国家資格を取得して股関節専門の病院で術前術後のリハビリを数多く担当してきた代表の橋本めぐみさんの専門知識と経験に裏付けられた丁寧な指導を求めて、変形性股関節症などの手術を受けた人やボディメイクやパフォーマンス向上を目指すアスリートなども訪れる。

「病院のリハビリ期間が終わった後もリハビリを続けたいけど、どうすればいいかわからないといったリハビリ難民の方を数多く目の当たりにして、そういう方々のお力になりたいと思いから当スタジオを開きました。スタッフは全員が理学療法士であり、フィットネス指導経験者なので、個人やグループで筋力トレーニングをはじめとするコンディショニングを楽しく安全に継続できるようにサポートします」

スタジオには、リハビリ患者の筋力やバランス能力などの機能改善のために開発された本格的なピラティスマシンが完備されている。（ライター／斎藤紘）

合同会社 **Body Renovation**
ボディ リノベーション

011-688-8087
body.renov15@gmail.com
㊟ 北海道札幌市中央区大通西28-1-2
https://www.bodyrenovation.co.jp/

手のひらは、触れることで自然治癒力を引き出す。
心身の緊張をほぐし、自律神経を整える。
『手もみ教室』3ヵ月 54,780円（税込）

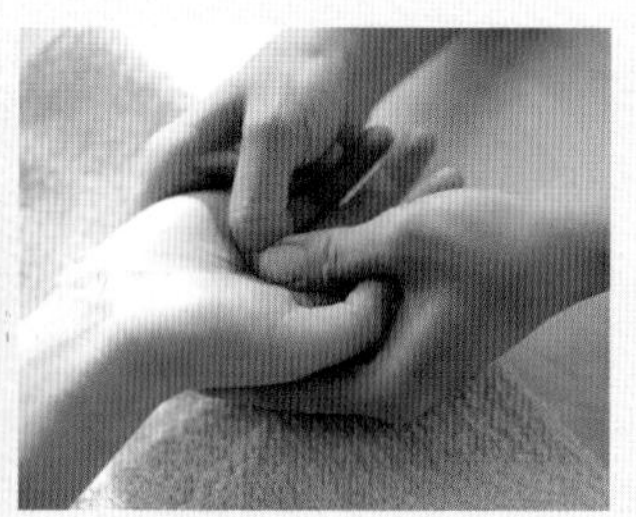

『たった7秒! もむだけであらゆる不調が解消する手もみ大全』

代表・手もみセラピスト
音琶麗菜 さん

手もみセラピーに出会い、頭痛や生理痛などの症状が嘘のようになくなり、世の中に広めたいと強く感じた。自身の不妊経験を活かし、妊活専門の手もみセラピストとして妊活中の方の気持ちに丁寧に寄り添う。

たった7秒、手のひらを押すだけ 手もみセラピーで体調改善&病気予防

手を見るだけでSOSを感じ健康になる手もみセラピー

手のひらを押して離すだけで手軽に心身をケアできると話題の手もみセラピーを学べる『手もみ教室』。手のひらには、神経を通して身体の各器官や内臓と繋がっている反射区があり、身体がSOSを発している部分は反射区が白くなったり、固くなったり、シワが深くなるなどの変化が見られ、その部分を手で押すことで自分の身体の不調を改善したり、病気の予防をすることが可能だという。自律神経を整え、身体がぽかぽかと温まり、疲労回復や痛みの緩和、ストレスや不安の軽減、アンチエイジング効果などの効果を得られる。

薬に頼らずに健康を目指す『手もみ教室3ヵ月コース』や4ヵ月で自然妊娠を目指す『しあわせ妊活スクール』、女性ホルモンを自分で整える『ヘルスケア講座』『60分個別セッション』など、自分の目的にあったコースを選ぶことができる。LINE限定で5日間無料の『手もみセラピー入門講座』で試してから本格的に学ぶのもオススメ。いつでもどこでも好きなタイミングでできる手もみセラピーをマスターし、自分らしく楽しい毎日を過ごしてみては。

（ライター／彩未）

手もみ教室

てもみきょうしつ

株式会社 ベストバースデー

050-8890-8874
3110.hitomi.1209@gmail.com
住 群馬県前橋市東金丸町31-6
https://best-birthday-2021.com/
@hitomi_saito.1209

こちらからも
検索できます。

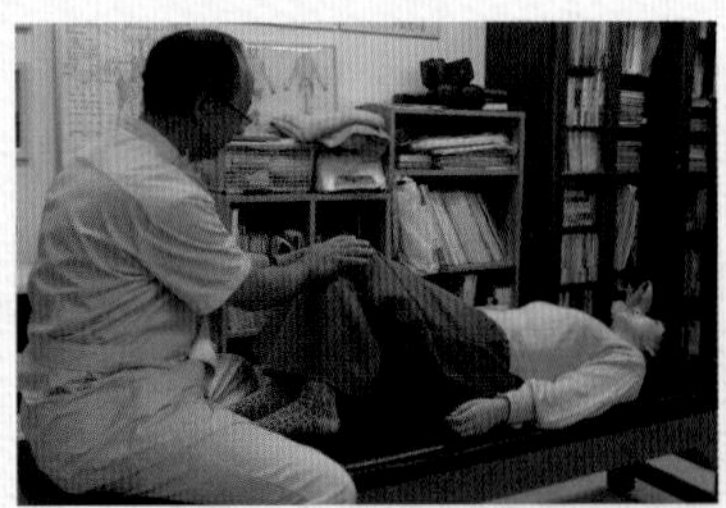

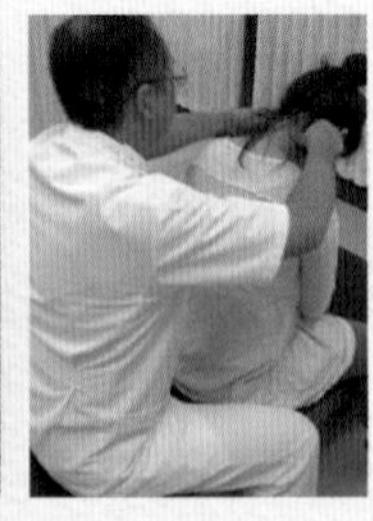

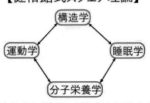

院長
坂本裕明 さん

国際医療福祉大学保健学部放射線・情報科学科卒。診療放射線技師の国家資格取得。救急病院などで勤務。上咽頭がんを克服、2012年『健裕館宇都宮療術院』開業。提携先クリニックで非常勤の診療放射線技師としても勤務。

【健裕館式スクエア理論】

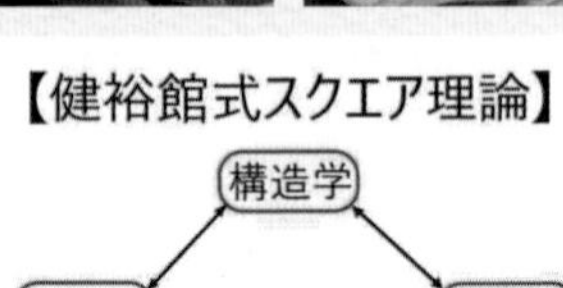

小さな刺激で最大の効果を発揮する施術法!
総合診療医学会の単位を持つハイブリッド治療家!!!

体・心・魂に働きかける施術法 自然治癒力を最大限高める

「施術の結果を顕在意識ではっきりと認識していただくことで、自然治癒力を最大限まで高めていく」

様々な整体技法で体の痛みや不調を改善に導く『宇都宮クリニカル整体 健裕館』院長の坂本裕明さんが施術で貫く信念だ。診療放射線技師として医療機械メーカーで働く中で患ったステージ3のがんを克服、「人の健康に貢献したい」と国内外の整体技法を研究、修得して療術界に転じた異色の治療家。生態構造学、運動学、分子栄養学、睡眠学を統合した「健裕館式スクエア理論」に基づいて施術する。

「仮に最適な施術でこりや痛みが大元から改善へと向かっていても、成果を顕在意識で認識できないと、自然治癒力の活性化は半減してしまいます。当院では毎回どのくらい施術によって痛みやこりが軽減したのか、しっかり感じていただくことを大切に施術しています」

代表的な施術法は、Body（体）、Heart（心）、Spiritual&Soul（魂）に働きかけることを大切にしたBHS療法。手技によって身体のエネルギーラインを通し、細胞や血流、筋肉、組織に変化を起こし、不調を改善へ導く手法だ。

（ライター／斎藤紘）

宇都宮クリニカル整体 健裕館
うつのみやクリニカルせいたい けんゆうかん

028-612-2836
kenyukan.u@gmail.com
住 栃木県宇都宮市中戸祭1-14-9 石塚コーポ1F
https://kenyukan-utsunomiya.com/

こちらからも
検索できます。

皆様に健康で裕(ゆたか)な人生を提供する
宇都宮クリニカル整体 健裕館
(旧：健裕館宇都宮療術院)

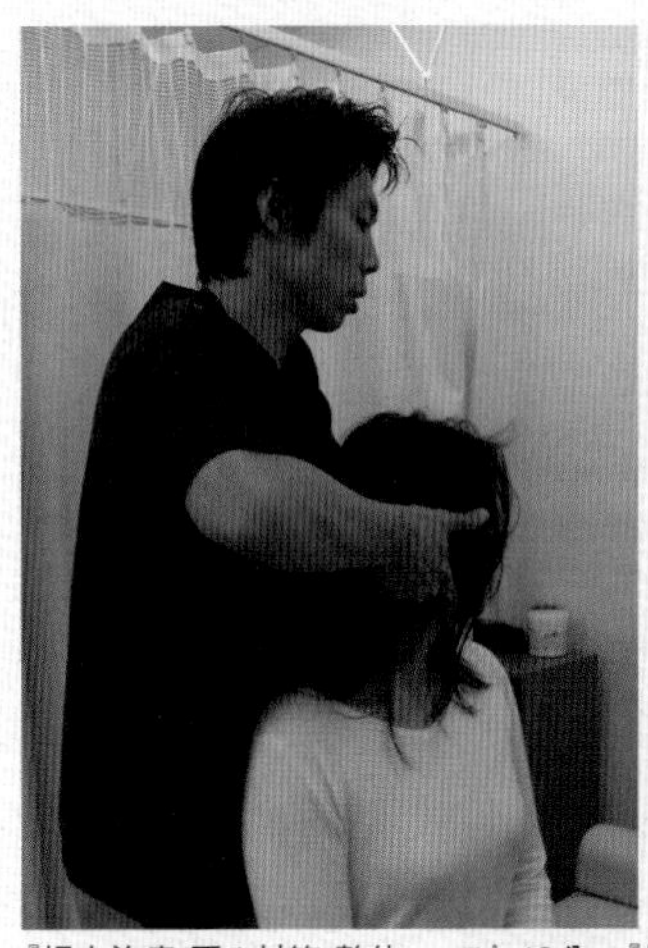

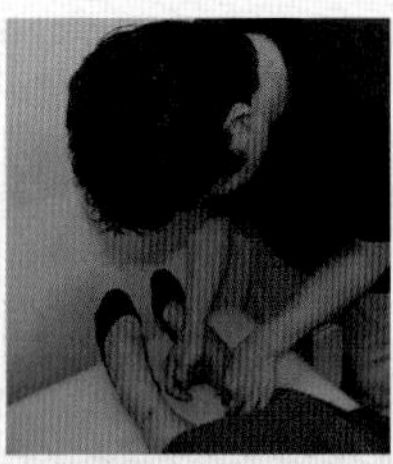

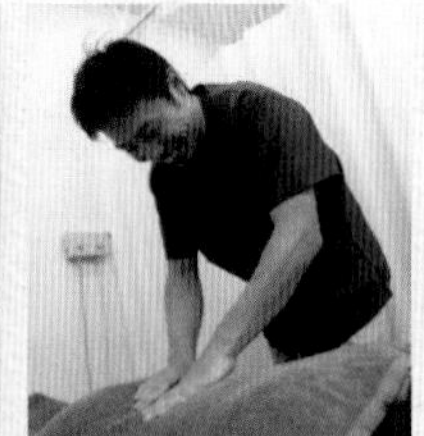

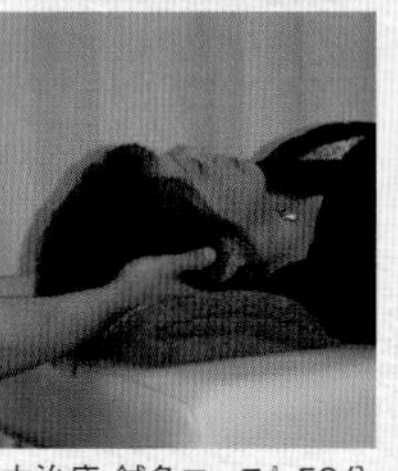

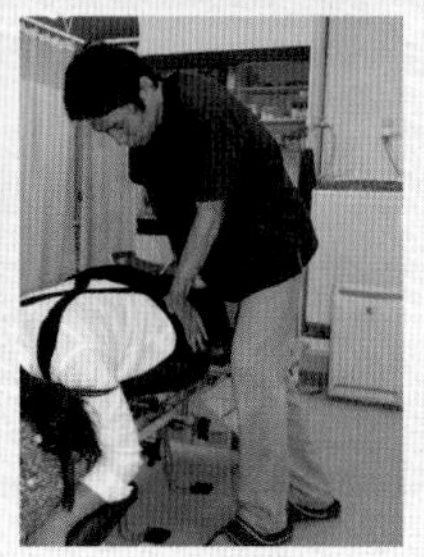

『根本治療・歪み対策・整体コース』40分　『根本治療・鍼灸コース』50分
『頭蓋・自律神経調整』60分

院長
堀越直樹 さん

国家資格を持ち、数多くの技術と知識を持ち合わせる整体のスペシャリスト。国家資格取得者のみのスタッフを厳選したプロ集団を率いる。すべての症状に対応できるよう多数の治療法を扱う『ゆいま〜るはり灸整骨院』を開業。

整体・骨盤矯正・自立神経や筋肉の調整 オーダーメイド無痛治療で根本から解決

施術は国家資格取得者が担当 入谷駅すぐの優良整体院

『ゆいま〜るはり灸整骨院』は、一般的な整骨院のようにひとつの技術に頼るのではなく、骨盤矯正・整体・鍼灸・頭蓋骨調整など、数多くのあらゆる整体技術と知識を駆使して施術を行う整骨院。頭痛や肩こり、腰痛などの慢性的な悩みから、不妊治療、交通事故治療、女性特有の悩みやアトピー、うつなど様々な不調に各国家資格取得者の専門家が対応する。

院長の堀越直樹さんは、「とにかく純粋に身体を治療するのが大好き」と話す国家資格所持の身体のスペシャリスト。堀越さんこだわり施術は、歪みの原因を根本的な部分から改善する「整体」、身体の主軸、骨盤のバランスを整える「骨盤矯正」、血液、リンパなど身体を巡る流れを整え、自然治癒力を高める「自立神経・内臓調整」、硬くなった筋肉やそこにかかる痛みを取り除く「筋肉の調整」の四つのアプローチによるオーダーメイド整体。圧倒的な施術効果を誇る無痛整体は、訪れた方の満足度や評判も高く、各メディア雑誌で優良整体院として紹介されたり、大手口コミサイトなどでも注目を集めている。

（ライター／播磨杏）

ゆいま〜るはり灸整骨院

ゆいま〜るしんきゅうせいこついん

03-3841-9099
yui-yui-yuima-ru@cd5.so-net.ne.jp
㊟ 東京都台東区松が谷4-20-10 矢野ビル1F
https://yuiyuiyuima-ru.com/

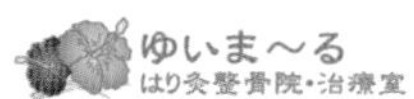

代表
谷口一樹 さん

総フォロワー16万以上の酒好きトレーナーとして、美容ドクター公認のダイエット方法をSNSで発信。ベストセラーダイエット本を出版。スポーツ専門学校栄養学講師。大手フィットネスクラブトレーナー育成講師。

【特典】『7日間ダイエットチャレンジ』11,000円（税込）→ 読者限定で無料。下記QRコードより。

無理なくリバウンド無しでキレイを取り戻す 50代でも10キロ痩せるオンラインダイエット

自分の身体の状態を理解し健康で美しくなりたい女性へ

40代を過ぎた女性は女性ホルモンのバランスが崩れ、心身の体調不良に悩んでいる方も多い。代謝が低下しているため痩せにくく、無理なくリバウンドなしで痩せるためには自分の身体の状態を理解したダイエットを実践する必要がある。基本は食生活の改善と運動を行うが、ダイエットは続けることが難しく挫折してしまう方も多い。

「女性が幸せで笑顔でいれば、まわりも笑顔になれる！」という考えを基に、40〜60代の女性にオンラインを活用したダイエットサポートを行う『ダイエットプラス』。ダイエットマインド専門家の大野ナデシコさんによるセッションでは、モチベーション維持の方法や痩せる自信を取り戻す方法を学び、挫折することなく続けられると好評だ。理学療法士として15年病院勤務経験がある痛み・コリの専門家、けいさんによる運動指導もオススメ。運動習慣がない方や身体に痛みがあってもできるストレッチや簡単な運動からはじめ、無理なく痩せられるように指導してくれる。完全オンラインなのでいつでもどこでも指導を受けられるのも魅力。外見と共に内面も磨き、イキイキとセカンドライフを楽しむ自分を目指す。（ライター／彩未）

ダイエットプラス

合同会社 TunagarU

✉ b0ukenjqqqq@gmail.com
㊟ 東京都中央区銀座1-12-4
https://note.com/b0ukenjqqqq/
◎ @sake.zuki.diet

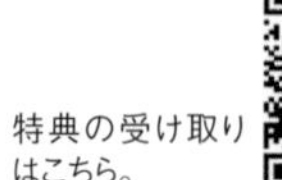

特典の受け取りはこちら。

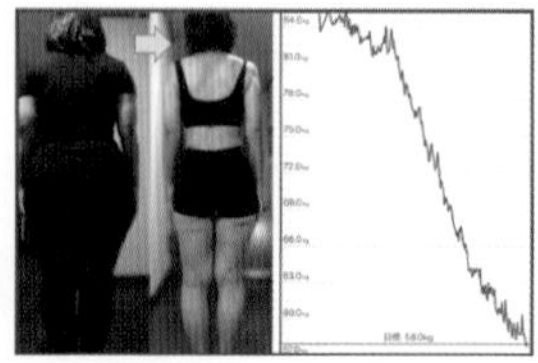

7日間チャレンジをキッカケに3ヵ月で−14kg達成（47歳）

共に歩もう"未来"へ

WE ARE HIRING！

フードデリバリーを中心に
同じ目線で一丸となり、チャレンジ。

代表
小野寺浩司 さん

大手自動車会社や外資系の大手保険会社など様々な業種に携わり、営業を突き詰める中で体を壊し、新たな業界で挑戦してみたいと運送業に転じた後、フードデリバリーサービスの配達業務に特化した『NOTHE WING』設立。

フードデリバリーの配達業務に事業特化 28人の個人事業主にチャンスを提供

個々のニーズに合わせた勤務体制を整備

アプリを介して注文が入った加盟店の料理を指定した場所まで配達するフードデリバリーサービスの利用が拡大する中、配達業務に特化した事業を起こし、成長軌道に乗せたのが『NOTHE WING』代表の小野寺浩司さんだ。一線で配達を担うのは業務委託契約を結んだ28人の個人事業主だが、小野寺さん自身も日々配達員として汗を流す。

「現在は、Uber EatsやWoltといったフードデリバリーサービスを手がけています。スタッフは皆、社員ではなく、社長として各自が意識して笑顔で配達しています。その方が対等な関係で仕事ができるだろうと考えたためです。様々な背景を持ったスタッフがいるので、出社退勤時間も設けず、一人ひとりのニーズに合わせた働き方ができる体制を整えました。例えば、月に40万円稼ぎたいというのであれば、逆算してどれだけ配達すべきなのかが明確にわかるようにしています」

配達車も無償で貸し出ししているので、時間さえあれば働ける環境といい、スタッフ全員に等しくチャンスを提供するスタンスを貫く。

（ライター／斎藤紘）

NOTHE WING

ノース ウイング

070-2301-1592
deraman01@gmail.com
㊟ 北海道札幌市西区山の手三条8-3-4
https://notewing.shiraha.jp/

求人は
こちらから。

『ローストビーフ』ブロック100g 1,280円（税込）～
スライス1パック 980円（税込）～

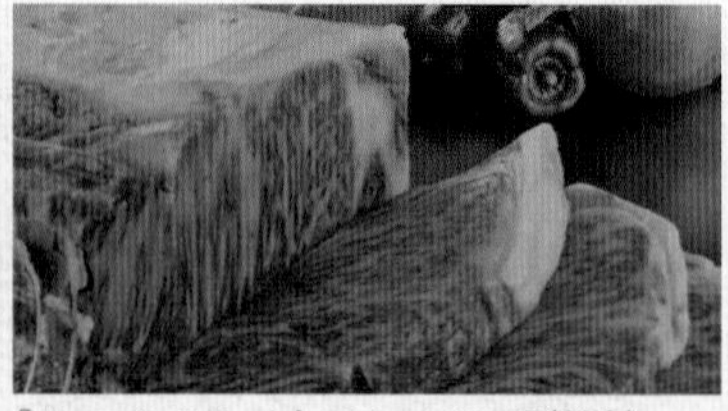
『サーロインステーキ』100g 1,600円（税込）～
『ももステーキ』100g 1,280円（税込）～

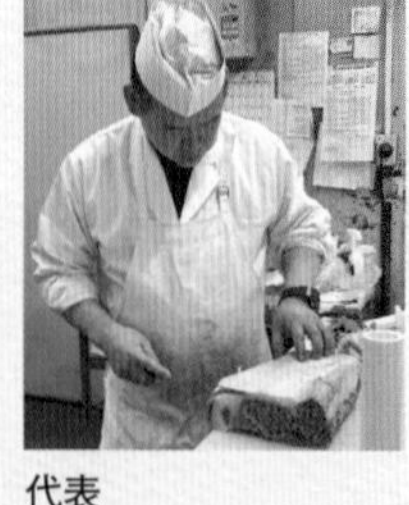
代表
久郷幸生 さん

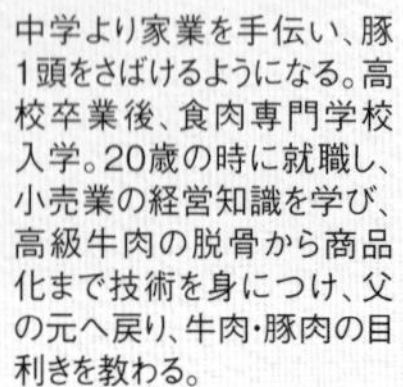
中学より家業を手伝い、豚1頭をさばけるようになる。高校卒業後、食肉専門学校入学。20歳の時に就職し、小売業の経営知識を学び、高級牛肉の脱骨から商品化まで技術を身につけ、父の元へ戻り、牛肉・豚肉の目利きを教わる。

『特選黒毛和牛ローストビーフスライスパック』
1パック 980円（税込）～

熟練職人の目利きと技術力
松阪牛や近江牛のメスのみを一頭買い

手間暇かけたローストビーフ
食卓を彩るこだわりのお肉

東京都駒込の染井銀座商店街で営業している『玉子屋牛肉店』は、創業75年の歴史を誇る精肉販売店。色や艶、キメの細かさなどを自分たちの目でしっかり見極め、納得のいく品質のお肉のみを仕入れている。

同店では、「松阪牛」や「近江牛」などのブランド和牛のメスのみを一頭買いしている。骨抜きや肉の切り方で肉の美味しさや見栄えが決まるため、熟練職人が大きな骨付きの枝肉から骨を取り除きながら、丁寧に切り分ける。昔は骨抜きまで自分たちで行っていたが、現在ではそこまでできる技術力を持った職人は減ってきているという。

「松阪牛」や「近江牛」などの銘柄牛の他、「TOKYOXポーク」や「名古屋コーチン」などの良質なブランド肉も取り扱っており、美味しいお肉をお求めやすい価格で販売していると遠方から足繁く通う方も多い。また、じっくりと手間暇をかけて焼いた『ローストビーフ』も人気。その時に一番美味しい黒毛和牛で調理しているので、お肉の銘柄が異なるのも特長。しっかりとした焼き目のしっとりとした絶品の味わいをぜひ楽しんでみて。

（ライター／彩未）

玉子屋牛肉店
たまごやぎゅうにくてん

03-3917-2439
kintyun_0405@yahoo.co.jp
㊟ 東京都豊島区駒込6-34-1
https://tamagoya-meat.jp/

『蕎麦打ち道具セット』
手打ちそば、こね鉢、包丁、駒板、麺棒、のし板(60㎝四方)打ち方DVDも。500g位まで打てるセット。

代表
稲田隆 さん
そば打ち道具やそば粉セット、そば茶、そば殻などそば関連商品とキクイモ商品、そば殻ジャバラ枕などを販売する通販サイト『座・蕎麦』を運営。「江戸東京そばの会」第48期生。

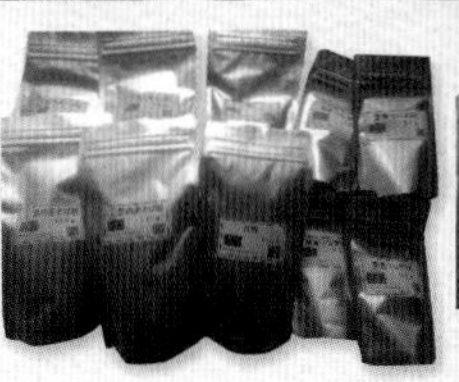

『蕎麦粉』1kgセット

『そば粉』200g、
『打ち粉』150g
『つなぎ粉』50g

『水出しそば茶』
ティーバッグ
14袋入

『そば殻』
5kg 徳用

『そば殻』
1kg

蕎麦打ちを自宅で楽しんでもらいたいと本格的な『蕎麦打ちセット』と『そば粉』を販売

講習で職人育成開業を支援『そば茶』なども販売

数多くの蕎麦職人を輩出してきた「江戸東京そばの会」で修業を積んだ後、「蕎麦打ちを多くの人に楽しんでもらいたい」と、『そば打ち道具セット』『そば粉セット』などを通販サイトで販売し、蕎麦好きから支持を得ているのが『座・蕎麦』代表の稲田隆さんだ。蕎麦打ち技術を伝え、開業も支援する「そば打ち講習」も開催している。

「挽きたて、打ちたて、茹でたてで五感を刺激する、蕎麦打ちのこの醍醐味をご自宅で味わっていただけるのが当店の商品です。一度打ってみれば、香り、味、食感、楽しさを体感していただけるはずです」

『そば打ち道具セット』は、外寸36㎝のこね鉢、そば粉を伸ばす麺台、麺棒、麺切包丁、定規の役割をするこま板から成る本格派。『そば粉セット』はそば粉、打粉、つなぎ粉のセット。通販サイトではこのほか、香ばしい自然食品『そば茶』『そば殻』なども販売している。「そば打ち教室」では、「自宅でも行えることを目指した蕎麦打ち体験コース」として行っている。

(ライター/斎藤紘)

座・蕎麦
ざ・そば

090-5132-4379
info-sp@the-soba.com
㊟ 兵庫県神戸市西区天が岡17-12
http://www.the-soba.com/

こちらから
検索できます

LINEで
お友達追加

そば打ち教室
https://the-soba-school.com/

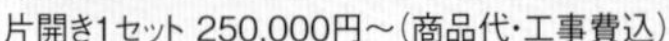

片開き1セット 250,000円～(商品代・工事費込)

代表
髙木仁 さん

2011年よりお客様とねこちゃんが安心・安全に暮らせるお手伝いをスタート。これまでに培った豊富な経験と知識、建具職人としての技術を合わせ、他店では真似できないねこ扉を手がけてきた。これまでに施工した現場は約500件。

オーダーメイドのねこ扉リフォームで猫ちゃんと安心して暮らせる部屋作り

オリジナルデザインが光る愛する家族と暮らす毎日

ねこ脱走防止扉、侵入防止扉、キッチン侵入防止、キャットウォーク、キャットタワーなどのペットリフォームを行う『M.J WORKS』。代表の高木仁さんは、建設現場での肉体労働や飲食店の皿洗いなどを経験しながら、独学で木工技術やデザインを学んだ。ねこ脱走防止とびらをネット販売する企業から工事を頼まれたことをきっかけに『ねこ扉』の制作に携わる。すべてオリジナルデザインで、他社が真似できない仕上がりはすぐに話題を呼び、一般家庭はもちろん大手ハウスメーカーや設計事務所からも依頼を受けるようになった。制作はすべてオーダーメイド。猫の習性や部屋の雰囲気、飼い主の希望に合わせ、一つずつ丁寧に仕上げていく。設置したい場所に枠や壁がない、階段などの形が複雑な場合でも長年の技術と知識で、まるで初めからあったような綺麗な仕上がりになる。

「開閉のスムーズさ、動線を考え抜いた機能、猫の行動を理解した動作加減、元からある収納と干渉しない造り込み、美しいビジュアルなど完成品を使い始め素晴らしさを実感しました」など、喜びの声も多数。

(ライター/播磨杏)

M.J WORKS
エム.ジェイ ワークス

03-6279-6082
mjworks@nekotobira.com
㊟ 東京都世田谷区千歳台6-12-16
https://nekotobira.com/
@m.j_works

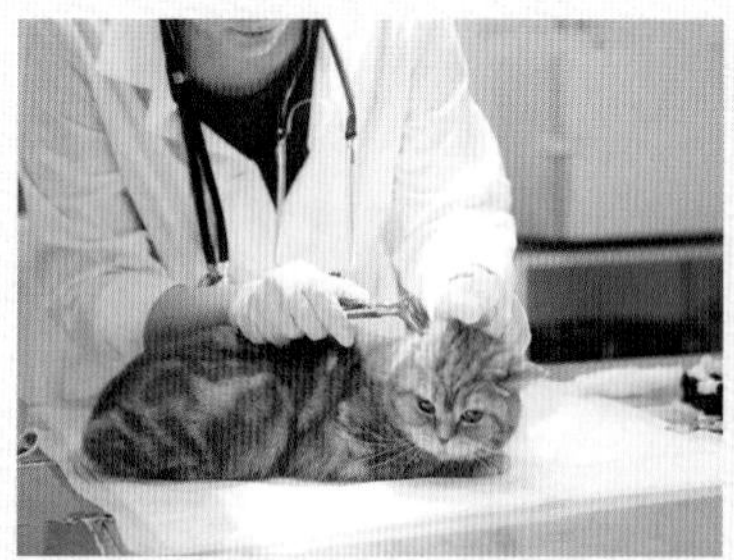
動物とその家族の幸せを守る。

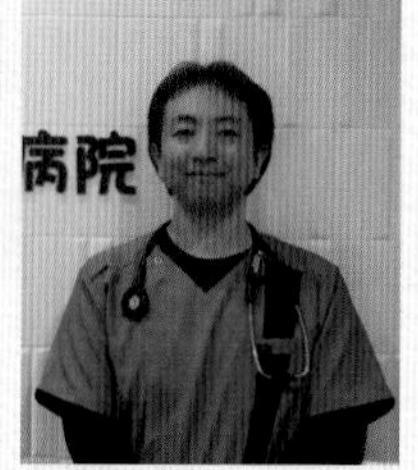

代表
佐々本弘明 さん

酪農学園大学獣医学部卒。獣医師。中の道動物病院で勤務を経て独立。2023年9月に現在の『サンペ動物病院』開業。内科疾患や外科疾患、皮膚疾患、歯科医療など幅広い診療に対応できる。日本獣医循環器学会所属。

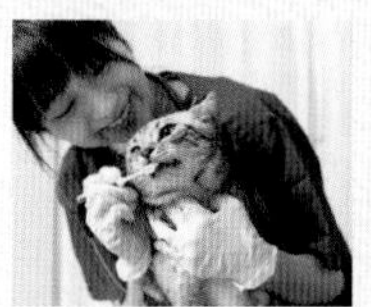

一般内科、一般外科、一般皮膚科、薬浴、歯科医療、健康診断、予防接種など。

動物と家族がずっと幸せに暮らすために幅広い疾患に対応するペットドクター

最新医療機器や豊富な経験 動物が緊張しないように配慮

2023年9月札幌市北区に開業した『サンペ動物病院』は、外科や内科、去勢や避妊、歯科治療、定期検診、予防接種など犬や猫に関するあらゆる悩みや不安を気軽に相談できると信頼される動物病院だ。院長の佐々本弘明さんは、これまでの経験により病気や怪我全般を診察することができる頼れるペットのホームドクター。特に循環器疾患を得意としており、他院で治療が難しいといわれた症状の相談も可能。予防医学にも力を入れており、定期検診や予防接種、寄生虫予防、自宅でできるデンタルケアのアドバイスなども積極的に行う。

待合室と診察室が犬と猫で分かれており、動物たちが緊張せずに院内にいられる雰囲気づくりを心がけ、病院が苦手で怖がりの子でもなるべくストレスを緩和できるように配慮。細かな体調の変化や心配事や困り事などの相談などにも親身な姿勢で寄り添う。臓器を鮮明に移せるハイエンドモデルのエコーなど高性能の医療機器の導入と最新の医療技術、豊富な経験を持つ獣医師をはじめとするスタッフが動物とご家族の健康と幸せを守る。

（ライター／彩未）

サンペ動物病院

サンペどうぶつびょういん

✆ 011-769-2500
㊟ 北海道札幌市北区新琴似7条9-5-8
https://sanpe-ah.com/
@sanpe.animal.hospital

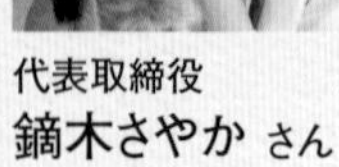

代表取締役
鏑木さやか さん

猫の食事を専門とする獣医師。子どもの頃の猫の死をきっかけに、獣医師となり、その後、犬猫の栄養学を中心に研究。獣医学・栄養学・解剖学・最新医学・生理学などから、猫の最適なごはんを考え、誰でも簡単にできる猫の手作りごはん講座「Real Cats」を主宰。

獣医師が教える猫の食育講座
美味しいごはんで猫の健康を守る

「食」は、健康状態の維持に欠かせない

猫たちの中には、なかなか治らない病気に苦しんでいる子がたくさんいる。このことには、猫に「キャットフードを与える当たり前」が大きく影響している。「加工食品」であるキャットフードばかり生涯食べ続けることで、「治らない病気」が引き起こされている。

獣医師が獣医学・栄養学・解剖学・最新医学・生理学などあらゆる観点から、猫の食事と栄養について学ぶオンラインスクール『REAL Cats』では、猫の食事の当たり前を変えて、新鮮な食材で、簡単5分の栄養バランスの整った手作りご飯を、飼い主さんが自信を持って作ってあげることで、「治らない」といわれた病気や「治療法がない」といわれた病気の症状が改善したという声が多数。料理が苦手な方でも簡単にできるよう工夫されている。

受講はスマホでも可能。また、卒業生・講座生限定のセミナー、LINE相談やZoomカウンセリングが受けられるなど、安心のサポート体制が整っている。

（ライター／播磨杏）

株式会社 **Cat Health**
キャット ヘルス

03-6697-0002
kaburaki@real-cats.com
㊟ 東京都中央区銀座1-22-11 銀座大竹ビジデンス2F
http://neco-gohan.com/
@neco_gohan_

猫の健康のために必要な食事の知識やレシピが学べる猫のオンライン講座『Real Cats』。獣医師の充実したサポートで、愛猫の健康を守るためのおうちケアが学べるので、病気の子でも安心。

ふらっと立ち寄るような安心な場所として「お茶を飲みながらゆっくりお話しします」。
『カウンセリング』初回 60分 8,000円(税込) 2回目以降 50分 6,000円(税込)

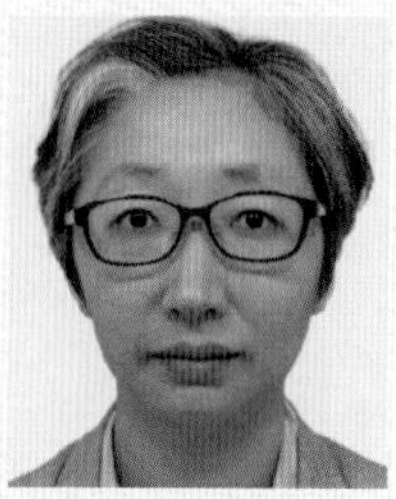

代表
星山千晶 さん

大学在学中に不妊カウンセリングを知り、カウンセラーを目指す。精神科勤務や大学院進学を経て、不妊治療専門クリニックに従事。臨床心理士。社会福祉士。精神保健福祉士。がん・生殖医療専門心理士。公認心理師。

ゴールの見えない不妊治療に悩む方へ 悩める心に寄り添う不妊カウンセリング

受診前の相談もでき妊活中の不安を軽減

子どもがなかなか授からず、先が見えない不妊治療。人に相談しづらく、悩みや迷いを抱えて気分が落ち込んでしまう方も少なくない。『カウンセリングルーム ふらっと』では、妊活中のメンタルケアや治療選択に悩む場合の情報提供や相談をすることができる。代表の星山千晶さんは、不妊治療専門クリニックでのカウンセリング経験をもつ生殖心理カウンセラーだ。

医療機関の受診の有無に関わらず利用できるカウンセリングルームが必要と考え、『カウンセリングルームふらっと』を設立した。気軽にふらっと立ち寄ることができる落ち着いた空間で、カウンセラーとお茶を飲みながらリラックスして悩みを話し、気持ちを立て直せるのでオススメ。また、AID(DI)非配偶者間生殖医療や第三者からの提供による医療の情報提供や気持ちの整理、悩みの相談などにも対応する。妊活前後はもちろん、不妊治療中や終了後までどのタイミングの相談も可能。子どもを授かりたいと考える方の気持ちが少しでも安定し、より良い選択ができるようサポートする。

(ライター/彩未)

カウンセリングルーム **ふらっと**

✉ info@repro-counselling-flat.com
㊟ 岩手県盛岡市開運橋通(詳細は予約時に)
https://www.repro-counselling-flat.com/

数々の式典や女性会でもアドバイスを行っている。

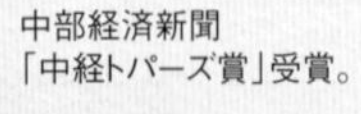

中経トパーズ賞に鈴木、宇野氏

創刊記念式典で表彰

中部経済新聞社

中部経済新聞「中経トパーズ賞」受賞。

企画開催・運営などノウハウをアドバイス。

代表
鈴木康代 さん

生命保険会社を経て教育関係会社に入社、取締役事務長として事務部門統括。幼稚園の開園や小学校の開校に参画。全国商工会議所女性会連合会副会長、名古屋商工会議所女性会会長など歴任。名古屋商工会議所女性会顧問。

働く女性・起業を目指す女性をサポート 悩みや課題に的確に助言しノウハウ伝授

子育ての進路相談にも対応 会社設立の手続き等も支援

労働力人口に占める女性の割合が4割を超え、起業が社会進出の選択肢になる時代、悩みや課題を抱えた働く女性のアドバイザーとして頼りにされているのが『株式会社宙』代表の鈴木康代さんだ。経営手腕に優れ、地域活動に貢献している女性経営者を顕彰する中部経済新聞社のトパーズ賞を受賞した実績が助言の信頼性を支える。

「働く女性は、仕事と家事や子育てとの両立など様々な悩みを抱えています。時間の余裕がない中で、特に重要な子育て問題では進路相談を受けて学校説明会などへの出席代行なども支援しています。また起業を目指す女性には会社設立の手続きなども支援するほか、設立後の厳しい現状を説明して、相談者に寄り添いながら無理のない事業計画の立案やマネージメントのノウハウをアドバイスしています」

鈴木さんは、教育関係の会社で役員を務め、幼稚園・小学校の開校に参画した経験もあり、新人教育など人を育てる職場風土の創出の仕方の相談や相談者の個人的なメンタル面の悩みにも親身に対応する。

（ライター／斎藤紘）

株式会社 **宙**
そら

090-1725-7540
y-suzuki@soral4.com
㊟ 愛知県名古屋市中区大須3-30-45-502

『よろず相談 宙』開始。

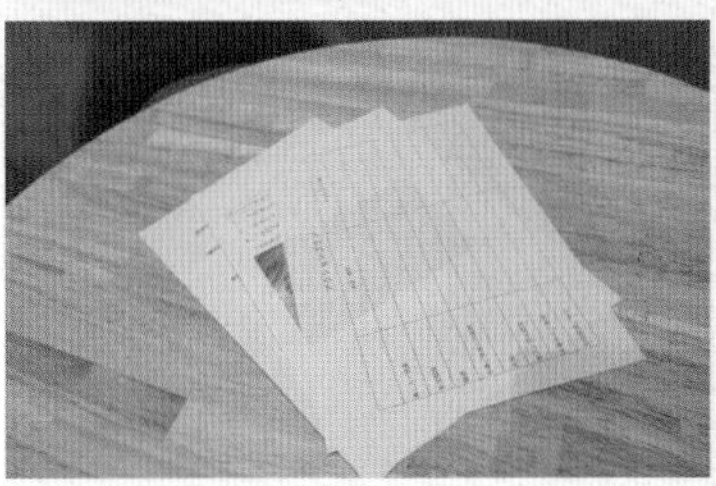

使用しているワークシート。

代表
根本ありす さん

昭和大学附属烏山病院で20年間心理員として勤務。うつ病や双極性障害、発達障害、人格障害、摂食障害などに悩む方のカウンセリングや心理検査を実施。2023年1月『カウンセリングオフィス桜の杜』開業。

心の不安解消もセルフケア
困難の中でも自分らしく生きるサポート

臨床経験20年以上の臨床心理士・公認心理師

2023年1月、東京都世田谷区にオープンした『カウンセリングオフィス桜の杜』は、対人関係や仕事、プライベートのトラブルなど日々の生活の中で心に不安や悩みを感じた時に優しく寄り添ってくれるカウンセリングルームだ。代表の根本ありすさんは、精神科病院で20年以上の臨床経験のある臨床心理士を持った公認心理師。精神分析的心理療法をベースに、アドラー心理学やマインドフルネス、セルフコンパッション、自己発見のワークシートなど様々な技法を用い、相談者にあった方法でカウンセリングを行う。

カウンセリングルームは明るく清潔で落ち着いた雰囲気で、リラックスして相談することができる。カウンセラーに話をきいて貰うことで自分自身と深く向き合って頭の中を整理し、心理学的な視点から今の自分が抱えている問題点や今後とるべき行動のアドバイスなどを示してもらえる。

悩みや不安の相談はもちろん「自分軸を作りたい方」や「今の自分を変えたいと思っている方」「自分に自信がない方」のセルフケアにもオススメだ。

（ライター／彩未）

カウンセリングオフィス **桜の杜**
さくらのもり

070-2647-1511
sakuranomori222@gmail.com
㊟ 東京都世田谷区船橋1-14-8 はやしビル205
https://sakuranomori222.wordpress.com/
@sakuranomori222

代表取締役
流麗まちゅみ さん

胃と右腎臓を失うなどの生死を分ける体験、結婚、出産、離婚、起業、借金苦など豊富な人生経験と高い傾聴力・共感力を活かしたカウンセリングが好評。何でも話したくなる雰囲気と安心感で大小様々な悩みにそっと寄り添う。

あなたのホットラインに。『流麗まちゅみ*』こと代表の吉田真澄さん。「和ハーブフィールドマスター」という資格を取得。「心と身体は繋がっていて切っても切り離せないもの。カウンセラーとしての心のサポートに加えて、和のハーブや食事などを通して健康や食に関することのサポートもしていきたい、と考えています

苦しみに希望を悲しみに癒しを闇から光へ そのままのあなたを全肯定する

不安や悩み怒りをケアし 良い方向へ転換

日々の生活の中でモヤモヤしている悩みや人には話しにくい過去の出来事、人には理解されない人生の野望や夢などを常識や価値観に捕らわれずありのまま受けとめる唯一無二のカウンセリングが好評の『流麗まちゅみ』。

代表の吉田真澄さんは、もともと周囲の方に相談や悩み事を打ち明けられる事が多く、人の発した負のエネルギーを浄化することができると気づき、ヒーラーの道に進んだ。また、企業向けのカウンセリングにも力を入れている。仕事上の悩みや人間関係のトラブル、メンタルヘルスの不調など、不安や悩み、怒りを吐き出して貰うことで心をケアし、少しでも良い方向へ転換していけるようにサポートする。「話すことで自分の中でも整理できた」「駆け込み寺」「最終的に選ぶなら真澄さん」「話すと元気になる」など、利用者の感謝の声は絶えない。

真澄さん自身の高い傾聴力と共感力や一人ひとりの良さを感じ取る観察眼と感受性、軽快で何でも話せてしまう親しみやすい人柄と関西弁で、「誰かに聞いてもらいたい」という気持ちにそっと寄り添い、癒している。

（ライター／彩未）

流麗まちゅみ*　流麗 株式会社
りゅうれいまちゅみ

090-6976-7324
machumi11@hotmail.com
https://machumi1111.com/
https://www.youtube.com/c/machumi/

「今後あらゆる企画と交流を通して笑顔の輪、元気の輪、調和を広げていきたい」

代表
大場寿彦 さん

昭和から平成に変わる年の前年に社会人になり、ある時「誰かの役に立っている」という実感が得られないものも感じ、誰かが喜んでいる様子を直に感じられる仕事が無いか…と探していたところで行き着いたのがリラクゼーションやヒーリングの世界でした。チネイザン"の存在を知り、強い関心を覚え、日本チネイザン協会の門を叩く。

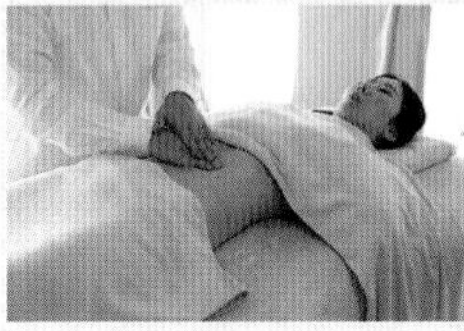
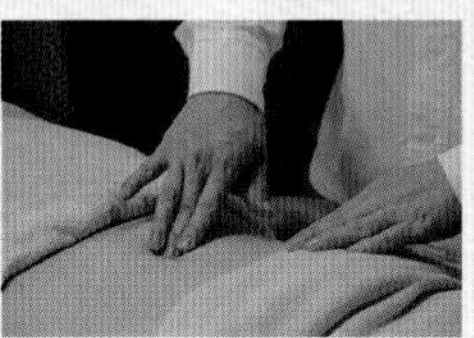
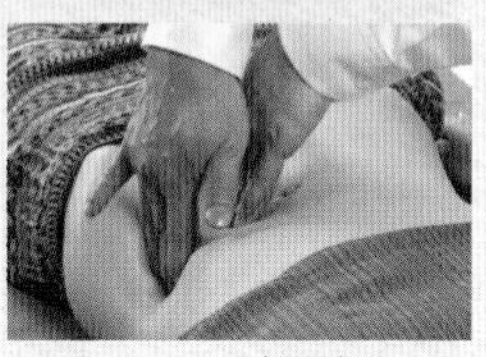

『チネイザンコース』75分 22,000円(税込) 『ボディケア整体コース』60分 12,000円(税込)
『チネイザン+ボディケア整体コース』 <Light> 105分 28,000円(税込)など。

海外セレブも認めるチネイザンを表参道で「貴女/貴方がアナタらしく」

身体の内側・外側両面からのアプローチ

「チネイザン(氣内臓セラピー)」は、古代中国のタオの修行者から伝承的に伝えられてきたものといわれており、東洋医学の基本となる陰陽五行思想をベースに、内臓と感情の関係に注目し、おへそからお腹全体に優しくタッチすることで体の様々な部分にアプローチする海外セレブも認める注目のホリスティックセラピー。『ka-na-me』代表の大場寿彦さんは、「チネイザン」とボディケア整体を融合させた独自のアプローチを提供している。特長は、臓器へのアプローチにより、普段意識しえない潜在意識の扉を開き、豊かな思考と行動パターンの変化を促すというものだ。この施術を受けた人からは、このような声も聞く。「今までの自分では考えられなかった行動を選択した事に驚いている。変化したというより、確か昔はこうしていたなという、埋もれてしまっていたものが表に現れてきた感覚だった」

泣いている赤ちゃんのお腹を優しく撫でてあげると、自然に落ち着いて気持ち良さそうに眠ってしまう。これが「チネイザン」の原点。ストレスに晒され、何かしっくりした感覚を持てない人も多い現代に、本来の自分に気づかせてくれる手助けとなるかもしれない。

(ライター/松本隼)

チネイザンボディ&マインドケアサロン **ka-na-me**
カ-ナ-メ

070-8483-1266
oba@ka-na-me.com
㊟ 東京都港区南青山5-17-6 青山グリーンハイツ307
https://ka-na-me.jp/

ホームページ

Instagram

HOT PEPPER beauty

アロマ（自然香水）&バッチ・フラワーレメディ。

『個人カウンセリング
Zoomオンライン）』
初回90分　35,000円（税込）

アーティスト
ShyShy さん こと 春原靖子 さん

波動百花的ホリスティックカウンセラー、シンガーソングライター。Youtubeチャンネルでは、波動の魅力を届けている。LIVE配信で視聴者の疑問にお答えする企画が人気。各音楽配信サイトでオリジナル曲も配信中。

披露宴もセルフプロデュース。

著書
「愛と魅力を
引き寄せる
波動百花」

波動百花的ホリスティックで理想の自分
五感を磨いて素敵な暮らしを始める

美と暮らしのカウンセラー
ワンランク上の女性へ

波動百花的ホリスティック（栄養・水・睡眠・環境・スピリチュアル）と花療法（アロマとバッチ・フラワーレメディ）を組み合わせた独自のアプローチで注目を集めるサロン『美と暮らしのShyShy Style』。「意識と波動を整える」ことをコンセプトに、カウンセラーでありシンガーソングライターでもあるShyShyさんこと春原（すのはら）靖子さんが、五感を磨いて素敵な暮らしを手に入れたい女性を力強く温かくサポートして、30年間口コミだけで国内外から高く評価されている。人気の秘密は、内面だけではなくヘアメイクやファッション、振る舞いや言葉遣いなど外面も磨いていけること。「外面を整えることで、論理的な思考などの内面を整理していく」との考えにもとで、サロンではメイク用品やファッション・アクセサリーの指導も行っている。仕事・恋愛と結婚・ビジュアル・花療法・暮らし・色・魅力・心と身体のホリスティックなどの視点から波動を上げ、愛と魅力を引き寄せる方法をレクチャーしてくれる著書「愛と魅力を引き寄せる波動百花」も大好評。音楽制作活動では、ShyShyさんとして全世界の音楽配信サイトから配信中。穏やかに純真な気持ちにさせてくれる歌声が素敵。

（ライター／播磨杏）

美と暮らしの **ShyShy Style** 春原靖子
シャイシャイ スタイル

✉ contact@shyshy-style.com
㊟ 東京都杉並区
https://shyshy-style.com/
@557ehgpc

こちらからも
検索できます。

『本当の自分を思い出すセッション』11,000円（税込）

電子書籍 Kindle版
「自己肯定感が低いと感じても大丈夫」

『お守りポートレート撮影』60分 22,000円（税込）

主宰
水月れい さん

癒しのカウンセリングセッションによって本当の自分と繋がり、自身の価値を思い出して未来を切り開いていくサポートを行う。匿名電話相談サイト「ボイスマルシェ」にて相談も承る。高機能歯磨き剤の発売に向けても取り組み中。

本当の自分と繋がり、人生を切り開く 最善の未来へサポートするカウンセラー

自分自身の価値を思い出し喜びとともに生きる

「本当の自分と繋がり、未来を切り開いていく」お手伝いをしているのが、水月れいさん。優しい人ほど、調和を重んじて自身を後回しにして、感情を抑えすぎてしまい、自分の気持ちがわからなくなることも。そんな時、無意識に積み上げてきた価値観や思い込みに気づいて本当の自分の気持ちや自身の中にある力に目覚めてほしいという思いで、様々な角度から自身の魅力や可能性、真の願いを思い出させてくれる。

『本当の自分を思い出すセッション』では、必要に応じてヒーリング、西洋占星術などのツールを組み合わせながら、限られた時間を最大限有効に使って悩みの解決へ導く。心が軽くなって自分を愛おしく感じたり、未来は自分で選択できるという体感に。具体的な行動についても聞けるので心強い。また、著書「自己肯定感が低いと感じても大丈夫 安心感と共に自分らしく生きるヒント」では、思考パターンを習慣化によって変換する方法や望む未来に向かうワークなども公開。「お守りとして持っておきたい」という声も。予祝の感覚を味わいながら撮影するプロフィール写真も好評。

（ライター／播磨杏）

水月れい
みづき れい

✉ dreamseed2222@gmail.com
https://dreamseedsbn.stores.jp/
https://profile.ameba.jp/ameba/mizukirei0u0/
@dreams0u0ray

LINE

シンプルで落ち着いた空間の中、リラックスして何でも話しやすい環境で、笑顔も交えての温かいカウンセリングを行っている。
『お試しカウンセリング』90分 3,300円(税込)

代表
としみ さん

HSPを知ったことをきっかけに心理学やカウンセラーの勉強をはじめ、臨床心理カウンセラーを取得。「抱えてきた傷や痛みは自分の魅力や強みに変わる!」をモットーに生きづらさに苦しむ方に優しく寄り添う。

人一倍繊細で傷つきやすいあなたへ 無理せず生きるためのカウンセリング

疲れた心を癒し、傷つきやすい自分と上手に付き合う方法を見つける

人一倍繊細で傷つきやすいHSP。毎日の育児や家事、仕事、対人関係などに振り回され、頑張り過ぎて電池切れを繰り返してしまったり、うまくできない自分を責めてしまう方も多いのではないだろうか。HSPカウンセラーのとしみさんは、離婚後初めての子育てに奮闘する中でHSPという言葉を知り、自分もそうであることを知ったという。これまでの経験を活かし、同じ境遇に悩む方に何かできることがあればとカウンセラーの活動をはじめた。HSPは、神経が敏感で脳の情報処理が平均より深いといわれている。これは生まれつきのものであるため、治そうと努力するよりも自分を正しく理解して、上手に自分と付き合っていくことが大切だという。感受性が高く傷つきやすいため、些細なことがストレスの原因になっていることも。としみさんの穏やかな人柄と共感力・洞察力の高いカウンセリングで、うまく話せなくても丁寧に話を聞いてもらえるので安心。「自分に自信がない」「相手に必要以上に気を使ってしまう」「他人の目が気になる」「疲れやすい」など、生きづらさを感じている方の心を少しでも軽くするためのサポートを行う。

(ライター/彩末)

HSPカウンセラーとしみ

エイチエスピーカウンセラーとしみ

㊟ 新潟県新潟市中央区本町通6番町1141-1
ストークビル新潟一番館3F
https://hsp-counseling.hp.peraichi.com/ (LP)
https://ameblo.jp/t-7-r-2020/ (ブログ)
@597lwmde

LINE

『アドバンスカラーセラピー～カードリーディング～』
お試し 2,500円（税込）　60分 5,000円（税込）　90分 6,500円（税込）

代表
滝田奈穂子 さん

アドバンスプロカラーセラピスト&ティーチャーであり、整理収納アドバイザー一級、遺品整理士保持者。専業主婦から一念発起し、資格取得を経て2019年より「らし暮」として活動開始。これまで300名以上のクライアントの心に寄り添ってきた。

色彩心理で本当の自分の思いを紐解く
癒しの先にある「前進」へ導くセラピー

潜在的な思いを明確化 現実化して理想の未来へ

栃木県塩谷郡の『らし暮．こころの喫茶店』は、アドバンスプロカラーセラピスト&ティーチャー滝田奈穂子による『カラーセラピー』サロン。色彩心理を使って悩みや不安の根底を紐解き、前を向いて進めるよう導いていく。

名刺サイズのカードを用いて行う『アドバンスカラーセラピー』は、従来の『カラーセラピー』とは異なり、癒しの先にある「前進」にも目を向けたセラピー法。選んだ色を通して本来の気持ちを読み解き、言語で表現、整理することによって潜在的な本当の想いを明確にしていく。悩みやストレスから解放されるほか、本人自らが気づき、行動に移せる力を引き出せる、現実的な『カラーセラピー』だ。「行動する勇気が欲しい」「自分の可能性を見つけたい」「目標を達成したい」などを考えている方にもピッタリ。自身のメンタルケアや大切な方とのコミュニケーションを深めるツールとしても使用したい方にオススメなのが『アドバンスカラーセラピスト1st養成講座』。一日5時間で資格取得が可能、受講したその日からセラピストとして活動できる。また、整理収納アドバイザー一級を持つ滝田さんは、カラーを使った『お片付け相談・サポート』も行っている。さらに学校・子育て広場・住宅展示場・百貨店などでセミナーや講演会も開催している。

（ライター／播磨杏）

らし暮.こころの喫茶店

らしく．こころのきっさてん

☎ 090-6956-9630
✉ ncoco0824@gmail.com
㊟ 栃木県塩谷郡高根沢町宝積寺
https://rashiku-colortherapy.amebaownd.com/

こちらからも
検索できます。

『ミニサロン』1,100円(税込)／月
『心根成長塾』 6,600円(税込)／月
『氣学-初級コース』
10ヵ月 90,200円(税込)など。

「自然に幸せやありがたいと思うことができるようになりました」など、受講者の声が心の支えだという。2023年6月に始めたYouTubeも公開。ブログより確認を。
https://www.arimiya-style.com/blog/

著書
「人は心根が99%
～人生大逆転したいあなたへ～」
1,430円(税込)
2022年電子書籍として発売後、生徒さんの要望などでペーパーバックとして2023年11月発売。

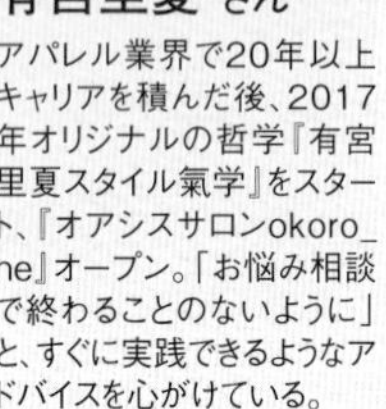

主宰
有宮里夏 さん

アパレル業界で20年以上キャリアを積んだ後、2017年オリジナルの哲学『有宮里夏スタイル氣学』をスタート、『オアシスサロンokoro_ne』オープン。「お悩み相談で終わることのないように」と、すぐに実践できるようなアドバイスを心がけている。

人生を大逆転させたい方の為のサロン
信じる力を潜在意識の心根に宿して幸せへ

内面も外面もサポート
可愛い自分に出会える氣学

静岡県の『オアシスサロンkokoro_ne』は、「あなたの未来は予想を遥かに超えて良くなります」をコンセプトに、主宰の有宮里夏さん自身が体験し、実践して効果や成果があったことをセッションで伝えてくれる。『有宮里夏スタイル氣学』は、ありのままの自分でいることを大切に。心身ともに充実した毎日を過ごせば、自然と表情や言葉にも自信がついて、可愛らしい自分に出会える。内面だけではなく、アパレル歴20年を超える有宮さんが、お買い物同行などで外見もアドバイスしてくれる。

また、有宮さんは幸運を引き寄せるオリジナルブレンドハーブティーも監修。「心へのアプローチ」「身体へのアプローチ」など九星の特長を取り入れたラインナップで、自分の心身の状態に合わせて選べる。

「人生は時折、私たちに大きな挑戦を投げかけます。信念や意志が、私たちの運命を大きく変えることがあります。99%の心根が、人生を大逆転させる力を秘めていると言えるでしょう。心の根っこに『愛と感謝』があるにあるあなたになれたら、あなたの心根は99%の潜在能力を発揮できます。自分自身を信じて進んでください」

（ライター／播磨杏）

オアシスサロン **kokoro_ne**
ココロネ

090-7436-8823
rika.arimlya@gmail.com
㊟ 静岡県焼津市三ヶ名前1188-1 リアルセイワ2F
https://salon.arimiya-style.com/

この本を見て公式LINEからメッセージいただけましたら、鑑定30分無料。

LINE

『鑑定』電話/オンライン鑑定 1時間 5,000円（税込）　チャット鑑定 15分 1,500円（税込）
質問1件 2,000円（税込）
『講座』<レムリアン> 4回 40,000円（税込）　<エッセンス> 月1開催 5回 50,000円（税込）
<ホタル式 自分で認めるタロット講座> 3回 30,000円（税込）　10回 85,000円（税込）

主宰
ホタル さん

タロットカード・オラクルカード・ルノルマンカードを使いこなす占い師。愛に溢れた温かな人柄で、巷では「尽くしすぎる占い師」とも呼ばれる。決して嘘はつかず、カードが伝えてきたことを真摯に伝えるスタイルが人気。鑑定の他、スピリチュアルやタロットの講座も開講。

占いの力であなたの心に小さなヒカリを輝きを取り戻すスピリチュアルセラピー

一人で悩まず相談を カードが導く、より良い未来

「あなたの心に小さなヒカリを」をコンセプトに、鹿児島で占いを行う『ホタルの部屋』。スピリチュアルタロット鑑定師のホタルさんが、タロットカード・オラクルカード・ルノルマンカードを駆使して、相談者の悩みに寄り添う。「尽くしすぎる占い師」とも呼ばれるホタルさんの温かな人柄に、評判を呼んでいる人気占いサロンだ。

電話orオンライン鑑定のほか、公式ラインもしくはInstagram のDMで気軽にやり取りができるチャット鑑定やピンポイントで悩み解決に繋がる質問1件のコースも。どのコースも人間関係、恋愛、家族のこと、夫婦問題、転職や仕事のことなど様々なお悩みに対応可能だ。

様々な講座も開講。初心者向けの「レムリアン」は、スピリチュアルを何から始めたら良いかわからない方、やこれから勉強したい人向けにぴったり。「エッセンス」はスピリチュアルなことをお仕事にしたい人向けのビジネス講座。『ホタル式自分で読めるタロット講座』は、スキルや目標に合わせて2コースから選べる。フルデッキの講座は、10回で解説書を読まなくてもカードが読めるように。22枚のカードだけを使用する講座は、覚えることが少ないのでオススメだ。

（ライター／播磨杏）

ホタルの部屋

ホタルのへや

080-9102-4739
hotaru.tarot@gmail.com
㊟ 鹿児島県鹿児島市
https://ehiro002.stores.jp/
@hotaru.tarot

Instagram

代表
みなもとあい さん

東京生まれ福井育ち。沖縄県在住。ライトワーカー、Way shower、アセンションションチャネラー。編集者や米国でジャズシンガーソングライターなどを経験後、九死に一生を得た大事故で、アセンションチャクラーへの道が開ける。

『沖縄聖地アセンションリトリート』7時間 55,555円(税込)～
『アセンションチャクラアクティベーション』60分 20,000円(税込)～

沖縄リトリートで自分の本質と繋がる スピリチャルな聖地を巡る幸せツアー

沖縄の聖地で心身魂を浄化し自分らしく生きる人生を謳歌

様々な経験から得た学び、氣づき、宇宙の法則を沖縄からハッピーにシェアするアセンションチャネラーのみなもとあいさん。相談者に寄り添い丁寧にチャネリング、エネルギー交換、愛の循環を行うセッションが内外で評判を呼んでいる。『沖縄聖地アセンションリトリート』は、沖縄の聖地を車で巡り、本来の自分らしさを取り戻していくセッションツアー。参加者の行きたい沖縄の聖地やアセンションチャネリングによる一人ひとりのディバインセルフと共同創造しながら、今必要なエネルギーをチャージできるスピリチャルスポットへ案内してくれる。その地から降りてくる高次元の存在からのメッセージも伝えてくれる。沖縄のエネルギー、高周波をいっぱい浴びて、楽しみながらアセンション。心身魂が癒やされ、日々の暮らしが輝きを増す様なスムーズな変化を期待できる。アセンションチャクラアクティベーション、アセンションレッスンでは、最幸の人生へと行動を起こし変化される方続出。

「目の前の現実は、100%自己責任。自分の氣持ちや思った事から創り出されると言う宇宙の法則を憶い出し受け入れた時から、人生や人間関係が変容していきます」

(ライター／播磨杏)

みなもとあい

minamotoai8@gmail.com
㊟ 沖縄県
https://mosh.jp/minamotoai/ @minamotoai8
Minamoto Ai ※各種セッション、レッスン、ツアーすべて英語対応可能
YouTube https://www.youtube.com/@minamotoai88

こちらからも
検索できます。

代表
やまぞえりえ さん

「才能覚醒コーチ」として昨今1年間で400セッションをこなす。あなたが幸せになるための心の取り扱い方を学べる独自のメソッドが好評。生きづらさを感じている人が自分軸で生きていけるようサポート。

『意識カウンセリングセッション』＜前世・前世からいずれかを選択＞ 60分 10,000円（税込）
『才能発見リーディングセッション』 60分 12,000円（税込） 90分 15,000円（税込）

心理学×脳科学×量子力学×宇宙の法則「ありのまま生きていきていく」コーチング

1年で400セッションの実績 無限の可能性を広げるコーチ

忙しい毎日のなかで様々な問題や不安を抱え、自分の気持ちに蓋をして生きていたり、頑張っていてもうまくいかないと感じてしまうことも。「才能覚醒コーチ」のやまぞえりえさんは、心理学×脳科学×量子力学×宇宙の法則をかけ合わせた独自メソッドにより、生きづらさを感じている方がありのままの自分で生きていけるようにサポートしている。魂と宇宙をつないで宇宙からのメッセージを届けることで、今まで気づかなかったような才能に気づき、自分の可能性を無限に広げるための方法を知ることができる。1年間に延べ400セッションをこなす独自メソッドは、心の取り扱い方を学び、心も時間もお金も自分の思うように手に入れるようになると好評。穏やかな雰囲気と温かな笑顔で優しく包み込んでくれるので、今抱えている自分の悩みや不安を安心して相談できるのもオススメ。すべてZoomを用いており、単発の個人セッションだけでなく、講義やグループセッションなど必要に合わせて対応を行っている。和気藹々をした雰囲気の中楽しい時間を過ごせる。前向きな気持ちを引き出すコーチングで、自分を偽らずありのままで生きていけるようにお手伝いしている。

（ライター／彩未）

Locus
ロクス

✉ sionrie@gmail.com
㊟ 京都府木津川市南加茂台
@locus_rie
@036hzpew

LINE

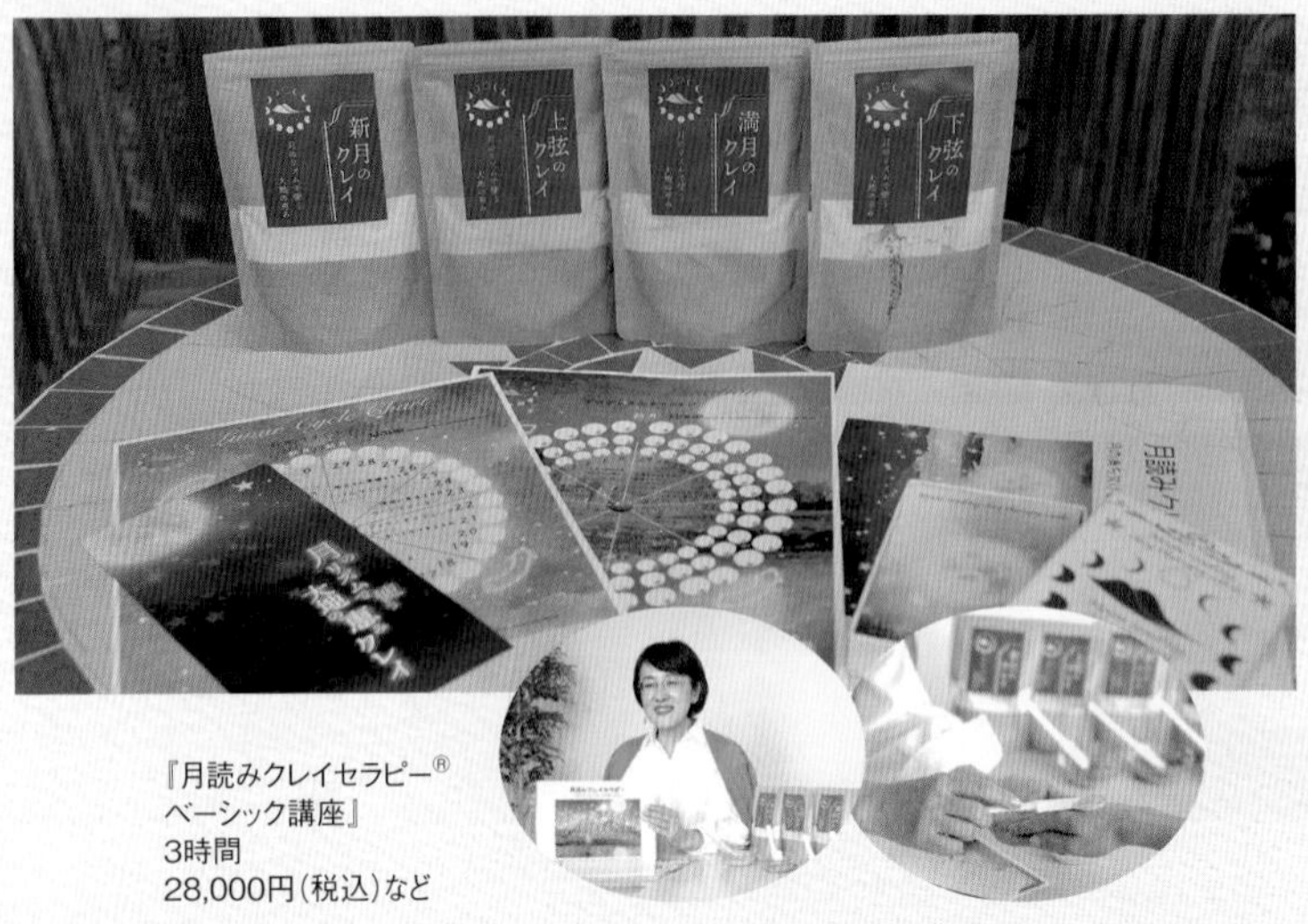

『月読みクレイセラピー®
ベーシック講座』
3時間
28,000円(税込)など

代表
有川俊子 さん

『月読みクレイセラピー®』考案者。国際クレイセラピー協会の通信講座を受けてクレイに出会う。クレイセラピーを広めたいという思いで、2015年『クレイセラピー教室リップル』開講。揺らぎやすい大人女性を癒し、明るい未来へ導くサポートを行う。

更年期やストレスによる不調を解消 月と大地の力で癒す『月読みクレイセラピー®』

月の満ち欠けのリズムで大地のエネルギーを授受

地下深くから掘り出された粘土質「クレイ」を月の満ち欠けのリズムに合わせて使うことで、女性の心と体を癒す『月読みクレイセラピー®』。クレイから大地のエネルギーを取り入れて、心身を整えることで本来の自分らしさを輝かせるオリジナルメソッドだ。クレイセラピー専門家である有川俊子さんの講座では、クレイセラピーの基礎知識から、月の満ち欠けと女性の身体のリズムに合わせたクレイの使い方、月のリズムに合わせた暮らし方、ボディケアなどを幅広く伝授。実際にクレイアイテムを作る豊富な実習もあり、受講したその日から自分で『月読みクレイセラピー®』を実践、継続できる充実した内容になっている。

クレイを仕事にしたい方には、『月読みクレイセラピー®認定講師コース』がオススメ。クレイとはどんなものか気軽に体験したい方には、コスメ作り、開運アイテム作りなど単発参加できるワークショップも開催している。

また、有川さんは、『新月のクレイ』『上弦のクレイ』など、月のリズムに合わせてスキンケアを気軽に実践できるオリジナルクレイの開発も行っている。

(ライター/播磨杏)

クレイ教室 **月読みクレイセラピー®**
つきよみクレイセラピー

✉ claylippuru@gmail.com
㊟ 埼玉県さいたま市
https://claylippuru.com/
@lippuru
@cxt0134k

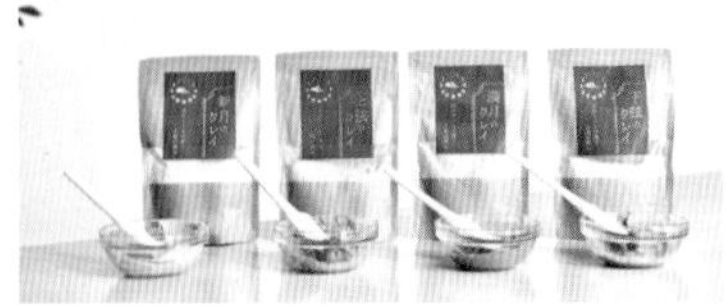

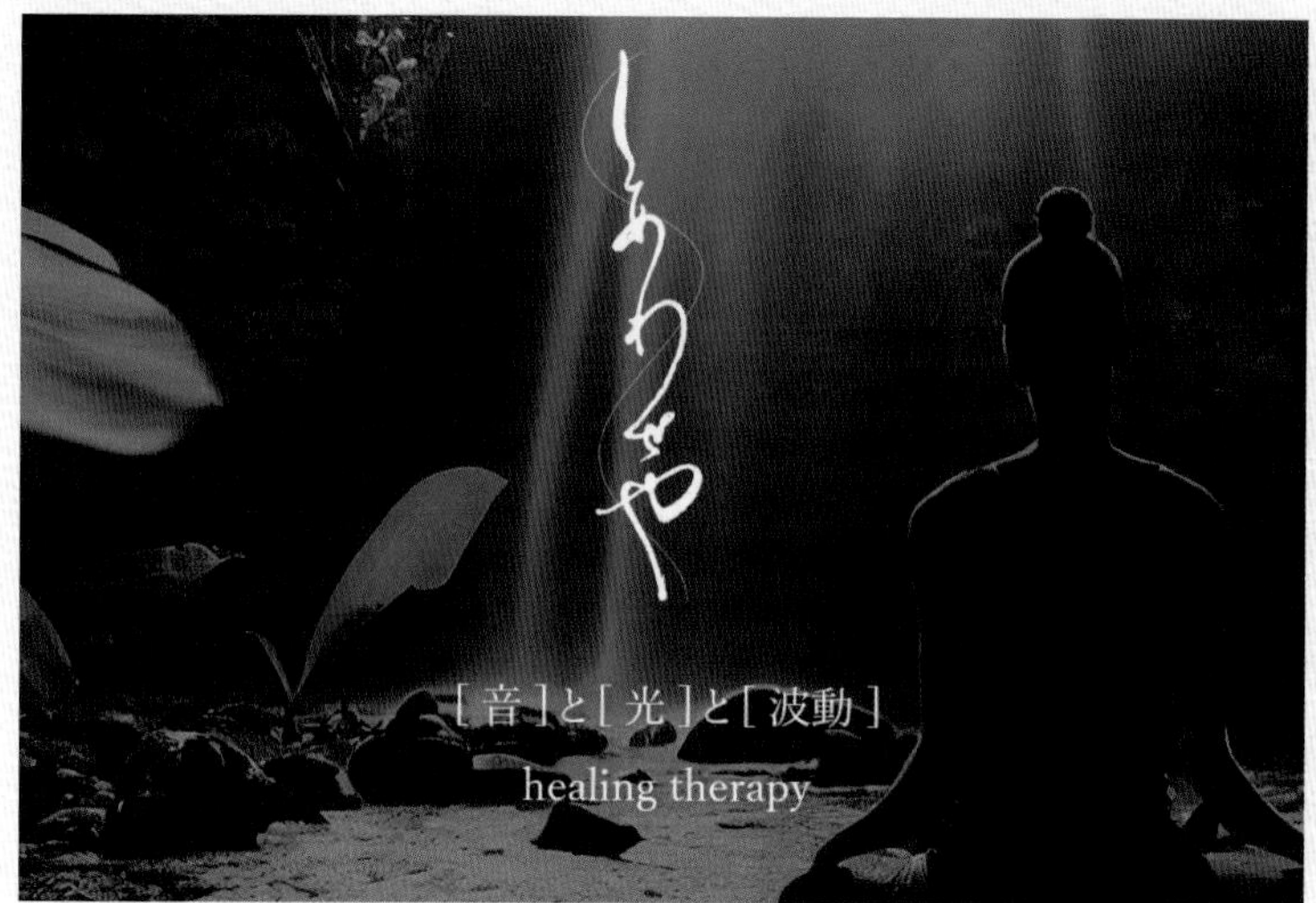

主宰
浅丘圭加 さん

心と身体のバランスの重要性を深く感じ、心理カウンセラーになることを決意。2014年、臨床心理療法士の資格取得。自然療法や民間療法、代替医療などとの併用の必要を実感。「イーマ・サウンド®」に出会い、『しあわせや』をオープン。

音と光と波動で癒す『イーマ・サウンド®』注目のエネルギー療法で人生好転

音で身体と精神にアプローチ 人生100年時代を輝くために

「音」と「光」と「波動」であなたを癒すヒーリングセラピーサロン『しあわせや』。音と光と波動を使った最先端技術『イーマ・サウンドセラピー』は、薬や手術で病気を治すといった視点ではなく生命を輝かすことに重点を置いたセラピー法。欧米で普及している自然療法の中で最も今注目されている人のエネルギーに作用するエネルギー療法だ。身体が健康体の時に発している音を割り出し、その音を細胞や臓器の深層部に聞かせる。その心地良い音が生体に共振共鳴することで本来の振動を取り戻し、健康な状態に導く。その結果、生体が本来持つ能力を発揮しようとして整っていくという。身体と精神の両方にアプローチし、健康、美容、心、運気など人生そのものを好転させる効能が期待できる。体調がすっきりしない、疲れから解放されたい、人生を自分らしく過ごしたい方は「ととのえ」、生きづらさや人間関係に悩んでいる、本来の自分を取り戻したい方は「こころほぐし」コースを。相談により、出張セラピーも可能。「エネルギーを整え、心身とも健やかで生命を輝かせ、健康で華麗に生きるための準備のお手伝いをさせていただきます」

（ライター／播磨杏）

しあわせや

しあわせや

090-6071-9876
㊟ 愛知県名古屋市熱田区新尾頭1-6-10 金山伏見通りビル806
https://siawaseya-salon.com/

こちらからも検索できます。

セラピーはベッドで。

専用デバイス「OTOtron」

代表
野崎喜弘 さん

神奈川県の秦野市や平塚市を中心に活動する『便利屋Handy-man』の代表。困りごとを抱えた依頼主に寄り添う親身な対応とフットワークの良さが評判になり、依頼が絶えない。

庭木の剪定・伐採。

引っ越し。

遺品整理・生前整理。

家の中の不要品整理、処分、買取。

不用品片付けなどで頼りにされる便利屋 少子高齢化に伴い活躍するシーンが拡大

遺品整理生前整理にも対応 トラック詰め放題パックも

実家や相続した家屋で不用品の片付けなどで困っている家庭に頼りにされているのが、神奈川県秦野市を拠点に活動する『便利屋 Handy-man』代表の野崎喜弘さんだ。不用品回収をメインに遺品整理、生前整理、草刈りや伐採、引っ越しなど対応可能な業務は幅広く、少子高齢化で高齢者家庭や独居高齢者が増えるのに伴い仕事量も増える一方だ。

「ホコリが被った状態で家屋やその中身を長年放置し、歳と共にどんどんと手がつけられなくなっている。そんなお客様が近年、増えています。量が多く、どこから手をつければいいのか、人手が足りない、方法がわからないなどとお困りのお客様の力になるのが当社です」

野崎さんは、物置の解体や処分、厄介なゴミ屋敷の清掃などにも対応するが、仕事の声がかかれば駆けつけて、ベストな解決策を提案する。また、軽トラック、1tトラック、1・5tトラックの3サイズのトラックから選び、荷台いっぱいに不用品を積み込んで処分できる「トラック詰め放題パック」というユニークなサービスも行っている。

（ライター／斎藤紘）

便利屋 **Handy-man**
ハンディ-マン

080-9777-5374
handyman.benri0901@gmail.com
㊟ 神奈川県秦野市菩提436-1
https://handy-man0901.com/

「忙しくて手が回らない」など日常の困りごとは『暮らしのサポート&U』。

代表
清水駿 さん

人のためになる仕事をしたい」を実現させるために教員の道を辞め、困ってる人に親身に関わるため一人で始めた事業。「困ってる人のためになれるように頑張りたい」

高齢者の日常生活の困りごとを手助け 23歳で始めた痒い所に手が届く便利屋

リーズナブルな料金の設定 遠方の家族の依頼にも対応

大学を卒業して間もなく23歳で高齢者の生活を支える仕事を始めた若者がいる。『暮らしのサポート&U』代表の清水駿さん。標榜する「痒い所に手が届く便利屋」に違わず、買い物の代行や病院への同行など介護保険ではカバーされない日常生活の困りごとに対応する。

「困っている人を助ける仕事をしたい、そんな思いから年配の方向けに介護保険サービスでは受けられない部分を補うサービスを始めました。切れた電球を変えたり、庭の草むしりをしたり、一緒にお散歩したり、趣味のお手伝いをしたり、お車で目的地にお連れしたり、資格が不要なご依頼であれば、どんな些細なこともお受けしますし、事前にご連絡をいただければ、早朝や深夜など時間外でも対応します」

一つの仕事を受けるスポット対応と継続的にサポートする定期対応があり、リーズナブルな料金設定で、「遠方に住んでいる高齢の両親が心配」「仕事で忙しくて親のサポートが難しい」といった高齢者の家族からの要望にも応じ、希望すれば、家族への報告メールも行う。

（ライター／斎藤紘）

暮らしのサポート&U

くらしのサポートアンドユー

☎ 080-7007-6372
✉ shun.shimizu77@gmail.com
㊟ 愛知県名古屋市中川区柳森町708
https://kurashi-support-andyou.com/

LINE

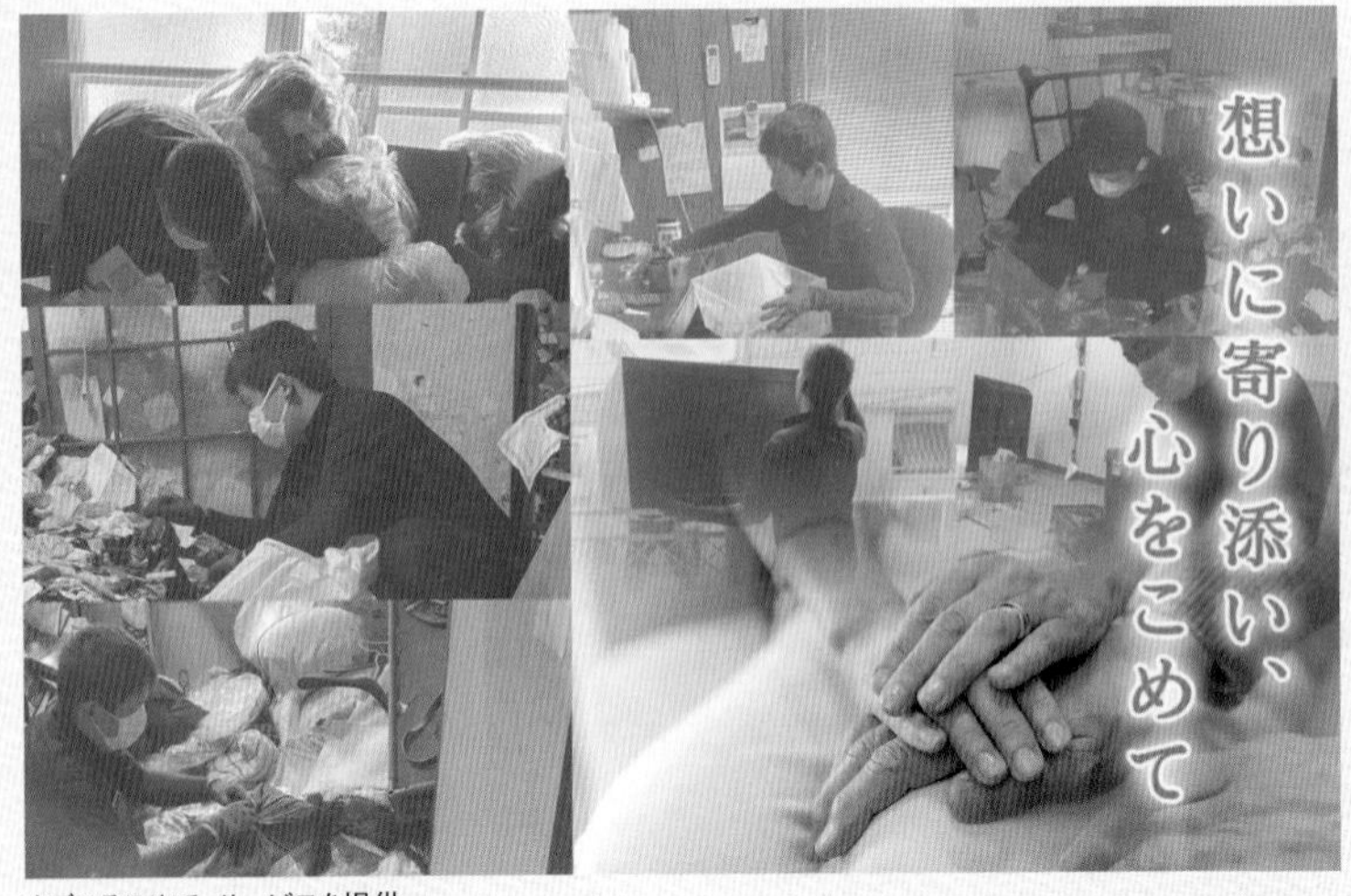
想いに寄り添い、
心をこめて
まごころこめて、サービスを提供。

代表
田中亮太 さん
少量の不用品の撤去から一軒家の全撤去まで対応。遺品整理士、事件現場特殊清掃士、産業廃棄物収集運搬業許可証などの資格と10年以上の経験で培ったスキルと柔軟な対応でお客様のご要望に丁寧に応える。

心を込めてニーズに合わせたお片付け 一軒まるごと片付けのプロにおまかせ

家具や家財などの大型ゴミもきめ細かくニーズに応える

「遺品を整理してほしい」「一人では片付けるのが難しい」「粗大ごみを回収してほしい」「空き家になった家を片付けてほしい」など、お客様の大小様々な悩みに寄り添い、遺品整理、生前整理、不用品回収、特殊清掃などのサービスを提供する『Re:move』。遺品整理では、遺族に代わって故人の大切な遺品や家財道具などの整理や形見分け、貴重品の捜索、不用品の分別、リサイクルなどを行う。故人や遺族の気持ちを尊重しながら遺族の方々の辛い気持ちに配慮し、丁寧なサービスを心がけている。また、生前整理では、身の回りの家財道具や家電、日用品や想い出の品の整理・仕分け、不用品の分別などを行う。不要品回収も行っているので、処分の仕方に悩む大型家具や家電などの処分もすべておまかせ可能。個人・法人問わず、戸建てやアパート、マンション、店舗などお客様のニーズに合わせたスタッフの柔軟な対応と丁寧なアフターフォローが受けられる。

近畿一円をメインに活動しているが、幅広い地域への対応も可能。一つひとつの現場に真摯に取り組み、まごころのこもったサービスを提供する。

（ライター／彩未）

Re:move
リ：ムーブ
☎ 0120-09-5311
✉ re_move-5311@outlook.jp
㊟ 大阪府大阪市淀川区田川北3-4-36
https://remove5311.com/

こちらからも
検索できます。

RE Re:move

代表取締役
重浦万里 さん

慢性関節リウマチで体が不自由な母との暮らしの中で、在宅医や介護ヘルパー、訪問看護師の支えに感銘を受け、『訪問看護ステーションここの和』を設立。利用者だけではなく、家族の方も肩の力を抜いて穏やかに過ごしてほしいという思いで活動中。

看護師による訪問で24時間サポート 利用者もご家族も幸せでいてほしいから

一人ひとりに寄り添うサービス 万全の安心感と信頼感

病気や障害を抱えた方、医療機器を使用しながら生活されている方が、住み慣れた環境で生活を続けるためのサービスが訪問看護。大阪市淀川区を拠点に、介護を必要とされる方の自宅へ看護師が訪問し、家庭で安心して生活を送れるよう専門的なサポートを行う『訪問看護ステーションここの和』。

病気や障害の状態、血圧・脈拍・体温などのチェック、洗髪・入浴、食事や排せつなどの介助・指導から、点滴・カテーテル管理・ストマ交換・インスリン注射など、主治医の指示に基づく医療処置にも対応。認知症や精神・心理的ケアも行う。また、ガンの末期など、人生の終末期も住み慣れた場で過ごせるよう、症状の緩和や心のケアに配慮し、看取りのお手伝いも行っている。

365日24時間看護師が対応。介護保険・医療保険も利用できる。かかりつけの主治医と連携を取って訪問看護の計画を作成していくので、安心感と信頼感はお墨付きのシステムだ。

（ライター／播磨杏）

訪問看護ステーション **ここの和** 株式会社 ここらく
ここのわ

✆ 06-6308-7025
✉ hcns.kokonowa@gmail.com
㊟ 大阪府大阪市淀川区加島4-17-16-103
https://hns-kokonowa.com/

社会事象を考えるときの一つの視点提供
エッセーや詩14篇のアンソロジー出版

LC出版ライフコンサルティング社
082-577-6375
lcp@lifeconsulting.jp
㊟ 広島県広島市南区仁保1-46-13
https://www.lc-lifeconsulting.jp/

自書出版のみを目的に起業
世界を変える家族観を重視

この国では、毎年約7万冊もの本が出版されている。ほとんど全てが出版社に持ち込むか、依頼されて出版したものだが、自ら書いた一冊の本を出版する、そのためだけの会社を設立した異色の経営者がいる。『LC出版ライフコンサルティング社』代表の渡邊将規さん。その本のタイトルを「人生論」といい、「天から降ってきた、一言で伝わる言葉」で書いたというエッセーや詩14篇のアンソロジーだ。その短文一つひとつが社会の様々な事象を考えるときの一つの視点にもなるものだ。

「一滴の雫が湖に波紋を起こすように一人の正しい思いが多くの人々に素晴らしい波紋を起こすと良いですね。口で言う言葉に確かな思いがあれば、必ず相手に伝わるでしょう。また、頭脳での考えと心または魂での思いと、口で言う言葉に全くブレのないコミュニケーションが自然と融和するならこの世界は素晴らしい人間関係となり、本当に素晴らしい世界になります」（思いと考え）

戦争を起こす指導者たちと真逆の世界観がここにはある。

「隴を得て蜀を望むという言葉があります。つまり、人間の満足にはきりがないということです。結果倒れします。必ず落とし穴があります。栄枯盛衰の歴史を振り返っても同様です。その落とし穴とは、自分を見失うことです。全くの別人になってしまうのです。右脳と左脳のバランスの取れた普通の人間で良いのです」（人生Ⅱ）。

この言葉から思い浮かぶのは政治家の裏金問題だ。

「人は、誰しも生まれながらにして運命という宿命を背負っているでしょう。この世界に生まれたことがすでに運命です。逃げることはできません。人生とはまさにドラマです」（運命）

「この世に神がいるならそれは時かもしれない。誰しもに多くを与え、多くを奪う。あの輝かしい日々に戻りたい、あの苦しい時代を忘れない。人生とは刹那の夢を見ているようだ。それが時間というものだ」（人生）

この言葉は、能登半島地震の被災者の姿と重なる。

そして、渡邊さんが、平和な世界、機能する民主主義、人生を翻弄する自然災害などに人が思いを寄せるときの視点として重視するのが家族だ。

『人生論』
LC出版ライフコンサルティング社刊
1,980円（税込）

代表 渡邊将規さん
皇學館大学文学部神道科中退。音楽学校MI JAPN広島校VIT（ボーカル科）修了。広島商工会議所青年部所属。2014年『LC出版ライフコンサルティング社』設立。放送大学で専科履修生として臨床心理学を学ぶ。

「他人同士が家族となり一つの命が生まれ連鎖をして家族は続いていく。私達の主観的な観点から鑑みればとても小さい集まりが家族ですが、大局的に俯瞰すると大きな族です。日本、世界が家族です」（家族）と指摘し、小さい集まりである家族内で形成される正しい考え方が世界を変える力になると説く。

菅原道真公ゆかりの京・大阪の天満宮を訪ねて

北野天満宮三光門
第111代後西天皇(江戸時代初期の後水尾天皇第八皇子)御宸筆「天満宮」の勅額を掲げる中門。(京都市馬喰町　京福電車北野線「北野白梅町」下車東500m)。春は梅苑、梅苑右の松林は秀吉が大茶会を開いたところで左の御土居(秀吉が京都を防御するため、また洪水を軽減するため築いた)は夏、青紅葉は壮観なところです。付近には天満宮の余材で築いたとされる「北野をどり」で有名な「上七軒家」の花街もあります。

菅原院天満宮神社本殿
菅原清公、菅原是善、菅原道真公3代が祭神で菅原の道真公の誕生の地で菅原院(烏丸付近までの広大な屋敷であった)の跡地であり、菅原道真公生誕地で産湯の井戸もあります。(京都市上京区武衛町　京都地下鉄烏丸線丸太町駅下車約200m京都御苑下立売御門前)

臥牛(撫牛)
道真公は、大宰権帥に左遷される時、馬は使ってはならないと通達され牛車に乗っていたところを刺客に襲われそうになったおり、牛が伏せて動かなくなり事前に災を防げたとか、道真公が亡くなったおり、高貴の方は都まで遺骸を送らなければなかったおり、牛が伏せて動かなくなった所に遺骸を安置した所が現在の大宰府天満宮であり、丑年生まれであった道真公は牛に縁があり、臥牛が必ず奉納されており、体の悪い所を撫ぜるると良くなると言われ撫牛に変化しています。

自然災害の多い日本は、古来より自然崇拝・言霊・先祖崇拝により天皇家が天神地祇(てんしんちぎ)つまり天神(あまつかみ)と国神(くにつかみ)をお祀りしてきました。そのため、仏教その他の宗教も自然と受入れ、八百万の神が祀られており、偉大な業績を残した天皇はもちろん、偉人も祈りの対象となってきました。長屋王・早良親王のように藤原氏の陰謀にかかり、不幸な死を迎えた人も御霊として、祟られないようお祀りしてきました。

北野天満宮拝殿
道真公が亡くなってから、天災・皇太子の早世、清涼殿に落雷等災難が続いたおり、多治比文子・太郎丸に神霊が宿り、元々北野は天神地祇(あまつかみ・くにつかみ)を祀り雷の神・火雷天が祀られていたが朝廷が道真公の怒りを鎮めるために官社を建てたのが始まりです。

道明寺天満宮本殿
垂仁天皇の御代に出雲の野見宿祢(のみのすくね)と当麻蹴速(たいまのけはや)が相撲で戦い勝利した野見宿祢(相撲の神様)が埴輪を創り殉死に代えたことで「土師」の性と所領地を賜り土師神社であったが土師氏は古墳作りだけでなく学問に秀でていたため、菅原氏・大江氏に改姓した。道真公のおば覚信尼が当地を住まいとしていたので太宰府へ下向の際、道真公自作の木像・遺品を神宝として祀り、土師神社を道明寺天満宮に改めたとされる。(大阪府藤井寺市道明寺1　近鉄南大阪線道明寺駅下車西200m)付近には応神天皇陵も含め古墳群があります。

株式会社 GNR
相談役 千田明 さん
2011年5月に電気工事業、電気通信工事業を業務とする『株式会社GNR』を設立。現在は退任し、相談役として在席。

道明寺
菅原道真公が刻まれた国宝十一面観音菩薩像を本尊とする古儀真言宗の尼寺ですが前身は土師寺でしたが道真公により道明寺と改められたとする。

綱敷天神社本殿
主祭神は嵯峨天皇、菅原道真公で901年太宰府に左遷される際この地に着いた折り、紅梅が咲き匂っていたのでこの梅を見るために船の艫綱（ともづな）を即席の座席とした所から「綱敷（つなしき）」の名がついた。（大阪市北区堂山町　阪急梅田駅より東へ約1km）。阪急東商店街の外れに位置する。

佐太天神宮本殿
「蹉だ」（つまづく）から地名が変化して佐太となった思われます。道真公の娘が太宰府に左遷される父を追ってこの地まで着いたが既に旅だった後だったので地団駄踏んだところから付いたといわれています。菅原道真公自作の木像・自画像が残されているようです。（大阪府寝屋川市佐太中町7）　隣接して仁和寺本町の地名が残り、多分宇多法皇の荘園であったので、訪れた地だと思います。

綱敷天満宮御旅所
阪急大阪梅田駅繁華街の東側の茶屋町に鎮座する。

大阪天満宮表門と拝殿
孝徳天皇が難波長柄豊崎宮を造った折り都の西北を守る神として大将軍社をお祀りしていましたが、道真公が太宰府へ向かう途中大将軍社をお参りになり旅の無事を御祈願された縁により村上天皇の勅命により社を建て事後、道真公の御霊を慰めるため日本三大祭りの一つである天神祭りが毎年、大々的に開催され、陸渡御・船渡御・花火大会等大阪人が祭りを盛り上げています。ちなみに学問の神様として試験合格・学業成就・厄除け・商売繁盛を祈願しています。この門前は川端康成の生誕地でもあります。また日本一長い天神橋商店街や桂三枝（文枝）さんらが協力して建設した天満天神繁盛亭もあります。（地下鉄谷町線・堺筋線南森町駅下車約200m）。南森町の名も天神さんの森から命名されています。

露天神社本殿
（つゆのてんじん）
お初天神」として有名ですが、実際にあった心中を題材にして近松門左衛門が人形浄瑠璃「曽根崎心中」を書き、主人公の「お初」にちなんで「お初天神」と呼ばれるようになった。（大阪市北区曽根崎2　阪急梅田駅より南へ約500m。地下鉄谷町線東梅田駅南東200m）

今回紹介する菅原道真公も同様の最後を迎えられました。臣籍降下していました59代宇多天皇は、藤原氏の権力を避けるために、菅原道真公を抜擢し、遣唐使の廃止・私有田の抑制等政治改革をして認められ、醍醐天皇の御代には右大臣にまで登りましたが、901年、左大臣藤原時平の讒言により罪を犯したとして太宰権帥に左遷されました（讒言内容ははっきりしませんが宇多法皇と醍醐天皇の確執が原因かも）。

左遷の途中馬は使ってはならないと通達があり、牛にて旅をしていましたが牛が動かなくなったおり、暗殺者が待受けておりましたが事前に察知でき、難を回避することができました。しかし、太宰府（福岡県）で失意のまま903年に薨御されました。

当時、高貴な方は都へ遺骸を戻すことになっていましたが、道真公の遺言により現地の葬場に送るおり、やはり牛が動かなくなりその地に埋葬した所が現在の太宰府天満宮です。

このようなことから牛が神霊をもたらすとされ、参拝者の悪い処を撫ぜると回復するとされ、臥牛が撫牛として天満宮・天神社に奉納されています。

20年後醍醐天皇の皇太子の早世、天変地異、清涼殿の落雷により多数亡くなられ、醍醐天皇もそれが原因で崩御しました。道真公が怨霊となり、雷を操り天罰を下したという噂が出ているおり、多治比文子・太郎丸に神霊が取りつき、みずからを祀るようにと神懸りとなりました。もともと京都の北野の地には、雷の神「火雷天」が祀られていましたが、朝廷は新たに宮社を建立し、道真公の怒りを鎮めようとしたのが今日の北野天満宮で天神信仰の発祥の地です。

全国1万2千社の総社ですが、特に西日本に多いのは太宰府までの道のりに立ち寄った場所がゆかりの地に建立されたと思います。霊威はいちじるしい神様であるので、年ごろに祀られれば善神となるので文章博士でもあった道真公は、詩歌・書道・農耕の神、しいては学問の神として崇められるようになりました。

もう少し詳しく書こうと思いましたが紙面が許さないので筆を置きたいと思います。ただ、左遷の折り、京都・大阪の訪れたゆかりの地を写真にて一部紹介して終わります。

科学のできるピアニスト
音×最先端科学を駆使して
眠っていた潜在能力を開花

絶対音感&第七感の
特殊な感性×量子力学
世界的にも珍しい
コーチングメソッド

ピアニストの佐藤みほさんは、絶対音感と第七感の持ち主。この感性と量子力学、脳科学、心理学を合わせた世界的にも珍しいコーチング、コンサルを行っている。科学的根拠があり、どんな方でも理論理屈を知ることで自分の力を取り戻し、多くの方の現実を変えてきた。

「人は必ず才能、価値を持って生まれてきてます。その方の才能に合わせた内容のプログラムなので、一人ひとり内容は違います。ご自身でも気づけなかった才能を活かす事で潜在能力が開花し、現実を望む姿にご自身の力でみなさま変化させることができます。科学的根拠を提示し、理論理屈を話すからこそ腑に落としていただく事ができます。学ぶだけで終わりではなく自ら動けるようになります。プログラム期間中だけうまくいくものでしたら意味がありません。プログラム終了後もご自身の力で現実を創っていけるようになるためにもプログラム期間中は毎日徹底して一人ひとりサポートをしています」

音といっても波動調整機のような何か特別な機械を使用するのではなく、音のスペシャリストであるピアニストが持つ絶対音感、第七感と科学を取り入れたコーチング、コンサルを展開してます。音、科学の融合は世界でも稀。音のスペシャリストでも科学をできる人は少なく、科学者でも音を極めている人はいない。みほさんは両方できる世界でも稀な存在。コロナ禍で控えていた海外演奏会も6月にヨーロッパ公演からスタートする。みほさんはR.Julius財団設立者のRyu Julius氏からユダヤ教育を直接学んでいる。世界中で分野を問わず成功者が多いユダヤ人。富、名声の派手な部分ばかり注目されているが、それらを支えている最も大切な部分を直接学び、今後は彼から学んだことを宗教、国籍関係なく、子どもから大人まで学べるようにしていきたいと伺っている。また、世界的なコーチ高橋一暢さんとの出会いも今後面白い展開になるでしょう。ピアニストとしての活動だけで終わらないみほさんの今後に注目が集まる。

佐藤みほ

✉ mihosato.p88@gmail.com
@miho_pianistfantasy1111
@792alpqi

高橋さんは、 医療業界20年、大学病院の看護師から外資系医療機器メーカーでのトップセールスを経て、介護事業とパーソナルトレーニング事業の法人を立ち上げました。その後M&Aにて売却し、今までの経験と見識を経営者やプロアスリートに伝えるだけでなく、子どもたちにも広げようとボランティア活動もしています。様々な学びの中で、特に西田文郎・西田一見・臼井先生方から教わった脳科学を活かしたSBTスーパーブレイントレーニングは、大谷翔平選手だけでなくサッカーの三笘選手、元プロ野球選手の桑田真澄さん、オリンピックのメダリストなど数多くの能力開発に活用されてきました。高橋のクライアントの一例として、2023年度 Mrs.global universe ミスコンテスト世界一や2022年度の高校生Eスポーツ大会で日本一、プロゴルファーのベストスコアなどに貢献しています。また、ビジネスにおいても、経営者や幹部・エグゼクティブの脳力開発によって、前年比270%の売上なども導いています。彼の志は、「子どもたちが笑顔でさらに輝き、大切な人を守れる社会をさらに実現すること」です。

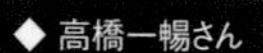
◆ 高橋一暢さん

◆ 中川仁美さん

数々の
クライアントより
コメントを
いただきました

これまでにスピリチュアルや引き寄せなどを学びましたが、変われたような気分になるだけで、本質的には変われずにいました。再現性のある科学に基づいたプログラムなら変われるかもと直感に従いました。受講中に起業のスタートラインに立つことができ、受講受講終了から2週間後に突然出版社から声がかかり、夢だった書籍出版が決定しました。今後は学んだことを活かし、コーチング活動を通して社会に貢献していきたいと考えています。

主宰 **佐藤みほ** さん

これまで国際コンクールにおいて多数の受賞歴を持つ日本ショパン協会正会員、ピアノ曲事典に音源掲載。絶対音感と第七感の持ち主。この能力と科学を組み合わせたコーチング、コンサルは子どもから起業経営者まで多くの人の潜在能力を開花させている。ピアニストとしての活動だけでなく、クリスタルボウル奏者でもあり、音を通して様々な活躍、貢献活動を行っている。

※世界でここにしかないコーチングプログラム。
詳細は、お問い合わせ下さい。

美味しい食と話題のスポット

お家でお取り寄せして美味しいものを食べたり、あちこち出かけて美味しいものを探したり、コロナ渦で行けなかったスポットにも訪れよう。

庭園

郭松門

「ヤマハ」が手がける極上の宿 五感で愉しむ非日常空間を

かつて遠江の国と呼ばれた静岡・遠州。日本の歴史と文化が交差するその地の奥座敷にあるのが、「現代の平常」ともいうべき、非日常空間の宿『葛城北の丸』。音・音楽で有名な「ヤマハグループ」が展開する極上の和リゾートだ。「匠の技」が息づくその贅沢な空間は「ヤマハ」が、歴史ある古民家に音・音楽で培った「感性」と「文化」を宿らせ、日本の伝統美を現代の感性で進化させたもの。今までにない「極上の日本」を体感させてくれる。周囲は山に囲まれ、静寂に包み込まれた『北の丸』の建物は、やわらかな曲線を描く古木に支えられ、棟内は遠州瓦の甍屋根や花梨の木レンガを敷いた贅沢な回廊、壁面には厳選された工芸やアート、デザイン家具など、新旧の和エッセンスが散りばめられ、懐かしくも新しい和の空間が広がっている。

特にこだわっているのは、ただそこに佇むだけで、ゆったりとした時の流れと、穏やかな空気を漂わせる「木」という建材。客室はもちろん、手すり、床、天井と、至る所に良質の原木を宛がっている。『北の丸』棟内にいると、なぜだか心がふっと落ち着く

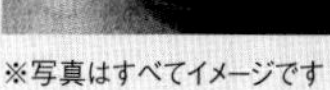
※写真はすべてイメージです

6〜8月限定『北の丸』名物メロンスープ

のは、使い込むほどに味わいと輝きを増す「木の優しさ」のせいかもしれない。

旅の醍醐味の一つがお食事。『北の丸』が提案するのは、「海の幸、山の幸、時の幸を、同時に味わうおとなの楽しみ」。「和魂洋才」を真髄に、季節の会席料理とはいいながらも、純粋な日本料理だけではない。仕込みや調味に和食の技を用いた洋のお皿もあれば、その逆もまたあり。こうでなければならないという既成概念にとらわれず、その時期にそこでしか食べられない旬の味覚を、最高の状態で味わえるよう調理していく。料理人の匠技によって、遠州の旬の味覚を細やかに、時に大胆に「ひと皿の物語」へと紡ぎ出すのだ。

使われる食材は、遠州灘や駿河湾、浜名湖の新鮮な魚貝や、年々評価を高めている静岡産のブランド牛、地元農家の野菜や果物など、地産地消に努めた旬の素材。近隣農家や市場に定期的に足を運びながら、常に最高の食材を吟味している。『北の丸』の「美味馳走」を引き立て、その世界をより多層的な表現へと高めてくれるのがお酒。山田錦100%の大吟醸酒「北の丸」、地元袋井の「国香」、藤枝の「喜久酔」など地産の食と響き合う極上の日本酒を用意している。また、世界各国から厳選して取り寄せた豊富な種類のワインをソムリエが料理

グランドピアノ「YAMAHA C3 Centennial」

YAMAHAオーディオ機材「スピーカーNS-5000」「プリアンプC-5000」「パワーアンプM-5000」など。

オーディオ鑑賞ラウンジ棟「梅殿」

<ご利用対象者>　『葛城北の丸』ご宿泊のお客様（事前予約制）　10:00〜21:00　※1回の利用時間は2時間程度。

ゆったりとくつろぐ夢見心地

2名1室1名あたり 1泊2食付 スタンダード　36,850円（税込）〜　チェックイン15:00　チェックアウト11:00

法や彩り、味付けに合わせて特別なマリアージュを奏でる逸品をセレクトしてくれる。グラスワインも多数あるので、気分に合わせて飲み比べてもいい。美味と美景が織りなす空間でグラスを傾ける至福の時間は、優雅な大人の愉しみだ。

お食事と共に、旅の大きなポイントとなるのが湯処。『北の丸』には、贅沢の極みを味わえる三つの湯処が設けられている。柔と剛の心地よい調和を味わえる「湯蔵（男性用）」、美しい景観と正統派のくつろぎを満喫できる「湯殿（女性用）」、白木の木目の美しさが目を引く「湯屋（日替わり男女入浴）」には、じんわりとカラダを温めるミストサウナを完備。ゆったりと湯けむりに巻かれながら、極上の癒しにどっぷり浸かって夢見心地。季節や時間によって刻々と表情を変える景観を眺めながら、心身共に深いリラックス感を味わえる。

音楽の「ヤマハ」だからこそ、『北の丸』で注目なのが、離れにある『梅殿』に設けられた宿泊者限定の「オーディオ鑑賞ラウンジ」。「ヤマハ」の最高級オーディオセットやピアノ製造100周年を記念した限定モデルのグランドピアノなどを設置。天井が高く、重厚感のある梁や柱、無垢板の床張りなど古民家をそのまま移築した『梅殿』はそこにいるだけで高貴な気分になれる異世界。そんな最高の空間で、

山名コース17番ホール

山名コース12番ホール

宇刈コース17番ホール

花の名のスタイルに
合わせた客室

「藤殿」デラックスツイン20室

「葵殿」スタンダードツイン8室ダブル12室

「桜殿」和室4室

「萩殿」和室5室

ヤマハリゾート 葛城北の丸

かつらぎきたのまる

☎ 0120-211-489　FAX 0538-48-6159
㊟ 静岡県袋井市宇刈2505-2
https://www.yamaharesort.co.jp/katsuragi-kitanomaru/

お気に入りの曲を最高の音で愉しむことができる。まさに「五感で感じるリゾート」を味わせてくれるのが『北の丸』だ。

また、併設するゴルフ場「葛城ゴルフ倶楽部」は、山名コースと宇刈コースの計36ホールからなるトーナメントコース。山名コースは、JLPGAツアー「ヤマハレディースオープン葛城」の舞台となっている。名匠・井上誠一氏の「晩年の傑作」ともいわれている設計は、初心者から上級者まで幅広いゴルファーを満足させる戦略的なコースだ。『北の丸』宿泊者に限り、「葛城ゴルフ倶楽部」のビジターとしてプレーが可能なので、ぜひ巡ってみてほしい。

東京からは車で約3時間、名古屋からは約1時間40分でアクセスも良好。JR掛川駅南口から葛城の送迎サービスもあるので、公共交通機関を利用しても訪れられる。利用の際はご予約を。

森の静けさに耳を澄まし、ゆったりと心と身体を解き放つ格別な時間を過ごせる『葛城北の丸』。四季折々の自然、土地の文化体験、美食と温もり、癒し、五感で愉しめる「極上のリゾート」で、あなたがまだ知らない、美しい日本へタイムスリップする旅はどうだろうか。

（ライター／播磨杏）

自転車に乗り始めた子どもからレーサーまで楽しめる

新潟県とその県境を接する群馬県みなかみ町。水上温泉郷や猿ヶ京温泉など「みなかみ十八湯」と呼ばれる温泉群を抱えた静かな山間の町といったようなイメージもあるが、上越新幹線や関越自動車道を利用して首都圏からも比較的便利に訪れることができ、また秋は紅葉、冬場には雪質の良いスキー場を求めて一年を通して多くの観光客が訪れている。

そんなみなかみ町の山間部、標高880メートルに位置する大峰高原一帯に広大な敷地で広がるのが『群馬サイクルスポーツセンター』だ。文字通り自転車を中心に子どもから大人まで、家族みんなで一日中楽しめるアクティビティが揃い、地元やリピーターの人たちからは『群サイ』の愛称で親しまれている。様々のユニークな変わり種自転車が楽しめる「サイクルアトラクションエリア」やみんなで漕いで線路上を走る「サイクル列車」、いつもと違う目線の高さで眺めを楽しめる「のっぽサイクル（展望自転車）」など、さながら自転車のアミューズメントパークだ。

<施設利用料金>
○入場料＋乗り放題
一般（小学生～64歳）：1,000円（税込）
シニア（65歳～）：500円（税込）
幼児（4歳～小学生未満）：500円（税込）
○サーキットコース
持ち込み 1,000円（税込）

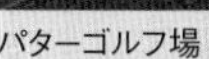
「レストラン　チュリニ」

パターゴルフ場

㊎ 10:00～16:00　㊡ 平日及びイベント開催日

変てこ自転車の遊園地　**群馬サイクルスポーツセンター**

ぐんまサイクルスポーツセンター

☎ 0278-64-1811　✉ info@gunsai.jp
㊟ 群馬県利根郡みなかみ町新巻3853
https://www.gunsai.jp/

群サイミュージアム

一日過ごしてキャンプまで楽しめる。電源付ファミリー向けやシングル、ペア向けなどあり。詳しくはホームページを。

一方、往年のラリーカーの展示やトリックアートもある「群サイミュージアム」に、広大な「多目的広場」ではジムカーナの競技会や各種イベントも開かれ、多くの自動車ファンでもにぎわう。また、スポーツセンターの名に負けず、自転車ロードレースの競技会や国際大会も開かれる本格的な「サーキットコース」も整備されている。起伏も多く複雑なカーブも配された全長6キロのテクニカルな林間コース。爽やかな高原の風を切って走れると、多くのサイクリストを魅了している。

他にはパターゴルフ場やレストランも併設。同園のすぐ隣には、オープンしたばかりの林間キャンプ場「群サイキャンプ」もある。ソロから家族連れまで利用しやすい三つのゾーンからなり、電源やWi-Fiも完備。サイクリングとアウトドアレジャーを一度に満喫できると自転車でやってくるサイクルキャンパーにも好評だ。

周辺には、BBQにキャンプ場、温泉施設、観光施設などもあるので、季節に合わせて、『群馬サイクルスポーツセンター』と一緒に家族や友達などみんなで満喫しよう。

（ライター／今井淳二）

『おおいた和牛フィレ』
150g×2 10,500円(税込)

『おおいた和牛シャトーブリアン』
150g×2 13,000円(税込)

『おおいた和牛サーロイン』
200g×2 8,000円(税込)

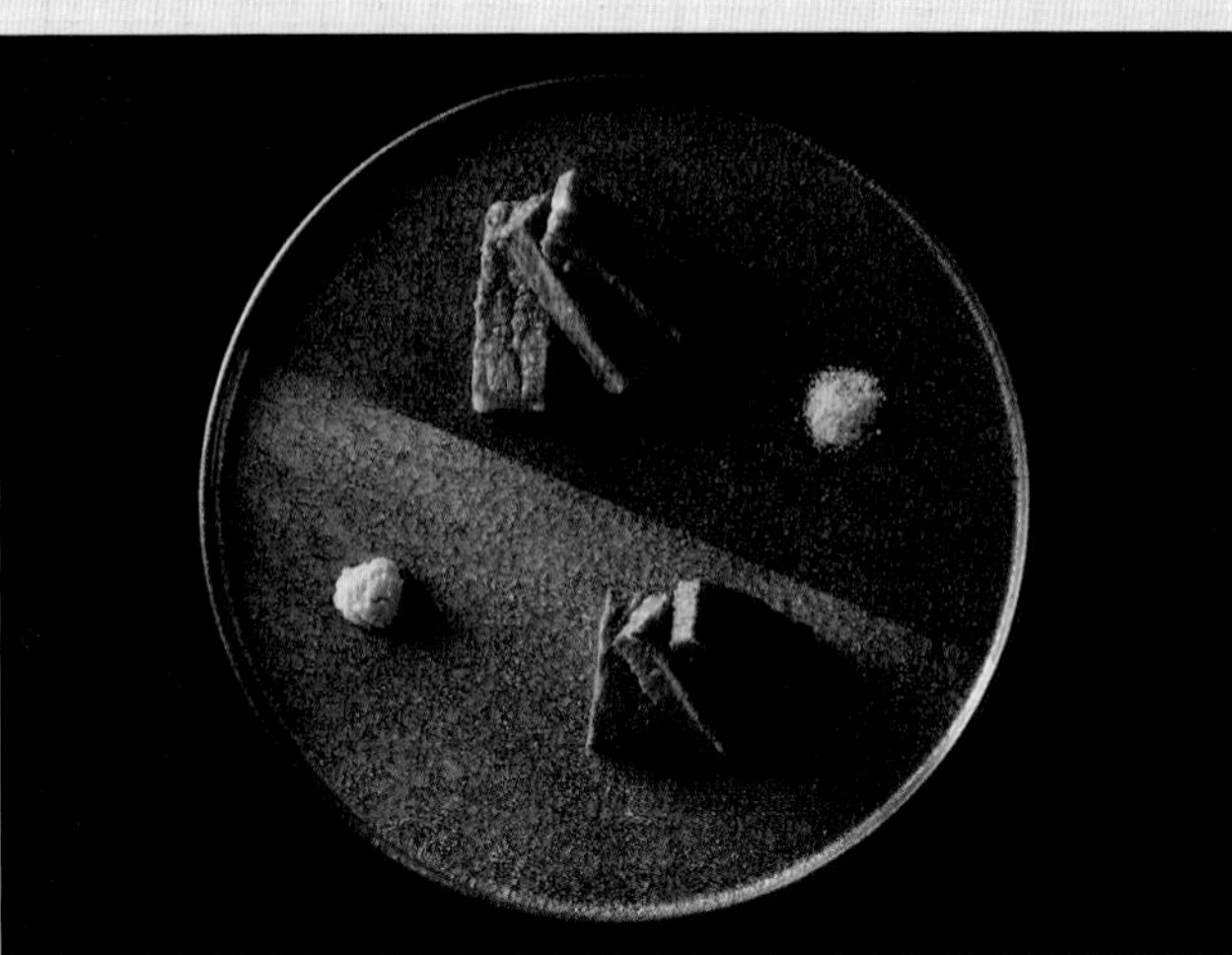

地元大分県の絶品グルメ『おおいた和牛』に舌鼓

「地元大分県の高級食材を上質な空間で味わっていただきたい」というコンセプトのもと、2017年に別府駅の近くにオープンした『てっぱん焼き 作』。高級ブランド和牛『おおいた和牛』をはじめとした地元大分県の食材を使用した絶品料理を堪能できると人気のお店だ。

『おおいた和牛』は、これまで幾度となく日本一に輝いてきたおおいた豊後牛の中でも特に肉質4等級以上の最高ランクのお肉のみを厳選した大分県が誇る高級ブランド牛だ。大分県の豊かな自然と温暖な気候、肥えた大地という絶好の環境の中で、牛にストレスがかからないように配慮しながらのびのびと育てている。米やビール粕など飼料にもこだわり、美味しさを追求して育てた『おおいた和牛』は、柔らかい赤み肉の中にきめ細かなサシが入った美しい霜降り肉のとろけるような脂の甘みと豊かな風味が特長だ。

お店で提供されるメニューには、ジューシーな脂の甘みと旨味を楽しめる「おおいた和牛サーロインステーキ」や脂身が少なく、赤身肉そのものの美味し

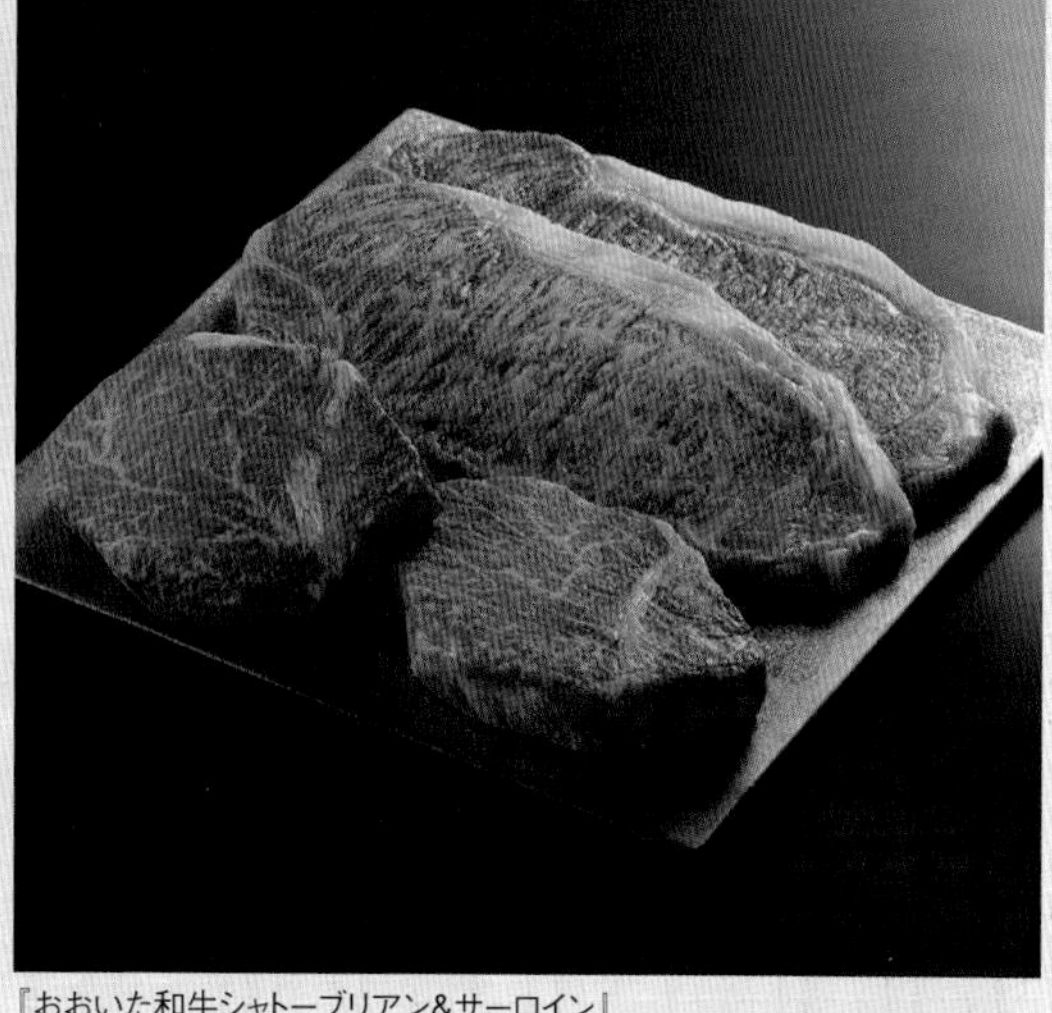

『おおいた和牛シャトーブリアン&サーロイン』
20,000円（税込）

通販サイト

予約サイト
https://www.tablecheck.com/shops/sa-coo/reserve/

㊔ ランチ11:00-14:00
（LO13:30）
ディナー18:00～22:00
（LO21:00）
㊡ 木曜日

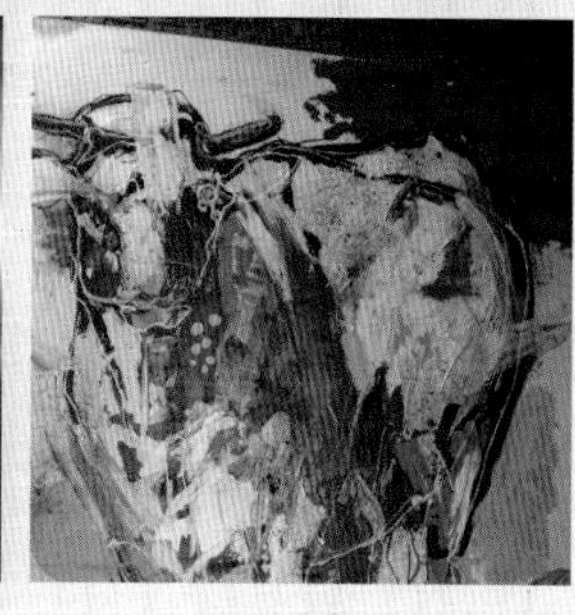

てっぱん焼き 作

さく

0977-76-8787　shop@sa-coo.fun
㊟ 大分県別府市野口元町1-3 フジヨシビル2F
https://sacoo.official.ec/

さと柔らかさを堪能できる「おおいた和牛フィレステーキ」などを堪能できる。外側はカリッと、内側はふわっとジューシーに焼き上げたステーキには塩やわさびなどが添えられており、好みに合わせて味の変化を楽しむこともできる。また、ランチメニューでも大人気の『おおいた和牛』100%の「おおいた和牛ハンバーグステーキ」や「冠地どり」や「錦雲豚」を使用したステーキなども用意。店内は黒と赤を基調とした高級感漂うおしゃれな空間で、家族や友人とのランチ会や記念日の特別なディナーなどにぜひ利用したいお店だ。また、『おおいた和牛』をより多くの方に楽しんで貰いたいという想いでオープンしたオンラインショップでは、一頭からわずかしかとれない幻の最高級部位「シャトーブリアン」や貴重な「フィレ」などを購入することができる。シャトーブリアンは、フィレの中でも特に肉質の良い中央部分にある希少部位。脂が少ない赤身肉に程よい霜降りと感動的な柔らかさが加わり、まさにパーフェクトな味わいを楽しむことができる。サーロインはフィレに次いで柔らかく、脂身の甘みと赤みの旨味が上品で、ジューシーな味わいが特長。

最高級の『おおいた和牛』は、すべてステーキ用でお届け。自宅用はもちろん、大切な方への贈り物にもオススメ。

（ライター／彩末）

道民の味。
店主が全国を
巡り歩き導き出した
秘伝のタレを使用。
注文を受けてから
一枚一枚丁寧に
二度焼きすることで
余分な油を落とし
とても香ばしく
贅沢な味わいに
仕上げています。

帯広名物の豚丼を全国で こだわり抜いた究極の味わい

１００年続く北海道帯広名物の豚丼を全国で味わえるのが『元祖豚丼屋ＴＯＮＴＯＮ』。「手作りにこだわり、出来立てにこだわり、美味しさにこだわった究極の豚丼」を提供している。味の決め手となるタレは、店主が全国を巡り歩き導き出した秘伝のタレ。醤油ベースに魚介エキスをブレンドした甘く濃厚な味わいは、たっぷりお肉に絡まり、ご飯が止まらない。お肉は、厚みをミリ単位でこだわり、「厚みがあるのに柔らかい」を追究。小さなお子様から高齢の方まで、老若男女が美味しく食べられるようにこだわっている。秘伝のタレをそのお肉に1枚1枚丁寧に塗りこみ、注文を受けてから1枚1枚両面を炭火で豪快に2度焼き。余分な油を落としながら、香ばしく贅沢な味わいに仕上げていく。焼くほどにお肉に味が入る独自の焼き方が美味しさの決め手だ。お米は選びぬかれた品種の上質なお米を使用し、こだわりの水分量で丁寧に下ごしらえをしてふっくらと炊き上げる。見栄えにこだわった盛り付けでお肉の迫力と食欲をあおるフォルムは味とボリュームへの期待感をそそる。

最高の一杯のために一枚一枚丁寧に焼いている。

『豚ロース丼』

『豚バラ丼』

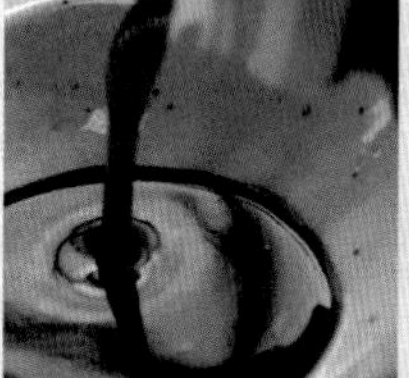
秘伝のタレ。

タレを塗りながら両面焼き。

『ハーフ&ハーフ丼』

『キムチ豚バラ丼』

元祖 豚丼屋 TON TON

『帯広
豚バラ定食』

元祖豚丼屋 TONTON

トントン

📞 06-6136-4870
㊟ 大阪府大阪市北区芝田2-3-16 東洋ビルディング北館505
https://www.butadon-tonton.jp/

定番の『豚バラ丼』は、一口食べると、本場帯広の風味が口一杯に広がる。あっさり派の方には脂肪分が少ない『豚ロース丼』がオススメ。どちらも楽しみたい方は『ハーフ&ハーフ』、また『元祖キムチ丼』も大人気だ。『香味ネギ豚丼』『ビビンバ風豚丼』など毎月の期間限定メニューも見逃せない。糖質が気になる方は、タレの絡んだお肉だけを味わえる豚皿も選べる。他にも『から揚げ丼』や『帯広豚バラ定食』『帯広豚ロース定食』『豚バラカレー』など様々なメニューがあり、何度行っても飽きずに楽しめる。

豚バラ肉には脂肪が多く含まれているが、その中には体に必要な不飽和脂肪酸やビタミンB1、鉄、亜鉛、タウリンなどの栄養素も含まれる。特に豊富に含まれるビタミンB1は、エネルギー代謝を助け、疲労を軽減する効能があり疲労回復に効果的、また、アミノ酸の組成が良く、筋肉の修復や免疫力の向上にも効果的なので、トレーニングをしている人にもピッタリだ。

本社は大阪にあり、店舗は北海道から関東、甲信越、関西、四国、九州まで、全国各地に展開。道民の郷土料理の味はそのまま、現代的にアレンジした豚丼を全国各地で気軽に楽しめる。最近では各地のテレビや新聞などメディアでも多く掲載。日々、多くの人々で賑わっている。

（ライター／播磨杏）

『活アワビお造り』
1,980円(税込)

『のどぐろ炙り一貫』
385円(税込)

『活車海老一貫』
550円(税込)

ランチ限定
『弁慶スペシャル
握りお味噌汁つき』
2,970円(税込)

『のどぐろ塩焼き』
2,200円(税込)

佐渡島の味覚を浦和で職人技が光る寿司を堪能

新潟県の有名な廻転寿司『佐渡寿司弁慶』が、2023年4月に埼玉県さいたま市にオープンした『佐渡廻転寿司弁慶浦和パルコ店』は、熟練の職人たちによって握られる現地クオリティの寿司をリーズナブルに堪能できると話題のお店だ。

新潟県佐渡島は、寒流と暖流がぶつかり合う日本屈指の好漁場。佐渡の沖合の海では春から夏にかけてマダイやスルメイカ、本マグロ、秋から冬にかけてマダラや寒ブリ、定着性のエビやアワビなどをはじめとする多種多様な魚介類が水揚げされることで知られている。また、新潟県は日本有数の米どころとしても有名だ。佐渡島の国仲平野では、特有の海洋性気候と南北に連なる高い山脈から注がれる雪解け水とたくさんの栄養を含む赤土の土壌によって上質なコシヒカリが育つ。ふっくらと艶やかで、噛むと口いっぱいに甘さが広がる。素材を大切にしており、佐渡沖合で穫れた新鮮な地魚を中心に尾頭付きを丸々仕入れてすべて店内で捌くのが特長。カウンター席では、熟練職人が眼の前で握り、お皿の上に提供してくれる。

㊄ 11:00〜22:00（LO 21:30）
㊡ 浦和PARCOに準ずる

『かわはぎ肝乗せ』
330円（税込）

一番人気
『佐渡白身3貫』
495円（税込）

『あじ』
242円（税込）

『本マグロ
目玉焼き』
572円（税込）

『アオリイカ』
330円（税込）

佐渡直送の鮮魚。

『本マグロアゴ肉香草焼き』
880円（税込）

『濃厚えびだしうどん』
385円（税込）

『本マグロ
ほほ肉ステーキ』
572円（税込）

佐渡廻転寿司 弁慶 浦和パルコ店

べんけい

☎ 048-767-5151
㊟ 埼玉県さいたま市浦和区東高砂町11-1 浦和PARCO5F
https://sado-benkei.com/

ランチメニューの一番人気は、よりすぐりの新鮮なネタとほんのりあたたかいシャリで握った『弁慶おすすめ握り十貫』。中トロやいくら、甘エビ、うに、真いかなど、佐渡の魅力を一度に味わうことができる。ワンランク上の最高のネタを味わいたい方には、大トロ、中トロ、ズワイガニ、うに、いくら、アワビ、のどぐろなどを含めた『特選握り十二貫』。店内で解体される本マグロは、中落ちはもちろん目玉、アゴ肉、ほほ肉なども一品料理として提供される。ランチメニューには、本日お味噌汁がついてくるのも嬉しい。また、佐渡産の『のどぐろの炙り』は、ぜひ食べてほしい一品。表面を炙ったのどぐろの香ばしさと溶け出した脂の旨味を味わえる。寿司の他にもお造りなどのサイドメニューが充実しており、お酒の種類も豊富で佐渡以外にはなかなかお目にかかれない珍しい日本酒や小ロットの地酒などを楽しむこともできる。

近代的で明るい雰囲気のあるシックな店内で気軽に美味しいお寿司を楽しむことができると好評。家族や友人同士と佐渡の美味しいお米や地魚、お酒など佐渡の厳選食材と職人の技でいただくお寿司を堪能し、贅沢な一時を過ごしてみては。

（ライター／彩未）

全国各地で人気沸騰リーズナブルな本格うな重

「うまい鰻を腹いっぱい！」をコンセプトに、北海道から沖縄まで、全国各地に展開している鰻専門店『鰻の成瀬』。高級食材というイメージが強い鰻だが、『鰻の成瀬』ではボリューム満点なのに価格は老舗鰻専門店の半額程度。オペレーションをシステム化し、提供時間と人件費を抑えることで、「安くて、早くて、うまい！」を実現。「一人でも多くの方々においしく鰻を召し上がって頂きたい」という思いから本格的な鰻料理をリーズナブルに提供している。

その時期で最も美味しい鰻をお届けするため、厳選した養鰻場から仕入れる上質で健康なニホンウナギを使用。水、独自配合のエサ、育成環境にこだわり、臭みがなく、絶妙な脂のりの美味しい鰻に育てられる。品質管理も徹底し、ISO9001認証、ISO22000の食品安全管理認証、HACCP品質管理の厳しい基準を通過した本当に安全な鰻のみを厳選している。また、鰻の質だけではなく、調理法にもこだわっている。最先端の技術と独自の製法で焼き上げることで、外は香ばしく、中身はフワッとした仕上がりの、絶品うな重が完成する。

各種アルコールも取り揃えている。

『うな重 松』2,600円(税込)　『うな重 竹』2,200円(税込)
『うな重 梅』1,600円(税込)

『松』ご飯280g+うなぎ1尾 2,600円(税込)
『竹』ご飯250g+うなぎ3/4尾 2,200円(税込)
『梅』ご飯220g+うなぎ1/2尾 1,600円(税込)
テイクアウトは1個から、配達サービス「うなデリ」は10個から注文可能。

鰻の成瀬　フランチャイズビジネスインキュベーション 株式会社

うなぎのなるせ

㊟ 東京都港区南青山3-1-36 青山丸竹ビル6F
https://www.unagi-naruse.com/

「うなデリ」として法人弁当配達サービスもスタート。大口注文も可能なので、会議やセミナー、ロケや撮影、法事などの集まりにも活用できる。現在、配達エリアは都内3区のみだが、今後拡大予定。

スタミナ食のイメージが強い鰻だが、免疫力を高めたり、風邪を予防するビタミンA、骨を丈夫にするのに効果的なカルシウム、その吸収に役立つとされるビタミンD、コレステロール値を下げるDHA、中性脂肪を減らすEPAなど健康に役立つ豊富な栄養素を含む万能選手。うな重は、これからの季節、夏バテ対策にもぴったりだ。さらに鰻は、細胞の再生向上に役立つビタミンB2、表皮の新陳代謝を正常に保つビタミンA、細胞の老化防止の働きがあるビタミンE、など、美容に役立つ栄養素も多く、女性にもオススメの食べ物だ。

運営するのは、「フランチャイズビジネスインキュベーション株式会社」。「健康や美容に効果的な鰻を多くの方においしく召し上がって頂きたい、うなぎを通じて多くの方に幸せを届けたい」という代表山本昌弘さんの思いから、2022年9月に横浜本店をオープン。瞬く間に人気を博し、現在全国に150店舗以上を展開。多数のメディアでも掲載され、SNS上でも多くの口コミが上がり注目されている。

(ライター/播磨杏)

『こだわり芳醇ベーグル』 寄付金額 13,000円

『山育ち芸北サーモン』 寄付金額 10,000円〜

広島県北「芸北」生まれのバラエティ豊かな特産品

広島県の北西部に位置する「北広島町」。元気で魅力あるふるさとづくりを目指し、全国から寄付金（ふるさと納税）を募集し、まちづくりや教育、自然保全などに役立てられている。

そんな北広島町の返礼品の中でも好評なのが、豊かな自然の恵みの中で育まれた食品、そしてこの地の伝統的なものづくりの流れをくむ工業製品だ。中でも近年注目されているのは、山育ちの『芸北サーモン』。中国山地1000m級の山々から流れ出る豊富な伏流水を使い、天然に限りなく近い環境で採卵から成魚まで淡水で完全養殖しているトラウトサーモンだ。冷たく淀みのない清流で約3年という時間をかけてゆっくり成長させるため、身は脂が少なく引き締まっているのが特長。寄生虫や病気対策のための薬品も使用せず、環境負荷の少ない養殖に取り組んでいる。

他にも人気が高いのが「liand bagle（リアンドベーグル）」のベーグル。自家製天然酵母の低温超長時間発酵で3日間かけて製造する。店舗販売は週二日のみ。小麦本来の風味や旨味が最大限引き出された

ポケットコイルマットレス『夜香プレミアム2』
寄付金額 100,000円～

全方位スピーカー『Egretta（エグレッタ）』
寄付金額 420,000円～

※寄付金額は2024年4月時点の金額です。
変更になる場合があります。

環境にやさしい座椅子『カブール』
寄付金額 30,000円

一般社団法人 北広島町まちづくり会社 はなえーる

0826-72-7772　info@hanayell.jp
住 広島県山県郡北広島町有田1234 北広島町まちづくりセンター内
https://hanayell.jp/

ベーグルは、噛めば噛むほど甘みを感じる。そんなプレミアムなベーグルもふるさと納税では8種セットを返礼品として受け取ることができる。

ウレタンメーカー「西日本イノアック」製の座椅子『カブール』も好評な品だ。一定割合発生するウレタン端材を座椅子に適した素材だけを選別・粉砕、クッション材として再利用してできあがったエコな製品。「身体を預けたら立ち上がりたくなくなるほどの座り心地」と、ユーザーからの評価も上々。

デザイン性と機能性の斬新さからオーディオマニアが注目するのが、「オオアサ電子」が手掛ける全方位スピーカー『Egretta（エグレッタ）』。部屋のどこに置いても、360度の音の広がりで空間全体が自然な音響に包まれる。竹や杉など自然由来の素材を用い、本体胴部にも漆喰を採用するなど自然豊かな北広島町ならではの発想が盛り込まれている。

「チヨダコーポレーション」のポケットコイルマットレス『夜香』は、国内自社生産の日本最高クラスの硬鋼線を使用し、耐久性と快適な寝心地を追求したマットレスだ。特殊な圧縮技術によるコンパクト梱包で、搬入・設置の負担が軽減されているほか、廃棄時に解体して分別できるシリーズもあり、ユーザー目線を重視した満足度の高い製品が揃う。

（ライター／今井淳二）

『ギフト くるみだれ五平餅 6本セット』2,500円（税込）

つぐや
創業昭和61年

『くるみだれ五平餅3本セット』750円（税込）

手間ひまを惜しまず シンプルで素朴な郷土料理

愛知県をはじめ、岐阜県や長野県など中部地方の山間部を中心に伝わる郷土料理『五平餅』。形や味はその地域によって様々だが、一般的にはもち米ではなく、炊きたてのうるち米を粒が残る程度につき、それを太めの平たい木製の串に練り付け、味噌や醤油ベースのタレをつけて焼き上げたものをいう。その形が神前に捧げる「御幣（ごへい）」の形に似ていることから転じてこの名がついたともいわれている。

素朴な味わいと片手で食べられる手軽さから、各県内のドライブインや道の駅、峠の茶屋、高速道路のサービスエリアなどのスナックコーナーでもよく販売されているが、特に愛知県内には独自に工夫を凝らした専門店も多く、そんなお店の一つが『五平餅のつぐや』。県内に2店舗を展開しているほか、全国的にもファンが多いこの料理を、家庭でもこだわりの味で手軽にいただけるよう通信販売も行っている。

『原木しいたけ贅沢だし』
600ml 1,150円（税込）

代表 村松憲治さん

通販サイトは
こちら。

『超あらびきフランク 5本入り』1,080円（税込）

『奥三河鹿フランク 3本入り』850円（税込）

五平餅の つぐや

☎ 0536-83-2915 ✉ muramatsu.koki@tsuguya.com
㊟ 愛知県北設楽郡設楽町津具字用留61
https://tsuguya.com/ ）

『五平餅』に使用しているのは、冷涼な空気ときれいな水に恵まれた愛知県設楽町津具高原で育ち、食味に優れた全国的にも希少な幻の米「ミネアサヒ」。『つぐや』では、自社農場で自ら栽培・収穫までを行い、さらにその中でも厳選したお米のみを材料にするというこだわり。それを丁寧に炊き上げて一本一本「御幣」の形に手作りし、味噌と醤油をベースにゴマのアクセントが効いた、甘じょっぱい秘伝の特製くるみダレを塗りながらじっくり香ばしく、もちもちと焼き上げる逸品だ。その味わいは、子どもからお年寄りまで幅広い層に愛されている。

また、看板商品である『五平餅』の他にも地産の国産豚肉100%、パキッと噛むと肉汁あふれる『超あらびきフランク』、新鮮な鹿肉を使用したジビエの野趣あふれる味わい『奥三河鹿フランク』などだこだわりのオリジナルフランクも販売。三河の味を多くの人に提供している。中でもリピーターが続出するほどの美味しさで人気なのが、地元産の原木しいたけをたっぷり贅沢に使用した香り高く味わい深い和風白だし『原木しいたけ贅沢出汁』。うどん出汁や茶碗蒸し、煮物、炊き込みご飯など、いつもよりワンランクアップの和食料理が手軽に作れると好評だ。

（ライター／今井淳二）

『大阪
紅ショウガ天
柿ノ種揚』

『大阪紅ショウガ天
ポテトチップス』

企画、デザイン、販売までお任せ アイデアを仕事にする会社

「すべての仕事にアイデアを」をコンセプトに、市場調査・企画設計から試作開発、資材のデザイン提案・製造、販売まで請け負ってくれるオールマイティな企業『アイデアパッケージ株式会社』。アイデア提案から始まり、顧客の手に届くところまでのすべてを考え抜き、あらゆる想いを実現へと導いている。時には常識を覆すような食材を使い、時には競合が考えもしなかった付加価値をつけ、試行錯誤を繰り返しながら、たくさんの想いを形にしている。

物が溢れ選択肢が多くなった時代だからこそ、商品の顔であり、見る人にとっての第一印象となるパッケージデザインは、最も重要な肝と言っても過言ではない。いつ、どこで、誰が、どのようにその商品を目にして手に取るのかを考え抜き、買い手の五感に訴えるデザインを提案する。また、デザイン・作るだけではなく、作り手の目線と買い手の目線で売るための仕組みを整えてくれるところも同社の強み。過去の数値や市場の傾向に頼るのではなく、時には前例を疑い、業界の隙間を探して

『昭和の味
純喫茶メシ
ビーフカレー
中辛』

オンラインショップは、
こちらからも
検索できます。

『昭和の味
純喫茶メシ
ナポリタンライス
甘口』

『チーズライス　ガリポテベーコン』

アイデアパッケージ 株式会社

Idea Package

072-760-3411　idea@idea-package.co.jp
㊟ 大阪府池田市住吉1-4-6
https://www.idea-package.co.jp/

オンラインショップ　http://ideapackage.shop1.makeshop.jp/

流通ルートを見つけ、消費者の手元に届くまでしっかりサポートする。

これまでに開発販売された数ある商品の中でも、特に大ヒットしているのが大阪のソウルフード『紅ショウガシリーズ』。爆発的な人気を浴びたロングセラー商品誕生の秘訣は、同社お得意の『隙間狙い』。大阪といえばお好み焼きやたこ焼きなどを連想するが、それだと面白くないので他のものでと考えたときに出てきたのが紅生姜というアイデアだったという。

また、これまでにない画期的なレトルト食品シリーズも開発。『チーズライスガリポテベーコン』は、大好きなチーズでご飯をお腹いっぱい食べたい」という要望に応え開発。濃厚なチーズソースに食欲を誘うガーリックの香り、チーズと相性抜群のポテトとベーコンが入り、チーズ好きにはたまらない。レトロなパッケージデザインが目を引く『純喫茶メシ』シリーズも大人気。『ビーフカレー』は、昭和の純喫茶のビーフカレーを見事に表現。懐かしくて新しい辛旨味は病みつきになる美味しさだ。『ナポリタンライス』は、懐かしの甘酸っぱいナポリタンにライスを合わせた進化系。ひき肉とソーセージが入って食べ応えもある。

（ライター／播磨杏）

『Laxury Beer GÔDE』

シャンパンのような華やかさ特別な日を彩る極上ビール

オーストラリアやフランスなどを中心に、生産者が強いこだわりをもって造ったサスティナブルで美味しいワインを直輸入し、レストランオーナーへの販売やオンラインショップでの販売を手掛ける『株式会社ASWINE』。日本における「GÔDE」の独占販売権を有している正規代理店として、新しいコンセプトのアルコール飲料『Luxury Beer GÔDE』を徹底した温度管理のもと輸入、お客様の元へ届けている。

フランスの元シャンパン醸造家、ゴドフロイ(Godefroy Baijot)が本気で造りあげた『Luxury Beer GÔDE』は、北フランスのフランドル地方で一次発酵・熟成させ、その後シャンパーニュ地方でシャンパン酵母を使用して半年以上じっくりと瓶内二次発酵する。発酵を終え、ボトルの中に沈殿物となった酵母を取り除くため、ピュピトルと呼ばれる木製の装置に瓶を差し込み、8時間ごとにゆっくりと瓶を回しながら、酵母をネックに沈殿物とともに集めて排出するシャンパンの伝統的な製法「ルミュアージュ」を行っているのが特長だ。

元シャンパン醸造家のゴドフロイ。

醸造所は、フランス北部のフランダース地方にある。

株式会社 ASWINE

アスウィン

✉ official@aswine.co.jp
㊟ 東京都中央区築地7-11-13-401
https://aswine.co.jp/

ビール造りの主役ともいえる酵母にシャンパン酵母を使用しているので、白ワインのような華やかさと麦芽とポップ由来のクリスピーな喉越しの良さ、ビターでテクスチャーがしっかりとした味わいで、ゴクゴク飲むことができる。また、マンダリンオレンジやパイナップルなどのトロピカルフルーツを思わせるフルーティーで芳醇な香りの後に、リンゴのコンポートやとうもろこしのようなスモーキーなアフターフレーバーを感じることができる。

従来のビールよりもアルコール度数が高くコクもあり、冷蔵庫でキリッと冷やした状態できめ細やかな泡と共に喉越しを楽しむのもオススメ。また、常温で少しずつ温度を上げて白ワインの適温といわれる7～10℃でワイングラスに注いでも異なる味わいを楽しめる。ラグジュアリーなBBQやクルージング、ホームパーティーなど、高級感のあるデザインのボトルからコルク栓を抜いてグラスに注げば、華やかな香りと美しいディープイエロー、繊細な白い泡が場をエレガントに彩ってくれる。

ビールが好きな方はもちろん、ワインが好きな方のお祝いの贈り物にもオススメ。日本初上陸の『Luxury Beer GÔDE』で、大切な方とワンランク上の特別なひとときを過ごしてみては。

（ライター／彩未）

亭主 高徳健治さん

各種コースあり。
『能登の舞』(おつまみ、一品料理3品、お椀、握り8貫) 16,500円(税込)
『能登の極み』(おつまみ、一品料理5品、お椀、握り10貫)
19,800円(税込)など。

㊢ 18:00〜23:00(最終入店20:30)
※ネット予約は当日19:00まで ㊡ 火・水曜日
お問い合わせは公式LINEまたはInstagramのDMから。

金沢鮨 鼓舞

こぶ

03-6414-1833
㊟ 東京都世田谷区豪徳寺1-50-12
https://kanazawasushi-kobu.com/

一皿一皿に想いを込めた心温まるおもてなし

2019年の開業以来、単なる寿司屋を超える、記憶に残る「人々を良くする食」の体験を提供。北陸直送の天然鮮魚を使い、赤と白の二種類のシャリを特別に仕込み、それぞれの鮮魚の味を引き立てる技術に自信を持つ『金沢鮨鼓舞』。

「時間を忘れてゆったりと楽しんでいただく」ことを大切にしており、鉄板焼きスタイルで、お客様の目の前で寿司を仕上げる姿も楽しめる。「食は人々を良くする力を持つ」という信念のもと、無農薬無化学肥料を使用した農産物を自社農場で栽培し、その一部を店で使用。心身ともに満たされる食体験の実現を目指している。さらに、各地から選び抜かれた銘酒の提供にも力を入れ、食事との完璧なマリアージュを追求。

「私たちは、一皿一皿に心を込め、職人技と情熱をもって作り上げることで、伝統を守りつつ新しい挑戦を続け、寿司の新たな価値を創造し続けています」

ここでしか味わえない、特別な食体験をぜひ。

(ライター/河村ももよ)

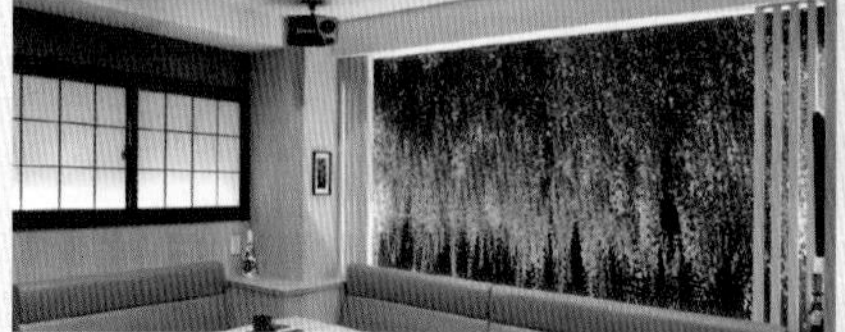

2024年3月に同ビルの2Fから3Fに拡張移転。

旬の食材を使ったとある日の『春の前菜』。

㊫ 12:00～
㊡ 不定休

着物美人と評判の女将、
飯島重子さん。

国産ウイスキー「イチローズモルト」と店名と同じ名の日本酒「花陽」。

小料理 花陽

かよう

☎ 03-6263-8650　✉ shige.kealoha@gmail.com
㊟ 東京都中央区銀座6-3-6 栄ビル3F

小料理 花陽　検索

心づくし料理と女将との会話を肴に

東京・銀座にある『小料理 花陽』は、紅色を基調にカウンター3席、奥に10名ほど座れるソファ席の凛とした小さな佇まいながら、心づくしの料理と美味しいお酒を求めてお客さんが絶えない憩いのお店だ。

割烹着が似合う気配り上手な着物美人、女将の飯島重子さんが腕を振るうその料理は、オリジナルの創作前菜盛り合わせから誰もが好きな家庭料理までバラエティ豊か。また、店名と同じ日本酒「花陽」や通にはたまらないウイスキー「イチローズモルト」など、じっくり腰を据えて楽しみたいお酒が揃う。

オープン以来長く通われている常連だけでなく、お昼時には魚料理を中心とした満足感たっぷりのランチも提供しており、ランチ目当てだったお客様が酒を楽しむために再度足を運ぶことも多いという。

美味しいお酒とお料理、そして気さくな女将との会話が夜毎楽しめる大人の社交場だ。

（ライター／今井淳二）

－和房鉄板－
榛
はしばみ

Good quality time
enriches your daily life
上質な体験をあなたの日常へ

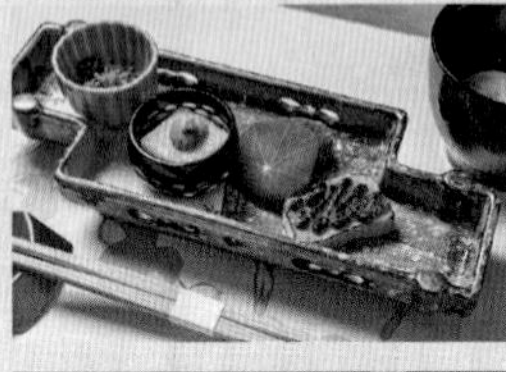

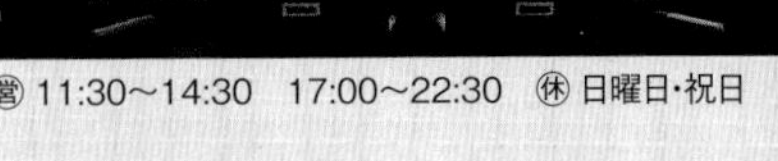

㊫ 11:30〜14:30　17:00〜22:30　㊡ 日曜日・祝日

和食居酒屋・和房鉄板 榛

はしばみ

☎ 0465-20-4220　✉ info@hasibami-odawara.jp
㊟ 神奈川県小田原市栄町2-1-20 プラザリズB1
https://hashibami-odawara.jp/

こころづくし溢れる和食のお店

地元、神奈川県小田原に住む人たちはもちろん、観光やビジネスで訪れた人たちからも評判の食事処が『和食居酒屋・和房鉄板 榛』だ。

中国や韓国といった大陸から伝わってきた陰陽五行説の考え方を日本独自にアレンジして定着した和食の基本的な要素である五法、五味、五色、五適、五覚を大切にし、旬の山海の幸やフォアグラやキャビアといった高級食材なども駆使。味はもちろん、盛り付けまで美しく仕上げた創作和食に素材の味が生きる各種鉄板焼きも売りの一つ。スタッフが厳選した選りすぐりのお酒と共に、賑わいの中にもゆったりとした空気が流れる時間を楽しめる。

席に着くとまず供されるのが同店のおもてなしの心を表した「一汁賛菜」と呼ばれるお椀と先付。ゆっくりとメニューやコースを選びながらお客様同士会話のきっかけにもなると、特別な日のお食事や大切な方との会食にも好評。

また、熱海にオープンさせた独創的和スイーツのお店「和茶房はしばみ」も早くも観光客に人気だ。

（ライター／今井淳二）

㊖ 18:00〜24:00　㊡ 月・日曜日・祝日

※旬の味覚 逸品料理などの一例
『コース姜』8,500円（税込）　『コース懿』12,000円（税込）

京のおばんざいと握り寿司 宵山むらさき

よいやまむらさき

☎ 045-681-2047
㊟ 神奈川県横浜市中区尾上町5-70 ザ・バレル源平ビル5F
https://www.sakurafoods.info/yoiyama_murasaki/

店主のこだわりの野趣溢れる料理を名酒と共に

神奈川県横浜市・関内のビルにひっそりと佇む、京のおばんざいと握り寿司『宵山むらさき』。暖簾をくぐると、カウンターメインになっており、横浜の街の喧騒を忘れてしまうような落ち着いた空間になっている。

店名の由来は、京都祇園祭り（本祭）前の小祭を「宵山」と呼び、これから迎える吉日の前に、食を通して小祭を祝えるおもてなしのお店と願い名づけたという。旬の素材はもちろん、店主が自ら厳選した食材を使用した本格握り鮨やおばんざいは、見目麗しく、季節を感じながら頂くことができる。

侘び寂びのあるお料理に合わせた日本の銘酒も数多く取り揃えており、どの日本酒も魅力的で色々試してみたくなる。お寿司は、ネタが書かれた20枚くらいの短冊を渡され、中から好みを選ぶことができ、「これが楽しい！」と喜びの声もあるという。

横浜の小さな京都で野趣溢れた料理、歳時記にあわせてお作りする料理を心ゆくまでご堪能いただきたい。

（ライター／河村ももよ）

オーナーシェフ・JSA認定ソムリエ 上甲裕樹さん

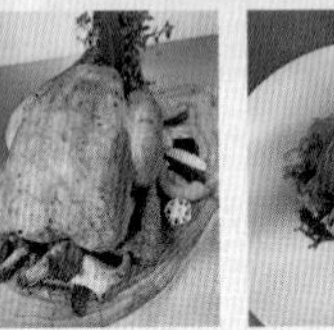

『ランチA』3,410円(税込) 『ランチB』4,983円(税込)
『ディナーA』6,776円(税込) 『ディナーB』9,900円(税込)
『ディナーC』13,200円(税込)

㊡ 11:30〜14:00(LO) 17:30〜22:00(LO) ㊡ 水曜日

Ville natale

ヴィル ナタール

0898-77-3239 info@ville-natale.com
㊟ 愛媛県西条市三津屋102-7
https://www.ville-natale.com/

地元食材をふんだんに使用 洗練されたフレンチ

愛媛県西条のフレンチレストラン『Ville natale』は、洋館の店構えでまるでフランスにいるかのような素敵な佇まい。オーナーでシェフの上甲裕樹さんは、愛媛県出身で長く故郷を離れて仕事をしていたが、2018年7月に起こった豪雨にとても心を痛め、「何かできることはないか、地元に貢献したい」と戻ってきたという。そんな思いもあり、店名はフランス語で「ふるさと」という意味の『Ville natale』と名付けた。

西条のいいものをどんどん発信していきたいと、できるだけ地元のものを使い、料理を提供。自らも野菜作りを行っている。心のこもったフランス料理は、繊細で彩りも良く美しい。何より愛が溢れ、心に沁みる優しい味で、地元の方だけでなく、県外からも噂を聞きつけ通うお客様もいるという。

いつもと違う特別な時間をこの素敵な洋館でぜひフレンチを舌鼓して欲しい。

(ライター/河村ももよ)

ランチ限定の定食セットもオススメ!

㊋ 15:00～21:00
土日祝11:00～21:00
㊡ 火曜日

四季折々の地元野菜を愉しめる。

ガレージ酒場 KⅡ

ケーツー

0774-66-5400 kiwroadstar@gmail.com
㊟ 京都府宇治市小倉町西浦78-3 オグラステーションパーク1F-DE
https://garagesakaba-ktwo.com/

おしゃれな大人の隠れ家風ダイニングバー

京都府宇治市の近鉄小倉駅西口駅より徒歩約1分の場所に2023年11月にオープンしたのが、大人の隠れ家風のダイニングバー『ガレージ酒場KⅡ』。バイク好きの店主がデザインしたガレージタイプの店内には、ハーレーダビッドソンとホンダゴールドウイングが月替わりで交互に飾ってあり、バイクを眺めながら熱く語り合い、美味しい料理とドリンクを楽しめる。

料理は、店主自ら畑で収穫した新鮮な地元野菜と熟成肉を中心にしたこだわりのメニュー。オススメは、体の健康を考え、昆布と鯖の出汁で作った様々なおばんざいやカレーうどん。厳選した銘酒と美味しい料理を味わいながらゆったりした時間を過ごして欲しい。

若いころから自分の店を持つことが夢だったという店主が、趣味のバイクや好きなものだけを詰め込んで創り上げたお店は、土・日・祝日には昼飲みができるのもポイント。カウンターやテーブル席、掘りごたつ席などもあり、大人数やお一人、女子会などで楽しめる。

(ライター/河村ももよ)

オーナー
徳丸浩樹さん

大阪府大阪市大正区といえば、沖縄県・鹿児島県の人が多いのだという。

㊔ 17:00～23:00（延長、日曜日の予約可能）
㊡ 日曜日・祝日
席数はカウンターを含め15名から立ち飲みで20名位可能。

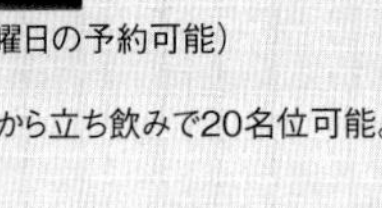

おつまみは、110円（税込）から高くて440円（税込）。

酔っぱらいスタンド ぴぃーちゃん!!

☎ 06-4977-7455
㊟ 大阪府大阪市大正区小林西1-2-11

全国の焼酎や絶品一品料理が人気のカジュアルな居酒屋

ダイヤモンド工具を使った特殊工法で建設工事の一翼を担う「株式会社DAI企画」代表の徳丸浩樹さんが副業として大阪市大正区に開いた居酒屋『酔っ払いスタンド ぴぃーちゃん!!』が人気だ。全国各地の焼酎や日本酒、絶品の一品料理やおつまみが懐に優しい価格で楽しめるのがリピーターが増える理由だ。夕食に立ち寄る勤め人たちも絶えない。

北海道から九州まで仕事で行った先々で飲んできたという焼酎好きの徳丸さんオススメの焼酎は、定番のものから珍しいものまで揃い、いずれも450円。日本酒は400円、揚げ物からスピードメニューまであるおつまみや一品料理も100円から400円代。一度食べたらやみつきになるボリューム満点のチキン南蛮、たっぷりのタルタルソースで食べる太めのエビフライ、鮮度抜群のささみ湯引きも440円という安さだ。

椅子付きのカウンターで会話と食事が楽しめる、文字通りの「楽しい雰囲気のカジュアルな立ち飲み屋」だ。

（ライター／斎藤紘）

『真ほっけ魚醤干し（姫ほっけ）』（3尾 300g）

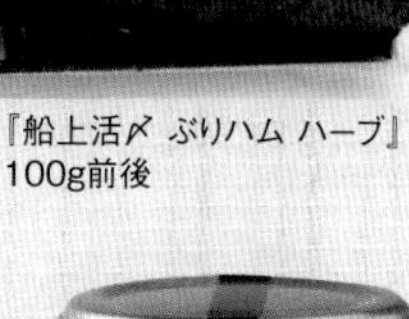

『船上活〆 ぶりハム ハーブ』100g前後

『鯱 魚醤仕込み真ほっけ焼きほぐし』（110g）

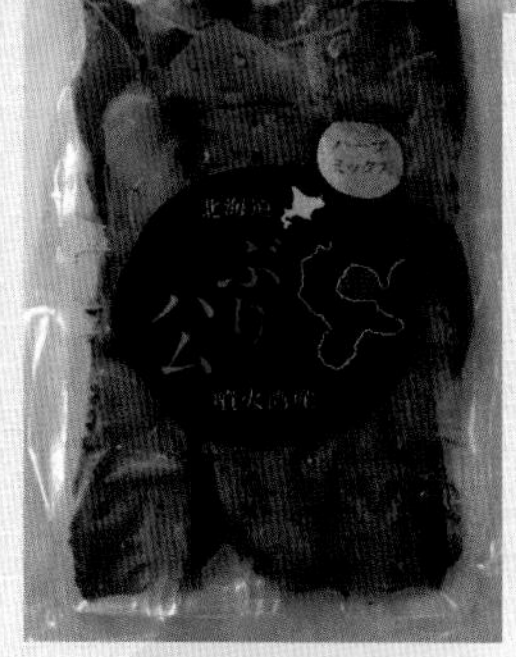

『ふぐ松前漬』90g

『船上活〆ぶりハム ハーブカット』

株式会社 ジョウヤマイチ佐藤

ジョウヤマイチさとう

01374-2-7731　jyouyamaichi@jmail.plala.or.jp
㊟ 北海道茅部郡森町字港町6-4
https://www.joyamaichi-sato.com/

北海道森町『真ほっけ』『ぶりハム』や『ふぐ松前漬』

水産加工品を企画・販売する北海道森町の『株式会社ジョウヤマイチ佐藤』は、ほっけや真イワシ、サバなど噴火湾（内浦湾）で水揚げされる豊富な資源の冷凍・保管、加工製造を手掛ける会社。大量生産ではなく、「一品一品をたいせつに」をモットーに、新鮮な素材の美味しさをそのままに、丁寧に作り上げている。

なかでも人気なのが近海で水揚げされたほっけ。鮮度の良い前浜産は、甘みのある脂とふっくらとした身が特長。他にも、噴火湾産のぶりを船上で新鮮なうちに活締めし、塩だけで丁寧に作った北海道内でも珍しい魚の生ハム『ぶりハム』と『ぶりハムハーブミックス』があり、程よい塩加減が脂ののった新鮮なぶりの旨味と甘みを引き出し、しっとり、もちもちとした食感が楽しめる。

また、絶品の『ふぐ松前漬』は、北海道産の真ふぐを使用。北海道ではふぐを食べることが少ないため、道外へ出荷されることが多い。「北海道のみなさんにふぐを食べていただきたい」という思いで生まれた商品だという。

（ライター／河村ももよ）

代表取締役 森淳一さん

『美濃ハツシモ』5kg 3,240円（税込）
厳格な栽培基準をクリアした岐阜を代表する「幻の米」。

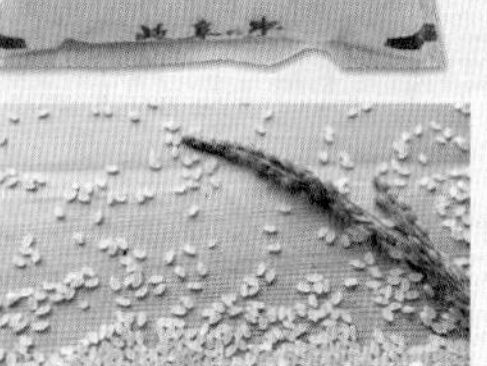

『美濃ハツシモ』のほかにも発売中。
『にこまる』
（もっちりした少々粘りけのある大粒のお米）
『てんこもり』
（しっかりした歯ごたえのあるお米）
『コシヒカリ』
（一般的になじみのあるお米）
すべて 5kg 2,430円（税込）

農業生産法人 株式会社 森ライス

もりライス

☎ 058-243-5377 ✉ gifunokome@moririce.co.jp
㊟ 岐阜県岐阜市芥見大船1-26-2
https://moririce.co.jp/

常に消費者のことを考え クリーンな米作り

木曽三川の豊かな水に恵まれた濃尾平野は、古くからお米を始めとする豊かな農産地としても知られている。そんな中、消費者のための「考える農業」で上質なお米づくりを行っているのが岐阜市の『農業生産法人株式会社森ライス』だ。環境と健康に配慮した減農薬・低化学肥料栽培を心がけ、安全・安心な農作物の生産および持続可能な環境に優しい農業を目指している。

メインで手掛けているのはやはりお米。大粒でツヤが良く冷めても美味しいと評判だが、県外ではあまり生産されておらず、幻の米とも呼ばれている岐阜のご当地米『ハツシモ』を始め、『にこまる』や『てんこもり』『コシヒカリ』といった良質な銘柄米が挙げられる。そのすべてを収穫から乾燥・籾摺り・精米まで一貫して行い、自社通販やふるさと納税などで全国へ直接お届け。

他にもまろやかな味わいが強くえぐみがほとんどない大豆に小麦、ソバなど食卓に欠かすことのできない穀物にサトイモなど野菜の生産も行っている。

（ライター／今井淳二）

『ミルキークイーン』『なつほのか』5kg、10kg、20kg

大窪農園

おおくぼのうえん

090-2089-9521
住 大分県竹田市久住町大字有氏1151
https://okubo-nouen.com/

高地ならではの特性を生かした米づくり

標高が高く気温も低い高冷地と呼ばれる地域は耕作可能な面積も限られ、あまり米どころというイメージはしにくいかもしれない。しかし、良質な米ができる条件のひとつでもある昼夜の寒暖差は大きく、病害虫が発生しにくいため農薬の使用量を抑えた米づくりができる。

大分県の減農薬・減化学肥料で安心・安全な米づくりをしている『大窪農園』は、標高650mに位置し、まさに高冷地の良さを生かした米づくりに取り組んでいる。寒暖差もそうだがやはり全体的に気温が低い土地柄のため他の地域より約1ヵ月早く田植えを行い、時間と手間をかけてゆっくり育てることで、デンプン質も豊富で甘く風味が良い米が育つ。

メインの作柄である「ミルキークイーン」は、モチモチふっくらとした食感、冷めても硬くなりにくく美味しいのが特長だ。他にも食感が軽くあっさりとした「なつほのか」など、いずれも真空パックで届けてくれる。

（ライター／今井淳二）

こちらからも
検索できます。

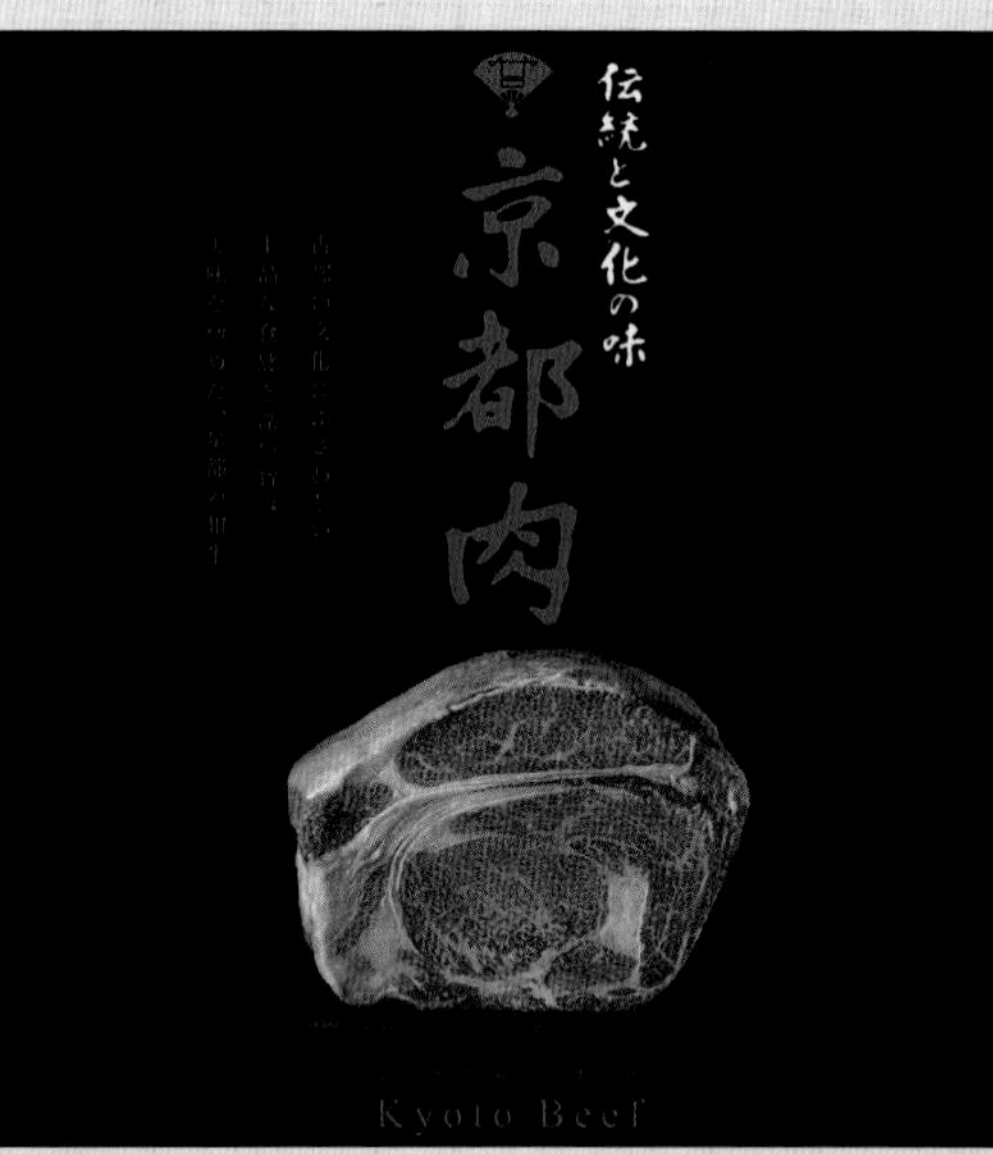

『京都肉』の美味しさを
全国、世界へ。

京都肉牛流通推進協議会

きょうとにくうしりゅうつうすいしんきょうぎかい

075-681-8781 info@kyoto-meat-market.co.jp
㊟ 京都府京都市南区吉祥院石原東之口町2 京都食肉市場株式会社内
http://www.kyoto-meat-market.co.jp/

日本の文化として歴史に残る名牛『京都肉』

明治時代より文明開化の象徴として日本中に広まった感のある牛肉食の文化。だが、意外にもその歴史は古く、弥生時代にはすでに牛が食用として飼育されていたことがわかっている。鎌倉時代に書かれた「国牛十図」という図説には、当時国内で優れた牛（和牛）10種が紹介されており、その中の「丹波牛」が今現在、『京都肉』と呼ばれている京都産和牛肉のルーツだといわれている。

京都府亀岡市、南丹市、京丹波町といった丹波地域一帯は、夏と冬の寒暖差が大きく山間の盆地。清らかな水と空気に恵まれ丁寧に育てられた京都産和牛『京都肉』は、生産数こそ他の国産黒毛和牛に比べ少ないが極めて良質な肉質が特長。豊かな風味と口溶けの良い脂、上品な舌ざわりとしつこくない味わいでステーキ、すき焼き、しゃぶしゃぶなどはもちろん、繊細な味わいの京料理にも取り入れられている。

地元京都のレストランや小売店・ECサイトによる販売、ふるさと納税の返礼品でぜひ一度その味わいを体験してみてほしい。

（ライター／今井淳二）

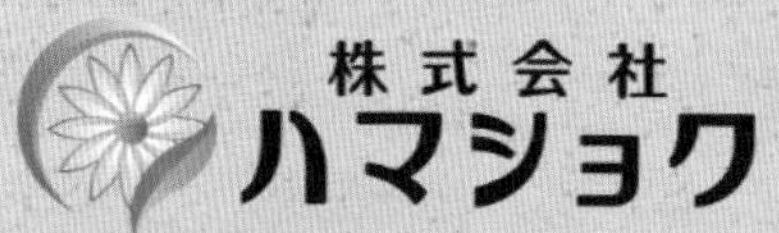

ロゴマークは、「逆境に立向う」という花言葉を持つ、三陸地方沿岸部に咲く花「はまぎく」をイメージし、『ハマショク』という社名は「はまぎく」と「食品」の頭2文字に由来しており、三陸から東北へ、日本へ、そして世界へ三陸の花を咲かせたいという思いが込められている。

株式会社 ハマショク

022-290-3071 info@hama-shoku.jp
㊟ 宮城県仙台市宮城野区扇町7-7-2
https://www.hama-shoku.jp/

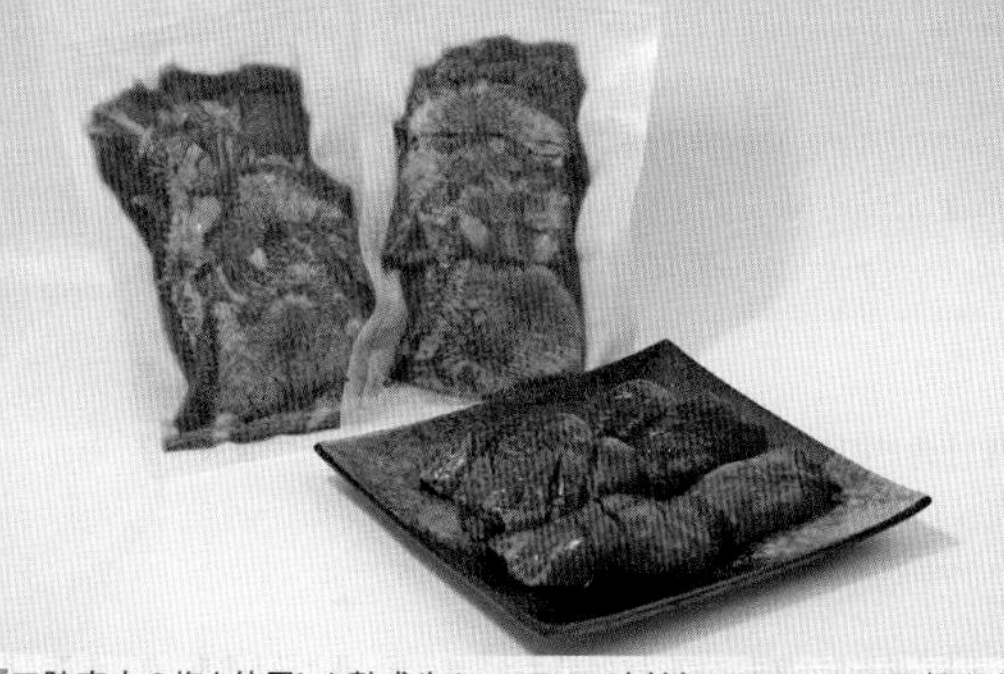

『三陸宮古の塩を使用した熟成牛タンスライス味付』400g 4,650円(税込)

分厚くて食べ応えあり熟成牛タン

『株式会社ハマショク』の『熟成厚切り牛タン』は、感動するほど分厚く、ジューシーな味わいが人気。自社工場で生産し、選りすぐられた原料を使用している。

こだわりは、三陸宮古の塩。自然豊かな三陸の海水をイオン交換膜でろ過し、不純物を除去。平釜でじっくりと煮詰め、しっとりまろやかに。その塩を使用し、3日間熟成させることで旨味が溢れんばかりになる。丁寧に仕込んだ熟成牛タンは、タン中・タン元を熟練の職人が丁寧に一枚一枚手切りをしている。まろやかな三陸宮古の塩が肉の旨みを存分に引き出し柔らかくジューシー。一度食べたらすぐにまた食べたくなるほどだ。

自宅での食べ方も簡単。熱したフライパンで、両面を中火で軽く焦げ目が付く程度に焼き上げるだけ。お好みで、レモンやわさびをつけたりと、いろいろな楽しみ方ができる。ご飯のお供やお酒のおつまみに、ぜひどうぞ。

(ライター/河村ももよ)

こちらからも
検索できます。

㊮ 11:00～22:00
㊡ 不定休

一日に必要な野菜が摂れる完全メシがコンセプト。

豚汁専門店 ベジ・美豚

ベジ・ビィトン

090-7968-8049
㊟ 大阪府枚方市新町1-7-1
ベジ・美豚 検索
@bezibiton.official

とろける豚肉や大ぶり野菜のこだわり豚汁

大阪府枚方駅のバスロータリー近くにある豚汁専門店『ベジ・美豚』は、豚汁をこよなく愛する店主の想いが詰まったお店。一日に必要な野菜が摂れる完全メシがコンセプトだ。

驚くのは、豚汁のボリューム。想像できないほどの具材の多さで、根菜類や餅巾着など多彩な具材がダイナミックなサイズ感で提供される。ごろごろっとした大ぶりの具材、とろとろ豚肉の豚汁は、チゲや豆乳、そしてホルモンなど様々な味が楽しめ、季節限定のメニューも味わえる。

テイクアウトもあるが、ぜひ、店内でゆっくり熱々の豚汁を味わってもらいたい。

また、豚汁だけでなく、おばんざいなどの一品メニューもあり、通し営業なのでちょっと遅めのランチにも最適だ。

店内はL字カウンターで、カフェのようなスタイリッシュでおしゃれな造りになっているが、カジュアルで使い勝手も良く、店主のこだわりが、ここにも窺える。

（ライター／河村ももよ）

右:「一般社団法人日本フードアナリスト協会」創業理事長 横井裕之さん

㊢ 11:00～15:00
16:30～22:00
土・日曜日
11:00～22:00
㊡ 無休

オーナー
福沢史可さん

『本格水餃子』

『絶品焼餃子』

巣鴨の中華食堂 清緑園®

せいりょくえん

03-3940-9275 ✉ info@nichiways.co.jp
㊟ 東京都豊島区巣鴨4-13-19
https://seiryokuen.jp/

本場のレシピを再現した思い出の名物水餃子をお取り寄せ

東京・巣鴨の「巣鴨地蔵通り商店街」は、「おばあちゃんの原宿」として知られているが、近年では親しみやすく気さくなお店も多いことから、老若男女問わず大変な賑わいを見せている。そんな商店街で地元の人たちから観光客まで人気なのが中華料理『清緑園®』。日本人の口に合った優しい味の中華料理が評判の名店だ。看板メニューである『巣鴨餃子』は、中国出身の店主が子どもの頃に祖母に作ってもらっていた餃子の味をヒントに、餃子職人と栄養管理士の先生と共に1000個以上のサンプルを作り、多くの友人・知人の方々にアドバイスをもらって完成させた、試行錯誤の末に生み出された逸品。一つひとつ手づくりする餃子は、30gのビッグサイズ。もちもちジューシーの大ぶりなこの餃子を、まずは本場中国で主流の水餃子で。黒酢やタレをつけるのもいいが、餡にしっかり味が凝縮されているので、何もつけずにいただくのがお店オススメの食べ方だ。お取り寄せも可能。『本格水餃子』に『絶品焼餃子』、『しそ水餃子』に『パクチー水餃子』、『しそ焼餃子』に『パクチー焼餃子』に『エビ焼餃子』とラインナップも豊富で、どれにしようか迷うのも楽しい。『しそ水餃子』は、「ジャパンフードセレクション第73回グランプリ受賞(2024年3月)」商品だ。

(ライター/今井淳二)

『ホタテかな』300g×2袋
4,784円(税込)

『活ホタテ』
1kg 2,000円(税込)

『玉冷ホタテ』900g 4,784円(税込)

『いくら醤油漬け』
200g 3,984円(税込)

『北海道牡蠣』
3kg 4,384円(税込)

楽天ショップ
https://www.rakuten.ne.jp/gold/hokkaiyahk/

『花咲ガニ』
2尾 1kg〜　4〜5尾 2kg
10,990円〜12480円(税込)

『ななつぼし』5kg 2,000円(税込)
10kg 3,900円(税込)
『ゆめぴりか』5kg 2,500円(税込)
10kg 4,800円(税込)

北海屋 H・K 株式会社

ほっかいや エイチ・ケイ

0158-24-6686　hokkaiya270101@outlook.com
㊟ 北海道紋別市落石町5-35-9
https://www.hokkaiya-hk.com/

自信の銘品を産地から直送
安心・安全の北の自然の恵み

食材の宝庫、北海道から旬の野菜や魚介類、近年人気が上昇しているご当地銘柄米を全国に届けてくれるのが『北海屋H・K株式会社』。生産者とお客様の信頼を第一に、厳選食材を自社で仕入れから加工、販売まで一貫して行う。その品質の良さで楽天市場でもリピーターが続出、レビューも軒並み高評価の評判店となっている。

オススメは、『オホーツク海産ホタテ貝柱』。極寒の海で育った最高級のホタテ貝柱は大きく肉厚、濃厚な味わい。刺身でいただくと、とろけるような舌触りと甘味がたまらない。また、高品質で知られる『サロマ湖産カキ(殻付き・むき身)』や幻のカニ『花咲ガニ』、贅沢にたっぷりいただきたい『本いくら醤油漬け』なども人気だ。

またネットでも話題、味も見た目もホタテそっくりで小ぶりだからいろいろな料理に使いやすい「ホタテかな」もぜひ一度試してみて欲しい。

さらに、食味ランキングで軒並み上位を獲得しているお米「ななつぼし」「ゆめぴりか」は贈答品にもぴったりだ。

(ライター／今井淳二)

辛さレベル4　辛さレベル5

『必然の
ニラチーズ』
140g 972円(税込)

『あたしの
ニラ唐辛子 青』
130g 800円(税込)

『あんたの
ニラ唐辛子 赤』
130g 800円(税込)

LogStyle co.,ltd
僕らにできること。気付いてあげること。
全部食べること。
食べるにら醤油。

こちらからも
検索できます。

株式会社 Log Style
ログ スタイル

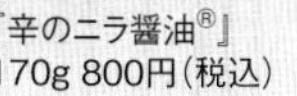

097-578-7309　linfo@logstyle-oita.com
㊟ 大分県大分市松原町1-3-11-102
https://logstyle-oita.com/

辛さレベル2

『辛のニラ醤油®』
170g 800円(税込)

『必然のニラ醤油®』
170g 800円(税込)

『みんなのニラ醤油®』
170g 800円(税込)

つけるだけ、かけるだけの大分生まれの万能調味料

『株式会社 LogStyle』は、「FOODの力で、大分のSouL & 風土を耕す」というミッションのもと、2013年から「元祖辛麺屋桝元」を大分県でFC展開、「辛麺」になくてはならない具材のニラを3種類の万能調味料に変身させ発売している。

『みんなのニラ醤油®』『必然のニラ醤油®』『辛のニラ醤油®』は、辛麺の旨みを大きく飛躍させてくれる。絶妙なスパイスを加え、味に彩りを添えるニラは、『元祖辛麺屋桝元』にも欠かすことができないという。

『必然のニラ醤油®』の開発以前は、様々な理由でニラの茎はずっと廃棄されていた。しかし、「まだ食べられるのにもったいない」という従業員のひと言で有効活用の方法を模索し、ニラの茎を細かく切り醤油漬けにしたのが『必然のニラ醤油®』誕生だった。使用しているニラはすべて大分市産とこだわっている。

ご自宅での使い方はチャーハンや冷奴にかけたりと無限大。いろいろ楽しみながらお料理のバリエーションを増やしてみて欲しい。

（ライター／河村ももよ）

チーズやサラダ、お調理にも。

宮崎産完熟
ミネラルマンゴー『丹珠』

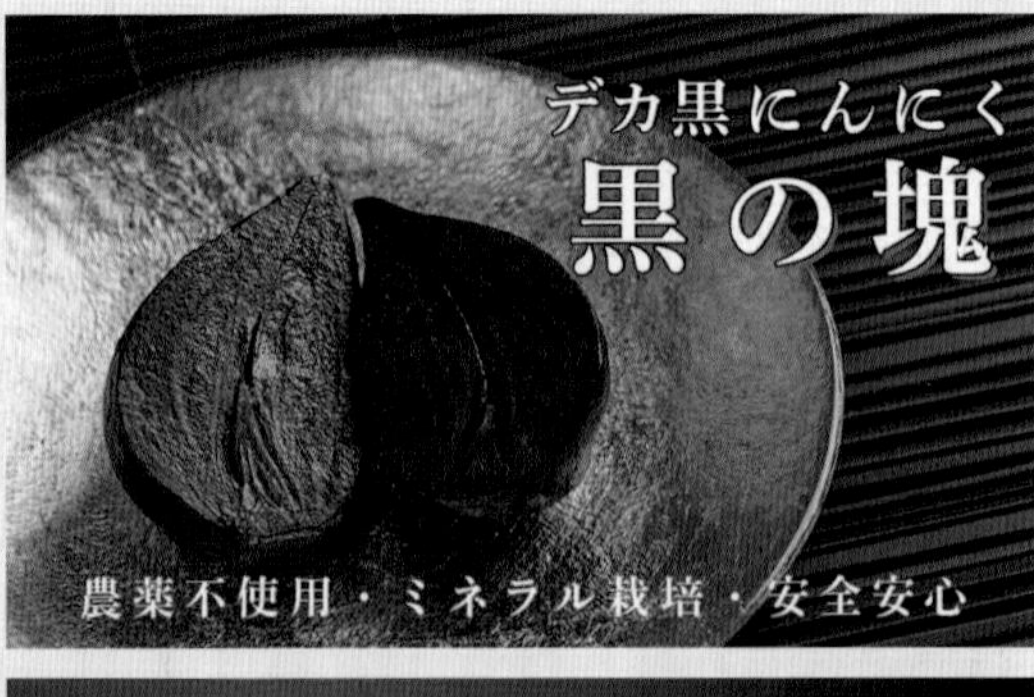

デカ黒にんにく
黒の塊
農薬不使用・ミネラル栽培・安全安心

『デカ黒にんにく 黒の塊DX』
3,980円(税込)

ふくろう農園
ふくろうのうえん

0983-32-5068　fukurou-info@e-mail.jp
㊟ 宮崎県児湯郡川南町大字川南13441-6
https://fukurounouen.com/

ミネラル豊富な土で育った安全な国産黒にんにく

宮崎県の『ふくろう農園』は、古来より続けてきた自然と共存する農業に、最先端の科学技術や機械を取り入れ、それぞれの強みを活かした独自の農法を実践し、話題となっている。それが化学合成された農薬、肥料、除草剤を一切使用せず、独自に開発した作物の成長に欠かせない養分を豊富に含んだ「ミネラル溶液」を与えるミネラル栽培。育った野菜は栄養度が高く、一般的な野菜より大きく育つ。このミネラル栽培で大きく育った『ふくろうデカにんにく』を使用し、こだわり抜いた手法で丁寧に熟成発酵させた黒にんにくが『デカ黒にんにく黒の塊DX』だ。一片の大きさは、通常の黒にんにくの4倍以上。ニオイも気にならずマイルドで深い甘みは、まるで上質なドライフルーツのよう。ニンニクの持つ本来の豊富な栄養が、ミネラルの力と相まってさらに濃厚に。毎日の元気と健康のために食したい逸品。そのままはもちろん、チーズと合わせたりサラダのトッピングにもオススメだ。また、同園こだわりの宮崎産完熟ミネラルマンゴー『丹珠』も大好評。

(ライター/今井淳二)

焼き芋を作る代表のカツオさん。

自社農園で採れたさつまいもを一つひとつ選別して提供。

自分へのご褒美に。贈答用に。
どこにもない差し入れに
極上の安納芋はいかがですか？

『おさつ丸』

『パリ天』

『パリ天大学』

『冷やし焼きプリュレ』

『焼き勝ポタージュ』

『芋勝レモンスカッシュ』

やきいも専門店 芋勝 本店

いもかつ

✆ 086-454-4439 ✉ asou827@gmail.com
㊟ 岡山県倉敷市水島東常盤町1-2
https://imokatsuhonten.com/

甘みが強く美味しい焼き芋と芋スイーツ

岡山県・倉敷市水島の芋農家が作る『やきいも専門店 芋勝』は、店内にイートインスペースがあり、焼きたてを楽しむこともできる。焼き芋だけでなく、芋スイーツも充実していて芋好きにはたまらない。人気の芋スイーツは、『冷やし焼き芋ブリュレ』や『バリ天』『バリ天大学』『おさつ丸』『焼き芋ポタージュ』など『芋勝』でしか食べられない珍しいメニューが連なる。店主の朝生さんは、「焼き芋で日本一、そして世界一を目指す！ おいしい焼き芋を安く提供し、たくさんの人を笑顔にしたい」と焼き芋店を作るために脱サラし、まず、さつま芋を作るために芋農家から始めたという。焼き芋は、自社農園でとれたさつま芋のほか、県外から仕入れたものなど全5種類ほど。さつま芋は、最低1カ月以上室温15度、湿度60～90％の環境で熟成させて甘みを引き出している。焼き上げにもこだわり、焼き石には鹿児島県の桜島溶岩を使用し、遠赤外線でお芋に満遍なく熱が伝わり美味しい焼き芋を作っている。ぜひ訪れて、美味しい『芋勝』の焼き芋やスイーツを食べてみてほしい。

（ライター／河村ももよ）

たっぷりのミートソース
大満足の食べ応えです。

「瀬戸焼白角皿」

『特製ラザニア』
瀬戸焼きの白角皿
6～8人前
7,000円（税込）
3～4人前
3,780円（税込）

※レンジ用は紙パックになります。

『特製ラザニア』
アルミパック
（オーブン用）
2～3人前
1,620円（税込）
1～2人前
1,080円（税込）

ラザニアの宅配便 キキ

ラザニアのたくはいびん キキ

0561-86-7035 info@lasagna.jp
㊟ 愛知県瀬戸市品野町5-27
https://kiki.lasagna.jp/

手作り『特製ラザニア』をお届け 自宅でいつでもできたてを

濃厚なソースとチーズが絡む、平たいパスタが絶妙なハーモニーを生み出すラザニア。『ラザニア宅配便キキ』では、完全オリジナルレシピで手作りした絶品『特製ラザニア』を自宅までお届けしてくれる。

自家製ミートソースには、国産黒毛和牛と愛知県産の豚を贅沢に使用し、肉の旨味をしっかりと味わえる。パスタも国産小麦100％使用のオリジナル生地。分厚くてもちもち、食べ応え抜群で、噛み締めるほどに小麦の旨味を感じられる。チーズは、最高級品質のものをたっぷり使用。温めると、とろ～りととろける濃厚な美味しさと香りはたまらない。

器ごと真空パックに入って冷凍で届くので、オーブンかレンジで温めるだけで、できたて熱々の手作り『特製ラザニア』が完成する。3～4人前の大きめを選ぶと瀬戸焼の器を使用して届けてくれるので、パーティーなどでも華やかに映える。

他では味わえない大満足の食べ応えの『特製ラザニア』をぜひ食べていただきたい逸品だ。

（ライター／播磨杏）

『青森県産林檎のアップルパイ バニラジェラート添え』
1,300円（税込）

『濃厚ウニクリームスパゲティ』2,750円（税込）

営 11:00〜15:00　17:00〜22:00
休 月曜日・他に不定休あり（詳しくはInstagramでご確認下さい）

『ルーチェ風生ハム』1,800円（税込）

リストランテ ルーチェ

☎ 03-5738-8788　✉ ristorante.luce0402@gmail.com
住 東京都渋谷区大山町19-10 フローリッシュK1F
リストランテ ルーチェ 検索　ristorante.luce

名店出身のスタッフが創る絶品イタリアン

東京・渋谷、東急本店の名店「タントタント」の元店長や元料理長がタッグを組み、織りなす最高のイタリアン『リストランテルーチェ』。２０２４年４月に開店１周年を迎えたばかりだ。『ルーチェ』はイタリア語で「光」、店主の名前の１文字を使った店名だという。

オススメは　ソムリエでもあるオーナーが厳選したワインと共に、お店の名物でパルミジャーノ・レッジャーノやブラックペッパー、エクストラバージンオリーブオイル、熟成バルサミコ酢をたっぷりかけた名物の『ルーチェ風生ハム』。たっぷりのウニと帆立貝のクリームソースの『濃厚ウニクリームスパゲティ』も人気だ。デザートには、青森県産林檎を使った焼きたての『アップルパイ』が味わえる。メニューは、約10日ごとに旬の食材を入れ替えるので、訪れるたび新しいメニューが楽しめ、何度でも足を運びたくなる。

東北沢駅から徒歩約６分の広々とした大通りに面しており、ゆったりとした空間で絶品イタリアンを楽しむことができるお店だ。

（ライター／河村ももよ）

玄米をペースト状にすることで、消化吸収が良く、玄米の持つ豊富な栄養や食物繊維を効率的に摂ることができる。

冷凍なのに
自然解凍だけで
このモッチリ感

『玄米ペースト食パン』
1斤 2個セット 1,058円(税込)

こちらからも
検索できます。

『玄米パン 5種類6個 Sセット』
2,728円(税込)

玄米ペーストぱん工房 やまびこの郷

やまびこのさと

0995-26-4149 ✉ info@yamabikonosato.com
㊟ 鹿児島県伊佐市菱刈市山2068-5
https://www.rakuten.co.jp/genmaipan/

自然のおいしさが詰まった安心・安全な『玄米ペーストぱん』

鹿児島県伊佐市は、「伊佐米」で知られる米どころ。『玄米ペーストぱん工房やまびこの郷』では、伊佐市の山間で自然豊かな環境のもと、特別栽培基準に従い育てたお米「特別栽培米やまびこの郷」を使用して玄米パンを製造している。

玄米をそのままペースト状にする製法は、鹿児島県では初めての導入。「特別栽培米やまびこの郷」の希少な玄米でつくられた玄米ペーストを八割以上使し、原材料にもこだわって、伊佐市産の玄米、喜界島産の粗糖、国産食用米油、発酵を促す材料に国産の塩麹などを使用。安心・安全なパンを一つひとつ丁寧に手作業で成型し、焼き上げている。

玄米ペーストぱんは、お取り寄せの場合急速冷凍されているのでそのまま自然解凍で美味しく手軽にいただけるが、さらに電子レンジで温めると、ふわふわもちもちの食感が楽しめる。

(ライター/河村ももよ)

『ミックスサンド』702円（税込）

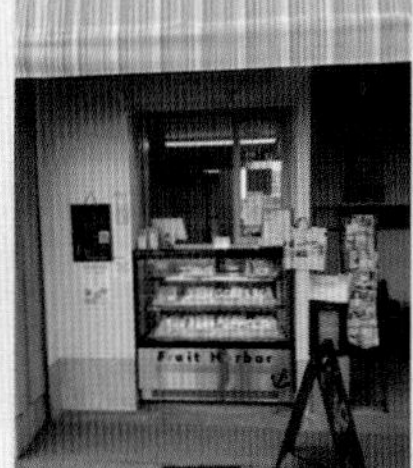

㊮ 月・木・日曜日9:30〜19:00
金・土曜日・祝前日9:30〜20:00　火曜日9:30〜14:00
㊡ 水曜日

『季節のフルーツサンド6個』3,888円（税込）
『メガミックス2個』1,944円（税込）など。web予約も可能。

Fruit Harbor

フルーツハーバー

03-6825-2970　fruit.harbor.nakano@gmail.com
㊟ 東京都中野区上高田3-40-10 秋山ビル1F
https://fruit-harbor.square.site/　@fruit_harbor

『ブドウサンド』『バナナサンド』

旬のフルーツをぎっしり 毎日食べたいフルーツサンド

2023年9月にオープンしたフルーツサンド専門店『Fruits Harbor』は、旬のフルーツとあっさりクリームが角までぎっしり詰まったこだわりのフルーツサンドを楽しめると注目のお店だ。フルーツとクリーム、パンのバランスを重視したフルーツサンドを店内で手作りしており、極秘の配合による、濃厚でありながらも後味のすっきりとしたあっさりクリームで、ついつい手が伸びてしまう。また、食パンにもこだわっており、ほんのりと感じる塩気が全体のバランスを整えている。

一番人気は、大定番のいちご。ナガノパープルやシャインマスカットなどの高級ぶどうやみかん、洋ナシなど、旬のフルーツを味わえるのも魅力の一つ。定番メニューのキウイも贅沢にまるごと1個以上使用するなど、どのサンドもボリューム満点。

フルーツに合わせ、クリームに烏龍茶を混ぜるなど一手間加えた変わり種もあって、毎日でも食べたい魅力が満載。ぜひ、一度食べてみては。

（ライター／彩未）

『メサベルテ人気のパンセット』3,500円（税込）

好きなもを選べる単品セット
4000円以上で送料無料！
北海道・沖縄県は別途料金がかかります

『究極のクリームパン・究極の粒あんぱん8個セット』
2,800円（税込）

『匠食パン』

『金の
メロンパン』

『究極のクリームパン』

『ミニ
クロワッサン』

『究極の粒あんぱん』

『三元豚の
ベーコン
エピ』

『究極のカレーパン』

『パンオ
カマンベール』

やきたてパンとデザート Mesa Verte

メサ ベルテ

075-952-5390　mesaverte@gmail.com
住 京都府長岡京市天神1-1-55（長岡京店）
https://mesaverte.com/

京阪地域で人気の名店
珠玉の各種パンをお届け

パン作りで一番大事なのが小麦。その素朴な風味や甘味、もっちりとした食感を十二分に引き出しながらも安心・安全を心がけ、身体に優しいパン作りを行っているのが大阪・京都に6店舗を展開するベーカリー『Mesa Verte』。一つの店内でパン生地の製造から販売までを行う「オールスクラッチ製法」でいつでも焼きたてのパンがいただけると評判だ。

人気は、一日に1000斤も売れるという『匠食パン』。イーストフードや乳化剤など一切使用しない無添加で、小麦本来の味が楽しめる。また、丁寧に炊き上げた自家製餡、カスタードクリームが入った『究極の粒あんぱん』『究極のカスタードクリームパン』は、お店はもちろん、通販でも人気の看板商品。他にも常時40種類以上のパンが揃う。

そんな自慢のパンを1個から自由に選んでセットにできる『単品セット』販売が通販でスタート。食パン、菓子パン、調理パンなど豊富なラインナップで目移りしそうだ。

（ライター／今井淳二）

『いちご大福串』
(いちごミルク、ショコラ、ミルク、スペシャルこし餡)

本店のほか、市電通り店、
小樽堺町通り店、苫小牧駅前店がある。

『いちご大福』
(こし餡、しろ餡、よもぎ粒あん、
粒あん、いちごスペシャルこし餡)

いちご大福専門店 ぽたぽたいちご

☎ 011-839-2039
㊟ 北海道札幌市北区北7条西5-8-5 データビル1F
https://www.potapota15.com/ @potapotaichigo

ありそうでなかった最高に映える『いちご大福』

北海道札幌市のいちご大福専門店『ぽたぽたいちご』は、年中美味しい『いちご大福』が味わえるという。『いちご大福』というと、おもちにいちごが包まれているイメージだが、『ぽたぽたいちご』の『いちご大福』は、十字の切り込みが入り、おもちから真っ赤な苺がぴょこんと顔を出し、見た目が可愛らしく、写真映えすると女子たちに人気だ。おもちのコシと弾力がしっかりあり、甘さ控えめなあんこが大粒のいちごの酸味と相性がバッチリ。あんこもたっぷりと入っていて食べごたえがあり本格的な味だ。また、「イベント用に食べやすいもの」と考案し完成した『いちご大福串』もあり。味は定番の4種類で「いちごミルク」は、いちごの練りこまれた生地とやさしい甘さのこし餡。「ショコラ」は、ほんのりビターな大人の味。「ミルク」は、しろ餡と練乳を練り合わせた。「スペシャルこし餡」は、優しい甘さの一番人気商品。さらに季節限定の『いちご大福串』も加わる。見た目もとってもかわいい。いちごのジューシーさを引き立てる美味しい『いちご大福』は、お土産にもピッタリ。ぜひお試しあれ。

(ライター/河村ももよ)

『新栗蒸し羊羹』(地方発送可能)

『どら焼き あさひ太鼓』(地方発送可能)

㊔ 9:00〜18:00 ㊡ 月曜日

『でっかいいちごのいちご大福』(地方発送不可、詳しくはお問い合わせ下さい)

創作和菓子 和匠 坂本

わしょう さかもと

0479-62-2086 wagashi-sakamoto@krf.biglobe.ne.jp
㊟ 千葉県旭市ニ6454
和匠 坂本 検索 @wsho_sakamoto

生地と餡の絶妙なハーモニー老舗の人気どら焼き

千葉県北東部に位置する旭市、干潟駅前にある『創作和菓子 和匠 坂本』は、創業80年の老舗の和菓子屋。お店は、おしゃれで洗練された外観と白を基調とした店内で、落ち着いた雰囲気。こだわりの和菓子は、味はもちろんのこと、見た目も美しく、地元で大変人気のあるお店だ。イチ押し看板商品『どら焼きあさひ太鼓』は、生地がふわふわできめ細かく、粒あんとのハーモニーが絶妙。甘すぎず、皮や餡のバランスが美味しいと大人気だ。つぶあんとカスタードの2種類がある。また、季節限定の『新栗蒸し羊羹』は、毎年心待ちにしている人も多く、問い合わせも多い逸品だ。甘さ控えめで上品な味でちょっと高級感。大きな栗がゴロンと入っているので、食べ応えもある。いちごのおいしい時期の『でっかいいちごのいちご大福』もあり、いちごファンにはたまらない大福だ。定番の商品から季節限定の商品まで、いろいろな品揃え。『あさひ太鼓』『新栗蒸し羊羹』『いちご大福』の3種が特に大人気だ。お取り寄せもできるので、ぜひ美味しい和菓子を味わっていただきたい。

(ライター/河村ももよ)

家族みんなで、おやつ、デザートに。様々なシーンでゆっくりとした家族だんらんのひとときを。

KINTOUN
baby castella
卵にこだわった
奈良県産の有機卵
のみ使用。

『ベビーカステラ』30個入 1,260円（税込）～
44個入 1,800円（税込）～　60個入 2,520円（税込）～など。

『王道プレーン』以外に『オレンジ&レモン』『京都宇治抹茶』、季節限定品などあり。組み合わせも可能なのでホームページでご確認を。

KINTOUN babycastella

キントウン ベビーカステラ

050-3623-2323　h0a_12_2@yafoo.co.jp
㊟ 奈良県奈良市芝突抜町4
https://www.kintooun.com/　@kintounbabycastella

雲のように優しく軽い味わいの一口カステラ

カステラは焼菓子ではあるものの、食品添加物を使用したり、鮮度保持剤などを同封しない手作りのものになると、その日持ちは約7日。ふわふわ食感も日に日に失われていく。

「焼きたてに出来る限り近い状態で、なるべく廃棄商品を出さずに全国の皆様に届けたい」そんな思いから完全受注という形で優しい味わいのカステラを販売しているのが『KINTOUN babycastella』。ふわふわ可愛い、まるで雲の形のような一口大の『ベビーカステラ』で、材料も奈良市内にある植村牧場の搾りたての上質なジャージーミルクに、奈良県産ブランド地鶏「大和肉鶏」のコク深い有精卵を使用するなど、新鮮な奈良県産の材料にこだわっている。

一番人気の王道プレーンからチョコレート、抹茶やストロベリー、さらに季節限定品までフレーバーもバラエティ豊か。リラックスタイムのおやつや家族のだんらん、ちょっとしたプレゼントや手土産に、小さな子どもからお年寄りまで誰にでも喜ばれるスイーツだ。

（ライター／今井淳二）

『かわいのジャム』
旬の果物が1番美味しい時期にジャムへ加工。

クッキー缶
『甘い缶 』
12種類 約50枚

累計1000缶以上
販売のクッキー缶。

職人の技術と緻密な計算で隙間なくクッキーを並べる
間仕切り無しのシンデレラフィット。

インスタグラムでは、工房での何気ない毎日やお菓子作りの
苦労などもユーモアを交えて発信。

詳細はこちら。

クッキー缶
『しょっぱい缶 野菜とチーズのクッキー』
4種類 約50枚

米飴のメレンゲ

オーダーケーキ

お菓子工房 かわい

おかしこうぼう かわい

090-6558-6360 okashikoubou kawai@gmail.com
住 奈良県香芝市尼寺2-55-2 シャトー泉1-C
https://masaokoubou.com/ @okashikoubou kawai

誰もが笑顔になるお菓子で伝える愛と元気

地元に元気を、子どもたちに笑顔を、そんな想いを込めた手作りのお菓子を作っているのが奈良県香芝市の『お菓子工房かわい』だ。地元奈良県産の食材も含め、安心安全な材料にこだわった焼菓子は、可愛い形とカラフルな色合いで大人から子どもまで皆が楽しめる優しい味わいだ。

大人気のクッキー詰め合わせ『甘い缶』は、かわいい缶にキレイに並び、見事にシンデレラフィットしている。職人の巧みな技術と緻密な計算により、配色よく並べられたそれぞれのクッキーは、見ているだけでもワクワクしてくる。また、厳選した旬のフルーツから作る季節に応じたフルーツジャム『かわいのジャム』は、パンやヨーグルト以外にチーズにも合う優れもの。ふたを開けるとまるでフルーツ畑にいるようなフレッシュ感あふれる新鮮なジャムだ。

家族や大切な人には、『かわい』の世界に一つだけのオーダーケーキはいかがだろうか。またオンラインでの製菓レッスンや地元のイベントにも積極的に参加し、食べるだけではなく、お菓子を通じて愛と元気も発信中だ。

(ライター/今井淳二)

童話の世界に出てくるような可愛いらしい外見、店内は夢の中に迷い込んだかのような雰囲気。

㊟ 7:00～12:00　14:00～19:00　㊡ 水・日曜日・祝日

『こんにゃくのフィナンシェ』
2個入×5セット
1,750円（税込）

クッキーやパウンドケーキなど焼き菓子はすべて手作り、さらに絵本やトートバッグなどオリジナル雑貨も販売。

2ひきのうさぎ

✆ 027-384-2334
㊟ 群馬県高崎市双葉町9-9
https://2hikinousagi.com/

甘い香りが漂うおとぎ話のような雑貨とお菓子の世界

素材にこだわった手作りの焼き菓子と可愛い2匹のうさぎをモチーフにしたオリジナルグッズを、童話の絵本に登場するような外観のお店で販売しているのが群馬県高崎市の『2ひきのうさぎ』。

素朴な味わいを安心していただけるよう、バターや小麦粉など主原料は国産にこだわったクッキーやパウンドケーキなど焼き菓子は、イベントや季節に応じて通年常時30種類以上。チョコやフルーツ、野菜のフレーバーが揃う『ぱくぱくクッキー』は、小さな子どもから大人まで人気の定番。また、地元群馬県特産のこんにゃくを使った『こんにゃくのフィナンシェ』は、もっちり食感が特長の新感覚の焼き菓子。口に入れた瞬間、焦がしバターの香ばしさが口いっぱいに広がる逸品だ。

絵本やトートバッグなどの雑貨、それに焼き菓子のパッケージに描かれた2匹のうさぎなどキャラクターイラストは、店長の描き下ろし。お店は可愛いもの、甘いものが好きな親子連れや若い女性を中心に連日賑わっている。

（ライター／今井淳二）

『希トマトジュース』1本 700円(税込)

『希トマト』糖度8度 1kg 3,000円(税込)
糖度9度 1kg 3,500円(税込)　糖度10度 1kg 4,000円(税込)

出雲の加田屋

いずものかだや

090-7535-9793　Izumi.kadaya@gmail.com
㊟ 島根県出雲市知井宮町1750
https://izumo-kadaya.com/

きれいで甘い フルーツのようなトマト

栄養価が高く積極的に摂りたい野菜の一つであるトマト。苦手にしている人も多く、特に小さい子どもにその傾向が強い。主な要因は「酸っぱい」「青臭い」などよくいわれる。そんなトマトが苦手な人、お子さんたちにぜひ一度味わってみてほしいのが、島根県『出雲の加田屋』の『希(のぞみ)トマト』だ。

特殊な農法(アイメック農法)で島根県GAP(美味しまね認証ゴールド)を取得+ナノバブル+その他創意工夫でトマトを栽培し、樹上で完熟するトマトだけを収穫することにより青臭さがなく、非常に濃厚で甘いトマトとなっている。さらに、どうしても味のばらつきがあるために、1個1個、光センサーで糖度測定を行い、規定以下のトマトは、箱・パックに詰めないようにしている。

工程を踏まえ、糖度8以上を『希トマト』として「苦手な人にも美味しく感じてもらえるトマトを」をキャッチフレーズに生産を行っている。

(ライター/今井淳二)

年間を通して温暖で風通しの良い土地で栽培している。

産地直送、本当に美味しい『玉ねぎ』をお取り寄せ。

手作業するしかない柔らかいものも。

栄福農園

えいふくのうえん

090-8939-9748　info@eifukunouen.com
㊟ 兵庫県南あわじ市倭文高132-1
https://www.eifukunouen.com/

甘味たっぷり みずみずしい『玉ねぎ』

全国的に有名な兵庫県・淡路島の『玉ねぎ』。近年温暖化が原因で管理が困難になり、コスト高にも。そんな中、手間はかかるがコストを抑えた工夫をし、適正な価格での販売を心掛け、若者たちに農業の魅力を示したいと奮闘する『栄福農園』。

経験豊富なベテランのおばちゃんたちは、仕事に甘えがない一方、孫たちにお小遣いをあげることが楽しみと農作業により鍛えられた足腰で一般的には免許返納となる年齢でも元気に車通勤。子育て中のママも空き時間に働き、淡路の魅力にハマリ移住してきた生産者も増え、世代の違いに刺激を受けつつ笑いが絶えない、自然環境とともに守りたい職場環境だという。

大粒で抜群の甘さを含んだ、一度食べたら病みつきになる『玉ねぎ』は、「ひょうご安心ブランド」で定められた栽培方法と『栄福農園』独自の有機肥料を100％使用。極早生・早生・中生など、時期によって種類が変わり、特長や味わいも異なるので、ぜひ産地直送で季節ごとに変わる美味しい『玉ねぎ』をそれぞれお試ししてほしい。

（ライター／河村ももよ）

贅沢ミックス『サンふじ&王林』5kg

『APPLE CHIPS(ドライフルーツ)』

『TRAIL APPLE(セミドライ)』

『APPLE GINGER SYRUP』

『Premium APPLE JUICE』

『APPLE CONFITURE』

暮らしの林檎園 La Pomme Farm

ラポーム・ファーム

✉ applefarm.maeda@gmail.com
㊟ 青森県南津軽郡藤崎町藤崎高瀬8-4
https://maedafarm.theshop.jp/

Instagram

日々の暮らしにりんごを添えて健康で豊かなひとときを

「1日1個のりんごは医者を遠ざける」という諺があるほど、りんごは栄養価の高い食品と聞く。そんなりんごを秋冬だけではなく、収穫前の春夏も含め、1年中楽しめるよう、りんごの栽培および加工品の製造、販売を行っているのが青森県の『暮らしの林檎園 La Pomme Farm』だ。雄大な津軽平野の自然の中、丁寧に育てられたりんごは、爽やかな甘みでみずみずしく、ジューシーさが自慢。お歳暮の時期にぴったりな贈答用のほか、味は変わらない美味しさの家庭用(訳あり)など、数品種を販売、とれたてが味わえる。また、ドライタイプの『APPLE CHIPS』やセミドライタイプの『TRAIL APPLE』は、旨みがギュッと凝縮され、おやつはもちろん、ハイカーにも大人気。『APPLE GINGER SYRUP』は、新鮮なりんごの風味とピリリとした生姜が相性抜群のシロップ。お湯割りや炭酸割りが好評だ。そのほか、水を一滴も使わないジュース、パンやスイーツ作りにもピッタリなコンフィチュールなど日々の暮らしに寄り添える加工品も取り扱うなど多くの人たちに喜ばれている。

(ライター/今井淳二)

『Acoffee blend "ocean"』
1,300円(税込)

『Acoffee blend "sun"』
1,300円(税込)

『Acoffee blend "mountain"』
1,300円(税込)

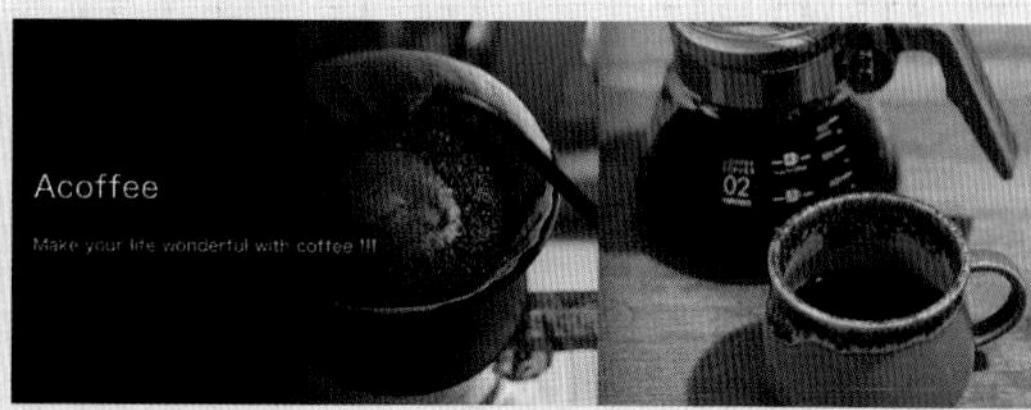

『Acoffee drip bag "favorite"』250円(税込)

こちらからも検索できます。

『Acoffee limited blend "Christmas"』
1,500円(税込)

『Acoffee everyday life "individuality"』
1,500円(税込)

Acoffee
エーコーヒー

090-2258-9601　atsushi.acompany@gmail.com
㊟ 神奈川県横浜市南区中村町2-127-6 リベルテ石川町弐番館505
https://tsuku2.jp/Acoffee_Acompany

毎日を少し豊かにする自分仕様のコーヒー

好きな人は一日の中で何度も飲むコーヒー。自分に合った、好きな味わいのコーヒーをいただきたい。市場に溢れる数多くの製品の中から銘柄やブレンドを選んで購入する人も多いに違いない。

世界中から取り寄せた厳選コーヒー生豆を季節や味わい、飲み方に合わせた焙煎・ブレンドで販売している『Acoffee』から、注文時に自分の好みに応じてコーヒーをカスタマイズできる『everyday life "individuality"』が登場。「濃さ」「酸味」「アイス or ホット」「好みの飲み方」などの項目を指定。コーヒー豆の個性を知り尽くしたスタッフが利用者にピッタリの銘柄やブレンドをチョイスし、焙煎度合いや挽き方までも好みに合わせて届けてくれる。

製品の販売の他にも「コーヒーのある生活で人生に彩りを」と、ただの嗜好品にとどまらないコーヒーの奥深さを伝えるため、コーヒーに関するワークショップなども積極的に展開。全国のコーヒー好きから注目を集めている。

(ライター／今井淳二)

創業約140年の老舗で美味しいステーキを

明治18年の創業以来、「神戸牛」を扱ってきた『モーリヤ』は、神戸ステーキレストランの老舗。こだわりの牛肉は、厳しい条件をクリアしたA5ランクのものを主に仕入れている。「神戸牛」の他に『モーリヤ厳選牛』も提供。この厳選牛は未経産の雌牛のみとなり、品質は「神戸牛」にも劣らず、提供しやすい価格として人気だ。きめが細かく脂肪がしつこくなく、上品であっさりしており、旨味や風味は、世界中でも最上級であるという自信を誇っている。ぜひ食べに訪れてほしい。（ライター／河村ももよ）

石と木目を基調とした風格ある店内。
営 11:00〜22:00（LO21:00）
休 不定休

神戸ステーキレストラン モーリヤ 本店

☎ 078-391-4603 ✉ honten@mouriya.co.jp
住 兵庫県神戸市中央区下山手通2-1-17
https://www.mouriya.co.jp/

昆布の旨味がしみた仙台名物の牛タン

宮城県仙台市内に100の牛タン専門店がある中で『昆布〆牛タン専門店味重』では、伝統ある昆布〆の技法を牛タンに応用し、手作業で牛タンを4日間漬け込んでいる。昆布の旨味成分で香りを立たせ、水分を抜き、食材の旨味を凝縮させた『味重』オリジナルの牛タン。家庭でも楽しめるようお取り寄せを用意している。牛タン焼きに適した柔らかな厚さ10ミリの美味しいタン中とタン元をぜひ。お弁当もあり、自宅でも会社の会議など様々なシーンでお楽しみを。（ライター／奈良岡志保）

『昆布締め牛タン』 250g 3,980円（税込）

こちらからも
検索できます。

昆布〆牛タン専門店 味重
みじゅう

☎ 080-4517-9885 FAX 022-291-6860 ✉ info@mijyuu.com
住 宮城県仙台市宮城野区幸町5-12-7 三井会館1F
https://www.mijyuu.com/

福岡グルメとくつろぎを満喫

九州一帯から集まる美味しいものを求め、全国から多くの人が訪れるグルメタウン福岡・博多。名物の屋台グルメもいいけれど、純和風の落ち着いた店内で『博多もつ鍋や水炊き』『ヤリイカ活造り』『ごまさば』などの九州料理を堪能したければ『博多壱』へ。九州各地から届くこだわりの新鮮食材を使った料理とお酒を楽しめると、観光やビジネスで訪れる方はもちろん地元の人たちにも人気だ。ランチ営業でも九州の味が楽しめる。

（ライター／今井淳二）

『もつ鍋』1人前 1,600円（税込）コースもあり。

『ごまさば』1,200円（税込）

営 11:30〜14:00 17:00〜23:00
休 日曜日・祝日
（最大60名の90席あり）

博多壱
はかたいち

092-483-2901
住 福岡県福岡市博多区博多駅前2-10-12 ハイラーク博多駅前1F
https://hakataichi-gion.owst.jp/

お土産としても人気地元の味『鶏モツ煮』

千葉県南部の鴨川でソウルフードとして愛されているのが『石渡チキンストアー』の『鶏モツ煮』だ。創業41年からの秘伝のタレでしっかり味が染み込むまで煮込むため真似のできない逸品。ご飯のお供やおつまみにもぴったり。皮、砂肝、レバーなど食感の違いも楽しい。鶏の解体も行っているので新鮮な生肉はもちろん、ローストチキンや唐揚げなど様々な惣菜も人気。美味しさをギュッと詰め込んだ4種類の真空パック商品は、お土産品としても喜ばれている。

（ライター／今井淳二）

『モモ焼き』と『テバ焼き』

『鶏モツ煮』

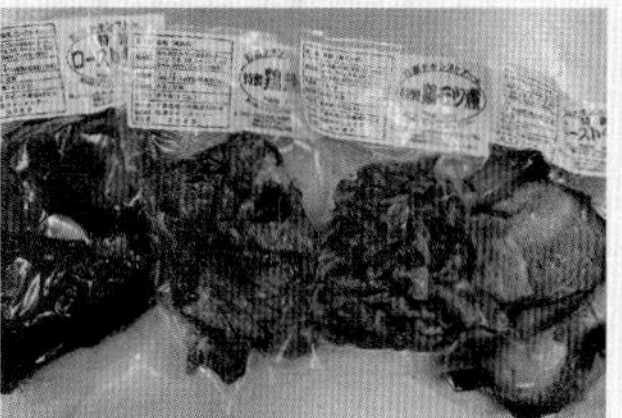
電話注文により真空パック商品は全国に発送。

営 11:00〜19:00
休 水曜日

石渡チキンストアー
いしわたチキンストアー

04-7092-2523
住 千葉県鴨川市横渚880-6
石渡チキンストアー 検索 @ishichiki

次の予約を取るほどに美味しい『鯛めし』

2024年1月、佐賀市にオープンした和食店『鯛せん』は、『鯛めし』をメインにした『佐賀鯛めし膳』。「始末のよい料理」というコンセプトの元、身やアラ、そして骨まで鯛を余すことなく使い、コース仕立てで提供している。『鯛めし』は、鯛の薄造りに、だししょうゆと卵を絡めて食べる「海」、鯛と有明産真エビの天丼「空」、切り身と共に土鍋で炊いた「土」の3種から選べる。その他、『鯛茶漬け』など一品料理もあり、佐賀の銘酒も約100種類取り揃えている。

（ライター／河村ももよ）

㊪ 11:00〜28:00　㊡ 日曜日

鯛せん

たいせん

0952-97-8113
㊟ 佐賀県佐賀市中の小路4-16
https://taisen-saga.jp/　@taisen_saga

東京スカイツリーの麓に ひっそりと佇む大人の隠れ家

東京・錦糸町駅の喧騒から少し離れた住宅街にひっそりと佇む大人の隠れ家『錦糸町 遊庵』。店主の髙橋さんは、「老若男女問わず多くのお客様に肩肘張らずにカジュアルな店内で料理やお酒を楽しんでほしい」と語る。四季折々の旬の食材は店主自ら厳選し、お任せコースにて提供され、〆に登場する大人気の『季節の土鍋炊き込みご飯』には自家水田米を使用するなどこだわりも強い。料理に合わせる日本酒は親交のある酒蔵にプライベートボトルを仕込んで貰うなど豊富な種類を用意している。

（ライター／河村ももよ）

カウンター7席と4名掛けテーブルが2つのカジュアルで落ち着いた店内。

大人気の自家水田米使用『季節の土鍋炊き込みご飯』。

酒の肴に『焼き物と旬菜盛り合わせ』。

錦糸町 遊庵

きんしちょう ゆうあん

03-6658-5866 （営 17:30～22:00 休 水曜日・臨時休業あり）
住 東京都墨田区太平4-15-7 佐藤ビル1F
錦糸町 遊庵 検索 @kinshicho_yuan

食事に、お茶に 地域に愛されるカフェ

大阪市内への通勤・通学に便利なベッドタウンとして人気の和泉市に昨年オープン。地元産の新鮮な野菜などこだわり食材を使った御膳メニューや手作りスイーツとドリンクとのセットメニューなどが手軽に楽しめるのが『カフェレストラン稲空』。落ち着いた雰囲気の店内は、友人同士や家族連れ、グループでもゆっくりくつろげる。また同店は障害者福祉の一環である就労支援の受け入れ先「やしの樹」として、一人ひとりにあった安心して暮らせる支援を提案し、地域に貢献している。

（ライター／今井淳二）

『特大有頭エビフライ御膳』
2,000円（税込）

『持ち帰り弁当』
600円（税込）
※要予約

雑穀米にこだわっている。

11:00までモーニング（土日のみ）
650円（税込）～

カフェレストラン 稲空

いなそら

072-555-3777 inasora@kaigo.osaka
住 大阪府和泉市いぶき野5-8-2
https://cafe-restaurant-inasora.owst.jp/

スパイスと薬膳を使ったスープカレー

スープカレーの発祥地、北海道札幌市の『薬膳スープカレー忍者』は、ポプラ並木で有名な北海道大学の近く。『薬膳スープカレー』は、地元野菜や20種類以上のスパイスと薬膳を使ったこだわりの味で、さらっとしたスープの深味が癖になる美味さだ。具材は、やわらかでほろほろのチキンレッグが人気。豚角煮やラム挽肉納豆など変わった具材も。店内には刀が飾られていたり、和風モチーフのプロジェクションマッピングが楽しめる。食べ終わった後にじんわり効能が感じられるかもしれない。（ライター／河村もも）

『薬膳スープカレー』<豚角煮>
1,680円（税込）

『薬膳スープカレー』<ベジタブル>
1,380円（税込）

㊪ ランチ11:30〜15:00
ディナー18:00〜22:00
㊡ 火曜日

薬膳スープカレー 忍者
にんじゃ

☎ 011-299-9696
㊟ 北海道札幌市北区北22条西4-20
https://curryninjya.jp/

麺と相性抜群のスープ鶏白湯専門店

東京・押上にある鶏白湯専門店『MEN do KIZARU』は、名店「竹末東京 Premium」のセカンドブランドとなるお店。店内は、黒を基調にしたシックな雰囲気でカウンターが10席ほど。オススメの『鶏そば』は、「普通」と「濃厚」2種類のスープが用意されている。麺は、絶妙な茹で加減で小麦の香りが感じられ、スープに絡みやすいよう「普通」には細麺、「濃厚」には太麺を使用している。クリーミーな鶏白湯にたっぷりと旨味が詰まっているトロミのあるスープをぜひ味わってほしい。（ライター／河村ももよ）

『鶏そば』
1,050円（税込）

こちらからも
検索できます。

『鶏つけそば』1,100円（税込）

㊪ 11:30〜21:30 ㊡ 水曜日

鶏白湯専門店 MEN do KIZARU
メン ドウ キザル

☎ 03-3626-1280
㊟ 東京都墨田区業平1-12-4 河原塚ビル1F
MEN do KIZARU 検索 𝕏 @men_do_kizaru

住宅街にある隠れ家 価値ある和食と蕎麦

東京・練馬区新江古田にある『和食 おやまだ』は、隠れ家的で特別感のあるお店。店主の小山田総一さんは、ミシュラン星付きの日本料理名店で修行後、都内各店や海外で食の文化や価値を学び、鍛え上げた腕の持ち主。オススメは、お好みに合わせて創作する「おまかせプラン」。手の込んだ様々な料理や酒の肴が10品ほどが並ぶ。手打ち蕎麦、一品料理なども味わえる。一人でも数名でも楽しめるので、ぜひ足を運んでみてほしい。

（ライター／河村ももよ）

『特別ワンプレート盛り』
5,500円（税込）

『おまかせプラン』7,000円（税込）

手打ち蕎麦も楽しめる。

㊋ 11:30～21:00
㊡ 月曜日

和食 **おやまだ**

03-6826-2950
㊟ 東京都練馬区豊玉北3-6-3
https://washoku-oyamada.com/ @dishes_oyamada

日本古来の芋と匠の技 新感覚そうめん

奈良県御所市で作られている希少な伝統野菜「御所芋（大和芋）」。その存在をもっと多くの人に知ってほしいと、形や大きさが商品規格外の御所芋を原材料に加えたそうめん『御所芋そうめん』が登場。御所芋の粉末を小麦粉と合わせ、県名産である三輪そうめんの生産者が手延べ製法にてそうめんに仕上げた。普通のそうめんとは一味違う、もっちりとした歯ごたえと喉越しを味わうには冷やしそうめんがオススメ。

（ライター／今井淳二）

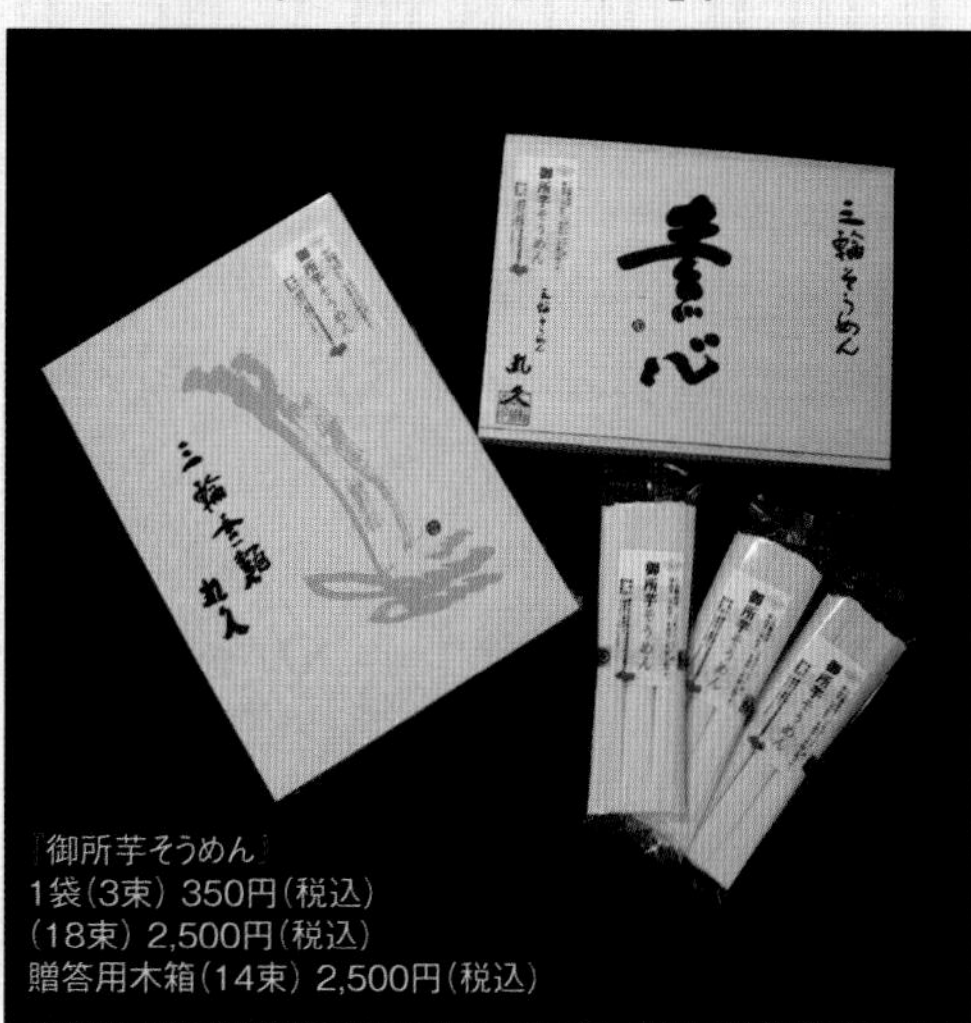

『御所芋そうめん』
1袋（3束）350円（税込）
（18束）2,500円（税込）
贈答用木箱（14束）2,500円（税込）

御所市 6次産業化・地産地消推進協議会
ごせし

0745-44-3497 nourin@city.gose.nara.jp
㊟ 奈良県御所市1-3
https://www.city.gose.nara.jp/0000002846.html

広島レモンをふんだんに使った料理を堪能

大阪市にあるシェアキッチン「food stand MeEATS」内の『広島れもんずゆー』は、防腐剤不使用の広島産レモンを使った料理やスイーツの創作カフェ。人気メニューは、『広島レモンクリームパスタ』。クリームソースと甘酸っぱいレモンの組み合わせが魅力、コクがあるのにさっぱりとした味わい。パスタの量も選べる。また濃厚なデミグラスソースと、野菜のトマト煮込みが絶妙なマッチングの『煮込みハンバーグ丼』も好評。デザートは、グルテンフリーの『米粉のふんわりレモンケーキ』や『抹茶とレモンのテリーヌ』もオススメだ。テイクアウトも可能。（ライター／河村ももよ）

㊁ 9:00～21:00
㊡ 火曜日

広島レモンの創作カフェ 広島れもんずゆー

ひろしまれもんずゆー

📞 090-4480-7165 ✉ lemons.u.guu@gmail.com
㊟ 大阪府大阪市平野区加美鞍作1-11-22 ガーデンハイツ加美B棟1F
広島れもんずゆー 検索 @lemons.you.guu

古代米で食卓に彩りと栄養をプラス

岩手県一関市の農業の六次産業館『古代米おりざ』は、古代米を活用して「生産、加工、販売までをこなす農業の6次産業化」をモットーに、健康食材の発信、創作交流の場、地産地消の場として運営、多目的に活用できる施設だ。「古代米」とは、古代に栽培していた稲の品種の特色を色濃く残した稲のこと。特に黒米、黒い種皮部分にアントシアニンを多く含み、美容や健康の自然食品として注目されている。冷めても美味しいもちもち食感も魅力でおにぎりにもオススメ。

（ライター／河村ももよ）

紫黒米 vs 赤米 vs 白米 成分比較表

分類	紫黒米	赤米	精白米
カルシウム(mg%)	15	7	6
マグネシウム(mg%)	126	124	33
カリウム(mg%)	265	240	110
リン(mg%)	320	336	140
マンガン(mg%)	2.92	2.24	—
鉄(mg%)	1.85	2.14	0.50
亜鉛(mg%)	1705	1949	1500
銅(mg%)	507	491	220

㊎ 9:30〜18:00　㊡ 日曜日・祝日

ホームページ　Instagram

古代米 おりざ

こだいまい おりざ

0191-82-3372　info@kodaimai-oriza.com
㊟ 岩手県一関市花泉町涌津境11-3
https://www.kodaimai-oriza.com/

野菜に含まれる栄養素を効率良くとれるお米

毎日の食べる健康習慣にして欲しいと開発された『株式会社 SUM RICE』の『野菜サポート米』は、野菜の栄養を効率良くとれるお米。お米に9種類の野菜パウダーを特殊コーティングさせ、お米を食べながら野菜の栄養を効率的にとることができる。体内でのお米の消化スピードは緩やかのため、野菜の栄養をゆっくり摂取することが可能だという。野菜をたくさん食べたいけど難しい方や野菜が苦手なお子様などにもぴったり。スプーン1杯いれるだけ。毎日の健康習慣に『野菜サポート米』を。

（ライター／河村ももよ）

新！
野菜サポート米
×
新米さがびより
スプーン1杯入れるだけ
毎日の、食べる健康習慣
令和3年度 伊勢神宮奉納米に選ばれました
さがびより

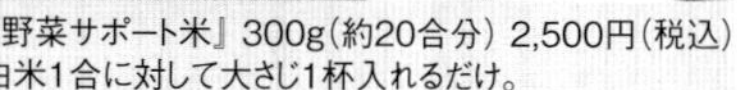
『野菜サポート米』300g（約20合分）2,500円（税込）
白米1合に対して大さじ1杯入れるだけ。

株式会社 SUM RICE

サム ライス

0952-62-0554　info@sumrice.com
㊟ 佐賀県佐賀市大和町池上4346
https://sumrice.com/

女性二人が中心の新しいタイプの魚屋さん

愛知県豊田市の『項明水産　松平漁港』は、男性の職場というイメージが強い水産業界で、女性二人が中心となって、女性ならではの視点やアイデア、繊細さで鮮魚店を営んでいる。毎朝、愛知県内の各漁港で行われる競りで直接買い付けし、鮮度抜群の地魚を全国各地の提携漁港より直送。オススメは『三河一色産手焼きウナギ白焼5本セット（特製タレ付き）』。また、代表の鈴木項太さんは、自ら愛知県内の漁港で水揚げされた朝獲れ鮮魚を業務用として『鮮魚BOX』で発送、事業者のニーズにも寄り添う。

（ライター／河村ももよ）

『三河一色産手焼きウナギ白焼5本セット』1ケース（5尾）8,500円（税込）

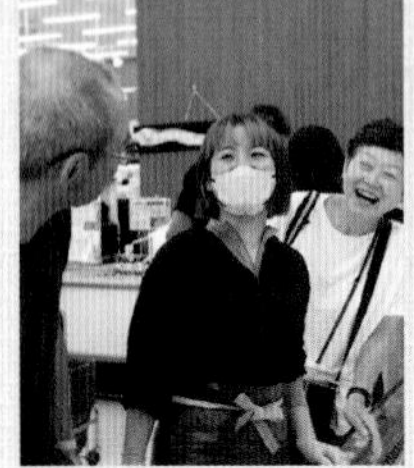

営 9:00〜18:00　休 月曜日

項明水産 松平漁港

こうめいすいさん

090-6463-1619　k.suzuki1208@gmail.com
住 愛知県豊田市松平志賀町丸山5-1
https://komeisuisan.com/　@koumeisuisan

醤油の香ばしさにかきの濃厚な味わい

伊勢湾に入口に位置し、真珠の養殖でも知られる三重県鳥羽。沖合の海は、伊勢海老やアワビなど多様な魚介の宝庫。中でも浦村地区・生浦湾で養殖されるカキはその品質の高さから「浦村牡蠣」の名前で呼ばれるブランドかきだ。この浦村牡蠣を天然醸造醤油で煮上げた『かきしぐれ煮』は、伝統の味を守りつつ時代に合った新しい製品を作りつづける『福屋』が牡蠣の旨味を活かし、ふっくらやわらかく薄味に仕上げた逸品。

（ライター／今井淳二）

福屋 福

『かきしぐれ煮』1,180円（税込）

福屋

ふくや

0599-32-5106　info@hukuya.com
住 〒517-0025　三重県鳥羽市浦村町416-18
https://www.hukuya.com/

食通も唸る 甘味がうまい白ねぎ

大分県産の『大分白ねぎ』は、冬場は沿岸部、夏場は高原で栽培することで、年間通して出荷している。ミネラルたっぷりの土壌で育った甘味の強い白ねぎは、西日本有数の生産量を誇り、九州をはじめ関西や中京地方へ届けられる。ミネラルたっぷりで、カロテンやビタミンC、カルシウム、鉄、カリウムなどの栄養も豊富。良食味で知られる下仁田ねぎを親に持ち、加熱するととろりとした食感で葉まで食べることができ、いつでも美味しく楽しめる。

（ライター／河村ももよ）

大分県内全域で共同出荷体制に取り組む。

大分白ねぎ連絡協議会

おおいたしろねぎれんらくきょうぎかい

☎ 097-544-4729
㊟ 大分県大分市古国府6-4-1
大分白ねぎ 検索

荒波にもまれて育つ 世界でも希少なわかめ

岩手県田老産『真崎カットわかめ』は一般の国産わかめと一線を画す品質で、リアス式海岸の巨大な川のように流れる潮流と荒波の中でもまれて育つ、世界でも希少なわかめだ。真崎海岸の外洋で養殖し早期に刈り取りしているので、色が濃く肉厚でやわらかく歯ざわりのよい真崎わかめを食べやすくカットし乾燥したもの。黒々として、しっかりとした食感を持ち、噛みしめるほど潮の香りが口に広がる。サラダや酢の物、味噌汁やスープなど毎日の食卓に。

（ライター／河村ももよ）

『真崎 カットわかめ』

こちらで商品検索できます。

岩手県食料品水産加工業協同組合

いわてけんしょくりょうひんすいさんかこうぎょうきょうどうくみあい

☎ 019-638-0233 ✉ iwate-kakou@nifty.com
㊟ 岩手県紫波郡矢巾町流通センター南2-2-3

八女抹茶を生クリームと餡にした至高の大福

『お茶の星野園』の『抹茶大福　茶々一福』は、テレビ番組でも紹介され、大人気の大福。モチモチの求肥に『星野園』自慢のビターな八女抹茶をふんだんにまぶされ、見目も麗しい。濃厚な抹茶生クリームと抹茶餡は、苦味と甘味が程よく、絶妙なコラボレーション。丸ごとかぶりつくと中から抹茶生クリームと抹茶餡が溢れ出し、この上なく幸せな時間だ。大きくて食べ応えのある『抹茶大福』をぜひお取り寄せやお土産にしてみては。

（ライター／河村ももよ）

『抹茶大福 茶々一福』
10個入 2,322円（税込）
15個入 3,213円（税込）
20個入 4,104円（税込）

お茶の星野園

おちゃのほしのえん

093-371-1177　shop@hoshinoen.shop-pro.jp
㊟ 福岡県北九州市門司区柳町1-9-31
https://hoshinoen.shop-pro.jp/

夕陽のまちが届ける温もりあるお礼の品々を堪能

静岡県伊豆半島の西海岸中央に位置する『西伊豆町』は、自然景観にも恵まれ、特に駿河湾に沈む夕陽は格別の美しさを魅せる。『西伊豆町』の「ふるさと納税」は、海産物などの特産品のほか、宿泊券や伊豆の美しい海の底で熟成されたワインなどのお礼の品が揃っている。宿泊券は、駿河湾の眺望や夕景を楽しめる温泉宿などが充実。また、ふるさとチョイス人気ランキング上位（干物部門）のセットも大人気。

（ライター／河村ももよ）

こちらからも検索できます。

『堂ヶ島ニュー銀水』
補助券（3,000円分）
寄付金額 10,000円
一泊二日ペア宿泊券
寄付金額 180,000円

『海底熟成ワイン』
寄付金額
35,000円〜

『藤文の
ふるさと干物セット』
寄付金額 15,000円

西伊豆町役場　産業振興課ふるさと納税係

にしいずちょうやくば

0558-52-1114　furusato@town.nishiizu.lg.jp
㊟ 静岡県賀茂郡西伊豆町仁科401-1
https://www.town.nishiizu.shizuoka.jp/

近所の公園に行く感覚で アウトドアが楽しめる

バーベキュー場やキャンプ場を選ぶ際、設備の充実度やペット同伴の可否は重要なポイント。愛知県豊川市の『BamBoo's』は、手ぶらでもバーベキューやキャンプが楽しめ、敷地内にあるドッグランの中にテントを張ることもできる。カフェやランチだけの利用もできるので気軽に立ち寄れ、五平餅づくりが人気。自分のお好み加減で作って焼く五平餅は、味も格別だ。豊川インターから車で約10分、飯田線江島駅から徒歩約6分とアクセスも抜群。

（ライター／今井淳二）

営 11:00 ～ 21:00
休 水・木曜日

BamBoo's

バンブーズ

✆ 090-3441-0917　✉ bamboos18rie@gmail.com
住 愛知県豊川市東上町北岡19-2
https://bamboos.jp/

豊かな自然とアートが 共存する新たなスポット

『白水郷アートプレイス MinamiASO style』は熊本県南阿蘇の外輪山を眺める静かな森の中にあり、円形の庭園を備えた美術館。南阿蘇に工房やアトリエを持つ地元の作家を中心に紹介するコーナーや大人も子どもも一緒になってアート作品の作り方や絵画の描き方などを学べる塾も開催している。熊本の地産地消ランチやコーヒー、ノンアルコールカクテルが楽しめるカフェも併設。南阿蘇の豊かな自然とアートが共存するスポットで心もお腹も満たしてみては。

（ライター／河村ももよ）

営 10:00～17:00
休 木・金曜日

白水郷アートプレイス MinamiASO_style

ミナミアソ_スタイル

✆ 0967-65-8331
住 熊本県阿蘇郡南阿蘇村一関1247
https://www.kumamoto-mtop.com/museum/

地元の人たちにすっかり欠かせない元気の源

Bar ジョンブル

地域の社交場として愛される『Bar ジョンブル』。

美味しいお酒と愉快なマスターのお店

お酒が飲めない人、飲める人、好きな人、大好きな人、誰もが飲んで食べて喋って歌って大騒ぎしたあと、「あー、楽しかった」と帰れるお店が『Bar ジョンブル』。石川県中部、能登半島の付け根にあたる位置にある宝達志水町にて、連日多くの人で賑わっているスナックバーだ。種類豊富なお酒やおつまみ、子ども連れや食事だけでも全然OKというお店の雰囲気も素晴らしいが、何より店のオーナーでもあるマスターの寺谷親乃佑(しんのすけ)さんの一人でも多くのお客さんに楽しんでもらいたいという真摯な思いと人懐っこい人柄がお店の人気の秘密。一年を通して様々なイベントを行い、毎晩お店を盛り上げている。

「地域の人々に支えられ、地域の人に愛されたお陰で今があります」

地元消防団応援活動も行うなど、地域コミュニティにしっかりと根ざした憩いの場だ。

Bar ジョンブル

Tel／080-4255-0841　E-mail／xgrg.08@gmail.com
石川県羽咋郡宝達志水町北川尻メ2
㊎19:00～24:00　㊡ 火･水曜日
@shinnosuke08

Bar ジョンブル 石川県　検索

就農・移住をJAがサポート

Here

新潟県 佐渡島

約855平方キロと東京23区よりも広く、日本海で最も大きな島「佐渡島」全体をより良い暮らしを実現させるために働きかけている『JA佐渡』。国の特別天然記念物にも指定される鳥トキも生息する豊かな自然に恵まれた土地だ。『JA佐渡』では、この地で農業を本格的に始めたい人への「就農研修制度」を設けている。3年間JAの職員として働きながら農業の知識や技術を身につけ、自身の新規就農に備えることができる。住居についても佐渡市の制度と合わせてサポート。研修期間中の生活についても、JAから給与が支払われるので、就農までの準備期間として不安なく研修に打ち込める。Uターンはもちろん、Iターンも大歓迎。

就農研修制度のパンフレットはこちらから

CHECK

JA佐渡ホームページ 就農研修制度

都会を離れ、里山で憧れのスローライフを実現

お問い合わせ先 **JA佐渡 営農振興課**

〒952-1208/新潟県佐渡市金井新保44-1

0259-63-3106 FAX 0259-67-7061

営 9:30〜17:00 休 土・日曜日・祝日

einoukikakukacyo@ja-sado-niigata.or.jp

佐渡産直ネット

さどまるしぇ

島の産物をお届けするオンラインショップ

『佐渡農業協同組合』『佐渡市』『ヤマト運輸株式会社』との三者連携によるECプラットフォーム。少量から業務用単位まで、『佐渡農業協同組合』が取り扱う『佐渡米』『おけさ柿』『乳製品』『直売野菜』のほか海産物、加工品も取り揃えている。

https://sado-sanchoku.net/

さどまるしぇ

キレイと健康を求めて

老若男女、誰でも美しく
健康でありたいと願うもの。
そんなあなたを満足させる情報がここに。

小胞体ストレスを緩和し健康を増進
微細藻類由来の機能性脂質を研究開発

天然の資源を有効利用し、
自然に返す。
Seaact

生活習慣病の予防意識の高まり、労働環境などの変化に伴うストレス社会の深刻化、高齢化社会で重視される健康寿命への関心の高まり、コロナ禍による健康に対する考えの変化などを背景に、健康増進や美容効果が期待される健康食品が売り上げを伸ばし、民間経済研究所の調査によると、2023年度にはメーカー出荷ベースで約8995億円に上るという市場規模だ。その健康食品の究極の原料として注目度を高めている製品がある。天然の資源を有効活用した製品の研究開発を行うベンチャー企業、『株式会社シー・アクト』が、微細藻類の一種、オーランチオキトリウムから取り出すことに成功した機能性脂質『ペンタデシル』。その機能を象徴するキーワードは、様々な病気の原因といわれる「小胞体ストレスの緩和」だ。

株式会社 **シー・アクト**

03-6268-0040　info@seaact.com
㊟ 東京都千代田区丸の内2-2-1 岸本ビル11F
https://www.seaact.com/

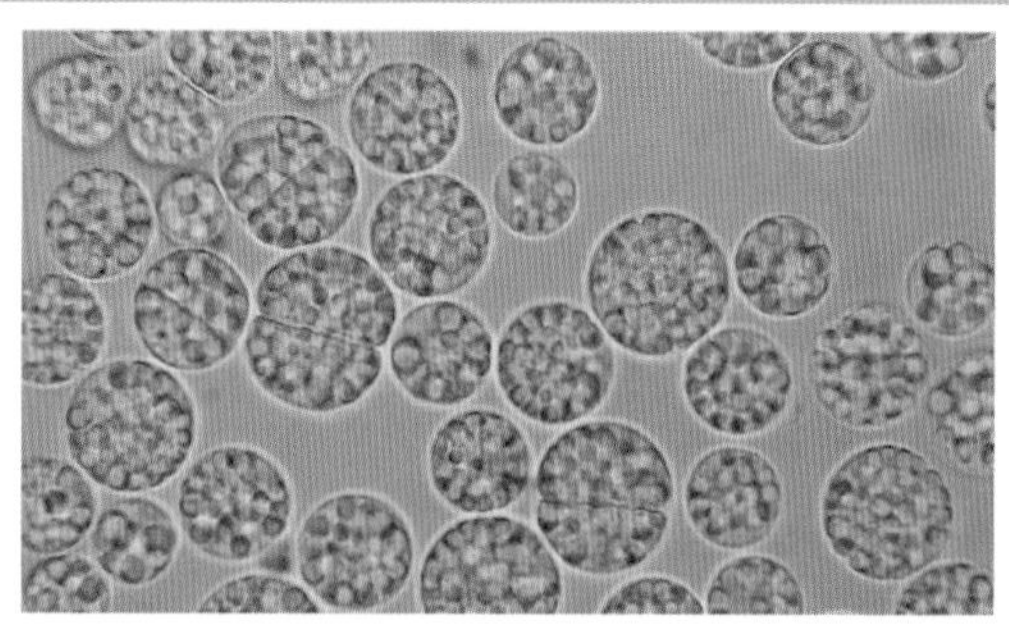

オーランチオキトリウム (*Aurantiochytrium*)

生物群：ストラメノパイル Stramenopiles
綱　：ラビリンチュラ類 Labyrinthulea
目　：ヤブレツボカビ目 Thraustochytriales
科　：ヤブレツボカビ科 Thraustochytriaceae
属　：オーランチオキトリウム属 Aurantiochytrium

シー・アクト
独自の培養方法

ペンタデシル
含有オーラン油
〈健康食品原料〉

ペンタデシル®
〈化粧品原料〉

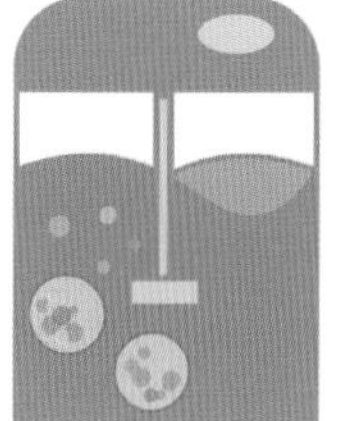

培養

抽出

精製

「超高齢化社会を迎える我が国では、益々高齢者の医療費が財政を圧迫してきている。高齢者ができるだけ医療機関のお世話にならないように、生活習慣病の軽減に役立つ製品の開発を通して超高齢化社会への貢献を目指す」

『ペンタデシル』は、この経営理念に沿って、農学博士で薬剤師士の同社代表の坪井誠さんが病気の原因とメカニズムを明らかにする病理学や栄養素の摂取と健康との関係を栄養素の体内における代謝を通して明らかにする栄養学などの知見を生かし、同社の研究員と共に長年続けて来た健康に役立つメカニズムの研究の成果だ。『ペンタデシル』を30％以上含み、DHA（ドコサヘキサエン酸）やEPA（エイコサペンタエン酸）など身体の健康のための重要な脂質も豊富に含む『ペンタデシル含有オーラン油』も開発、『ペンタデシル』そのものと共に販売代理店を通じて健康食品や化粧品の原料として販路を広げている。

微細藻類オーランチオキトリウムは、昆布やワカメ、珪藻などが含まれるストラメノパイル生物群に属し、水中の有機物上に小さな細胞集団を作る微生物。葉緑体を持たず光合成をしない従属栄養生物で、川が海に流れ出る河口部の汽水域やマングローブが生い茂る南の海、日本近海など世界中の海に存在し、水中の栄養分を同化して脂質を生産し、細胞内に蓄積しながら生育する。重要な栄養素であるオメガ3脂肪酸のDHAやEPA、DPA（ドコサペンタエン酸）を作り出すことで注目されている。

『ペンタデシル』は、オーランチオキトリウムが産生する飽和脂肪酸脂質を抽出分離、精製して得られた油溶性の粉末原料。炭素数15の奇数飽和脂肪酸のペンタデカン酸を主な構成脂質とする、食品中に含まれるのと同じトリグリセライド脂質の一種。トリグリセライドは中性脂肪のことで、運動や活動のための重要なエネルギー源だ。

ペンタデシル（PENTADECYL）

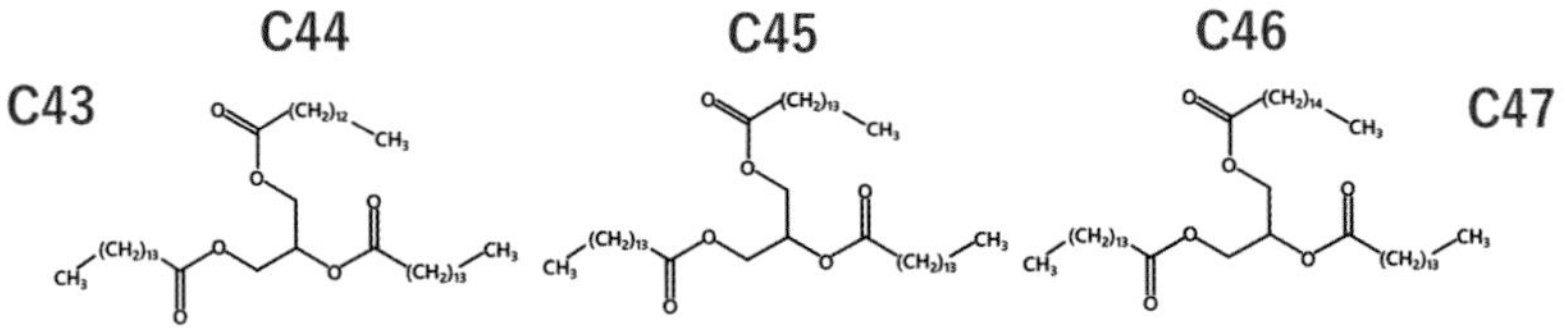

C43　C44　C45　C46　C47

	Content	Fatty acid composition	
C42	**2.10 %**	C15 **C14** C13	
C43	**8.00 %**	C15 C15 C13	C15 **C14 C14**
C44	**18.80 %**	C15 C15 **C14**	
C45	**30.60 %**	C15 C15 C15	
C46	**22.30 %**	C15 C15 **C16**	
C47	**11.70 %**	C15 C15 C17	C15 **C16 C16**
C48	**4.50 %**	C15 **C16** C17	

C13	Tridecanoic acid
C14	**Tetradecanoic acid**
C15	Pentadecanoic acid
C16	**Hexadecanoic acid**
C17	Heptadecanoic acid

LC/MS/MS analysis　赤字: 奇数脂肪酸

坪井さんや研究者が、『ペンタデシル』の研究を掘り下げ、機能評価で確認したのが「小胞体ストレスの緩和」だ。

「人の身体を作っている様々な組織は、すべてタンパク質で構成されている。小胞体ストレスとは、タンパク質を合成する小胞体と呼ばれる細胞内器官に不良タンパク質が蓄積されることで負荷がかかる状態を指します。小胞体内でタンパク質の合成が正常に行われなくなることが続くと細胞の正常な生理機能が妨げられ、その細胞が集まる組織にトラブルが生じると考えられています。様々な病気の原因も、その疾患組織の小胞体ストレスが原因であることがわかってきました。『ペンタデシル』にこの小胞体ストレスを軽減する機能があることが確認されたのです」

坪井さんは、そのエビデンスとして熊本大学で行われた研究で、『ペンタデシル』に小胞体ストレスを緩和し、細胞の正常な生理機能を維持する働きを持つ可能性が示唆されていることを挙げる。

「糖尿病モデルマウスを使った試験の結果、糖尿病状態からの回復が認められたのです。これは、β細胞の小胞体ストレスが改善されて耐糖能が正常化されるなどして、β細胞のインスリン分泌が正常になったことによると考えられています。この耐糖能の改善は当社の機能性表示食品対応素材化を目的にした前臨床研究でも確認されています。糖尿病を治す医薬品は現在まだ開発されていませんが、『ペンタデシル』を食成分として摂取することで、未病状態の疾患が治療できれば、病気の悪化を防ぎ、健康寿命を伸ばすことにつながると考えています」

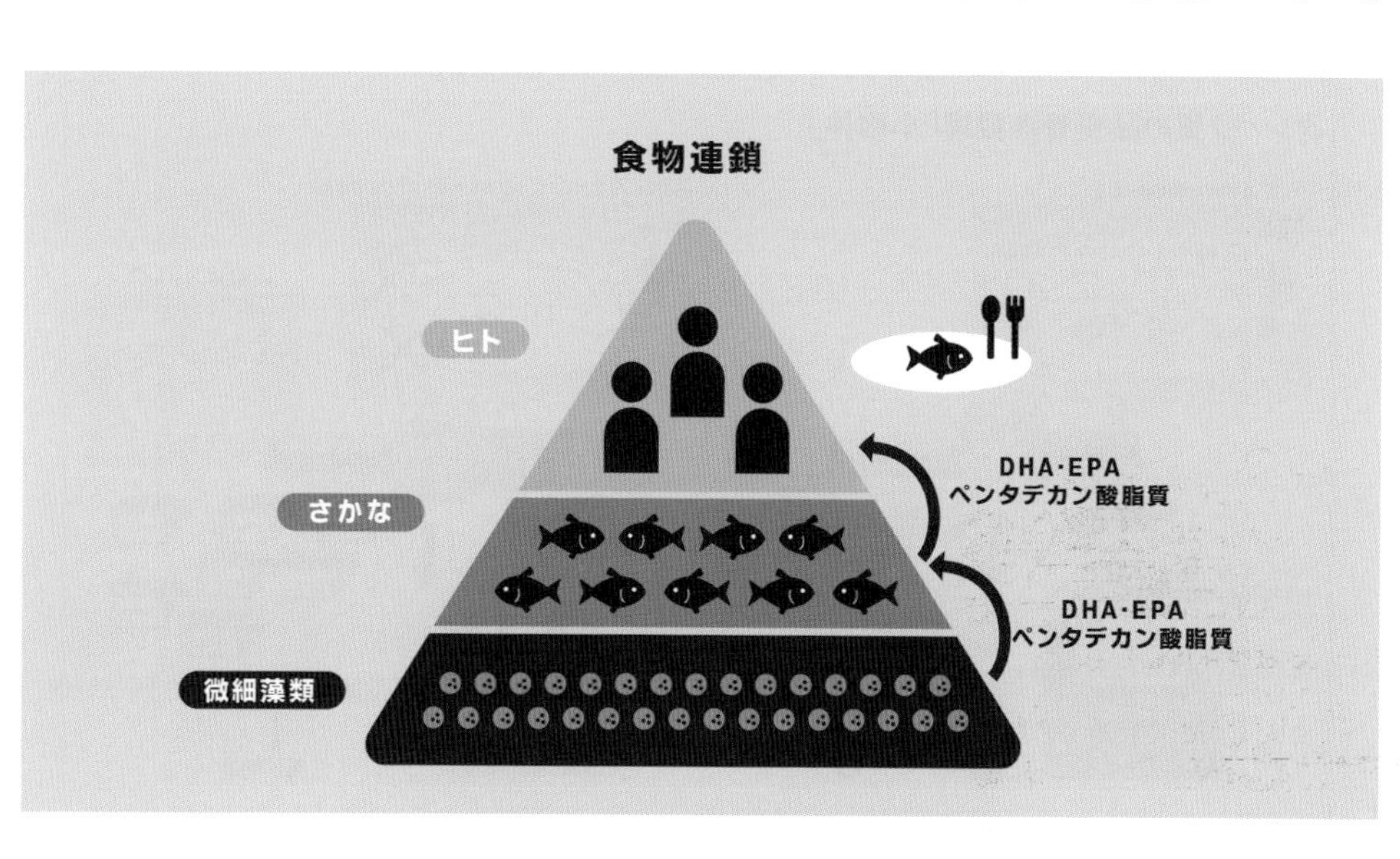

同社は、小胞体ストレス緩和作用や糖尿病の改善のほか、視神経細胞の保護、アルツハイマー病やクロイツフェルト・ヤコブ病、パーキンソン病、筋萎縮性側索硬化症（ALS）、ハンチントン病、ポリグルタミン病、網膜変性疾患、心臓病、肥満、脂肪率、慢性炎症、メタボリックシンドローム、非アルコール性脂肪性肝疾患、慢性閉塞性肺疾患、膵臓がんなどフレイル状態の緩和効果も期待できるとしている。

坪井さんはまた、小胞体ストレスを緩和する『ペンタデシル』を含有するオーラン油の経口摂取により、真皮のコラーゲン密度を促進する効果も2回の臨床試験により確認したという。肌の土台となるコラーゲンやエラスチンなどはタンパク質であり、『ペンタデシル』が細胞の小胞体ストレスを緩和することにより、コラーゲン産生を促進したと考えられる。食べる美容食品として期待されるところである。

「『ペンタデシル』の化粧品利用では、化粧品機能評価法ガイドラインに基づき、ヒトモニター試験を実施すると、『ペンタデシル』0．001％配合化粧水にて、シワグレード1から3の目じりのシワ改善が見られまし。また、この化粧水にて、肌の水分量と水分蒸散量が改善し、肌の保湿性も高めることができあした。こうした結果から、『ペンタデシル』にはシワ、たるみの予防、保湿、バリア機能効果が期待できると考えられます」

『ペンタデシル』を配合した同社初の製品『ペンタデシル含有オーラン油』は、DHAやEPAなどの機能性成分も豊富に含まれ、様々な組織の細胞の働きを低下させている小胞体ストレスを緩和することによる効果で、難病や生活習慣病の原因の改善、フレイル状態の改善などの可能性に加え、肌の弾力や水分蒸散量、肌の保湿の改善、真皮層の肌強度(コラーゲン密度)の増加、シワの改善など美肌効果が期待できる食品。その多様な機能が健康食品や化粧品の原料として採用が進む理由だ。

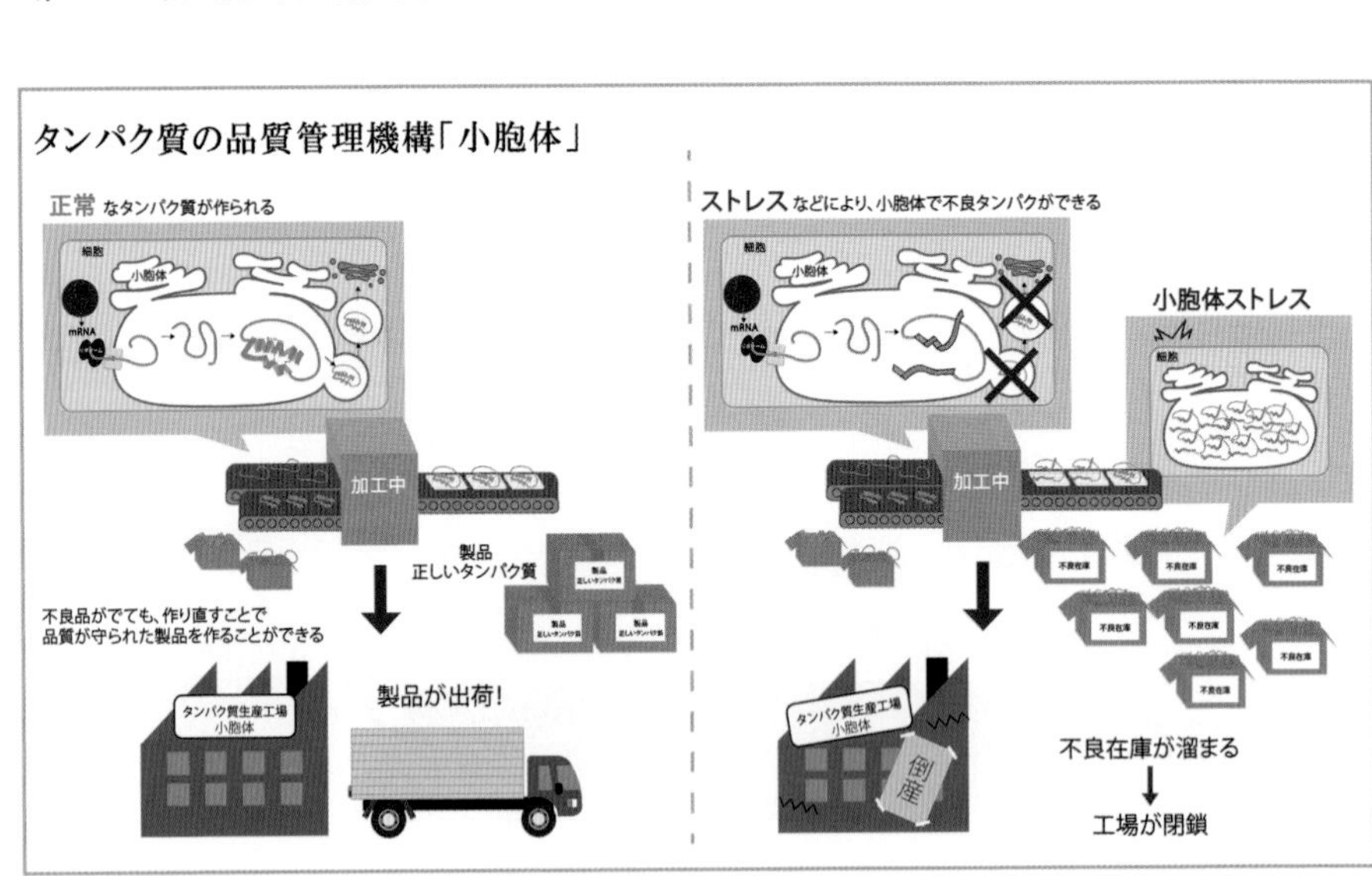
タンパク質の品質管理機構「小胞体」
正常 なタンパク質が作られる
細胞
小胞体
mRNA
加工中
製品
正しいタンパク質
不良品がでても、作り直すことで
品質が守られた製品を作ることができる
製品が出荷!
タンパク質生産工場
小胞体
ストレス などにより、小胞体で不良タンパクができる
小胞体ストレス
不良在庫
不良在庫が溜まる
工場が閉鎖
倒産

坪井さんは、海藻資源から新たな成分発掘と微細藻類による新たな生理活性物質の作製を事業目標の一つに掲げ、オーランチオキトリウムなどの藻類を食べるサバやイワシなどの魚を人が間接的に摂取することで、オーランチオキトリウム由来の油脂成分を栄養源として利用している点に着目し、研究者と共にオーランチオキトリウムが産出する飽和脂肪酸の一種ペンタデカン酸について研究を重ねてきた。この過程で2018年に「脂肪酸混合物」、2019年に「微生物由来の奇数脂肪酸又は高度不飽和脂肪酸含有するトリグリセリドの製造方法」、2020年に「培養オーランチオキトリウム属藻類の奇数脂肪酸含有量を増大させる培地」の開発で特許を取得した。

さらに、30万株の微細藻類から最も生産性の高い微細藻類をスクリーニングし、生産性が最も高いオーランチオキトリウムを選び出し、石垣島沿岸の近海からオーランチオキトリウムを入手し、『ペンタデシル』をより効率的に生産できる微細藻類を発見、オーランチオキトリウムが作り出す脂質から『ペンタデシル』を抽出し精製する技術を確立して、健康食品や化粧品の原料として供給する生産体制を構築した。

「当社の理念は、天然の資源をそのまま有効利用し、人間の生活をよりよく改善できる持続可能な製品を研究し開発することです。自然の技術を利用するための技術開発によって、新たな自然破壊する物質を作らなくても、人々の健康を維持することができます。今後も新たな技術で病気にはならない予防医療、予防食品、心と肌の健康のための化粧素材の開発を進め、社会に貢献していきたいと思っています」

（ライター／斎藤紘）

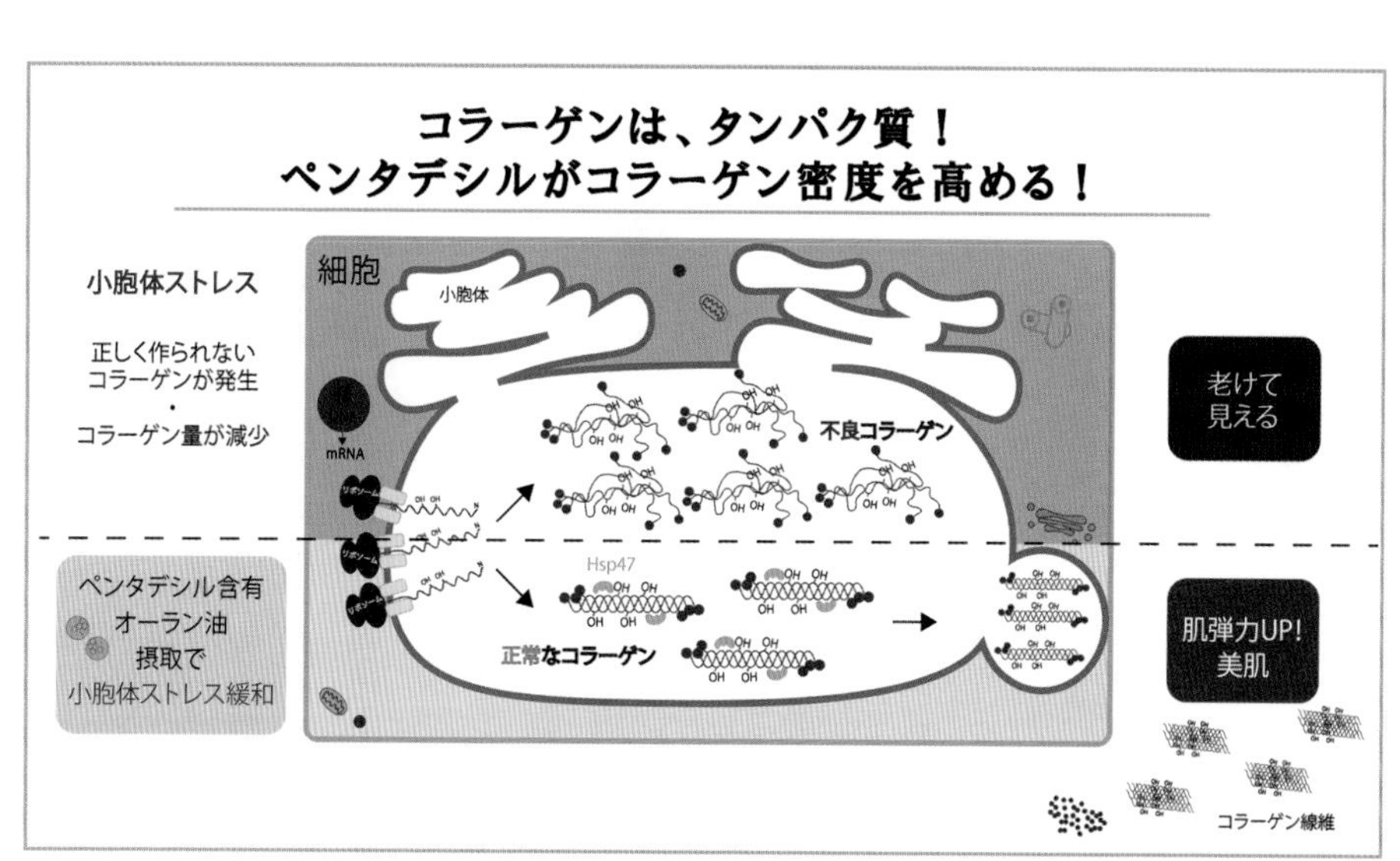

光と水の力で磨く、革命的な歯ブラシ 一歩先のオーラルケア

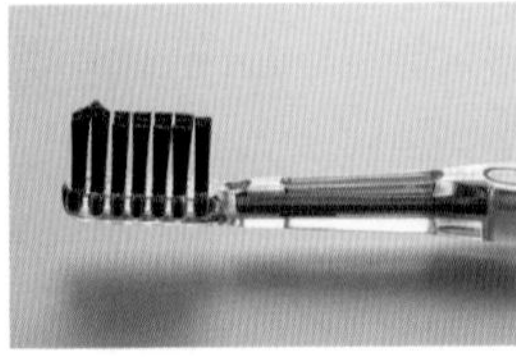

『ソラデー5』2,750円(税込)

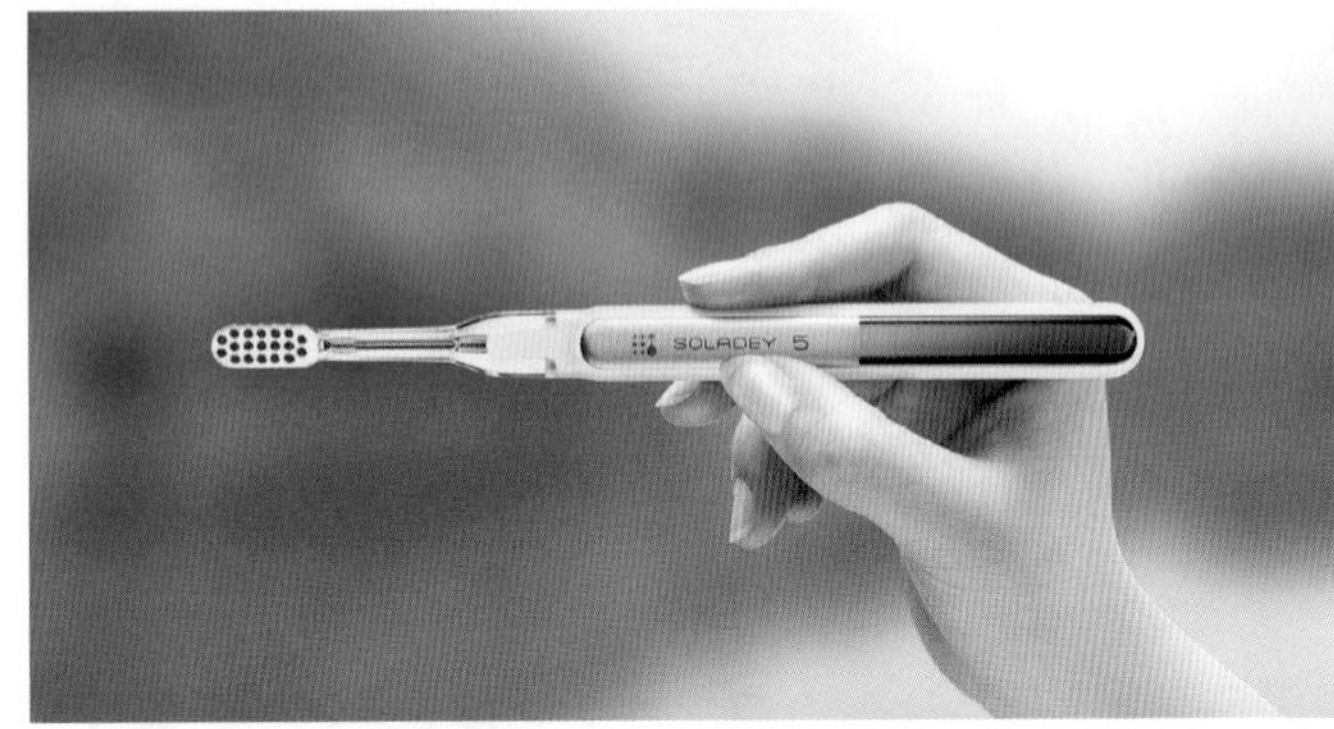

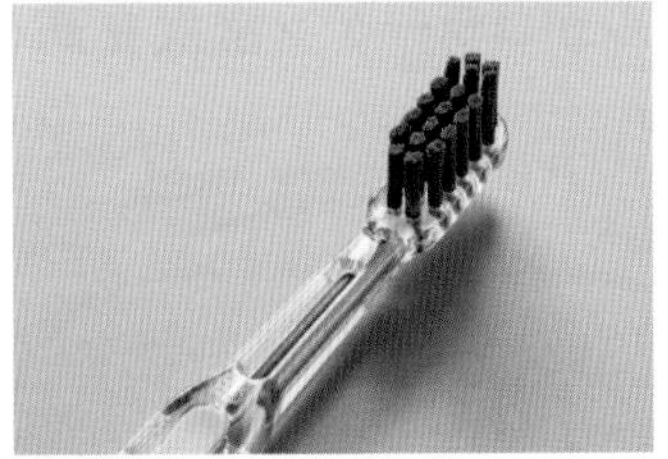

特許技術のTiO_2半導体。

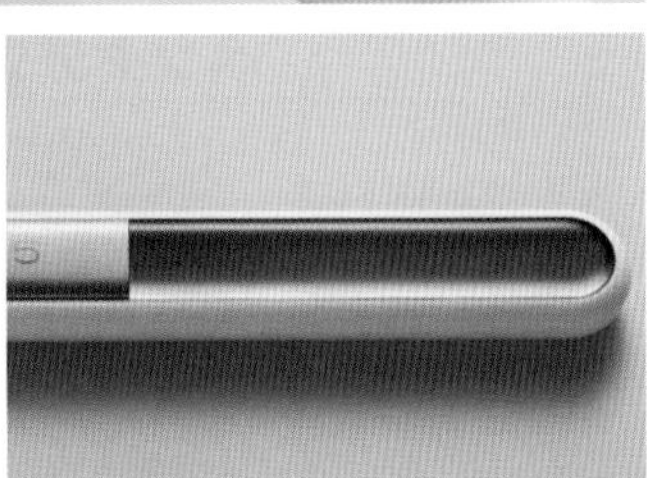

ソーラーパネル内蔵。

オーラルケアの常識を変え続けるオーラルケア製品開発メーカー『株式会社シケン』では、歯学と理工化学の最先端を製品に落とし込み、長年の研究の結果、半導体内蔵ソーラー歯ブラシ『ソラデー』シリーズを開発。大阪大学歯学部をはじめとする12の大学との共同研究により、基礎・臨床研究を経て、学会や論文発表が累計87報を数える。世界12の国と地域で特許を取得し、30ヵ国での販売実績を誇る日本発のテクノロジーを盛り込んだ革命的なオーラルケアアイデムだ。『ソラデー5』は、歯磨き剤を使わず、化学の力で磨く歯ブラシ。独自の特許技術により、ボディに内蔵されたTiO²半導体(酸化チタン)とソーラーパネルが、室内光や太陽光と水に反応することでマイナス電子(e)を発生させる。この化学の力で口に蓄積された歯垢へアプローチ。水だけで圧倒的な歯垢除去効果を発揮する。細菌の増殖を抑制しながら歯のエナメル質を溶かす乳酸も分解。「EGG SHAPE」をデザインテーマとしたモダンな

株式会社 シケン

06-6774-0051(平日9:00〜17:00)
㊟ 大阪府大阪市天王寺区寺田町2-5-6
https://kk-shiken.co.jp/

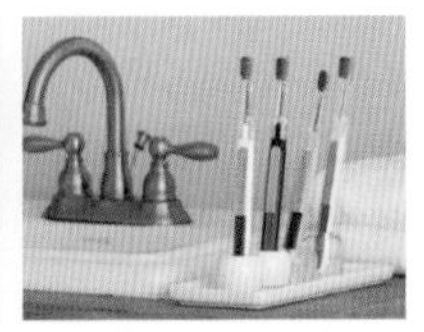

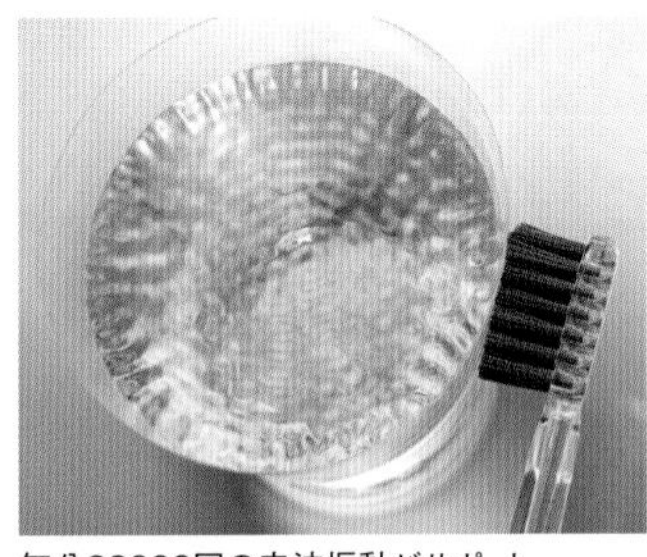
毎分22000回の音波振動がサポート。
（強モード使用時）

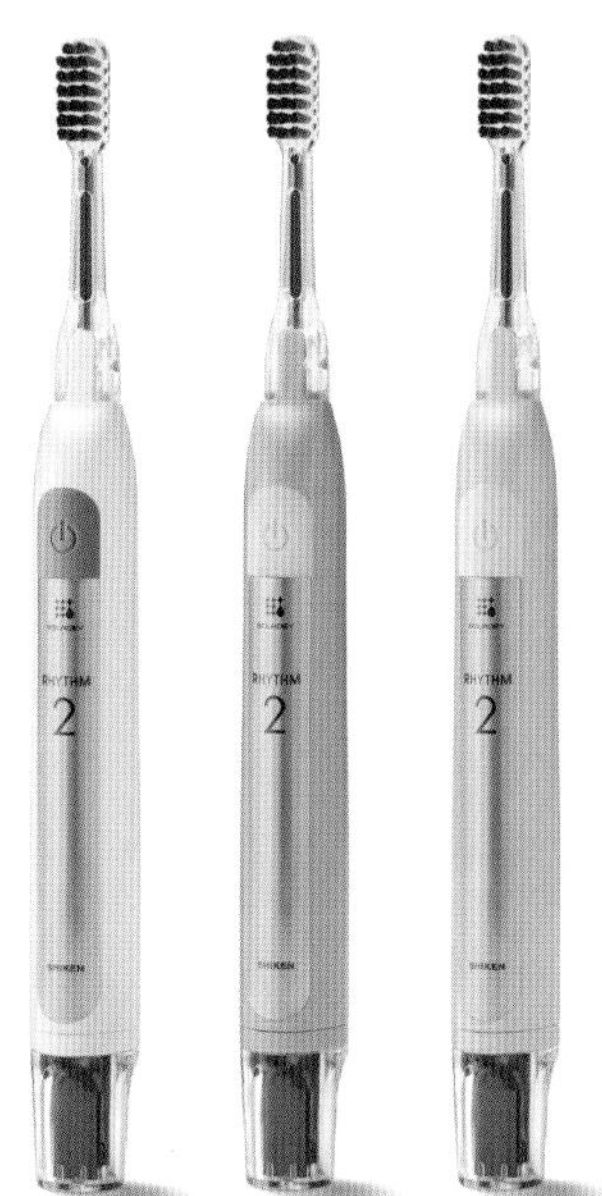

『ソラデーリズム2』
（スタンド付）8,580円（税込）

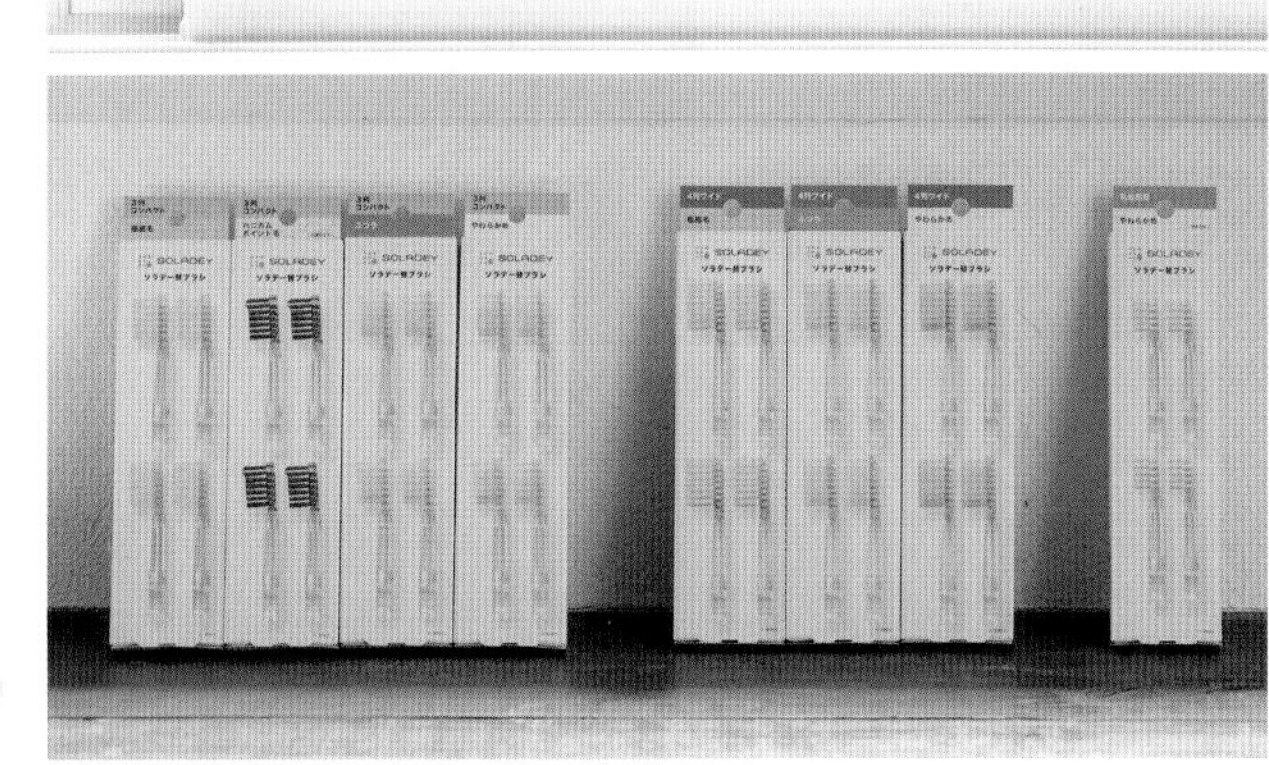

『ソラデー専用替ブラシ』4本入

本体は、持ちやすさを重視した流線状のフォルムで子どもの手にも大人の手にも馴染む。口の悩みや磨き方の好みに合わせて全8種の替ブラシから選択可能。優しい磨き心地が好みの方は「やわらかめ」、歯周ケア対策には、歯周ポケットを細かく磨ける「極細毛」、乳歯の歯みがきデビューには「乳幼児用」など自由に付け替えることができる。『ソラデーリズム2』は、特許技術に加えてよりスピーディーに磨ける音波振動式ソーラー歯ブラシ。光と水に加え、音波振動も利用したブラッシングで、楽に虫歯菌の付着抑制・除菌、歯垢除去を行いながら、歯のエナメル質を溶かす乳酸も分解。断面が六角形のブラシに銀イオンと備長炭を練りこむことで、ブラシそのものにも抗菌性を持たせた。化学作用と音波振動のメカニズムで、夜、歯を磨いた後のツルツル感が朝まで長持ち。歯並びや歯の大きさ・ブラッシング方法に合わせて替ブラシを付け替えて細かくケアが可能だ。（ライター／播磨杏）

ミセス大会出場経験者の自然派カフェ
身体の内側からキレイ作りをサポート

制作中のオーガニック化粧品。

『オーガニック石鹸』

無添加素材のおやきと韓国の薬令市場から仕入れている生漢方茶や薬膳茶。

『韓国薬味を使用した生漢方のお茶』

オーナー ロドリゲス友理絵さん

『グリーンコーヒーの生豆』

『グリーンコーヒー』
オーガニック栽培された中挽きのアラビカコーヒー豆に生豆をミックスして作られている。抗酸化作用や血糖上昇抑制作用、脂肪吸収抑制作用があるといい。栄養素や酵素がたっぷり!

福井県産の食材のみ使用『薬膳/漢方カレー』

2023年7月に福井県でOPENしたオーガニック&ナチュラルカフェ『KRONE』。オーガニックや薬膳漢方を身近に体感しながら、健康と美容への意識を高められる自然派カフェだ。オーナーのロドリゲス友理絵さんは、オーガニックの化粧品や美容液の開発を進め、美を追求することで行き着いたのが、オーガニック&無添加の食事だ。『KRONE』では、オーガニックで、化学調味料など添加物も一切使用しないナチュラルフードが味わえ、ベジタリアンやビーガンの方も安心して楽しめるメニューもある。また、本格的な韓国薬膳漢方茶を揃えているのも同店の特長。韓国から直接輸入または買い付けを行い、一つひとつ厳選した漢方を用意している。人気メニューの『薬膳/漢方のカレー』はスパイスからこだわり、素材も福井県のもののみを使用している。海外で人気の宮城県産ダイエットドリンク『グリーンコーヒー』を提供しているところも魅力的。

(ライター/播磨杏)

オーガニックカフェ&バー **KRONE**
クローネ
0776-97-9606
住 福井県福井市順化2-12-15
https://yuriesoka.wixsite.com/mysite @organic_cafe_fukui

日本人の肌に合わせた医療化粧品「At.skin」は、攻めと守りを融合させたクリニック専売ドクター監修の化粧品。貴方だけのカスタマイズプログラムで最大限の効果を引き出す。

東京で脂肪豊胸なら人気医師にお任せ

院長 大谷悠輔さん

詳しくはInstagramで。

@takadanobaba_sbc

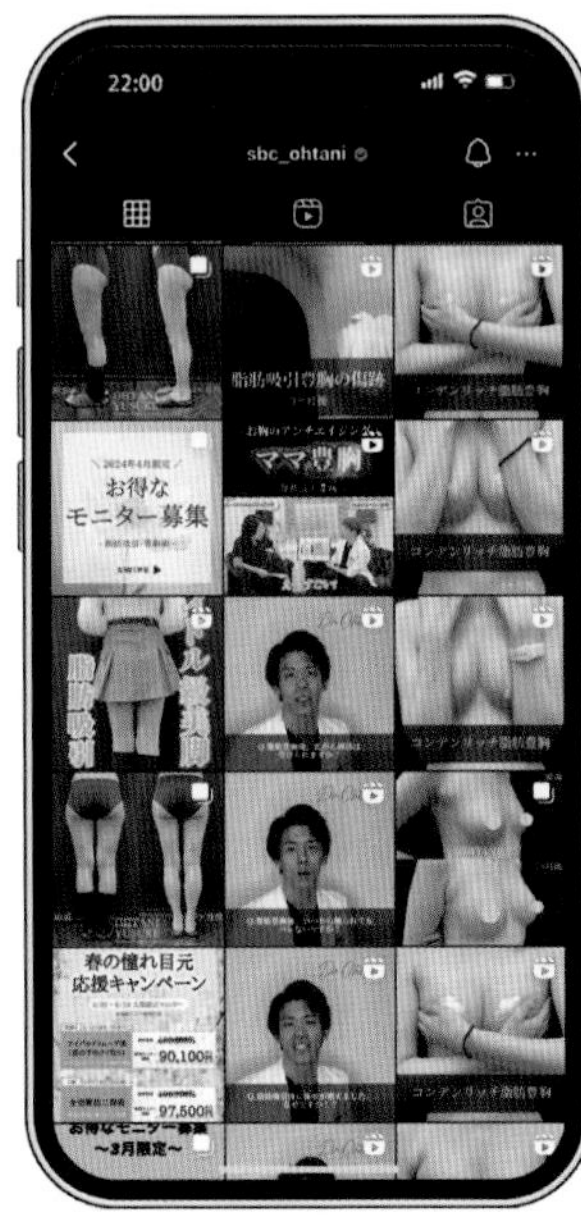

『ピュアグラフト 1UP』 380,000円(税込)

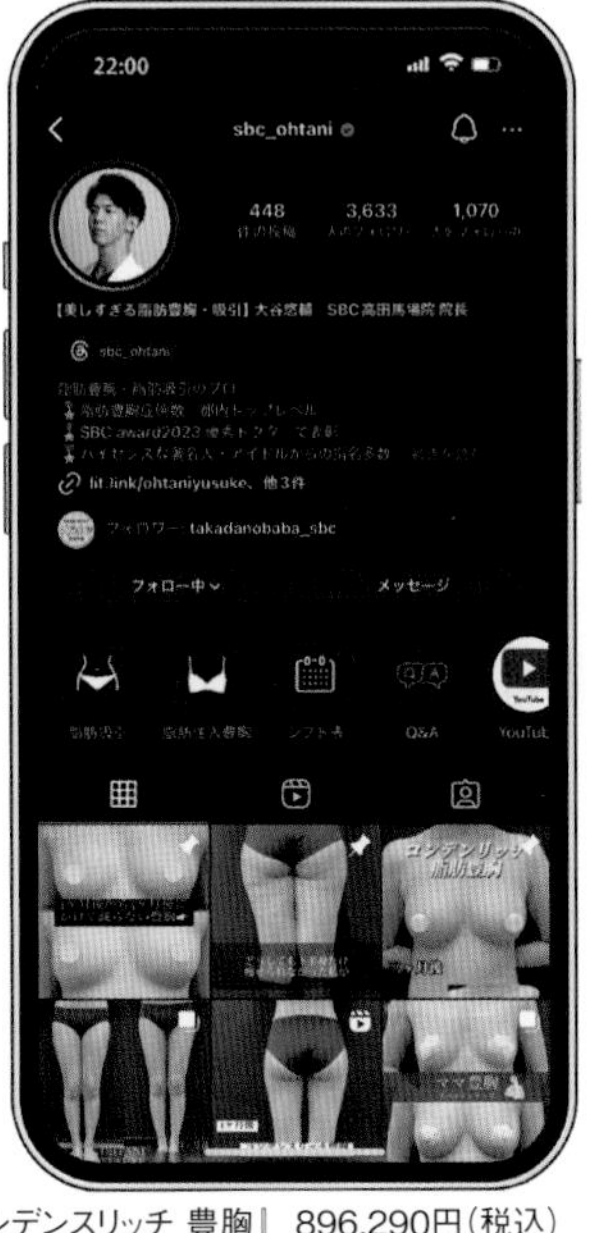

『コンデンスリッチ 豊胸』 896,290円(税込)

「もう少しふっくらしたバストを手に入れたい」「痩せたい」を同時に実現させてくれるのが『湘南美容クリニック高田馬場院』。脂肪豊胸を得意とする大谷悠輔院長による確かな技術で、数ある店舗の中でも人気を集めている。イチオシは、翌日から仕事可能な週末豊胸『ピュアグラフト』。太もも・二の腕のいずれかから脂肪を吸引し、胸に移動させる。しっかりと脂肪を取る脂肪吸引とは異なり、腫れや痛みなどのダウンタイムが少なく、翌日から出勤できる。長い休みが取れない方、周りにバレたくない方にぴったりだ。また、『コンデンスリッチ脂肪注入豊胸』は、採取した脂肪から不純物・水分の除去に加え、コンデンス(濃縮)技術で脂肪定着率を高める技法。通常の豊胸よりも抜群の定着率を実現。見た目も触り心地も限りなく自然なバストに仕上がる。いずれもサイトやSNSでの症例の美しさが評判を呼び、全国から指名が入るほど。大谷院長は独自のYoutubeも運営。症例だけではなく、豊胸の知識なども発信している。

(ライター/播磨杏)

湘南美容クリニック 高田馬場院

しょうなんびようクリニック

0120-674-333

住 東京都新宿区高田馬場2-13-2 プライムゲート高田馬場5F

https://www.s-b-c.net/clinic/branch/takadanobaba/

YouTube
『ふわふわバストアップチャンネル』
美しいバストになれる
脂肪豊胸デザインの秘密

https://youtu.be/aH2wYaFPbIc?si=nzT7L8mIW_u2LJoe

No.1に直接指名可能な予約サイト 実力で勝負するトップ技術者を応援

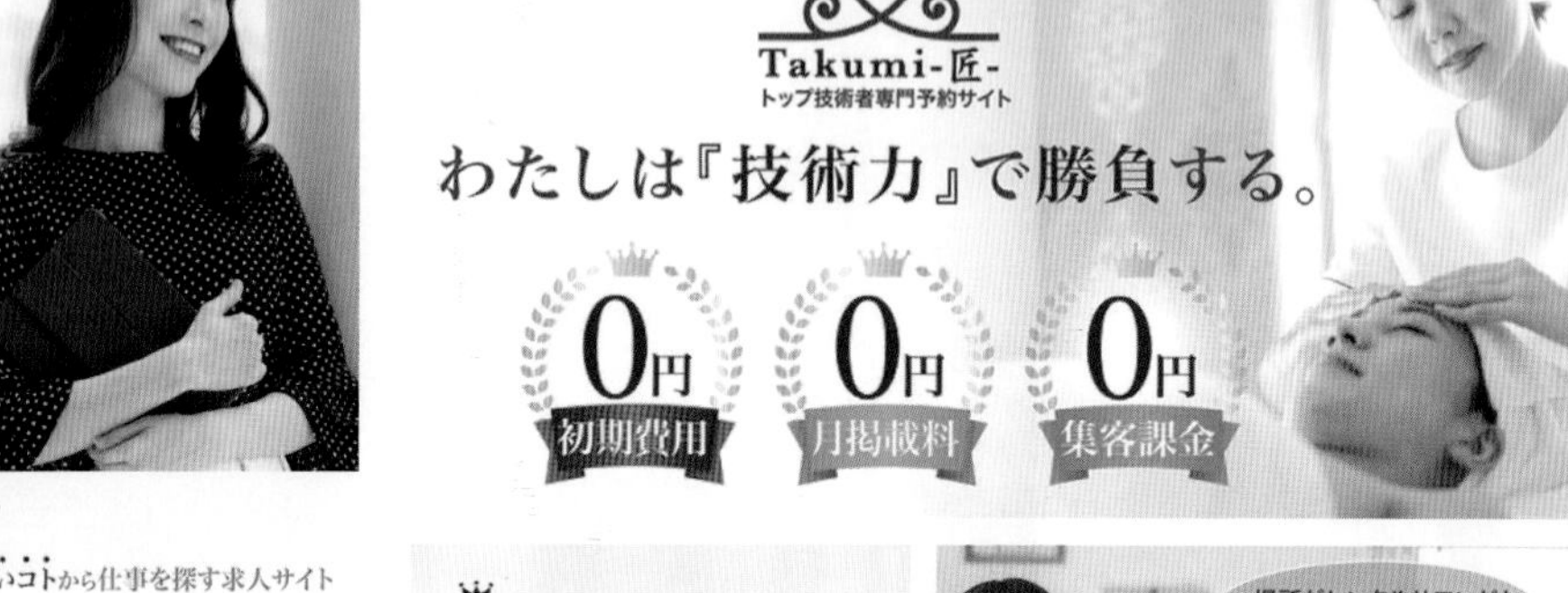

Takumi-匠-
トップ技術者専門予約サイト
わたしは『技術力』で勝負する。
0円 初期費用
0円 月掲載料
0円 集客課金

やりたいコトから仕事を探す求人サイト
KNOWHOW BANK（ノウハウバンク）
と連動して・・・

メールが届く!!

- ヘッドハンティング
- 講師依頼やコンサル依頼
- 人財採用サポート

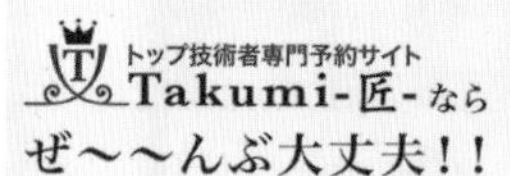

トップ技術者専門予約サイト
Takumi-匠-なら

ぜ～～んぶ大丈夫！！

- レンタルサロンでの施術提供もOK!
- トップ技術者しか登録できないから最強のブランディングになる！
- 口コミ・拡散のためのシェア機能あり！

場所がレンタルサロンだと掲載できないよね…
「スゴイ実績」がないと、ライバルに勝てない・・・
口コミで広げられたらいいのになぁ・・・

技術者が、開業資金や時間、場所に囚われず活躍できる環境を提供しているLMSレンタルサロン運営会社『株式会社ISACC』が新たに運営する『TAKUMI』は、顧客側がサロンのオーナーまたはリピート率や口コミなど、何らかの部門で1位に輝いた実績ある「トップ技術者」に直接予約することができる画期的なトップ技術者検索サイトだ。全国展開中の「LMSレンタルサロン」と連動しており、顧客側は、希望のトップ技術者に、希望の施術場所（LMSレンタルサロン／出張）での施術を依頼できるので、フリーランスの美容家が増えている昨今、まさにこれからの美容業界の新たな予約の仕方として期待ができる。また、サロン側は、登録ページに必要事項を記入し、掲載内容を制作するだけ。初期費用や掲載料、集客課金などが不要で安心して利用できる。さらに、今までレンタルサロンでの出張施術で苦労していた「顧客様の予約」と「レンタルサロンの予約」の二手間が、自動で一つに完結できる機能も含めた「世界初のレンタルサロン予約システム」でもある（特許取得済み）。

※リリースは2024年の夏頃予定。（ライター／彩未）

株式会社 ISACC
アイサック
03-6907-0538
㊟ 東京都豊島区南池袋2-29-16-304
https://www.isacc.jp/　https://takumi.salon/

詳細はこちらから。

Takumi-匠-とは、エステティシャンやセラピスト、美容家など、サロンのオーナーや一番人気のスタッフに直接予約ができるトップ技術者専門サイトです。

脳内の不要な思考や感情をデトックス『アクセスバーズ』で最高に幸せな人生を

『乳酸菌よもぎ蒸し』
40分 4,000円(税込)
妊活中やPMS対策に好評。

『資格取得講座』開講。

オーナー
丸山阿子さん

『アクセスバーズ』初回 10,000円(税込)

『アクセスフェイスリフトセッション』

『アクセスバーズ』で思考をデトックスし、素粒子レベルで身体を整えられると好評のサロン『Akoakoa』。オーナーの丸山阿子さんは、『アクセスバーズ』ファシリテーターだけでなく社会福祉士や保育士の資格も持つ。『アクセスバーズ』は、頭部にある32のポイントに優しくタッチし、脳の中に蓄積されている不要な思考や情報、感情などをリセットすることができる話題の施術だ。心身に深いリラックスをもたらし、本来あるべき姿で思うままの幸せな人生を歩めるようになるという。また、脳波がθ波になり、創造性や記憶力の向上、願望実現などの効果も期待できる。心配事が多い、人の目が気になる、眠りが浅い、頭の中のおしゃべりが止まらない方にも、ぜひ試してみて頂きたい。施術のほか、オーナーから直接技術を学べる『資格取得講座』も人気が高い。阿子さんは、高齢者施設の利用者や児童福祉施設の子どもたちにも『アクセスバーズ』を提供していきたいと考えている。

(ライター／彩未)

Akoakoa

アコアコア
✉ akoakoa2021@gmail.com
https://lit.link/akoakoa
@ako.ako.a

最新美容再生技術で【美】のアップデート
美意識を最大限に いつまでも自分磨きを

韓国皮膚科の人気施術を本場韓国から直輸入! 渡韓せずに憧れの韓国水光肌管理が可能に♪

女優香里奈さんがナレーターを務める各業界の企業経営者、注目のドクターの成功者の手がかりを辿るCC番組に出演。

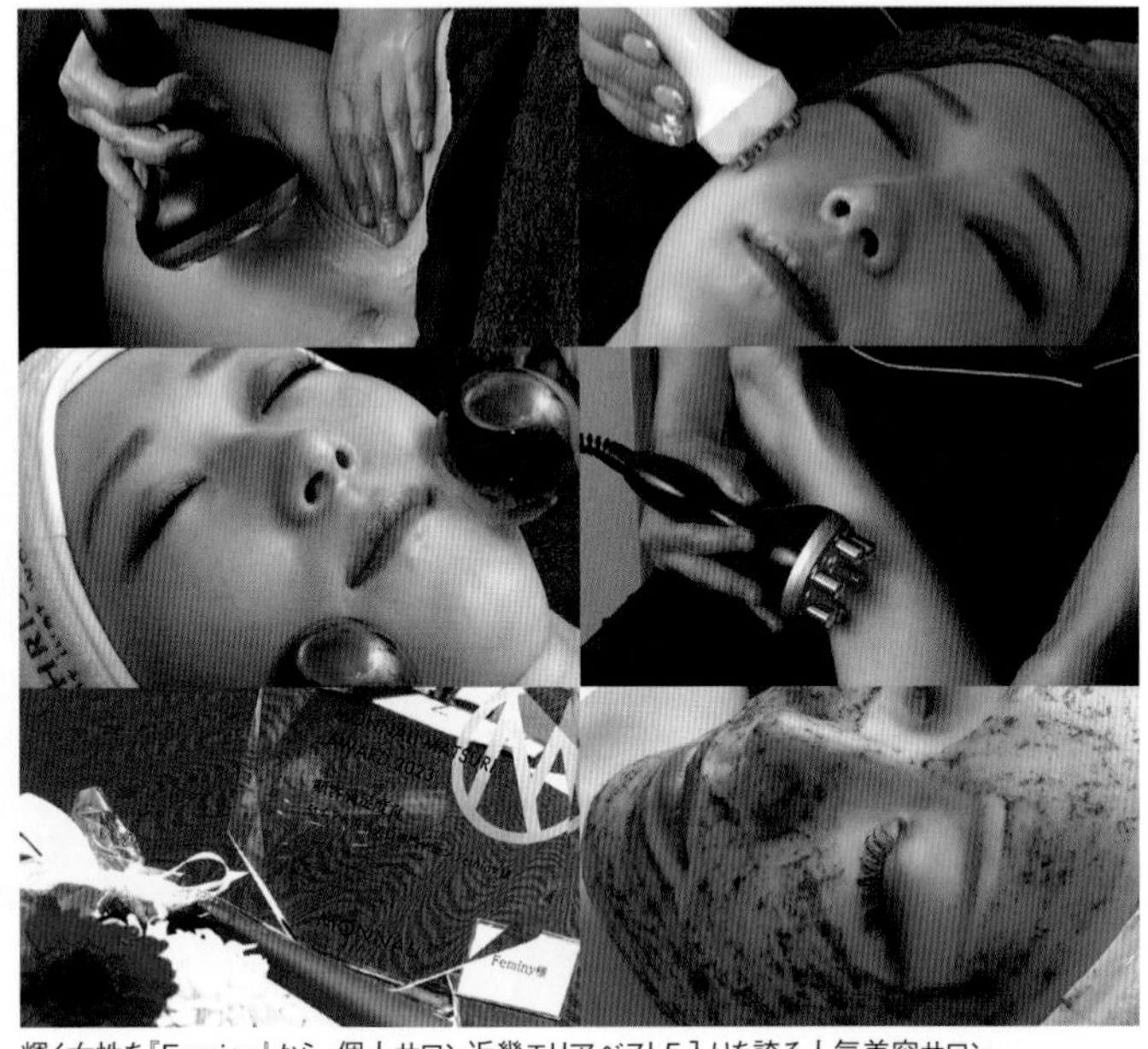
輝く女性を『Feminy』から。個人サロン近畿エリアベスト5入りを誇る人気美容サロン。

TV出演、数々のメディアや雑誌に掲載され、近畿エリアで人気美容サロンベスト5に選ばれた『Feminy』。多数の美容美肌資格を持つ実力派オーナーの豊富な知識と確かな技術力、最先端美容機器、高品質な商材などオーナー自身が選び抜いたもののみを使用し、悩みに合わせた施術で女性の美しさをサポートする。顧客満足度賞受賞の『肌再生美容施術』では、シミやくすみ、ほうれい線などの改善が可能。血液循環を良くして毒素や老廃物を取り除き、ハリ艶のあるお肌へ導く。引き上げ、引き締める小顔たるみケアは「切らない整形級」と他県からの来店も殺到中だ。またボディケアは、「お腹/太もも特化店」30代以降の【落ちない/分厚い脂肪】を、最新脂肪乳化機器と関西では希少はオールハンドデトックスの手技を使用し確実に最速痩せができる。ダイエットインストラクターによる体質からの根本改善も同時進行。筋膜剥がしを行いながら、有酸素運動を約2時間しないとかけないといわれている脂肪汗をかき、体内デトックス。不眠・便秘・疲労回復が同時に叶う。本格ダイエットが話題になり、口コミも大好評を得ている。

(ライター/彩未)

Feminy
フェミニー
080-3852-4002
住 兵庫県姫路市辻井2-5-23 パル・ミルフォード201
フェミニー 姫路 検索
@feminy_himeji

サロン業界騒然!
新進気鋭の化粧メーカーの『ルリークシリーズ』がすごい!

振動の力で肌の奥の角質層まで浸透。

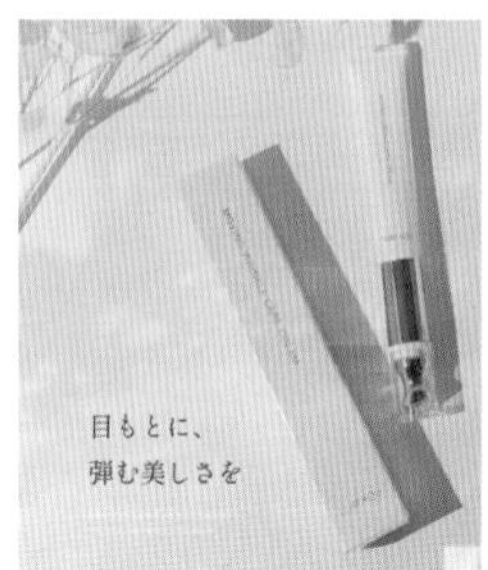

『ムービングリンクルケアクリーム』5,940円(税込)

全身ケアに!

『NANO スパークリングミスト』4,620円(税込)

化粧品及び美容機器製造卸、販売の『株式会社ウイルエー』が手掛けるサロン専売化粧品『ルリークシリーズ』が好調だ。美容業界の常識を疑い続け、長い開発期間を経てたどり着いたウイルエー渾身のブランド。発売前から理美容院・エステサロンなどから好評を得て即完売した大人気アイテムが揃う。本気の美白(※1)シワ改善を行ってくれる美顔器一体型アイクリーム『ムービング リンクルケアクリーム』は、有効成分「ナイアシンアミド」を配合した医薬部外品の目もと専用美白(※1)クリーム。年齢や疲れを感じさせるデリケートな目もとのシワやくすみ、乾燥、紫外線ダメージをケアして若々しく明るい印象の目もとへ導いてくれる。『NANOスパークリングミスト』は、特許申請中の独自技術により、いつでも全身にうるおいを届けられる炭酸ミスト化粧水。容器を軽く振ると「炭酸」と「ナノバブル」の超微細なミストが洗顔後だけでなく、乾燥しがちなメイクしたままの肌の奥深く(※2)までも潤いを届けてくれる。また、2024年秋頃に待望の新作がリリース予定。毎日使える炭酸パックを目指した『ルリーク ナノ スパークリンウオッシュ』、5種のコラーゲン配合で朝・昼・夜とオールタイムに潤い、はりつやを与える『ルリーク オールタイムクリーム』を乞うご期待。

(ライター/河村ももよ)

※1 メラニンの生成を抑え、シミ・そばかすを防ぐ
※2 角質層まで

株式会社 ウイルエー

06-6535-3120 info@will-a.co.jp
住 大阪府大阪市西区阿波座1-13-13 西本町中央ビル4F
https://will-a.co.jp/

自宅でプロレベルのネイルケア
サロンが開発した爪専用の角質除去ツール

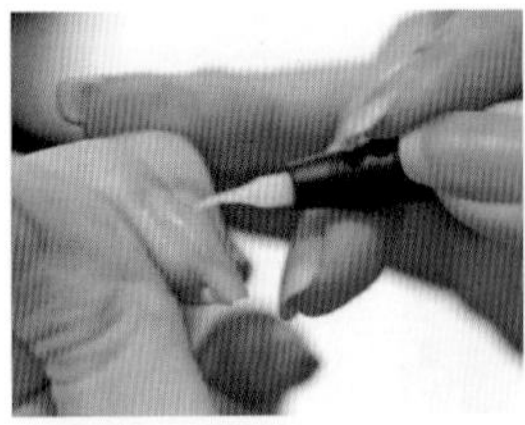

『キューティクル プッシャー 楓』
6,930円（税込）

目には見えないルーズスキンを取り除くと、爪本来の美しい血色感がよみがえり、ささくれの予防にもなる。

創業以来、「健康な爪こそ美しい」を提唱するネイルサロン『longleage』。健康で美しい爪を保つため、自宅でもプロレベルのケアができるネイルアイテムを多数販売している。新商品『キューティクルプッシャー楓』は、甘皮や爪に沿って伸びてくるルーズスキン（角質）を取り除く専用ツール。爪の甘皮は、爪を生育する部分を保護する大切な役割。同製品を使えば、必要な甘皮は残しつつ、爪に沿って伸びてくる角質をやさしく除去できる。ルーズスキンの再生周期に合わせてケアを続けることで、平たい、凸凹などの悩みを改善し、硬くて弾力のある健康な爪へと生まれ変わらせる。爪本来の美しい血色感がよみがえり、ささくれ予防にもなる。最近では、テレビ放映（NHK）により、注目を集める人気商品だ。

「指先へのささやかな気づかいは、あなたの揺るがない自信となり、心と身体に連鎖していきます。指先があなたの全身に美しさ（オーラ）を呼び起こすのです」

（ライター／播磨杏）

東京・広尾の本店をはじめ、東京、大阪に6つのサロンとストアを展開。

longleage
ロングルアージュ
03-6455-7612
㊟ 東京都渋谷区広尾5-17-10 EastWest B1F
https://longleage.co.jp/

自然の恵みと科学の力でホームケア
サロンクオリティの美しいうる艶髪へ

『シャンプー&トリートメントセット』
5,500円（税込）

『ヘッドスパヘアブラシ』
2,970円（税込）

『ヘッドスパスカルブラシ』
1,540円（税込）

「自宅でワンランク上のヘアケア&スカルプケア」をコンセプトに、日々の忙しさに追われてなかなかサロンに行けない現代人に向けて、サロンクオリティのホームケアを提供する『one&Aphrodite』。『ボタニカルスパークリングシャンプー』は、70種類以上の植物由来天然成分を中心に若返るビタミンとして話題のNMN配合。さらに、超微細な炭酸マイクロバブルにより頭皮や髪の汚れや皮脂、ニオイまで除去し、健やかな頭皮環境をサポートする。また、ヒト幹細胞培養液やビタミンEの濃縮カプセルなどの美容成分をたっぷり配合した『ボタニカルカプセルトリートメント』でケアすることで潤いがさらにアップ。厳選した植物由来の天然美容成分と科学の力を融合。ノンシリコンにもかかわらず、95%以上が美容液成分で、仕上がりはしっとり。まるでサロン帰りのようなサラサラした潤いのある艶髪へと導く。自宅で極上のヘッドスパを体験してみては。

（ライター／彩未）

one&Aphrodite　One&Brand 株式会社
ワン アンド アフロディーテ
✉ contact@oneandbrand.co.jp
㊟ 東京都中央区銀座7-13-6
https://aphrodite.oneandbrand.co.jp/

ホームページ

Amazon

Instagram

あなたの理想を素敵に叶えてくれるプライベート・ヘアサロン

ホームケア商品も幅広く新作から定番商品まで取り扱っていて、お取り寄せも可能。

ベティ・ププ店長とスタイリストのTAKETOさん。

『カットカラートリートメント』11,000円(税込)～

神奈川県横浜市中区にある『BRIMEY』は、明治時代に誕生し、2024年に150周年を迎える歴史ある商店街イセザキモールにあるヘアケアショップ「PRYBAY8ヘアサロン」だ。受賞歴がある実力派ヘアスタイリストのTAKETOさんが理想を叶えてくれる。髪の毛を通してライフスタイルをより豊かに充実できるよう一人ひとりに合わせた提案を行っている。髪質や好みを汲み取り、イメージが湧かない方もお任せすれば変身させてくれる。抜け感と無造作感、小顔効果などオーナーの経験値と感性で理想をカタチにしてくれる。比較的リーズナブルな価格帯でカット以外にもカットカラーはもちろん、デジタルパーマやヘッドスパも人気だ。また、TAKETOさんのトーク力も魅力。店内に脱毛業界の社長様よりプレゼントされた店長のベティ・ププがお客様を癒してくれたりと、あらゆる面で足繁く通う方が後を絶たない。夜遅くまで対応してくれるので、ホームケア商品のみの購入も可能。

(ライター/河村ももよ)

BLIMEY
ブライミー

045-345-2620
㊟ 神奈川県横浜市中区伊勢佐木町6-142-2 ベルジェンド横濱1F
ブライミー 横浜 検索 @blimey__bp

㊖ 11:00～21:30 ㊡ 不定休

お風呂時間1分で終了! 魔法のシャンプー 髪も体も丸ごと洗って美しく

代表取締役 車谷セナさん
テレビやAbema、YouTubenadoメディアでも活躍しているスタートアップ若手経営者。自身もYouTubeでビジネスチャンネルと美容チャンネルなどSNS総フォロワー数は40万人に迫る。同社は、YouTubeの運用代行やCMやショート動画などもこれまでは考えられなかったベンチャー企業にも良心的な費用感で作成するなど革新を起こしている。

『Sham The Body』
400ml 4,620円(税込)
100ml 1,760円(税込)

「日本を変える」をコンセプトにこれまでにない新しい映像コンテンツや化粧品製造を行っている『株式会社 Nontitle』が「楽すぎて、使う前には戻れない」と話題の魔法のシャンプー『TELESA』を発売。シャンプー、トリートメント、ボディソープ、洗顔が1本で可能になり、超時短を叶える。髪がキシむことなく体も洗えてトリートメントできる、従来のリンスインシャンプーのイメージを覆す革命的なシャントリボディだ。時短だけではなく、CMC成分を複数配合で使うほどに髪の毛が健やかに。抗炎症成分も複数配合でスカルプケア。頭皮や体をキレイに洗浄しながら守ってくれる。さらに、ミルクテインNPNFという独自製法の成分は皮膚への吸着に優れ、洗うたびに保湿もできる。タオルドライ後は、ボディクリームが不要なほどに不思議とサラサラする感動を味わえる。ノンシリコン、ノン石油系界面活性剤、パラベンフリーで安心。高級ホテルをイメージした高貴な香りは、使用者の97%が「もの凄く良い香り」と回答。朝シャンすれば、エレガントな気持ちで一日を始められる。

(ライター/播磨杏)

TELESA 株式会社 Nontitle
テレサ
050-6866-5376 nontitle2@gmail.com
㊟ 東京都渋谷区東1-1-37-30
https://telesa.site/

こちらからも
検索できます。

心も身体も優しく癒してくれる
バランスを整える温かいケア

営 10:00〜19:00(最終受付17:00)
水曜日13:00〜19:00
休 日曜日

代表 菅原愛さん

レイキヒーリングとは、日本発祥の「臼井靈氣療法」で、手を2ヵ所、当てレイキエネルギーを流す手当療法。海外では現代医学を補う有効な補完医療の一つとして認識されており、オーストラリア、タイでは国家資格が設けられ、イタリアでは「レイキ科」のある病院もある安心の療法だ。免疫力や自然治癒力を高めデトックス効果も有り。ストレス社会といわれる現代に世界でレイキの必要性が高まっている。

北海道札幌市のレイキヒーリング整体『梵珠 bonzyu』では、心と身体には密接な繋がりがあることに着目し、代表の菅原愛さんが開業したレイキヒーリングサロン。レイキを流し、眠くなるような安心感と温かさに癒され、本来の自分らしさを取り戻していただきたい。心と身体を整えた後、踏み出す一歩が変わり、新しい空気が動き始める感覚を味わえる。菅原さんは、疲れた身体を解きほぐし、心に働き掛けるレイキヒーリングを日本でも認識されることを強く願っている。

（ライター／河村ももよ）

レイキヒーリング整体 **梵珠 bonzyu**
ぼんじゅ
011-600-6492 info@bonzyu.jp
住 北海道札幌市北区麻生町5-8-1 プレシェルト麻生102
https://bonzyu.jp/

楽しみながら心身を鍛えるヴィンヤサヨガ
60分楽しく動く『自重筋トレヨガ』で肉体改造

㊢ 10:00〜21:30
㊡ 月曜日・その他予約制

自重で**筋トレ**

呼吸×音楽×ヨガ

筋力アップ体幹強化！ヨガで肉体改造！

sonus yoga studio ソヌス　ヨガ　スタジオ　フローヨガ専門店

オーナー・インストラクター
Haruさん

一つのポーズをキープだけでなく、音楽のビートに合わせて流れるようにポーズを繋げていくヴィンヤサフローヨガで楽しみながら心身を鍛えられる『sonus yoga studio』。インストラクターのHaruさんは、年間300時間以上ヨガを学び続けており、常にアップデートされるレッスンを受けられるのも魅力。一呼吸一動作で音楽に合わせて60分間楽しくフローで動き続ける『自重筋トレヨガ』は、心身をしっかり整えて筋力や体幹も鍛えられる。ヨガが終わった後には、爽快感や達成感が得られ、日々の脳の疲れや心のモヤモヤを発散できる。滝汗をかくことで、デトックスや美肌、リフレッシュ効果、むくみ解消、基礎代謝アップなどの女性の美しさと健康に嬉しい効果が期待できる。広々した居心地の良いスタジオで、明るく楽しいレッスンが受けられると好評だ。ダイエット目的はもちろん、アクティブに動きたい、一般的なヨガでは物足りない、本気で肉体改造したい人や日頃から様々なスポーツを楽しむ人にもオススメ。

（ライター／彩未）

sonus yoga studio
ソヌス ヨガ スタジオ

080-7472-4185　✉ sonus.yoga-studio@hotmail.com
㊟ 埼玉県越谷市越ヶ谷1-14-21 道のビル3F
https://lit.link/sonusyogastudio/

オフィシャルサイト

予約

更年期の体調不良にお悩みの方へ 心身を整えるオリジナルトレーニング

㊐ 8:00〜22:00 ㊡ 不定休

代表 土屋伊織さん

入会金 5,000円（税込）
『パーソナルトレーニング』 ＜ベーシック＞ 月4回 ソロ 29,000円（税込）
＜パワフル＞ 月8回 ソロ 50,000円（税込） など。

中高年の女性は女性ホルモンのバランスが変化して腰痛や膝痛、肩こり、冷えやむくみ、気分の落ち込み、体力の低下など心身に様々な不調をきたしがち。『エフ・エル・アイ』は、更年期による体調不良にアプローチして体調を改善できるパーソナルフィットネスジムだ。身体の症状や身体の固さや可動域、痛みの有無などを考慮したオリジナルメニューを作成し、専用トレーニングを行う。同年代の女性トレーナーが指導するので、男性には理解されにくい女性特有の悩みも話しやすいと好評。完全個室・完全予約制で、周囲の目を気にせずトレーニングすることができる。来店時・帰宅時にも他の会員と会わないよう時間を調整するなど徹底した配慮を行う。ダイエットやアンチエイジング、姿勢の乱れ改善や運動不足解消などにも対応。運動の習慣化と食生活のアドバイスで中高年の女性が少しでも快適に更年期を乗り切れるようにサポートする。

（ライター／彩未）

コラムにて生活習慣の改善法やサプリメントなど多彩な情報が満載。

エフ・エル・アイ

050-5896-1901 ✉ fitnesslogiciori@gmail.com
㊟ 千葉県千葉市中央区新田町11-14 Uビル403
https://fliori.net/

ボキボキせず、深層膜の癒着を取りながら 自然治癒力を高めるオーダーメイドの整体を提供

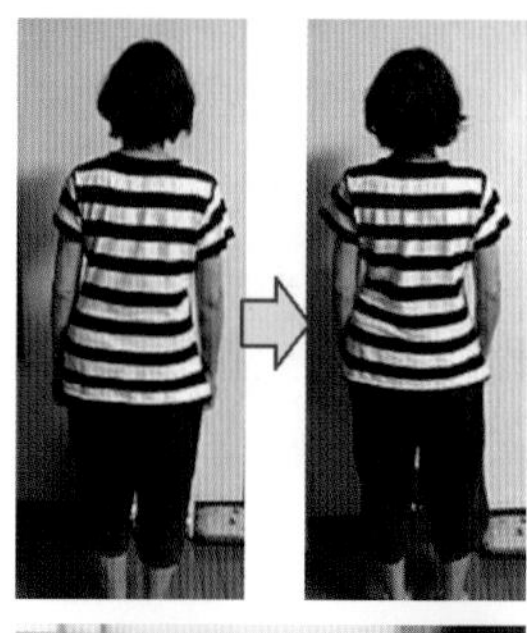

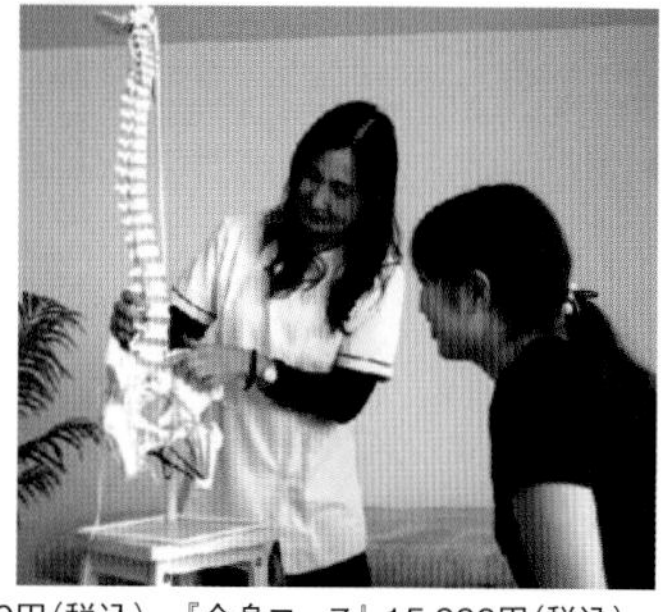

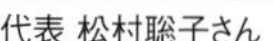

代表 松村聡子さん

初回お試し『上半身または下半身コース』6,000円（税込）　『全身コース』15,000円（税込）

愛知県豊橋市大岩町の『楽間整体院』は、AIによる姿勢分析と可動域のチェックや癒着度合いなど独自の評価法をとりいれた整体をしているサロン。オーナーの村松聡子さんは、自身の体の不調や家族の病などの経験を経て、西洋医学の力だけでは症状の改善は難しいとの考えに至り、高校教員を定年退職した後、六層連動操法をメインとしながら様々な施術法を組み合わせた「オーダーメイド整体」を提供している。

骨や筋肉の膜に癒着が起きると、関節の動きが悪くなったり、筋肉のこわばりや骨のズレにより体のあちこちが辛くなる。同院では、ボキボキさせないソフトな施術で筋肉・骨・関節などの深層膜の癒着を剝がし、様々な不調や不具合を和らげる。施術により、呼吸や血流の変化も伴うため、自然治癒力を高めながら健康な体づくりを目指す。根本改善を目指している方や辛さが一向に改善されない方など、慢性的な辛さから楽な体にしてもらいに行ってほしい。月に数日の名古屋出張施術も行っている。

（ライター／河村ももよ）

楽間整体院
らくませいたいいん
070-8402-5766　gotolakuma@gmail.com
㊟ 愛知県大岩町北田60-5
https://lakuma.jp/

こちらからも
検索できます。

㊡ 9:00～21:00
㊡ 不定休

痛みに不安に真摯に向き合い 地元に根付いたみんなの整骨院

身体の奥まで届く高周波の治療器。ウォーターマッサージベッドも導入。

㊖ 9:00～12:00　15:00～20:00
土曜日 9:00～12:00　15:00～17:00
日曜日（予約制）
㊡ 木曜日・祝日

代表 原和正さん

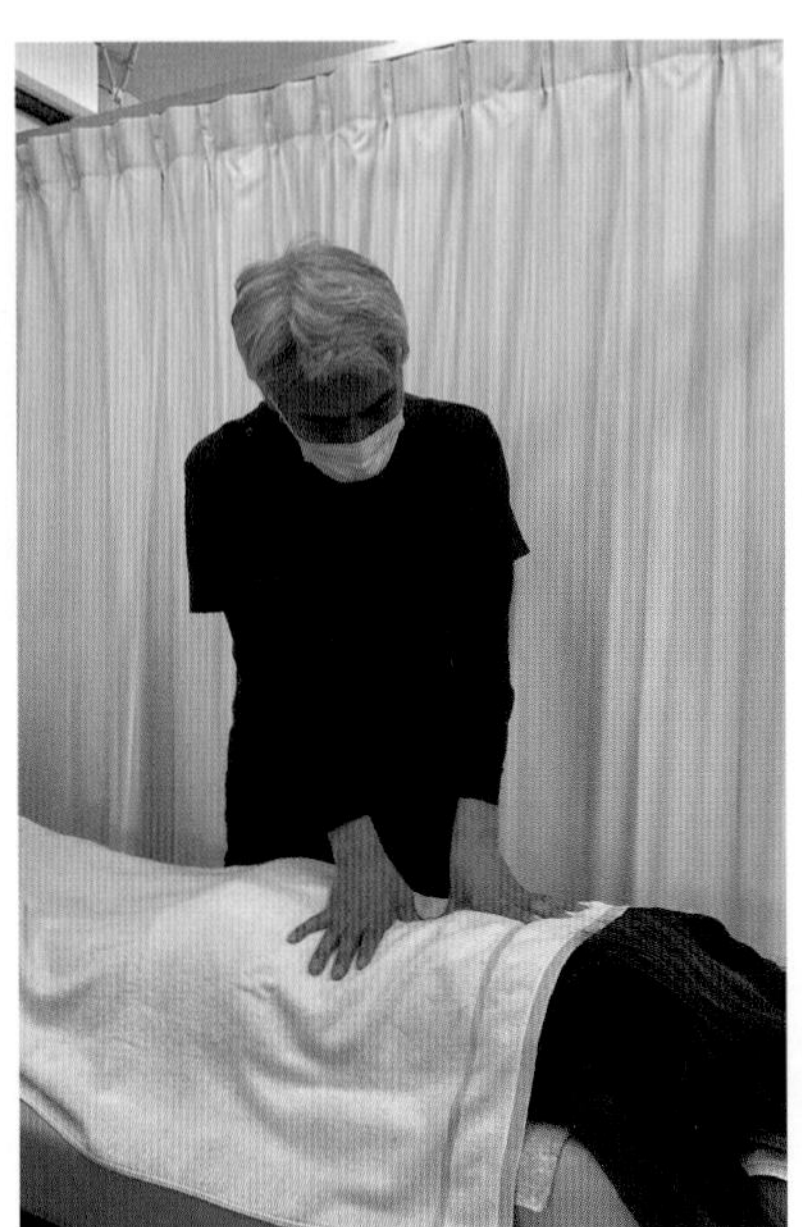

手を使い、手間と時間をかけて癒す。

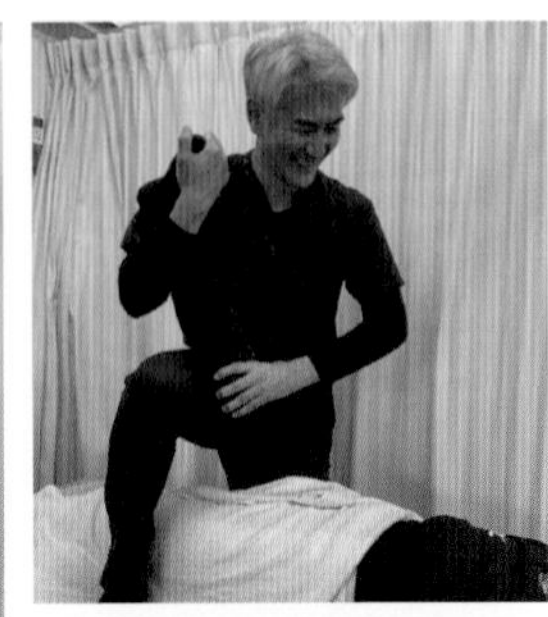

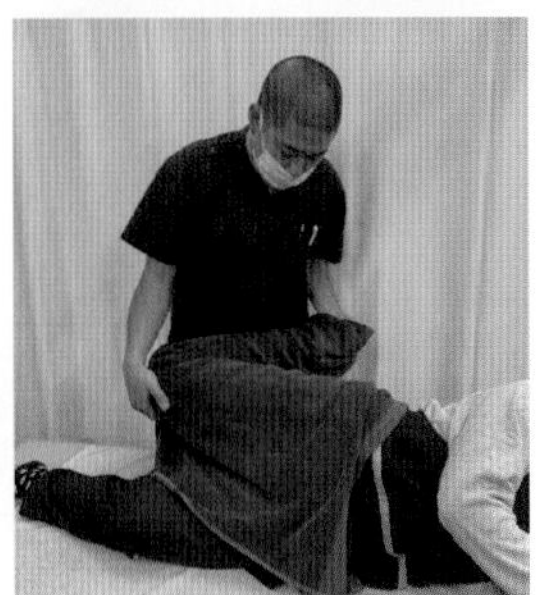

「立ったとき、肩の中央と耳の穴が直線になっていますか?」

スポーツによるケガ、加齢による身体の不具合や痛みに対し、適切な治療、施術で症状を和らげてくれる整体師や整骨院は、大きな信頼を寄せられている。「皆様の心と身体が和む整骨院」をモットーに手技に重きを置く、埼玉県上尾市の『原スポーツ鍼灸整骨院』もそんな町の接骨院の一つ。導入している電気治療器は、高周波治療器のため、低周波治療器よりも深部の痛みにも効果を発揮する優れもの。スポーツ外傷の治療はもちろん、リハビリ過程でのケガの原因である姿勢不良やバランス調整、筋肉状態改善をし、パフォーマンス向上や再発防止をサポートする。またスポーツをしていない人も痛みの原因が、日常の姿勢不良やバランス異常であることが多いということもあり、スポーツをしていない人の痛みにもオススメだ。

「交通事故や老若男女すべての方の痛みを取りたいと日々勉強しておりますので、機会がありましたらご来院ください」

（ライター／今井淳二）

原スポーツ鍼灸整骨院
はらスポーツしんきゅうせいこついん
048-774-3099
㊟ 埼玉県上尾市上1711-1
https://www.hara-sports-shinkyu-seikotsuin.com/

こちらからも検索できます。

頭痛に特化した施術でつらい頭痛を根本改善して笑顔の毎日へ

㊎ 10:00〜19:00
土曜日・祝日10:00〜17:00
㊡ 水・日曜日

院長 小棚木智恵さん

姿勢改善のカエル体操。

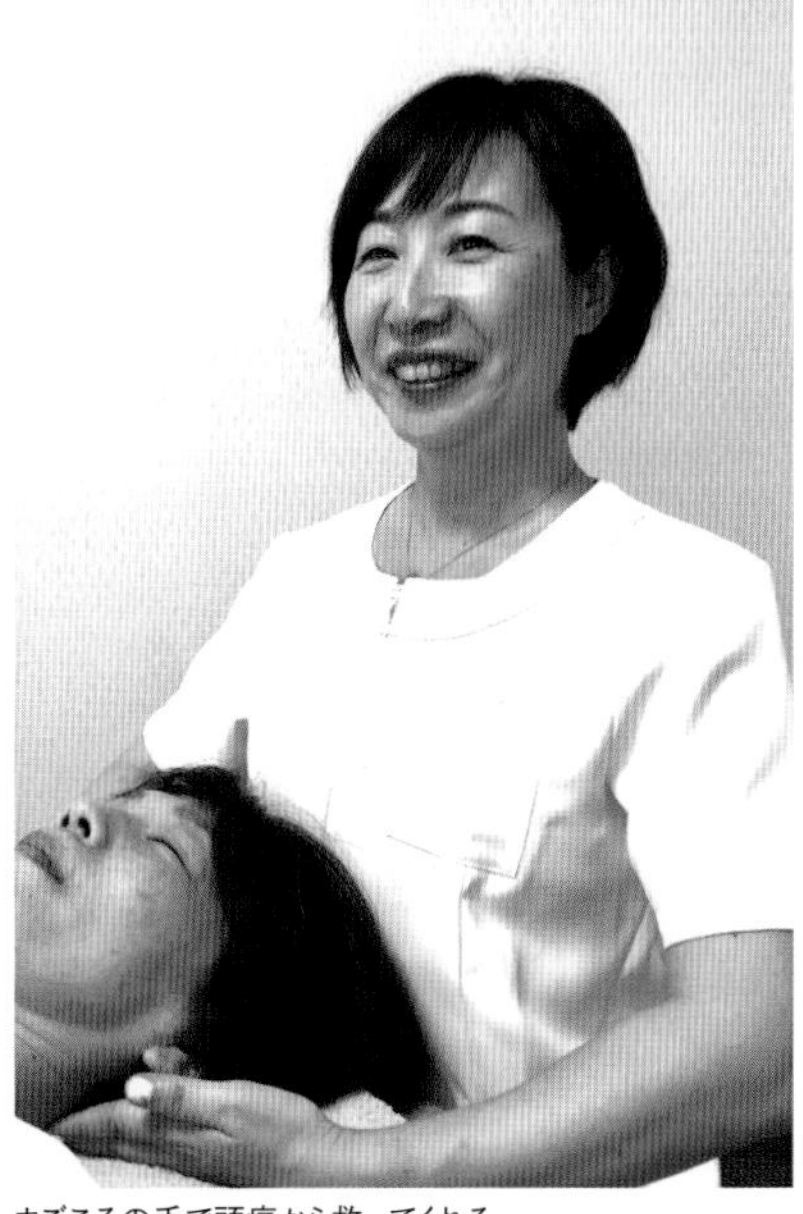

まごころの手で頭痛から救ってくれる。

東京・調布市にある『頭痛専門整体彩り』は、女性と子どもを対象に頭痛に特化した施術を行っている。同院の施術『頭痛セラピー日だまりショット』は薬や道具を使わずに手だけで頭痛を治す手技療法で、頭痛の原因となる頚椎2番という首の骨を優しいタッチで調整し、頭部への血流を良くすることで頭痛を根本改善していく。強い力でグイグイ押したり骨をボキボキ鳴らしたりしないソフトな施術で、小さい子どもも安心して施術を受けられるという。

丁寧にカウンセリングを行った後に頭痛の原因となる場所を割り出して施術。10分程度と短時間のため体に負担がかからず、その場で驚くほど痛みがとれることも多いという。施術後は、頭痛の原因と体の状態の説明が受けられ、自宅に帰ってから行うセルフケアの指導もしてくれる。

片頭痛・緊張型頭痛・群発頭痛・気象痛に悩む方は、一度体験してみては。

（ライター／河村ももよ）

頭痛専門整体 **彩り**
いろどり
042-444-2043 yoyaku.irodori.zutsu@gmail.com
㊟ 東京都調布市飛田給1-49-11 パレス欅201
https://www.irodori-zutsu.com/

こちらからも
検索できます。

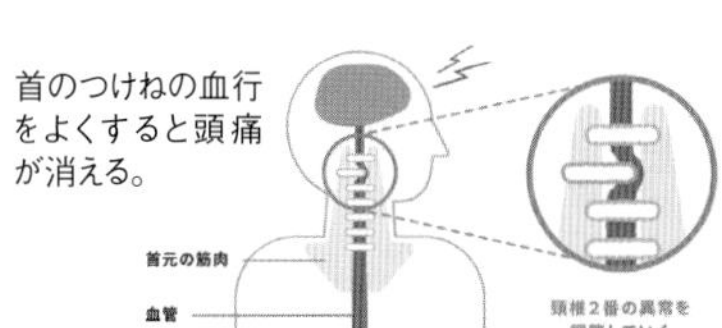
首のつけねの血行
をよくすると頭痛
が消える。
首元の筋肉
血管
頚椎2番の異常を
調整していく

プロテインの常識を覆す
美容×プロテイン×国産高品質

もっともっとキレイを!

代表　福島翔吾さん
「多摩地域から健康寿命を伸ばしたい」という思いから各方面で活躍中。

美容プロテイン『Biplabo』
1kg 5,500円(税込)

1週間お試し 200g 2,680円(税込)

『Biplaboプロテイン』は、精製度が高い国産WPIプロテインに女性の美しさをサポートする3種類の美容成分を配合。WPIプロテインは、ホエイプロテインを細かい膜に通して乳糖や乳脂を除去しているため、体内への吸収が早く、カロリーが低いのが特長。乳製品でお腹を壊しやすい乳糖不耐症の方でも安心して飲める。さらに、理想の美しさを目指す女性に嬉しい肌に潤いや弾力を与えるコラーゲンやヒアルロン酸、メラニン色素の産生を抑えてシミを予防するシステインを配合。ダイエットやスキンケア、アンチエイジングなどにもオススメだ。

美味しく毎日続けられるように甘さ控えめのチョコ味で、「今までのプロテインで一番美味しい」「飲みやすい」と好評だ。

朝ごはんの代わり、間食やおやつ、運動後、夜寝る前の栄養補助としていつもの生活に美容プロテインをプラスし、内側から美肌や美髪、美ボディを目指してみては。

（ライター／彩末）

Biplabo
ビプラボ
080-3914-2406
㊟ 東京都立川市西砂町1-21-4 ファミールマウンテンB103
https://biplabo.official.ec/　@biplabo.protein

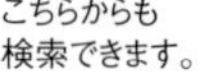

こちらからも
検索できます。

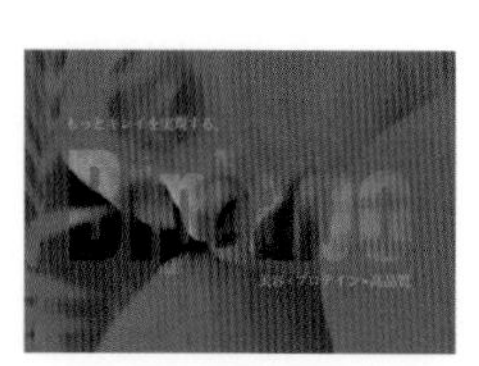

発芽玄米と天然水のみの玄米ドリンク無添加で特定アレルギー物質も不使用

『Brown Rice Drink
発芽玄米ライスミルク』
150g 12本入 3,576円(税込)

太陽と大地の恵みが凝縮した飲む『発芽玄米ライスミルク』。

「地球に人に動物に、未来に想いを米る」をコンセプトに玄米に特化したモノ・コト作りを行う『SOLARISO』は、南房総を拠点に発芽玄米100%のドリンクや食品を開発販売している。

『Brown Rice Drink 発芽玄米ライスミルク』は、千葉県館山市の自然栽培米と山梨県北杜市白州町の伏流水のみで仕込んだ純植物性ドリンク。香味料・安定剤・甘味料不使用の無添加、特定アレルギー物質28品目も一切含まれていない。発芽玄米なので消化が早く、ビタミンやミネラル、葉酸、ギャバ、食物繊維など栄養素も豊富。まろやかで口当たりが良く、自然の甘味が広がる優しい味わいで冷やしても温めても美味しい。コーヒーや紅茶に混ぜたり、スムージーにしたり、料理にも使える。豊富な栄養素を手軽に摂取できるとして「日本マタニティフード協会」認定のヘルシードリンクにもなっている。病み上がりやアスリート、ダイエット中にもオススメ。離乳食や流動食としても活用できる。（ライター／播磨杏）

SOLARISO
ソラリーゾ
050-1070-7308 info@solariso.jp
㊟ 千葉県南房総市白子2698-106 フラワーコースト南総丸山302
https://solariso.official.ec/

静岡県・引佐産の次郎柿が果実酢に
柿とお酢の栄養をダブルで気軽に摂取

「お酢」は、お料理に、ドレッシングに。

『まるごと次郎柿 お酢』
200ml 1,200円（税・送料込）
『まるごと次郎柿 のむ酢』
200ml 1,300円（税・送料込）

静岡県・引佐産の次郎柿を使った果実酢『まるごと次郎柿』は、規格外品を有効活用してフードロスを削減するとともに名産品化を目指すため、引佐町で活動する「浜松山里いきいき応援隊員」の杉村剛さんが心を込めて開発した。地元農家から仕入れた次郎柿を贅沢に使用しており、穀物酢に比べてツンとせず、クセの少ないさっぱりとした味わいに仕上がっている。料理用の「お酢」は、次郎柿のみを発酵させて抽出させたお酢。料理に使ったり、ドレッシングや寿司酢を作っても美味しい。次郎柿のお酢にきび砂糖を加えた「のむ酢」は、すっきりとした甘さと次郎柿の風味が口いっぱいに広がり、美味しく飲める。血糖値の上昇抑制、体脂肪・内臓脂肪の減少、血圧低下作用、疲労回復などに効果的なお酢とビタミンCとビタミンAが豊富で、風邪予防、疲労回復、老化予防、美肌効果のある柿の組み合わせ。健康促進にもダイエットや美容にもオススメだ。

（ライター／播磨杏）

いなさトレンド 株式会社

090-1629-4698 173trend@gmail.com
㊟ 静岡県浜松市浜名区引佐町伊平418-1
まるごと次郎柿 検索 @kakisu_japan

Instagram

「のむお酢」は健康促進、美容に。

アロマテラピーで身体と心を整えるスポーツ分野向けのアロマサロン

アスリートアロマサロン **SEASON**
シーズン
✉ arm621021@gmail.com
㊟ 京都府亀岡市篠町（詳しくは予約時に）
https://salon-season.com/

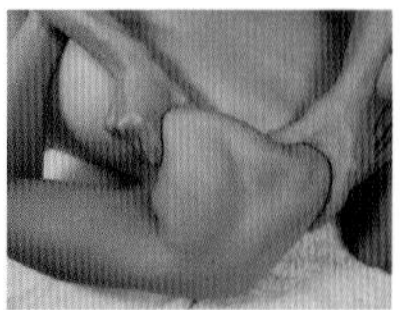
ボディケア
『アスリートアロマ』

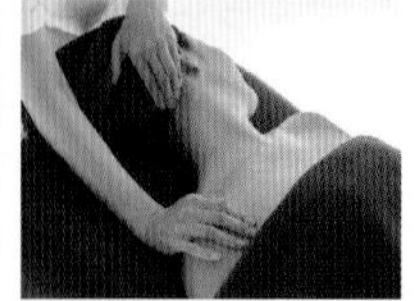
フェイシャルケア
『筋膜デトックス』

オーナー・セラピスト
西垣奈々さん

個々の状態に合わせて完全オーダーメイドの施術。

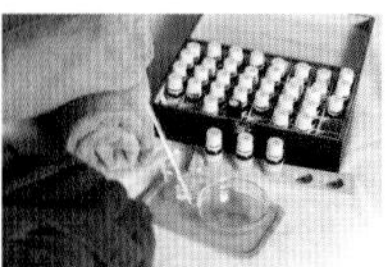

国内では珍しいスポーツ向けのアロマケアを行っている京都府亀岡市の『SEASON』は、育成世代へのコンディショニング指導や親御さんを含めた講座も展開。施術だけではなく、自己管理力の指導に力を入れている。植物から抽出した香り成分である精油の薬理作用は、自律神経・内臓器官・メンタル面にも働きかける。心も肉体も疲労を早期回復させることで、日常生活や競技のパフォーマンス向上がより期待できる。

（ライター／河村ももよ）

滞在型ラグジュアリーサロンで身も心もゆったりと

スパ&リラクゼーション **サンクセンス**

✆ 090-4996-5348　✉ cinqsens.2020@gmail.com
㊟ 熊本県熊本市中央区上林町2-34 GR夢飾人ビル601
サンクセンス 熊本 検索　@323ikosn

㊝ 10:00〜23:30
㊡ 不定休
（女性専用・完全予約制）
ショートコース
11,000円（税込）〜
ペアコースもあり。

セラピスト
吉永ひろみさん

Instagram

こちらからも
検索できます。

熊本城を見渡せる最高のロケーション。デトックス・ヘルシー・ビューティーをテーマに日々活躍する女性を応援するプライベートサロン『サンクセンス』。長時間滞在でプチトリップ気分を味わうことができる。搾りたてフレッシュジュースに始まる4種のドリンク。泡スパで汗を流した後選べる精油でオールハンドのリンパドレナージュ。施術後は、ヘルシーミールのご褒美があり至れり尽くせりだ。ぜひ、一日ゆったりとスペシャルな時間を過ごしてみては。

（ライター／河村ももよ）

1mlで奇跡を起こす皮膚再生医療発美容液 驚きの実力に取り扱いサロン急増中

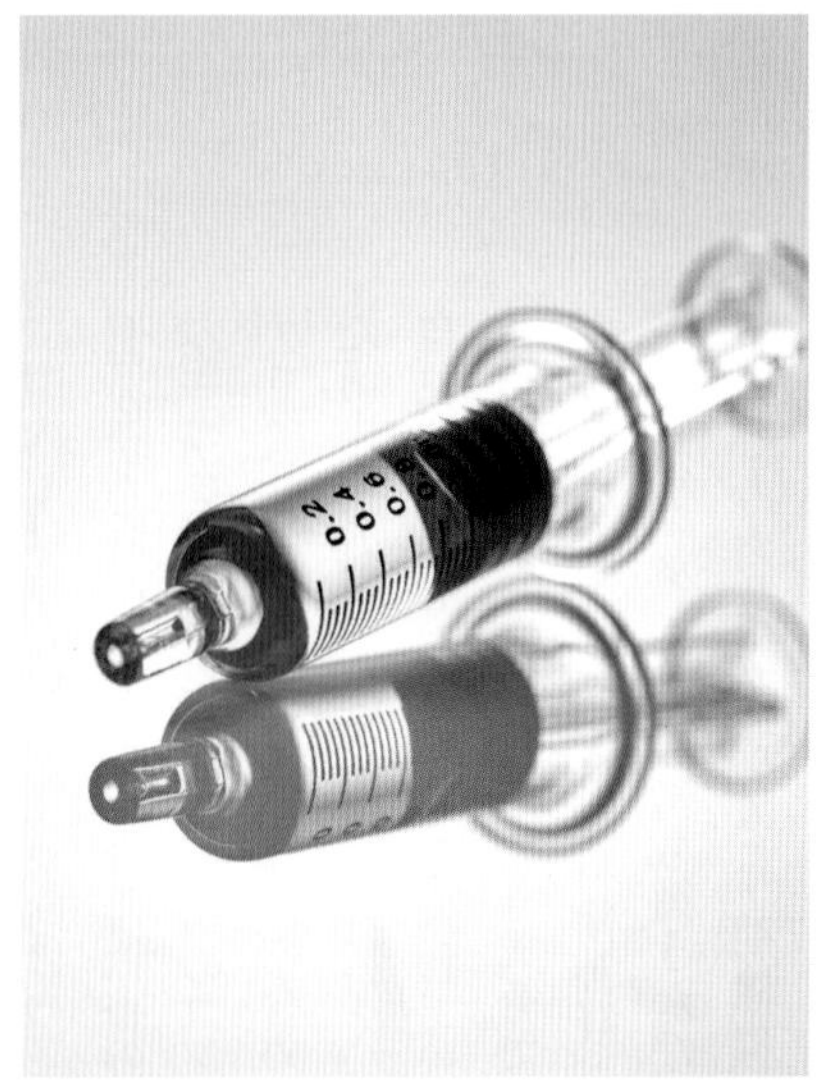

株式会社 ピュアコード

大阪本社 ✆ 06-6310-6670　東京支社 ✆ 03-6763-3883
㊟ 大阪府吹田市江の木町1-24-301
https://purecode.co.jp/

再生医療から生まれた『株式会社ピュアコード』のヒト臍帯血細胞順化培養液65%配合『バイオセルショット®65』。業界初の高濃度配合だからこその即効性と皮膚再生医療で用いられているコラーゲンを同時にサイトプラズムパス®システムにより、深部に届けることで持続性も兼ね備えた若返り再生医療のPRP療法に匹敵するトリートメントを実現させている。国内外での学会でも論文発表がされており、医学的な裏付けがあることで信頼度が高く、安心して提供できると取り扱いサロンが急増している。

（ライター／播磨杏）

男性にこそ必要なケアで 魅了する髪と肌に変身

㊖ 12:00～22:00　日曜日・祝日10:00～20:00
㊡ 月・火曜日

CHOP CHOP Barber for gentlemen
チョップ チョップ バーバー　フォー ジェントルマン
✆ 047-411-5579　✉ info@chop-chop.jp
㊟ 千葉県船橋市本町6-4-10 バードピア船橋本町1F
CHOP CHOP 船橋 検索　@chopchop_hayato

千葉県船橋市の『CHOP CHOP』は、あまり見かけない男性のためのヘアサロンだ。多くの男性から「落ち着いて髪切れる場所がない」と声を聞き、おしゃれに関心のある男性が安心して通える、くつろげる空間を提供したいと店を構えた。メンズに特化しているからこそ、男性ならではのお悩みに応えてくれるのが嬉しい。ライフスタイルに合った髪型やセットが楽になるトレンドでいつもと違う自分に変身しよう。

（ライター／河村ももよ）

「新しい自分に出会える」をコンセプト「食×美容」の教育系プライベートサロン

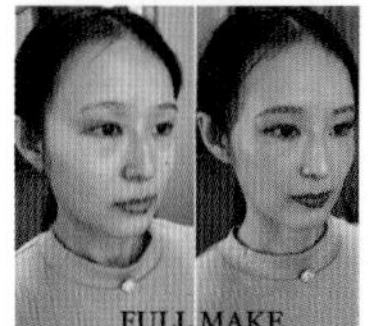

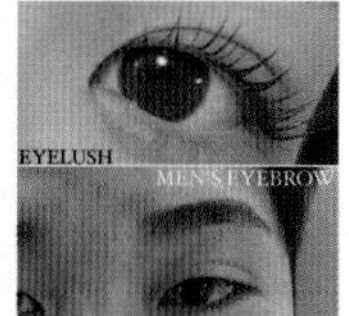

ai kameiさん

『次世代まつげパーマ』
初回限定 4,950円（税込）

ailly
アイリー

080-5276-4590 ayupan.10@icloud.com
住 大分県大分市千代町4-1-1 第二クボタビル202
ailly 大分 検索 @aillyailly

大分県大分市にある『ailly』は、完全個室で、気兼ねなくゆったりくつろげるビューティーサロン。まつ毛や眉毛のほか、フルメイクやヘッドスパ、スキンケアなどをトータルケアしてくれる。骨格に合わせた眉毛の形など日々のメイク方法を徹底レクチャー。管理栄養士の立場から肌と体に良い食事、健康へのアドバイス、離乳食アドバイザーとして子育て中のママを応援している。またメンズ美容にも力を入れているので、男性の方もぜひ。イメージコンサルタントとしても老若男女すべての人を対象とした真のトータルビューティーを叶えていくことが目標だ。

（ライター／河村ももよ）

メイク習慣のない男性にこそ試してほしいまつ毛・眉毛の目元ケア美容液

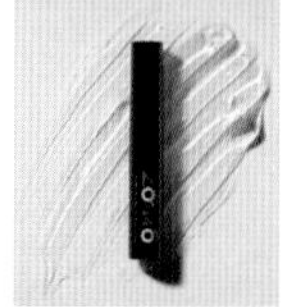

『ZO-MO』5ml 7,480円（税込）

こちらからも
検索できます。

株式会社 Hette
ヘッテ

0940-25-7479 hette@kne.biglobe.ne.jp
住 福岡県福津市西福間5-6-19
男性まつげ美容液ズーモ 検索

「目は口ほどにものをいう」というが、目元一つでその人の印象がガラリと変わるもの。男性もスキンケアが当たり前の時代。メイク習慣がなく「素」で勝負している男性にこそオススメしたいのが『株式会社 Hette』の男性向けまつ毛美容液『ZO-MO（ズーモ）』。安心・安全なこだわりの美容成分配合、まつ毛・眉毛に塗るだけでハリ、コシ、うるおいを与えてくれる。加齢や疲労を感じさせない目ヂカラのある魅力的な表情に。

（ライター／今井淳二）

「つらい痛みを早く何とかしたい」そんな思いに応え、手話もできる接骨院

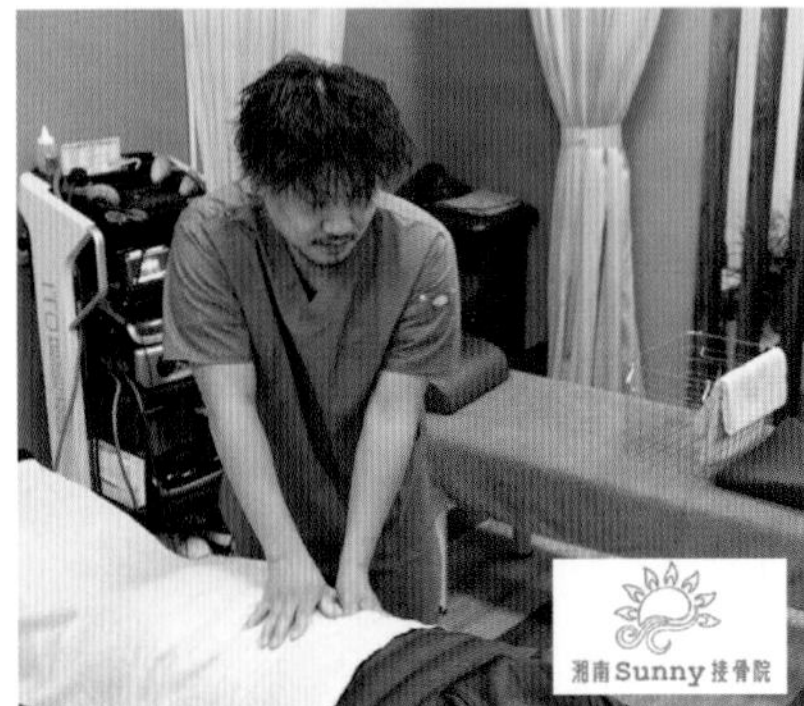

代表・柔道整復師
島野裕史さん

㊔ 9:00〜20:00
㊡ 日曜日・不定休

LINE

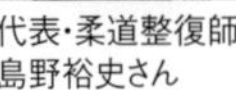

湘南Sunny接骨院

しょうなんサニーせっこついん

0466-61-5658　Shonan.sunny@gmail.com
㊟ 神奈川県藤沢市石川3-30-8 コスモヒルズ壱番館C
https://www.shonan-sunny.com/

神奈川県の湘南エリアにて開院よりわずか数年ながら、すでに地域の人たちから高い支持を受けている接骨院『湘南 Sunny 接骨院』。スポーツによるケガから慢性の肩、腰の痛み、交通事故診療まで患者さん一人ひとりを丁寧に問診し、症状に合わせたオーダーメイドの治療で原因を根本から治療。卓越した手技と最新の治療機器も駆使し、痛みの再発を防止を目指してくれる。手話・筆談も対応でき、喜ばれている。

（ライター／今井淳二）

医療鍼灸の施術や黄土よもぎ蒸しなどで心身ともに改善

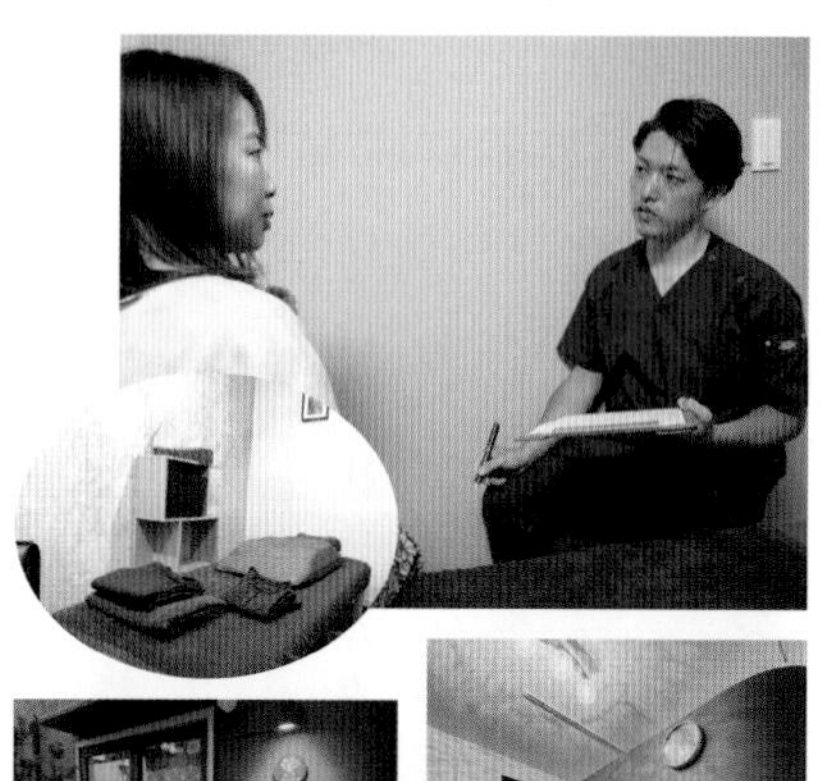

営 10:00～21:00
休 月曜日

鍼灸院 ひなた

03-6823-4230 hinata.shinq@gmail.com
住 東京都江東区清澄3-9-13
https://hinata-shinq.com/ 鍼灸院 ひなた 検索

東京・清澄白川駅から徒歩約2分と交通の便が良い『鍼灸院 ひなた』は、「心も体も、あたたまる」をコンセプトに鍼灸、幹細胞美容鍼、黄土よもぎ蒸しを行っている。鍼灸は、体の痛みを和らげるだけではなく、血流を良くし、心の不調や様々な症状を改善させ、病気を未然に防ぐ効果が期待できる。黄土よもぎ蒸しは、ゲルマニウム効果、遠赤外線効果により、身体の芯まで温め自律神経を整える効果が望める。

（ライター／河村ももよ）

届いたその日から始められる健康よもぎ蒸し

『丸形クッションよもぎ蒸しセット』
31,800～35,250円（税込）

よもぎ蒸・ハート座浴 日本総販
よもぎむし・ハートざよく にほんそうはん

047-412-3322 yomogi-love@kou-wa.com
住 千葉県鎌ケ谷市東初富2-8-10-6
http://kouwashop.com/

女性特有の症状や肌あれなどで悩んでいる人、肥満気味が気になっている人、そして妊活の一環としても注目されているのが韓国の伝統療法「よもぎ蒸し」。専門サロンまで行かなくても家庭で手軽にできるのが『よもぎ蒸しならハート座浴』の『丸形クッションよもぎ蒸し椅子』。下から蒸気を浴びるための穴の空いた椅子によもぎを蒸すための電気鍋、薬草をブレンドした乾燥よもぎ、マントがセットになっている。

（ライター／今井淳二）

冷やしてツルッと食べやすい塩分補給ゼリー

株式会社 カイデア

050-5328-8138 info@kaidea.net
㊟ 東京都府中市本町3-5-50
https://kaidea.stores.jp/ https://www.kaidea.net/

暑さの中、汗と共に失ったミネラル分の補給は、熱中症対策に必須。屋外での仕事やスポーツなどの最中には、短時間で効率よく摂取したい。『株式会社カイデア』の『みんなの相棒ゼリー』は、一本（10g）と水分100㎖で厚生労働省推奨濃度のナトリウムと11種のビタミンが同時に補給できる。水分70％のゼリー状で暑い夏でも食べやすい。塩感を最小限に抑えたレモン味。コーラ味と乳酸菌GABA入りも。

（ライター／今井淳二）

『みんなの相棒
塩ビタミンゼリー』
2,916円（税込）

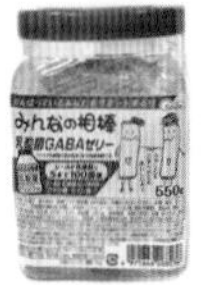

『みんなの相棒
乳酸菌GABAゼリー』
2,160円（税込）

『現場の相棒
塩ビタミンゼリー コーラ味』
3,240円（税込）

最前線医療の現場と頼れる専門ドクター

健康を維持していくことは、ストレス社会の世の中ではなかなかに難しい。病気にかかった時は頼りになる専門のドクターに任せよう。

タイで開催される世界会議で基調講演 中国から短期留学の医師の研究を実地指導

大動脈瘤治療法を伝授 国際的医療交流に尽力

中尾達也 院長
広島大学医学部卒。2014年『新東京病院』副院長兼心臓血管外科主任部長。三学会構成心臓血管外科専門医。三学会構成心臓血管外科専門医認定機構修練指導医。日本冠疾患学会評議員。腹部、胸部ステントグラフト実施医。2023年6月『新東京病院』院長就任。

2024年4月に開院55周年を迎えた『新東京病院』の中尾達也院長は、心臓血管外科主任部長を兼務し、院長就任前と変わらず、心臓血管系疾患の手術治療と並行して、大動脈瘤に対する先進的な手術法である『オープンステントグラフト法』の普及にも力を注ぐ。2024年5月にタイのバンコクで開かれる第2回世界心臓・循環器系疾患会議で基調講演するほか、心臓血管外科では3ヵ月の短期留学で中国から来た医師にこの術式を実地指導するなど研究をサポートしている。大動脈瘤は心臓から全身に血液を送る大動脈にこぶができ、破裂すれば激しい痛みがあり、ショック状態から心停止、呼吸停止に至る命の危機につながる病気。『オープンステントグラフト法』は日本発の医療技術で、胸を開けて患部の血管にステントグラフトという金属製の骨組みに支えられた人工血管を挿入する方法。中尾院長が中心となって心臓血管外科で施工した『オープンステントグラフト法』による大動脈瘤の手術治療は、2014年7月から2023年12月までに339例にものぼり、国内トップクラスだ。中尾院長は、患部を直

『オープンステントグラフト』図

Elephant Trunk

Open Stent Graft
(Frozen Elephant Trunk)

弓部＋下行大動脈手術の変遷

	1980年代	1990年代
手技	正中切開＋左開胸	Elephant Trunk
特徴	侵襲大	2期的手術が7割必要

	2000年以降
手技	Open Stent Graft
特徴	手術が1回で済む可能性が高い。2期的には低侵襲な追加ステントグラフトを施行（1.5割）

ソーシャルワーカー・保健師による対応時間
月～土曜日9:00～17:00

医療法人社団 誠馨会 新東京病院
しんとうきょうびょういん
047-711-8700
住 千葉県松戸市和名ヶ谷1271
http://www.shin-tokyohospital.or.jp/

視しながらステントグラフトを確実に留置でき、手術時間が短く、低侵襲な手術法として、質の高い国産のステントグラフト「フローゼニクス」を用いた『オープンステントグラフト法』を台湾での実地指導やアジア・パシフィック大動脈外科学会研究会などの国際学会、オンラインによる世界配信などを通じて海外への普及に努めてきた。第2回世界心臓・循環器系疾患会議への招聘はその活動が評価されたためで、当初はゲストスピーカーとしてステントグラフト手術法を解説する予定だったが、学会の要請で基調講演に格上げされたという。合わせて、タイでの普及に尽力してほしいとの依頼も寄せられたという。

一方、短期留学で同病院の心臓血管外科で研究しているのは、中国山西省の山西省心血管病医院のYijun Xu（小徐 イジェン シュー）医師。山西省医科大学の出身で、山西省医師会心血管外科支部のメンバー。心臓血管外科では、国内の研修医などと共に中尾院長の指導の下、『オープンステントグラフト法』などの技術習得に熱心に取り組んだ。山西省心血管病医院は、1980年に開院した病院で、冠動脈バイパス手術（CABG）を中心に年間1500件の心血管系疾患の手術を施行しているという。

Yijun Xu医師は、日中間の学術交流と相互協力による医療の進歩の追求を今回の来日の目的に掲げていて、中尾院長は、政治信条などの違いを越えて、今後も日中間の医療交流の機会を広げていく考えだ。

（ライター／斎藤紘）

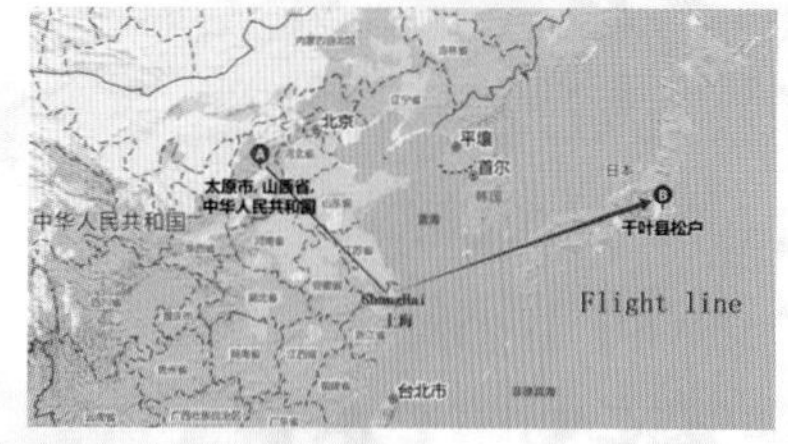

中国山西省の山西省心血管病医院。

山西省
心血管病医院
Yijun Xu 医師

ハートチームカンファレンスでのDr.小徐さんによる自己紹介と彼の病院の紹介。

ハートチームによるDr.小徐さんの歓迎会にて、Dr.中尾さんと。

医療法人社団 誠馨会

新東京病院

一人ひとりの笑顔で周りを元気に 4部門の優れた医療で美と健康と未来を守る

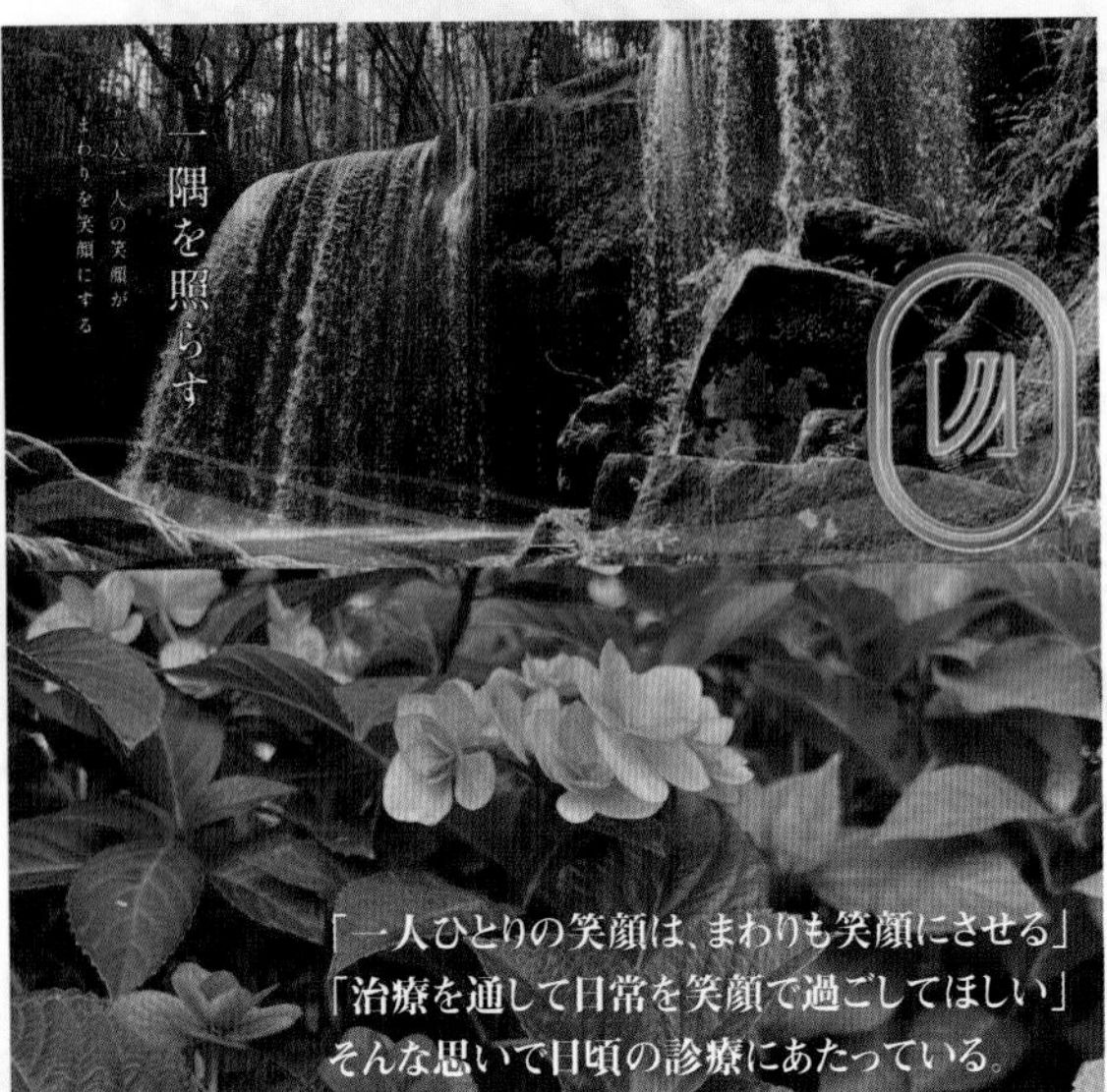

一隅を照らす
一人ひとりの笑顔がまわりを笑顔にする
「一人ひとりの笑顔は、まわりも笑顔にさせる」
「治療を通して日常を笑顔で過ごしてほしい」
そんな思いで日頃の診療にあたっている。

不安や悩みに寄り添う治療

『ビアジェネラルクリニック』の理念は、「一隅を照らす」。一人ひとりの笑顔で周りの人も笑顔になり、やがて社会全体に広まってたくさんの人が笑顔になるという意味の言葉だ。四つの部門に分けて美しさ、健康、未来と総合的に向き合っており、悩みやニーズに合わせた治療を提供している。そのことが評価され、2023年12月『ビアジェネラルクリニック』の岡田恭典院長が、旧皇族が関係する「社会文化功労賞を受賞した。国内外問わずその専門分野での活躍や業績が極めて著名な方に対して贈られる名誉ある賞である。「美容」では、糸リフトや鼻糸リフト、二重埋没、ヒアルロン酸など豊富な施術メニューの中から最も適した方法を提案し、本人の好みの形に近づくように施術する。徹底したカウンセリングで悩みやコンプレックス、希望、施術歴などを丁寧に聞き取り、施術の仕組みやリスクを丁寧に説明し、納得した上で施術の同意を貰い、最も適した方法を提案する。

岡田院長は、形成外科での経験と定期的な韓国研修による自己研鑽で常に技術や知識がアップデートしており、本人の好みの形になるよう微調整しながら理想の姿にしてくれると好評。絶大な信頼を得ており、高い満足度、リピート率を誇る。「訪問診療」

岡田恭典 院長
「誰のために、何のために」自分に問いかけながら、日々の診療を行っている。「そこにいる人の笑顔のために何ができるのか、常に勉強だ」と話す。

2023年にクリニック移転し、より落ち着いた雰囲気のクリニックとなっている。

ビアジェネラルクリニック

070-470-46553
㊟ 埼玉県川越市富士見町26-38 キュービックテラスA
https://via-generalclinic.net/

は、「医師や看護師、コメディカルスタッフ、本人とその家族、地域の方や市や街のサポートがチーム一丸となって行う診療です」と岡田院長は話す。

「当クリニックを利用していただいた利用者の方は、その時点から家族みたいなものなのです。大切ですし、常に心配しています」

ここでも、患者さんに寄り添った医療を心がけている。「発症リスク検査」では、認知症や心筋梗塞、脳疾患、癌などの疾患が将来発症するリスクがあるかなどを予測。事前に将来的な発症リスクがわかっていれば、発症を遅らせるように生活習慣を見直したり、将来について経済的な見通しを立てやすくなる。最新技術により高感度で検出できる検査で発症リスクを知り、自分自身はもちろん、家族への負担軽減に役立てることができる。地域商工会議所主催の、公開講座も行っており、地域の方々により病気の知識をつけていただき、健康に笑顔に暮らしていただけるように日々努めている。「オンライン診療」では、オンラインを活用した診療や医療相談を行う。昨今は、エステサロンや鍼灸院が増加しているが、技術や経験、知識不足による事故も増えている。エステサロンや鍼灸院と連携することで、万が一施術の事故が発生した時の迅速な対応が可能となる。連携施設には定期的なセミナーの開催などで医学知識を提供するなど、利用者が安全に施術を受けられるよう、様々な角度からバックアップを行っている。

患者さん一人ひとりだけでなく、その周りの家族や地域の方も含めて笑顔になれるよう、四つの部門から総合的に現在・過去・未来の美しさと健康をサポートする。

（ライター／彩未）

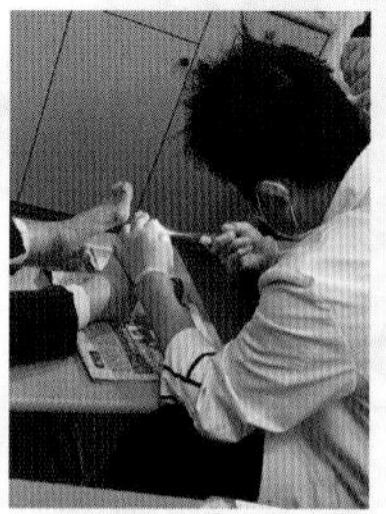
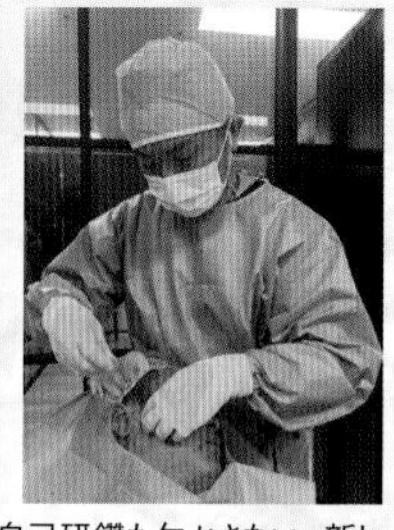
形成外科出身だけでなく、自己研鑽も欠かさない。新しい技術を得るため韓国研修も行っている。

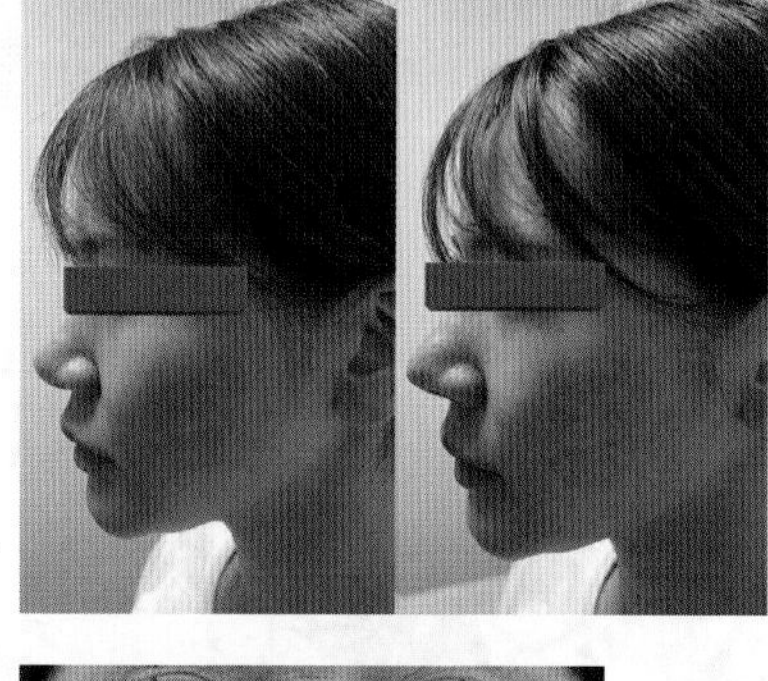

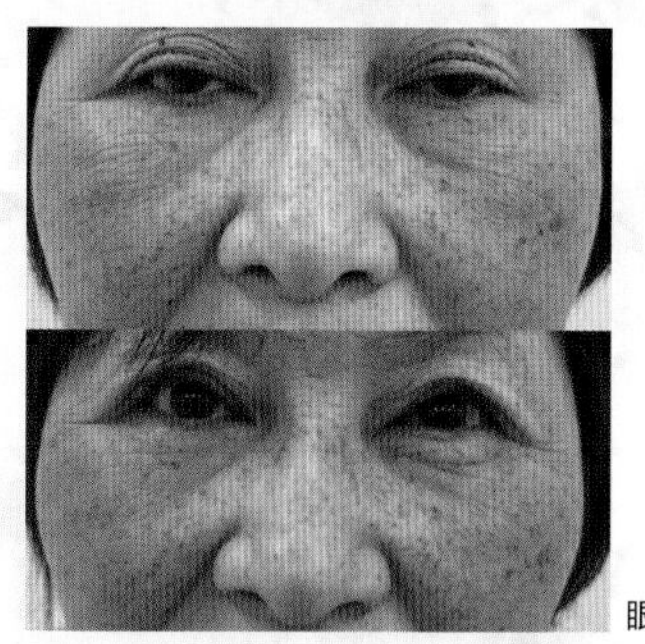
眼瞼垂下

公開講座

日本一可愛らしい
くすみピンクの制服
予防歯科に力を入れる
地域の頼れる歯科

平野道子 院長
東北大学卒業後、歯科保存学に入局。宮城県仙台市の歯科医院の勤務、「ひろ歯科ファミリークリニック」の副院長を経て開院。日本アンチエイジング歯科学会認定医。ビューティーアドバイザー。ホワイトニングエキスパート。

歯医者が苦手でも楽しく通える配慮

2023年11月、千葉県香取郡神崎町に開院した予防歯科を得意とする『こうざき歯科ファミリークリニック』。日本一キュートなくすみピンクでパールがついた可愛らしい制服を着用したスタッフが明るく対応してくれるのが特長。院内は、ハワイにあるカフェを意識したおしゃれな内装え歯科らしさを感じない明るい雰囲気で、歯科が苦手な方でも無理なく通うことができる。平野道子院長は、虫歯や歯周病などのお口周りのトラブルの相談、治療後のフォローやメンテナンスなど一人ひとりの患者さんに合わせた治療を行い、地域住民の健康をサポートする。

予防歯科では、特にお子様の予防歯科に力をいれている。子どもの歯は、6歳頃から永久歯への生え変わりが始まり、15歳頃までにほとんどの歯が生え揃う。乳歯に虫歯があると永久歯に悪い影響を与えてしまうため、生活習慣の改善を行いながら長い目でお子様の歯の健康を守る必要がある。しかし、歯科を嫌がって行きたがらなかったり、大泣きして診察ができなかった経験があるお子様も少なくない。平野院長自身が4人の子どもを育てている

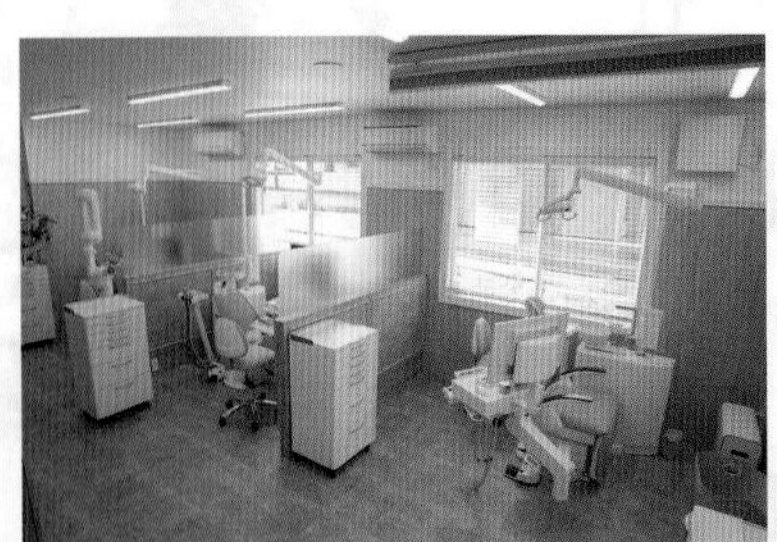

診療室

㊦ 9:00～12:30　14:00～17:00
土曜日9:00～12:00　13:00～16:00
㊡ 水・日曜日・祝日

こうざき歯科ファミリークリニック
こうざきしかファミリークリニック
✆ 0478-72-1180
㊟ 千葉県香取郡神崎町神崎本宿668-1
https://www.kozakishika.com/

こともあり、広めのキッズコーナーの完備や診療の最後にご褒美のおもちゃが貰えるなど子どもが嫌がらずに通える環境が整っている。また、保育士が在籍し、子どもが小さくて通いづらかったり、子どもを預けるところがなくても安心して治療を受けられる。

『クリーニング&ホワイトニング治療』も得意としており、患者さん一人ひとりの要望や歯の質、状態に合わせたホワイトニングを提供する。タバコのヤニや着色を非常に細かいパウダー粒子をジェット噴射して歯に吹き付けて落とすエアフローを使用しながら、オフィスホワイトニングやホームホワイトニングを使い分けてつるつるの自然な白い歯を実現する。

『入れ歯治療』では、確かな技術を持つ技工士が在籍。入れ歯は、構造や材質にも種類があり、お口の状態、要望やライフスタイルに合わせた最適な入れ歯治療を提供することができる。通常、入れ歯が壊れた際には、お預かりして修理になり時間がかかることも多いが、技工士が在籍していることによりすぐに対応することが可能だ。

開院に先駆けて行われた内覧会では、多くの方が訪れて歯科医院の設備・機材の紹介や歯磨き体験、焼きそばやラテアートの提供などで地域住民と交流し、大盛況だった。歯科が苦手な方でもリラックスできるよう配慮されたまるでカフェのような明るく清潔な環境で、スタッフがそれぞれの得意分野を活かした治療で、地域住民のお口の健康と幸せを守る。

（ライター／彩未）

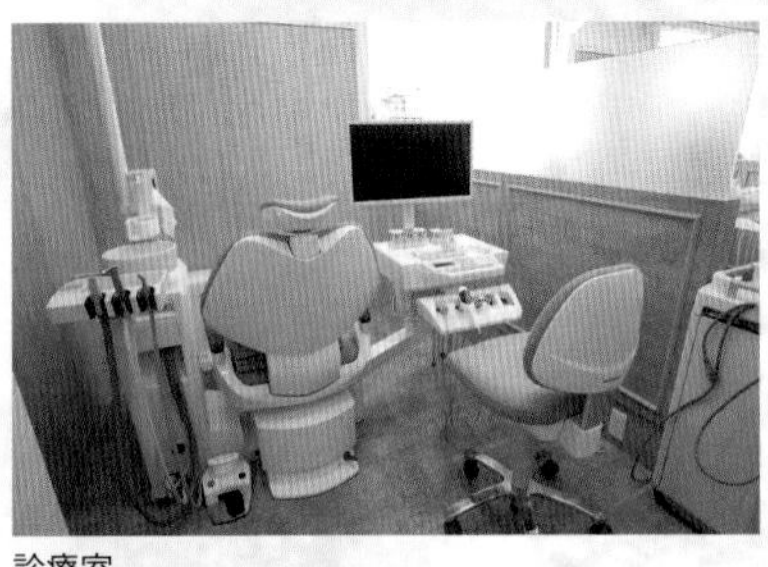
診療室

カウンセリングルーム

キッズスペース

歯科診療を貫く唯一無二の診療スタンス 加齢で衰える口腔機能リハビリも実施

大久保拓馬 院長（中央）
鶴見大学歯学部卒。名古屋第一赤十字病院口腔外科で研修医などを経て、2018年に開院。日本口腔外科学会などに所属。臨床研修指導医、臨床研修プログラム責任者。

メインテナンス重視 訪問診療の内容充実

外来診療に加え、訪問、メインテナンス、インプラントの3専門部門と40人超のスタッフを擁し、開業医としては異例の規模と診療体制を築いたのが『医療法人YOTHしろやま歯科』の大久保拓馬院長だ。口腔外科を含め診療のウイングの広さはむろん、治療カウンセラーによるオーダーメイド式メインテナンスや口腔機能リハビリテーションなど他に例を見ない診療方法や医院と同じレベルの治療を提供する訪問診療から浮かび上がるのは、地域住民や高齢化時代の健康ニーズに真正面から応える姿勢だ。

大久保院長は、経営学を学ぶために米国留学中、歯科医だった父親が急逝したことから歯学部で学び直し、卒業は名古屋第一赤十字病院の口腔外科で研鑽を重ねたほか、病院の歯科口腔外科副医長や医局長を務めた後、「地方都市でもこんなことができる」モデルケースとなる唯一無二のクリニックを目指して2018年に開業した。

オーダーメイド式のメインテナンスは、治療を行う前に治療カウンセラーがカウンセリングルームで歯の状況や希望などをヒアリングし、治療について丁寧に説明したうえで、一人ひとりの

オペ室

診 8:30～12:30　14:00～18:00
休 日曜日・祝日

医療法人 YOTH しろやま歯科
しろやましか
0573-67-7777
住 岐阜県中津川市苗木字柳ノ木4900-8
https://shiroyamashika.com/

口の状態に合った治療を行い、治療終了後も長期的な予防をサポートする。口腔機能リハビリテーションは、加齢による口の筋力の低下による機能低下の原因を唇、唾液、舌などの検査で把握し、噛み合わせる力などの能力を評価し、口腔機能低下症と診断されれば、訓練メニューを作成、状況把握、オーダーメイド型機能訓練、再評価を繰り返しながらメニューを更新して口の機能を改善させていく。訪問診療は、通院が難しい高齢者などを対象に、歯科医師、歯科衛生士が自宅や施設、病院を訪問し、むし歯治療から歯周病検査、歯周病治療、詰め物やかぶせ物の製作、入れ歯作成、入れ歯調整、抜歯、歯石除去、口のクリーニング、口腔ケアの指導、口の機能向上トレーニング、摂食嚥下検査やリハビリなどまで行う。治療には、医療保険や介護保険が適応される。

大久保院長が得意とする口腔外科では、親知らずの抜歯、処置時にリスクがある高血圧や糖尿病、心臓病などの基礎疾患のある患者さんの抜歯などを手術専用ルームで行うほか、顎関節症の改善にも対応する。

院内の構造にも工夫があり、初診から治療終了までの患者さん用と治療が終了しメインテナンスに入った患者さん用の入口と待合室が分かれ、メインテナンスのために継続的に通院しやすい環境になっているのも大きな特長だ。また、高齢者向けに、交通手段が無く、タクシーを利用しなければ通院できない人向けの無料送迎サービスもある。

（ライター／斎藤紘）

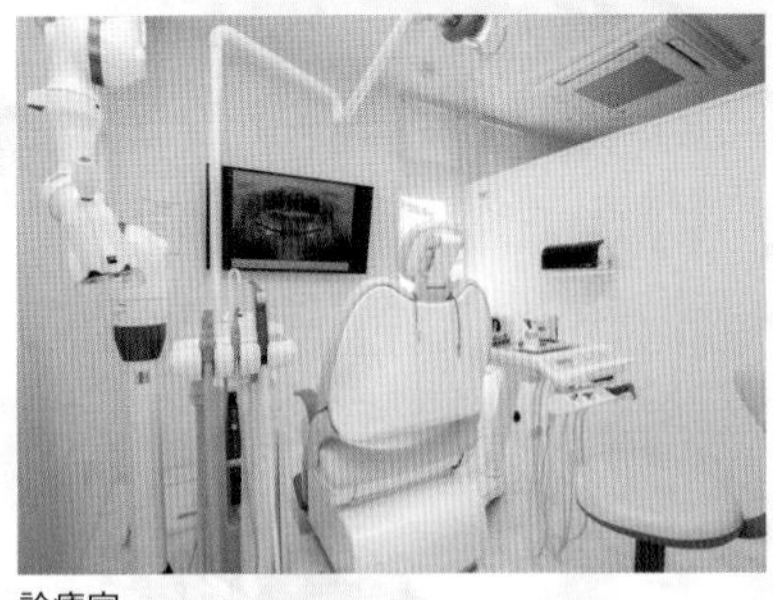

診療室

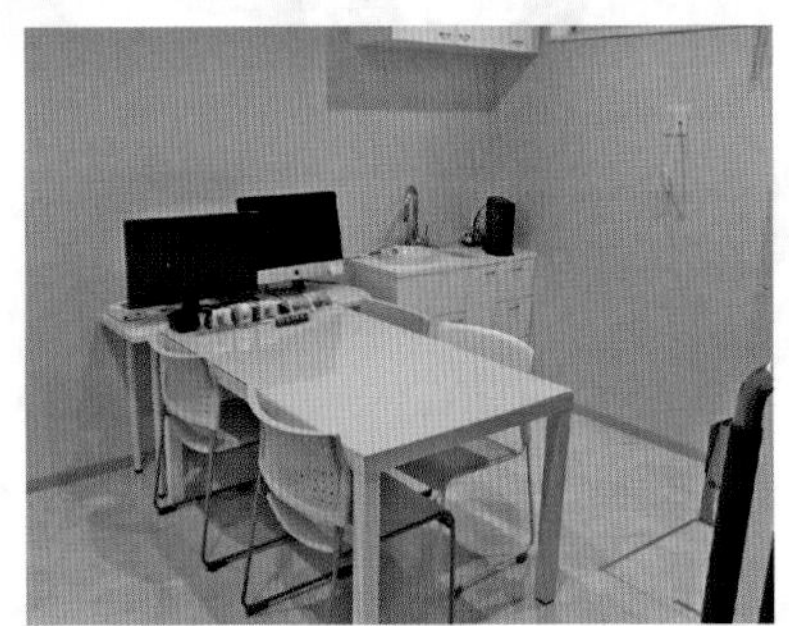

カウンセリングルーム

キッズルーム

受付

経鼻内視鏡検査で胃がんを早期発見 消化器系疾患中心に内科全般を診療

ピロリ菌除菌で治療 生活習慣病にも対応

胃がんの原因になるピロリ菌の研究でノーベル賞を受賞した豪州の博士の下で研究した経験と2万件超の経鼻内視鏡による胃の検査実績が精緻な診療の基盤になり、胃がんの早期発見で傑出した成果を上げているのが『ヴィナシス金町内科クリニック』の木村一史院長だ。

「私が専門とする消化器系の疾患を中心に、風邪などの感染症治療、生活習慣病の管理など内科全般に幅広く対応していますが、特にこれまで多数の症例を手がけてきた内視鏡検査によって胃がんの早期発見に努めています。嘔吐反応を軽減するために口径5・9㎜と口径4・9㎜のごく細い管を鼻腔から挿入する経鼻内視鏡を採用しています。胃がんは、早期に発見できさえすれば治療によって完治が望める病気です。また、体内にピロリ菌を保有していたとしても、1週間お薬を飲んで菌を除去すれば、胃がんのリスクをグッと抑えることができます」

診療対象は、高血圧症や高脂血症、高尿酸血症、糖尿病などの生活習慣病、骨粗しょう症、花粉症など幅広い。

（ライター／斎藤紘）

木村一史 院長
早稲田大学教育学部卒。教師、青年海外協力隊員を経て福島県立医科大学卒。ピロリ菌を発見した豪州のバリー・マーシャル博士のもとでピロリ菌の研究。複数の病院勤務を経て、2016年『ヴィナシス金町内科クリニック』開院。2020年6月に『医療法人社団 ヴィナシス金町内科クリニック』として法人化。医学博士。

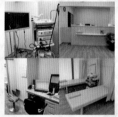

ピロリ菌の発見で、ノーベル賞受賞したオーストラリアのマーシャル博士と木村一史院長。

NTT東日本関東病院と連携し、大腸検査と早期胃癌の治療をお願いしている。

こちらからも検索できます。

医療法人社団 ヴィナシス 金町内科クリニック
ヴィナシス かなまちないかクリニック
03-5876-9416
住 東京都葛飾区金町6-2-1 ヴィナシス金町ブライトコート2F
https://www.clinic-kanamachi.com/

熱に弱いがん細胞の特性を利用して治療 標準治療の効果を高める高周波温熱療法

保険適用の知療法 免疫力向上効果も

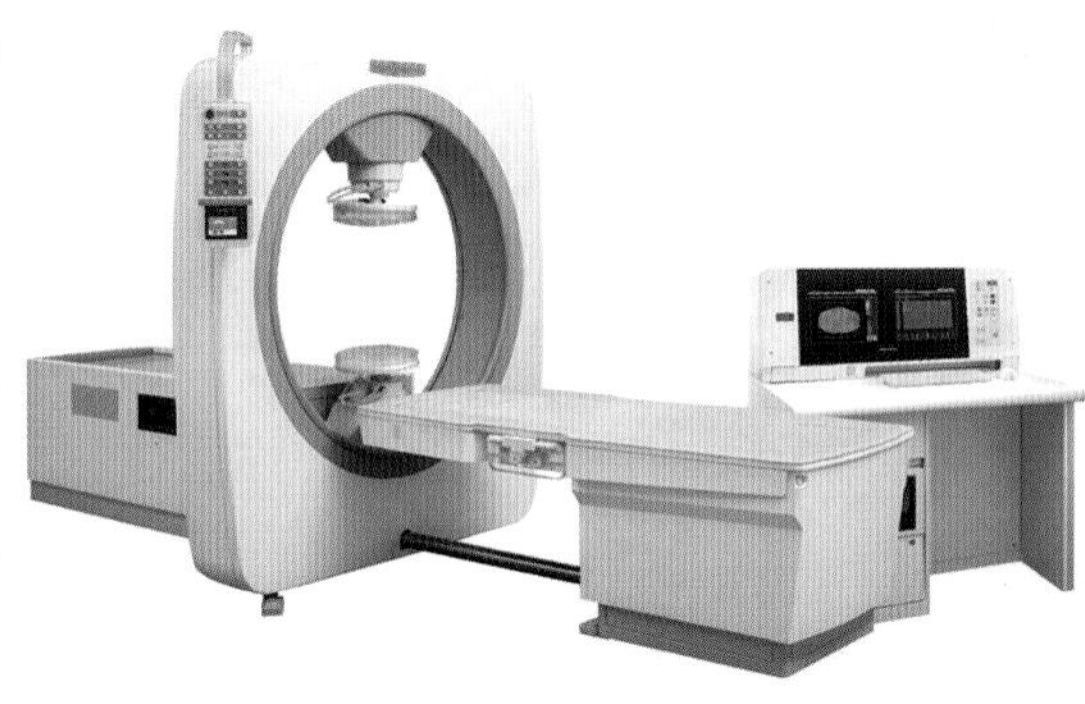

『ハイパーサーミア』
がん細胞は、45℃以上で死滅する熱を利用したがん治療。

詳しくはこちら。

『新須磨病院』の澤田勝寛理事長・外科部長は、がんに苦しむ受診者に親身に向き合い、体への負担が小さい治療に心を砕いてきた医師だ。その象徴が『ハイパーサーミア（高周波温熱療法）』による治療だ。

「人間の細胞は42・5度以上に温度が上がると死滅しますが、正常細胞は加熱しても血管が拡張して放熱するのに対し、がん細胞は血管が拡張せず高温になります。この原理を利用して、がん細胞の温度を選択的に上昇させて死滅させるのが『ハイパーサーミア』です。当院では『ハイパーサーミア』装置として正式に認められた「サーモトロン-RF8 EX Edition」で治療しています。手術、抗がん剤、放射線などの標準的がん治療と併用することで治療効果を高めることができ、がんを小さくすることで、手術が難しい方でも手術を受けられるようになる場合もあります。副作用がなく、免疫力を高める効果もあります」

『ハイパーサーミア』には保険が適用され、受けやすいのも特長。このほか、少量の抗癌剤や水素吸入などを組み合わせた治療も行っている。

（ライター／斎藤紘）

澤田勝寛 理事長・外科部長
神戸大学医学部卒。1995年新須磨病院院長、2013年、医療法人社団慈恵会理事長。2002年神戸大学経営学研究科修了。日本外科学会認定外科専門医、日本透析医学会認定透析専門医。著書「医療はとってもいい仕事」。

外科 澤田診療
火・金曜日 ㊖ 8:15～11:00 ㊮ 9:00～

医療法人社団 慈恵会 **新須磨病院**
しんすまびょういん
078-735-0001 kouhou@jikeikai-group.or.jp
㊟ 兵庫県神戸市須磨区衣掛町3-1-14
https://www.jikeikai-group.or.jp/shinsuma/

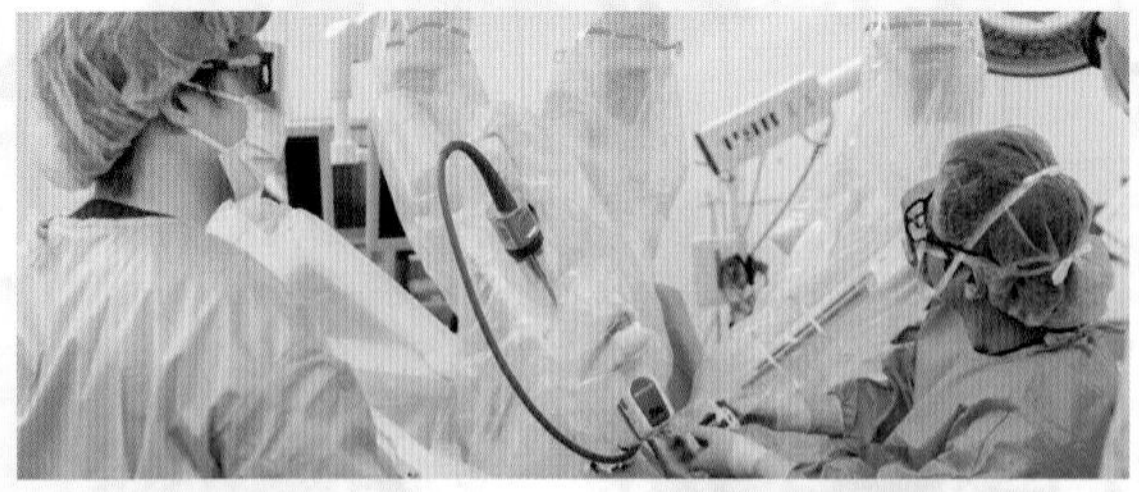

高精度・低侵襲な手術で消化器悪性疾患治療に挑み夜間休日の緊急手術にも対応

経験豊富な専門医牽引 手術支援ロボット活用

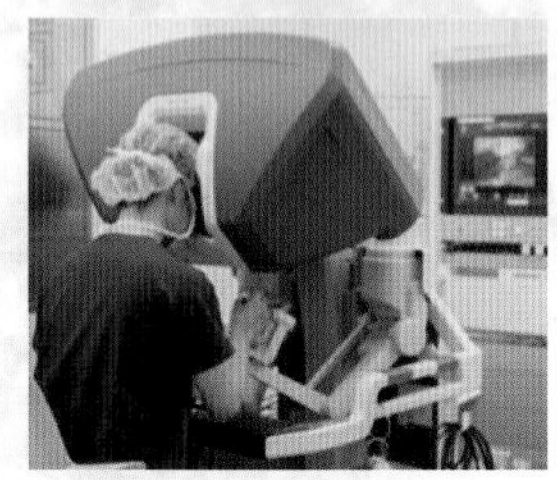

秦浩一郎 総合外科部長
日本外科学会外科専門医、指導医。日本消化器外科学会専門医、消化器がん外科治療認定医、指導医、日本肝胆膵外科学会高度技能専門医、日本肝臓学会肝臓専門医、日本がん治療認定医機構がん治療認定医。

『京都市立病院』総合外科部長の秦浩一郎さんは、日本外科学会外科専門医・指導医などの資格を持ち、経験豊富な専門医を統括して胃がんや大腸がん、食道がん、肝がん、胆道がん、膵がんなどの消化器系の悪性疾患に対する高精度、低侵襲な手術治療で実績を重ねる医師だ。

「当科は、消化器悪性疾患を中心に鏡視下手術から開腹手術まで、精緻な術前シミュレーション画像を駆使して、安全性と根治性、低侵襲性のバランスの取れた手術を目指しています。2013年に導入した手術支援ロボット『da Vinci Si』を2020年4月から『da Vinci Xi』に更新し、従来の腹腔鏡下手術よりも高精度な手術ができるようになりました。さらに2024年1月より、単孔式手術支援ロボット『da Vinci SP』を導入、『X・i』と『SP』の2台体制で高精度かつ、さらなる低侵襲手術を目指しています」

同科では、緊急手術に対応できるよう夜間、休日の待機態勢を確立し、虫垂炎や胆嚢炎、消化管穿孔、絞扼性腸閉塞(イレウス)、腸間膜動静脈血流障害など急性腹症の外科治療も積極的に行っている。

（ライター／斎藤紘）

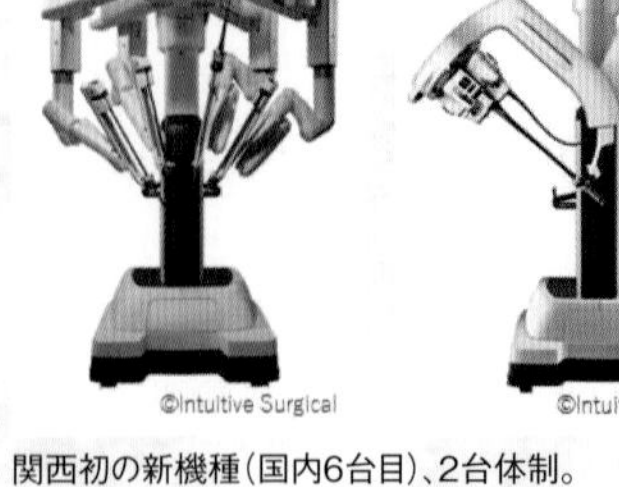

関西初の新機種(国内6台目)、2台体制。

㊡ 8:30〜11:00 ㊡ 土・日曜日・祝日
面会時間
14:00〜20:00(土・日曜日・祝日10:00〜20:00)

地方独立行政法人 京都市立病院機構 **京都市立病院**
きょうとしりつびょういん
075-311-5311
㊟ 京都府京都市中京区壬生東高田町1-2
https://www.kch-org.jp/

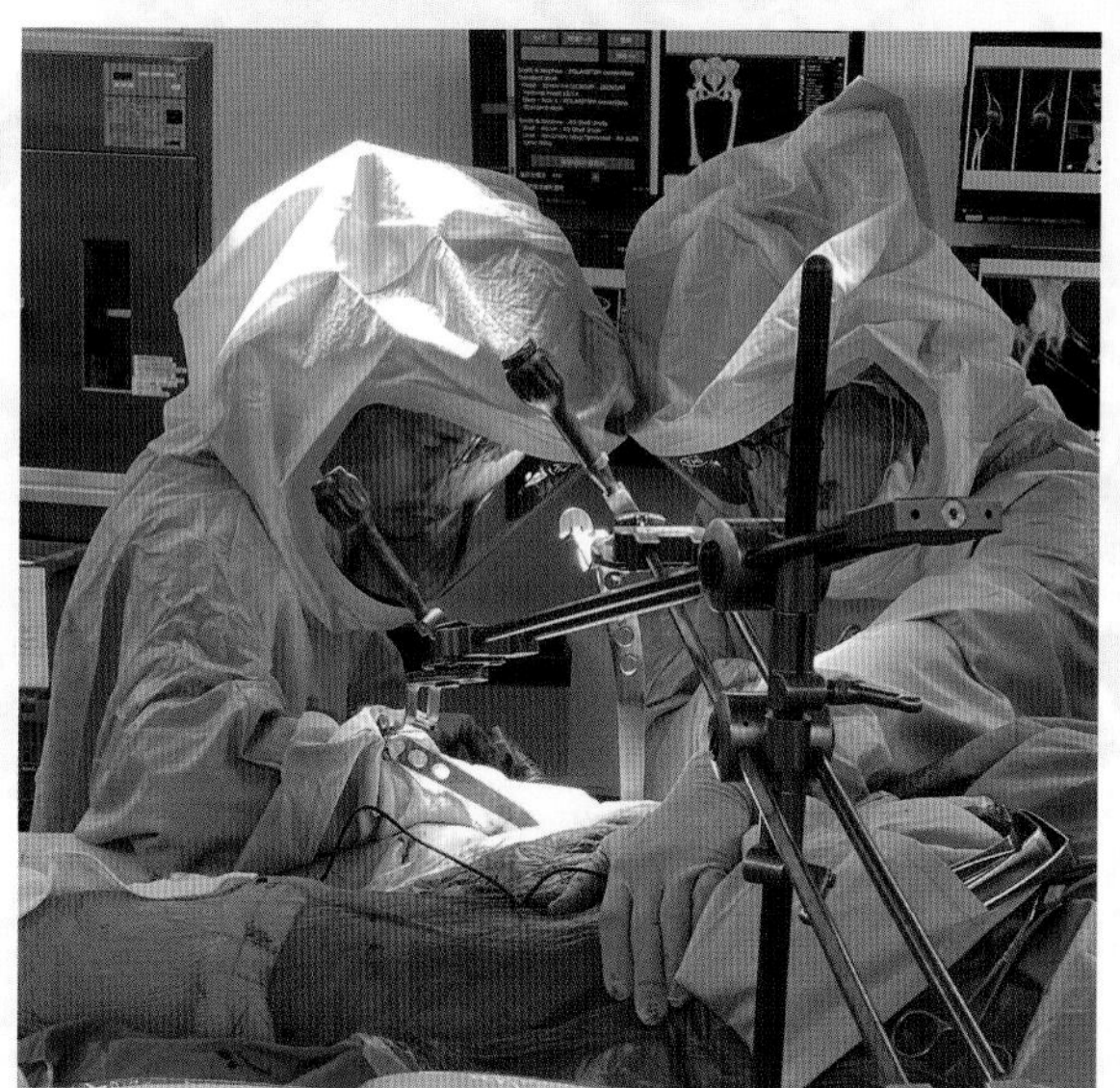

変形性股関節症の手術治療で実績重ねるIT活用の高精度人工股関節置換術

脱臼しにくい手術 小さな傷口で施行

老化などによって股関節が破壊、変形し、日常生活動作に支障をきたす変形性股関節症の人工股関節置換術で治療実績を重ねているのが『東京都立多摩総合医療センター』整形外科の毛利貫人医師だ。日本人工関節学会認定医の資格に裏付けられた知見が手術の精度を支える。

「進行期、末期の変形性股関節症は人工股関節全置換術が適応となります。破壊された股関節を特殊な金属やセラミックスなどで造られたインプラントで置換する手術です。当科では主に仰臥位前方アプローチを採用し、CTをもとにコンピュータシミュレーションによる術前計画やナビゲーションシステムを用いた手術支援で適切に治療します。術後のリスクとして人工股関節が外れてしまう脱臼がありますが、CT画像を使用してパソコン上に3次元の骨のモデルを作成することが可能で、正確に骨の大きさや角度を計測できるようになっていますので、人工関節が脱臼しにくい場所を決めることができます」

小さな傷口で筋肉や靭帯への負担を減らす低侵襲手術だという。

（ライター／斎藤紘）

毛利貫人 医師
日本専門医機構認定整形外科専門医、日本整形外科学会運動器リハビリテーション医、日本人工関節学会認定医、臨床研修指導医。

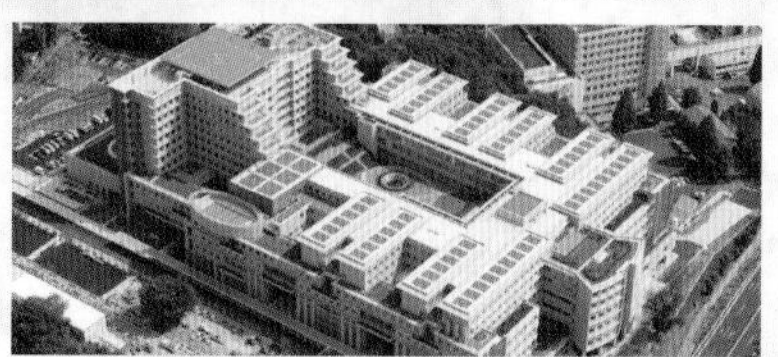

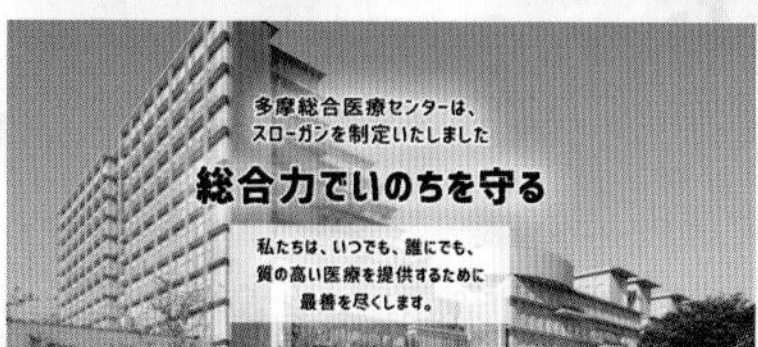

多摩総合医療センターは、
スローガンを制定いたしました
総合力でいのちを守る
私たちは、いつでも、誰にでも、
質の高い医療を提供するために
最善を尽くします。

診 8:00〜17:00　休 日曜日・祝日

東京都立多摩総合医療センター
とうきょうとりつたまそうごういりょうセンター
042-323-5111　（予約 042-323-9200）
住 東京都府中市武蔵台2-8-29
https://www.tmhp.jp/tama/

高精度の関節鏡手術で股関節唇損傷治療 低侵襲な手術で翌日から歩行訓練可能

人工股関節全置換術

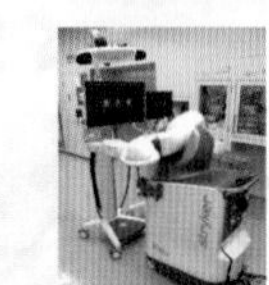

ロボット手術支援システム「Mako」

杉山肇 病院長
東京慈恵医科大学卒。医学博士。日本整形外科学会認定整形外科専門医。日本人工関節学会評議員。日本股関節学会前理事長。

松下洋平 整形外科第一医長
東京慈恵医科大学卒。日本整形外科学会認定整形外科専門医。

佐藤龍一 整形外科第一医長
山梨大学卒。医学博士。日本整形外科学会認定整形外科専門医。

治療実績を重ねる国内屈指の専門医

『神奈川リハビリテーション病院』の「整形外科第一股関節専門外来」は、歩行の要になる股関節の疾患を対象に、医学博士の杉山肇院長など日本整形外科学会専門医による手術で治療実績を重ねる診療科。中でも医療技術の高さを示すのが、股関節唇損傷の関節鏡手術だ。

「股関節唇とは、骨盤の縁についている軟骨の一部で、大腿骨の頭を股関節に安定させて吸盤のような役割をしています。股関節が運動する際に骨盤と大腿骨に挟まれることで損傷するのが股関節唇損傷で診断が難しい疾患です。放置すると変形性股関節症の発症リスクになると考えられており、リハビリなどでも改善しない場合は、内視鏡を使用した手術を行っています。約1cm程度の切開を3ヵ所加え、股関節に股関節鏡を挿入し、中を観察しながら損傷した関節唇を縫合し、余分に成長した骨を切除して骨同士の衝突を解消します。通常翌日から杖を使って歩行訓練を行うことができ、比較的低侵襲な手術です」

杉山院長は、日本股関節学会の理事長を務めた国内屈指の名医だ。

（ライター／斎藤紘）

診 8:30～16:00　休 土曜日・日曜日・祝日

神奈川リハビリテーション病院
かながわリハビリテーションびょういん
046-249-2220　FAX 046-249-2502
住 神奈川県厚木市七沢516
https://www.kanariha-hp.kanagawa-rehab.or.jp/

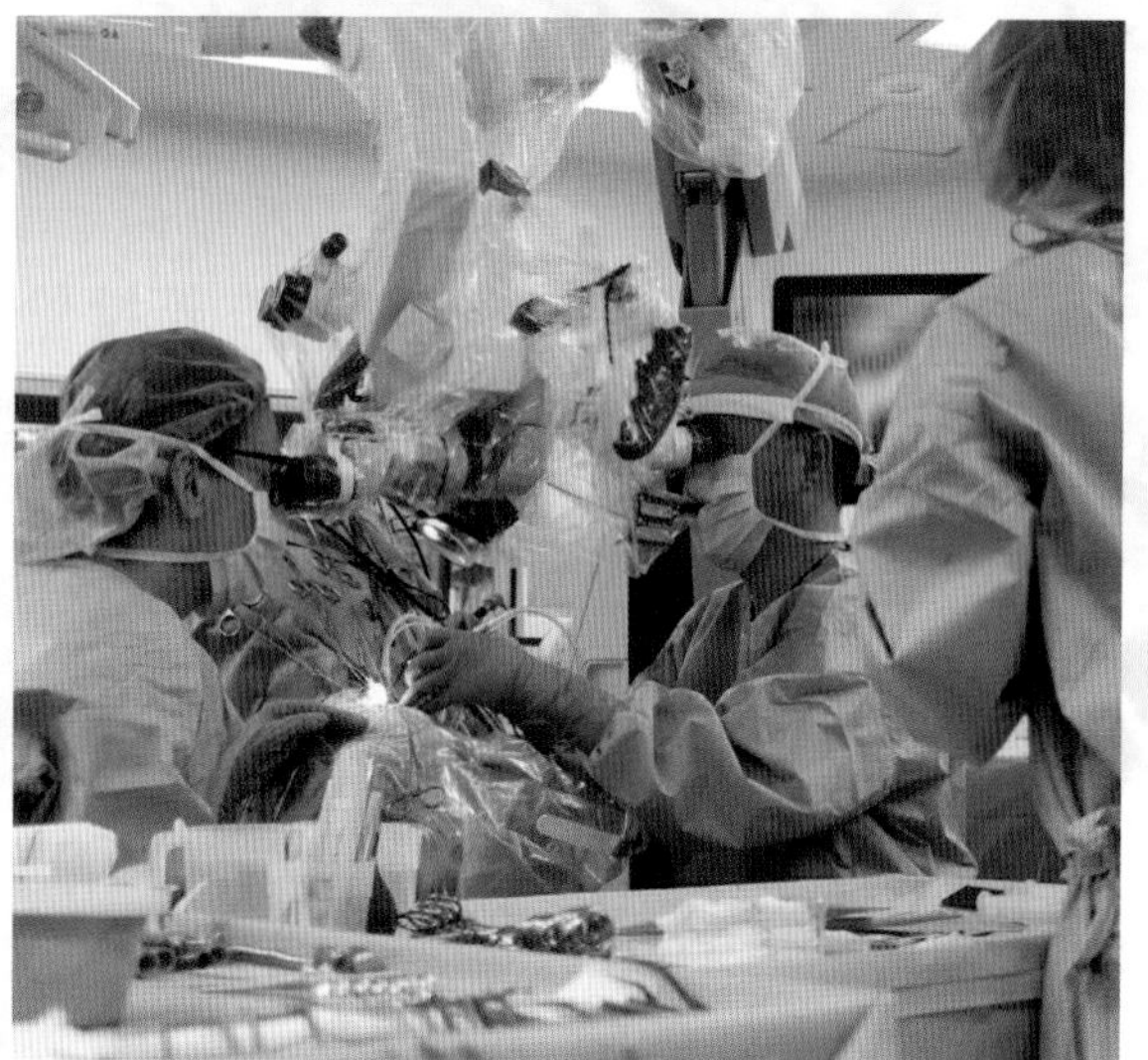
ポルトガルからの研修生のイザベルさんとの手術。

高齢化と共に増える 脳卒中の治療に注力 治療後の後遺症克服に リハビリをサポート

先進医療技術を駆使 独での研究成果活用

加速する高齢化社会で介護が必要な原因疾患の多くを占める脳卒中の治療で実績を重ねているのが『総合南東北病院』だ。西村真実院長兼脳神経外科部長を先頭に竹村篤人脳卒中センター長を含め、6名の専門医が安全性、確実性に十分配慮しながら高度の先進医療技術や機器を駆使して治療に当たるほか、治療後に重要な後遺症克服のためのリハビリにも力を注ぐ。

「脳卒中は、脳の血管が破れたり詰まったりして血管の一部が壊死してしまう病気で、脳出血や脳梗塞、クモ膜下出血がこれにあたります。後遺症として、手足の麻痺や言語障害が残ることがあります。当院では、カテーテルによる血栓回収術や頸動脈ステント留置術、脳動脈瘤コイル塞栓術などの脳血管内治療、頸動脈内膜血栓剥離術、脳動脈瘤クリッピング術、頭蓋外内バイパス術などの開頭術や脳内視鏡手術で治療を行い、県内でも有数の総勢117名の理学療法士や作業療法士、言語聴覚士などのスタッフが残された機能を活用して普通の生活が送れるようリハビリをサポートします」

西村院長は、ドイツの国際神経科学研究所(INI)での研究の成果も生かす。(ライター/斎藤紘)

西村真実 院長 兼脳神経外科部長
日本脳神経外科学会認定脳神経外科専門医、日本脳神経血管内治療学会認定脳血管内治療専門医、日本脳卒中学会認定脳卒中専門医。脳卒中の外科学会代議員。脳神経外科手術と機器学会学術企画委員。

救急指定医療機関として、
24時間365日の医療体制

診 8:30〜
休 日曜日・祝日・年末年始(救急指定病院)

こちらからも
検索できます。

社会医療法人 将道会 **総合南東北病院**
そうごうみなみとうほくびょういん
0223-23-3151 info@minamitohoku.jp
住 宮城県岩沼市里の杜1-2-5
http://www.minamitohoku.jp/

健康寿命の延伸に役立つリハビリを重視 通院困難な高齢者対象に訪問リハビリ実施

増田博 院長
大阪市立大学医学部卒。国立大阪南病院、島田病院勤務を経て、1994年『ますだ整形外科クリニック』を開院。日本整形外科学会認定整形外科専門医。日本整形外科学会認定スポーツ医。

運動療法で機能を回復 専門職のスタッフ対応

大阪府羽曳野市で開業して約30年になる『ますだ整形外科クリニック』は、子どもから高齢者までが通う典型的な地域のかかりつけ医だ。

高齢者の骨粗しょう症やリウマチ、若い世代のスポーツ傷害など幅広く診療し、患者さんのQOLの向上をサポートしている。

日本リハビリテーション医学会認定専門医である増田博院長が特に力を入れているのが高齢化時代の課題である健康寿命の延伸に役立つ診療。リハビリテーション科と訪問リハビリテーションがその象徴だ。

「リハビリテーション科では、身の回りの動作など失われた機能の回復を図りますが、特長は運動療法に力を入れていることです。理学療法士や柔道整復師、スポーツトレーナーが患者さんの体に触れ、しっかり動かしていく方法をとっています。訪問リハビリテーションは、通院が困難な要介護の高齢者が対象で、基本動作訓練や日常生活活動訓練などを組み合わせ、一人ひとりに合ったプログラムで行います」

クリニックには、健康器具を揃えたデイサービス施設も併設している。

（ライター／斉藤紘）

デイサービス『エンジョイ』では、年々落ちる体力・気力を体操、リハビリ作業、レクリエーションなどで元気にしてくれる。

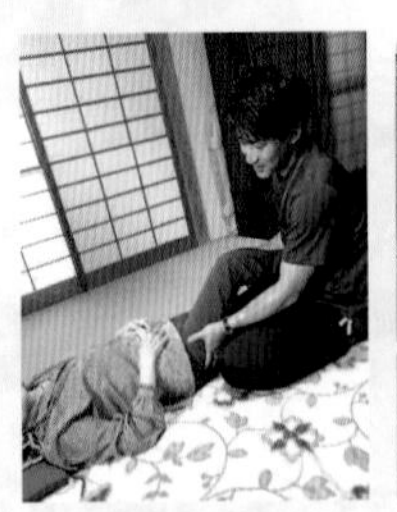

訪問介護リハビリテーションでは、利用者の心身機能、動作能力、日常生活の能力に応じて、オーダーメイドのプログラムで、その人らしい生活を応援。

診 9:00〜12:45　16:00〜19:00
木・土 9:00〜12:45
休 日曜日・祝日・木、土曜日午後

ますだ整形外科クリニック
ますだせいけいげかクリニック
072-957-6815
住 大阪府羽曳野市白鳥2-16-29 H&Kビル1F
http://www.masuda-seikeigeka.com/

多賀谷信美 センター長
日本外科学会専門医、日本消化器病学会専門医、日本消化器内視鏡学会や日本大腸肛門病学会、日本消化器外科学会の専門医。

胆石症の再発防ぐ
腹腔鏡下胆嚢摘出手術
小さな孔一つで済む
美容的に優れた術式

入院期間はわずか4日
年間約400症例を施行

傷が小さい、手術後の痛みが少ない、早く歩けるようになる、食事摂取が早い、仕事に早く復帰できる。胆石症に苦しむ人にとってメリットが大きい腹腔鏡下胆嚢摘出術で国内屈指の施行症例を重ねているのが日本消化器内視鏡学会指導医で腹腔鏡手術の第一人者として知られる『板橋中央総合病院消化器病センター』の多賀谷信美センター長だ。何よりも胆嚢ごとを摘出するため再発がないのが最大の利点だ。

「肝臓にできた胆汁という消化液を一時的に蓄える胆嚢に石ができる病気が胆石症。痛みや吐き気、肝機能障害、黄疸を引き起こし、胆のうがんを誘発するリスクもあります。最も多いのは、胆汁のコレステロールが結晶化して石になるコレステロール結石で、結石だけ摘出してもほとんどの場合再発します。これを防ぐため、おへその部分に2～3㎝程度の孔を一つ開けて胆嚢を丸ごと摘出するのが腹腔鏡下胆嚢摘出術。入院期間もわずか4日間で済み、美容的にも優れた手術法です」

この術式による手術は、国内有数の年間約400例にのぼるという。

（ライター／斎藤紘）

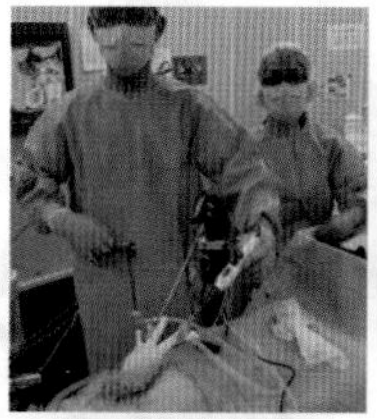

単孔式腹腔鏡下胆嚢摘出術を施行

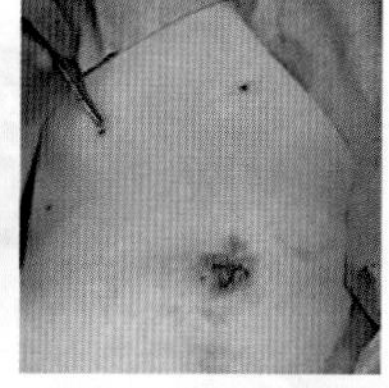

細径内視鏡下胆嚢摘出術施行後の腹部

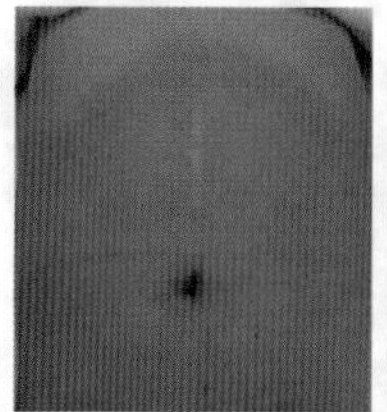

単孔式腹腔鏡下胆嚢摘出術前の腹部

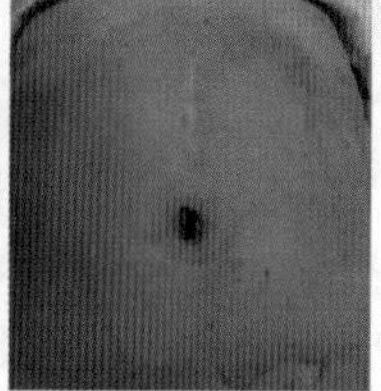

単孔式腹腔鏡下胆嚢摘出術後の腹部

㊟ 8:30～12:00
14:00～17:00
土曜日 8:30～11:30
㊡ 日曜日・祝日・土曜日午後

板橋中央総合病院 消化器病センター
いたばしちゅうおうそうごうびょういん
☎ 03-3967-1181 ✉ tagaya.nobumi@ims.gr.jp
㊟ 東京都板橋区小豆沢2-12-7
http://www.ims-itabashi.jp/service/geka.html

精密な検査に基づいて治療し状態を維持 信頼集めるわかりやすい診療方針の説明

前田亮典 院長
公立大学法人九州歯科大学卒。国立大学法人山口大学医学部附属病院歯科口腔外科勤務。クリスタル歯科勤務。2023年4月開院　日本口腔外科学会所属。

病院での経験を活用 地域のかかりつけ医

『ひなたデンタルクリニック』は、二人の歯科医が歯科、小児歯科、歯科口腔外科の診療を行う地域のかかりつけ医。前田亮典院長は山口大学医学部附属病院歯科口腔外科の勤務医時代に受診者の全身管理や全身麻酔下での手術などで研鑽を重ね、診療にはその経験も生かす。

「当院は、保険診療から自由診療まで幅広く対応し、デジタルレントゲン歯科用CTや口腔内カメラによる精密な検査に基づいて治療を行い、治療後のよい状態をメンテナンスで維持していきます。口を開けると顎が痛い、親知らずが痛むといった症状にも対応が可能です」

前田院長は、わかりやすい診療方針の説明や助言でも信頼を得てきた。妊娠中の歯周病予防について、女性ホルモンが歯周病菌の分泌を促進する作用があり、歯周病菌が血流によって胎児に運ばれ、早産などのリスクを高めることなどを指摘してケアを促すのはその一例だ。

被せ物や詰め物もスピーディに作製、調整できるよう院内に技工室を完備、キッズスペースもあり、ベビーカーや車椅子でも来院できる。

（ライター／斎藤紘）

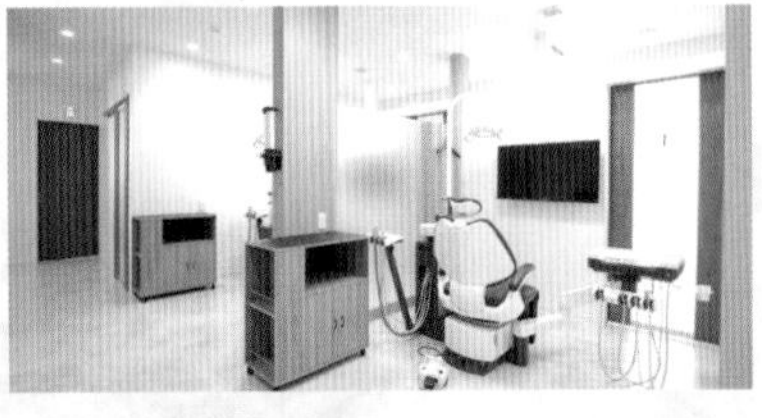

㊟ 9:00〜13:00　14:30〜18:30
土曜日9:00〜12:00　13:30〜17:00
㊡ 日曜日・祝日・水曜日午後

ひなたデンタルクリニック

☎ 0836-52-8240　✉ bird_trust_maemae@yahoo.co.jp
㊟ 山口県宇部市恩田町2-7-3
https://www.hinata-dent.com/

・Column・

『五事を正す』という言葉を常に信条とし、患者様と接し、日々精進を続けるのが私のつとめ

山本医院

☎ 078-783-0565　FAX 078-783-0565
㊟ 兵庫県神戸市垂水区神陵台7-4-11
診 9:00～12:00　16:00～19:30（土曜日は午前のみ）
㊡ 木・日曜日・祝日
✉ spks7bd9@piano.ocn.ne.jp

山本博文 院長
木曜日は、「マキノ病院」（滋賀県高島市）で外来を担当。

江戸時代初期の陽明学者、中江藤樹先生（1608－1648）の教えに『五事を正す』というのがあります。五事とは、貌（ぼう）、言（げん）、視（し）、聴（ちょう）、思（し）の五つを指します。和やかな顔つきで人と接し、思いやりのある言葉で話しかけ、澄んだ目でものごとを見つめ、耳を傾けて人の話を聴き、まごころこめて相手のことを思う、というものです。藤樹先生は、37歳の時に『陽明全書』という本に出会います。そこには、中国・明時代の政治家・王陽明の『致良知（ちりょうち）』という考えが書いてありました。『致良知』とは、人は誰でも良知という美しい心を持って生まれてくる、それぞれが良知に従って行動すれば身分や学問に関係なく誰でも聖人になれるという考えです。藤樹先生は、これを『良知に致（いた）る』と読み、『五事を正す』ことが良知に到達するために大切であると説いたのでした。藤樹先生は、近江国高島郡小川村（現・滋賀県高島市安曇川町上小川）の出身でしたので、その徳行から没後に『近江聖人』と称えられました。

ところで『五事を正す』を医療現場で考えてみますと、顔つき・言葉遣い・視ること・聴くこと・思いやりは患者さんと接する時にも大切な姿勢であると言えます。患者さんは、必ず何かしらの悩みを持っておられますので繊細で傷つきやすいものです。日本は世界でもトップクラスの高齢者社会ですので、来院される患者さんはご高齢の方が多いわけですが、検査で異常を認めなかったからといって、歳のせいや神経質のせいにしたら患者さんは身も蓋もありません。最近では、「傾聴・共感・受容」が痛みを和らげるともいわれています。優しい顔つきで、温かい言葉で、訴えを真剣に聴き、思いやりを持って一所懸命診療すれば、どれだけ患者さんは救われるでしょうか。もちろん、私はちゃんとできているという気は毛頭ありません。医者は、患者を励ますのが仕事じゃないのかと泣きながらお叱りを受けたこともあります。それらを反省しながら、少しでもお役に立てるように日々精進を続けたいと考えています。

福祉の未来を「そらいろ」に変える

明確な理念で看護・介護事業を実践

「医療難民、介護難民ゼロの地域を目指す」

加速する高齢化と共に要介護高齢者が増え、社会生活上のストレスなどで心に病を抱える人も増え続ける状況を背景に、2021年から訪問看護、居宅介護支援、訪問介護の3事業所の運営を開始した『株式会社そらいろ』代表の岩本育也さんの志を示す言葉だ。2001年に作業療法士の国家資格を取得し、病院、クリニック、老人保健施設などで医療、介護に長く携わった経験と知見が、利用者に親身に寄り添い、血が通った事業運営に投影される。

「病院でリハビリの専門職として業務を行う中で、短い期間しか関わることができない入院リハビリよりも、退院後の長い在宅生活における生活リハビリの方が患者様や利用者様にとって有意義だと感じるようになりました。在宅リハビリにシフトして15年経験する中で、在宅看護、在宅リハビリ、在宅介護こそ高齢化社会の日本にとって必要不可欠な存在であり、理解者や取組む仲間を増やしていかなければならないことに気がつき、独立して起業しました」

訪問看護を担う『訪問看護ステーションそら彩』は、病気や障がいのために療養や支援を必要とし、かかりつけ医師の訪問看護指示書を得た人が対象。医師の指示のもと自宅を看護師が訪問、

ご本人だけでなく家族にも寄り添う関わりを

利用者本人だけでなく、家族の健康状態や介護状況も含めてアセスメントし、病状悪化の有無の確認、体温、血圧、酸素飽和度などの測定、内服薬のセッティング、点滴、経管栄養、人工肛門の管理などの医療的ケア、精神症状のケア、ターミナルケア、在宅リハビリなどを行う。居宅介護支援を行うのは『ケアプランセンターそら彩』。利用者一人ごとに担当ケアマネジャー(介護支援専門員)が付き、利用者や家族と面接し、問題点や課題を把握。自宅での生活が継続できるよう目標を設定し、達成に必要な介護サービスなどを組み込んだ支援計画の原案を作成し、月に一度又は必要に応じて自宅を訪問して状況の把握や確認を行うほか、サービス事業者や自治体との調整、介護保険を利用する際に必要な申請なども代行する。居宅介護を担うのは、『ヘルパーステーションそら彩』。在宅で生活している要支援、要介護認定を受けた高齢者にホームヘルパーを派遣して、食事、排泄、入浴などを介助する身体介護、掃除や洗濯、調理などの生活援助などの必要なサービスを提供する。

岩本さんは、利用者や家族の気持ちに寄り添うこうした事業のほか、「私たちの共創チャレンジ」と銘打って、地域住民の健康維持、促進のため、地域包括支援センターや病院、薬局、介護施設と連携して講演やイベントなどを開催し、在宅医療や介護予防の知識についての周知活動を展開している。また、地域の活性化を目的として、地元商店会活動や寄付活動への参加、公的機関や老人会が企画する講習会への講師派遣、会社独自イベントとしてのフェスティバル開催なども行っている。

代表 岩本育也さん
作業療法士。得意分野は難病支援、精神科リハビリ、食支援、高次脳機能障害。
「従業員は福祉への熱意、奉仕の精神にあふれた者ばかり。とかく暗いイメージで語られがちな福祉の未来を『そらいろ』に変える、これが当社の使命だと思っています」

今生活を豊かにする
話題のアイテム

生活を向上するために、ちょっとした工夫で
より良いものや暮らしに潤いをもたらしてくれる、
そんな素晴らしい話題の商品を。

世界に誇るものづくりと日本古来の芸術 二つの融合が生み出した画期的な焚き火台

アウトドアレジャー隆盛の昨今、そのファッション性の高まりも受け、市場に出回っているグッズや道具はその大小も含めて多岐に渡り、特に焚き火台や調理台など火を使用する時に活躍するアウトドアギアには、その耐熱性や丈夫さが求められることから、金属加工・成形を得意とする企業が続々と参入してきている。

山口県にある金属加工のスペシャリスト「株式会社末武工業所」もそんな企業の一つ。同社の『匠美 TAKUMIJAPAN』というプロジェクトにおいて、その第一号として生み出されたのがアート作品と融合させた『焚き火台』。日本古来の伝統芸術である葦手絵の第一人者であり、世界進出も果たしたTOMOKO.さんとコラボレーション。『焚き火台』の鉄板にTOMOKO.さんの繊細なデザインを精密切断加工。火をくべると幻想的な葦手絵の文様が浮かび上がる。その造形と炎が織り成す美しさだけでなく、燃焼効率や熱による金属変形を考慮し、

『焚き火台』

葦手絵師 TOMOKO.さん
大竹市在住、岩国市由宇町出身。2020年6月アメリカ・ロサンゼルスのグループ展で代表作である『花魁』をモチーフにした作品を発表。2022年7月フランス・パリで行われた「Japan Expo Pairs」にて『日本の美』をテーマにブース出展。

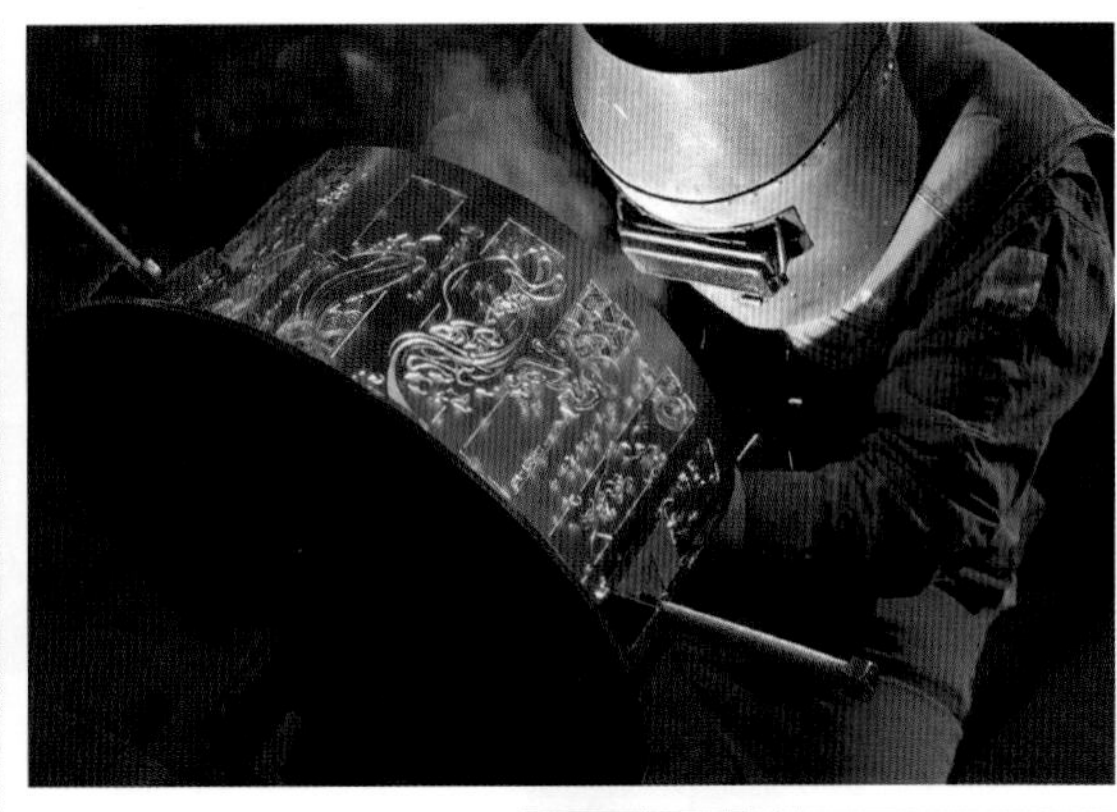

アメリカ金属鉱業専門誌「Metals & Mining Review」にて、2024金属形成企業トップ受賞。

素材や板厚などを最適なバランスに調整して耐熱塗料を二重塗りにしたり、持ち運びに便利な専用バッグも用意するなど、ハードなアウトドアシーンでの実用性も十分。また、焚き火を燃やさなくても照明機器を使用して室内外のインテリアとしても魅力的だ。

日本の高度経済成長期が始まったといわれる1955年創業の「末武工業所」は。近隣の周南コンビナートを中心に鉄鋼・ステンレスなどの金属加工、および大規模プラント設備や金属加工機器の保守メンテ等を長年に渡り行っており、「ものづくり企業」として日本の機械産業を下支えしてきた

そうした数々の実績や「SDGs」への積極的な取り組み、従業員への適切な健康管理が行える健康経営優良法人としての認定などが評価され、アメリカ金属鉱業専門誌「Metals & Mining Review」にて「2024年金属形成企業」としてNo.1を受賞、国内2例目の快挙を果たしている。

（ライター／今井淳二）

匠美 タクミ TAKUMIJAPAN　株式会社 末武工業所
0834-63-0496
kougyou@suetake.co.jp
㊟ 山口県周南市野村3-14-1
https://suetake.co.jp/　@takumijapan2023

こちらからも検索できます。

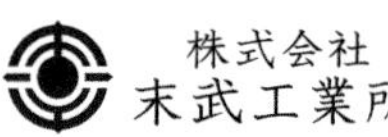

メカニックだけのウェアではない優れたアウターとしてツナギの魅力を発信

１９５６年の創業以来、ツナギメーカーとして多くのエンジニアやメカニック、工場労働者に貢献してきた『エスケー・プロダクト株式会社』のツナギファッションブランド『GRACE ENGINEER'S®』は、ファッション性はもちろん、生地素材やデザイン・機能にもこだわったツナギを続々と世に送り出し、女性層や個性的なタウンウェアとしてライトユーザーにも注目されている。

ツナギメーカーとしてのこれまで蓄積されたノウハウを活かし、厳しい寒さの中でも抜群の保温性を持つダウンを中綿とし、シーンを問わないより汎用性の高いツナギ「アクティビティダウンスーツ」が登場。強力な防風防水性を持つコーティング生地を使用し、寒風の中でもキャンプや釣りなどアウトドアレジャーを満喫できる。同社開発で特許取得済みの新機能「GRACE BACK®」を搭載。腰からファスナーで大きく開閉でき、トイレでの着脱のストレスが感じにくいよう工夫されている。

（ライター／今井淳二）

『GE-710 ボーダレスデッキパンツ・サマー』

『GE-735 クールフェミニンツナギ』

『GE-660 ボーダレスデッキパンツ』

『GE-7004アクティビティダウンスーツ』

『GE-653 デアリーマンツナギ』

GRACE ENGINEER'S® エスケー・プロダクト 株式会社
グレース エンジニアーズ
084-983-1660
info@sk-product.co.jp
㊟ 広島県福山市山手町7-7-47
https://sk-product.co.jp/ @graceengineers_2007

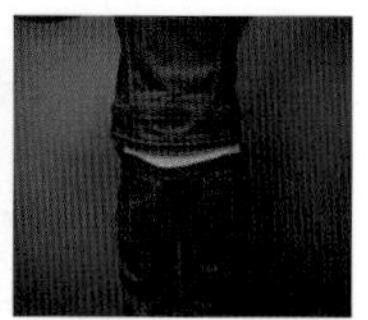
ヒップオープン機能「GRACE BACK®」

日本の四季
風土が生んだ
和装の良さを見直し
進化させたリラックスウェア

体型の変化にも強く、楽に長く着られ、夏は涼しく冬は暖かいことから世界の人々が高く評価している日本の着物。興味はあるも自分で上手く着ることができない方や海外の方にももっと着物を身近に感じてもらいたいとの願いを込め「着物のまるき」が有名クリエイティブデザイナーとコラボし立ち上げた新ブランドが『KUON久遠』だ。ボタンを使うことで簡単に着ることができ、素材、デザイン、機能性、着こなしなどを新たに見直し、現代のライフスタイルに合わせたカタチに進化させた逸品が『着物ローブ和楽喜(わらくぎ)』。上着、ボトム、帯の3点からなるセットアップで構成。着やすく動きやすい上、生地もシルクのような光沢でトロミのある素材感に、肌触りの良さと軽量さ、柔らかさを追求。日本の季節や伝統色をイメージした8色の優しい色合い。少しクラシカルな趣で、部屋着としてはもちろん、外出時にはコートのように羽織ることも。ジェンダーレスでストレスフリーも嬉しい限りだ。

(ライター/今井淳二)

『着物ローブ和楽喜』上着、ボトム、帯の3点セット。全8種(スモークピンク、ベージュ、スモークブルー、カーキ、ネイビー、レッド、ライトブラウン、グレージュ) フリーサイズ 32,450円(税込) ロングサイズ 33,550(税込)

KUON -久遠- 着物のまるき

くおん

090-8325-6305

yamakawa@kimono-maruki.com

㊟ 三重県桑名市星見ケ丘4-1405-5

https://kuon-kimono.stores.jp/ @kuon.kimono

こちらからも
検索できます。

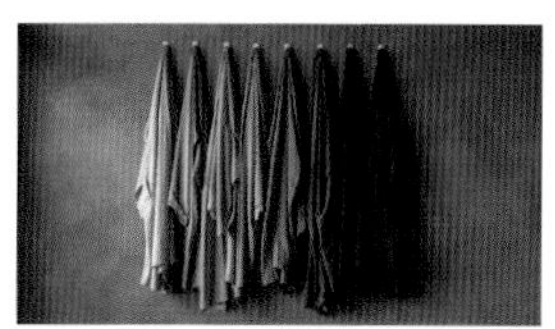

女性用機能性インナーショーツでブルーな気分とさよならできる

女性用スーツやコート、ジャケットなどのアパレルを展開する『カフカ株式会社』は、人気商品、機能性インナーショーツ『Angelite（アンジェライト）』のレースタイプのパッケージをリニューアルし、オンラインと一部量販店で販売をスタートした。

『Angelite』は、下着の上から着用できる機能性インナーショーツ。女性なら誰しもが経験したことがある経血のモレやムレの不安を少しでも解消し、快適に過ごして欲しいという想いから誕生した。特許技術である高い防水機能と優れた透湿機能で経血のモレやムレを防ぐことができる。軽く、肌触りも良いショーツは、上品なデザインと好評だ。

生理の時は、体調も気持ちもブルー。『Angelite』を履けば、気分も上がり元気に一日過ごすことができる。昼間だけでなく、就寝時やスポーツをするときなど様々なシーンで大活躍しそうだ。

（ライター／河村ももよ）

Angelite
ブルーデイを
アクティブに自分らしく。
モレない、ムレない、アンジェライト
機能性インナーショーツ
Angelite
アンジェライト
-レースタイプ・ボクサータイプ　2種-

『Angelite』レースタイプ 5,500円（税込）

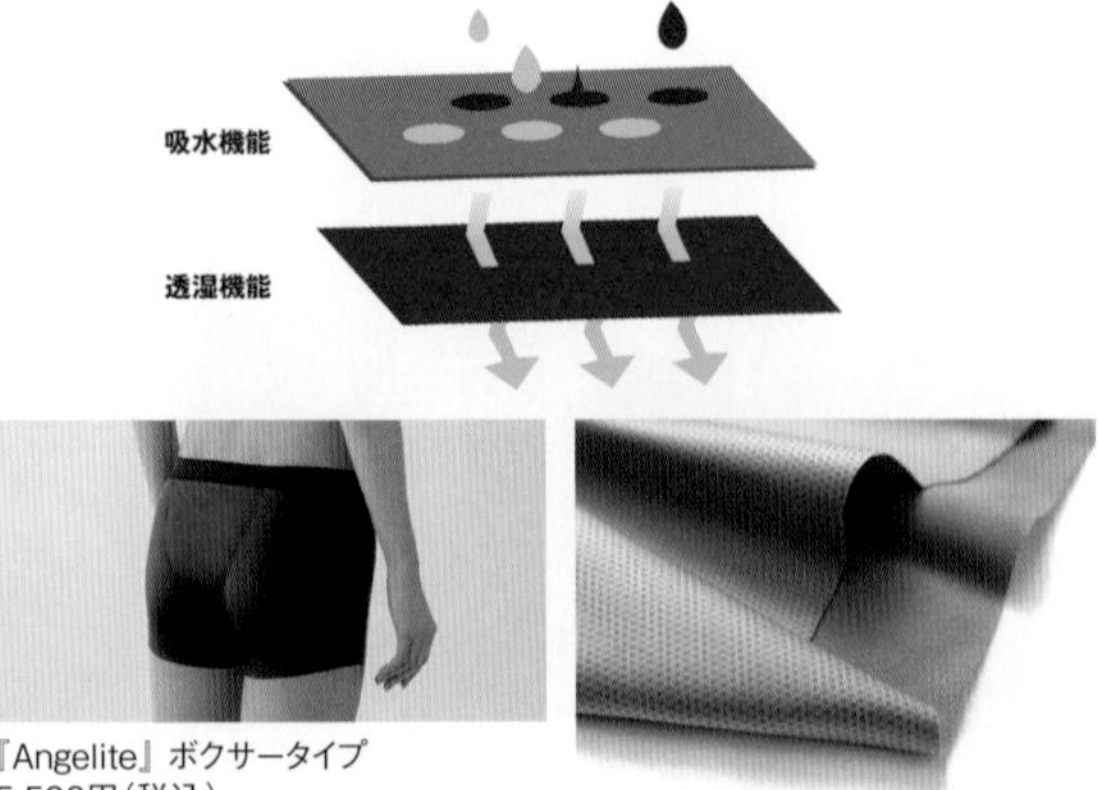

『Angelite』ボクサータイプ
5,500円（税込）

カフカ 株式会社

03-6455-7600
info@angelite.jp
㊟ 東京都渋谷区恵比寿4-22-10 ebisu422-2F
https://angelite.jp/　https://www.kafka2005.co.jp/

こちらからも
検索できます。

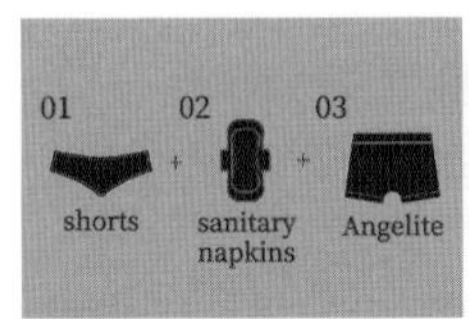

毎日の笑顔アイテム インド刺繍のバッグチャームポーチ

『kirakira cookie』は、ハンドメイドショップ。一つひとつ丁寧に作られており、口コミで「素敵♡可愛い！」と大絶賛の声が多数。その中でオススメが『インド刺繍リボン バッグチャームポーチ』。「バッグの中のコードレスイヤホンやリップなどの小物を探し、どこ?どこ?となってしまう」という声。そんな時、すぐに気軽に出し入れができるのが『バッグチャームポーチ』。バッグの中で迷子になりがちな小物を入れて、その日のバッグにつけるだけ。艶の合皮で軽く、バッグに下げられるチェーンとマスクなどをかけられるナスカンがついている。ワンタッチで開閉できるバネ口も便利。バッグのアクセサリーになり、リボンの種類が豊富なのも嬉しい。『インド刺繍リボン』シリーズには、メガネ・サングラスケースなどもある。いつも一緒の小物をポーチに入れて、さっと着けて出かけたら、足取りも軽くなりそう。現在は、国内最大級のハンドメイド・手作り通販サイトにて販売している。

（ライター／河村ももよ）

『インド刺繍リボン』シリーズ
メガネ・サングラスケース

『インド刺繍リボン
バッグチャームポーチ』
1,800円（税込）
※使用するリボンにより
価格が異なります。

kirakira cookie
キラキラ クッキー
kira.kira.cookie383@gmail.com
@kirakiracookie_handmade

購入は、
こちらから。
https://minne.com/@menyberry8/

可愛いマスク
も販売中。

～強運を引き寄せる～生年月日から導くオーダーメイドのパワーストーン

L'ange de lumière

リピーター率97%『ハイパーブレス<天授>』

石と波動のプロフェッショナル『ランジュドゥルミエール』は、成長を促し成功へ向かうための気力を充実させ、強靱な意思で目標を達成できるようオールラウンドにサポート、人生を好転させるアイテムを製作している。大切な人を見送る際に必須の『御念珠』は、洗練された輝きと力強さ、バランスを兼ね備えた自信作。生年月日を基に、一人ひとりに合わせた石を選び、配置や組み方をアレンジ。女性用は清めの水晶、男性用は魔除けの黒水晶を基調として5種の石を加え、強力な魔除け、別世界との架け橋、本人の護り、場の浄化など最適な一点ものをお届けする。人気商品『天授』は、運を操る新時代のハイパーブレス。氏名・生年月日から願いに必要な石だけを組み合わせてオリジナル秘法で製作するフルオーダー。美も健康もお金も仕事も人間関係もあなたが望むように飛躍する。その他、水の波動×香りの特徴を組み合わせて作るアロマウォーターなど人生を守りバックアップしてくれるアイテムが目白押しだ。

（ライター／播磨杏）

『念珠』女性用 55,000円(税込)
男性用 66,000円(税込)

ハイパーブレス

<天授>
女性用
23,000円(税込)～
男性用
25,000円(税込)～

スタンダードブレス

<生命力>Vitality
男女兼用
9,515円(税込)

<底力>Active
男性用
8,690円(税込)

<魅惑>Charm
女性用
6,820円(税込)

ランジュ ドゥ ルミエール

✉ lange.d.lumiere@gmail.com
㊟ 静岡県
https://lange5.com/
@lange_de_lumiere

『アロマウォーター』
(全11種類)
毎月1日受注販売
各8,580円
(税込)

幻のカメレオンを協力して探すことで右脳を鍛える！知育カードゲーム

「意識が変われば誰でも最高の人生が過ごせる」

その想いを伝えたいと星ソムリエが考案した『KSL Corporation 株式会社』の『頭の中のカメレオン』。

見つけた者は世界一の幸せになれるという言い伝えがあるほど、人前に姿を表さない幻のカメレオンを想像力を最大限に膨らませて探し出す知育カードゲームだ。

幻のカメレオン役（ディーラー）が頭の中で想い浮かべた答えを幻のカメレオン役への質問と「はい」または「いいえ」を繰り返し問いかけ、冒険者たち（プレーヤー）が答えを導き出す。ゲーム中に冒険者が使用できる「ヒントカード」やペナルティに使用する「とほほカード」、テーマを自由に設定可能な「自由テーマカード」などの要素を盛り込んでおり、プレーヤーの数だけ遊び方も想像力も無限に膨らむ。

ゲームを楽しみながら考える力を鍛えられる。家族や友人のコミュニケーションツールにもオススメ。

（ライター／彩未）

『頭の中のカメレオン』 1,760円（税込）

壱岐市勝本町神功皇后ゆかりの「聖母宮」にて。
未来の子どもたちへ御祈祷。

KSL Corporation 株式会社
ケイエスエル コーポレーション
052-398-5638
㊟ 愛知県名古屋市港区小碓1-509
https://www.ksl-corp.com/

商品の購入・遊び方の動画はこちらのから。

画家、塩澤文男氏の『世界遺産インドマハーボディ寺院へ奉納画決定』の発起人を務める。多くの方にご支援を頂き、掲げていた目標金額を見事に凌駕し、成功へ導いた！

自身初の書籍、『今行うか、永遠に成さなか』。近日発売。

人間工学に基づいた運動理論を応用 足元から安全と快適をしっかり支える

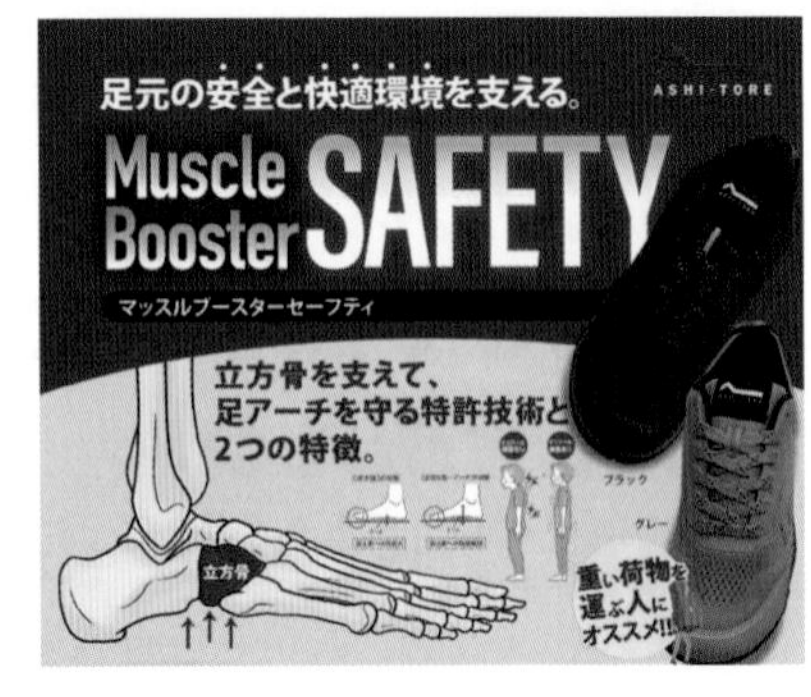

体を支える「足（足裏）」を機能的に稼働させるには、内足部は運動をする部分、外足部は安定すべき部分であることに着目した「BMZ理論」。これに基づき、足裏中心部にある立方骨を支持することで足全体の骨格をサポートし、アーチ形状を保つことで足の指までしっかりと使え、運動パフォーマンスの向上に寄与するインソールやシューズを続々と開発、子どもから一流のアスリートまでを足元から支え続けている『株式会社BMZ』。作業服・作業用品で日本最大級のシェアを誇る「ワークマン」と共同開発した安全靴『マッスルブースターセーフティ』を発表した。「BMZインソール」が立方骨を支えて足のアーチを維持することにより、靴の内部で足の指先が浮く「浮き指」にならず、足の指が地面をつかむような感覚で使え、インソール内部に衝撃吸収パッド内蔵により、安定感をアップ。この二つの効果で重い荷物を持つときの背筋力を足からサポートする。

（ライター／今井淳二）

『マッスルブースターセーフティ』
3,900円（税込）

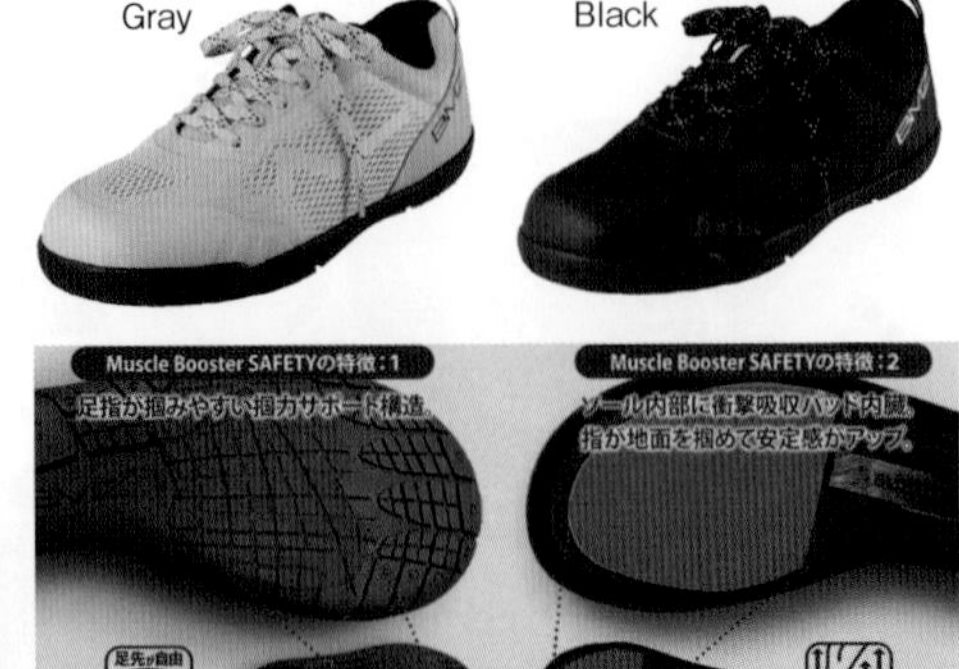

株式会社 BMZ
ビーエムゼット
0278-62-0928
㊟ 群馬県利根郡みなかみ町上津1093-4
https://bmz.jp/

足のニオイが気になって よそのお宅やお座敷に 上がるのが怖いという人に 使ってほしいインソール

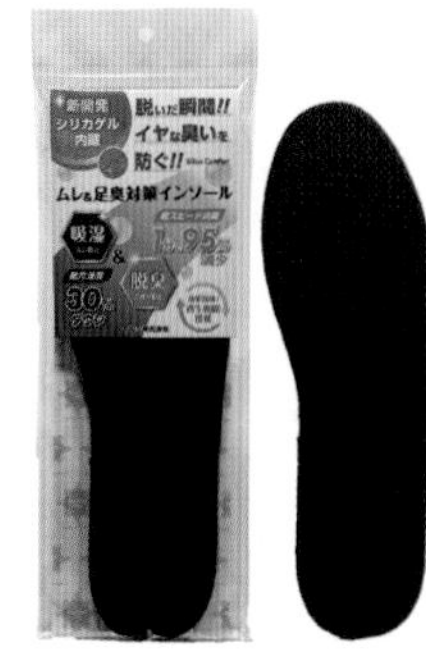

『Silica Comfort
ムレ&足臭対策インソール』
2,178円（税込）

寝具用除湿マットのＯＥＭ製造や除湿脱臭機能を持つ製品の製造販売を手掛け、確かな実績を誇る『マルワ株式会社』から、既成の製品とは一線を画す『ムレ&足臭対策インソール』が発売。既存のインソールは蒸れ対策にメッシュ生地や穴あき加工を採用。ニオイ対策には銀や銅、炭を使うものが一般的。そのような対策では、効果が弱かったり、数週間で効果がなくなったりすることが課題に。同社は独自技術「シリテックファイバー®」をインソール内部に採用し、その課題を解決。不織布に乾燥剤でおなじみのシリカゲルを挟んだ素材。湿気だけではなく、ニオイも吸収することができる特殊なシリカゲルを使用。靴内を除湿することでサラっと履ける他、ニオイ菌の増殖も防ぐ。脱臭効果も優れており、従来２時間かかるところを１分で。ニオイの未然防止と速効強力脱臭のダブル効果で靴を脱いだ瞬間から嫌なニオイを防げる。定期的な天日干しで機能が再生。破れるまで使える経済的でサステナブルなインソールだ。

（ライター／河村ももよ）

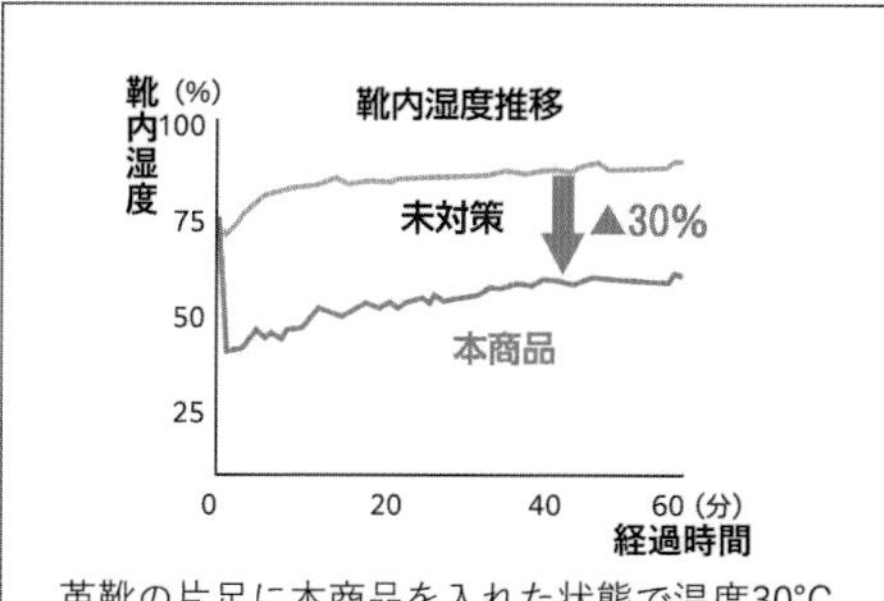

革靴の片足に本商品を入れた状態で温度30°C、湿度70%の室内で歩行し続け、靴内の湿度推移を計測
（岐阜県産業技術センター　恒温恒湿環境室にて測定）

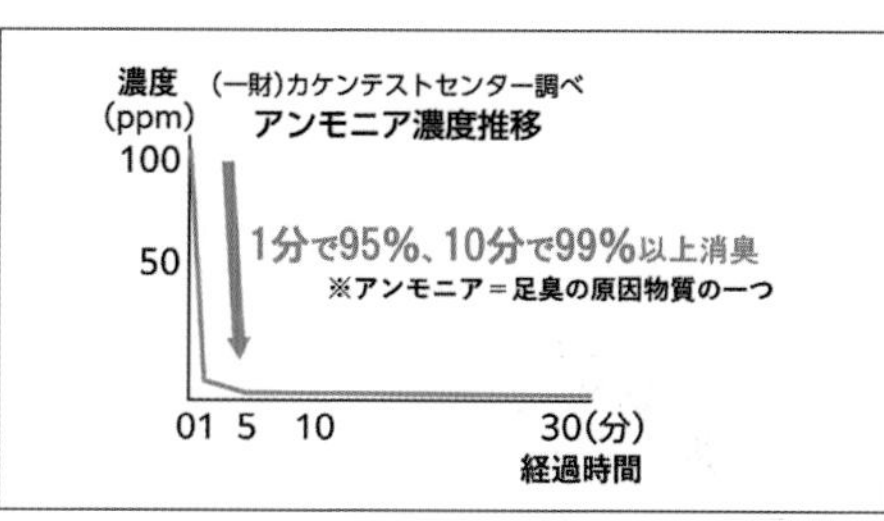

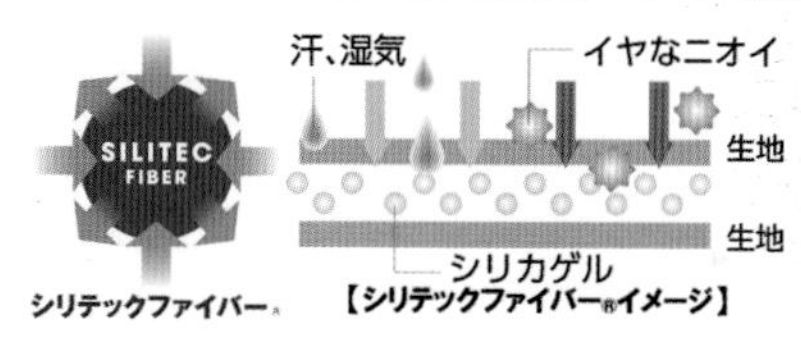

マルワ 株式会社

0584-64-6234
contact@mrw-g.co.jp
㊟ 岐阜県安八郡安八町南條77
https://mrw-g.co.jp/

吸湿実験映像
はこちら。

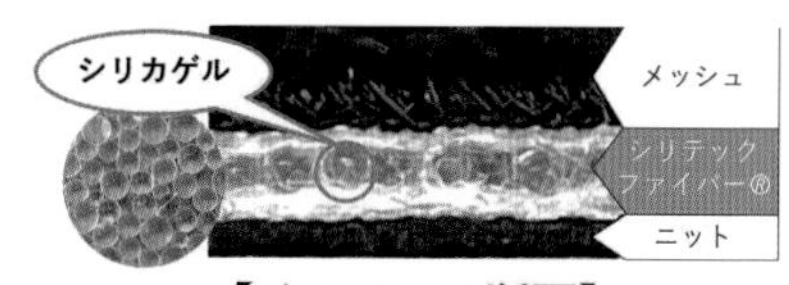

【インソール断面】

間取りを3D化
一軒丸ごと
コーディネート
理想の空間を提案

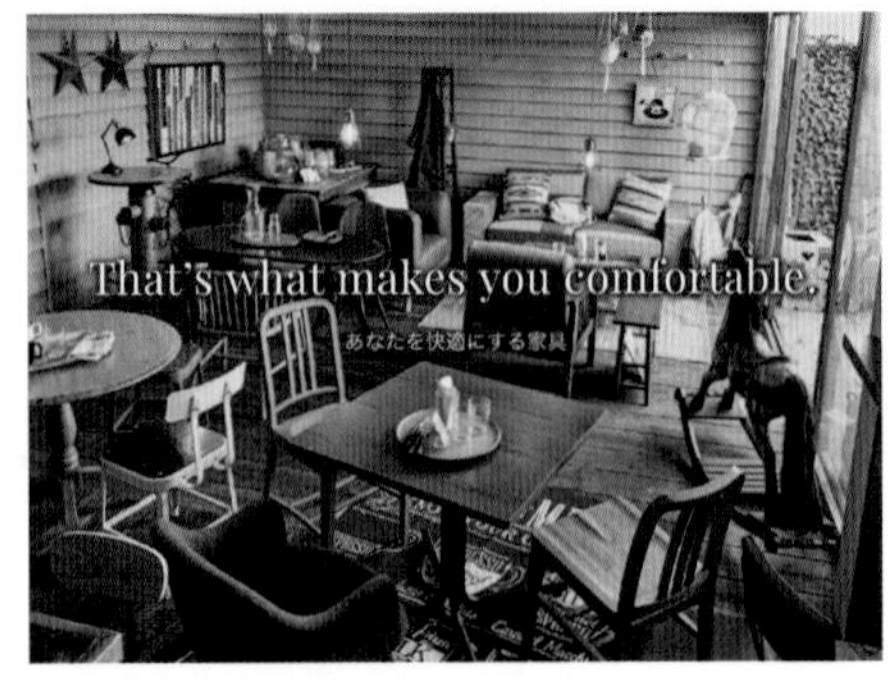

That's what makes you comfortable.
あなたを快適にする家具

一般の住宅はもちろん、モデルハウス、モデルルーム、住宅展示場のインテリアコーディネートなど数多くを手掛けている山梨県甲府市の『aonumaya by 青沼家具店』。実践型の家具の目利きスタイルを確立してきた今までの経験から、お客様一人ひとりに寄り添い家具選びのお手伝いをしてくれる。「使う人の価値を高めてくれる商品しか販売しない」と、仕入れに絶対の自信を持つ。一軒丸ごと家具、照明をコーディネートをしてくれるので「家具がイマイチ合わないかも」と悩んでいる方には朗報だ。間取りを瞬時に3D化して見せてくれるので、サイズ感や色合いなどを目で確かめることができる。30万点以上ある家具をSABCランク区分けしてあり、予算、テイストに合わせて理想の家具を見つけることができるのも魅力だ。また、数多くのオリジナル商品、無垢材テーブル・ベッドマットレス・ソファーなど破格にて提供。まずは友達LINEで気軽に相談してみては。

(ライター/河村ももよ)

aonumaya by 青沼家具店
アオヌマヤ
055-233-6227
gkaonuma5@gmail.com
住 山梨県甲府市太田町5-29
http://www.aonumakagu.com/

furniture&interior aonumaya
by 青沼家具店 since1953 Kofu,Yamanasshi

LINE

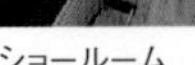

ショールーム

貴重な沖縄県産木を使った美術品のような三線

沖縄の美しい風景を思わせるような、やわらかく心地よい音色が人気の三線。似た楽器である三味線に比べて比較的初心者でも弾きやすいことから、自宅時間が多くなってきた近年、愛好者も増えている楽器の一つだ。

東京・国分寺市にある『ゆし木ya』は、そんな三線の専門店。店名の「ゆし木」とは、三線の棹材に使用される代表的な樹木の一つ。『ゆし木ya』では、黒ゆし木、赤ゆし木、八重山くるち、島くるち、相思樹など、今では貴重になった沖縄県産材を使い、熟練の職人が丹精込めて手作りした一点物の三線を展示販売。一つひとつ手に取りながら、それぞれ個性の違う自分だけの一丁を探すことができる。

また、三線の他にもツメ、カラクイ、三線ケースといった付属品の販売や切れた弦の交換などメンテナンス、オンライン販売にも対応。沖縄の伝統芸能を多くの人に伝えたいという思いから、貴重な原木の保全プロジェクトにも参画している。

（ライター／今井淳二）

八重くるち、島くるち、ゆし木、相思樹など、棹材にこだわったワンオフの三線。

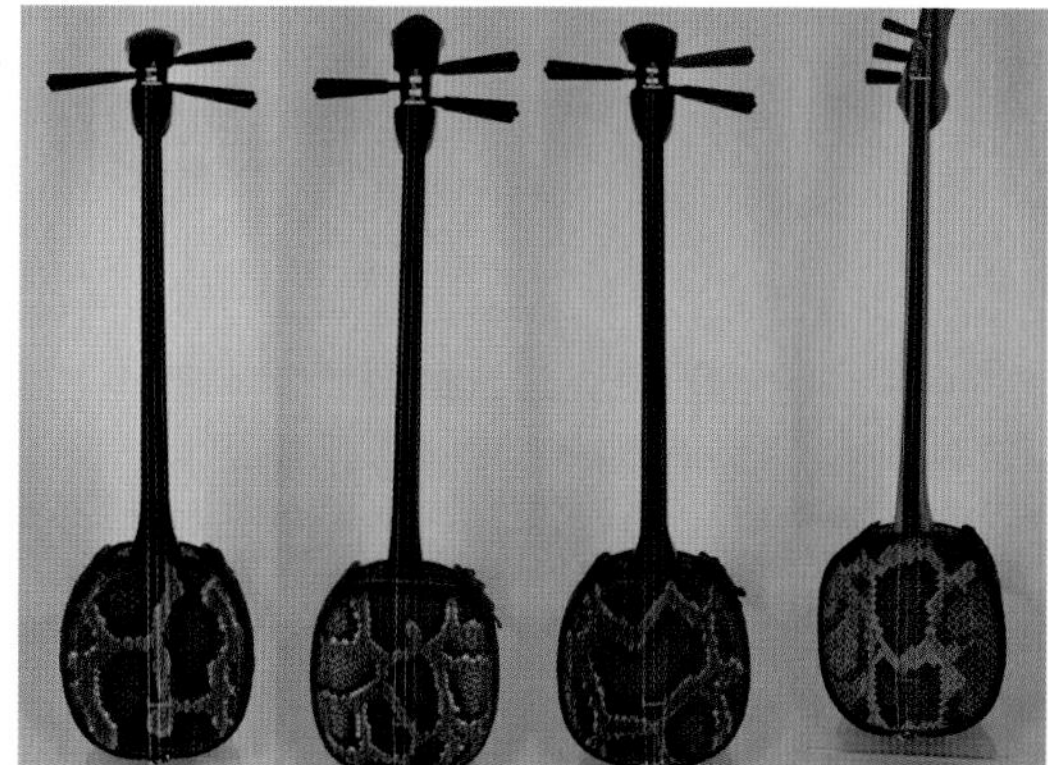

八重山くるち　黒ゆしぎ　相思樹　ペグ三線

三線処 **ゆし木ya 東京**
ゆしぎや とうきょう
✆ 042-316-8969
✉ tokyo@yushigiya34.jp
㊟ 東京都国分寺市南町3-26-27
https://yushigiya34.jp/

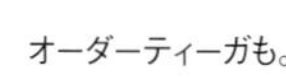

こちらからも検索できます。

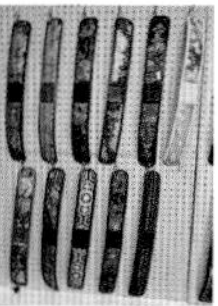

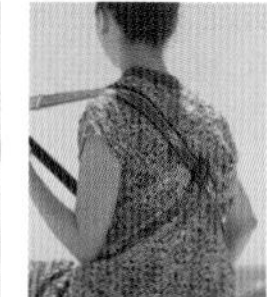

オーダーティーガも。

スマホとSNSで誰でもカメラマン ガラス越し撮影の強力な味方

スマホで撮影した東京上空（『忍者レフスマート』使用）。

スマートフォンに搭載のカメラで様々な写真を撮る機会が飛躍的に増えている。優秀なアプリ機能のおかげで手軽に美しく加工や補正が可能なのもうれしい。ところがガラス越しに写真撮影をする際、特に夜景などは室内の灯りが窓ガラスに映り込み、せっかくの一枚が台無しに…なんて経験がある人も多いだろう。この映り込みが起こってしまった画像の修正は、結構難しい。

アマチュアからプロカメラマン、宇宙飛行士にまで広く愛用され、映り込みを防いでくれると定評の『株式会社よしみカメラ』の『忍者レフ』に、いよいよスマートフォンカメラ用の『忍者レフスマート』が登場。直径28㎝の使いやすいミニサイズ本体の開口部にスマホをクリップで挟み込むだけ。室内からの夜景などが驚くほどきれいに撮れる。裏面は銀レフとして使えば、自撮りも驚くほどきれいに撮れる。

（ライター／今井淳二）

映りこみあり
映りこみなし
スマホの夜景撮影もここまで綺麗に

『忍者レフスマート』4,400円（税込）

スマホで撮影した富士山上空。

株式会社 よしみカメラ

0985-26-2000
info@443c.com
㊟ 宮崎県宮崎市霧島2-116-14
https://443c.com/

こちらからも
検索できます。

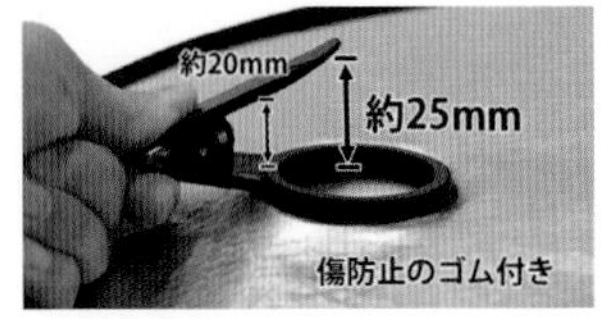

ペットとの幸せな時間をいつまでも!『プレミオアクア』そんな願いをサポート

毎日欠かせない
水へのこだわり

PremioAqua+
For Buddy & Sweetie Health

農業・水産・畜産業界で酸素水事業を展開する『穂栄株式会社』がペットたちの末長い健康を願いペット用酸素水『プレミオアクア』を開発。動物の寿命は異なる種類の場合では酸素消費量が多いほど代謝が盛んになり、活性酸素がたくさんでき、最終的に寿命が短くなるとされていた。しかし、2004年、同じ種類同士の場合では反対に酸素消費量の最大のものが最小のものと比べ30%以上も寿命が長くなることが解明された。ペットの長生きには、酸素消費量を増やすために、まずその摂取量を増やすことが重要。『プレミオアクア』は、熊本・阿蘇の伏流水に自社特許技術により、水道水の3倍以上の濃度で酸素を溶け込ませ、飲用後約30秒で吸収され血中酸素量は増加。(社内実績値)飲み水を利用してペットの健康をサポートする画期的な商品だ。元気で愛おしいペットとの充実した生活がいつまでも続くように『プレミオアクア』がサポート。外出時の携帯や災害時の保存水として長期保存も可能。(ライター/播磨杏)

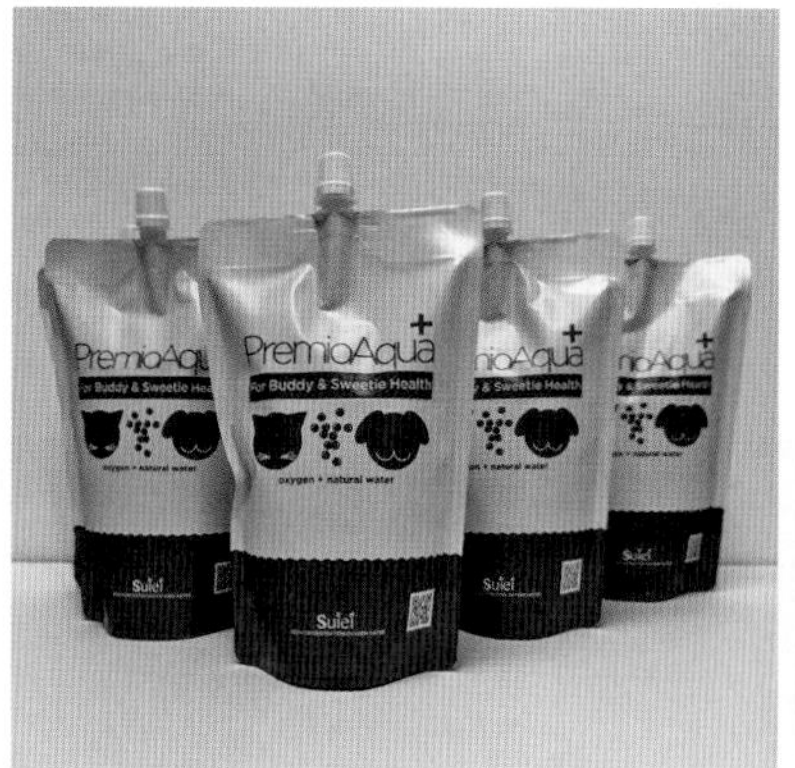

『プレミオアクア』

穂栄 株式会社
すいえい
096-357-5771
post@suiei.co.jp
㊟ 熊本県熊本市南区富合町平原162-1
https://suiei.co.jp/premioaqua/

購入は
こちらから。

https://premioaqua.buyshop.jp/

大自然のパワー溢れる迫力の大型植物やオリジナルミニ観葉に癒やされる暮らしを

温暖多雨な海洋性の気候から「常春の島」ともいわれる八丈島産の植物を現地調達し、船で神奈川まで運び、丁寧に鉢に植え込み、秦野市の名水で愛をこめて育み、販売している『ウナプランタ グリーン』。温室には八丈島の大自然で育った「フェニックスロベレニー」など様々な植物が並び、一年を通して出荷、秦野市のふるさと納税返礼品としても喜ばれている。また、工房直送のハイドロカルチャー『カラーサンド 湘南バージョン2』は、湘南をイメージしたデザインの小さな観葉植物。4カラーのサンドと3種類の植物から選び、自分好みにカスタマイズできる。貝殻も飾られ、爽やかな海を演出。土を使わないので、衛生的で食卓などにも置くことができ、水やりも1週間に1度程度でいいところも魅力。枯れたフェニックスロベレニーの幹を利用したリユース品は、形を変えても植物を大事にしたいという願いのこもった温かでお洒落な一品。同店は購入前の相談からその後の育て方、植え替え方法などもしっかりサポートしてくれ、長いお付き合いとレスポンスの速さが売りだ。

（ライター／播磨杏）

『フェニックスロベレニー』10号 屋外設置

『フェニックスロベレニー』10号 室内設置

『ハイドロカルチャー カラーサンド 湘南バージョン2』

『ロペ幹リユース』
（キャンドルスタンド、ミニ観葉）

ウナプランタ グリーン

070-9262-5469
una-info@unaplanta-green.com
㊟ 神奈川県秦野市鶴巻南（温室・工房へお越しの際は事前にお問い合わせを）
https://unaplanta-green.com/

こちらからも
検索できます。

八丈島のフェニックスロベレニー畑。

年月を経ても色褪せない時代を超え愛される本物のヴィンテージ

「モノ」にはそれを作った人、使った人の魂が宿るという。ビンテージを愛する人たちは、「モノ」が醸し出す温かみや優しさに心惹かれるのだろう。古いながらも優れた良品、それを求める人に対する「敬愛」をモットーにしている『K・I・C GARAGE』は、50〜70年代の「ジッポーライター」や「コールマンのランタン」、旧車と呼ばれる「国産バイク」も展示しているビンテージショップ。「ジッポー」は、1950年代のフルスタンプ以前のものを中心にコレクション。デッドストックから使い込まれた歴史を感じるものまで、コレクター魂をくすぐるアイテムを多数出品。「ランタン」は1970年代以前に製造され、今も現役のヴィンテージコールマンが揃う。また「バイク」は、1970年代〜80年代の旧車を中心に展示しているが、台数は少なくなってきている。いずれも作られた当時のオリジナルコンディションに近づけるべく丁寧にメンテナンスされ、その輝きを失っていない逸品だ。

（ライター／今井淳二）

K·I·C GARAGE

ケー・アイ・シー ガレージ
045-900-8265
contact@kic-garage.com
㊟ 神奈川県横浜市港北区菊名7-19-5-1
https://kic-garage.com/　@kicgarage

大雨・水害対策に コンパクトで 軽量な 止水板を

我が家の防波堤
みずからまもる君

愛知県名古屋市に本社を置く『ゴムノイナキ株式会社』は、工業用ゴム・プラスチック製品メーカー及び商社だ。自動車・住宅設備・家電・OA・医療など幅広く産業界に工業用ゴム・プラスチック商品を提供している。

同社の『我が家の防波堤みずからまもる君』は、コンパクトな止水板。間口に置くだけで家屋、オフィス、公共施設などへの浸水を防ぐことができる。軽くてコンパクトなため、水害対策の備蓄に最適だ。爪を引っ掛けて連結し、連結数は自由に選べるため、どんな間口にも対応できる。設置も壁面に背を向けて置くだけなので簡単だ。1枚当たり、わずか1・5kg。一般的な土のう(25kg)の約17分の1の重量なので、持ち運びも楽ちん。重ねて収納できるので場所を取らないのも嬉しい。

いざという時のために、安心できる防災対策をしておきたい。

(ライター/河村ももよ)

コンパクト止水板
『我が家の防波堤みずからまもる君』

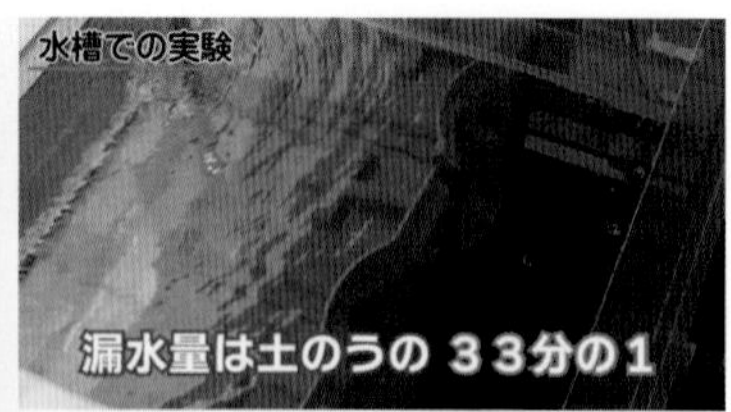

強固で止水性の高い連結構造

ゴムノイナキ 株式会社

052-622-2227
kikaku-public@inaki.co.jp
㊟ 愛知県名古屋市緑区大高町奥中道41
https://inaki.co.jp/

スッキリ収納

『みずからまもる君』
https://public.inaki.co.jp/

おしゃれで機能的なキャンプツール もしもの時には命を守る砦として

大きな地震や台風などの大きな災害時、避難先のひとつとして選択された「車中泊避難」。緊急的な措置として有効だが、デメリットも指摘されている。プライバシーの問題や睡眠も含め長時間座席に座り続けることによるエコノミー症候群などだ。

いつも(日常時)ともしも(非常時)をフリーにする「フェーズフリー」を提唱し、地震や台風などまさかの大規模な災害時にも緊急の一時滞在先としての役割を担える『ETRC合同会社』が販売するルーフトップテント『eco tech ROOFCAMPER』シリーズだ。普段はコンパクトに自家用車のルーフトップに収納しておき、オートキャンプを始めとした充実したアウトドアレジャーが楽しみながら、いざという時に備えておける。最軽量38kgの「T-10」でも大人2名子ども1名収容が可能、ルーフトップにあがるハシゴも付属。専用タープやアネックスなどオプションパーツでさらに広々と使える。

(ライター/今井淳二)

『T-7』187,000円(税込)

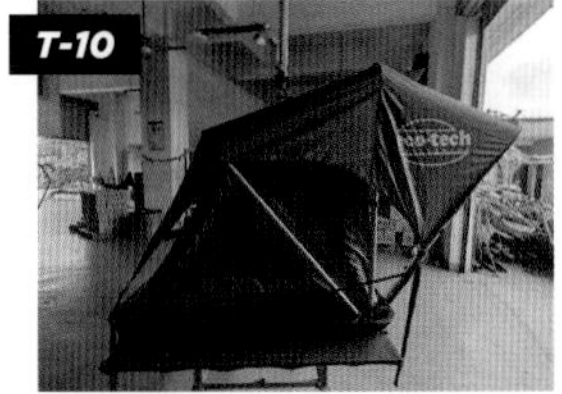

ETRC 合同会社
イーティーアールシー
090-6721-9894
info@lac-grip.com
㊟ 東京都足立区西新井4-37-8
https://eco-tech-roofcamper.com/

焚き火の熱で「育てる道具」コンパクトで本格的な焚き火台

キャンプをはじめとする一連のアウトドアブームの影響もあり、関連グッズやアウトドア用品の種類も多岐にわたるようになった。ファッショナブルなデザインや使い勝手の良い多機能なものも増えた。そして収納や持ち歩きも楽なコンパクトサイズな製品も。

神奈川県綾瀬市にある『有限会社馬場製作所』は、各種産業機械部品製造や精密板金加工の他、既成概念にとらわれない「ものづくりを楽しむ企業」として様々な製品を開発していることでも知られている。

同社のスマッシュヒット製品『コンパクト焚き火台』は、装備を軽くしたい登山者やミニマムキャンパーに好評だ。組み立て式のステンレス製、980gの軽量コンパクトサイズで、収納に場所もとらないから災害時など非常用の備えにもオススメ。さらに、小型のスキレットが乗せられる一回り小さなミニサイズも用意。おしゃれに持ち歩けるミニカバー付き。

（ライター／今井淳二）

『コンパクト焚き火台』184㎜×195㎜　高さ130㎜　重量980g
<取扱店> 職人が作るこだわり製品のお店「Artisanal Store」
https://metal.artisanal-store.jp/

有限会社 馬場製作所
ばばせいさくしょ
0467-78-8735
㊟ 神奈川県綾瀬市吉岡東1-16-43
https://www.baba-mfg.com/

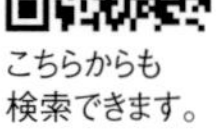

こちらからも
検索できます。

電気で本格的な炭火焼き料理を機器に任せておけばプロ並みの仕上がり

遠赤外線効果により、ムラなくすばやく加熱することで水分をしっかり閉じ込め、食材の旨味を逃さない炭焼き料理。火加減が難しかったり、煙やニオイもあって日常的に行うのは難しい。そんな炭焼を手軽に一般用100v電源で誰でも再現できるのが、『Ultimate Materials株式会社』の『ELECTRIC溶岩GRILL VOLCANO』だ。炭の繊維を使用した炭素ヒーターからもたらされる熱と遠赤外線を、特許技術であるヒーターの脇に備えた富士山の溶岩石プレートにより吸収および輻射熱として放射。また、アルミによりこれを反射。Wの効果で、炭火ならではのふっくらジューシーに焼き上げる調理が可能になった。従来のガスや電磁調理器による調理では実現不可能だった水分保有率、焦げやパサつきもなく食材の旨味と栄養をしっかり閉じ込め、肉はもちろん、野菜や魚などが今まで苦手だった人にも好評だ。現在、この優れた技術を使用し、自社製品を開発したい企業などを募集している。

（ライター／今井淳二）

『ELECTRIC 溶岩GRILL RE√VOLCANO』スタンダードタイプ:トレジャーBOX
炭焼きの高火力と遠赤外線を100Vで実現。

※開発中につき、画像はイメージ

Ultimate Materials 株式会社
アルティメットマテリアルズ
048-714-0425
info@ulti-mate-rials.com
㊟ 埼玉県さいたま市緑区原山2-14-10-1
https://ulti-mate-rials.com/

お問い合わせはホームページから。上記QRコードより。

どんな装いにもマッチするシュリンクレザーのケース&アクセサリー

『one more』は、スマホケース&スマホアクセサリー専門店。『la scéne(ラ・シーン)』は、シンプルで上質、洗練されたベーシック&ハイクオリティを追求するブランド。本革の優美さと上品なミニマリズムが融合し、日常にさりげない個性とラグジュアリーな雰囲気をもたらす。落ち着いたカラーは、流行に左右されずにどんなスタイルにも溶け込んでいく。「毎日使う」からこそ『la scéne』がいい。(ライター/河村ももよ)

『la scène
本革ショルダーストラップ』
全5色 1,980円(税込)

『la scène 本革
MagSafe対応 背面ケース』
全5色 3,980円(税込)

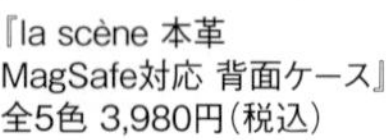

こちらからも
検索できます。

『la scène 本革マグネット式 スマホカバー iPhone15/14/13』
全10色 3,980円(税込) ※マグネット式で簡単脱着。

one more
ワン モア
03-6659-9997
info@onemore-shop.com
㊟ 東京都墨田区江東橋1-15-1 VORT錦糸町202
https://shop.onemore-shop.com/ @onemore__shop

ごちゃごちゃの壁のコンセントをスタイリッシュにカバーした電源タップ

いつのまにかゴチャゴチャしがちな部屋のコンセント回り。小さい子どものいる家庭では電源コードにつまづかないか、ペットのいる家庭ではペットにいたずらされないか、心配になることも。『株式会社VOICE』の壁に溶け込む電源タップ『fitta(フィッタ)』は、コンセントカバーの機能を備えた電源タップだ。工事不要で壁のコンセントをスッキリとカバー。安全性はもちろん、部屋の美観がアップしたとの声も。3口、1500wまで対応。(ライター/今井淳二)

壁に溶け込む電源タップ『fitta』
0.9m/1.8m 各4,400円(税込)

株式会社 **VOICE**
ヴォイス
050-3188-1622
info@voice-ltd.co.jp
㊟ 東京都板橋区小茂根3-12-5 B1F
https://fitta.shop/

日本の伝統工芸が生み出したスタイリッシュな美しいディスペンサー

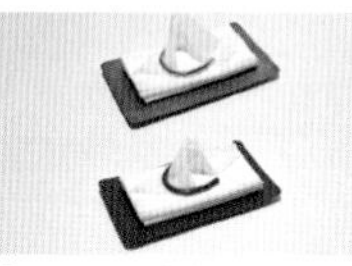

『ICHIYO　鎚起
ティッシュディスペンサー』
（カラー：ブラック／シルバー）
24,750円（税込）

組子 39,000円（税込）

新潟県三条市の金属加工『有限会社阿部工業』の『ICHIYO（イチヨー）ティッシュディスペンサー』は、ティッシュの束の上に置く金属のC型リングと鎚起銅器（ついきどうき）や組子（くみこ）細工のトレーのセットになっている。銅の板を一つひとつ槌で打ち形を作っていく「鎚起」は、江戸時代より伝わる伝統工芸。槌目のきらめきが美しく現れる洗練されたデザインだ。ホテルや高級旅館にあるようなスタイリッシュさで和洋どんなシーンにも合う。

（ライター／河村ももよ）

有限会社 **阿部工業**
あべこうぎょう
0256-38-8087
abe-pk@hb.tp1.jp
㊟ 新潟県三条市下保内494-3
https://ab-prs.com/

人はつながる便利と安全そして感謝も込める宅配ボックス

COLDIA
コルディア80ライト

「左開きタイプ後出し」「右開きタイプ後出し」 各114,400円（税込）
「左開きタイプ前出し」「右開きタイプ前出し」 各97,900円（税込）

コロナ禍での感染防止や防犯上の観点からも日常の中で欠かせないサービス形態として定着した「置き配」。優れたガーデンエクステリア商品を数多く手掛けている『株式会社ユニソン』の宅配ボックス『コルディア』は、住居タイプに合わせ、塀への埋め込み、スタンドへの取り付けなど様々な設置方法や荷物を前から入れて後ろから出す後出しや前から入れて前から出す前出しも選べ、扉の開閉方法も選べる。『コルディア80ライト』は、操作がわかりやすいダイヤル解錠タイプ。一般的な住宅に最適なサイズでオススメだ。

（ライター／今井淳二）

株式会社 **ユニソン**
052-238-1180
info@unsn.co.jp
㊟ 愛知県名古屋市中区千代田5-7-5 パークヒルズ千代田2F・3F
https://www.unison-net.com/

日本が誇るビジネス大賞

住宅や医療、食品に美容や健康他各種サービスなど、人々の豊かな暮らしを支える上で欠かせない、且つこの先、世間の耳目を集めるであろう企業や人物を、一年に一度、多岐にわたり紹介した一冊。

監修／石井洋行　大室徹郎
進行／加藤真一
表紙・本デザイン／イープル

※価格、電話番号、ホームページアドレスなどの情報は2024年5月現在のものです。

2024年度版 日本が誇るビジネス大賞

2024年5月7日初版第1刷

編集人　加藤　真一
発行者　石井　洋行
発行所　株式会社 ミスター・パートナー
〒160-0022 東京都新宿区新宿2丁目15番2号岩本和裁ビル5F
電話 03-3352-8107　FAX 03-3352-8605
http://www.mrpartner.co.jp

発売所　株式会社 星雲社（共同出版社・流通責任出版社）
〒112-0005 東京都文京区水道1丁目3番30号
電話 03-3868-3275　FAX 03-3868-6588

印刷・製本　磯崎印刷株式会社

ISBN978-4-434-34001-7

※本誌で掲載された情報は一部を除き、2024年5月現在のものです。
※情報の内容は変更される場合がございます。あらかじめご了承ください。